慶應義塾大学法学研究会叢書［80］

民事訴訟法における訴訟終了宣言の研究

Die Erledigung der Hauptsache im Zivilprozessrecht

坂原正夫
Masao Sakahara

慶應義塾大学法学研究会

はしがき

研究終了の宣言

最近、機会あるごとに、「訴訟終了宣言の研究の終了を宣言したい」と述べてきた。その理由は第一に、訴訟終了宣言の研究を本にまとめて日本で刊行する場合に最低必要と思われるテーマに関して、最近になってすべて私見をまとめることができたからである。訴訟終了宣言の研究を始めてから四〇年近くになるが、従来発表してきた論考（論文）を整理し体系化して、訴訟終了宣言の研究に区切りを付けることが可能になったと思った。研究を終了させる時が到来したのである。

第二の理由は、研究の終了とは、従来発表してきた論考を整理し体系化して、研究書として公刊することであり、その実現の見通しがたったからである。本研究は当初から壮大な計画のもとに開始したものではない。その時々の興味や関心によって論考を発表してきたら、それがかなりの数になってしまった。しかし、それぞれの研究の成果は断片的であり、各論考間の調整は十分なものではない。したがって、他人が研究成果を利用するには、極めて不便な状況である。そこで、利用したい人が利用できるように、従来の論考を体系化して本として刊行することは、長年研究し論考を発表してきた者にとっての責任であると思った。このように考えると、訴訟終了宣言に関する本を公刊することによって、訴訟終了宣言の研究は終了する。

第三の理由は、私の研究の終了によって、日本における訴訟終了宣言の研究の継続を考えるべきであると思ったからである。訴訟終了宣言については日本では私以外に最近では全く論考は発表されていないし、そもそも発言も見られない。このような状態に危機感を持っている。論考が発表されていないということは研究がなされていないことでもあるが、その原因は訴訟終了宣言は日本において研究するテーマとして魅力がないのかもしれない。しかし、ドイツ民事訴訟法において重要な役割を演じている訴訟終了宣言の制度について、日本において全く研究がなされていないということは問題である。訴訟終了宣言の制度を日本法に導入するか否かに関係なく、やや誇張した言い方をすれば、日本民事訴訟法の母法がドイツ民事訴訟法である以上、研究はなされなければならない。そうでなければ、ドイツ民事訴訟法を正確に理解することはできないし、ひいては日本の民事訴訟法を外国法の視点で検証することもできなくなる。そこで訴訟終了宣言の研究は今後とも継続されなければならないが、そのためには先行した研究者として、研究が継続しやすい環境を整備する役目があるように思う。具体的には研究をまとめ体系化することによって、訴訟終了宣言の制度を分かりやすく説明するとともに、訴訟終了宣言に関する資料をまとめて、新たな研究者の参入を容易にすることである。換言すれば、研究の終了を宣言することの意味は、研究継続の引継ぎというバトンを渡す相手の公募でもある。

このような理由から本書をまとめたが、次のようなことを心がけた。第一に、論理展開の明快さである。訴訟終了宣言について十分な知識がない人にとっても、簡単に理解することができるように、記述の論理が明快であるように努めた。具体的には過去の論考の記述はできる限り簡潔にし、余計な部分、重複する部分は大胆に削除する一方で、説明が欠けている箇所は新たに執筆し、不十分な箇所は説明を補充した。第二に、内容の現代化である。過去の論考はそのまま掲載することは避けて、可能な限り現在の時点で再検討して、現在においても通用するように必要な修正や加筆を行った。第三は、参考資料の充実である。研究の継続性を重視して、本書を基にして訴訟終了宣言についての研究が新たに展開することを期待する。その際に資料収集や文献検索のための労力の節約になるように、参考資料の部分を充実させた。すなわち、私見に反対する研究者であっても、新たに研究を始めようとする人であっても、その立場に関係なく利用できるように資料と文献を整理した。第四に、これから研究者としての道を歩もうとしている人に対して、私の法学についての考察方法と研究の手法を提示することである。これらは私の場合、研究をしながら自然と身に付いたものであるが、それだけに本格的な研究を開始する前に意識して考えておくと、効率的に研究を行うことができるし、より充実した成果が得られるように思う。そのような場合の一助になればと思い、考察方法や手法は可能な限り明らかにした。研究者ならば誰でも知っていて書く必要のないことまでも詳しく書いたのは、このような思いからである。

なお序章第二節1で「刊行の理由」を述べた。そこでは第二の理由と、訴訟終了宣言に関する概説書や研究書が日本で刊行されていないために、訴訟終了宣言の制度が十分に理解されていない現状を指摘して、本書の刊行の必要性を強調した。

研究の経緯と指導してくださった先生

このような形で研究をまとめることができたのは、多くの先生方のご指導とご支援の賜物である。

思えばこの研究の端緒は、一九七二年のドイツに遡る。慶應義塾大学とドイツ（当時は西ドイツ）のザールラント大学との交換留学協定に基づき、私は一九七二年四月から翌年八月まで（二七歳〜二八歳）、ザールラント大学に留学した。この留学は同大学法経学部教授ゲルハルト・リュケ先生（Prof. Dr. Dr. h. c. Gerhard Lüke）、現在は名誉教授

(em. Professor an der Universität des Saarlandes) の指導のもとで、ドイツ民事訴訟法を研究するためであった。なおリュケ先生との出会いについては、リュケ先生の論文を翻訳した際に「訳者後書き」として書いたことがある（法学研究六九巻五号一二〇頁〔一九九六年〕）。先生は私がドイツでの生活に慣れた頃に、冬学期の民事訴訟法のスタッフ・セミナーで、訴訟終了宣言について研究報告をするように指示された。日本法にも造詣の深い先生は、日本法にないこの制度について日本人の私がどのように考えるのか、興味があったのかもしれない。

報告は訴訟終了宣言一般ではなく、当時ドイツの学界で最大の争点であった一方的訴訟終了宣言の法的性質論に焦点を当てたものであった。具体的な事例を挙げて、それに対する様々な学説の内容と問題点を指摘し、結論としてその中の一つの学説が、問題点が少なく妥当な解決を導くので支持すべきであるというものであった。なおこの説は後年、ドイツの判例・通説になったが、当時の私のような者でも支持したのであるから、多くの賛同者を得たのは当然なことかもしれない。

先生は研究報告の作成に当たり、また留学期間中は、懇切丁寧に指導してくださるとともに、快適な研究施設を提供して研究環境を整えてくださり、惜しみなく研究を支援してくださった。この時の先生のご指導とご支援がなければ、帰国後もこの研究を続けることはできなかったと思う。なお当時、先生が私を指導された際に話された法解釈学の在り方については、随筆に書いたことがある（「研究余滴・訴訟終了宣言」三田評論九六六号七八頁〔一九九五年〕）。

ところで先生は、報告原稿を基にした日本での論考の発表を強く勧められた。しかし、帰国後はこの研究だけに専念できないこともあって、研究は遅々として進まず、先生の期待に応えることはできなかった。訴訟終了宣言についての最初の論考は一九七六年（三二歳）であり、報告原稿を基に一方的訴訟終了宣言を論じたのは、実に帰国して一〇年後の一九八二年（三八歳）であった。この間、研究が遅々として進まず成果を上げることができなかったにもかかわらず、先生は常に温かく根気よく見守ってくださった。

一九八七年五月から八月まで（四二歳）、再びザールラント大学に滞在し、訴訟終了宣言について研究を行った。先生はそのために宿舎の手配や研究室の用意など研究のために周到な準備をして、温かく迎えてくださった。宿舎の前でお会いした時の、先生の力強い抱擁は忘れることができない。当時ドイツでは訴訟促進のために民事訴訟法を簡素化する法律の制定を目指していたこともあって、訴訟促進と訴訟終了宣言の関係について重要な資料を収集することができた。なおこの時の様子は、帰国後執筆した論考の最後に謝辞として書いている（法学研究六一巻一〇号五二頁〔一九八八年〕）。

伊東乾先生（慶應義塾大学名誉教授）は私の学部時代、右も左も分からない私を手とり足とりして民事訴訟法学に導いてくださり、大学院では民事訴訟法学の広大な世界を示し、個人の尊厳を基礎として理論を構築することの重要性を具体的に教示してくださった。さらに研究者の在るべき姿と良心を、自らの研究活動で示してくださった先生でもある。先生は一九七二年の研究報告に際しては、日本から手紙で、訴訟終了宣言の問題は単に訴訟費用の問題ではなく、訴訟法学の基礎理論の根幹を問う問題でもあるとして、研究を励ましてくださった。帰国後に論考を発表する際には、細部にわたり私見を検討し、字句の誤りまでも指摘するほど親身になって指導してくださった。以来、今日まで先生からは研究上の多くの貴重なご意見やご助言をいただいている。先生の励ましとご指導がなかったならば、このように一つのテーマに関して長期間研究を続けることはできなかったと思う。

石川明先生（慶應義塾大学名誉教授）は指導教授ではなかったが、学部の学生時代から今日に至るまで、個人的にご指導をいただいている。一九九三年に（四八歳）、既判力についての研究書を公刊したが、先生に対して、「伊東先生とは異なった視点による民事訴訟法理論を教えて頂き、深く感謝している」と述べたことがある（『民事訴訟法における既判力の研究』序文の三頁〔本叢書54〕）。実はそれだけではない。前記留学ができたのは先生が大学間の交換協定の締結に尽力されたからであり、リュケ先生のもとで研究ができたのも先生がリュケ先生を紹介してくださったからである。前記留学を実りあるものとすることができたのは、先生のお陰である。

さらに先生はリュケ先生の訴訟終了宣言についての論文を翻訳され、その解説の中で私の初めての論考を評価して、世の中に紹介してくださった（法学研究四九巻二号一七頁〔一九七六年〕＝『ドイツ手続法の諸問題』八六頁〔成文堂、一九七九年〕）。以来、機会あるごとに先生は論文の中で私見を取り上げてくださったが、残念ながらそれは私見を批判するものであった。しかし、先生とは立場は異にするが、先生の批判をバネに私の研究は新たに展開することができた。また訴訟終了宣言の研究状況を報告する度に、先生から本として刊行するように強く勧められたことも忘れることのできないことである。

このようなことから、本書の出版に際して、リュケ先生、伊東先生、石川先生のご指導とご支援に、心より感謝申し上げる次第である。

出版の経緯とお世話になった方

実は本書の「はしがき」を書いたのは、今回が初めてではない。二〇〇一年五月に（五六歳）、本書を刊行する予定で、同年三月を日付として「はしがき」を執筆した。ところが刊行を目前にして様々な理由により刊行することに疑問が生じて、熟慮の末、作業を中断することにした。最大の原因は、この年のドイツ民事訴訟法の大改正である。この改正を無視して訴訟終了宣言の研究をまとめることは、法制史研究や制度の沿革を尋ねる研究であるならば別であるが、そうでなければ意味がないと考えるに至ったからである。

二〇〇一年の改正は、訴訟終了宣言の規定に関しては、口頭弁論と上訴に関する規定の改正に合わせるもので、それほど重要なものではなかった（第二編第一章第四節２Ｂ）。しかし、訴訟終了宣言の制度にとっては重要な改正があり、訴えの取下げに関して新たな規定が付加されたのである（ドイツ民事訴訟法二六九条三項三段の創設、第二編第一章第四節３）。具体的に言うならば、訴えが取り下げられた場合は原告が訴訟費用を負担するという従来の原則を維持しながら、訴訟係属前の場合には裁判所の裁量によって訴訟費用の裁判ができる旨の規定を新たに設けたことである。これは訴訟係属前という限定条件を除けば、日本民事訴訟法七三条と同じようなものである。そこでこの規定をめぐるドイツの議論を詳細に調べた結果、この規定は決して日本の制度を擁護するものではなく、訴訟終了宣言は日本において依然として必要であるとの結論に達した。二〇〇三年に（五八歳）、これを論考としてまとめて発表した（第二編第二章第一節〜第三節）。ところが二〇〇四年にドイツはこの規定の改正を行った。早々とした改正に驚いたが、運用の際に実務で発生した問題を解消させるためであった。そこで二〇〇六年に（六一歳）、この改正の意味について考察し、論考として発表した（第二編第二章第四節・第五節）。

そうこうしているうちに、本書の刊行が困難になってしまった。中断期間が長く、この間の訴訟終了宣言を取り巻く環境が変化して、従来のまま本として刊行することの意味が薄れてしまった。しかし、二〇一〇年三月に（六五歳）、定年で退職することになっていたので、その日までになんとしても本として刊行しなければという思いが強くなり、ドイツ法の改正が一段落したこともあって、二〇〇八年に（六三歳）、本格的に作業を再開した。慶應義塾大学出版会の編集担当者も、この間に堀井健司氏、村山夏子氏、岡田智武氏と替わった。刊行直前の作業の中断ということで、堀井氏には大変なご迷惑をおかけしてしまった。村山氏からは再三にわたり、作業の進展を強く勧められたが、専念するための十分な時間を確保することができないこともあって、作業は遅々たる歩みであった。

本格的な作業の再開に際しては、新たな担当者の岡田氏に詳細な作業計画書を作成してもらい、作業のスピードを加速させた。その際早期の刊行を目指して、従来の方針を大幅に改めた。過去の論考のあれもこれも収めるのを止め、極力少なくすること。横書きで出版する予定だったものを、過去の論考が縦書きであったことを考慮して、縦書きに変更すること。前記の改正法の論考を新たに収めるために、従来の目次（体系）の大幅な組み替えを行うこと。このような方針で積極的に取り組んだが、定年退職の日までに刊行することができなかった。刊行の遅れの原因は、研究対象が多岐にわたり、それぞれが常に動いているので、それを把握し必要に応じて原稿を修正するということが、簡単なことではなかったからである。しかし、退職後、この仕事に専念することができたため、やっと刊行に漕ぎ着くことができた。

本書を刊行することができたのは、岡田氏の全面的な協力と強い後押しがあったからである。疑義が生じた文献について確認作業をする際に氏の協力を得たが、それによってより精度の高い参考資料を作成することができた。また氏は本書で紹介したインターネットのホームページの現在の状況を調べたり、あるいは文献や判例について克明に原典と対照してくれた。その結果、本書の記述の信頼性を高めることができた。岡田氏に対して、厚く御礼を申し上げる。

おわりに

本書の刊行には、法学研究会より多大なご援助を頂いた。刊行を承認された編集委員会に、厚く御礼申し上げたい。また刊行の大幅な遅れにより、関係者に多大なご迷惑をおかけしてしまった。それにもかかわらず、本書を刊行することができたのは、気長に温かく見守ってくださった方々のお陰である。ご迷惑をおかけした方々に、お詫び申し上げるとともに、心より感謝申し上げる。

さらにこのような形で研究をまとめることができたのは、多くの方のご支援の賜物である。研究活動は留学、翻訳、資料の収集など各方面に関係するものであったが、それぞれにおいてご協力してくださった方が多数おられる。本来ならば、それぞれの方のお名前を挙げて感謝し御礼を申し上げるべきであるが、あまりにも多すぎてそれができない。ご海容とご了承をお願いしたい。ここに改めて、それぞれの方に心より感謝申し上げる次第である。

二〇一〇年九月一五日

坂原正夫

目次

目　次

第四章　判例の状況とその評価 …… 529

参考資料　593

細目次

第二章 双方的訴訟終了宣言

第二編 訴訟終了宣言の制度の生成と展開 269

序章

第一節　はじめに

１　問題の提起

金銭支払請求訴訟において訴訟中に被告が原告に対して請求された金額の全部を支払ったならば、当事者にとっても裁判所にとっても訴訟を続行する必要はなくなる。訴訟の目的が達成されたからである。しかし、訴訟が必要でなくなったとしても、それで直ちに訴訟が終了するものではない。訴訟を終了させるためには裁判所あるいは当事者の一定の行為が必要である。前者であれば終局判決（民訴法二四三条一項）、後者であれば訴えの取下げ（民訴法二六一条・二六二条）ということになる。もちろん、当事者による訴訟終了行為については訴えの取下げの他に、訴訟上の和解、請求の放棄・認諾があるが（民訴法二六六条・二六七条）、支払いという行為はこれらとは結びつきにくいから、これらによる訴訟の終了は適切ではない。なお本書における条文の表記は第三節で詳しく述べるが、日本の現行民事訴訟法の条文は前記のように「民訴法」と条数で、ドイツの民事訴訟法の条文は「ＺＰＯ」と条数で表記する。

問題は、訴訟を終了させるために、終局判決や訴えの取下げで十分かということである。訴訟の終了事由の発生によって訴訟をすみやかに終了させなければならないが、その方法が問題である。判決による訴訟の終了の方法として終局判決を挙げたが、この方法は適当ではない。なぜならば、この方法によると、原告の敗訴を意味する請求棄却判決になるからである。被告が原告の主張を認めて弁済したにもかかわらず、被告の弁済によって原告の請求権は消滅し、請求権の存在を根拠にした原告の請求は理由がなくなると理解せざるをえない。つまり、実質的には被告の弁済という被告の完敗（原告の全面勝訴）であるにもかかわらず、原告敗訴を意味する請求棄却判決による終了というのは問題である。このようにならざるをえないのは、現在の訴訟法理論に起因する。すなわち、現在の訴訟法理論によれば、当初から請求に理由がなかった場合と訴訟中に理由がなくなった場合とを区別することなく、裁判所は口頭弁論終結時の権利・義務もしくは法律関係の有無のみで請求の当否を判断するからである。したがって、この場合に終局判決による訴訟の終了が不都合であるということは、このような訴訟法理論それ自体に問題があるということもできるし、このような訴訟理論を前提にする限り、請求棄却判決による訴訟の終了は甘受しなければならないということである。

2　訴えの取下げの限界

そこで訴えの取下げという方法が浮上する。原告は被告の弁済によって満足したのであるから、訴えを取り下げればよいという考え方である。この方法は現在の通説の説くものであり、妥当な見解であるが、問題がないわけではない。

第一に、訴えの取下げは原告による訴訟の終了行為であり、訴訟の終了に際して紛争が生じることを想定していない。しかし、実際の事件は複雑である。例えば、訴訟終了事由の発生の有無、終了事由の発生に際しての当事者の責任の有無、請求は終了事由の発生まで理由があったのか、それとも当初から理由がなかったのか等で、当事者間に争いが生じることがある。このような争いに、訴えの取下げは対応できない。

第二に、訴えの取下げ後に取下げ前の紛争が再燃した場合、訴えの取下げが定めている対応策は十分ではない。確かに訴えの取下げの場合、再訴禁止効が規定されているが（民訴法二六二条二項）、それは判決後の訴えの取下げの場合であり、再訴禁止効が常に生じるわけではない。

第三に、訴えの取下げでは、終了した訴訟の訴訟費用の負担を決める手続が十分でない。訴えの取下げの場合の訴訟費用の負担は裁判所の裁量によって決めるが（民訴法七三条）、原則は訴えの取下げの場合は原告が負担することになる（民訴法七三条二項による六一条の準用）。これは被告の弁済による訴訟の終了の場合は、実質的な敗訴者が被告であることを考えると不当な結論である。訴訟費用は敗訴の当事者が負担するという原則（民訴法六一条）に反するからである。もちろん、裁判所は裁量によって訴訟費用の負担者と負担の割合を決めることになっているから、民訴法六一条の準用ではなく、六二条の準用によって被告の負担とすればよいとの反論が考えられる。しかし、問題は訴えの取下げの場合に、裁判所は訴えの取下げに至った理由や六二条の要件の存在をどのようにして調べるのかということである。そのような手続は規定されていない。

第四に、原告が実質的に勝訴した場合は、訴訟を終了させるために訴えの取下げでは不十分である。訴えの提起とは自らの法的な見解が正当であると主張することであるから、それを取り下げることは権利主張の放棄であり、それは自らの主張が正当でないことを認めることに等しい。そうであるならば、訴えの取下げは実質的には敗訴である。そうであるからこそ、ドイツでは敗訴者と同様に原告が訴訟費用を負担すると規定した（ZPO二六九条三項二段）。問題は支払請求訴訟中に被告が弁済した場合も、訴えの取下げで処理することが妥当かということである。この場合は原告の主張が正当であったにもかかわらず、それを認めた被告の弁済という行為によって原告は訴訟を続行する意味を失ったのである。この場合に請求棄却判決や訴えの取下げで処理するならば、原告は敗訴者と誤解されやすい(1)。

3　新たな制度の必要性

そこで、敗訴と誤解されても訴訟の目的は達成されたのであるから構わないと考えるかということである。これは判決によらないで当事者の行為によって訴訟を終了させる場合は、終了させる（訴訟係属を消滅させる）ことが重要であり、訴訟の実質的な勝敗や訴訟が終了に至る原因を考慮する必要はないと考えるものである。いわば訴訟法上の訴訟終了効だけを考えるもので、訴訟運営の効率を重視した見解である。これに対して、実体法の研究者や一般人はそうは考えないで、次のように考えると思う。被告が訴訟中に弁済したために訴訟を続行する必要がなくなった場合と、勝訴の見込みがないので原告が訴訟を止める場合とは区別する必要があり、訴えの取下げは後者を想定した制度であるから、前者までもこれで処理するのはおかしい。訴えの取下げではなく、実質的な勝訴者が明らかになるような訴訟終了のための新たな制度を考えるべきである。

そもそも法律学においては、結論の妥当性を追求するために自らの専門性を強調するよりも、他の分野の研究者や一般人の意見に耳を傾けることは重要である。誰もが納得する妥当な結論とは何かが分かるとともに、それを導くために新たな理論を創造し、学問を発展させることができるからである。(2) このような例として、争点効理論や信義則論を挙げることができる。判決理由中の判断には既判力が生じることがないから（民訴法一一四条一項）、訴訟物を異にすれば実質的に同じ訴えであっても再訴は可能である。そこで前訴と後訴とは実質的には同一紛争に基づくものであるが、法律構成上は訴訟物を異にするならば、前訴において十分な裁判がなされたとしても後訴の提起は許され、同じ裁判が繰り返されることになる。しかし、この帰結は一般人、特に前訴の勝訴者にとっては裁判の繰り返しに見えるから、承服できないであろう。これに反応し新たな理論として学界では争点効理論が登場し、判例では信義則論が主張されるようになった。すなわち、素朴な疑問に学界と裁判所が反応したものである。このことから、判決理由中の判断に既判力が生じないから判決理由中の判断は全く意味がないとは言えないということが明らかになった。同様に、単に訴訟が終了すればよいから、その原因や訴えに理由があったか否かは無視してよいということにはならない。

そうであるならば、訴訟の終了に至る経緯が重要であり、それに相応しい終了方法が考えられるべきである。また従来の見解が訴訟の効率性を重視して、手続において訴えに理由があった場合とそうでない場合とを区別しないのは問題である。すなわち、訴訟の途中で終了事由が発生した場合と当初から訴えた理由がなかった場合とでは、手続を区別して考えるべきである。

４　訴訟終了宣言の誕生

このように終局判決や訴えの取下げによる訴訟の終了には問題があり、これらの問題を克服する必要があるが、それが説かれたのは、実はドイツでは一八七七年の民事訴訟法成立直後からであった。ドイツでは多くの議論を重ね、紆余曲折を経ながら訴訟終了宣言の規定が作られた。それは第二次世界大戦中である一九四二年のことであった。立法といっても法律ではなく省令であり、戦時下においてこそ許された立法である。つまり、戦時下という訴訟手続の簡素化が強く求められた時代の要請に基づくものであった。ここに訴えの取下げとは異なる訴訟終了宣言という新たな制度が創設された[3]。立法の由来を見ると、国家の非常時が訴訟終了宣言の制度の創設を促したことは否定できない。換言すれば、訴訟終了宣言を解釈論に委ね、学説に自由に制度を設計させるだけの余裕がなかったということであろう。しかし、そうであるからといって、この制度は時代の要請から、ある日突然に司法省によって一方的に作られたものではない。この規定は従前の判例・学説の議論を参考にして、民事訴訟法の原理を配慮しながら作られている。正に従前の判例・学説の蓄積があればこそ、突然の立法が可能であった。この規定は終戦後に廃止されることもなく、今日のドイツ民事訴訟法まで引き継がれ、拡張的に発展・進化しているが（詳細は第二編）、そのことはこの立法が妥当なものであったことを物語っている。

現在のドイツの通説的な見解によれば、訴訟の終了に関して当事者間で争いがある場合と争いがない場合に分けて、前者は一方的訴訟終了宣言として判決による訴訟の終了、後者は双方的訴訟終了宣言として当事者間の合意あるいは意思の一致による訴訟の終了ということで処理している。後者はＺＰＯ九一条ａが規定している[4]。

このように訴訟終了宣言の制度は、当事者間の紛争状態に対応して手続が分かれている（詳細は第一編）。双方的訴訟終了宣言の場合は、直ちに（処分権主義に基づき）当該訴訟は終了し、訴訟費用は裁判所が従前の事実状態と訴訟状態を考慮して衡平な裁量によって決める（ZPO九一条a）。正に迅速の裁判と訴訟経済の要請に基づいた制度である。裁量による裁判は当事者に対する手続保障という観点からは望ましくないが、そのことで双方的訴訟終了宣言の制度が非難されることはない。双方的訴訟終了宣言の場合、原告の訴訟終了宣言に対して、被告の同意もしくは異議を述べないことが要件になっているからである。

5　訴訟終了宣言の役割

この制度について日本における意味を考えてみよう（詳細は第三編）。

第一に、訴訟終了宣言の制度の導入は、紛争解決方法が新たに創設されることであり、紛争に応じてよりきめ細かく適切に対応できることになる。日本においては訴訟終了宣言の制度は理解はされているが、導入については多くの賛成を得ていない(5)。そこで先ず、双方的訴訟終了宣言と一方的訴訟終了宣言が共に解釈論として認められなければならない。既存の制度と共存し、既存の制度では十分にカバーできない問題に対して、双方的訴訟終了宣言と一方的訴訟終了宣言を働かせれば、解釈論として問題ないと思っている(6)。

そのようになれば、当事者の主導による訴訟終了の方法が増えることになり、それだけ事件に即した適切な解決を導くことができるようになる。例えば、訴訟中に訴訟の終了事由が発生したときの対応策が、訴えの取下げか請求棄却かの二者択一では不十分である。原告は実質的には自らが勝訴者であるから、敗訴を意味する棄却判決や訴えの取下げでは困ると考えるであろう。他方、被告は原告の訴えは当初は理由があったにしても現時点では理由がなくなったのであるから、あくまでも原告の請求の棄却を求めるであろう。そこで、この両者の対立を調和させることが必要となる。その調和を求めるならば、両者の主張が裁判で決着できるように配慮すべきである。そうなると一方的訴訟終了宣言を認めるべきであるということになる。仮にそれが認められないのであれば、ドイツの一方的訴訟終了宣言の法的性質論の訴えの変更説に倣い、訴えが終了事由発生までは適法であり且つ理由を具備していた旨の原告の確認の申立てを日本においても認めるべきである。なお一方的訴訟終了宣言が認められるならば、当事者間で訴訟の終了に関して争いがない場合は双方的訴訟終了宣言が対応すべきであるとして、双方的訴訟終了宣言も認められることになる。

第二に、訴訟終了宣言の制度の導入は、従来の民事訴訟法理論に反省を迫るものである。権利保護を求める原告の要求に対して、口頭弁論終結時の権利関係の存否の判断を基準として請求認容か棄却かを決めるというのが現在の民事訴訟法の基本的な考え方であるが、この考え方を否定することになるからである。すなわち、一方的訴訟終了宣言は単に口頭弁論終結時における権利の存否ではなく、当初から権利がなかった場合と訴訟の途中から権利が消滅した場合とを区別することになる。もっとも従来の考えを否定して、このように訴訟終了事由の発生時点まで理由を具備していたか否かについても判断するようになると、裁判所はそれについてさらに審理をしなければならないから、その負担が問題になる。しかし、裁判所としても終了原因をいずれにしても判断しなければならず、その過程で従前の請求について判断すればよいから、一概に負担が生じるとはいえない。むしろ当該紛争についての判断に既判力が生じることになれば、前訴の請求について関連する紛争の再燃の可能性を遮断するから、効率的な紛争解決という観点からしても（公の利益という観点からしても）、手続が重くなって裁判所の負担が多少生じても、それを十分に正当化するものがある。

第三に、訴訟終了宣言の制度の導入は、訴訟費用の負担の合理化と裁判手続の透明化を促進させる。訴訟終了宣言は、訴訟費用の問題と密接な関係がある。ドイツで訴訟終了宣言の制度が発展した主たる要因は、訴訟費用の負担を衡平にするためであったからである。そこで訴訟終了宣言の制度が日本で使用されるようになれば、訴訟費用に関して関心が高まるから、訴訟費用の負担を決める現在の原則や手続が見直され、より妥当なものが解釈論として形成されるであろう。さらに訴訟費用の問題が日本においても今以上に重視されるようになれば、訴訟終了宣言は必然的に重要な役割を演じることになる。我が国において訴訟費用が重視されるためには、弁護士費用を訴訟費用に含め、敗訴者が負担する制度を導入することである。しかし、これは簡単な話ではない。そのための法の改正が頓挫したからである(7)。したがって、弁護士費用敗訴者負担の原則に依存することなく訴訟終了宣言論を展開させる必要がある。そのことが弁護士費用敗訴者負担の原則の我が国への導入を側面から援助することになるかもしれない。

ところで導入を定めた法案が廃案になったからといって、弁護士費用敗訴者負担の原則の導入の問題について傍観的であってよいということではない。訴訟終了宣言の理論をより深化させるためにも、民事司法制度をより充実させるためにも、早急に弁護士費用敗訴者負担の原則を導入すべきである。この制度を導入した方が、メリットが大きいからである。すなわち、濫訴を防止し、個々の訴訟活動を充実させることになるからである。それによって個々の訴訟が迅速に処理されるし、訴訟制度が効率的に運営されることになる。もちろん、反対意見にも耳を傾けなければならない。改正が頓挫した理由は弁護士会を中心に反対が強かったからであるが、その理由は次のようなものであった。弁護士費用敗訴者負担の原則を導入すると、正当な権利者であっても敗訴の場合に訴訟費用が増大することを考えて訴えの提起を躊躇せざるをえなくなるということである。特に大企業や行政官庁を相手にした公害訴訟、薬害訴訟、行政訴訟が萎縮するとも言われている。しかし、このような問題点は、原告が勝訴した場合のみ被告が原告の弁護士費用を負担するという片面的な導入や例外事例を設ければ克服することは可能であり、決定的な反対の理由にはならない。そこでさらに一層の適正な裁判と訴訟制度の効率的な運営を目指して、弁護士強制主義も導入すべきである。すなわち、今後の我が国において求められている民事司法の改革は、第一段階は弁護士費用敗訴者負担の原則の導入であり、第二段階は弁護士強制主義の導入である。これらは訴訟終了宣言の理論の深化と充実とともに、実現に向けて努力する必要がある。

第四に、訴訟終了宣言の制度から日本が学ぶべきことは、訴訟経済と手続保障という訴訟法において優先順位を付すことが困難ないわば価値の相克の問題を、いかにして克服するかということである。[8]というのは4で述べたように、訴訟終了宣言は当事者間で訴訟の終了に争いがなければ双方的訴訟終了宣言として裁判所が裁量で処理し、争いがあれば一方的訴訟終了宣言として訴訟で解決するが、それはこのような二種類の制度を用意することによって、手続保障と訴訟経済のバランスをとっていると評価することができるからである。このような視点でドイツの訴訟終了宣言を観察する必要があるが、しかし、ドイツの状況から学ぶ場合に注意しなければならないことは、両国の環境や歴史の違いである。未だに弁護士費用は訴訟費用に含まれておらず、これから本格的に一方的訴訟終了宣言の導入を考える日本と、弁護士強制主義と弁護士費用敗訴者負担の原則を採用して、一方的訴訟終了宣言論が深化しているドイツとでは、一方的訴訟終了宣言の意味は自ずと異なってくる。したがって、ドイツの議論が直ちに日本に通用することはない。ドイツの議論を参考にする場合は、両国の置かれている状況の異同に注意しながら、ドイツの議論が日本において通用するように何らかの手当てが必要である。そのように理解したうえで日本では、当面は訴訟経済よりも手続保障を重視すべきである。具体的にはドイツでは手続保障がどのように考慮されているか、また訴訟経済からの批判をどのように排斥しているかを注視し、それを参考にすべきである。すなわち、手続保障を優先する理論を学ぶべきである。なぜならば、近年の日本の民事訴訟法学は、法的安定性の重視から個人の権利の重視へと重点を移してきたからである。

6　訴訟終了宣言に関係する規定

ＺＰＯ九一条ａは訴訟終了宣言について規定している（左記参照）。ドイツ民事訴訟法における訴訟終了宣言に関する唯一の規定であり、４で述べたように双方的訴訟終了宣言についての要件と効果を定めている（第一編第二章第二節）。この規定に関しては検討すべき問題がある。第一に、この規定と一方的訴訟終了宣言との関係についてである。すなわち、この規定は一方的訴訟終了宣言に対して無関係であるとの見解と、一方的訴訟終了宣言において準用等がなされるべきであるとの見解の対立がある（第一編第三章第二節２）。第二に、この規定はどのようにして作られ、またどのように改正されて進化しているのか、また民事訴訟法以外の訴訟法や手続法に伝播したのか（第二編第一章）という問題がある。その問題を考察することによって、訴訟終了宣言が普遍性を有している制度か否かが分かる。

ところでＺＰＯ二六九条は訴えの取下げに関する規定であるが、二〇〇一年の改正法（二〇〇二年一月一日施行）は、ＺＰＯ九一条ａと類似した規定をその三項三段に設けた（左記参照）。なぜこのような規定を訴えの取下げの規定に新たに設けたのか、この規定と訴訟終了宣言との関係はどうなるのか、この規定は日本の訴えの取下げの規定と類似しているのではないか等、この規定をめぐっては様々な問題がある。これらの問題を解くことは、訴訟終了宣言の本質を考えるうえで重要な判断材料を提供してくれるであろう（第二編第二章）。

なお左記のドイツ民事訴訟法の条文において、ローマ数字は項を、丸中数字は段を示す。なおこれらの条文は最新の改正に基づくために、日本では未だ訳文が発表されていないように思う。したがって、左記の日本語の条文はすべて過去の翻訳を参考にして作成した私訳である。

ところで「nach billigem Ermessen」については過去の翻訳の例に従い（第四節１の⑨参照）、「公平な裁量によって」と訳してきた。法の理念としての正義を具現化したものが「公平」であり、正義に基づく裁量という意味でも、また一方に偏った裁量でないという意味でも、「公平な裁量」が適当であると考えたからである。さらに、「公平」という言葉は実定法においても「公平な裁判所」（憲法三七条一項）というように、裁判に関して使用されている。しかし、この用語を使用しているＺＰＯ九一条ａの立法趣旨を考慮すると、このような理解には問題がある。この規定の趣旨は訴訟費用の負担に関して一般原則によらないで、個別的な妥当性を図るということにあるからである。そうであるなら、この用語は一般化正義の「公平」ではなくて、個別化正義の「衡平」と理解した方が適切である。すなわち、両当事者間のバランスを考慮するという意味での衡平である。実定法においても「当事者間の衡平を図る」（民訴法一七条）という使用例もある。このような理由から、本書では「nach billigem Ermessen」は、従来の「公平な裁量によって」を「衡平な裁量によって」という訳に改めた。(9)

ＺＰＯ九一条ａ

Ⅰ　①両当事者が口頭弁論において又は書面の提出により若しくは書記課で調書に記載することにより、本案の訴訟が終了した旨を宣言したときは、裁判所は訴訟費用について、従前の事実状態及び訴訟状態を考慮して、衡平な裁量により決定で裁判をする。②被告が原告の終了宣言に対して、書面の送達から二週間の不変期間内に異議を述べない場合において、被告がそれに先立ちその効果について説明を受けていたときは、同様とする。

Ⅱ　①この裁判に対しては即時抗告をすることができる。②本案の価額が第五一一条に規定した額を超えない場合は、この限りではない。③抗告について裁判する前に相手方を審尋しなければならない。

§91a ZPO

Ⅰ　① Haben die Parteien in der mündlichen Verhandlung oder durch Einreichung eines Schriftsatzes oder zu Protokoll der Geschäftsstelle den Rechtsstreit in der Hauptsache für erledigt erklärt, so entscheidet das Gericht über die Kosten unter Berücksichtigung des bisherigen Sach- und Streitstandes nach billigem Ermessen durch Beschluss. ② Dasselbe gilt, wenn der Beklagte der Erledigungserklärung des Klägers nicht innerhalb einer Notfrist von zwei Wochen seit der Zustellung des Schriftsatzes widerspricht, wenn der Beklagte zuvor auf diese Folge hingewiesen worden ist.

Ⅱ ① Gegen die Entscheidung findet die sofortige Beschwerde statt. ② Dies gilt nicht, wenn der Streitwert der Hauptsache den in §511 genannten Betrag nicht übersteigt. ③ Vor der Entscheidung über die Beschwerde ist der Gegner zu hören.

ZPO二六九条三項

Ⅲ ①訴えの取下げにより訴訟は係属しなかったものとみなし、既に下されたが未だ確定していない判決は、明示的な取消しを必要とすることなくその効力を失う。②原告は、訴訟費用につき判決が既に確定していないか、あるいは被告が他の理由により負担すべきであるとされていない限り、訴訟費用を負担する義務を負う。③訴えを提起する原因が訴訟係属前に消滅し、その結果訴えが取り下げられた場合、訴訟費用の負担義務は従前の事実状態及び訴訟状態を考慮して、衡平な裁量によって決められる。訴状が送達されなかった場合も同様とする。

§269 Abs. 3 ZPO

Ⅲ ① Wird die Klage zurückgenommen, so ist der Rechtsstreit als nicht anhängig geworden anzusehen; ein bereits ergangenes, noch nicht rechtskräftiges Urteil wird wirkungslos, ohne dass es seiner ausdrücklichen Aufhebung bedarf. ② Der Kläger ist verpflichtet, die Kosten des Rechtsstreits zu tragen, soweit nicht bereits rechtskräftig über sie erkannt ist oder sie dem Beklagten aus einem anderen Grund aufzuerlegen sind. ③ Ist der Anlass zur Einreichung der Klage vor Rechtshängigkeit weggefallen und wird die Klage daraufhin zurückgenommen, so bestimmt sich die Kostentragungspflicht unter Berücksichtigung des bisherigen Sach- und Streitstandes nach billigem Ermessen; dies gilt auch, wenn die Klage nicht zugestellt wurde.

(1)　日本においては、一部の当事者は訴えの取下げを不名誉なことと思い、訴えの取下げの代わりに和解が利用される場合があるとのことである（拙稿・④〔一当事者〕五頁注(10)）。

なお訴えの取下げの訴訟費用の裁判を行う場合に、訴えの取下げに至った事情は考慮しないで、訴えを取り下げた者に負担させるという実務の研究報告がある。これについては、拙稿・①〔生成〕二号二九頁注(13)で述べたことがある。

ところで**本書における文献の表記方法**については、第三節の「本書での表記上の約束ごと」に記載した。条文の引用方法についても同様である。

(2)　訴訟法理論からすれば当然の帰結であるが、実体法の研究者から疑問が述べられることは、訴訟中に訴えの利益が喪失した場合の訴訟の終了方法である。五月一日のメーデーに皇居前広場の使用の許可を求めたところ、不許可の処分を受けたために、その取消しを求めて訴えを提起したが、訴訟中に五月一日が経過した場合、この訴訟はどうなるのかという問題である。最大判昭和二八年一二月二三日民集七巻一三号一五六一頁は、訴えの利益がなくなったとして原告の請求を棄却した原審の処理を是認し、上告を棄却した。有名な事件であったために、多数の判例研究が今日まで発表されたが、訴訟法上の原則からすれば当然の帰結であることを承知のうえで、実体判断をすべきであったとの意見が少なからず表明された。最高裁も事前にそのような意見が予想されたからであろうか、判決理由において括弧書きで実体判断を述べている。なお原審の判断は現在の判例・通説の見解によれば、請求棄却ではなく訴えの却下であるが、当時の実務は訴権論における権利保護請求権説の影響を受けて、訴えの利益がない場合も請求棄却であった。

要するに、訴訟中に訴えの利益が消滅したならば訴えは却下されるのは当然の帰結ではあるが、事案によっては実体判断をした方がよい場合が存在するということである。そうであるならば、そのような場合は既存の制度や理論では対応することはできないから、新たな理論や制度を考えるべきである。この問題の解答として、訴訟終了宣言による処理を前記判例についての判例研究において具体的に主張したことがある（拙稿・⑦〔判研〕一四六頁以下。なおこれを要約したのが、第三編第四章第四節である）。そこでは実体法学者の意見を紹介したうえで、訴訟終了宣言の制度の必要性と具体的な適用状況を述べた。この他の同様な事例について、具体的に紹介したことがある（拙稿・①〔生成〕二号二八頁注(8)）。

なおドイツでは訴訟終了宣言は単に訴訟費用の問題であるとする論文が見られるが（例えば、Grunsky (A), S. 165ff.）、他方、そのような論調に反対する論文もある。すなわち、訴訟終了宣言は単に訴訟費用の問題だけではなく、争いになった実体法上の権利について訴訟において確認することを強調する論文である（Prütting/Wesser (A), S. 267ff.）。

(3)　本書では「訴訟終了宣言」という用語を使用するが、この用語はこの制度を表現するものとして、我が国において必ずしも定着しているわけではない。この他に例えば、訴訟完結宣言、本案完結宣言、本案終了の表示、本案終了宣言、事件完結の申立て等の表現が使用されている。我が国におけるこれら訳語（用語）の使用状況については、参考資料三にまとめてある。

このような状況において本書で「訴訟終了宣言」という用語を使用したのは、私自身この用語を従来使用してきたという事情もあるが、多くの人の目に触れるジュリストの『民事訴訟法の争点』がこの問題を取り上げ（初版は一九七九年、新版は一九八八年、三版は一九九八年）、この用語を使用しているからである。なお私がこの用語を使用する理由については、拙稿・①〔生成〕二号二六頁注(2)、同・⑨〔翻訳〕二三頁注(27)で述べたが、第一編第一章第一節1にまとめてある。

(4)　「ZPO九一条a」と表記したが、これはドイツにおける条文の表記である「§91a ZPO」に基づくものである。しかし、日本では「ZPO九一a条」と表記されることも少なくない。「ZPO九一条a」という表記を採用した理由については、後記約束ごとにおいて説明する（第三節1④）。

(5)　日本の訴訟終了宣言論の現状については、拙稿・⑲〔日本〕一七頁以下で述べたが、第三編第一章にまとめてある。

(6)　日本において訴訟終了宣言を解釈論として構築することが可能であることについては、拙稿・⑲〔日本〕四二頁以下で詳論したが、第三編第二章にまとめてある。

(7)　訴訟終了宣言と密接な関係がある弁護士費用敗訴者負担の制度を導入する法案が、国会に上程されたことがある。すなわち、弁護士費用を訴訟の敗訴者に負担させるための「民事訴訟費用等に関する法律の一部を改正する法律案」（第一五九回国会提出閣法第六九号）である。平成一六年三月二日に内閣から国会に提出され、四月五日に衆議院の法務委員会に付託された。しかし、制度導入に対しては弁護士会を中心にした反対が強く、この法案は会期末に継続審議に付されることなく、会期の終了とともに同年一二月三日に衆議院で廃案になってしまった。現時点では導入の見通しが立っていない。

しかし、法案が国会に提出されただけでも、弁護士費用敗訴者負担の制度の必要性が日本において理論面や政策面で認知されたと考えるべきであろう。このことによって、日本の訴訟終了宣言論は新たな展開を迎えたといえる。なぜならば法の改正が頓挫したとはいえ、日本の訴訟費用制度の現状に問題があることと、訴訟費用の重要性が明らかになったからである。その結果、現状の訴訟費用制度を理由に訴訟終了宣言の制度を批判することは妥当性を欠くことになったし、現状を改善するために訴訟終了宣言の制度を積極的に評価する必要性が増すことになった。近年の国民の権利意識の高揚や学説における手続保障の重視の流れに応えるものとして、訴訟終了宣言の制度を理解すべきである。

（8）　ドイツでは二〇〇五年三月一日のブランデンブルク上級地方裁判所（日本の高等裁判所に相当）の決定は、ZPO九一条aを模範にして作られたZPO二六九条三項三段は憲法違反であるとの判断をしている。この規定は原告に有利な制度であるから、いわゆる武器平等原則に反するものであり、それは連邦憲法三条が定める法の前の平等の原則に違反するというものである。これに対して二〇〇五年一〇月六日の連邦通常裁判所（日本の最高裁判所に相当）の決定はこの決定を取り消し、違憲論を否定して合憲論を展開した。下級審と最上級審の対立であるが、これは訴訟経済と手続保障の綱引きと考えることができる。この綱引きは最上級審の合憲論で決着がついたように見えるが、しかし、その後に下級審の判断を支持する論文が登場したこともあり、今後の展開が注目される。この問題は、拙稿・㉓〔訴訟経済〕六九頁以下で詳しく論じている。

なおZPO二六九条三項三段の立法趣旨やこの規定と訴訟終了宣言との関係については、第二編第二章で詳論する。

（9）　兼子博士はドイツの訴訟終了宣言について言及された際に、「獨の判例及び通説は、訴取下げの場合の原告の費用負担義務を厳格に解し、そのために生じる不衡平を救済するため」と述べて、「不公平」ではなく「不衡平」を使用している（参考資料二1の兼子条解・二六六頁）。なお一般化正義と個別化正義については、団藤重光『法学の基礎〔第二版〕』二二六頁以下（有斐閣、二〇〇七年）参照。

第二節　本書刊行の理由と本書の構成

1　刊行の理由

私は長年にわたって訴訟終了宣言について研究をし、その間に数多くの論考を発表してきた（第四節）。しかし、それぞれは個別のテーマを扱っているため、訴訟終了宣言の制度を全体的に考察しようとする場合、不便である。それぞれの論考が散在していることも、またこれらの論考の利用を一層不便にしている。さらにこれらの論考の中にはかなり以前に公刊したものもあり、現在でもそのまま利用できるか否かを検証する必要があるものもある。このように考えると、発表した論考の数が多くても、過去の論考を体系的に整理して発表しない限り、意味のあるものにはならない。そうであるならば、今までの研究を集大成することは長期間にわたり研究を行ってきた者にとって義務であるようにも思う。そこで過去の訴訟終了宣言の研究を体系的にまとめ、訴訟終了宣言の研究の終了を宣言しようと思い、本書を刊行することにした。これが本書を刊行する第一の理由である。

本書刊行の第二の理由は、訴訟終了宣言の制度を概観して制度の概要を理解しようとする人にとって、役立つ本を刊行したいと思ったからである。なぜならば、現在の日本において訴訟終了宣言の制度について概観できるような著作物がないからである。それは日本の民事訴訟法は訴訟終了宣言についての規定がなく、日本の法律家にとって訴訟終了宣言についての知識は差し迫って必要はないから、学者の怠慢ではない。しかし、ドイツ法から何らかの知識や成果を得ようとする場合、訴訟終了宣言について無関心ではいられない。ドイツでは判例や論文において訴訟終了宣言という言葉がしばしば登場してくるし、しかもその中で重要な役割を演じていることが少なくないからである。このような判例や論文を正確に理解するためには、訴訟終了宣言についての知識が必要になる。ところがドイツ語の参考書は役に立たない。当然のことではあるが、ドイツ語の参考書は訴訟終了宣言について一応の知識を有しているドイツ人の法曹を念頭に置いて書かれていて、日本人のために書かれたものではないからである。

日本人のために訴訟終了宣言に関する概説書が必要な理由はここにある。実はこのような思いに至ったのは、数年前に発刊された日本語の著作物の訴訟終了宣言についての記述に不満を覚えたからである[10]。すなわち、ある文献に対してはＺＰＯ九一条ａが引用されていても、その条文や訴訟終了宣言の説明がないために、引用した意味が理解しにくいという印象を受けた。別の文献に対しては、訴訟終了宣言についての理解が不十分なまま訴訟終了宣言について説明しているように思えた。要するに、これは日本において訴訟終了宣言に関する適切な文献がないためではないかと思う。

２　取り上げるテーマ

本書で取り上げるテーマは、次のようなものである。

Ａ　訴訟終了宣言の内容

訴訟終了宣言について、ドイツでどのような議論がなされているのか。原告が訴訟終了宣言の申立てをした場合に、被告が争わない場合はどうなるのか。被告が異議を述べる場合はどうなるのか。訴訟終了宣言は訴訟の終了に関係してくるとなると、訴訟終了宣言は訴訟係属を前提にするのか。しかし、訴訟終了宣言は訴訟費用の衡平な負担の問題であるならば、時間的な制約は必要なくなる。なぜドイツでは訴訟終了宣言を当事者による訴訟終了行為として位置づけるのか。これらはドイツの現在の訴訟終了宣言論を考察することによって解答が得られるであろう。

B　沿革と比較法的視点

なぜ訴訟終了宣言が創設されたのか。歴史的に見て必然性があるのか。ドイツで訴訟終了宣言は定着しているのか。なぜドイツでは日本のような方法が考えられなかったのか。これらは制度の沿革を尋ねることによって解答が得られるであろう。またオーストリア法やスイス法について比較法的な視点で調べることによって、ドイツの訴訟終了宣言がドイツ法系の国の民事訴訟法において、どの程度の普遍性を有しているのかも判断できるであろう。

C　日本における訴訟終了宣言

日本では訴訟終了宣言はどのように議論されているのか。民訴法七三条二項による六二条準用という方法の沿革は、訴訟終了宣言のような事例をどの程度考慮しているのか。日本の判例は訴訟終了宣言についてどのように考えているのか。日本ではどのような立法がなされればよいのか。これらは日本の民事訴訟法の立法沿革や判例分析によって解答が得られるであろう。

3　本書の構成

既に指摘したような疑問に対しては、「一問一答」的に答えるのではなく、訴訟終了宣言の問題を体系的にまとめることによって答えを考えることにした。体系的な整序の方が、検討しない問題や将来の問題に対しては有効であるからである。本書の構成とそれぞれの執筆の意図は、次のとおりである。

第一編は、ドイツの訴訟終了宣言の現状と問題点を考察する。制度の紹介を主眼とし、2のAや次の4の第三の留意点に対応するものである。

第二編は、訴訟終了宣言の制度がどのような理由でドイツで誕生し、どのように発展・形成されてきたのか、ドイツ法系の国々ではどのような影響を受けたのかを考察するものである。法制史研究と比較法研究である。２のＢに対応するものである。

第三編は、日本での訴訟終了宣言の問題を考察する。日本法による解決方法の問題点を明らかにし、その原因を立法沿革に遡って探究し、訴訟終了宣言の制度の解釈論としての可能性を考察する。さらに我が国の判例を題材に、具体的に問題を考察する。また立法をするとすればどのような立法がよいのかも考えてみた。２のＣや４の第一の留意点に対応するものである。

なお巻末の「参考資料」は、４の第二の留意点を意識して作成したものである。

４　構成上の留意点

まとめるに際して、留意した点が三つある。

第一は、日本における日本語の日本法の研究書であるということである。日本にない制度を論じたり、あるいは外国の制度を紹介したりする場合、ともするとこのことを忘れがちになるからである。本書において第三編の日本の訴訟終了宣言に多くの頁を割いたのも、この理由からである。

第二は、研究の引き継ぎということである。研究書である以上日本の通説に反して独自の私見を構築したが、しかし、私見と見解を異にする人にも本書が研究資料として役立つように、日本語の資料や文献は網羅的に挙げるように努力した。ドイツの資料や文献についても最近の博士論文の文献一覧を参考に、おおよそ四〇年にわたる自らの研究の経験を加味して、少なくとも代表的な学説は見落とすことのないように注意した。したがって今日のドイツの体系書・注釈書等で挙げられている文献については、本書ですべて挙げたと思う。完璧ではないにしても、本書で利用した文献の数は一般的なドイツの博士論文に匹敵するのではないかと思っている。もっとも煩雑を避けるために、過去の論考に挙げられている文献については本書で再び挙げることなく、当該箇所でそれを指示することによって済ませた場合もある。

第三は、本書は日本の訴訟終了宣言を論じたものであるが、ドイツの訴訟終了宣言の制度の概要を理解するのに役立つようにすることである。なぜならばドイツの民事訴訟法の体系書・注釈書・論文等を読んでいると、訴訟終了宣言の制度に言及している箇所に遭遇することは、決して少なくないからである。ドイツでは訴訟費用が訴訟において重要視されていて、訴訟終了宣言が利用されているからであるが、そのような場合に訴訟終了宣言について事前に知識がないと、全体の文脈を正確に理解することは困難である。そこでこのような場合にも役立つように、本書を通読することなく必要な事項が検索できるように、目次とは別に、細目次を作成した。

5　旧稿の整理の仕方

訴訟終了宣言について私は一九七六年以来、数年間隔で論考を発表してきた。その数は現在のところ二五に達した。ここでそれらをまとめて、訴訟終了宣言についての研究を終了させようと思っても事は簡単ではない。論考の中には三〇年以上も前のものがあるから、内容的には古くなったものも少なくないし、数年ごとの発表のために重複した記述も少なくない。これでは二五の論考を集めただけではまとめにならないし、本にもならない。そこでこれらの論考を解体して、体系的にまとめることにした。古い論考の場合は参考文献として位置づけ、それを引用しながら新たに執筆した。最近の論考は一部修正のうえ本書でも利用したが、可能な限り圧縮し、冗漫にならないように努めた。つまり本書は訴訟終了宣言についての体系書ではあるが、書き下ろしではない。しかし、かといって旧来の論考を単に集めたものでもない。こうして出来上がったのが本書である。

本書において旧稿を掲載する場合は、次のような原則による。

第一に、引用した文献は原則として手を加えない。しかし引用した注釈書や体系書等で版を改めたものについては、個々の状況に応じて最近の版の引用に修正した場合がある。したがって、それ以外の文献は当時のままであり、文献の補充は一切行わなかった。本来ならば旧稿を本書で利用する以上、現時点から見て必要な文献等を補充した補遺を執筆すべきであるが、本書ではそれは断念した。本書に収録する論考の全部に対してこれを行うことはかなりの労力と時間を必要とし、しかも、最新の学界の状況を反映させようとするならば一気に行うことが必要である。しかし、他の仕事もせざるを得ない現状では、それに専念するだけの余裕がない(11)。

第二に、送り仮名、漢字と仮名の使い分け等の日本語の表現は、原則として旧稿のままとし、本書全体で統一させていない。内容に関係しない以上、不統一を放置したとしても許容されるのではないかと思う。そもそもこれらは時代によって変化するし（民事訴訟法の改正により、法文では旧法の「訴」が「訴え」に変更された）、日本語の表現に対する個人の感性もその時々に変わることもある。日本語の多様性の表れである。本書で統一を図ることは、労多くして益が少ない作業である。

第三に、文献の引用方法は、可能な限り本書では統一した。それぞれの論考で利用する文献は同じものが多いので、そのまま掲載するとかなり重複するからである。またそれぞれの論考で引用表記が異なっていると、文献を探す場合に混乱が生じるからである。そこで引用した文献で訴訟終了宣言に関する文献は巻末に一覧としてまとめ、それらを引用する場合の引用方法は原則として統一した。なおこのようにして巻末の参考資料の文献一覧は作成したが、それは訴訟終了宣言に関する参考文献一覧の意味を持たせるためでもある。

第四に、注は本書全体の通し番号ではなく、各章ごとの通し番号とし、各章ごとで完結することにした。したがって、注(1)は本書では章の数だけ存在する。「前注(1)参照」の指示は、その章の「注(1)」を参照という意味である。

第五に、旧稿において不適切な記述は、本書において特に断ることなく訂正した。したがって本書の記述と旧稿の記述を比較して表現において違いがあれば、前者が後者を訂正したということである。これは主として表記上の訂正であり、内容を大幅に変更する場合は、従来その都度、変更の箇所と変更の理由を明らかにしてきたが、本書においてはそのような変更はなかった。なお旧稿はそのまま本書に転載したものではないから、体系的な分類の表記と注の番号は本書と旧稿では異なっている。

(10)　半田吉信教授は『弁護士報酬敗訴者負担制度の比較研究―ドイツの敗訴者負担原則と日本の裁判実務―』(法律文化社、二〇〇六年)においてドイツの訴訟終了宣言の説明をしているが、その中の一方的訴訟終了宣言についての記述に対して疑問を感じた。この本において、半田教授は訴訟終了宣言について三箇所で述べている。頁数順に示せば、一方的訴訟終了宣言と段階訴訟(ZPO二五四条)については七頁以下、ZPO九一条と九一条aとの関係については一〇頁、ZPO九一条aと訴訟費用の裁判については七八頁以下である。そこで疑問とする点とその理由、私見による対案については、拙稿・⑳〔読み方〕五二頁以下にまとめて発表した。

ところで、この本の奥付に記載された刊行日は二〇〇六年(平成一八年)一〇月二〇日であるが、同じ月の八日に大阪市立大学において開催された日本私法学会の個別報告も訴訟終了宣言の研究において興味あるものであった。初日の個別報告の第一部会の第一報告者は大阪大学の田中宏治助教授(当時)であり、テーマは「ドイツ新債務法における特定物売買の今日的課題」というものであった。報告において二〇〇三年二月三日のブラウンシュヴァイク上級地方裁判所(日本の高等裁判所に相当)の決定が取り上げられた。この決定はZPO九一条aに基づいたものであり、この決定に至るまでの訴訟経過は訴訟終了宣言の利用方法を具体的に示すものであった。この決定の意味については、詳論したことがある(拙稿・⑱〔双方的〕九号六二頁以下)。このような実体法において重要な判例を訴訟の経過から観察する場合には、訴訟終了宣言についての正確な知識が必要である。

(11)　補遺の作成を断念したのは、補遺作成は労多くして益することは少ないとの認識に基づいている。なぜならば補遺の内容は当該論考において引用した文献の頁数を新しい版の頁数に変更したり新たな文献を挙げることが主であり、論考の内容や記述にはほとんど関係がないからである。もっとも補遺を執筆しないことは、無批判的に旧稿を掲載したということではない。現時点において問題があれば、後の本文の第五として述べるように修正を行ったからである。

第三節　本書での表記上の約束ごと

1　略称・略語

①　日本の法律、裁判所、判例集等の名称に関しては、記述を簡素にするために正確な表記ではなく慣用化している略称・略語を使用した場合が少なくない。特に条文を引用する場合は法令名は略語を使用し、条名を示す「第」は省略した。その際に原則として利用したのは、法律編集者懇話会編「法律文献等の引用方法」判例タイムズ七七八号二七七頁以下（一九九二年）である。

なお民事訴訟法であるが、左記のような略称（略語）を用いる。

民訴法　　現行法であり、平成八年（一九九六年）法律第一〇九号の民事訴訟法

旧民訴法　　大正一五年（一九二六年）法律第六一号「民事訴訟法中改正法律」による民事訴訟法

明治二三年の民訴法　　明治二三年（一八九〇年）法律第二九号の民事訴訟法。なお最近ではこの民事訴訟法を「旧々民訴法」と表記する文献も少なくない。

②　ドイツの法律、裁判所、判例集、雑誌等の名称に関しては、条文、判例集、文献の引用等においてこれら

をドイツ語で表記する場合、正確な完全な表記ではなく慣用化している略称・略語を使用した場合が少なくない。その際に参考にしたのは、キルヒナーのドイツの法律用語のための略語表である。(12)

③　左記のドイツ語の略語は日本語の文章においても使用した場合が少なくないが、その意味は次のとおりである。

BGB　ドイツ民法
BGH　ドイツ連邦通常裁判所（日本の「最高裁判所」に相当）
BGHZ　ドイツ連邦通常裁判所民事判例集（日本の「最高裁判所民事判例集」に相当）
OLG　ドイツ上級地方裁判所（日本の「高等裁判所」に相当）
RG　ライヒ最高裁判所（現在の連邦通常裁判所の前身で第二次大戦前のドイツの最高裁判所。日本の戦前の「大審院」に相当）
RGZ　ライヒ最高裁判所民事判例集（日本の「大審院民事判決録」、「大審院民事判例集」に相当）
ZPO　ドイツ民事訴訟法

④　訴訟終了宣言を規定するドイツ民事訴訟法の規定はドイツ語では「§91a ZPO」と表記されるが、このドイツの表記を日本語で表現する場合に、「ZPO九一a条」と、「ZPO九一条a」という表記がある。ドイツの条文の通称枝番号の表記方法としてはそれぞれに一長一短があり、そのことを反映して、いずれが多数の支持を得ているかは決めがたい状況にあるが、本書は「ZPO九一条a」を採用した。その理由は次のとおりである。

確かにZPO九一a条という表記は九一条とは別の一つの独立した条文であることを示すのに便利である。しかし、日本では新たな条文を挿入する場合は、条数の後に、通称枝番号を付けるのが一般的な方法である。本書が「ZPO九一条ａ」と表示するのは、日本の表記方法に合わせたからである。もっとも日本の表記に合わせることを徹底して、「ZPO九一条の二」と表記している文献もある。しかし、この表記方法の場合、当該条文をドイツの六法全書で探す場合に、枝番号の漢数字をアルファベットに換算する必要があり、不便である。

ところでドイツの条文の項の中の文章は、日本では「文」で表記する文献が多い。例えば項の冒頭の文章は「第一文」と表記する。しかし、日本の場合は項の中は一般に「段」で表記するので、本書ではドイツの条文の項の中の文章を表記する場合でも、「段」を使用することにする。

2　文献の引用方法

①　訴訟終了宣言について今までに発表した拙稿を本書で引用する場合は、第四節１の論考一覧でそれぞれに付した番号と〔　〕の略語で表記した。

②　日本語の訴訟終了宣言に関する文献は巻末の参考資料二にまとめたが、それを引用する場合は、原則として、そこに記載された執筆者の姓かあるいは略語と、例えば「参資二１」（参考資料二の１に記載されているという意味）等と表記した。

③　前記以外の日本の文献の引用については、法律編集者懇話会編「法律文献等の引用方法」判例タイムズ七七八号二七七頁以下（一九九二年）を、原則として参考にして表記した。繰り返しの場合は、「姓・前掲注（　）頁数」で表記した。

④　訴訟終了宣言に関するドイツ語の文献については、参考にしたものについては巻末の参考資料四に、しなかったものは五に分けた。五は訴訟終了宣言に関するドイツの文献一覧を基に作成した文献表である。参考にした文献は、参考資料四に発表形態別に分類して一覧表を作成した。それを引用する場合は執筆者の姓と形態別分

類のアルファベットで示す。

共同執筆の場合は、通常の例に従い連名とした。注釈書についてはドイツでは編者名ではなく略語を使用する場合もあるので、そのような本についてはドイツの例に倣い略語を使用した。この場合に使用する略語は一覧表に記載した。

注釈書や体系書等は原則として最新版を利用したが、最新版ではなく特定の版を引用する場合は一覧表の中にその版を記載するとともに、引用の際に使用する分類記号のアルファベットの次に、［ ］の数字で何版かを示した。したがって版表示のないものは巻末の参考資料四に挙げたものであり、そこに複数の版が挙げられていた場合はその一番新しいものである。

ドイツ語の体系書や注釈書を引用する場合、当該箇所は頁数ではなくRnで表示する場合が少なくない。これはRandnummerのことであり、本文の左右いずれかの欄外に項目別に付された数字を示す。版が変わると頁数もしばしば変わるが、Rnの数字は変わることはない。これがRnによる表記の長所であり、Rn表記が利用される理由である。なお頁数はドイツ語ではS.で示し、次頁にわたる場合はf.、数頁にわたる場合はff.を付記した。

⑤　訴訟終了宣言に関係しない（前記以外の）ドイツ語の文献は、ドイツの例に倣い、その都度、執筆者名、論文名、出典等の順で表記した。なお繰り返しの場合は、「姓・前掲注（　）頁数」に相当するドイツ語の表記である「a. a. O. (Nr.), S.」を使用した。

3　外国人の姓名の表記

外国人の名前は、日本語の文章で表記する場合は片仮名で表記した。日本において一般的な片仮名表記が確立している場合は、原則としてそれに従い、そうでない場合は原語の発音を推測してそれに基づいた片仮名表記にした。その際に参考にしたのは、日外アソシエーツ編『アルファベットから引く外国人名よみ方字典』（日外アソシエーツ社、二〇〇三年）である。片仮名と原語との関係は注を見れば分かるように、文献引用の際は原語で表記した。

なお外国人には所属や敬称を付さないが、その国の論文執筆の際の慣行に従ったからである。日本の場合は、単に姓名だけの表記は未だ一般的ではないので、外国人の場合と表記方法は異なる。そもそも外国人の所属等を正しく把握して表記することは困難であるから、日本人の場合の表記方法に合わせるのは無理である。

４　その他

本書で使用する用語や言葉に特別なものはないが、誤解を避けるために若干付言しておく。

①　論　考　研究成果を自身で発表したものについて、法律関係の本では「論稿」が多く使用されている。しかし、本書において「論稿」を使用しなかったが、それは論考に特別な意味を持たせるためではない。若干の国語辞典ではあるが、それらを調べた限り、論考の方が一般的であるように思えたからである。すなわち、論稿を挙げていないものもあるし、挙げていても、論稿について論文の原稿という意味を記載しているものもある。また「論文」を使用しなかったのは、訴訟終了宣言について自らの見解を発表した形態は多様であり、一般的に論文と言われているものとは限らないからである。そして国語辞典の説明を私なりに解釈すれば、論考の方が論文よりも広い概念のように思えるからである。そこで本書では原則として、拙稿に対しては論考を使用することにした。

②　参　照　この言葉は簡略で便利な言葉であるが、その意味は状況に応じて異なるから、多義的な言葉であるといえる。例えば、読者に参照を促すために、「……を参照してほしい」とか、「……を参照されたい」とい

う意味で使用する場合がある。あるいは著者が自説の根拠を示すために、「……を根拠にした」とか、「……を利用した」という意味で使用する場合もある。さらに両方の意味を持たせて、「……を根拠にしたから、……を参照してほしい」という意味で使用する場合もある。

したがって、文中で参照という言葉を使用する場合は、その使用した意図が誤解されないためには、どのような意味で使用するかを明確にする必要がある。すなわち、「参照」だけでなく、右記のような言葉を補う必要がある。しかし、そうなると長い文章になってしまうのが難点である。そこで本書では参照を使用した場合は原則として、「……を参照してほしい」とか、「……を参照されたい」という意味で使用する。

(12)　Kirchner, Hildebert, Abkürzungsverzeichnis der Rechtssprache, 4. Aufl., 1993. なお本来なら二〇〇八年に刊行された六版を使用すべきであるが、本書で使用するような略語が最新版で変更するとは思えないので、本書の執筆に際しては手元にある旧版を使用した。

なおオーストリアについても同じような本が出版されている。本書の執筆に際して利用したのは、Friedl, Gerhard/Loebenstein, Herbert, Abkürzungs- und Zitierregeln der österreichischen Rechtssprache, 2. Aufl., 1987 である。出版年が古いのはドイツの場合と同様な理由による。

第四節　従来の私の研究の状況一覧

1　発表した論考の一覧

訴訟終了宣言について発表した論考を発表順に挙げると、次のようになる。なお本書でこれらを引用する場合は、それぞれに付した番号と〔　〕の略語で表記する。

①「西ドイツ民事訴訟法における訴訟終了宣言の制度の生成について（一）（二・完）」法学研究四九巻二号一八頁以下、三号六一頁以下（一九七六年）〔生　成〕

②「西ドイツ民訴法九一条ａの両当事者による訴訟終了宣言について」法学研究五〇巻一二号三三九頁以下（一九七七年）〔両当事者〕

③「訴訟終了宣言」三ケ月章＝青山善充編『民事訴訟法の争点〔初版〕』（ジュリスト増刊）一六六頁以下（一九七九年）〔争　点〕

④「西ドイツ民訴法における一当事者による訴訟終了宣言について」法学研究五五巻七号一頁以下（一九八二年）〔一当事者〕

⑤「訴訟終了宣言に関する判例（BGH, Urteil v. 8. 12. 1981, NJW 1982, 767; BGH Beschluß v. 8. 12. 1981, NJW 1982, 768）の解説」判例タイムズ四九七号六八頁以下（一九八三年）〔ドイツ判例〕

⑥「訴訟終了宣言と訴訟係属」法学研究六一巻一〇号一頁以下（一九八八年）〔訴訟係属〕

⑦「判例研究（最大判昭和二八年一二月二三日民集七巻一三号一五六一頁）」法学研究六四巻六号一四一頁以下（一九九一年）〔判　研〕

⑧「訴訟終了宣言の近時の問題」民事訴訟雑誌三八号六九頁以下（一九九二年）〔近　時〕

⑨「ドイツ民事訴訟法九一条ａの翻訳について」教養論叢九六号（小名木榮三郎先生退職記念号）一頁以下（一九九四年）〔翻　訳〕

⑩「訴訟終了宣言の日本における立法化について」中野貞一郎＝石川明編『民事手続法の改革―ゲルハルト・リュケ教授退官記念―』七八頁以下（信山社、一九九五年）〔立　法〕

⑪「訴訟終了宣言と我が国の判例」法学研究六九巻二号（宮澤浩一教授退職記念号）八三頁以下（一九九六年）〔判　例〕

⑫「オーストリア民訴法とスイス民訴法における訴訟終了宣言について」鈴木重勝ほか編『民事訴訟法学の新たな展開』（中村英郎教授古稀祝賀記念論文集上巻）六三九頁以下（成文堂、一九九六年）〔ドイツ法系〕

⑬「民事訴訟法第七三条の沿革と訴訟終了宣言（一）（二）（三・完）」法学研究七二巻八号一頁以下、九号一九頁以下、一〇号二九頁以下（一九九九年）〔沿　革〕

⑭「二〇〇一年行政事件訴訟法草案と訴訟終了宣言」法学研究七四巻一一号一頁以下（二〇〇一年）〔行 訴 法〕

＊この草案は公のものではなく、木村弘之亮教授の私案であり、拙稿はこの草案一六〇条二項を批判的に分析したもの。

⑮「二〇〇二年施行のドイツ民事訴訟法の改正と訴訟終了宣言」法学研究七六巻八号一頁以下（二〇〇三年）〔法改正〇二〕

⑯「スイス民事訴訟法と訴訟終了宣言」法学研究七八巻二号一頁以下（二〇〇五年）〔ス イ ス〕

⑰「二〇〇四年施行のドイツ民事訴訟法の改正と訴訟終了宣言」法学研究七九巻二号一頁以下（二〇〇六年）〔法改正〇四〕

⑱「ドイツ民事訴訟法第九一条ａの双方的訴訟終了宣言について（一）（二・完）」法学研究七九巻八号一頁以下、九号二七頁以下（二〇〇六年）〔双 方 的〕

⑲「日本の訴訟終了宣言について」法学研究八〇巻一二号（加藤久雄教授退職記念号）一七頁以下（二〇〇七年）〔日　本〕

⑳「ドイツ民事訴訟法第九一条ａのドイツ語の注釈書の読み方について」教養論叢一二八号（井田三夫先生・坂口尚史先生・中島茂夫先生退職記念特集号）五三頁以下（二〇〇八年）〔読 み 方〕

＊これは半田吉信教授のZPO九一条aの解説について、ドイツの注釈書の読み方に問題があるとして批判的に分析したもの。

㉑「不奏効に終わった取立訴訟と訴訟終了宣言について」小島武司先生古稀祝賀『民事司法の法理と政策　上巻』四二七頁以下（商事法務、二〇〇八年）〔取立訴訟〕

㉒「ドイツ民事訴訟法における一方的訴訟終了宣言について（一）（二）（三）（四・完）」法学研究八一巻七号一頁以下、八号一頁以下、九号一頁以下、一〇号一頁以下（二〇〇八年）〔一方的〕

㉓「訴訟経済と手続保障―ドイツ民事訴訟法第二六九条第三項第三段についての違憲論争が示唆するもの―」慶應義塾大学法学部編『慶應の法律学　民事手続法』慶應義塾創立一五〇年記念法学部論文集六九頁以下（二〇〇八年）〔訴訟経済〕

㉔「オーストリア民事訴訟法と訴訟終了宣言」法学研究八一巻一二号（藤原淳一郎教授退職記念号）一九九頁以下（二〇〇八年）〔オーストリア〕

㉕「ドイツ民事訴訟法における訴訟費用敗訴者負担の原則に関する結果責任説の歴史的な展開の素描」法学研究八二巻一号（森征一教授退職記念号）一頁以下（二〇〇九年）〔結果責任〕

２　拙稿の体系的な分類

前記拙稿を体系的に分類して整理すると、次のようにまとめることができる。拙稿は文献一覧の番号と〔　〕の略語とで表記するが、左記の事項別分類では文献の頁数が文献一覧の頁数と同じ場合は頁数は表記しない。換言すれば、〔　〕の後に号数や頁数が表記されているものは、１に挙げた論考の特定の箇所であるということである。

なお拙稿の体系的な分類は、日本における訴訟終了宣言に関する事項別の参考文献の一覧という意味もある。

現在、日本ではほとんど訴訟終了宣言について研究がなされていないからである。拙稿以外の日本語の文献については、巻末の参考資料二にまとめてある。また原則として拙稿においても日本語の文献は可能な限り網羅的に引用しているので、拙稿のそれぞれの引用した文献や文献欄が参考になる。

（2）ＺＰＯ九一条ａの成立の過程……………………①〔生成〕二号五三頁以下、㉕〔結果責任〕
2　新たな制度の創設
（1）訴訟係属と訴訟終了宣言…………………⑥〔訴訟係属〕
（2）訴訟係属前の訴訟終了事由の発生
……………⑮〔法改正〇二〕二九頁以下、⑰〔法改正〇四〕一八頁以下、三〇頁以下、㉓〔訴訟経済〕
3　オーストリア民事訴訟法と訴訟終了宣言
……………①〔生成〕三号九六頁以下、⑫〔ドイツ法系〕六四二頁以下、㉔〔オーストリア〕
4　スイス民事訴訟法と訴訟終了宣言……①〔生成〕三号一〇五頁以下、⑫〔ドイツ法系〕六五一頁以下、⑯〔スイス〕
5　適用領域の拡大……①〔生成〕二号六二頁以下、⑥〔訴訟係属〕、㉑〔取立訴訟〕
6　近時の学説の動向　………⑧〔近時〕、⑮〔法改正〇二〕二九頁以下、⑰〔法改正〇四〕二一頁以下、㉓〔訴訟経済〕
7　最近の立法の動向………⑥〔訴訟係属〕一七頁以下、⑮〔法改正〇二〕、⑰〔法改正〇四〕

Ⅲ　日本の訴訟終了宣言論
1　学説の状況……………③〔争点〕、⑲〔日本〕
2　民事訴訟法第七三条の沿革とその限界
（1）ドイツ民事訴訟法の継受とその後の変遷……①〔生成〕二号三〇頁以下
（2）民訴法七三条の沿革………⑬〔沿革〕八号・九号
（3）民訴法六二条の沿革………⑬〔沿革〕一〇号
3　判例の状況とその評価…………⑦〔判研〕、⑪〔判例〕

4　解釈論と立法論……⑩〔立法〕、⑭〔行訴法〕、⑲〔日本〕四二頁以下

5　事例研究……⑦〔判研〕、⑪〔判例〕

6　その他

(1)　用語（翻訳語）の当否……⑨〔翻訳〕

(2)　用語（翻訳語）の使用例一覧……⑨〔翻訳〕九頁以下、一七頁以下

第一編　ドイツの訴訟終了宣言の制度の現状

本編の概要

1　本編の目的と内容の概要

本編ではドイツの訴訟終了宣言論の現状を概観し、訴訟終了宣言の本質を究明するとともに、日本の訴訟終了宣言論が学ぶべき点を考えてみようと思う。ドイツではZPO九一条aの誕生により、訴訟終了宣言について、この条文によって規制される訴訟終了宣言と、規制されない訴訟終了宣言とに区別されることになった。すなわち、九一条aが規定している双方的訴訟終了宣言と、規定していない一方的訴訟終了宣言である。前者は当事者双方が訴訟の終了を認めた場合であり、後者は一方のみの場合である。前者には一方の終了宣言に対して他方が異議を述べない場合が含まれるから、この区別は訴訟終了宣言に対する異議の有無ということになる。さらに両者の違いは次の点にある。双方的訴訟終了宣言の場合は、訴訟係属が自動的に消滅し、同時に裁判所の本案について裁判する権限が失われる。これに対して一方的訴訟終了宣言の場合は、終了事由が実際にどのように発生したかが調べられなければならない。本編ではそれぞれの法的性質、要件、効果について考えてみようと思う。先ず第一章ではこの制度の手続を概観し、次に第二章では双方的訴訟終了宣言、第三章では一方的訴訟終了宣言を扱う。

ところで、近年のドイツの学界において注目すべきことは、訴訟終了宣言における手続の簡素化と訴訟費用の視点の強調である。これは一方的訴訟終了宣言において本案の紛争の再燃防止を重視したために複雑になった理論や手続に対して、訴訟終了宣言の出発点であった衡平な訴訟費用の負担という原点への回帰現象と評することができる。そこに通説批判の新たな胎動が聞こえる。第四章ではこのような状況を具体的に報じるために、グルンスキーの訴訟終了宣言と本案との関係の切断論を紹介し、この新たな動きを考えてみる。

本編の最後の第五章では、訴訟終了宣言について実際の訴訟を見てみる。訴訟終了宣言の法的性質論を考察しただけでは、訴訟終了宣言について具体的な姿が見えてこないからである。そこでドイツの判例とその具体的な事件を取り上げて紹介する。取り上げる判例は訴訟終了宣言に関する重要判例ではあるが、訴訟終了宣言の事案としてはやや特別な事件であり、訴訟終了宣言を具体的に考察する場合には必ずしも適切とはいえないが、訴訟終了宣言をめぐる紛争がいかなるものかを具体的に理解することができる。またこれによって当事者は訴訟終了宣言によって何を求めているのか、裁判所は当事者の訴訟終了宣言に関する紛争をどのように処理しているのかということが分かるのではないかと思う。

２　本編の依拠した拙稿

本編の各章が基本にした論考は、次のとおりである。論考によってはかなり古いものもあり、引用した文献は当時のままであるが、ドイツの判例や学説の状況についての紹介や私見は今日でもそのまま通用すると考えている。

第一章　訴訟終了宣言の手続の概要

第一節は新たに執筆したが、第二節は左記の論考の一部を利用した。

㉒「ドイツ民事訴訟法における一方的訴訟終了宣言について（三）」法学研究八一巻九号六頁以下（二〇〇八年）〔一方的〕

第二章　双方的訴訟終了宣言

⑱「ドイツ民事訴訟法第九一条aの双方的訴訟終了宣言について（一）（二・完）」法学研究七九巻八号一頁以下、九号二七頁以下（二〇〇六年）〔双方的〕

第三章　一方的訴訟終了宣言

㉒「ドイツ民事訴訟法における一方的訴訟終了宣言について（一）（二）（三）（四・完）」法学研究八一巻七号一頁以下、八号一頁以下、九号一頁以下、一〇号一頁以下（二〇〇八年）〔一方的〕

第四章　本案の判断と訴訟費用の裁判の連動性

⑧「訴訟終了宣言の近時の問題」民事訴訟雑誌三八号六九頁以下（一九九二年）〔近時〕

第五章　訴訟終了宣言の裁判例

⑤「訴訟終了宣言に関する判例（BGH, Urteil v. 8. 12. 1981, NJW 1982, 767; BGH Beschluß v. 8. 12. 1981, NJW 1982, 768）の解説」判例タイムズ四九七号六八頁以下（一九八三年）〔ドイツ判例〕

⑥「訴訟終了宣言と訴訟係属」法学研究六一巻一〇号一四頁以下（一九八八年）〔訴訟係属〕

第一章　訴訟終了宣言の手続の概要

第一節　訴訟終了宣言の定義

1　訴訟終了宣言という用語

「訴訟終了宣言」という用語は、ドイツ語の「die Erledigung des Rechtsstreits in der Hauptsache」に依拠して作られたものである。ドイツではこれ以外にも、「die Erledigung der Hauptsache」とか、「die Erledigung in der Hauptsache」と表現されている。表現は微妙に異なっているが、内容は同じである。私の印象ではドイツ語の論文の題名等においては、どちらかといえば「die Erledigung der Hauptsache」が多いように思う。日本でも訴訟終了宣言以外にも様々に翻訳されているが、(1) 本書では「訴訟終了宣言」を使用する。「die Erledigung der Hauptsache」を直訳した「本案の解決」という言葉よりは、「訴訟終了」という言葉の方が分かりやすいからである。なお「宣言」は原語にはないが、訴訟終了だけでは一般的な訴訟の終了と区別できないから付加した。

宣言という言葉に対しては批判がある。原告が単に訴訟の終了の意思を表明したにすぎないからである。(2) すなわち、このような場合に宣言という言葉を使用するのはオーバーな表現であり、宣言ではなく表示の方が適切であるとの批判である。さらに日本語で訴訟終了宣言というのであれば、それはドイツ語の「die Erledigung der

Hauptsache」ではなくて、「die Erledigungserklärung」ではないかとの批判も予想される。それぞれもっともな意見ではあるが、この制度の名称は原告の行為に注目するのではなく、あくまでも日本にない制度であることに着目して考えるべきである。具体的には、制度の内容を言葉自体から表すものとして適切な表現は何かという視点で考えられるべきである。そのように考えると、訴訟終了宣言が一番適していると思う。

このような理由からこの制度の名称として訴訟終了宣言という用語を使用するが、そうであると、原告がこの制度を利用する場合の原告の行為もまた訴訟終了宣言ということになる。換言すれば、制度としての名称である訴訟終了宣言は、原告のそのような行為を表示することにもなる。一般に多義的な用語は好ましくないが、しかし、多義的な用語は珍しいことではない。同様な例は訴えの取下げという用語に見ることができる。訴えの取下げは一方では民事訴訟法に規定されている制度の名称であるが、他方では原告が訴えを取り下げるというように原告の行為にも使用されている。

2　訴訟行為としての訴訟終了宣言

原告が訴訟終了宣言をし、それに対して被告が同意するか異議を述べない場合は双方的訴訟終了宣言である。この場合は実際に訴訟を終了させるような事態が訴訟中にあるいは訴訟外に発生したのかに関係なく、訴訟は終了する。当事者間で争いがない以上、裁判所は詮索しないという処分権主義の当然の帰結である。処分権主義は弁論主義と並んで民事訴訟法の大原則であるから、双方的訴訟終了宣言がこのような効果を有することについては異論はない。このようなことから、双方的訴訟終了宣言は訴訟の終了という効果を発生させる訴訟行為ということができる（詳細は第一章第二節）。

問題は被告が異議を述べた場合である。この場合は原告の一方的な訴訟終了宣言であり、訴訟が直ちに終了することはない。訴えの取下げの場合には、「相手方が本案について準備書面を提出し、弁論準備手続において申述をし、又は口頭弁論をした後にあっては、相手方の同意を得なければ、その効力は生じない。」（民訴法二六一条二項）と規定されているが、それと同様である。ただし、訴えの取下げの場合は訴えの取下げの効力は生じないが、一方的訴訟終了宣言の場合はそのようなことでは済まない。被告の異議によって訴訟の終了に関して当事者間に争いがあることが明白になった以上、この紛争は裁判所の判断によって決着を図るしか方法がないからである。そこでこの裁判をどのように考えるのか、また原告の一方的訴訟終了宣言はこの裁判とどのような関係があるのかが問題になる。すなわち、一方的訴訟終了宣言の場合は裁判を求める効果があると考えるのか、それとも原告の主張が正しい場合を条件とした訴訟終了効が発生すると考えるのかということである。これについては法律は規定していないから、解答は既存の制度との異同やそれらとの調和、そして訴訟終了宣言の目的によって考えるしかない。すなわち、原告の一方的訴訟終了宣言は既存のどのような訴訟行為に類似するのかを考察し、それを参考に一方的訴訟終了宣言の要件・効果を考えるべきである。これは一方的訴訟終了宣言の法的性質論が担当する問題である（詳細は第三章第二節）。

３　訴訟終了の意味

訴訟終了宣言における訴訟の終了については議論があるが、ドイツの通説的な見解によれば、次のような事態が発生したことをいう。原告が訴えを提起し訴訟係属が発生した後に、訴訟外において訴訟を終了させる事由が発生したために、適法で理由を具備していた訴え（申立て）を維持し訴訟遂行することができなくなった場合である。これに対して、反対説は訴えが当初から理由を具備していたか否かは関係ないと主張する。換言すれば、訴えが適法であることと、訴訟終了事由が発生したということだけで十分であるという主張である。あるいは訴訟の終了とは訴えが不適法ないし理由を具備しなくなったことであるとの見解もある。すなわち、当初の訴えが適法であり理由を具備していたという要件は不要であるという見解である。この解答も一方的訴訟終了宣言の法的性質論が担当する。

４　訴訟終了事由

訴訟の終了についての理解が異なるにしても、訴訟終了宣言には訴訟を終了させる事由の発生が必要である。そこで具体的には、どのような事由の発生の場合に訴訟終了宣言が必要になるかということである。換言すれば、訴訟終了宣言が必要となるのはどのような事例なのかということである。双方的訴訟終了宣言と一方的訴訟終了宣言とを区別して考える必要があるが、ここでは一般的な事例をまとめてみる。(3)

なお日本ではこのような場合は一般には訴えの取下げ（民訴法二六一条）で処理される。そこで訴えの取下げによる処理で十分なのかというのが本書での私の問題提起であり、訴訟終了宣言によって処理すべきであるというのが私の見解である。

Ａ　被告の行為に起因する場合

典型的な事例は、被告の行為に起因する場合であり、原告が訴求した内容を被告が訴訟中に任意に履行することである。例えば、貸金支払請求訴訟で被告が原告に金銭を支払うことであり、引渡しが求められた訴訟において被告が当該物件を引き渡すことである。さらに貸金支払請求訴訟で被告が原告に対する債権で相殺を主張することも考えられる。要するに、被告としては訴訟を続けても勝ち目がないと判断した場合の行動である。しかし、必ずしもそうとは限らない場合も考えられる。例えば、原告の主張した債権が未だ弁済期に達していない場合である。被告は、それを理由に裁判で勝ってもいずれ支払わなければならないから、勝訴判決を得るよりも眼前の訴訟を終了させ、訴訟費用を原告に負担させることの方が自分にとって有利であると考えるかもしれない。この場合は、被告はその主張に理由があるにもかかわらず、弁済をすることになる。

Ｂ　原告の行為に起因する場合

原告自身の行為が訴訟の終了を招くということは、原告が訴訟を開始したことを考えると珍しいことである。しかし、ありえないことではない。例えば、次のような事例が考えられる。原告が甲債権に基づいて被告に金銭の支払いを訴求したところ、被告が別訴で原告に対する乙債権の支払いを求めた。そこで原告は別訴において乙債権に対して甲債権による相殺を主張した。このような相殺が許されるかは議論のあるところであるが、許されるとした場合は、当初の甲債権の訴訟について、原告は別訴の乙債権訴訟において甲と乙との相殺を主張することによって、甲債権の訴訟を終了させることができる。あるいは物の引渡しを求めた原告が、自らの過失で当該物件が消滅してしまった場合も、訴訟を終了させざるをえない。

Ｃ　両当事者の行為に起因する場合

訴訟事件に関して裁判外あるいは訴訟上において原告と被告が和解したが、訴訟費用について合意に達することができなかった場合である。この場合、訴訟は終了したとして訴訟費用についてＺＰＯ九一条ａによって処理することが考えられる。そうでないと、訴訟費用の負担をめぐって裁判を続行する必要があるが、これは許されない公算が強い。訴訟費用の裁判は本案の裁判に付随して行われるべきであり、訴訟費用のためだけの訴訟は本末転倒であると考えられているからである（民訴法二八二条参照）。本案の問題が解決されているのであるから、双方的訴訟終了宣言として裁判所に訴訟費用の負担の裁判を任せるのが合理的な方法である。(4)

D　当事者の行為に起因しない場合

(1)　第三者の行為に起因する場合。すなわち、引渡しを求めている物件が第三者の行為によって消滅した場合である。例えば、引渡しを求めたペットが被告の過失なくして死亡した場合である。

(2)　時間の経過によって、訴訟の意味がなくなった場合。例えば、特許権侵害訴訟に関して訴訟中に当該特許権が時間の経過により消滅した場合である。[5]

(3)　法律の改正により原告の権利が認められなくなった場合。例えば、当該法律が憲法違反で失効した場合である。

E　訴訟要件の消滅に起因する場合

訴訟要件が訴訟中に消滅した場合、訴訟終了宣言が許されるのかという問題がある。A～Dは実体法上の問題であり、このような場合に訴訟終了宣言が許されるか否かについて特に議論はない。訴訟要件に関して議論があるのは、訴訟要件の消滅により訴えは不適法にはなるが、訴えの理由がなくなったわけではないからである。すなわち、訴訟要件の消滅の場合は実体法上の訴訟終了事由が発生した場合と異なる。そこでこれを根拠に、訴訟要件の消滅は訴訟終了宣言の訴訟終了事由に該当しないという見解がある。しかし、ドイツの判例・通説は実体法上の訴訟終了事由が発生した場合と状況は同じであることから、この場合の訴訟終了宣言を肯定する。

訴訟要件に関して注意すべきことは、その消滅により直ちに訴えが不適法になったり訴訟が終了したりするわけではないことである。すなわち、訴訟経済を理由に訴訟要件を欠いても直ちに不適法になるわけでなく、訴えが維持される場合がある。例えば、管轄の恒定（固定）（民訴法一五条）や、訴訟能力・法定代理権等の欠缺とその補正（民訴法三四条）が代表的な例である。したがって、訴訟終了宣言の例としては、訴えの利益や確認の利益が訴訟中に消滅したことによる訴訟の終了である[6]。

例えば、将来の給付の訴えにおいて、訴訟中にその必要性がなくなった場合である。具体的には次のような場合である。賃貸人は賃借人が約束した日に直ちに部屋を明け渡さないと他人に貸す都合で困る。そこで賃借人の日頃の言動から適時に明け渡さないおそれがあるとして、賃貸人は賃借人に対して将来の明渡しを求めて将来の給付の訴えを提起した。ところが訴訟中に賃借人が引っ越しをした場合である。あるいは確認の訴えには現在の不安を除去するために即時確定の利益が必要であるが、それが訴訟中に不要になった場合である。すなわち、原告が被告との間で争っている権利もしくは法律関係について確認の訴えを提起したところ、被告が訴訟係属後に争われている権利もしくは法律関係の存在を初めて認めた場合である。

第二節　訴訟終了宣言の手続の流れ

訴訟終了事由が発生した場合、訴訟はそれによって直ちに終了するわけではないし、原告が訴訟の終了を宣言すれば、直ちに訴訟終了効が発生するものでもない。いくつかの段階を経て、最終的には判決によって一方的訴訟終了宣言の効果が発生する。訴訟終了事由が発生し原告が訴訟終了宣言を行った場合、その後の訴訟手続の流れについて、主として時間的な経過に従いまとめてみると、次のようになる[7]。

1　双方的訴訟終了宣言の手続

① 訴訟終了事由が発生し、このまま訴訟を続行する意味がなくなった。

② 原告は訴訟終了宣言をするか、しないかを決める。訴訟終了宣言をしない場合は、訴訟を終了させるため

に訴えの取下げ（ZPO二六九条）か、請求の放棄（ZPO三〇六条）のいずれかを選択する。もし原告が何もしなければ、裁判所は訴えを却下するか、請求を棄却する。

③　原告が訴訟終了宣言をし、被告がそれに対して同意するかあるいは異議を述べない場合は、双方的訴訟終了宣言である。この場合は訴訟費用の負担者は、裁判所が従前の事実状態と訴訟状態を考慮して、衡平な裁量により、決定によって決める（ZPO九一条a）。裁判所は仮執行宣言を付すことはないし、本案についての裁判も行わない。

2　一方的訴訟終了宣言の手続

訴えの変更説は一方的訴訟終了宣言の法的性質は訴えの変更と考えるので、一方的訴訟終了宣言は訴えの変更に関する規定を基準にして、次のような展開になる。裁判所は新たな本案の問題として、「当初の訴えは終了事由発生まで、適法であったか否か」を判断することになる。そこで訴訟上は、このような判断がなされるような訴えが、従来の訴えに代わって新たに提起されたと考えることになる。

④　原告の訴訟終了宣言に対して、被告が同意しないかあるいは異議を述べる場合は、原告の訴訟終了宣言は一方的訴訟終了宣言である。

⑤　裁判所は、新たな確認の訴えへの訴えの変更が適法であるか否かを判断する。適法であれば次の段階に進むが、不適法であれば一方的訴訟終了宣言は１②の訴訟終了宣言をしない場合と同じである。すなわち、訴えの取下げか請求の放棄になる。なおこの訴えの変更が適法であることについては、第三章第三節２Ａで考察する。

⑥　裁判所は、この新たな確認の訴えが確認の利益を有するか否かを判断する。確認の利益は原則として肯定される。なぜならば、当事者間に以下の⑦⑧のような紛争があり、その紛争を解決するための確認の訴えである

からである。

⑦　裁判所は、「当初の訴えは終了事由発生まで、適法であったか否か」を判断する。肯定できるのであれば、次の段階に進む。否定する場合は、裁判所は請求を棄却し、訴訟費用は原告の負担とする（ＺＰＯ九一条、日本民訴法六一条に相当）。否定する場合に棄却判決を行う理由は、訴えの変更説によれば、前記判断事項は本案の審判対象であり、認容判決をするための実体的要件であるからである。なおこの場合は棄却判決ではあるが、仮執行宣言を付す（ＺＰＯ七〇八条以下、日本民訴法二五九条に相当）。訴訟費用についての裁判によって訴訟費用を負担する者が決まったから、その者に対する執行を保障するためである。

⑧　裁判所は、「当初の訴えは終了事由発生まで、理由を具備していたか否か」を判断する。肯定できるのであれば、次の段階に進む。否定する場合は、⑦と同じ展開になる。すなわち裁判所は請求を棄却し、訴訟費用は原告の負担とし、仮執行宣言を付す。その理由は、ここで判断すべき事項は⑦の場合と同様に、本案の審判対象であり、認容判決をするための実体的要件であるからである。

⑨　裁判所は、「当初の訴えは訴訟係属後に訴訟外の事由により不適法になったのか、それとも理由が消滅したのか」を判断する。肯定できるのであれば、判決の主文は、「本案は終了した。」、あるいは「本案の終了を確認する。」というものである。訴訟費用はＺＰＯ九一条か、あるいは九二条（日本民訴法六四条に相当）によって被告の負担とする。一方的訴訟終了宣言が認められたということは、訴訟費用は被告が負担するとの原告の主張が認められたことであり、被告の敗訴に他ならないからである。否定する場合は、原告の一方的訴訟終了宣言は認められないということであり、裁判所は請求を棄却する。訴訟費用は原告の負担とする（ＺＰＯ九一条）。前者の場合でも後者の場合でも、判決には仮執行宣言が付される。

（1）　ＺＰＯ九一条ａの様々な日本語の訳を比較検討しながら、この制度の日本語表記について詳論したことがある（拙稿・⑨〔翻訳〕一頁以下）。この結果を一覧にまとめたものが、参考資料三である。
（2）　松本・参資二１・法学雑誌一九巻二号二五六頁注（1）は、次のように述べている。「わが国では、つうじょう『訴訟完結宣言』なる訳が附されているが、当事者から裁判所に対する陳述であること、訴訟費用に対する本案であることに鑑み、あえて『本案終了の表示』と訳出した」。
（3）　まとめるに際して、Shen (B), S. 18ff. を参考にした。なおこの本においては、いわゆる段階訴訟（Die Stufenklage, ZPO二五四条）が挙げられ訴訟終了宣言との関係が詳論されているが、段階訴訟は日本にはない制度である。なお段階訴訟という表現はドイツ語の直訳であり分かりづらく、内容から表示するならば、「段階的客観的併合の訴え」である（拙稿・⑳〔読み方〕八九頁注（13））。この訴訟と訴訟終了宣言については詳論したことがある（同・八三頁以下）。
（4）　ドイツの判例・通説はこのように考えている。和解と双方的訴訟終了宣言については、実際のドイツの事例を紹介しながら詳論したことがある（拙稿・⑱〔双方的〕九号六二頁以下）。なおこの問題については、第二章注第四節（42）にまとめてある。
（5）　皇居前広場の使用の許可をめぐって争われた行政訴訟において、訴訟中に使用する日が過ぎてしまった場合、訴訟はどのように処理すべきかという問題がある。これついては序章第一節注（2）で指摘したが、最高裁大法廷の判例に対して訴訟終了宣言によって処理すべきであると説いたことがある（拙稿・⑦〔判研〕一四一頁以下）。その要約は、第三編第四章第四節参照。
（6）　この他の例として、Shen (B), S. 26f. は当事者が訴訟中に権利能力や当事者能力を失う場合を挙げる。
（7）　手続の展開に関しては、次の文献を参考にした。Knöringer (E), §11 II.; Oberheim (E), §29 Schema 29. 1; Schellhammer (D), Bild 63–64. なお前二者は、ドイツの司法修習生に対して行われる最終の国家司法試験のための受験参考書である。ドイツの司法試験では筆記試験でも口述試験でも事例問題について具体的な解決策が問われるから、これらの本は具体的な事例を挙げて、その処理方法を詳細に説いている。

一方的訴訟終了宣言に関する具体的な問題の解決策については、これらの本は訴えの変更説に基づいて記述している。ドイツでは訴えの変更説が判例・通説であるから、当然といえば当然な話である。ここが学者の本と受験参考書との違いであり、これらの受験参考書は実務においても訴えの変更説が定着していることと、当分この状態が続くことを示している。受験参考書を文献として引用することに対して後ろめたさを感じるが、大局的に制度の概要と実務の運用の実態を知るには体系書や注釈書よりも便利である。

なお以下の本文の記述においては前記の本を参考にしたが、広く一般的に知られていることや認められていることに関しては、具体的に頁数を表記することは煩雑になるので省略する。同趣旨を説いているドイツの文献の引用も同様とする。そもそも本章のような記述の場合、前述のような一般的な事柄については、根拠となった文献と当該頁数を明らかにしなくても許されるのではないかと思う。また具体的な問題に言及している文献は少なくないから、それらをすべて挙げるとなると詳細にならざるをえないし、ドイツの注釈書や体系書を見れば直ちに分かるという事情もある。

ところで当然なことではあるが、訴えの変更説を支持しない場合は個別具体的な問題の結論が同じでも理由づけは異なるし、そもそも結論それ自体も異なることもある。これらについても検討すべきではあるが、その当否は正に法的性質論の問題であり、必ずしも個別具体的な場面で考察することでもない。ドイツの判例・通説が訴えの変更説であるという状況において、それ以外の法的性質論で個別具体的な問題を考察することは制度の理解を混乱させることになると思うので、本章では省略する。

第二章　双方的訴訟終了宣言

第一節　双方的訴訟終了宣言の制度の概要

双方的訴訟終了宣言が想定している状況とは、「訴訟終了事由が発生して、訴訟を続行する必要がない」という点では両当事者は意見が一致していて、争いがない場合である。この場合の訴訟の終了方法を規定したのが、序章第一節6に掲載したZPO九一条aである。ZPO九一条aが力点を置いているのは、訴訟費用の負担を決める方法とその基準である。なぜならばこのような状況における当事者の最大の関心事は、本案の問題というよりは従来の訴訟費用の負担の問題であるからである。以下ではこのようなことを確認する意味で、ZPO九一条aの内容、訴訟終了事由、具体的な適用事例等を概観する。

1　ドイツ民事訴訟法第九一条aについて

ZPO九一条aは双方的訴訟終了宣言について規定したものである。この規定について若干の説明が必要である。

第一は、双方的訴訟終了宣言の要件である「両当事者が本案の訴訟の終了を宣言した」ということの意味である。[1] これは原告が一方的に訴訟の終了を宣言したのではなく、原告と相手方である被告とが訴訟の終了を宣言したということである。しかし、これは結果的にそのようになった場合を法文にしたものであり、実際に当事者がそれぞれ訴訟終了宣言をしたり、両当事者が共に訴訟の終了を宣言するということではない。すなわち、実際は原告が一方的に訴訟終了宣言をしたことに対して、被告が同意したり異議を述べないことによって、訴訟の終了について原告と被告との間に争いがなくなったということである。[2] これが双方的訴訟終了宣言の内容であり、法が規定した双方的訴訟終了宣言の重要な要件である。したがって、原告が一方的に訴訟終了宣言をしたことに対して、被告が反対した場合は一方的訴訟終了宣言である。これについてはドイツ法は規定を有していないため、この場合の手続や法的な問題を理論的に体系的に処理する方法をめぐってドイツの判例と学説は錯綜している。

第二は、「訴訟の終了」という内容である。これは訴訟を続行する意味がなくなったということであり、そのような事態が生じる理由は、第一章第一節４で分類したように多岐にわたる。すなわち、典型的な事例は訴訟物たる請求権の訴訟中の満足である。具体的には、訴求債権が被告によって履行あるいは相殺によって消滅した場合である。あるいはある物の引渡し訴訟において、当該物件が原告に引き渡されたか、当該物件が消滅した場合である。もちろん、訴訟を終了させる事由は本案の問題に限定されない。訴訟要件の消滅も訴訟の終了を招来するから、これに含まれる。典型的な事例は、訴えの利益や訴訟能力が訴訟中に喪失した場合である。この他に法律状態の変更、裁判外の和解等によって訴訟が終了するならば、この場合にもＺＰＯ九一条ａは適用される。

第三は、本条による訴訟費用の決め方である。本条は裁判所の裁量によって決めると規定しているが、これは訴訟の結果（勝敗）によって決めるとする通常の場合とは大いに異なる。その理由は、ＺＰＯ九一条ａが適用される場面で、通常の例に従い訴訟費用の負担を訴訟の結果によって決めるとなると、不当で不合理なことになるからである。例えば、金銭支払請求訴訟において訴求債権が被告によって履行され訴訟が終了した場合、被告の履行により実質的には原告の勝訴であるにもかかわらず、形式的（現象的）には原告の請求の理由がなくなるから原告の敗訴であり、したがって訴訟費用は原告の負担ということになるからである。これを避けるために、訴訟費用の負担者を決めるために訴訟を続行させるということが考えられるが、本案が終了しているのに訴訟費用のためだけの訴訟の続行はいかにも本末転倒という印象は否定できない。

ところで訴訟費用の問題に関して、双方的訴訟終了宣言の場合と一方的訴訟終了宣言の場合の違いにも注意しておく必要がある。一般に訴訟終了宣言は当事者による訴訟の終了のための制度として位置づけられるが、それだけでなく訴訟費用の問題でもある。そもそも訴訟終了宣言の制度は、既存の制度では訴訟費用の問題が適切に処理できないとして発展した制度である。(3) 双方的訴訟終了宣言の場合は、訴訟の終了という面よりは訴訟費用の負担の問題の方が重要である。これに対して一方的訴訟終了宣言の場合は、訴訟費用の問題よりも訴訟の終了の問題の方が重要である。ここでは訴訟の終了について当事者間に争いがあり、それについて裁判所が判断すれば、その内容に連動して訴訟費用の負担者を決められるからである。

２　双方的訴訟終了宣言の適用事例

ＺＰＯ九一条ａが適用される場合は既に述べたように両当事者が訴訟の終了で一致した場合であるが、具体的には次のような事例がドイツの教科書等で一般に挙げられている。すなわちドイツではこのような場合にＺＰＯ九一条ａを適用して、双方的訴訟終了宣言として処理している。なお左記の例では、Ｘは原告を、Ｙは被告をそれぞれ意味する。

(a)　ＸがＹに対して支払い請求の訴えを提起した。Ｙが訴訟中に弁済し、ＸとＹが紛争が終了したことについて意見が一致した（Jauernig (D), §42 VI 1）。

(b)　Xが Yに対して支払い請求の訴えを提起した。Yは争い、請求棄却を申し立てた。証拠調べの後で、Yはもはや勝訴を得ることに自信がなくなったので、訴求された金額をXに支払った（Lüke (D), §21 II）。

(c)　Xが Yに対して支払い請求の訴えを提起した。Yは管轄違いの抗弁を提出し、さらにYは、「Xは債権をZに譲渡したから債権者ではない。」と主張した。裁判所は証拠調べの結果、Yの主張が正しいと判断した。両当事者は訴訟の長期化にうんざりして、訴訟を終了させることで意見が一致した（Zeiss/Schreiber (D), Rn 494）。

(d)　XはYに対して何度となく支払いを督促したにもかかわらず、Yは一向に支払わないので訴えを提起したところ、Yが訴訟中にやっと支払った。両当事者はこれ以上訴訟を続けないことで意見が一致した（Oberheim (E), §29 Rn 4）。

ところで日本において双方的訴訟終了宣言を論じる場合に注意しなくてはならないことは、単にドイツの双方的訴訟終了宣言の制度の報告であってはならないということである。日本法の視点での問題意識が重要である。すなわち、日本においてドイツの双方的訴訟終了宣言の考え方を利用して処理をすることが、合理的で妥当であることを具体的に論証することである。そしてさらに、ドイツの双方的訴訟終了宣言の制度で処理する事例は、日本では既存の当事者の訴訟行為によって訴訟の終了を生じさせる制度、すなわち訴えの取下げ（民訴法二六一条・二六二条）、訴訟上の和解、請求の放棄および認諾（民訴法二六六条・二六七条）では十分に処理できないということを明らかにする必要がある。このような検討をするためにも、右記の事例は活用されなければならない。

（1）　ＺＰＯ九一条ａについては今までにいろいろ日本語に訳されてきたが、「die Parteien」をめぐって様々な訳がある。具体的には、当事者、両当事者、当事者双方、当事者（複数）という訳語である。このような状況において、両当事者かあるいは当事者双方という訳にすべきであると説いたことがある（拙稿・⑨〔翻訳〕一五頁）。要は本文で述べるように、訴訟の終了事由が発生した場合の原告の訴訟終了宣言に対して、被告が同意するかあるいは異議を述べない場合を、いかに日本語に表現するのが妥当なのかということである。

（2）　被告の一方的訴訟終了宣言は認められないというのがドイツの判例・通説の見解である（第三章第三節2Ｅ）。これは一方的訴訟終了宣言の法的性質が訴えの変更であるという判例・通説の当然の帰結である。訴えの変更は原告だけの行為であって、被告が許されるものではないからである。

（3）　訴訟終了宣言の制度の生成の歴史については、拙稿・①〔生成〕が詳細であるが、第二編第一章にまとめてある。

第二節　双方的訴訟終了宣言の要件と効果

双方的訴訟終了宣言として認められるための要件、換言すればＺＰＯ九一条ａが適用されるための要件と、適法な双方的訴訟終了宣言によって生じる法的な効果について、今日の判例・通説の見解をまとめておく[4]。これらは双方的訴訟終了宣言を理解する場合に必要とされる基本的な知識であり、その法的な性質を考究する場合の出発点になるからである。すなわち制度を理解するための法的性質論とは、制度利用の要件と効果とを体系的に説明するための議論である。

ところで既に見たように、双方的訴訟終了宣言の制度は当事者間で訴訟の終了について争いがない場合に、それまでの訴訟費用の負担者を裁判所の裁量という簡易な手続で決めて、直ちに訴訟を終了させる制度である。そうであるならば、この制度の主たる効果は簡易な訴訟費用の裁判と訴訟終了効の発生ということになる。ＺＰＯ九一条ａはこのことを必ずしも明記しているものではないが、制度の目的から法文をそのように解釈する必要がある。

次にこのような法的な効果を発生させるための要件であるが、それは正にＺＰＯ九一条ａが規定している。すなわち両当事者の訴訟終了宣言であるが、その方法は期日における両当事者による宣言だけではない。ZPO九一条aは両当事者がその旨の書面を提出する方法や、両当事者がその旨を書記課の調書に記載する方法等も認めている。しかし、これだけではない。制度の目的から当然必要とされる要件は、しばしば法文に明記されていないからである。もっとも制度目的からは演繹されるが、民事訴訟法の原理から要件としては適切ではないとして否定されるものもある。

このような概観に基づき、以下では双方的訴訟終了宣言の主要な要件と効果について考察する。しかし、本章の記述が双方的訴訟終了宣言の要件や効果についてのすべてではない。主要なものに限定した理由は、本章の目的は単にドイツの双方的訴訟終了宣言を紹介することではなく、それを日本法へ導入することが可能かを検討するものであるからである。日本での制度の展開を念頭に置いて、当面日本で問題となるであろう項目だけについて考究する。詳細はドイツの文献に譲る。もっとも、ドイツでも本章で取り上げた項目以外は、特別な研究論文を除いて一般に取り上げられることはないので、本章が網羅的に論じていないとしても直ちに不完全なものとは断定できない。制度を概観するには、本章の項目だけで十分である。

1　双方的訴訟終了宣言の要件

A　訴訟終了事由

訴訟終了事由の存在は、通説によれば双方的訴訟終了宣言のために必要ではない。つまり訴訟終了事由の存在は、双方的訴訟終了宣言の要件ではない。にもかかわらず、この項目を冒頭に挙げたのは、訴訟終了事由の存在が要件として不要であることが、双方的訴訟終了宣言の特質を表しているからである。そもそも双方的訴訟終了宣言によって訴訟が終了するのは、双方的訴訟終了宣言が処分権主義に基づくからである。これは終局判決（民訴法二四三条一項）によらない訴訟の終了の場合と同じである。したがって日本で双方的訴訟終了宣言が認められた場合は、それは体系的には、訴えの取下げ（民訴法二六一条・二六二条）、訴訟上の和解、請求の放棄および認諾（民訴法二六六条・二六七条）という制度と同じようなところに位置づけられる。双方的訴訟終了宣言が処分権主義に基づくということは、双方的訴訟終了宣言は裁判所から審判権を奪うことである。そこで、裁判所は訴訟の終了事由の有無について審理することができない。したがって訴訟の終了事由の存在は双方的訴訟終了宣言の要件ではない。つまり訴訟の終了事由が発生していなくても、双方的訴訟終了宣言は適法である。この点が一方的訴訟終了宣言と違うところである。要件はこのように制度の根拠や目的からも導かれる。

なおこのような見解に対してかつて反対説が主張されたこともあったが、現在では反対説は全く姿を消している。反対説は双方的訴訟終了宣言には訴訟終了事由の存在が必要であると主張しているが、訴えの取下げにはその理由が必要ないことを考えると、双方的訴訟終了宣言についてだけ理由を必要とするというのは説得力がない。またここで訴訟の終了事由の存在を双方的訴訟終了宣言の要件とすると、訴訟終了手続の簡素化というＺＰＯ九一条ａの本来の目的が見失われる。

Ｂ　訴訟係属

双方的訴訟終了宣言によって訴訟終了効が発生する。双方的訴訟終了宣言は処分権主義に基づき、処分権主義は裁判所の裁判する権限を奪うからである。訴訟終了効は訴訟係属を前提にするから、訴訟係属の発生が必要である。したがって訴訟係属の発生前には双方的訴訟終了宣言は許されないし、訴えの取下げ後の訴訟終了宣言も訴訟係属が既に消滅しているから、同様に許されない。もっともこのような見解を形式論として批判して、双方的訴訟終了宣言は訴訟係属の発生時点（訴状送達時）からではなく、訴状提出時から許されるとの見解がかつて主張されたことがあった[5]。

注意すべきことは、訴訟終了事由の発生時点と、双方的訴訟終了宣言を行う時点とを混同しないことである。前者は双方的訴訟終了宣言の場合は重視されない。Ａで述べたように終了事由そのものが要件とされていないからである。したがって双方的訴訟終了宣言の場合、終了事由の発生の時点が訴訟係属前であっても問題はないが、それは理論的に言えることであって、実際は訴訟の終了事由が訴訟係属前に発生した場合に双方的訴訟終了宣言が行われることはない。なぜならば、二〇〇一年の改正法（二〇〇二年一月一日施行）に基づいて導入されたＺＰＯ二六九条三項三段が、この場合に利用されるからである[6]。すなわち、この規定によれば、訴訟係属前に終了事由が発生した場合、訴えの取下げによって手続を終了させることができるとし、その場合の従来の手続費用の負担者を決める方法はＺＰＯ九一条ａと全く同じで、裁判所の裁量によって決めるとしているからである。

なお訴訟係属前に終了事由が発生した場合に双方的訴訟終了宣言が利用されないことについては、デッケンブロック等は「訴訟係属前の手続終了における双方的訴訟終了宣言の終焉」と題する論文で、ＺＰＯ二六九条三項三段とＺＰＯ九一条ａとの関係を論じて明らかにしている。この論文において彼らは、「ＺＰＯ二六九条三項三段の導入により、……訴訟係属前の双方的訴訟終了宣言は可能ではあるが、もはや利用される事例は考えられない」と述べている[7]。

Ｃ　被告の同意

双方的訴訟終了宣言は通常は原告の終了宣言に対して被告が同意するか、あるいは異議を申し立てないという形態であるが、それだけではない。両当事者が一致して本案の裁判を希望しないと考えられるか否かが問題であるから、終了を宣言する当事者の順序は問わない。すなわち最初に終了を宣言するのが被告で、次に原告という順序であってもかまわない。被告の同意の意思は異議を申し立てないことも含まれるから、意思表示の解釈が問題となる。意思表示の解釈に際して、双方的訴訟終了宣言を望んでいると判断する基準は、訴訟費用を負担する意思がないということだけで十分である。もし原告が訴訟費用を負担するつもりならば、訴えの取下げになる。被告が棄却判決の申立てを維持している場合は、被告は裁判の取得を固執しているから終了宣言にならない。意思の表示（宣言）の方法や場所については、ＺＰＯ九一条ａが期日での宣言、書面の提出、書記課での調書の記載等を規定している。

なお二〇〇四年九月一日施行の改正法により、ＺＰＯ九一条ａは改正され、双方的訴訟終了宣言の要件である被告の同意について、それを擬制する規定として新たに第一項第二段が追加された。すなわち、被告が原告の訴訟終了宣言についての書面の送達を受けてから二週間以内に異議を述べない場合は、双方的訴訟終了宣言が成立する旨の規定である。被告が異議を述べないということが、直ちに原告の訴訟終了宣言に同意するという意味ではないから、手順を踏んで同意を擬制しようというものである。そうでないと、被告の意思を確認するためにわざわざ期日を設定する必要があるし、設定したとしても異議を述べなかった被告が出席するとは思えないからである。そこで被告の意思の確認の手続を不要にするために、第二段として擬制規定が設けられた(8)。

D　一般の訴訟行為の要件

訴訟終了宣言は訴訟行為であるから、一般の訴訟行為について要求される要件が必要になる。また一般の訴訟行為が服する訴訟法の原則に従う。例えば、被告が同意する前であれば、原告は終了宣言を自由に取り消すことができる。しかし、被告が原告の訴訟終了宣言に同意した場合は、原告の訴訟終了宣言に再審事由（例えば、ＺＰＯ五八〇条二号・四号・七号等）が存在する場合にのみ、原告は訴訟終了宣言を取り消すことができる。

２　双方的訴訟終了宣言の効果と手続の展開

Ａ　訴訟終了効

自動的に訴訟終了効が発生するので、裁判所が訴訟の終了を確認したり表明する必要はない。訴訟は双方的訴訟終了宣言によって終了し、それ以上に進展しない。そこで証拠調べが既に決められていたとしても実施されることはない。問題は具体的にどの程度までは許されるかであるが、個別的に考えざるをえない。訴訟終了効の発生によって従前の訴訟法上の効果に対する影響が問題になる。これについてはＺＰＯ九一条ａは規定していないし、他に直接規定しているものもない。そこで訴えの取下げの規定を類推して考えることになる。例えば、既になされた未確定な裁判は効力を失う（ＺＰＯ二六九条三項一段の類推）。この場合、裁判所は当事者の申立てにより、確認的な決定によってそれを明らかにすることができる（ＺＰＯ二六九条四項の類推）。

Ｂ　訴訟費用の裁判

ａ　手　続

従来の訴訟費用について、口頭弁論を経ないで決定によって裁判されなければならない（ＺＰＯ一二八条四項）[9]。この裁判は即時抗告をすることができるから（ＺＰＯ九一条ａ二項一段）、債務名義になる（ＺＰＯ七九四条一項三号）。そこで裁判は書面によらなければならないが、裁判書の形式について直接の規定はない。この裁判は即時抗告の対象になるので、それを考えると裁判書は判決書に準じた形式が必要である[10]。具体的にいうと、主文は訴訟費用の判断に制限され、双方的訴訟終了宣言が主文で確認されることはない。

この裁判の理由において、訴訟費用の負担の判断に関係することが述べられる。両当事者が訴訟費用の負担について自分に有利な申立てをしているからである。訴訟費用の負担を決める理由において、終了前の本案の判断や双方的訴訟終了宣言が述べられる。ＺＰＯ九一条ａ一項一段は、「従前の事実状態及び訴訟状態を考慮して」訴訟費用の負担を決めると規定しているからである。従前の訴訟の状況を述べる範囲内で、本案の中立てについての裁判の状況が判断される。

ｂ　判断基準

従前の事実状態と訴訟状態を考慮して、衡平な裁量によって判断する（ＺＰＯ九一条ａ一項一段）。この場合に訴訟費用の負担者を決める方法は、もし双方的訴訟終了宣言がなかったとしたら負担するであろうと十分に予測される者を仮定して、その者を負担者とするということである。しかし、仮定によってすべて決まるというものでもない。ＺＰＯ九三条以下に示されている訴訟費用の負担に関する衡平原理もここで適用される。事実の確認のために簡易な調査でも行わないが、重要な法律問題については判断がなされなければならない。

ｃ　訴訟物の価格

双方的訴訟終了宣言が行われる前は両当事者は本案について争い、終了宣言後は訴訟費用の負担をめぐって争うことになるから、二つの訴訟物の価額が存在する。すなわち、訴訟終了宣言の前までは本案の訴訟物の価額が訴額の基準になる。ところが訴訟終了宣言の後では訴訟費用のみが問題になるから、訴訟費用の価額が訴額の基準になり、この額に変更される。このような変更が生じても管轄が変更することはない。訴額は起訴の時を標準とするからである（ＺＰＯ二六一条三項二号）。上訴の際の訴額の基準は当事者が訴訟費用を争っているのであるから、原則として訴訟費用の価額になる。

Ｃ　上　訴

訴訟費用の裁判に対しては即時抗告が許される（ＺＰＯ九一条ａ二項一段）。注意すべきことは訴訟物の価額である。訴訟費用の上訴については二〇〇ユーロを超えることが要求されているから（ZPO五六七条二項）、その要件を満たさなければならないが、さらに従前の本案の訴訟物の価額が六〇〇ユーロを超えること（ZPO五一一条二項二号）も必要である（ZPO九一条a二項二段）。なぜならば訴訟終了宣言がない場合は訴訟費用の裁判は本案との関係で上訴できるから（ZPO九九条一項）、これも上訴の適法要件である。

D　再　訴

双方的訴訟終了宣言によって訴訟が終了した後で、原告が同一訴訟物について再訴をした場合、それは既判力の観点からは適法である。双方的訴訟終了宣言には本案について既判力を有する裁判は存在しないからである。しかし、常に無条件で再訴が可能ということではない。ドイツ民法は信義則（BGB二四二条）を規定しているので、信義則違反で再訴は許されない場合がある。すなわち、再訴は訴訟終了宣言行為と矛盾する行為とみなされる場合である。相手方は双方的訴訟終了宣言によって事件が終了したと思っているから、そのような法的状態に対する相手方の信頼は保護されなければならない。そもそも再訴がこのような理由で許されないということは既判力による再訴禁止ではないから、再訴を正当化する事情が双方的訴訟終了宣言の後に発生した場合は再訴が許されることになる(11)。

なお再訴の禁止を当事者の合意に求める説があるが、それは双方的訴訟終了宣言の法的性質をそのように解するからである。第三節で述べるように、再訴禁止効をどのように説明するかが法的性質論の重要な争点の一つである。

（4）　以下の本文の各項目の内容は、一般的なドイツの体系書を利用してまとめたものである。これらはそれぞれ判例・通説の見解でもあり、ドイツでは当然のこととして一般に説かれていて、特に議論があるわけではない。そこで、それぞれの内容について個々に文献を表示することは煩雑になるので省略する。

（5）訴訟係属と訴訟終了宣言との関係を詳論したのが、拙稿・⑥〔訴訟係属〕一頁以下である。双方的訴訟終了宣言と訴訟係属については、同・九頁注(8)において詳論した。

（6）ＺＰＯ二六九条三項三段については、第二編第二章で扱う。

（7）Deckenbrock/Dötsch (A), S. 50. なおＺＰＯ二六九条三項三段の導入が双方的訴訟終了宣言に与える影響については、拙稿・⑮〔法改正〇二〕三六頁以下で、ドイツの学説を紹介して詳しく述べたことがある。これは、第二編第二章第二節６Ａにまとめてある。

（8）この規定が新設された理由については、拙稿・⑰〔法改正〇四〕一四頁以下で詳しく紹介し、この改正の意味を述べたことがある。これは参考資料一６にまとめてある。

（9）以前は、この内容はＺＰＯ九一条ａ一項二段が規定していた。二〇〇一年の民事訴訟法改正法によって一般的な規定としてＺＰＯ一二八条四項が創設されたために、それと同趣旨を規定していたＺＰＯ九一条ａ一項二段が削除された。この改正については、拙稿・⑮〔法改正〇二〕一七頁以下で紹介したことがある。これは、参考資料一５にまとめてある。

（10）以下の本文での手続的な記述は、Knöringer (E), §11 I 3; Oberheim (E), §29 Rn 8を参考にした。

（11）再訴の問題に関する最近の判例・学説の状況については、Becker-Eberhard (A), S. 284ff. が詳しい。

第三節　双方的訴訟終了宣言の法的性質論

ここで法的性質について論じることの意味は、双方的訴訟終了宣言の制度の本質を把握するためである（１）。本質を論じる場合に先ず考えなければならない問題は、何ゆえに双方的訴訟終了宣言によって訴訟は終了するのか、換言すれば双方的訴訟終了宣言が有する訴訟終了効の根拠は何かということである。そして次に考えなければならない問題は、双方的訴訟終了宣言によって終了した訴訟の再訴は許されるのかということである。これらが双方的訴訟終了宣言を理解するうえで最も重要な問題である。そこでこれらの問題について諸説の見解とそれに対する批判とを対比して、諸説の対立する原因を考察する（2）。それによって双方的訴訟終了宣言の本質が見えてくるからである。双方的訴訟終了宣言の本質を理解し、双方的訴訟終了宣言に関する議論において普遍的なものを把握することができれば、訴訟終了宣言に関する条文がない日本においても、日本法の双方的訴訟終了宣言を考えることができる（3）。

1　法的性質論の意味

双方的訴訟終了宣言の法的性質について論じるのは、ドイツの訴訟終了宣言の制度を日本に導入する場合に、法的性質論はその橋渡しになるからである。一般に法的性質論は既存の制度によって新しい制度を説明するための議論であるから、日本にないドイツの制度を議論する場合に、ドイツの法的性質論によって日本の既存の制度に置き換えて考えることができる。特に立法が整備されていない問題に対しては、既存の制度を利用して対応することができるか否かも、法的性質論を考察することによって探究することができる。またこのように法的性質論によって比較法的な考察をするということは、双方的訴訟終了宣言の本質を尋ねることになるから、本質論に繋がることになる。要するに法的性質を問うことは、双方的訴訟終了宣言の本質を問うことである。したがって法的性質論は、ドイツの訴訟終了宣言の制度を日本法に移入する場合の橋渡しの役割を担うものである。

それればかりではない。法的性質論は総論的な問題だけでなく、各論的な問題に対しても解答を提供するものである。双方的訴訟終了宣言は日本にない制度であるから、日本で議論する場合、第一段階は総論的な問題である。すなわち、それが日本において利用することができるかという問題と、利用した場合にどのようなメリットがあるかという問題である。そして第二段階が各論的な問題であり、導入を肯定した場合に手続上生起する具体的な問題に対して適切な解答が用意できるかということである。これらの問題は制度の運用に関するものであるから、アドホックな（その場限りの）解答であってはならず、解答は体系的に、原理・原則に従ってなされなければならない。法的性質論は正にこのような各論的な問題に対しても威力を発揮し、明快な解答を提供する。そもそも法的性質論は比較法として利用されることを想定して立論されたものではなく、その本来の目的は各論的な問題に対して指針を提供することにあるからである。もっとも日本の現状は双方的訴訟終了宣言の個別具体的な問題を考察する段階ではなく、各論的な問題は将来の課題である。したがって今は、各論的な問題の解決の指針を提供する法的性質論を考えることで満足しなければならない。

このように日本法の視点からは双方的訴訟終了宣言の法的性質論は重要であり、それゆえに以下ではこれについて詳論するが、日本において法的性質について論じることに問題がないわけではない。なぜならば、法的性質論を重視することはドイツにおける状況と大いに異なるからである。すなわち現在ドイツでは双方的訴訟終了宣言の法的性質論は重要視されることなく、等閑視されている。例えば、教科書や注釈書の双方的訴訟終了宣言の説明において、法的性質論について述べていないものが少なくない[12]。大部な注釈書や体系書であっても数行で済ませていて、記述している方が珍しいというべきかもしれない[13]。そこでこの状況をどのように評価すべきかという問題が生じる。換言すれば、ドイツで等閑視されているということは、法的性質論は双方的訴訟終了宣言にとって元来重要なものではないのではないか、さらにドイツで重要視されていない法的性質論に重大な意味を持たせることは、それ自体が大きな誤りではないかという疑問である。

これらはもっともな疑問ではあるが、ドイツと日本とでは状況が異なっていることを考慮しなければならない。そもそも制度が成熟期にあるドイツと、これから制度の導入を検討しようとしている日本とでは、状況や環境が異なっている。両国の学説に違いがあるのは当然である。かつてドイツで法的性質論が華々しく議論されたことがあったが、日本はその当時のドイツの状況から出発しなければならない[14]。

ところでドイツの状況は制度の成熟期であると述べたが、それよりは理論の実用性や効率性の重視と表現した方がよいのかもしれない。現在のドイツの状況を概観するために、今日のドイツにおける訴訟終了宣言について発表された論文を見たが、二つの大きな流れがある。一つは議論の中心が総論的な理論的な問題から各論的な具体的な問題へ移ったという流れである。すなわち法的性質論の定着に伴い、各論の問題の深化が目指されている。他の流れは、訴訟終了宣言においてその有する訴訟の終了という効果の面よりも、訴訟費用の負担を決める手続面に注目し、訴訟終了宣言の手続の簡素化に力点を置く傾向である。これは本編の概要１で述べたことではあるが、複雑になった理論に対して訴訟終了宣言の出発点である訴訟費用の負担者を簡易な手続で決めるということへの回帰現象と評することができる。またこのことは一方的訴訟終了宣言において、訴えの変更説が判例・通説を形成したことと無関係ではない。いわば重い手続に対する反動であり、簡易で迅速な手続を求める新たな胎動が聞こえる[15]。

総論から各論へ、訴訟の終了よりも訴訟費用の問題へという状況を受けて双方的訴訟終了宣言の議論において重視されたのは、実践的な意味や理論の効用・効率である。法的性質論においていかなる説を採用しようとも、具体的な問題における結論に大きな差異が生じないならば議論する意味は少ない。また学説が対立状況にあるといっても通説と少数説の関係であり、学説が混沌としているのではなく集約されようとしている状況にある。そうであるならば、殊更、法的性質を論じる必要はない。法的性質論に消極的な評価を下す見解が登場しても不思議ではない[16]。しかし、このような状況はなにも双方的訴訟終了宣言だけの問題ではないし、ドイツだけの特有な問題でもない。日本でも同様に、一般に法的性質論や本質論は等閑視されているし、評判がよくない[17]。問題はこのような風潮である。学問とは体系化であり、体系化にとって法的性質論や本質論は根幹をなすものであり、実益論や効率論の前提となる問題である。そうであるならば、先ず法的性質論や本質論について正面から向き合う必要があるし、そこから出発しなければならない。実益や効率を重視して、これらを軽視することは許されない。

2　諸説の状況とそれぞれの問題点

最近の注釈書・体系書の中で、この問題について比較的詳しく述べているのはムジラークである（Musielak(D), Rn 264-265）。詳しくといっても、学説の内容を数行で説明し他説の問題点を一行程度にまとめたものであり、全体で数行程度の説明よりは詳しいという意味である。彼は学説を四つ挙げているので、学説の分類と順序はそれに従い、以下のＡ～Ｄにまとめた。参考にしたのはそれだけで、それぞれの記述の内容は彼のものとは異なる。また彼はそれぞれの学説に名称を付していないが、名称がないと学説を特定するのに不便なので、過去にドイツや日本で使用された一般的な名称を付して、学説の名称とした。なお学説のＥは今日ではほとんど顧みられることのないものであるが、他の説を理解したり双方的訴訟終了宣言の本質を理解するうえで有益なので、ここで特に取り上げたものである。

Ａ　特別な（特権的な）訴えの取下げ説

この説は、原告の訴訟終了宣言は広い意味の訴えの取下げと考える[18]。この説の特徴は、双方的訴訟終了宣言の場合は本案の訴訟係属の消滅は訴訟の終了事由が実際に存在するか否かにかかわらず生じるのに対して、訴訟の終了事由が存在する場合は、原告の宣言のみによっても一方的に訴訟係属は終了するという点にある。すなわち、双方的訴訟終了宣言と一方的訴訟終了宣言とを統一的に把握する。この点において後述の訴訟上の意思の合致説（Ｄ）と異なるが、再訴禁止効は有しない点では同じである。特別な訴えの取下げ説（Die Theorie der besonderen

Klagerücknahme）と命名されているのは一般の訴えの取下げと異なり、この場合の訴えの取下げは原告が訴訟費用を負担するとの規定の適用はないと説くからである。この点は訴えの取下げに比べて原告に有利であるから、特権的な訴えの取下げ説（Die Theorie der privilegierten Klagerücknahme）とも言われる。

この説の問題点は、双方的訴訟終了宣言と訴えの取下げにおける当事者の利害状況の違いを無視している点である。[19]また双方的訴訟終了宣言によって訴訟が終了した後で、原告が同じ訴えを繰り返した場合に、訴えの取下げ後の再訴は許されるとの理由で、それを適法とせざるをえない点でも問題である（Musielak (D), Rn 265）。

B　訴訟上の合意説

この説は両当事者による終了宣言、すなわち双方的訴訟終了宣言は一種の訴訟上の合意であり、それは裁判所の訴訟物について裁判する権限を奪う当事者による一致した処分であると考える。[20]それゆえに訴訟上の合意説（Die Theorie der prozessualen Vereinbarung）と言われるが、その内容は次のようなものである。訴訟係属の終了を生じさせるためには、裁判所に対して原則として、両当事者が訴訟の終了を通告することが必要である。このような合意によって訴訟係属が消滅するのは、当事者の合意を本体とする訴訟上の和解が同様な効果を有していることによる。原告が訴訟終了宣言をした場合、それは被告に対しての申込みと解されるから、もし両者が合意に達しない場合は、原告は次の段階として裁判所に対して訴訟終了宣言をしなければならなくなる（これは一方的訴訟終了宣言の問題である）。再訴に関しては、この説は被告の保護の観点から再訴は許されないと説くが、その根拠としてハープシャイトは、従来の請求についてもはや新しい訴訟をしないという追加的な合意に基づくと説く。

この説に対する批判として、ドゥブナーは次のように言う。[21]「当事者は通例、共通の交渉を原因としてではなく互いに無関係に終了を宣言するものである。さらに訴訟上の合意というものは一般に当事者間の法律関係の形成を目的とするが、双方的訴訟終了宣言の場合は当事者の関心はそこにあるのではない。両当事者はむしろ、裁判所の裁判する権限を訴訟費用の裁判に制限しようとしているのである。一方が本案の全部の終了を宣言し、他方が一部の終了を宣言する場合は、この説によれば合意は一致を欠くため成立しないであろうが、しかし裁判所に対しては部分的にその権限を制限する訴訟上の意思の合致は存在するから、当事者の終了宣言は訴訟上の意思の合致と見るべきである」。

C　二重の放棄説

この説は終了宣言を原告が訴訟上の請求を放棄し、被告が棄却判決を求めることを放棄すると考える。原告も被告もそれぞれの権利を放棄するので二重の放棄説（Die Theorie des doppelten Verzichts）と言われる。問題は放棄の意味である。被告の同意により、何ゆえに従前の訴訟の訴訟係属が消滅するのかということである。そこでこの説は原告の訴訟終了宣言をＺＰＯ三〇六条の請求の放棄と考えるのか、それともそれとは異なった特別な放棄と考えるのかで見解が分かれる。前者がかつての放棄説であり[22]、後者が近時の考え方である[23]。後者は放棄されるものは従前求められた本案判決であり、再訴は不適法であるとする。

ドナウは、それを次のように論拠づける[24]。「訴えの取下げは正しく当該訴訟における本案の放棄であるが、それは係属している請求の存在または不存在についていかなる陳述も含まない。ところが双方的訴訟終了宣言はさらにこれを超えて、訴訟上の請求はもはや存在しない旨の『自認』と、それについての本案判決を求めることを放棄することを含むものである。被告が原告の宣言に同意した場合は、本案判決を求めないということに被告は将来においても拘束される。……結果として、このことは当事者による双方的訴訟終了宣言に既判力類似の効力を与えることであり、私見によれば問題の状況にふさわしいものである」。

この説に対しては、一般に次のような批判がなされている。請求の放棄によって当該訴訟の訴訟係属は消滅するのではなく、訴訟係属の終了は放棄判決（ＺＰＯ三〇六条）によってなされるはずである。しかし、放棄判決を求めるか否かは被告がイニシアチブをもっている。そこで被告が放棄判決を求めることを放棄しない場合はどうなるのだろうか。原告敗訴ということになるのか。あるいは被告が放棄判決を求めることを放棄するということを条件づけて、原告は放棄するということになるのか。あるいは、この場合は被告の側に本案を求める訴えの利益がなくなると構成するのか。原告敗訴では双方的訴訟終了宣言の制度の目的に合致しないし、そうでない構成となるとＺＰＯ三〇六条の請求の放棄とは全く関係のないことになるのではないか。しかし、ＺＰＯ三〇六条の放棄と無関係な法構成になると、今度はＺＰＯ三〇六条が規定する一般的な請求の放棄と異なった構成をとる必然性が問題となり、その論証が必要であろう。要するに、この説は原告の意思に相応しないし、放棄についての法律の規定とは全く離れるという点が難点とされている[25]。

D　訴訟上の意思の合致説

この説は、双方的訴訟終了宣言を訴訟上の合意と厳密に区別されなければならない訴訟上の合同行為（Gesamtakt）の一種である訴訟上の意思の合致と考える。そこで訴訟上の意思の合致説（Die Theorie der prozessualen Einverständniserklärung）と言われるが、双方的訴訟終了宣言の有効性は単に表示された意思の合致によるのではなく、それが裁判所へ到達した場合にのみ生じるとする。当事者の意思の合意かそれとも一致かという点においてはこの説と訴訟上の合意説（Ｂ）とは大差ないが、この説は裁判所との関係の説明が訴訟上の合意説（Ｂ）よりも前述のように明快である。

なおこの説は訴訟係属終了説（Die Theorie der Rechtshängigkeitsbeendigung）と言われることもある。この説は双方的訴訟終了宣言の法的効果として、単に訴訟係属の消滅ということしか考えないからである。したがって、終了宣言は従前の訴訟物について裁判を行うことを放棄することであり、それは請求についての訴訟係属の消滅をもたらす原告と被告のそれぞれの一方的な意思表示が一致したからであるとする。[26] ムジラークは双方的訴訟終了宣言について、一方では特別な制度であると理解しなければならないと述べているが、他方では立法が不十分なので他の規定、特に訴えの取下げの規定が類推適用されると主張している（Musielak (D), Rn 265）。結局のところ、この説は特別な訴えの取下げ説（Ａ）ではないかと言われる由縁である。訴えの取下げの規定を類推適用するから、同一請求の再訴は適法ということになる。

この説に対して、ハープシャイトは次のように問題点を指摘している。[27]「訴えの取下げと双方的訴訟終了宣言との法的効果の差異はどこにあるのか？　答えは……単に一つでしかない。訴訟費用の点を除いては一般に存在しない！　所説は原告を訴訟費用の点で有利に扱う特別な意思の合致した訴えの取下げにほかならない。その結果、再訴を原則として許容し、被告が再訴を防止したければ単に訴えの取下げと同じく合意しなければよいとするのは、訴えの取下げと終了宣言とは当事者の利益状況が異なるということを無視している」。要するにこの説は、特別な訴えの取下げ説（Ａ）に対する批判がそのまま当てはまるであろう。

Ｅ　確実性と最終性による説

従来の説が訴訟係属終了の根拠を法によって認められた当事者の意思に求めたのに対し、この説はＺＰＯ六一九条を考慮した事実上の終了を根拠にする。この規定は婚姻訴訟において、判決の確定前に配偶者の一方が死亡した場合は、手続は本案において終了するというものである。この説によれば、この規定はこのような場合に手続が確実に最終的に終了するということを明らかにしたものであり、訴訟終了宣言の問題になる場合の原則を例示的に規定したものと理解する。すなわち訴訟終了効は当事者の意思に基づくものではなく、実体的な終了原因が確実にしかも最終的に生じたことに基づくと説く[28]。そこでこの説は確実性と最終性による説（Die Lehre der Offensichtlichkeit und Endgültigkeit）と言われる。双方的訴訟終了宣言の場合は、紛争が確実にしかも最終的に終了しているわけではないが、当事者は本案の終了が確定的であるかのように行動するから、当事者の間にはもはや紛争は存在しない。それゆえ裁判所もまた本案の終了について確実性と最終性が存在すると判断することができると述べている[29]。

この説に対する問題点は、ZPO六一九条を根拠にしていることである。ZPO六一九条が規定しているのは、婚姻訴訟という一身専属性に関する訴訟での一方当事者の死亡という特殊な場合である。すなわち、特殊な場合について規定したZPO六一九条を根拠に、請求の理由が消滅したことによって生じる一般的な訴訟の終了を説明するのは困難である。さらにまた、請求の放棄と放棄判決（ZPO三〇六条）や請求の認諾と認諾判決（ZPO三〇七条）との関係を考えるならば、この説が不十分であることが分かる。なぜならば、これらの場合は請求の放棄ないし請求の認諾それ自体では訴訟は終了せず、常に当事者の申立てによってなされる放棄判決、認諾判決によって訴訟は終了するからである。すなわち、これらは確実性と最終性という点では終了宣言の場合と全く同じであるにもかかわらず、それだけでは訴訟は終了せず、さらに放棄判決や認諾判決を必要とするが、それが説明できない[30]。

3　諸説の対立の構図

このように諸説の対立があるが、法的効果の点から見ると実際にはそれほどの差が生じるわけではない。例えば、訴えの取下げと同じように遡及的に訴訟係属は消滅するのか、あるいは既に下されたがいまだ確定していない判決は無効になるのかといった問題では意見の対立はない。実務にさほど混乱もなく、取扱いについて大方の意見の一致を見ているのもそのためである。

結局のところ諸説の対立は、双方的訴訟終了宣言のどこに力点を置いて法構成をするかに起因する。すなわち、双方的訴訟終了宣言の根底にある当事者の処分権に基づく行為を重視するのが訴訟上の合意説（B）であり、裁判所に対してなされる行為に注目するのが訴訟上の意思の合致説（D）である。既存の制度と比較して、請求の放棄に類似性を見るのが二重の放棄説（C）であり、訴えの取下げに類似性を見るのが特別な訴えの取下げ説（A）である。そして当事者の行為ではなく、訴訟の終了という面に注目するのが確実性と最終性による説（E）である。

これらは、双方的訴訟終了宣言の法現象とそのあるべき姿をどのように考えるかの違いである。具体的には、既存の制度に対する態度において各説の差異が生じる。すなわち既存の制度（訴えの取下げ、請求の放棄）に依拠するのか、それとも新たな制度として位置づけるのかということである。さらに効果としては訴訟終了効だけで満足するのか、それ以外に再訴禁止効を付与するのかという点での考えの違いも、各説で差異が生じる原因となる。効果に対する議論は、双方的訴訟終了宣言の紛争解決能力についての評価の反映と見ることができる。

4　日本法からの評価の視点

これら諸説の当否を考えなければならないが、その場合に重要な視点は、日本が参考にすべきことは何か、日本の民事訴訟法に適合した理論は何かということである。そのために考えるべき視点を次に挙げてみる。

第一は、日本にはＺＰＯ九一条ａに相当する規定がないという認識である。これは日本では訴訟終了宣言について根拠となる条文がないという点で弱みであるが、反対に条文に拘束されることなく純粋に理論的に訴訟終了宣言の制度をデザインすることができるという長所でもある。このような認識から前記諸説の中から日本に適した理論を選択する場合、先ずＺＰＯ九一条ａの説明のためだけの理論は除かれる。日本にはＺＰＯ九一条ａに相当する規定がないから、この条文の説明に適したというだけの理論では、日本においては通用させることはできないからである。このような理由から、ドイツでは今日の多数説ではあるにしても、訴訟上の意思の合致説（Ｄ）には魅力がない。確かにこの説のように双方的訴訟終了宣言は当事者の意思の合致であると考えることは、当事者の意思に相応するものであるし自然であるが、[31] それはＺＰＯ九一条ａという制度があるからであり、日本で双方的訴訟終了宣言を考える場合は、条文がなくても通用するものでなければならず、法文の背後にある双方的訴訟終了宣言の制度の根幹を説明するものでなければならない。さらに、双方的訴訟終了宣言の効果（訴訟終了効や再訴禁止効）の淵源を明らかにするものでなければならない。

第二は、既存の制度との間に一定の距離を置く理論でなければならないということである。なぜならば、そうでないと訴訟終了宣言の独自性を減少させるからである。すなわち既存の制度との親近性や類似性を強調すると、立法論でなく解釈論として訴訟終了宣言を理解することができるし、実定法に根拠をもつことでそのような理解は説得力を有するが、反対にそれだけ訴訟終了宣言の必要性や独自性を弱めることになる。歴史的にこの制度の生成過程を見てみると、訴訟費用の問題から出発して、それが当事者による訴訟終了の行為の一つとして独自の地位を獲得するに至った大きな流れを見ることができる。[32] そうであるならば、理論はそのような流れの中で考える必要がある。すなわち、訴訟終了宣言は既存の制度とは違った制度であるとの認識が必要である。そのようなことから、二重の放棄説（Ｃ）、特別な訴えの取下げ説（Ａ）に対しては消極的な評価をせざるをえない。

第三は、紛争解決能力を充実させることである。単に訴訟費用の問題でないとするならば、本案について紛争解決能力を高める必要がある。それゆえに訴訟終了効だけでは不十分である。具体的には再訴禁止効も付与して、双方的訴訟終了宣言が有する効果を高めるべきである。[33]この点に関しては、訴訟と異なり自主的紛争解決方法では当事者間で自主的に紛争を解決することに訴訟終了効の根拠があるから、当事者間で紛争が再燃すれば再訴で決着をつけ、既判力のような再訴禁止効を認めるべきではないとの批判が考えられる。この批判は、当事者の終了を招来させる訴訟行為の意思表示に瑕疵があった場合を問題にするものである。確かにこのような場合でも解決済みとして瑕疵の主張を認めないならば、妥当性を欠くし衡平ではない。[34]しかし、再訴禁止効が既判力でないならば、再訴禁止効を認めてもこの批判は妥当しない。意思表示の瑕疵の主張を遮断するのは既判力であって、再訴禁止効ではないからである。なお再訴禁止効を認めるにしても、その根拠が問題になる。既述の理由から既判力は採用できないが、しかし、信義則というのも要件・効果という点で漠然としている。[35]再訴しないという当事者の意思に根拠を求め、意思表示の瑕疵に関する民法の理論で処理するというのが正道である。この理由から既判力による二重の放棄説（C）と、再訴禁止効を信義則で説明する訴訟上の意思の合致説（D）には賛成できない。

第四は、双方的訴訟終了宣言と一方的訴訟終了宣言との関係である。すなわち両者の差異をどのように考えるかである。両者の違いは訴訟の終了に関して当事者間の紛争の有無であり、双方的訴訟終了宣言は紛争がない場合であり、一方的訴訟終了宣言は紛争が存在する場合である。紛争がある以上は、訴訟手続によって終了させるべきである。換言すれば、一方的訴訟終了宣言の場合は当事者の手続保障が要求されるということであるが、双方的訴訟終了宣言の場合は、両当事者の自由な意思が当事者の手続保障を代替していて、その必要がないということである。[36]ところで確実性と最終性による説（E）は双方的訴訟終了宣言と一方的訴訟終了宣言の違いと統合的な観察の必要性を指摘した点は評価できるが、ＺＰＯ六一九条のような事例まで取り込んで統合した結果、理論が形式化・抽象化し、手続保障の差異を看過した点で説得力に欠ける。双方的訴訟終了宣言と一方的訴訟終了宣言は立脚している原理が異なる以上、統合するよりも区別して考察した方が建設的である。このような理由から確実性と最終性による説（E）には賛成できない。

このような評価の結果、訴訟上の合意説（B）に注目し、それを参考に日本での双方的訴訟終了宣言を考えるべきであると思う。もっとも合意説を支持する場合、合意説に対するドゥブナーの批判に答えなければならない。批判は双方的訴訟終了宣言は互いの意思の交換ではなく、裁判所に向けられた行為であるというものであった。確かに訴訟行為としてこのような性格は無視できないが、それは当事者の意思を訴訟手続に顕在化するためのものととらえたものである。しかし、重要なことは当事者が終了に関して合意したことによって、訴訟終了効等の法的効果が発生するということである。既述のように、それによって法的効力の淵源が説明できるから、正に双方的訴訟終了宣言の本質は当事者の合意であり、現象的側面として裁判所に向けられたそれぞれの意思が合致したように見えるにすぎないのである。

(12)　Baumbach/Hartmann (C) [64], §91a; Saenger/Gierl (C), §91a; Thomas/Hüßtege (C) [27], §91a; Zöller/Vollkommer (C) [25], §91a は注釈書でありながら、双方的訴訟終了宣言の法的性質論の記述がない。体系書・教科書では Jauernig (D) [27], §42 VI; Lüke (D), §21 II; Paulus (D), Rn 346; Schellhammer (D) [11], §33 が同様である。なおこのようなことから当然、入門書・演習書・実務書等で記述しているものはない。

(13)　例えば、MK/Lindacher (C) [2], §91a Rn 26; Stein/Bork (C), §91a Rn 44; Musielak (D) [4], Rn 264-265; Rosenberg/Schwab/Gottwald (D), §130 Rn 9; Schilken (D), Rn 628; Zeiss/Schreiber (D), Rn 500 等が述べているが、ムジラーク以外の記述は簡単である。

(14)　一九七七年に双方的訴訟終了宣言について述べた際には、ローゼンベルク＝シュヴァープの体系書の一二版（一九七七年）の双方的訴訟終了宣言についての記述を翻訳して、当時のドイツの状況を紹介した（拙稿・②〔両当事者〕三四三頁以下）。体系書の冒頭は法的性質論であり、著者は詳論している（Rosenberg/Schwab(D)[12], §133 II 1）。ところがゴッドヴァルトが引き継いだ一五版（一九九三年）では（Rosenberg/Schwab/Gottwald(D)[15], §132 II 1）、著者が代わったという事情があるにしても、扱いは非常に小さくなった。なお最新（二〇一〇年）の一七版（§131 II 1）では、さらに一六版（§130 II 1）にあった特別な訴えの取下げ説（本節2A参照）に関する一文が削除された。

(15)　訴訟終了宣言に関するドイツの学界の新しい傾向については、拙稿・⑨〔翻訳〕二五頁注(28)において述べたことがある。そのような傾向を代表する論文を紹介して、それを批判したのが、拙稿・⑧〔近時〕六九頁以下である。なおこれをまとめたのが、第四章である。

(16)　ヴォルストは、双方的訴訟終了宣言の法的性質についての理論的な論争には、実践的な意味は全くないと述べている(Musielak/Wolst(C)[4], §91a Rn 14)。

(17)　新堂幸司博士は、民事訴訟法学における本質論や性質論に対して懐疑的である。名著『新民事訴訟法』は、そのような態度で書かれているように思う。様々な具体的な場面での記述からそのようなことを読み取ることができるが、一例としてここでは訴訟上の和解の性質論を取り上げることとする。この問題について他の問題の場合と同様に、博士は諸説を詳細に紹介し、学説の対立する原因を分析し、「しいてその性質を定めるとすれば」と断ったうえで自説を主張している。そして最後に「しかし、いずれにしても性質論自体は実益のある議論ではない」と述べている（『新民事訴訟法〔第四版〕』三五八頁注(1)〔弘文堂、二〇〇八年〕）。博士が性質論に消極的な姿勢であることは明らかである。

ところで既判力の本質論に関して、その実益のないことが議論を衰退させたと分析し、そのうえで既判力本質論の復権を主張したのが、拙稿の「既判力について」である（拙著『民事訴訟法における既判力の研究』三六一頁以下〔法学研究会叢書、一九九三年。初出は一九九一年〕）。なお同様な問題として訴権論を挙げることができる。訴権は内容が空虚であり、単に説明のための理論であって権利として認める必要はないというのが訴権否定説であり、今日の有力な見解である。訴権否定説が通説の本案判決請求権説に対してその内容が空虚であると批判する点は正当であるが、具体的な訴訟において訴権論は実益がないとして訴権を否定するのは誤りである。そこで判決理由形成関与権説を展開し訴権論の復権を主張したのが、拙稿「訴権について」である（法学研究七七巻一二号三四七頁以下〔二〇〇四年〕）。

(18) Pohle(A), S. 430ff.; Stein/Leipold(C)[20], §91a Rn 36; Stein/Bork(C), §91a Rn 44.

(19) MK/Lindacher(C)[2], §91a Rn 27; Rosenberg/Schwab/Gottwald(D), §131 II 1 は、訴えの取下げと双方的訴訟終了宣言との利益状況の違いを理由に、この説を批判する。

(20) Habscheid(A), FS Lent, S. 157ff.; ders., JZ 1963, S. 579ff.; Rosenberg/Schwab(D)[14], §133 II 1; Zeiss/Schreiber(D), Rn 500. なおシュヴァープのものは一九八六年の一四版であり、彼の手による最終版である。換言すれば、この本は一五版（一九九三年）からゴットヴァルトが執筆を担当することになったが、彼はこの説を承継しなかったということである。その理由については、後注(31)で述べる。

(21) Deubner(A), JuS 1962, S. 205ff. の主張を、できるだけ原文に忠実にまとめたものである。

(22) 第二次世界大戦以前のドイツの有力説であった。例えば、Hellwig(D), S. 442, 630, 758; Kisch(A), S. 4 である。ＺＰＯ九一条ａ成立後では Nikisch(D), §66 III が支持した。

(23) Donau(A), JR 1956, S. 169ff.; ders., MDR 1957, S. 525ff.

(24) Donau(A), JR 1956, S. 170 の主張を、できるだけ原文に忠実にまとめたものである。

(25) Temming(B), S. 48ff. の主張を参考にしてまとめた。

(26) Deubner(A), JuS 1962, S. 208ff.; Göppinger(B), S. 88ff.; MK/Lindacher(C)[2], §91a Rn 26; Rosenberg/Schwab/Gottwald(D), §131 II 1; Schilken(D), Rn 628. 日本語の文献では、リュケ・参資二１・六九頁以下。なお訴訟上の意思の合致説の中に、訴訟係属終了説と二重の放棄説を含めて分類する学説がある（MK/Lindacher(C)[2], §91a Rn 26）。

(27) Habscheid(A), JZ 1963, S. 581 の主張を、できるだけ原文に忠実にまとめたものである。

(28) この説は、Müller-Tochtermann(A) が NJW 1959, S. 421ff. で説いたものであるが、既に同様な主張は ders., NJW 1958, S. 1761ff.; ders., JR 1958, S. 250ff. 等にも見られる。

(29) Müller-Tochtermann(A), NJW 1959, S. 422; ders., NJW 1958, S. 1762. なお一方的訴訟終了宣言の場合は、本案の終了を確認する判決の既判力によって確実性と最終性が明らかになると説いている（NJW 1959, S. 422）。

(30) Temming(B), S. 52ff. の主張を参考にしてまとめた。

(31)　Rosenberg/Schwab/Gottwald(D)[15], §132 II 1 は、前注(20)で述べたようにその前の版である Rosenberg/Schwab(D)[14], §133 II 1 の訴訟上の合意説(B)を改説したが、その理由はこの説の問題点として指摘していることから推察できる。すなわち、ゴットヴァルトはこの説に対して、双方的訴訟終了宣言を両当事者の訴訟上の合意と考えることは、両当事者の意思表示（終了宣言）は裁判所に対してなされなければならず、それが裁判所に到達するまでは訴訟は終了せずに係属しているという事実に妥当しないと批判している。この批判はこのような事実に即応して当事者の意思を考えるべきであるという主張でもあるが、訴訟上の合意説はそうではないから、ゴットヴァルトはシュヴァープの見解を承継しなかったのであろう。要するにゴットヴァルトの見解は、当事者の意思は相手方ではなく裁判所に向けられたものであり、そのように考えることが当事者の意思にも相応し自然であるということである。

(32)　訴訟終了宣言の制度の生成の歴史や理論の展開の概要については、第二編第一章にまとめてある。

(33)　法に根拠がなく、解釈で勝手に法的な効力を創設できるのかという批判が考えられる。しかし、必ずしも特異な議論ではない。例えば、いわゆる確定判決の反射効や争点効が挙げられる。直接規定した条文がないにもかかわらず、紛争解決能力を高めるために理論として判決の付随的効力として肯定する学説が有力である。

さらに民訴法四八条の独立当事者参加からの脱退者に対する判決の効力に関する議論も、興味のあることである。この規定は旧民訴法七二条を引き継いだものであるが、旧民訴法七二条時代の議論において、判決効創設の重要性を見ることができるからである。すなわち議論は脱退者に及ぶ判決の効力とは参加的効力なのか、既判力なのか、それとも既判力と執行力なのかということである（秋山幹男＝伊藤眞＝加藤新太郎＝高田裕成＝福田剛久＝山本和彦〔菊井維大＝村松俊夫原著〕『コンメンタール民事訴訟法Ⅰ〔第二版〕』四八六頁以下〔日本評論社、二〇〇六年〕）。今日では紛争解決機能の充実という観点から、既判力と執行力とする説が通説的な見解である。正に条文の文言よりも、制度の機能が重要であることを示唆している。

(34)　訴訟上の和解、請求の放棄および認諾に既判力があるか否かは議論のあるところであるが、最近では訴訟による解決と自主的解決の違いを強調して既判力を否定する見解が有力である（訴訟上の和解に関してではあるが、高橋宏志『重点講義民事訴訟法(上)』六八四頁以下〔有斐閣、二〇〇五年〕）。

(35)　双方的訴訟終了宣言の効果について、再訴禁止効を肯定することを主な理由に訴訟上の合意説を支持し、他の説においても再訴禁止効を全く排斥するものではないと指摘したことがある（拙稿・② 〔両当事者〕 二五四頁）。すなわち、原則的に再訴が禁止されると考えるか、それとも再訴禁止の約束が当事者間でなされる場合もあるから再訴禁止は否定されないと考えるかの違いではないかと指摘した。

このような状況は基本的には変わりはないが、最近のドイツの学説は訴訟上の意思の合致説（D）が通説であることから、訴訟上の合意説（B）のように、当事者の任意の合意を根拠に再訴禁止の可能性を肯定するのではなく、信義則（正確には禁反言、先行行為に矛盾する挙動禁止、das venire contra factum proprium-Verbot, das Verbot widersprüchlichen Verhaltens）を根拠に再訴の禁止を説明している。MK/Lindacher (C) [2], §91a Rn 42; Rosenberg/Schwab/Gottwald (D), §131 II 4. 詳しくは Becker-Eberhard (A), S. 284ff.

(36)　Westermeier (B), S. 95 は双方的訴訟終了宣言と一方的訴訟終了宣言との関係について、「volenti non fit iniuria（同意あれば被害なし）」の原則を持ち出して、一方的訴訟終了宣言で必要とされる要件が、双方的訴訟終了宣言の場合は被告の同意によって不要になるという関係であると説く。

第四節　日本における双方的訴訟終了宣言をめぐる論争

日本における双方的訴訟終了宣言の法的性質論は、ドイツの通説のＺＰＯ九一条ａに基づく訴訟上の意思の合致説（第三節２Ｄ）ではなく、処分権主義に基づく訴訟上の合意説（同・２Ｂ）を土台にして制度設計をすべきであると説いたが、そもそも日本で訴訟終了宣言が認められるかが問題である。日本の通説は、訴訟終了宣言について必要ないという消極説であるからである。(37) その当否の検討は第三編第一章第一節で行うので、ここでは主として双方的訴訟終了宣言について否定的に考える説の論拠をまとめて（１）、その問題点を明らかにする（２）。

次に消極説は最も重要な根拠として、訴訟終了宣言は訴えの取下げで対応できると強調するので、訴えの取下げと訴訟終了宣言との違いを考える（3）。最後に、日本においても訴訟終了宣言を論じる場合は、双方的訴訟終了宣言と一方的訴訟終了宣言とを区別する必要性を考察し、双方的訴訟終了宣言の基本原理を究明する（4）。

なお、通説に反対して訴訟終了宣言を高く評価する積極説は少なくないが、ほとんどが一般的に訴訟終了宣言は有意義であると説くにとどまり、具体的な事例を利用して解釈論として訴訟終了宣言を説いているものではない。すなわち従来の積極説はいわば総論的に議論している段階であり、私見のように議論の力点を各論的な問題にまで移行していない。私見で積極説の文献を引用していないのは、このような理由による。

1　消極説の内容

兼子一博士は一九五五年に刊行された名著『条解民事訴訟法上』（参考資料二2）において（初出は一九五一年、第三編第一章第一節1参照）、訴訟終了宣言に関して次のように述べている（二六六頁以下）。なお引用に際しては、原文を現代国語表記によって漢字は常用漢字に、促音は小書きに修正した。また〔　〕は現行法との関係を明らかにするために、筆者が加筆したものである。

「独の判例及び通説は、訴取下の場合の原告の費用負担義務を厳格に解し、そのために生じる不衡平を救済するため、原告は訴訟中に請求がその必要又は理由を欠くに至った場合には、訴訟完結の宣言（Erledigungserklärung）をすることができ、これに被告が同意すれば、訴訟の終了を来たすが、これは、審判要求の撤回ではなく、訴訟が目的を失ったとの主張であって、訴訟費用はむしろ被告が負担する結果となる場合と説く。又もし被告がこれに同意しない場合でも裁判所はこの宣言を理由ありとするときは、終局判決をもって訴訟完結を宣言すべきであるとする。しかし、わが法においては、前述のように、訴取下の場合にも、九〇条〔現行民訴法六二条相当〕を準用する趣旨が〔一〇四条二項＝現行民訴法七三条二項において〕表われているから、費用の点のためにかかる特別な訴訟完結事由を認める必要はなく、期日において当事者が訴訟終了の合意をする場合も、原告の訴取下と被告のこれに対する同意と或は費用の点の和解を包含する行為と取扱えばよい。」

博士のこの見解は、日本の学界における訴訟終了宣言の制度についての評価に大きな影響を与えた。この見解によって、日本においては訴訟終了宣言の制度を消極的に評価する通説が形成されたからである。[38] したがって日本で訴訟終了宣言を論じる場合は、この博士の見解の検討から始めなければならない。ところでこの見解が通説の形成に寄与したのは、兼子博士が当時、実務でも学界でもその理論が高い評価を得て、大きな影響力を有していた学者であったことと決して無関係なことではないが、単にそれだけではなく、この見解の中に訴訟終了宣言が日本において不要であるとの消極説の根拠が簡潔に完璧にまとめられていて、それが大きな説得力を持っていたことも看過してはならないことである。そこで、博士がこの見解の中で挙げた根拠が正当なものであるか否かを検証することは、同時に現在の日本の通説である訴訟終了宣言は日本では不要であるとする消極説の根拠を探究することでもある。

さて博士の右の見解から、次のような主張を読み取ることができる。①訴訟の終了事由が発生した場合、日本では訴えの取下げで十分に対応できる。訴えの取下げにおいても民訴法七三条二項によって六二条が準用されるからである。②訴訟費用のために「特別な訴訟完結事由」として、訴訟終了宣言を認める必要はない。③訴訟の終了の合意は、原告の訴えの取下げとそれに対する被告の同意とあるいは訴訟費用の点の和解を包含するものと解すればよい。④ドイツで訴訟終了宣言が議論されるのは、訴えの取下げの場合の原告の費用負担を厳格に解することに原因がある。

２　消極説の問題点

問題はこれらの主張が正当なものであるか否かということである。先ず日本の民事訴訟法でも同様な結果が得られるとの主張であるが（①）、確かに日本の民事訴訟法の訴えの取下げの規定と訴訟費用負担の規定の条文の操作によって、双方的訴訟終了宣言と同様な結論が得られるように思える。しかし、ドイツの議論を参考に日本法の手続の構造を見てみると、手続規定が十分でないことが分かる。すなわち、民訴法六二条が準用されるにしても、訴えの取下げにおいて六二条が働くために必要な要件事実を収集する手続が規定されていない。そもそも六二条は判決による訴訟の終了の場合の訴訟費用の規定であり、裁判所が本案の判断と同時に従前の訴訟の経過を参照して訴訟費用の負担について判断することを前提にした規定である。ところが民訴法七三条はそのような前提を欠いた当事者による訴訟の終了である訴えの取下げに対して、特別な手当てなしに六二条を準用している。したがって六二条を発動するために必要な事実関係を裁判所が把握することは困難であり、六二条は存在していても実際は発動されない公算が大きい。そのように考えると、六二条が準用されるとしてもドイツのような結果が得られるかというと、かなり疑問である。また訴訟費用の裁判に関して裁判所の裁量に委ねるという点で日本とドイツでは非常に似ているが、ドイツの場合は裁判所の裁量による理由は厳格な規定の不都合さを解消させることと、手続の煩瑣を省略することであるのに対して、日本の場合は最初から裁判所へ完全に任せた結果であり、同じ裁量であっても状況は正反対である。(39)

次に、訴訟費用のために訴訟終了宣言を認める必要はないとの主張であるが（②）、第二節と第三節においてＺＰＯ九一条ａについてのドイツの議論や双方的訴訟終了宣言の法的性質論を概観した結果、訴訟終了宣言は単に訴訟費用の問題だけではないことが分かる。また訴えの取下げで代替できるものでもない。例えば、双方的訴訟終了宣言に再訴を禁止する再訴禁止効の根拠についても議論があるにしても、一般に再訴は認められないから、原則として再訴を認める訴えの取下げではカバーできない問題である。

　さらに、訴訟の終了の合意は、原告の訴えの取下げとそれに対する被告の同意と考えればよいとの主張であるが（③）、当事者の多様な訴訟の終了についての対応策を訴えの取下げだけで処理してよいのかという疑問がある。訴えの取下げで満足できないからこそ当事者が訴訟の終了の合意をしたのであり、もし当事者が訴えの取下げでよいならば訴えの取下げをすべきであったということになる。問題は訴えの取下げと双方的訴訟終了宣言の異同ということになるが、ドイツの法的性質論の議論において特別な訴えの取下げ説（第三節２Ａ）の存在は、単なる訴えの取下げでは対応できないことを物語るものである。訴えの取下げと双方的訴訟終了宣言の異同の問題は、３でさらに考察する。

　最後に、訴訟終了宣言は訴えの取下げの場合の原告の費用負担を厳格に解することに原因があるとの主張であるが（④）、厳格ではなく緩やかにすれば問題はないとの主張とも解することができるし、さらには日本は緩やかな規定であるから、訴訟終了宣言は問題にならないとの主張が言外に込められているのかもしれない。しかし、ローマ法以来の法の歴史から見えてくることは、結果責任主義に立脚し厳格に解すべきであるということであり、結果責任主義に立脚して緩やかに解するのは矛盾であるということである[40]。

　このように博士の消極説の主張の根拠の①～④には賛成できないが、さらに問題がある。博士はドイツの訴訟終了宣言についての説明において、用語は付していないが、ドイツでは双方的訴訟終了宣言と一方的訴訟終了宣言とが区別されていることを述べている。しかし、①～④の訴訟終了宣言を否定する根拠は主に双方的訴訟終了宣言を念頭に置いたもので、一方的訴訟終了宣言については全く考慮していないように思う。換言すれば、博士は双方的訴訟終了宣言と一方的訴訟終了宣言との区別を無視し、一方的訴訟終了宣言についての問題を棚上げしたようにも思える。もっともここでは問題点を指摘するだけで、博士の説明に対して批判や非難をするつもりはない。なぜならば、双方的訴訟終了宣言を認めないのであれば、一方的訴訟終了宣言について言及する必要はないからである。さらに双方的訴訟終了宣言はZPO九一条aが規定していて、ドイツの学説や判例に一定の共通の理解が見られるが、一方的訴訟終了宣言については法の規定はなく、当時も今も判例・学説は多様であり、数行でまとめられるような状況にないからである。もちろん博士が双方的訴訟終了宣言と一方的訴訟終了宣言を区別しないからといって、両者の区別は必要ないということではない。両者を区別して論じることは日本においても重要であり、一方的訴訟終了宣言を考慮しない消極説は問題である。双方的訴訟終了宣言と一方的訴訟終了宣言との関係については、4で述べる。

3　訴えの取下げと双方的訴訟終了宣言の異同

双方的訴訟終了宣言の効果は、自動的な訴訟の終了と訴訟費用が簡易な手続で裁判される点であるが、この点に注目するならば、訴訟終了宣言は訴訟費用の問題と考えることになる。法的性質論においてこれに注目したのが特別な訴えの取下げ説（第三節2A）や訴訟上の意思の合致説（同・2D）であるが、これらの説は訴訟終了宣言は訴えの取下げ（民訴法二六一条以下）で十分であると説く日本の通説を補強することになるかもしれない。さらに日本の場合、ドイツ法と異なり訴えの取下げについて原告が訴訟費用を負担するとの規定がないから[41]、そのような規定の適用の排除を説くドイツの特別な訴えの取下げ説は日本の通説に相当するとも考えることができる。

しかし、それは正しくない。確かに双方的訴訟終了宣言と訴えの取下げとの類似性は否定できないし、双方的訴訟終了宣言が問題とするような事例は訴えの取下げで処理することはある程度は可能である。しかしながら、訴えの取下げでは十分に対応できない面があること、すなわち訴えの取下げでは手続保障に問題があることを指摘したい。双方的訴訟終了宣言では従前の受訴裁判所が担当するが（ZPO九一条a）、訴えの取下げの場合は第一審の裁判所である（民訴法七三条一項）。つまり担当裁判所が両者で異なる。この違いは決して無視できないことである。双方的訴訟終了宣言の場合、裁量によって訴訟費用の負担者は簡易・迅速に裁判されるが、それは従来事件を担当していた裁判所が手続保障が十分な従前の本案訴訟の状況を基にして判断するからこそ、このような裁量による簡易な手続の正当性が担保される。ところが訴えの取下げの場合、その後の手続は理論的には従前の手続とは切断され、しかも裁判所を異にするから、その手続の審理の正当性の担保が問題になるであろう。すなわち、判決による訴訟終了の場合に訴訟費用の裁判の正当性は本案の裁判資料の流用によって担保されているから特に問題にならないが、訴えの取下げの場合はそのような担保がない。それならば訴えの取下げの場合にも口頭弁論を開いて訴訟費用の負担について慎重な手続で裁判すればよいということになろうが、訴訟費用のために口頭弁論を開くことが適当かというとそうとは言えないし、口頭弁論を開くか否かは裁判所が決めることであり、当事者に権利として保障されているものではなく、開かなくても違法ではない。

このように訴えの取下げでカバーできない部分がある以上、訴えの取下げ以外に訴訟を終了させる方法、すなわち訴訟終了宣言による終了を当事者に認めるべきである。これに対して立法論という批判があるかもしれないが、現行法に不備があるならばそれを補うのは解釈論である。また双方的訴訟終了宣言を当事者の合意と考えるから、日本法では法律に直接の根拠はないにしても、訴訟に関する当事者の合意が一般に適法であることから、双方的訴訟終了宣言による終了を当事者が合意したと理解すれば、解釈論として通用する。

4　双方的訴訟終了宣言と一方的訴訟終了宣言

日本においてはZPO九一条aに相当する規定は存在しないし、そもそも訴訟終了宣言自体が通説によって評価されていないから、ドイツの双方的訴訟終了宣言の議論は直接参考にすることはできない。しかしながら、そうであるからといって単に比較法的な意味しか有しないというのは誤りである。訴訟終了宣言については立法の有無に関係なく、双方的訴訟終了宣言と一方的訴訟終了宣言との区別は重要であり、この区別によって訴訟終了宣言の問題は考察すべきである。なぜならば、訴訟は当事者間に紛争が存在することを前提にした手続であり、紛争がなくなった場合には別の手続や原理によって処理する必要があるからである。例えば訴訟の終了について、終局判決によって終了する場合とそうでない場合（訴えの取下げ、訴訟上の和解、請求の放棄および認諾等）とを区別し、後者は処分権主義に基づくと一般に説かれているが、これはこのような認識に基づく。

そこで双方的訴訟終了宣言と一方的訴訟終了宣言の区別も、これに相応するものであり、双方的訴訟終了宣言では当事者双方の終了についての意見の一致が前提となるから、紛争がないことを意味する。しかもそれが当事者の意思によって生じるから、簡易・迅速な手続の正当性を根拠づけることができる。これに対して一方的訴訟終了宣言の場合は終了について当事者間に紛争が存在することであり、その紛争の解決が当事者によって求められるから、ここでの争訟的な性格は無視できない。このことから導き出されることは、双方的訴訟終了宣言と一方的訴訟終了宣言とでは、手続にしても手続を指導する訴訟原理にしても、異にする必要があるということである。したがって日本においてはＺＰＯ九一条ａに相当する規定がないにしても、当事者間に訴訟の終了について争いがなく、残された主たる問題が訴訟費用である場合、訴えの取下げではなく、当事者の意思に基づいてドイツの双方的訴訟終了宣言を参考にした日本的な双方的訴訟終了宣言によって対応すべきである。[42] このための解釈論としての道筋は、第五節１で考察する。

（37）　日本における訴訟終了宣言に関する議論の状況については、第三編第一章にまとめてある。その第二節は、本節の主張をより一般化し発展させたものである。そのため内容に重複があるが、本節はあくまでも双方的訴訟終了宣言の観点からまとめたものである。

(38)　例えば、条解民訴（参資二2）・二七四頁〔新堂幸司〕、注解民訴二版（参資二2）・一〇二頁〔桜田勝義＝宮本聖司＝小室直人〕等も同趣旨の主張をしている。なお訴訟終了宣言を消極的に解する通説の形成に影響を与えたのは本文で述べたように兼子博士であるが、実は鈴木忠一判事の役割も決して無視できない。鈴木判事は兼子博士と同じ頃に訴訟終了宣言について、「九〇条〔現行民訴法六二条〕の解釈により、又一〇四条〔現行民訴法七三条〕の規定の適用により独逸に於ける『本案終了』の理論を援用する必要は乏しい。」と述べた（鈴木・参資二1・民訴講座九四一頁。〔　〕は筆者の加筆であり、原文の旧漢字は常用漢字に改めた）。

(39)　民訴法七三条と同条二項が準用する六二条のそれぞれの立法沿革を尋ね、日本法による解決方法はドイツ法と決別して独自の制度を創設したものではなく、単に条文を整序しただけであることと、ドイツの訴訟終了宣言と比較して構造的な欠陥を有していることを明らかにしたのが、拙稿・⑬〔沿革〕である。この論考をまとめたのが、第三編第三章である。

(40)　民訴法六一条によって訴訟費用は敗訴者が負担することになっているが、これは結果責任説に基づくものである。訴訟費用の負担の問題について結果責任説が近代民事訴訟法の原則として採用されたのは、壮大な歴史的な経験に基づく。すなわち、結果責任説は刑罰説、損害賠償説、付随給付説等の諸説に比べて一番妥当な結論を導き出し、それら諸説に勝利したことによる。そもそも結果責任説は、それぞれの個別的な諸般の事情を考慮することなく訴訟の結果だけで決めるという立場であり、訴訟の結果に厳格に従うことで本領を発揮する。つまり、厳格な運用が正しいのであって、裁判所が結果の妥当性を考慮して緩やかに運用することが問題である。

緩やかな運用は、一見するとバランス感覚という点で穏当のように見えるが、手続の透明性という点で問題があり、妥当性を欠く。この問題については、拙稿・①〔生成〕三号七〇頁以下、同・⑩〔立法〕で詳論したことがある。これらの論考をまとめたのが、第二編第一章第一節である。

(41)　ドイツ民事訴訟法は、訴えの取下げの場合に原告が訴訟費用を負担すると規定している（二六九条二項二段）。日本の場合はこのような規定は存在しないが、明治二三年の民訴法はこのような規定を有していた（七二条二項）。大正一五年の改正で、訴えの取下げの場合は原告が訴訟費用を負担するとの規定は姿を消したが、それはドイツ法と決別したということではなく、訴訟費用は敗訴者が負担するとの一般的な規定に融合させたからである。したがって、訴えの取下げの場合の訴訟費用の負担者についてドイツ法との違いが殊更強調されてはならないが、問題は日本においては個別的な規定を一般的な規定に融合させた点にある。なぜならば結果責任主義の原則は結果だけを重視し、その形式的な適用によって恣意的な判断を排して、効率的に訴訟費用の負担者を決めるものであるからである。すなわち、例外を規定する場合はこのことを配慮して、個別具体的に規定することが求められる。これに対して例外を一般的な規定に融合させるならば、その一般的な規定の適用において個別的な事情を考慮して裁判所は判断せざるをえず、簡単に負担者を決めることができなくなり、結果責任主義の原則を曇らせることになる。この問題については、拙稿・⑥〔訴訟係属〕二一一頁以下で詳論した。

(42)　訴訟上の和解に関して、次のような問題がある。「訴訟物に関して訴訟上の和解が成立したが、訴訟費用の負担に関しては当事者間に意見の一致をみることができなかった場合、当事者は訴訟費用の負担について裁判所の判断に委ねて訴訟を終了させることができるか。」方法として民訴法二六五条の裁判所等が定める和解条項によって解決することが考えられなくはない。しかし、この規定は本案についての和解を考えているから、想定外の問題である。しかも、民訴法六八条は「和解の費用又は訴訟費用の負担について特別の定めをしなかったときは、その費用は各自が負担する」旨を規定しているので、特別の定めをするのが煩わしい。さらに何を基準にして判断するのか不明なので、裁判所にとっても当事者にとっても利用しづらいように思う。

そこで訴訟費用の裁判の続行が考えられる。この場合は判断方法も基準も明確ではあるが、そもそもこのようなことが許されるかについては議論がある（注解民訴二版（参資二2）・七〇頁〔小室直人＝宮本聖司〕）。訴訟費用という付随的な事項だけで訴訟を続行することは無意味であるからである。民事訴訟法はそもそも訴訟費用に関して独立して控訴することを認めていない（民訴法二八二条）。

ところでドイツではこのような場合にＺＰＯ九一条ａが利用される。訴訟上の和解に際して、当事者が訴訟費用の問題についてはＺＰＯ九一条ａの適用を合意するということである。これは和解によって訴訟終了事由が発生したとして、双方的訴訟終了宣言を適用することに他ならないが、双方的訴訟終了宣言の目的を考えれば無理な解釈ではない。換言すれば、冒頭の問題は双方的訴訟終了宣言に相応しいということであり、日本法においても双方的訴訟終了宣言を認めることによって、無理なく解決できることになる。双方的訴訟終了宣言はこのような問題に適した解決方法であり、訴訟の促進に役立つし、当事者の要望にも応じた民事訴訟手続ということになる。

ところでそもそもこのような双方的訴訟終了宣言が許されるのかという疑問が浮上するが、ドイツの判例・通説はＺＰＯ九八条の適用を排斥するとの当事者の合意を前提に、このような双方的訴訟終了宣言を適法としている（Schellhammer (D) [11], Rn 1703; Zöller/Vollkommer (C) [25], §91 Rn 58; Musielak/Wolst (C) [4], §91a Rn 21; Baumbach/Hartmann (C) [64], §91a Rn 19)。なお訴訟費用に関して裁判所に判断を委ねることは、日本の民訴法二六五条が規定する裁判所等による和解条項の裁定という制度を想起させるが、ドイツではそのような制度がないこともあって、出発点が訴訟上の和解であっても和解の訴訟費用を裁判所の裁定に委ねる場合は、一般に双方的訴訟終了宣言の適用領域の問題として理解し、訴訟は双方的訴訟終了宣言によって終了する。ところで裁判所等による和解条項の裁定という制度が存在しないドイツの状況については、吉田元子『裁判所等による和解条項の裁定』四五頁以下（成文堂、二〇〇三年）が詳細に論じている。

この問題についての具体的な事案であるが、二〇〇六年一〇月八日に大阪市立大学において開催された日本私法学会における民法学者の研究報告の中に見ることができる。田中宏治大阪大学助教授（当時）は、「ドイツ新債務法における特定物売買の今日的課題」という研究報告においてあるドイツの判例を詳細に報告したが、その事案の結末は次のようなものであった（拙稿・⑱〔双方的〕九号六二頁以下）。

事件（本案）について当事者間に訴訟上の和解が成立し、従前の訴訟費用について地方裁判所はＺＰＯ九一条ａを適用して原告の負担とした。これに対して原告が即時抗告をしたところ、上級地方裁判所（ＯＬＧ）は原告の主張を認めて、訴訟費用は被告の負担とした。一審と二審とで結論が相反することになったのは、原告が本案で主張した代物請求権について一審は否定したが、二審は肯定したからである。報告者は二審が代物請求権を肯定した法解釈に注目し、その意味や意義を学会で詳しく報告した。しかし、私が注目したのは裁判所がＺＰＯ九一条ａを適用したことである。

この事件で、なぜ裁判所はＺＰＯ九一条ａを適用したかということについては学会報告は触れていないし、ドイツの判例掲載誌の解説も言及していない。手続的にはドイツでは問題はないということを意味するが、訴訟上の和解とＺＰＯ九一条

aとの関係については若干の説明が必要である。この事件では本案は和解によって解決したが、訴訟費用の負担をめぐって争いが残り、それをZPO九一条aで解決したということである。換言すれば、このような場合に双方的訴訟終了宣言が利用されるということであり、訴訟上の和解を訴訟終了原因として双方的訴訟終了宣言がなされるということである（第一章第一節4C）。ところでZPO九八条（民訴法六八条に相当）によれば、特別の定めがない場合は訴訟上の和解の場合の訴訟費用は各自の負担とすると規定されている。この規定から分かることは、訴訟費用をめぐって争いが残った場合は、この規定では処理できないということである。そこからさらに導き出されることは、この種の紛争は和解では処理できないことと、それを補充するのが双方的訴訟終了宣言であるということである。またこのことは、和解と双方的訴訟終了宣言の違いを示すものである。なお和解と双方的訴訟終了宣言との関係については、Shen (B), S. 22 f. が分析している。

第五節　日本における双方的訴訟終了宣言

ドイツの双方的訴訟終了宣言について、第一に、ZPO九一条aを基に要件（第二節1）や、効果と手続（同・2）を調べ、制度の概要を把握した。第二に、それらを日本法へ導入するために、ドイツ法と日本法を結ぶ接点として双方的訴訟終了宣言の法的性質を考察した（第三節）。第三に、日本では双方的訴訟終了宣言は必要ないとする消極説が通説であるので、その主張に根拠がないことをまとめ、双方的訴訟終了宣言を日本で受容するための素地の存在を明らかにした（第四節）。

このような作業の帰結として最後に、双方的訴訟終了宣言を日本でも導入するための具体的な方法を考察する。立法論ではなく解釈論として利用するための法解釈の道筋（1）と、裁判書の記載の方法（2）である。

1　解釈論の道筋

A　法の欠缺

日本において双方的訴訟終了宣言を利用する場合、先ず必要なことはドイツで双方的訴訟終了宣言が利用される事例（第一節2）に対して、日本法の規定は十分でないと認識することである。その理由は、不十分な規定を埋めるための理論として双方的訴訟終了宣言を位置づけるためである。なぜ不十分なのかというと、訴訟中に訴訟終了事由が発生した場合の処理について、既存の制度では十分に対応できないからである。すなわち、請求の放棄（民訴法二六六条）は自己の請求に理由がないことを認めることであり、訴えの取下げ（民訴法二六二条）は判決を求めることの撤回であり、訴訟上の和解（民訴法二六六条）は互譲による解決を目指すものであり、訴訟の終了事由の発生の場合はこれらとは明らかに異なるからである。[43] さらに規定が十分でないことを示す根拠としては、日本の民事訴訟法の母法であるドイツ民事訴訟法では、立法の不備を理由に双方的訴訟終了宣言の制度を発展させたことを挙げることができる。[44] ドイツ法を継受した日本法は、ドイツのような欠陥を持っていないとは考えられない。日本では関心がなかったから立法の不備を認識しないままドイツ法を継受し、一部の学者を除いてドイツの訴訟終了宣言の制度の発展に気がつかなかったということに過ぎない。

これに対して訴訟終了宣言に否定的な消極説は、民訴法七三条とその二項が準用する六二条が日本法の立法上の対案であると理解する。確かに日本では、訴訟費用の負担を定める方法に関してドイツ法と違いが見られる。原則に対する例外を個別具体的に規定するのがドイツ民事訴訟法であり、六二条に見られるように例外を一般化・抽象化するのが日本の民事訴訟法である。[45] しかし、それはドイツとは異なった日本独自の法制を整備したからではない。個別具体的に規定したドイツ法の真意を理解することなく、個別具体的な規定は一般的・抽象的な規定に代替できるとして、主に条文の形式的整序の理由から条文の規定の方法を変えたに過ぎない。しかも七三条二項は単に六二条を準用しただけで済ませて六二条が働くための手当てを規定していないから、六二条が必要とされる場面で六二条が実際に働くという保障はない。なぜならば六二条は判決による訴訟の終了の場合の規定であり、本案の審理に基づいて利用されることになっているが、七三条の場合はそうではない。訴えの取下げであれば、取下げによって本案の審理がなくなるからである。そもそも六二条を働かすための手続が規定されていない。正に不完全な構造である。そこで日本法の立場は、例えば公序良俗規定の判断と運用を裁判所に委ねたのと同様に、問題解決を裁判所の裁量に完全に委ねたと解することができる。しかし、それは決して裁判所の恣意的な判断を許すということではない。裁判所は客観的な基準によって判断しなければならない。したがって立法者は完全に委ねたのではなく、理論によって補充することを委ねたと解すべきである。このように理解するならば、私見はその補充するものが双方的訴訟終了宣言であり、当事者の意思の内容はこれによって判断すべきであるというものである。

このことは決して牽強付会なことではないし、むしろ自然な流れというべきである。なぜならば母法であるドイツ法では法の欠缺と認識して、既存の制度では対応できないとして訴訟終了宣言の制度を創設したからである。それに対して日本の立法者は訴えの取下げの制度を充実させたかというと、そうとは言えない。前述のように日本では関心がなかったから、制度に問題があることに気がつかなかったということに過ぎない。したがって立法の対応が十分でないということに気がついたならば、その欠陥を埋めるために先行する母法の経験と実績を利用することである。自ら一から考えるよりも、母法のドイツ法の成果を利用するのが合理的であり効率的である。母法であるが故に、そのままスムーズに移入できるからである。すなわち、「木に竹を接ぐ」ということにはならないし、既存の制度になじみやすい。

B　当事者の訴訟終了の意思の解釈

このようなことから、実際の場面では、原告が訴訟の終了を主張し、被告がそれに同意するかもしくは異議を述べない場合は、当事者はドイツの双方的訴訟終了宣言のような合意をしたと解して、日本でも双方的訴訟終了宣言として処理すべきである。もちろん、日本では双方的訴訟終了宣言が現時点では十分に知られていないから、裁判所は双方的訴訟終了宣言について当事者に十分に教示や説明をして、そのように誘導する必要がある。これに対して当事者が裁判所の説明の前に、双方的訴訟終了宣言について十分承知していて、この制度を積極的に利用しようというのであれば、裁判所はそのまま認めるべきである。

この見解に対しては、当事者の意思を露骨に自らの主張の都合に合わせているとか、意思の解釈が恣意的であるとの批判があろう。しかし、当事者が双方的訴訟終了宣言の問題を認識すれば、双方的訴訟終了宣言のような行動をとるであろうことは、十分に予想されることである。なぜならば、それが当事者にとって一番有利であり合理的な行動であるからである。

ところで訴訟の終了に関する当事者の合意について、兼子博士は原告の訴えの取下げとそれに対する被告の同意と解すれば足りると述べている（第四節１③）。これは博士は当事者の意思を解釈したからである。換言すれば、博士のように当事者の目的が達成できると考え、そのように当事者の意思を解釈したからである。換言すれば、博士の手法は制度の目的を基準とした当事者の意思の解釈という方法で当事者に制度を利用する意思があったと導くものであり、実際の当事者の意思がどのようなものであったかは考慮しないものである。私見の方法も正にこれと同じであり、基準とした制度が博士と異なるに過ぎない。博士と意見を異にする理由は、博士が訴えの取下げで対応できると主張しているが、それに賛成できないからである（同・２）。さらにこのような訴訟の終了には再訴禁止効を付与し、将来の紛争の再発を防止することが紛争解決制度としては望ましいので、限定的な再訴禁止効を有しない訴えの取下げで対応するのは不十分である。そこで私見は訴えの取下げに固執することなく、双方的訴訟終了宣言によって期待される合理的な意思を基準に解釈すべきであるというものである。結論として、日本においてもドイツの双方的訴訟終了宣言に倣い、次のような取扱いをすべきである。

原告が訴訟の終了を主張し、それに対して被告が同意するかもしくは異議を述べない場合は双方的訴訟終了宣言として、裁判所は訴訟費用について、従前の訴訟の経過（事実状態及び訴訟状態）を考慮して、衡平な裁量により決定で裁判をする。

2　双方的訴訟終了宣言と裁判書

鈴木忠一判事は、非訟事件手続ではあるが、一九八一年に訴訟終了宣言について次のように述べている（「非訟事件に於ける手続の終了と受継」五八頁〔参考資料二―1〕）。

「……我が非訟法でも本案の終了を来たし、費用の裁判が残るのが理論的には肯定し得ると言ひ得るであらう。しかし、本案終了の裁判を制度として規定してゐない我が国に於いては、純粋に理論に従って本案終了の裁判をすることは出来ないといふのが穏当であらう。殊に我が国では費用負担の裁判に関連して、この制度を認むべしとする要求が極めて乏しいからである。若し理論上実行し得るといふ立場を取っても、ドイツの実務とは異なって、一般的には、『本案は云々の理由によって終了した。手続費用は云々の負担とする』といふ趣旨を主文に掲げるべきであらうが、実定法上斯る形式の裁判が無条件に是認されるか否かはやはり問題であり、訴の取下又は訴訟上の和解の効力について争のある場合等に、本案終了の裁判を為し得るのと同様に必要性があると言ひ得るかは疑問である。」

既に前注(38)において紹介したように鈴木判事は以前から消極説を説いているので、非訟事件手続においても当然のことであるが、その態度を変えてはいない。訴訟終了宣言という観点からは、非訟事件手続であっても訴訟手続であっても、取扱いを区別する必要はないからである。したがって判事のこの記述はそのまま訴訟手続にも通用するものとして、ここでは利用する。この記述で注目すべきことは、裁判所が訴訟終了宣言を認めた場合は、主文において本案が終了したことを記載すると主張していることである。もちろん、これは積極説を支援するための主張ではなく、このような主文の記載は法律上規定されていないから、積極説は支持できないというための主張である。従来、訴訟終了宣言に関する裁判書（判決書）については、日本ではそもそも訴訟終了宣言を認めるか否かが最大の争点であったために、ほとんど議論されてこなかっただけに、このような主張は貴重な意見である。

鈴木判事はわざわざ「ドイツの実務とは異なって」と断って、日本の場合は、主文に訴訟が終了した旨を記載すべきであると述べている。この場合は双方的訴訟終了宣言を考えているのか、それとも一方的訴訟終了宣言を想定しているのか不明であるが、正にそのことが問題である。なぜならば、双方的訴訟終了宣言であれば当事者間に紛争がないのであるから、処分権主義に基づく当事者による訴訟の終了として、訴えの取下げや請求の放棄等と同様に、裁判所は主文で終了について判断する必要はないからである、これに対して、一方的訴訟終了宣言の場合であれば当事者間に終了をめぐって争いがあるから、訴えの取下げ又は訴訟上の和解の効力について争いのある場合と同様に、裁判所は本案の終了の裁判を行う必要がある。つまり、裁判書（判決書）の主文において終了した旨の記載方法は、双方的訴訟終了宣言と一方的訴訟終了宣言とでは異なる。そこで前記の判事の主張が、一方的訴訟終了宣言を想定してなされたものであれば正しいが、双方的訴訟終了宣言の場合も含めたものであれば妥当性を欠く。いずれにしても鈴木判事は、双方的訴訟終了宣言と一方的訴訟終了宣言とを区別したうえで立論すべきであった（第四節４）。

ドイツでは双方的訴訟終了宣言の場合、裁判は決定で行うが（ZPO九一条a）、決定主文では単に訴訟費用の負担について述べ、訴訟が終了した旨は理由中に記載するようである。[46] 日本においてもこれを踏襲すればよい。わざわざ「ドイツの実務とは異な〔る〕」必要はない。もっとも現時点では日本においては規定がないから、決定主文に記載しても違法とはいえない。また規定がない以上、主文に訴訟が終了した旨を記載したからといって、それに何らかの法的な効果（例えば既判力）が生じることにはならない。このようなことから言えることは、主文に終了した旨を記載するメリットは従前の訴訟の帰趨が当事者に明瞭になるということである。そうであるならば、鈴木判事が指摘されたように主文に記載した方が合理的なように思える。しかし、双方的訴訟終了宣言が処分権主義に基づく当事者の行為による訴訟の終了であることを考えると、裁判所は審判権を有していないから理論的には主文に記載するのはおかしい。訴えの取下げの場合には何らの裁判がなされないが、それと同じでなくてはならない。ましてや当事者間にこの点に争いがないから、裁判所は本案については判断する必要はない。これらをさらに主文に記載すると、その記載が何らかの法的な意味を有するとの誤解を与えるかもしれない。これらを総合的に判断すると、訴訟が終了した旨の記載は主文ではなく理由中に記載すべしということになる。

ところで鈴木判事は前記の文章において消極説を説いているが、積極説を完全に否定していない点は注目すべきである。積極説を支持しない理由としては必要性がないからとか、日本には規定がないから消極説が穏当であるとか述べているからである。これは必要性が認められれば積極説を採用するという意味にも理解できる。そうであるならば、訴訟終了宣言が日本で認められるか否かは、必要性の論証に係っているということになる。訴訟終了宣言の必要性は、既に述べたところである。[47]

（43）　東京控判昭和九年七月二三日法律新聞三七四八号四頁は貸金返還請求訴訟において、相殺の特約により訴訟中に訴求債権が順次消滅した事案である。東京控判昭和九年九月二九日法律新聞三七八九号四頁は、約束手形の支払請求訴訟の控訴審で一部の任意弁済がなされた事案である。このような事実から両事件とも請求の減縮がなされ、相手方が異議を述べなかったという事情がある。

これに対して両判決とも判決理由の中で、訴訟の目的達成による訴訟の離脱は、請求に理由がないことを認める請求の放棄でもなければ、私権保護の要求の撤回である訴えの取下げでもなく、また互譲解決を目指す訴訟上の和解でもないと述べ、これらとは別な新たな訴訟終了事由であるとの主張を展開している。

そこでこれらの判決は、ドイツの訴訟終了宣言の制度を参考にした裁判例と評価することができる。換言すれば当時ドイツにはZPO九一条aは存在せず、訴訟終了宣言は学説と判例によって論じられていたが、それを担当裁判官は知っていたということになる。このことは問題解決のためにドイツの状況を調べるということであるから、その熱意と学識に驚かされるが、両事件とも担当裁判長が岩松三郎判事であることを考えると、得心のいくことであるし、当然のようにも思える。判事は実務家でありながらドイツの民事訴訟法に造詣の深い民事訴訟法学者であり、常に最新のドイツの文献を参考に判決を書いていたようである。若い時、私はしばしば最高裁判所の図書館を利用したことがあるが、ドイツ民事訴訟法コーナーで岩松三郎氏寄贈と記載された本を多数手にしたことがある。これは岩松判事が最高裁判事を退職された折りに、従前使用されていた書籍を在任中に利用した図書館に寄贈されたということであろうか。

さてこれに対して正反対の判決が存在する。大阪地判昭和四三年六月一七日判例タイムズ二二五号一九四頁は、原告が裁判所の判決による終了宣言を求めたのに対して、裁判所は本件においてはその必要はなく、またこのような宣言をする規定も慣行もないとしてその主張を退け、訴訟要件を欠くことを理由に訴えを却下した。

このようなことから明らかなことは、訴訟終了宣言の問題は学説だけの問題ではなく、既に裁判所においても判断されていたということである。これらの裁判例は訴訟終了宣言の判例として評価できるのか、過去の判例の中で訴訟終了宣言として処理すべき事案はどのようなものがあるのか等については、拙稿・⑪〔判例〕で述べたことがあり、第三編第四章にまとめてある。

(44)　訴訟終了宣言の問題は、ドイツでは一八七七年のドイツ民事訴訟法の成立直後から、法に不備がある（法に欠缺がある）

として議論されるようになった〔拙稿・①〔生成〕三号九〇頁以下〕。なおこれに関しては、第二編第一章第二節1において略述した。

(45) 民事訴訟法においては訴訟の敗訴者が訴訟費用を負担することになっているが〔民訴法六一条〕、これは結果責任説に基づく立法であり、日本とドイツとで異なっているわけではない〔ZPO九一条一項一段〕。異なっているのは、この原則に対する例外の規定の仕方である。ドイツでは例外を個別具体的に規定した。例えばZPO九三条は即時認諾した場合の訴訟費用は原告の負担とするとの規定であるが、その後この規定のすぐ後に、訴訟の種類に応じて詳細な規定がaからdまで追加された。ただし、これらの追加規定の中でa・c・dの各条文は新たに創設された家事非訟事件手続法の施行に伴い、二〇〇九年に削除された。それらがこの法律に移行したからである。つまり、それらがドイツ民事訴訟法から姿を消したのは、「例外規定は個別具体的に規定する」という原則の変更ではなかった。この改正については、第四章第二節注(2)で詳述している。

これに対して日本では民訴法六二条に代表されるように、例外を一般化・抽象化して規定した。日本の立法者はこの違いは単なる表現の違いであって、実際上は差異はないと考えたようである〔拙稿・⑬〔沿革〕一〇号七〇頁以下〕。なお結果責任主義については前注(40)で、ドイツ法が個別具体的な規定にこだわった理由については、前注(41)で述べた。

(46) Schrader/Steinert/Theede (E), Rn 135; Knöringer (E) [11], §11 I 3.

(47) 日本において訴訟終了宣言がいかに必要であるかということについては、例えば、拙稿・①〔生成〕二号四八頁、三号一一一頁、同・③〔争点〕一六六頁以下、同・⑧〔近時〕六九頁以下、同・⑯〔スイス〕二頁以下等で繰り返し述べたことがある。なおドイツの訴訟終了宣言についての日本の学界の反応とそれに対する私の見解は、第三編第一章にまとめてある。また日本に訴訟終了宣言の制度を導入した場合の具体的な内容については、同・第二章にまとめてある。

第三章　一方的訴訟終了宣言

第一節　一方的訴訟終了宣言の概要

一方的訴訟終了宣言は日本法が直接規定している制度ではないこともあって、一般に関心が薄く、広く知られていない。このような現状を考慮すると、一方的訴訟終了宣言はどのような紛争を、どのような手続によって解決することを目指している制度なのかについて、具体的な事例において説明する必要がある。そこで一方的訴訟終了宣言の構造について考察する前に、それがどのような制度であるのかを具体的に簡単にまとめておく。単に一方的訴訟終了宣言について論じるだけでは、比較法的な関心からの研究は別にして、日本において研究を行う意味は一般に理解されることはないと思うからである。現実に即した具体的な事例で、一方的訴訟終了宣言の重要性を明らかにすることが必要である。

そのような理由から、先ず、今日の日本では一方的訴訟終了宣言のためにどのような事例が想定されるのか、そして一方的訴訟終了宣言は、その事例をどのようにして解決するのかを概観する（1）。次に、ドイツでは一方的訴訟終了宣言は、具体的にどのような事例を解決するための制度として考えられているのかを調べてみる（2）。そしてそのうえで、ドイツで一方的訴訟終了宣言の制度によって解決される紛争は、日本の既存の制度で十分に対応できるのか否か、一方的訴訟終了宣言の処理方法の方が優れているのか否かを検討する（3）。

1　日本における具体的な事例

日本法において過去の裁判例から一方的訴訟終了宣言が問題になるような事例を挙げることは可能であるが、過去の事例の場合、実際に生起した事例ではあるにしても、それらが今日的な状況に相応しい事例かというと、そうとは限らない(1)。そこで今日的な事例が重要であるが、遠藤功教授は次のような事例を挙げて、現在の日本において一方的訴訟終了宣言が具体的に問題になることを明らかにした（遠藤・参資二１・一五六頁）。誠に適切な事例なので、ここではそれを引用する。

「Xはその隣人Yに対して、将来、夜間ステレオの音量が屋外にもれないようにすることを求めて訴えを提起した。Yは、いままでステレオを夜間高い音でかけたことがあるかと争った。係争中にYが引っ越してしまったため、Xは口頭弁論において本案が完結したと表明した。これに対してYは、訴えの却下または請求の棄却を求めた。裁判所はどのように手続を進めるべきか。」

そして遠藤教授はこの設例の解答として、一方的訴訟終了宣言による手続の展開を具体的に次のように明らかにしている。ところで遠藤教授は説明において「訴訟完結申立て」とか「本案完結表明」と述べているが、これらの用語の意味は「訴訟終了宣言」と同じであり、単なる表現の違いである(2)。

「ドイツ民訴法上の制度であるが、以下それに沿って考察し、紹介したい。YもXに同意するならば、裁判所は両当事者の申立てに拘束され、訴訟完結を宣言する判決と平等負担の訴訟費用の裁判をして落着である。しかし、設問でY

はＸが敗訴（訴え却下または請求棄却）することを見越しているので、Ｘの訴訟完結申立てに同意することはないだろう。双方当事者の本案完結表明によって訴訟完結を裁判所が認める制度は、ドイツ民訴九一条ａが明文で定め、一方当事者の申立てのそれについては通説・判例が一定の要件（訴訟完結事由の発生と、その発生時まで訴えが適法でかつ請求に理由があること）の下に認めている。設問では、Ｘは一方的に本案の完結を表明した。この表明・申立ての有効性（当事者訴訟行為として）は承認される。口頭弁論において申立てがなされているので、この法的状況では裁判所は訴訟が完結という事態（象）の発生まで適法、かつ請求が理由具備であったかを確定しなければならない。請求の理由具備性は、ＸがＹによってその生活が違法に侵害されるという心配・不安があるか否かに係っている。この不安は、Ｙが過去にステレオの音量をあまりに上げていた事実があれば、認められよう。しかし、このことに関して両当事者は争っているのだから、裁判所は相応する証拠調べをして明らかにしなければならない。裁判所が消極的結論に達すれば、Ｘの請求は訴訟費用の負担を義務づけられて棄却される。この場合Ｘの完結表明は効果がない。反対に裁判所が訴えの適法性と請求の理由具備性を認めた場合は、訴訟係属後の完結事態の発生次第となる。事態発生は、係争中のＹの引越しによって将来的な侵害の不安が消え去ったので争いがない。裁判所はそれゆえ終局判決によって本案が完結したことを確認しなければならない。この場合訴訟費用はＹが負担させられることになる。」

遠藤教授の右の説明は適切であり、付言することは全くない。本章が遠藤教授のこの説明を全文引用した第一の理由は、本章がテーマとする内容を説明するのに、この説明は最も適しているからである。第二の理由は、本章はこの説明をさらに発展させるものと位置づけることができるからである。すなわち、本章が取り上げる事柄は教授が述べていないことであり、教授の説明に対してなぜそのような説明になるのかということについて、本章はその理由を尋ねることである。(3) そこで本章のテーマを教授の前記説明と関連させて述べるならば、次のようになる。教授はドイツの判例・通説の要件を前提に説明しているが、本章では先ずドイツの判例・通説の内容、形成過程、反対説の現状等について考察する。その成果に基づいて、一方的訴訟終了宣言の日本法における意味を検討する。

なお教授は一方的訴訟終了宣言の効果として訴訟費用について述べているが、それが導かれるためには、それに先行して考察すべき重要な問題がある。例えば、訴訟終了効の発生の根拠は何か、裁判所が一方的訴訟終了宣言について行う裁判は本案判決なのかそれとも訴訟判決なのか、判決に既判力が生じるのか否か、既判力が生じる場合はいかなる事項に既判力が生じるのかといった問題である。これらの問題の解答は教授の説明の根拠になるものであり、本章はこれらの問題についても詳しく考察する。

2　ドイツにおける具体的な事例

一方的訴訟終了宣言はどのような事例においてなされるのかというと、ドイツの裁判例を見れば一目瞭然である。しかし、裁判例は膨大であり、その中から適切なものを選択することは大変な作業である。さらにドイツの裁判例の中には日本法にないドイツ法特有の法律問題に関したものや、日本法と類似した（日本法が継受した）法制度であっても、事件そのものが日本では起こらないと思われるものが少なくない。すなわち、ドイツの裁判例であるからといって、それが直ちに日本において一方的訴訟終了宣言を理解するのに適切な事例になるわけではない(4)。

そこでここでは裁判例ではなく、ドイツの最近の教科書や実務の案内書において一方的訴訟終了宣言の説明のために使用されている事例に注目することにした。その中から日本でも実際に問題になるような事例を選び、その主なものを次のようにまとめてみた(5)。挙げた順序は特に意味はないが、強いていえば事例として比較的適切と思われる順である。

(a)　賃借人Ｙは借りた家に備え付けてある暖房器具の故障を理由に、家賃はその分だけ減額されるべきであると考えた。そこで減額分は一月分の家賃に相当するとして、一月分の家賃を支払わなかった。これに対して賃貸人Ｘは、Ｙに対して、家賃の支払いを求めて訴えを提起した。この訴訟中に、被告Ｙは家賃の翌月分を目的を定めず支払ったところ、原告Ｘは訴求分の家賃として清算して、訴訟の終了を宣言した。被告Ｙは、訴求債権はもともと存在していなかったから清算できず、したがって訴訟は終了することはできないと考えて、原告Ｘの訴訟終了宣言に異議を述べた（Oberheim (E), §29 Rn 13）。

(b)　ＸはＹに対して、売買代金七千ユーロの支払いを求めて訴えを提起した。一一月一〇日付けのこの訴状は一一月一四日に裁判所に届き、一一月二〇日に被告Ｙに送達された。ところが被告Ｙは一一月一六日に代金支払いのための送金手続を行い、代金は一一月二一日に原告Ｘの口座に入金された。口頭弁論のための早期第一回期日において、原告Ｘは訴訟の終了を宣言した。これに対して被告Ｙは、適時に代金は支払ったとして、原告Ｘの訴えは最初から理由がないとして請求棄却の申立てをした（Schellhammer (D), §33 Fall 4）。

(c)　ＹはＸに対して、売買契約の債務不履行を理由に損害賠償請求権を有していると主張していた。これに対してＸはＹの主張を争い、Ｙがその主張を繰り返すので、Ｙに対して前記債務の不存在の確認の訴えを提起した。この訴訟中に被告Ｙが原告Ｘに対して、前記請求権に基づく給付の訴えを提起した。前訴は後訴が提起されたことによって訴えの利益が消滅し不適法になるために、前訴の原告Ｘは訴訟の終了宣言をしたが、前訴の被告Ｙはそもそも訴えに理由がないとして争った（Lüke (D), §21 II Fall 2）。

(d)　ＸがＹに対して支払い請求の訴えを提起した。被告Ｙは管轄違いの抗弁を提出し、さらに「原告Ｘは債権をＺに譲渡したから権利者ではない。」と主張した。裁判所は証拠調べの結果、被告Ｙの主張が正しいと判断した。原告Xは訴訟の終了を宣言したが、被告Yはそれを争い、請求棄却の判決を求めた（Zeiss (D), Rn 494）。

3　ドイツの事例の対処方法の検討

A　既存の制度の問題点

訴訟を終了させる事由が2に挙げた事例のように発生した場合、訴訟は直ちに自動的に終了することはない。訴訟を終了させるためには、当事者の一定の行為かあるいは裁判所の判決が必要である。前者であれば、日本の民事訴訟法が規定している制度としては訴えの取下げ（民訴法二六一条・二六二条）、訴訟上の和解、請求の放棄・認諾（民訴法二六六条・二六七条）である。しかし、これらは、2の事例の場合には適切ではない。これらは、原告と被告の間に争いがない場合の訴訟の終了方法であるからである。すなわち、2の事例のように当事者の間に終了をめぐって争いがある場合は、被告はあくまでも請求棄却を主張するであろうし、原告は自らの正当性を主張して請求棄却の判決に反対するからである。したがって2の事例の場合は当事者間で訴訟の終了について意見の一致を見ることはなく、当事者の行為による訴訟の終了をもたらす制度では、その前提を欠いて対応できない。

それでは後者の裁判所の終局判決（民訴法二四三条一項）による解決で対応できるのかというと、この方法も適当ではない。なぜならば、この方法によれば結果は請求棄却（あるいは訴え却下）であり、これは原告を満足させるものではないからである。原告は、次のように主張するであろう。「訴えは当初から適法で理由を具備していたが、訴訟の終了という事態を招来させたのは被告である。にもかかわらず、訴え却下か請求棄却という原告敗訴の判決は不当である。訴訟は終了するとはいえ、訴えは正当なものであった」と。この原告の主張は理解できるし説得力があるが、しかし、現在の訴訟の構造からすると、原告はこのような結果を甘受せざるをえない。

なぜならば、現在の訴訟は口頭弁論終結時における訴訟物を構成する権利・義務もしくは法律関係の存否によって判決の内容を決めるからである。すなわち、裁判するに際して訴訟中の実体法上の変動を問題とせず、当初から請求に理由がない場合と訴訟中に理由がなくなった場合とを区別しないからである。

このことから明らかなことは、紛争の実態に関係なく既存の制度で対応するには無理があるということである。当事者の意思に相応しいものではないし、紛争が完全に解決されず残存するからである。紛争の実態に即応した新たな制度で対応することが必要である。そもそも口頭弁論終結時における権利・義務もしくは法律関係の存否だけを考慮して裁判するという訴訟構造は、一番効率的な紛争処理方法として形成されたものである。そのことを想起するならば、単に効率性を重視した解決だけでは本当の紛争の解決にはならないということである。既存の制度の限界を認識し、単なる当座の紛争の解決ではなく、将来の紛争の再発を防止するものかといった解決の質を重要視することが必要である。そうなると、多様な紛争を画一的に処理するのではなく、個々の紛争の実態に目を向けて、それぞれに相応しい紛争解決を考慮することのできる訴訟構造の構築を目指すべきであろう。

B　個々の事例の問題点

日本の既存の制度によって2の事例を処理すると何が問題になるのか、事例ごとに具体的な問題点を見てみよう。Aの「既存の制度の問題点」はいわば総論であり、一般的に問題点を考察した結果は、「既存の制度は2のような事例の処理を想定していないから、適切に処理することは難しい」というものであった。そこで本項は各論として、具体的な事例に即して既存の制度の解決策の問題点を考える。

(a)においては、XとYとは訴え提起当時の立場がYの家賃の支払いによって完全に逆転した。訴訟を続行したいと思っているのが被告のYであり、直ちに終了したいと思っているのが原告のXである。Yの家賃の支払いがあったと主張しているのが原告のXであり、家賃の支払いではないと主張しているのが被告のYである。このような事態は教壇例でもなければ、希有なことでもなく、日本でも日常的に起こりうることである。[6] しかし、紛争が解決されていないのであるから、訴えの取下げでは対応できない。さりとて訴訟を続行させるとなると、大変に奇妙な訴訟になる。なぜならば原告は支払いを認めているからこれ以上訴訟をする意思はないし、被告は家賃支払いを理由にした請求棄却を望んでいないからである。つまり、従前の訴訟物では対応できない。新たな紛争対象を把握する必要がある。

(b)においては、訴訟の開始時に被告Yの履行（支払い）がなされたという点では争いがない。したがって、訴訟物たる支払請求権は消滅したから、裁判所は請求棄却判決をすべきであるが、それでは原告Xの敗訴ということになり、原告の主張に理由があったことを考えると妥当性を欠く。そこで訴えの取下げということになるが、被告が取下げに同意しない場合も考えられるし、被告が同意したとしても、原告は訴訟費用の負担から解放されるわけではない。訴訟費用を負担すべき者は裁判所の裁量によって裁判されるから、被告が負担するとは限らないからである。正に被告が適時に履行したのか否かが最大の争点であり、これがこの問題の解決の決め手になる。そうであるならば、この紛争の解決は従来の訴訟（訴訟物）では対応できない。なぜならば、従来の訴訟では単に履行がなされたか否かが争点であり、訴訟物もそのように構成されているからである。さりとて、当事者間の最大の争点が適時な履行か否かであるにもかかわらず、訴訟費用の裁判においてこの新たな争点を無視して裁判所が一方的に裁判をすることは、たとえ訴訟費用の裁判の特殊性を強調したとしても、妥当性を欠く。

(c)においては、後訴が提起されたことによって前訴が不適法になることが問題である。前訴の原告Xにとっては、自ら提起した訴訟が無意味になるからである。そのことは正にXにとって不利益なことであるし、不当なことである。しかし、前訴は後訴によって意味を失うような程度の意味しか有しないか、あるいは後訴の提起を促すための意味しか有していないと考えることもできる。そうであるならば、訴訟中に不適法になるということは、それほど重要視することではない[7]。問題は前訴の原告Xが前訴において却下判決を受ける場合に、その訴訟の訴訟費用をXが負担せざるをえないのかということである。すなわち、Xの訴えの提起はYによって生じた事態であるから、Yに責任はないのかということである。この問題を解決するためには、当事者間で争いがある以上、新たな訴訟によって解決する必要がある。なぜならば従来の訴訟手続によって得られた資料を利用して判断できる問題ではないからである。このような場合、裁判所の裁量によって裁判するのは無理である。

(d)においては、Xが請求棄却判決を受けるのはやむをえないように思う。なぜならばXが敗訴判決を受けるのは、Xの事前の調査が不十分であり、自らの主張を立証することができなかったことに原因があるからである。もしこの事例のような場合にも訴訟終了宣言が許されるとなると、事前の調査や準備が不十分なまま訴えを提起した原告が、それが露呈すると、請求棄却判決を避けるために訴訟終了宣言を利用することが予想される。訴訟終了宣言の制度は、準備不足の訴えを容認するようなことに使われてはならない。問題は訴訟費用の負担を逃れるために訴訟終了宣言を利用したのか否かを、どのようにして判断するかということである。その意味で(d)は事例としては必ずしも適切ではないが、ただ実務の現場においてこのような事例（d）と、そうでない事例（a）（b）（c）との区別をどのように行うべきかという問題を提起している。

C　訴訟費用の裁判手続の問題点

このように(a)〜(d)はそれぞれ問題を有しているが、反対の意見も考えられる。日本とドイツの訴えの取下げの場合の訴訟費用の負担の制度の違いを強調して、日本ではドイツのようにA・Bで述べたような問題は生じないとする見解である。すなわち、ドイツでは訴訟係属後に訴訟終了事由が発生し、原告が訴えを取り下げた場合は、原告が訴訟費用を負担することになっているのに対して（ZPO二六九条三項二段）、日本では訴えの取下げの場合の訴訟費用の負担者は裁判所が裁量によって決めるからである（民訴法七三条二項による六二条の準用）。そこでこれらの事例の場合、訴えの取下げ（民訴法二六一条以下）によって訴訟を終了させ、訴訟費用は裁判所の裁量によって処理するという方法が最適であるという見解である。その理由は、第一に、訴訟費用のための訴訟をする必要がないから一番効率的であること、第二に、裁判所は従前の訴訟経過に基づいて裁量によって判断するので、その判断は手続的に正当性が担保されているし、判断内容も信頼できることである。

もっともな意見であり非常に説得力があるが、しかし問題は、この見解には裁判所が訴訟費用の裁判を行う場合の裁判手続についての考察が欠落していることである。すなわち、どのような手続で裁判所は裁判資料を収集し、どのような基準で裁判するのかが明らかでない。これに対して、この見解は民訴法六一条以下に規定されていると反論するであろう。しかし、これらの規定を見ると、訴訟費用の裁判は原則として終局的裁判に付随してなされることを規定している。すなわち、終局的裁判がなされることを前提としている。訴訟費用の裁判は終局的裁判の判断に連動してなされるものであるから、訴訟費用のために特別な手続が存在する必要はない。終局的裁判の代表的な本案判決で考えるならば、本案の手続が訴訟費用の裁判手続を代替して、それが訴訟費用の裁判手続の正当性を保障している。つまり、訴訟費用の裁判には原則として本案の裁判が必要である。もちろん、それを必要としない場合として和解（民訴法六八条）と、「訴訟が裁判及び和解によらないで完結したとき」（民訴法七三条）を規定しているが、前者から明らかなように、これらの規定は当事者間に訴訟費用やその後の手続に関して紛争が存在しないことを想定している。ところが2の事例は紛争が残存していて、このような場合ではない。したがって紛争が残存している場合は、訴えの取下げのように本案判決がなされず、しかも訴訟費用やその後の手続に関して当事者間に紛争がないことを前提にしている手続は適していない。

本案の問題が訴訟の終了事由の発生によって消滅したならば、訴訟費用は付随的な問題ではありえない。訴訟費用の問題は新たに独立した紛争として、本案に代わるものとして把握する必要がある。すなわち、本案の影に隠れていたものが、隠していた本案の終了とともに登場したと考えるべきである。訴訟が終了した場合の訴訟費用の問題はこのようなものと理解し、自らの権利は自らで守るという大原則に立ち返って、この場合の訴訟手続を考える必要がある。もちろん、すべての場合に訴訟手続が必要ということではない。当事者間で争いがなければ、訴訟手続が省略できるのは私的自治の原則から当然である。紛争が残存しながらも訴訟手続を省略する手続が、正に問題なのである。

D　一方的訴訟終了宣言の場合

この問題に対応するために、ドイツ民事訴訟法は約一〇〇年をかけ、紆余曲折を経ながら訴訟終了宣言の制度を構築した。[8] この制度は訴訟中に訴訟の終了事由が発生した場合、終了事由の発生に至る経緯に注目し、それを考慮して訴訟費用の負担者を決めて訴訟を終了させるものである。したがって、2の事例はドイツではこの制度によって処理することになる。具体的には手続は次のように展開する。訴訟終了事由が発生した場合、原告は一方的に訴訟終了宣言を行う。これに対して被告が同意するか、あるいは異議を述べないならば、双方的訴訟終了宣言として訴訟は終了する。訴訟終了効が発生するのは、訴えの取下げと同様に処分権主義に基づくと考えられているからである。すなわち被告が異議を述べないということは、訴訟の終了について当事者間での合意あるいは裁判所に向けられた意思の一致が見られたということであり、当事者のそのような意思を尊重するということである。そして訴訟費用の負担については、裁判所がZPO九一条aに基づいて、従前の訴訟の経過を考慮して衡平な裁量によって決定で決める。[9] これが第二章で述べた双方的訴訟終了宣言の手続である。

被告が原告の訴訟終了宣言に対して異議を述べる場合は、裁判所は原告の主張の当否を裁判によって判断することになる。この場合は原告の一方的な訴訟終了宣言にすぎないから一方的訴訟終了宣言といわれる。裁判所は何について、どのような手続で裁判を行うのかが問題になる。双方的訴訟終了宣言の場合はＺＰＯ九一条ａが規定しているので、訴訟終了宣言の手続に関してはこの規定によって処理するが、一方的訴訟終了宣言の場合は規定が存在しないために、一方的訴訟終了宣言の法的性質論から考察するしか方法がない。[10]具体的な手続は、１で紹介したように遠藤教授が説明したことなので、ここではそれ以外のことについて付言しておく。教授の説明は、一方的訴訟終了宣言の法的性質論についてのドイツの判例・通説である訴えの変更説に依拠している。それは一方的訴訟終了宣言は「訴えの変更」であるとして、従前の訴えは新たな訴えに変更されたと理解することである。すなわち、従前の訴えが終了事由発生までは適法で理由を具備していたことの確認を求める訴えへの変更である。原告の主張が認められれば請求は認容され、訴訟費用は敗訴者負担の原則（ＺＰＯ九一条）により、敗訴者である被告が負担することになる。併せて請求権の消滅が判断され、その不存在が既判力で確定し、同一紛争の再燃は既判力によって遮断される。

ところで日本では、訴訟終了宣言はともすれば単に訴訟費用の問題と理解されがちである。[11]これはこの制度の生成の歴史と関係がある。ドイツでは訴えの取下げの場合は、Ｃで述べたように原則として訴訟費用は原告が負担しなければならないと規定されているので（ＺＰＯ二六九条三項二段）、訴訟終了宣言の議論はこの規定の適用を回避する目的で出発したからである。したがってこのような制度の出発点を考えるならば、訴訟終了宣言は訴訟費用の問題であると考えることは決して誤りではない。しかし、訴訟終了宣言は訴訟費用の問題に止まらない。すなわちドイツでは訴訟終了宣言は訴訟費用の問題から出発したが、しだいに議論は、訴訟中に発生した訴訟終了事由に対応する新たな制度として、訴訟終了宣言をいかに位置づけるかということで発展してきたからである。

それゆえに単に訴訟費用の問題の解決のためだけの制度として見るのは適切ではない。訴訟終了宣言の制度の生成の過程は、紛争解決の効率性から紛争解決の質的向上を目指したものと理解し、そのような視点で評価すべきである。そうでなければ、ドイツで訴訟終了宣言についておびただしい議論がなされてきた理由は、訴訟終了宣言が訴訟費用という切実な問題に関係しているとはいえ、説明がつかない[12]。

（1）　日本の公刊された裁判例の中から訴訟終了宣言による解決に適したものを選び、訴訟終了宣言による解決の方が既存の制度による解決よりも適切であると論じたことがある〔拙稿・⑪〔判例〕八三頁以下〕。第三編第四章第一節～第四節は、これをまとめたものである。最近の判例については第五節として、本書のために新たに執筆した。

（2）　訴訟終了宣言の制度はドイツ法上の制度であるために、この制度については日本ではいろいろな表記がなされている。原因は日本語に翻訳する場合に、定訳が存在しないからである。どのような表記がなされているのかを調べたことがある〔拙稿・⑨〔翻訳〕一七頁注（13）〕。参考資料三は、これをまとめたものである。

（3）　遠藤教授が述べていないことをここで取り上げ、教授の説明の理由を問うということは、教授の説明が不十分であるという意味ではない。教授の説明は執筆の分量が制限されている学生向けの演習問題の解説であり、本章のようなテーマについて記述しないのは当然であり、そのことは適切な方法である。演習問題の解説は詳細に説明するよりも、学生に対してテーマに関心を持たせることが重要であるからである。関心を持った学生に対しては、参考文献を手掛かりに自ら探究させることも教育的な配慮からは必要である。

（4）　一方的訴訟終了宣言に関するドイツの有名な判決をドイツ語の一言一句まで拘泥して原文通りに翻訳したことがあるが〔拙稿・⑤〔ドイツ判例〕六八頁以下、同・⑥〔訴訟係属〕一五頁以下〕、事件はドイツ固有の問題であり、日本では生じないような事案であった。それではなぜそのような翻訳をしたのかというと、判決理由において展開された判例理論がドイツでは有名であり、それを正確に日本に紹介し検討することは、有益であると確信したからである。

（5）　本文に例として挙げた事案は、原文を直訳したものではない。原文はドイツの法曹のために書かれたものであり、原文を忠実に訳したのでは、日本の法曹が理解するのは困難ではないかと思った。そこで一読して容易に理解できるように、原文にない言葉をかなり加筆した。しかし、そのことを正確に表記すると煩雑になって読みづらくなるので、加筆部分は特に明示していない。このようなことから、ここに挙げた事例はドイツの事案の翻訳でない。日本流に原文を修正したことから、翻案というべきかもしれない。

(6)　この事例は、日本では一般に「相手方が援用しない自己に不利益な事実の陳述」として議論されている問題と類似する。判例としては最一小判昭和四一年九月八日民集二〇巻七号一三一四頁、最一小判平成九年七月一七日判例時報一六一四号七二頁＝判例タイムズ九五〇号一一三頁がある。

なおこれらの判例は重要なため『民事訴訟法判例百選』に取り上げられている。前者は続百選五一事件（吉村徳重教授担当、別冊ジュリスト三六号一一八頁以下〔一九七二年〕）、二版七七事件（林淳教授担当、別冊ジュリスト七六号一七六頁以下〔一九八二年〕）、百選Ⅰ（新法対応補正版）一〇八事件（河野正憲教授担当、別冊ジュリスト一四五号二一八頁以下〔一九九八年〕）であり、後者は三版五八事件（畑瑞穂教授担当、別冊ジュリスト一六九号一二〇頁以下〔二〇〇三年〕）である。

(7)　債務不存在の確認の訴えに対して、被告が同一の債権に基づく給付の別訴を提起した場合、前訴の債務不存在の確認の訴えは、訴えの利益を欠いて不適法になる。前訴は後訴によってその目的が達成されるから、訴訟を続行する意味がなくなるからである。この結論はともかく、問題はその根拠と説明である。いわゆる重複訴訟の禁止（民訴法一四二条）でどのように説明するかということになるが、これについては、高橋宏志『重点講義民事訴訟法(上)』一一五頁以下（有斐閣、二〇〇五年）が詳論する。

ところで前訴が不適法になるということは、前訴の原告の敗訴を意味する。そうなると訴訟費用は敗訴の原告が負担することになるが、これは妥当かということが問題になる。訴えが不適法になった原因は、被告が後になってから訴えを提起したことにあるからである。このような場合は訴訟費用を原告が負担すべきでないと考えると、訴訟終了宣言の問題になる。それゆえにハープシャイトはスイスの訴訟終了宣言について説明する場合に、このような例を挙げている（拙稿・⑫〔ドイツ法系〕六五六頁）。

(8)　訴訟終了宣言の制度は、訴訟費用の敗訴者負担の原則と密接な関係がある。この原則の淵源はローマ法にあるが、この原則を墨守して単に訴訟の勝敗によって訴訟費用の負担者を決めるように規定したのが、一八七七年のドイツ民事訴訟法である。例えば、この立法によれば、訴訟中に被告が原告の主張を認めて請求を履行した場合の訴訟費用は原告が負担することになる。実質的には原告の勝訴ではあるが、被告の履行により原告の請求は理由がなくなり、原告は請求棄却判決を受けることになるからである。また原告が訴えを取り下げても同様である。ドイツ民事訴訟法は訴えの取下げは敗訴と考え、訴訟費用は原告が負担すると規定しているからである（ZPO二六九条三項二段）。この結論はいかにも妥当性を欠くが、ドイツ民事訴訟法は何らの手当をすることはなかった。訴訟終了宣言の制度は、この時の立法の不備を補うものである（拙稿・①〔生成〕三号七一頁以下）。これについては、第二編第一章第一節で略述している。

（9）　訴訟終了宣言についての実定法上の規定はZPO九一条aであるが、これは双方的訴訟終了宣言についての規定である。この規定の日本語訳とドイツ語の原文は、序章第一節6に挙げてある。なお最近の改正とその理由については、参考資料一5・6にまとめてある。

ところでこの規定については、日本では最近、実体法学者が言及しているが（序章第二節注(10)参照）、その説明は必ずしも十分ではなく、訴訟法的な解説を付加する必要がある。そこで、ドイツの注釈書の読み方について論じたことがある（拙稿・⑳〔読み方〕五三頁以下）。

（10）　一方的訴訟終了宣言の法的性質論は、条文に代わって一方的訴訟終了宣言の要件と効果や手続を規定するものである。その意味で法的性質論は重要であり、そもそも法的性質は何によって決めるのかということが問題である。本章は正にこのような問題意識に基づき、一方的訴訟終了宣言の法的性質論をメインテーマに一方的訴訟終了宣言の手続の展開について考察し、日本法における一方的訴訟終了宣言の具体的な手続を考察するものである。

（11）　日本の通説は訴訟費用の問題と考えるが（拙稿・⑲〔日本〕二二頁以下）、そうではないことはしばしば論じてきた（同・七頁以下）。その過程において、日本における訴訟終了宣言についての論争とその評価を行った（同・四二頁以下）。これについては、第三編第一章にまとめてある。

（12）　ドイツでは一方的訴訟終了宣言について、今日まで非常に多くの議論がなされてきた。その理由は、解決を迫られた具体的な問題に直面した法学者や裁判官が、規定が存在しないことから法文に依存することなく自由な立場で、具体的な解決策をすみやかに提示することが求められたという状況があるのではないかと思う。

さらに付言するならば、この問題の解答に際して、原理・原則に立ち返って法文に拘束されることなく自由に制度をデザインすることは、自己の民事訴訟制度に対する見解を具体化することに他ならず、そこに研究者は魅了されたからではないかと思う。このような理解からベッカー・エーバーハルトの主張に賛同して、彼の言葉を引用したことがある（拙稿・⑰〔法改正〇四〕三〇頁注(22)）。ベッカー・エーバーハルトは、正当な訴訟物理論の獲得のために努力したことを別にすれば、一八七九年の帝国民事訴訟法の施行以来、訴訟終了宣言ほど人々の心を捉えた民事訴訟の問題の出現はないとまで言い切っている（Becker-Eberhard (A), S. 273)。

第二節　一方的訴訟終了宣言の法的性質論

1　法的性質論の意味

訴訟の終了事由が発生したが、終了事由の発生の原因や終了事由発生前の原告の勝訴の可能性をめぐって当事者間に争いが存在する場合、裁判所はこの争いを解決するために裁判をしなければならない。この場合の裁判の方法について論じるのが、一方的訴訟終了宣言の問題である。双方的訴訟終了宣言の場合は、最初に制度の概要として要件と効果について述べたが（第二章第二節）、一方的訴訟終了宣言の場合は法的性質論から始めなければならない。なぜならば一方的訴訟終了宣言については、双方的訴訟終了宣言を規定したＺＰＯ九一条ａのような立法が存在しないからである。すなわち、双方的訴訟終了宣言の場合はＺＰＯ九一条ａによって要件と効果が規定されているからそれに基づいて制度を考えればよいが、一方的訴訟終了宣言の場合は全く立法がないために、一方的訴訟終了宣言の要件と効果は法的性質論から理論的に導くしか方法がない。法的性質論こそが、訴訟において解決を迫られた問題に直面した場合に解決の指標を提供するものである。

しかし日本においては、法的性質論から一方的訴訟終了宣言の要件と効果を考察するだけでは十分ではない。

このような考察方法はドイツにおいて妥当するものであって、これがそのまま日本には通用しないからである。なぜならば、日本法は一方的訴訟終了宣言を含めて、訴訟終了宣言の制度をそもそも知らないからである。一方的訴訟終了宣言の法的性質論を論じる以前にあるいは並行して、一方的訴訟終了宣言の日本法における意味を具体的に明らかにすることが必要である。それには一方的訴訟終了宣言の本質を理解することが不可欠である。そこで法的性質に関するドイツの議論を通じて、一方的訴訟終了宣言の本質を把握することが重要な作業になる。つまり、ドイツの法的性質論から単に要件と効果を考えるだけでなく、一方的訴訟終了宣言の本質を理解して、日本法の視点から日本における一方的訴訟終了宣言の在り方も考察しなければならない。

このような理由からドイツの一方的訴訟終了宣言の法的性質論を考察するが、法的性質論は決して単に抽象的に考察してはならない。具体的な問題に対して法的性質論が妥当な解決策を導くことができるか否かが重要である。法的性質論は具体的な問題を解決するための指針を与えるものであるからである。このことは具体的な解決策から法的性質論を導くことを排除するものではない。法的性質論には演繹的な方法と帰納的な方法のそれぞれの検証が必要であり、そのようなことを通して法的性質論を考えるべきである。そこで考えるべき具体的な問題として、左記のような問題をドイツの議論を参考に設定してみた。実はドイツの法的性質論は、このような具体的な問題の解決を得るために論じられてきたという経緯があるからである。

① 従前の訴訟の訴訟係属の消滅は、いつ、いかなる理由によって生じるのか。
② 一方的訴訟終了宣言の後の訴訟の訴訟物は何か。
③ 裁判所が下す終局判決は、本案判決なのか、訴訟判決なのか。
④ 一方的訴訟終了宣言は、いわゆる与効的訴訟行為なのか、取効的訴訟行為なのか。

2　諸説の対立状況の概要

現在、ドイツでは法的性質論はあまり重視されていない。それは判例・通説が確立しているからである。したがって、現在の教科書・体系書・注釈書等の文献において、法的性質論を独立した項目として取り上げていないものが多い。取り上げているとしても、記述が数行であったり、あるいは注の中で簡単にしか述べていないものが目立つ⒀。換言すれば、法的性質論を独立したテーマで挙げているのは、大コンメンタールや分厚い体系書に限られている⒁。それにもかかわらず、ここで過去の諸説を取り上げて考察する理由は、それらが一方的訴訟終了宣言の制度を理解し評価するための判断材料を提供してくれるからである。実は昔（一九六〇年代）は、現在のような状況ではなかった。当時は一方的訴訟終了宣言の法的性質論は多種多様に展開していて、概観することも困難な状況であった⒂。このことは、今日の判例・通説が多くの他の学説との論争を経て形成されたことを意味する。したがって、通説が形成される過程で排除された過去の学説の内容を検討することは、一方的訴訟終了宣言を多角的に考察することになるし、正にそれによって、あるべき一方的訴訟終了宣言の内容とその本質を知ることができる。

なお以下のAとBでは、3で取り上げる学説の順序の意味を述べる。また同時にそれが体系的な分類に基づくものであることを明らかにする。Cでは、それ以外の学説を3の学説とは異なった視点で考察する理由を述べる。

A　主な学説の状況

一方的訴訟終了宣言の本質を理解するために、過去の代表的な学説について、それぞれの内容と問題点を概観する⒃。取り上げる学説は、主に現在の教科書・体系書・注釈書等において挙げられている学説である。現時点において一方的訴訟終了宣言の制度を理解するためには、このような学説の選択が一番効率的であり、有益であるからである。取り上げる学説の順序には意味がある。それぞれの内容に応じて学説を分類し、その分類を考慮して順序を決めたからである。学説の分類に際しては、訴訟行為の分類として一般に広く利用されている与効的訴訟行為と取効的訴訟行為に区別する方法を使用する。(17) なぜならば、一方的訴訟終了宣言についてどのような理解をしたとしても、一方的訴訟終了宣言が当事者の訴訟行為であることは否定できないからである。次に、分類の順序を決める尺度は、当該学説が既存の制度に基礎を置くか否かということである。法に直接規定されていない事項に関して法を適用する場合は、先ず既存の制度の規定を類推して行うということが法の解釈の大原則であるからである。既存の制度を基本として一方的訴訟終了宣言を考える場合、既存の制度とは当事者による訴訟終了行為であり、それは与効的訴訟行為であるからである。このような理由から、与効的訴訟行為と考える学説を取効的訴訟行為と考える学説に先立って取り上げる。つまり、既に述べたように３で取り上げる学説の順序は順不同ではなく、学説の理論的な分類の意味も有している。

かくして最初に取り上げる学説は、一方的訴訟終了宣言を与効的訴訟行為と考える学説である。そして既存の制度として訴えの取下げと考えるか、それとも請求の放棄と考えるかで、学説はさらに分化する。すなわち、訴えの取下げ、請求の放棄を基礎にして、それぞれの特別な（特権的な）ものと主張する学説である。３のＡ説は「特別な（特権的な）訴えの取下げ説」であり、３のＢ説は「特別な（特権的な）請求の放棄説」である。(18) 両者の違いは基本となる訴訟行為が異なることではあるが、訴えの取下げと請求の放棄の主たる違いは再訴が既判力によって禁止されるか否かであるから、一方的訴訟終了宣言が訴訟費用の問題であることを重視したのがＡ説であり、一方的訴訟終了宣言が行われた訴訟の再燃を防止することを重視したのがＢ説ということもできる。

次に取り上げるのは、一方的訴訟終了宣言は取効的訴訟行為であると考える学説である。一方的訴訟終了宣言は当事者間で訴訟の終了の原因と訴訟費用の負担をめぐって争いがあり、それを裁判所の裁判によって解決する制度である。そこでこの学説は裁判所の裁判に着目して、一方的訴訟終了宣言は取効的訴訟行為であると考える。そして裁判所の裁判である判決の理解をめぐって、学説はさらに分化する。訴訟判決説と本案判決説の対立である。訴訟判決説は一方的訴訟終了宣言において裁判所が行う裁判は訴訟判決であり、従来の訴訟の訴訟物についての判断ではないと説く。換言すれば、訴訟の対象は訴訟物の判断の前提である中間の紛争であるから、３のＣ説は「中間紛争説」と言われる。Ｃ説はさらに、従来の訴訟の再訴は裁判の効力によって遮断されると主張する。ところがこの主張は既存の理論とは調和しない。一般に既判力は本案である訴訟物についての判断に生じ、それによって再訴が遮断されると考えられているからである。そこでＣ説は、一方的訴訟終了宣言は独自な制度であると考えることによって、調和しない理由を説明する。

これに対して本案判決説は、一方的訴訟終了宣言についての裁判所の判断は本案判決であると説く。しかし、従前の訴訟物についての本案判決であるとするならば、訴訟終了事由の発生によって請求棄却判決にならざるをえないから、それを避けるためには本案の対象を変更する必要がある。そこで訴えの変更によって従前の訴訟物は新しい訴訟物に変わると主張する。これは訴訟行為としては訴えの変更になるので、３のＤ説は「訴えの変更説」と言われる。

Ｂ　その他の学説

今日において一般に取り上げられている学説は、前述のようにＡ～Ｄの各説であり、それぞれは一方的訴訟終了宣言の制度の特色を表している。しかし、一方的訴訟終了宣言の在り方を考える場合に、これらだけでは十分ではない。これら以外にも多種多様な見解が一方的訴訟終了宣言をめぐって主張されてきたからである。そこで、その他の学説については、主張された年代に注目して取り扱いを区別することにする。Ａ～Ｄの各説と同年代のものは、それらと親近性のあるものだけを取り上げる。Ａ～Ｄの各説との違いや支持されなかった理由を考察することは、一方的訴訟終了宣言の在り方を考える場合に参考になるからである。

これに対して比較的最近主張された学説はすべて取り上げ、４として独立した項目にまとめることにした。これらの学説は、その出発点は通説に対抗するためであったので、現時点での通説の問題点を明らかにするとともに、通説の今後の運命を占う材料を提供するからである。その意味で最近の学説は重要である。このような理由から諸説をその主張された年代によって区別し、通説が確立する前の学説であれば、通説の特色を明らかにするために３においてＡ～Ｄの各説とともに考察し、通説が確立した後の学説であれば、通説の分析のために４において３の学説とは別に考察する。

なお、３においてＡ～Ｄの各説とともに考察するＥ説について若干の説明をしておく。Ｅ説として「訴訟上の形成行為説」を取り上げるが、その理由は、この説はＡ～Ｄの各説の折衷的な見解と位置づけることができるからである。すなわち、Ｅ説は一方的訴訟終了宣言は取効的訴訟行為であるとし、その裁判は本案判決であると説くが、しかし、判決によって訴訟係属が消滅すると説くことから、既判力は訴訟係属が将来に向かって消滅することに生じると主張する。この点において、訴訟物について既判力が生じると説くＤ説と異なる。またＥ説は訴訟係属の消滅に着目するが、この点においてＡ説に親近性が感じられる。このようにその主張は興味のあるところであるが、今日顧みられないのはその主張に理論的な大きな欠点があるからである。一方的訴訟終了宣言の制度を考える場合、この欠点が反面教師として意味を有することになるであろう。

Ｃ　学説史の概観

ところで、これら諸説（Ａ～Ｅの各説）がドイツで最初に主張された年代を見てみると、おおよそ一九五〇年代後半から一九六〇年代後半の約一〇年間ということに気がつく。それはいわば諸説の対立の時代（比喩的にいえば群雄割拠の戦国時代）ということができる。これ以降が判例・通説が確立していく時代（比喩的にいえば天下統一への時代）ということであり、この競争から一躍して判例・通説の地位を獲得したのは、D説の「訴えの変更説」である。つまり、現在は訴えの変更説の天下であり、他の諸説は競合する学説というより、通説である訴えの変更説を際立たせるための学説といっても過言ではない。

このような学説の展開状況を見ると、我が国の「当事者の確定」の議論の状況に似ていることに気がつく[19]。すなわち、当事者の確定に関して当初は意思説、行動説、表示説の争いがあったが、その中から表示説が圧倒的な支持を得て大勝利を獲得した。そして今日では意思説、行動説は表示説に対抗する学説というよりは、表示説の特色と利点を説明するために使われる学説である。ところで表示説が現在の通説であるにしても、現時点においては表示説に対して様々な見解が対抗的に主張されていることは、看過できない。例えば、適格説、併用説、規範分類説、確定機能縮小説、紛争主体特定責任説、新行動説等の諸説が、表示説に対抗して展開している。これらは意思説、行動説のように表示説の特色を示す学説ではなく、表示説の問題点を明らかにするとともに、当事者の確定についての今後の議論の方向を占ううえで、その判断材料を提供する学説である。その意味で表示説は、決して他の説を全く寄せつけないという程の確固たる地位にあるということでもない。

このような学説の状況は、ドイツの一方的訴訟終了宣言の法的性質論においても同様である。4で述べるように訴えの変更説に対しては、今日ではエアランゲン学派ともいうべき中間紛争説が有力に展開していて、通説の訴えの変更説に代わるような勢いが感じられる。正に今後の学説の展開を暗示している。このことと前述の当事者の確定における学説の状況を考えると、通説が確立した後の学説の展開はどの分野でも同じような状況になるということである。通説の有する宿命を如実に表している。通説が確立した場合はその後に主張された学説の分析が重要であり、それによってより本質的な理解が深まる。そうであるならば、一方的訴訟終了宣言の問題において通説が形成されるまでの学説だけを検討するのでは不十分であり、その後の学説の検討が必要である。それゆえに、３において通説が形成されるまでの学説を検討し、４においては通説の問題点を提起し、通説に果敢に挑戦する学説について考察する。前項Ｂにおいて、「……諸説をその主張された年代によって区別し、通説が確立する前の学説であれば、通説の特色を明らかにするために３においてＡ～Ｄの各説とともに考察し、通説が確立した後の学説であれば、通説の分析のために４において３の学説とは別に考察する。」と述べたのも、このような認識に基づく。

３　諸説の内容とその評価

Ａ　特別な（特権的な）訴えの取下げ説

ａ　内　容

この説は、一方的訴訟終了宣言は特別な訴えの取下げと解する見解である。すなわち、この説は一定の要件の存在が認められると、通常の訴えの取下げとは異なり、被告の同意なしに取下げの効果（訴訟終了効）が発生し、訴えの取下げの場合の訴訟費用は原告が負担する旨の規定が適用されないと説く[20]。それゆえに「特別な訴えの取下げ説」とか、原告にとって有利な訴えの取下げなので、「特権的な訴えの取下げ説」（Die Theorie der privilegierten Klagerücknahme）等と言われている。さらにこの説の特色は、双方的訴訟終了宣言と一方的訴訟終了宣言とを統一的に理解しようとする点にある。すなわち、一方的に原告が訴訟終了を宣言したときに、被告がそれに同意した場合は双方的訴訟終了宣言であり、被告が同意しなかった場合が一方的訴訟終了宣言であると考える。

この説による一方的訴訟終了宣言の効果は、原告は訴訟費用を負担しないということであるが、それ以外の効果は、原則として通常の訴えの取下げと同じである。一方的訴訟終了宣言の実質は、訴えの取下げと考えるからである。すなわち、この説によって一方的訴訟終了宣言の効果として主張されていることは、第一に、一方的訴訟終了宣言は与効的訴訟行為である。第二に、訴訟は本案判決なくして終了する。訴訟係属は当事者の訴訟行為によって消滅する。第三に、同一請求の新たな訴えの提起（いわゆる再訴）は訴訟物に既判力が生じないから、原則として許される。

ところで要件については、見解の対立がある。ポーレは原告が主張するように、本案が終了したということの確定で十分であると説く（Pohle (A), S. 427ff.）。これに対してブロマイヤーは、終了事実の発生だけでなく訴えの適法性と理由具備性が必要であると説く（A. Blomeyer (A), S. 212ff.; ders. (D), §64）。両者の対立は訴訟費用の裁判の基準に関しても見られる。ポーレは訴訟費用の敗訴者負担の原則を定めたＺＰＯ九一条で処理すると説く。これに対してブロマイヤーは、例外規定であるＺＰＯ九三条が準用されると説く。なおＺＰＯ九三条は、被告が即時に認諾した場合は勝訴した原告が訴訟費用を負担することを規定しているが、安易な訴えの提起を戒める意味も有している。

ところで一方的訴訟終了宣言が有効でなかった場合は訴訟は続行されるが、この判断は中間判決（ＺＰＯ三〇三条）で行うか、あるいは終局判決（ＺＰＯ三〇〇条）の理由中において示される。この場合の訴訟費用は、原告がＺＰＯ九一条によって負担する。なおポーレは被告の棄却判決を受ける権利を重視して、被告が当初（終了事由発生前）の請求について、既判力ある裁判を取得できるようにしなければならないということも説いている。[21]

b　評　価

訴訟終了宣言の問題の出発点は、訴えの取下げの場合に訴訟費用の負担が原告であるとする規定の適用の回避である。そのことを考えると、この規定の適用を排除するだけのことであるから、訴えの取下げを基本に考える説明は簡明で分かりやすい。さらに訴訟終了事由が発生しているから訴訟係属を早急に消滅させることが望ましいとなると、単に原告の一方的な行為によってそのような効果が生じる訴えの取下げが、既存の制度の中では一番適している。請求の放棄・認諾による終了の場合は、その行為の他に、ドイツでは放棄判決や認諾判決（ＺＰＯ三〇六条・三〇七条）が必要であるし、日本では調書への記載（民訴法二六七条）が必要とされているからである。

問題は、通常の訴えの取下げに対する訴訟終了宣言の特殊性である。すなわち、当初適法でかつ理由を具備していた訴えが、訴訟中に不適法または理由を具備しなくなったことを要件とすることである。これは、与効的訴訟行為といいながら一定の要件の存在を条件とし、しかもその審査を裁判所が行うということである。しかし、それでは与効的訴訟行為と相容れない。したがってこのような批判を受けないためには、与効的訴訟行為ではなく取効的訴訟行為であるとするか、あるいは与効的訴訟行為の有効性の裁判の獲得を目指した申立てであると構成せざるをえない。さらに問題なのは、被告が請求棄却判決を望んでいて、その点の争いについて裁判所が判断を示しても、その裁判に再訴を遮断する効力（既判力）が生じないことである。

もっともこの再訴の問題については、訴えの取下げ説でも再訴禁止という妥当な結論を導くことはできるとの反論がなされている。すなわちブロマイヤーは、裁判所の判断は訴訟判決ではなくて本案判決であり、その既判力が再訴を遮断すると説いている(22)。あるいはライポルドは前提問題についても、この場合に既判力が生じると説いている（Stein/Leipold(C)[20], Rn 44ff.）。しかし、訴訟物に関する判断でないにもかかわらず訴訟物についての存否の判断に既判力が生じるとするのは、既判力に関する一般の理論と調和しない(23)。

Ｂ　特別な（特権的な）請求の放棄説

ａ　内　容

この説は一方的訴訟終了宣言は特別な請求の放棄と解する見解であるが、先ず双方的訴訟終了宣言の理解から出発する。すなわち、双方的訴訟終了宣言とは原告の訴訟上の請求の放棄と被告の棄却判決を求めることの放棄とが合体したものであると解し、一方的訴訟終了宣言は原告の請求の放棄の一種であると考える。(24) 通常の請求の放棄の場合は放棄判決によって請求が棄却され、原告が訴訟費用を負担することになっているが、それとは異なり、この場合は原告の訴訟費用の負担を規定したＺＰＯ九一条ではなく、ＺＰＯ九一条ａが適用されると説く。また即時認諾の場合の訴訟費用は、原告の負担とする旨を定めたＺＰＯ九三条も類推適用されると説く。通常の請求の放棄と異なり、原告が必ず訴訟費用を負担するものではないから、「特別な請求の放棄説」とか、あるいは原告にとっては特権であるから「特権的」と修飾されて、「特権的な請求の放棄説」(Die Theorie des privilegierten Klageverzichts) 等と言われる。

ところでＺＰＯ九一条ａが成立する以前、すなわち訴訟終了宣言に関する規定が存在しない第二次世界大戦以前のドイツにおいては、訴訟終了宣言を請求の放棄と位置づける説が有力であった。(25) 請求の放棄は原告が請求に理由がないことを自ら認めることではあるが、それは請求に理由がない状態を法的に示すものに他ならない。しかも、請求の放棄はＺＰＯ三〇六条に規定されているから、条文上の根拠を有している制度である。さらに請求の放棄はドイツでは放棄判決がなされるから（日本でも確定判決と同様な効果を有することから）、棄却判決に等しい効果を有している。その結果、訴訟終了宣言による訴訟終了効の発生や再訴が禁止されることの説明は容易である。

しかし、戦後のドイツでは、当初はこの説は顧みられることはなかった。一方的訴訟終了宣言の場合は当事者間で訴訟費用や終了に関して争いがあり、それは訴えの放棄とは状況をかなり異にするし、訴訟費用の負担については通常の訴えの放棄とは異なって扱うとする理由が必ずしも明快でなかったからである。第二次世界大戦後に、原告と被告の利益状況の詳細な分析から装いを新たにした放棄説を主張したのはリンダッハーである[26]。彼は従来の放棄説のように一方的訴訟終了宣言を単に本案についての請求の放棄として考えるのではなく、訴訟費用の点についての特殊な請求の放棄として構成した。彼が請求の放棄説にこだわったのは、訴訟終了効の発生と再訴禁止の効果を得るためである。すなわち、ドイツ法では請求の放棄に対して放棄判決が下されるから（ＺＰＯ三〇六条）、請求の放棄は本案判決によって訴訟を終了させることである。しかも放棄判決に既判力が生じることになっているから、既判力によって再訴が禁止される。この結果、特別な訴えの取下げ説は再訴を禁止しないということで批判されたが、特別な請求の放棄説はそのような批判を受けることはない。

ｂ　評　価

この説の一番の問題点は、特別な請求の放棄として処理するための要件を裁判所が審理するという構造である。これは正に特別な訴えの取下げ説と同じ構造であり、それに対する批判、すなわち、裁判所の審理に依存するということは与効的訴訟行為と相容れないという批判は、そのままこの説にも通用する。また請求の放棄ということになると、訴訟要件が消滅した場合はどのような手続で処理するのかという問題が発生する。さらに請求の放棄ということで裁判所の審査権がなくなると、原告の意思の誤りがあるのか否かを確認する機会がなくなるという点も考える必要がある。

この説は訴訟費用の裁判において、即時認諾の場合は原告が訴訟費用を負担すると規定しているＺＰＯ九三条の類推適用があると主張しているが、その要件の存否はどのようにして判断されるのかということが問題になる。もし訴訟費用の裁判でありながら従前の請求の当否を考慮するとなると、その点に関しては訴訟物と構成せざるをえなくなるから裁判手続は複雑になり、手続を簡略化することは困難である。また放棄判決は被告の申立てによってなされるものであるから、被告が原告に有利な放棄判決の申立てをするとは考えられない。[27]

C　中間紛争説

ａ　内　容

この説は一方的訴訟終了宣言について、既存の制度では説明できない一つの独立した制度であると考える見解である。裁判所が一方的訴訟終了宣言の要件を審理し裁判するという構造は、与効的訴訟行為として当事者による訴えの取下げや請求の放棄では説明することは困難である。しかし、そうであるからといって取効的訴訟行為として本案の対象として考えるのも、訴訟は終了事由が発生していることを考慮すると支持できないと説く。そこで本案（実体）判決を説く訴えの変更説に反対して、当初の請求は変更されることなく依然として訴訟係属した状態にあると考え、一方的訴訟終了宣言の裁判は通常の本案の裁判の前段階のものであり、例えば訴えの適法性について判断する裁判のようなものであると位置づける。[28] このように一方的訴訟終了宣言の裁判は中間の紛争を解決するための裁判と位置づけることから、「中間紛争説」(Die Zwischenstreitstheorie) と言われている。

この説によれば、一方的訴訟終了宣言が有効である場合は、裁判所は本案の終了を終局判決で確認しなければならないが、これは訴訟判決である。請求そのものの裁判ではないからである。しかし、再訴は禁止される。それは、この訴訟判決によって、従前の請求が訴訟中に訴訟対象でなくなったということが既判力で確定され、この既判力は従前の訴訟物についての新たな訴訟（いわゆる再訴）に対して効力を有するからである。このことはこの種の判決に、請求についての判断の既判力を肯定するということでもある。

要するに、一方的訴訟終了宣言は取効的訴訟行為であり、裁判は訴訟判決ではあるが、訴訟係属を消滅させ、再訴を禁止する効力を有していると説く。取効的訴訟行為という点では訴えの変更説と同じであるが、違いは訴えの変更説が一方的訴訟終了宣言について本案の訴訟物として本案判決で処理するのに対して、この説は中間の争いとして訴訟判決として位置づける点にある。なお要件については意見の対立がある。単に終了事由の発生だけでよいと考えるのか（Schwab(A), S. 129)、それとも訴えは当初から適法でかつ理由を具備していたことまでも必要とするのか（Deubner(A), JuS 1962, S. 211）という対立である。

b　評　価

この説に対しては、この種の判決効論は一般民事訴訟法体系と完全に調和しないという批判がなされている。たとえ訴訟判決に既判力を認めるにしても、再訴を禁止するのは訴訟上の請求についての本案の裁判でなければならないからである。それでは、なぜこの説は訴訟判決に固執して本案判決と考えないのか。この説は一方的訴訟終了宣言では訴訟物は従前のままで変わらないし、一方的訴訟終了宣言の要件は本案の訴訟物とは構成できないと考えるからである。さらに本案判決と考える訴えの変更説には、訴えの変更の許容性に問題があると考えたからである。しかし、このような問題点を回避するために本案判決ではなく訴訟判決であると説いたことで、この説は再訴禁止の既判力の説明で苦慮することになった[29]。

D　訴えの変更説

a　内　容

この説は、訴訟終了宣言は従前の訴えを確認の訴えへ変更する申立てであると考える見解である。新たに訴訟物になった確認の訴えの内容は、「当初適法でかつ理由を具備していた訴えが、終了事由の発生により不適法または理由を具備しなくなった」ことである。これは本案の対象の変更であり、本案の対象の変更は訴えの変更と言われるから、「訴えの変更説」（Die Klageänderungstheorie）との名称が付されている。[30] 訴えの変更は裁判所の本案判決を求める行為であるから、この説によれば一方的訴訟終了宣言は取効的訴訟行為であり、裁判は本案判決ということになる。他の説と異なり、従前の訴えの適法性・理由具備性を紛争の核心と考え、それを訴訟物として把握した点に特色がある。

この説はこのように訴えの変更として法律構成をするために、再訴禁止の問題は本案判決の既判力によって容易に説明することができる。しかし、訴訟費用の判断のために新たな訴訟物を設定し、訴訟を続行させることは問題である。いわゆる手続が重くなり妥当性を欠くから、本末転倒ではないかという批判を受けることになる。また、そもそもこのような訴えの変更は適法なのか、このような確認の訴えは適法なのかということも、従来の民事訴訟法の理論からすれば問題である。そこで例えば、ウルマーは過去の法律関係の確認との批判に対する解答の意味で、確認の対象について「当初適法でかつ理由を具備していた訴えが、不適法または理由不備になった」のではなく、「原告主張の権利または法律関係が、本案終了事由発生まで存在していたこと」であると主張する（Ulmer(A), S. 977f.）。つまりウルマーは、確認の利益を訴訟費用償還請求権との関係で基礎づけるために、このような主張をしている。しかし、この主張は訴えの変更説の中で支持を得ていない。訴えの変更説の主流は、旧請求の却下または棄却判決と同じ結果が得られるように、「当初適法でかつ理由を具備していた訴えが、不適法または理由不備になった」ことが確認の対象であると説いているからである。

ところでドナウやメスナーは、訴えの変更説に類似する独自な見解を展開している。訴えの変更説とは異なり中間紛争説のように従前の請求が持続すると説きながら、一方的訴訟終了宣言の中に、訴えの変更説が説いているような本案に関する確認の申立てが含まれていると主張する。[31] 本案に関する確認の申立てという点では訴えの変更説と類似するが、訴えの変更ではないとして従前の訴訟物が併存していると説く点で、訴えの変更説と異なる。訴えの変更説は従前の訴訟物は消滅して併存しないと説くからである。それゆえにこの説は終了事由は発生していないとして、従来の訴訟を続行させる必要がある場合を想定した見解である。この説の場合は従来の訴訟を復活させることは、従前の訴訟物は持続していると考えるので容易である。しかし、反対に終了事由が発生して訴訟が終了する場合は、従前の訴訟物の消滅の説明に苦慮することになる（El-Gayar(B), S. 79）。

b　評　価

訴訟の終了事由発生により請求は理由がなくなったが、それに関して原告に責任がない場合は訴訟費用は被告が負担すべきであるというのが、訴訟終了宣言の出発点である。この説はこの問題の出発点を的確に把握し、それに相応しい効果と要件を訴えの変更という既存の制度に接合させて構成したものである。この説は、訴訟物を紛争の実態に即して構成しているし、訴訟物についての判断を通して紛争の再燃を既判力で遮断させる点で機能的である。このようなことと、既存の制度と一番調和していることから多くの支持を得て、この説は今日の判例・通説の地位を獲得した。

この説の問題点は、次の4の「近時の学説の状況」の箇所で詳論するが、この説に対しては次のようなことが当初から問題点として指摘されていた。第一に、訴えの変更によって新たに訴訟物となった権利関係は、そもそも確認の対象になるのか、あるいは確認の利益があるのか。第二に、このような訴えの変更が許されるのか、許されるとした場合の根拠は何か、訴えの変更によって変更前の訴えを常に消滅させるのがよいのか。[32] 第三に、訴えの変更は原告のみが行う訴訟行為であるから、訴えの変更説によれば一方的訴訟終了宣言は原告しか許されず、被告が一方的訴訟終了宣言をすることができないのは不衡平ではないか。あるいは被告に一方的訴訟終了宣言を認めるならば紛争は妥当に解決されるから、訴えの変更に固執する理由はないのではないか。[33]

E　訴訟上の形成行為説

a　内　容

ゲッピンガーは、訴訟終了宣言の制度とは、原告に対して訴訟係属を判決によって終了させる訴訟上の形成権を付与するものと考える。(34) したがって、この説によれば、一方的訴訟終了宣言とは判決によって訴訟係属を将来に向かって終了させるための申立てである。そこで一方的訴訟終了宣言によって直ちに実体法上の権利関係の変動が生じるものではないが、原告の申立てに基づく判決によって訴訟係属の消滅という形成効果が発生することになるので、この説は「訴訟上の形成行為説」(Die Theorie des prozessualen Gestaltungsakts) と言われる。このように考えることから、一方的訴訟終了宣言は取効的訴訟行為であり、裁判は本案判決である。この点に関しては訴えの変更説 (D) と同じであるが、判決の既判力は訴訟物に生じることはなく、従来の訴訟の訴訟係属が将来に向かって終了するということに生じると説く点で、訴えの変更説と異なる。また従前の訴訟物を変更しない点では中間紛争説 (C) と同じであるが、訴訟係属の終了に力点を置く点で、特別な訴えの取下げ説 (A) に近接する。

b　評　価

この学説は諸説とそれぞれ類似した面を有しているので、法的性質論をめぐる論争を止揚し、従来の学説を統合して新たな学説を構築しようとする意気込みが感じられる。しかし、問題は形成権という構成である。確かに訴訟終了効の根拠を判決の効力に求める点は、当事者による訴訟終了行為として構成するよりも、紛争の実態を率直に把握していて分かりやすい。しかし、形成効の発生を形成判決に求めるならば、その根拠として形成権が必要となる。ところが形成権は法が個別的に規定している権利であり (numerus clausus)、請求権のように一般的に認められるものではないから、法に規定されていない形成権の説明は説得力を欠く。また従来の請求に関する判断に既判力を否定した結果、原告の再訴から被告を保護することができない点も問題である。そもそも既判力は請求についての判断に生じるものであるから、訴訟終了効について既判力が生じると説く点も問題である。[35]

なおペッファーはこのような批判を意識して、訴訟係属を終了させる判決という考えに立脚しつつも、原告の形成権についても既判力が生じると説いている（Pfeffer (B), S. 114ff.）。これは原告による再訴から被告を防御するためであるが、この見解について、エル・ガヤールは「訴えの変更説と訴訟上の形成行為説の組合せ説」と分類し（前注(15)の(a)、Ⅵ3）、ボゲノは「訴訟上の形成行為説」と分類する（前注(15)の(b)、B2）。すなわち、両者ともゲッピンガーとは別の見解としている。問題はこのように理解すると、この訴訟の訴訟物に関して生じる既判力を、原告の権利の不存在について及ぼすことができるのかということである。及ぼすことができないのであれば、原告の権利の不存在に既判力が生じるということは単なる前提問題に既判力を生じさせることになるから、その点で疑問が残る（El-Gayar (B), S. 81）。

4　近時の学説の状況

既に2Cの「学説史の概観」で述べたように、一方的訴訟終了宣言の法的性質論について代表的な学説は、一九六〇年代までに登場した。ということは七〇年代の初めには、今日の基本的な学説がほぼ出揃ったということである。七〇年代、八〇年代は特に新たな学説の動きを見ることはできず、この間は諸説が支持者の獲得に切磋琢磨した時代である。こうした中から訴えの変更説が頭角を現し、しだいに支持者を広げ、ついに八〇年代に至って通説の地位を確立した。ところが九〇年代になると、訴えの変更説に対する批判が少しずつ展開されるようになった。この新しい動きは、訴えの変更説の問題点を、従来の説を修正し統合することによって克服しようとした点に特色が見られる。このような動きから分かることは、訴えの変更説が現時点でも圧倒的に支持されているとしても、学界の底流においては通説に反対する見解がしだいに増加しているということである。この状況は看過してはならないであろう。この新しい流れの中に、一方的訴訟終了宣言の向かうべき方向やあるべき姿を看取することができるからである。もっとも、それら諸説が現時点において学界で広く認められていないことも事実である。したがって新しい学説について過大視することは危険であり、あくまでも新たな視点で一方的訴訟終了宣言を考えるために利用すべきである。このようなことから、新しい学説の通説に対する批判の内容（A）と、新しい学説の個々の内容（B）を簡潔にまとめて、それらの意味を考えることにする（C）。

A　訴えの変更説に対する批判

エル・ガヤールは一九九七年に刊行された大部な博士論文において、一方的訴訟終了宣言について詳論している。この本が大部なのは、『民事訴訟・労働訴訟・行政訴訟における原告の一方的訴訟終了宣言』という題名から明らかなように、民事訴訟における原告の一方的訴訟終了宣言だけをテーマとしているのではなく、行政事件訴訟と労働事件訴訟における原告の一方的訴訟終了宣言も考察の対象としているからである。この本の中で彼が一方的訴訟終了宣言の法的性質論に関する学説をどのように分類し整理したかは既に前注(15)において紹介したが、彼は学説の分類において取り上げた訴えの変更説に対しては、次のような批判を展開した（El-Gayar(B), S. 36ff.）。

第一に、訴えの変更説による訴えの変更は不適法である。なぜならば、ＺＰＯ二六三条と二六四条は訴えの変更が認められる要件を規定しているが、訴えの変更説が主張する訴えの変更の場合、これらに該当しないからである。もっともこのような批判に対して、訴えの変更の要件は法定されたもの以外に慣習的に広く認められてきたという反論があるかもしれない。しかし、それは単に必要性の強調であって、それだけでは訴えの変更説が説く訴えの変更が適法であるとの根拠としては十分でない。

第二に、訴えの変更説による確認の訴えの申立ては、確認の訴えの適法要件を定めたZPO二五六条一項に反する。すなわち、同条項は、証書真否確認の訴えを除いて訴えの対象は法律関係であることと、即時確定の利益が必要であることを規定している。ところが訴えの変更説による新たな確認の訴えの実質は、事実の確認かあるいは過去の法律関係の確認である。したがって訴えの変更説が説く確認の訴えは、法律が規定している確認の訴えが適法であるための要件を満たしていない。さらに消極的確認の訴えは、通常は被告の権利の不存在の確認を原告が求めるものであり、原告に差し迫った確認の必要性が求められる。すなわち即時確定の利益である。ところが一方的訴訟終了宣言の場合に訴えの変更説が説く確認の訴えには、そのようなものは認められない。なぜならば、それは原告が終了事由の発生後に、それによって自らの権利が消滅したこと（自らの権利の不存在）の確認を求めるものであり、そこには差し迫った確認の必要性は存在しないからである。

第三に、訴えの変更説は原告の一方的訴訟終了宣言が認められる場合を前提に考えた見解であり、そうでない場合の訴訟手続の説明は曖昧である。すなわち訴えの変更説は、原告の主張が認められる場合は、訴えの変更によって当初適法で理由を具備していた訴えが、訴訟終了事由の発生により不適法あるいは理由がなくなったことが確認されたときであると説明している。しかし、原告の主張に反して訴えが適法で請求に理由があった場合は、原告の一方的訴訟終了宣言の申立ては棄却せざるをえない。問題は、そのような場合に訴訟はどうなるのかということである。当初の訴えが復活すると考えざるをえないが、訴えの変更によって一度消滅した当初の訴えが、なぜ復活するのかということについての説明は納得のいくものではない。

第四に、当初から訴えが不適法であったり、理由を欠いていた場合の取り扱いも、訴えの変更説による説明は同様に十分ではない。このような場合は単に原告の一方的訴訟終了宣言の申立てを棄却することになるが、それだけでよいのかという問題である。具体的には従前の請求は一体どうなるのか、従前の請求についての判断に既判力は生じるのかという問題である。これらの問題に対する訴えの変更説の説明は曖昧であり、説得力に欠ける。なぜならば、訴えの変更説はこのような事態を十分に考慮することなく、単に終了事由の発生の時点まで、訴えが当初から適法であり理由を具備していたことを終了宣言の要件としているからである。要するに、訴えの変更説は結論の妥当性を優先するあまり、原告の請求の不存在に既判力が生じなければならないという必要性を強調したものである。正に理論の脆弱性を露呈している。

Ｂ　中間紛争説の台頭

通説である訴えの変更説に対抗して様々な見解が主張されたが、中間紛争説を基礎とした学説の数が目立つ。そこでそれらについて中間紛争説の台頭という表題のもとに、次のようにまとめてみた。取り上げた順序は、それぞれの学説の発表順である。

ａ　アスマン（Assmann）の見解

アスマンが、一九九〇年に刊行されたシュヴァープ教授のための古稀祝賀記念論文集の中に収められている論文において主張した見解である[36]。論文は主に一方的訴訟終了宣言の法的性質論を論じたものであるが、論文の題名は「一方的訴訟終了宣言」というものである（Assmann (A), S. 179ff.）。

彼女は、一方的訴訟終了宣言は特別な訴えの取下げ説のように、訴訟係属の終了を招来する与効的訴訟行為であると説く。しかし、他方では、一方的訴訟終了宣言はドイツ民事訴訟法の特別の制度であると解して中間紛争説を主張する。そしてその結果、訴訟費用の裁判においてＺＰＯ九一条ａの類推適用を主張する。つまり、この見解は一方的訴訟終了宣言は与効的訴訟行為であるとの前提に立ちながら、中間紛争説の主張を取り込んだものである。換言すれば、特別な訴えの取下げ説と中間紛争説の融合を狙ったものと評価することができる。このような ことから、この見解によれば、一方的訴訟終了宣言の要件の存否についての裁判所の判断は本案判決ではなく訴訟判決であり、単に確認的な作用を有するにすぎないということになる。

ところでこの見解が一方的訴訟終了宣言のための要件として重視することは、訴訟物の基礎にある法律状態を変化させて訴訟の終了を招来させる事実が訴えの提起後に生じたということである。したがってこの点の審理が重要になるが、被告が原告の訴訟終了宣言に同意する場合、すなわち双方的訴訟終了宣言の場合は、この事実の有無は審理されることはない。なぜならば被告の同意は一方的訴訟終了宣言の要件についての裁判所の審判権を奪うものであり、それは当事者の処分権に基づくものであるからである。被告が同意しない場合、すなわち一方的訴訟終了宣言の場合は、当事者の処分権主義が働くことはないから、この点について裁判所の裁判が必要である。

裁判は本案判決でないことから訴訟物について既判力は生じることはない。したがって、同一訴訟物による再訴は遮断されない。しかし、そうであるにしても常に再訴が許されるということではない。被告は原告の再訴には訴えの利益が存在しないと主張して、再訴を認めないことは可能である。そこで被告は既判力による再訴の遮断を望む場合は、被告の方で消極的な確認の訴えを提起することが必要である。

結論として彼女が強調することは、一方的訴訟終了宣言においてはＺＰＯ九一条ａが類推適用されるということである。その理由としてＺＰＯ九一条ａと一方的訴訟終了宣言の近似性をあげ、訴訟経済の視点からＺＰＯ九一条ａによる簡易な手続の必要性を力説する。

しかし結論はともかく、この説が再訴の禁止は訴えの利益がないとして処理するということは、特別な訴えの取下げ説と同じであり、同説が有する問題点にこの説も直面することになる。そして、与効的訴訟行為と判決の関係についての問題は解消されていないと評せざるをえない（El-Gayar(B), S. 81ff.）。

ｂ　リンダッハー（Lindacher）の見解

リンダッハーは、最初は特別な請求の放棄説（３Ｂ）を主張した。しかし、前注(26)で述べたように、一九九二年に刊行された大部な注釈書において中間紛争説を支持し、改説した。彼はこの注釈書においてＺＰＯ九一条ａを担当したが、一方的訴訟終了宣言の法的性質については学説の対立する状況を簡単に述べた後に、私見として中間紛争説の支持を表明し、それに立脚した独自の見解を展開した（MK/Lindacher(C), §91a Rn 91ff.）。

彼は一方的訴訟終了宣言の法的性質論については中間紛争説を支持するが、それをそのまま信奉するのではない。すなわち、一方的訴訟終了宣言の適否を判断する裁判所の判断である判決には、本案の終了を招来する形成的効果が生じると説く。彼がこのような構成を主張する理由は、これによって訴訟物たる請求が現時点において不適法あるいは理由不備であるという裁判所の判断に対して、既判力を生じさせようとするためである。正にこの点が彼の見解の特色である。このことから、彼が中間紛争説と形成行為説を統合しようとする思いを読み取ることができる。

しかし、彼のこのような主張には問題がある。なぜならば、このような法的構成においてなされた形成判決の場合に、果たして従前の訴訟物についての判断に既判力が及ぶのかという疑問が生じるからである。従来このような主張は見当たらないだけに、この点の論証が必要である。換言すれば、もし既判力が及ぶというのであれば、それは単なる前提問題に既判力を生じさせることになるのではないかとの疑問である（El-Gayar(B), S. 80）。

ｃ　エル・ガヤール（El-Gayar）の見解

エル・ガヤールが、一九九七年にエアランゲン＝ニュルンベルク大学において承認された博士論文において主張した見解である（El-Gayar(B), S. 187ff.)。なおこの博士論文については既に前注(15)で詳細に紹介したように、フォルコンマー教授の指導のもとに執筆されたものであり、翌年の一九九八年に同大学法学部編集のエアランゲン法学研究叢書第四七巻として刊行された[37]。

彼は、一方的訴訟終了宣言は訴訟手続を続行するか否かの中間の紛争であると考える。そこで一方的訴訟終了宣言は本案の終了が生じたとの確認を求める申立てであるが、それは既存の制度にない独自な申立てである。つまり、本案の申立てではなく訴訟上の申立てであるが、裁判所の判決を求めるので、それは取効的訴訟行為である。裁判所が本案の終了を確認すると、本案の訴訟は終了し手続も終了するが、訴訟物についての裁判がなされることはない。その意味では判決は訴訟判決ではあるが、しかし、終了事由が存在する場合は請求についての裁判と同様に、訴えが不適法であることあるいは理由不備であることが既判力で確認され、同一訴訟物の再訴を禁止するように既判力が拡張的に作用する。そこで被告が再訴の全面的な遮断を望む場合は、消極的な確認の訴えを提起することになる。

ところでこの見解によれば、一方的訴訟終了宣言が裁判所によって認められるための要件は、訴訟中に訴えを不適法ないし理由を不備にする事実が発生したということだけである。換言すれば、終了事由発生の時点で原告が勝訴する可能性の存在は必要ない。また訴訟の終了が認められると、ＺＰＯ九一条ａによって訴訟費用の裁判がなされる。訴訟の終了が認められない場合は、中間判決によってそのことを明らかにして訴訟を続行する。この場合の訴訟費用の裁判は、終局判決においてＺＰＯ九一条を適用して、訴訟費用の敗訴者負担の原則に立ち返って行う。

この見解は一方的訴訟終了宣言についての裁判の対象は従前の訴訟物ではないとしながらも、既判力は従前の請求に拡張されると説く。この説明は一般的な既判力論との整合性で問題がある。なぜならば、一般に広く支持されている既判力理論によれば、法律の規定により（ＺＰＯ三二二条一項、民訴法一一四条一項）、判決理由中の判断に既判力は生じることはないので、裁判対象である訴訟物を超えて既判力が拡張されることはないからである。つまり、このことと、裁判対象でない請求にも既判力が及ぶとの彼の説明は相容れない。そもそも訴えの変更説が従前の請求に固執し、それに関する確認の訴えへの変更を主張するのは、この既判力理論との整合性に配慮したからである。

もちろん彼は前記の既判力理論と矛盾するものではないと説明するが、既判力理論を改変しない以上、その説明は技巧的な印象を受ける。彼がそのような説明をせざるをえないのは、中間紛争説に立脚するからである。問題は、この学説が前提としている中間紛争という事態の把握にある。

Ｃ　訴訟経済重視の学説の展開

訴えの変更説によれば、一方的訴訟終了宣言は本案の問題と考えることから、手続はいわゆる重くなり、費用と時間がかかる。しかし、そもそも一方的訴訟終了宣言の問題は、訴訟費用の負担をどうするかの問題であって本案の問題でない。しかも、訴訟終了宣言は手続の簡素化と訴訟経済のための制度である。このように考えれば、一方的訴訟終了宣言には重い手続は不要であり、訴訟経済を重視して手続は簡素化すべきである。このような観点から訴えの変更説に対抗していくつかの学説が主張されたが、問題はその根拠とする条文である。

グルンスキーが注目したのは、ＺＰＯ九三条である（ａ）。この規定は被告が即時に認諾した場合は原告が訴訟費用を負担するというものであり、それはこのような場合は原告は訴えを提起すべきでなかったから、不要な訴えを提起した原告が訴訟費用を負担すべきであるという考えに基づく。なおＺＰＯ九三条は日本では明治二三年（一八九〇年）の民訴法（いわゆる旧々民訴法）七四条がそのまま継受したが、大正一五年（一九二六年）の旧民訴法九〇条の抽象化された条文に取り込まれ、それが現在の民訴法六二条に引き継がれたものである。

双方的訴訟終了宣言を規定するZPO九一条aに着目したのが、ヨストとズンダーマンの連名による論文（b）と、ボゲノの博士論文（c）である。前者は訴訟経済の要請から、手続の簡素化と訴訟経済を考慮した規定であるZPO九一条aが類推されると説き、後者は一方的訴訟終了宣言と双方的訴訟終了宣言の同質性に着目して、ZPO九一条aの類推を強調する。

a　グルンスキー（Grunsky）の見解

グルンスキーは、一九九〇年に刊行された論文において一方的訴訟終了宣言の法的性質論についての多様な学説の展開は異常であり、それは訴訟費用の裁判を本案の裁判に連動させた点に問題があるとする（Grunsky (A), S. 165ff.）。そこで一方的訴訟終了宣言の場合、両者の連動性を否定して、単純な訴訟費用の問題と考えるべきであるとして、次のような主張を展開した[38]。

ZPO九一条一項により訴訟費用は敗訴者が負担することになっているので、一般に訴訟費用の裁判の内容と本案の裁判の内容とは連動している。しかし、ZPO九三条・九四条等は勝訴者に一定の要件のもとで訴訟費用の負担を課しているから、法は連動しない場合も認めている。問題は法が規定していない場面で、この連動を断ち切ることができるかということである。訴えの変更説は複雑な構成の形式論であり、迂遠な解決方法で全く合理性がない。これに対して当該訴訟の訴訟費用の裁判で処理すれば、債務名義は簡単に得られるし、手続は単純である。本案と訴訟費用の裁判の連動性は絶対的な原則ではなく、訴訟終了宣言の申立ては訴訟費用裁判の申立てと考えればよい。

訴訟費用の裁判は本案の裁判に連動させず、訴えが終了事由発生まで適法で理由を具備していたならば、訴訟費用は被告負担として棄却判決を下すべきである。ＺＰＯ二六九条の訴えの取下げの規定は、被告が棄却判決を得る利益を有していることを示している。一方的訴訟終了宣言の裁判の既判力については、通説は訴えが終了事由発生まで適法で理由を具備していたことに既判力が生じると考えているが、このように広く既判力を認めることはない。現在の権利関係の存否に関して既判力が生じれば十分である。既判力の範囲を制限すれば誤判の可能性が少なくなる。

b　ヨスト＝ズンダーマン（Jost/Sundermann）の見解

ヨストとズンダーマンの両氏が連名で、一九九二年に民事訴訟雑誌に掲載した論文の中で主張した見解である(Jost/Sundermann (A), S. 275ff.)。彼らは一方的訴訟終了宣言は取効的訴訟行為と考えるが、訴訟経済という視点を強調し、大要次のような論理で、いわゆる手続の軽量化論を展開する。

訴訟終了宣言において裁判所は勝訴の可能性によって訴訟費用の負担者を決めるが、裁判所は原告・被告のいずれが勝訴の可能性を有していたかというような抽象的な問題を明らかにする権限は有していない。一方的訴訟終了宣言の問題は、訴訟の終了事由を裁判所が確認することができた場合、当初の請求について被告が有している既判力ある棄却判決を得る権利が消滅するということだけである。このようなことから、裁判所は単に終了事由の存否を判断するためだけに審理を行うように、その権限は制約されている。当初の請求に既判力が拡張されることはいずれにしても意味がなく、被告は消極的確認の訴えを提起して同一紛争の再燃を防止することができるだけである。

終了宣言を認める裁判所の判決は訴訟上の形成判決であるが、しかし、条文に規定されていないという点や、既判力の作用の仕方において通常の形成判決とは異なる。したがって一方的訴訟終了宣言は既成の制度との類似性を求めるものではなく、独自の民事訴訟上の制度と考えるべきである。同一訴えの繰り返しから被告を保護するという必要性と訴訟経済という観点から、主張された請求権は消滅したということについて既判力が生じる。訴訟費用の裁判はＺＰＯ九一条ａを類推して行う。

c　ボゲノ（Vogeno）の見解

ボゲノについては、前注(15)で詳しく紹介したが、彼は一九九六年に刊行された博士論文において、立法の欠缺と訴訟経済という視点から、訴えの取下げ説に立脚しつつそれを修正することによって、次のような見解を主張した（Vogeno(B), S. 120ff.）。

一方的訴訟終了宣言においては、衡平で妥当な訴訟費用の裁判というよりも、利害関係に即して早期に訴訟を終了させることを重視すべきである。そこで訴訟の終了事由が発生した場合、当初の訴訟の目的はそれにより意味がなくなったから、早急に訴訟係属は消滅すべきである。そのためには、訴訟係属は裁判所の裁判ではなく当事者の行為によって遡及的に消滅させる必要がある。そうなると、当事者の行為は与効的訴訟行為と考えざるをえない。

このように考えると、一方的訴訟終了宣言は双方的訴訟終了宣言と近接することになるから、一方的訴訟終了宣言は訴えの取下げを基本として考えることが必要であり、このことはＺＰＯ九一条ａにおいて表れている立法者の意思に相応するし、当事者の利益に最も適している。一方的訴訟終了宣言の要件として考えるべきことは、原告の主張が訴訟の終了事由の発生までいわゆる有理性が存在していたことと、それを喪失させる終了事由が発生したことだけである。裁判所の審理は、あくまでもこれらの有無について行われる。

ところでＺＰＯ二六九条三項三段（当時の規定。二〇〇一年の改正法により、現行法では同条四項）によれば、訴えの取下げによって発生する効果について、裁判所は当事者の申立てにより決定で告知しなければならないとなっている。そこで一方的訴訟終了宣言の裁判はこれを類推して、その裁判において訴訟が終了した旨を確認的に宣言する。そして訴訟費用の裁判はＺＰＯ九一条ａによってなされる。訴訟終了宣言のために立法者が用意したこの規定が、一方的訴訟終了宣言において否定される理由はないからである。それによって訴訟費用の裁判において、訴訟経済と原告と被告を同等に扱うという武器対等の原則は共に顧慮されることになる。

Ｄ　評　価

このような動きは、訴えの変更説による手続処理が訴訟終了宣言の制度の目的に合致していないとの批判に基づいている。すなわち、訴訟終了宣言の問題は訴訟費用の負担の問題であり、訴訟費用の問題は簡素な手続で処理すべきであるという主張である。またＺＰＯ九一条ａは双方的訴訟終了宣言の規定であるが、訴訟費用の問題として略式手続で処理することを具体的に規定しているから、一方的訴訟終了宣言においても訴訟経済の観点から、それを参考にして簡素な手続で処理すべきであり、いわばＺＰＯ九一条ａの創設の出発点に戻るべきであるとの主張でもある。一方的訴訟終了宣言において考えるべき核心は訴訟物それ自体の紛争ではなく、訴訟手続を続行すべきか否かの問題であるとの認識に基づく。このように訴えの変更説に対する批判は実体判決説に対する批判という形で現れ、訴訟判決説や中間紛争説の復活という形で具現化する。

確かにこのような主張は説得力がある。訴訟費用の問題にもかかわらず本案と同じような手続で処理するのは、いたずらに手続を重くし複雑にする。正に訴えの変更説は本末転倒論と言わざるをえない。しかし、それならば、同一紛争の再燃の防止（再訴の禁止）や、訴訟終了宣言をめぐる実質的な争点に対する当事者の手続保障ということに関して、これらの見解による対応は納得のいくものであろうか。これらの見解の説明を見てみると、その説明は成功しているとは言い難く、分かりづらい。その原因は、再訴の禁止や当事者の手続保障という要請は、これらの見解が目的としている手続の簡素化や訴訟の効率化と相容れないからである。すなわち、同一紛争が再燃することを防止すること（再訴の禁止）を完全に行おうとするならば、既判力を発動せざるをえないし、既判力を生じさせるためには当事者の手続保障が必要である。あるいは既判力による再訴の禁止という構成をとらないにしても、一方的訴訟終了宣言の裁判手続において当事者が手続に参加することを十分に保障しようとするならば（当事者の手続保障）、いわゆる手続は重くならざるをえない。ところがこれらの見解は一方的訴訟終了宣言を中間紛争と把握して、簡素な手続で処理しようとする。一方的訴訟終了宣言の制度の目的である手続の簡素化と訴訟の効率化に相反するとして再訴の禁止や当事者の手続保障の要請を否定したり無視したりすれば、ことは簡単である。しかし、そこまでは割り切らないし、そのような決断はしない。これらの要請と自らの法的性質論との調和を模索するから、その対応は一般理論と整合せず、分かりづらいものになる。

これに対して、訴えの変更説の説明の方が簡明である。例えば、再訴に関しては実質的な争点を訴訟物とするから、従前の請求に関する紛争が当事者間の最大の争点となる。すなわち、従前の請求は適法であったか、理由を具備していたか、現時点で請求は理由がないかという当事者間の争点が、一方的訴訟終了宣言の裁判手続を通して裁判所によって判断される。それらが訴訟物であるからこそ、当事者は当該裁判手続には積極的に参加できるような手続の保障がなされている。一方的訴訟終了宣言が認められた場合は、訴訟物についての裁判所の判断は旧請求の不存在についても含むとされているから、その判断に既判力が生じて再訴を遮断するという説明になる。

このように考えてみると、いくつかのことに気がつく。そしてそこにこの問題を解決する重要な手掛かりがあるように思う。第一に、ある一つの学説だけで一方的訴訟終了宣言の手続上のすべての問題を解決しようとすること自体が無理な話であるということである。いかなる学説も常に何らかの問題を抱えているからである。第二に、ある学説に対して手続上の細かい問題を取り上げて批判しても、それはその学説にとって致命的な欠陥にはならないということである。手続上の問題から法的性質論が導き出されるものではないからである。一方的訴訟終了宣言の制度の目的からそれに相応しい価値を強調し、それを理論の中核に置くことの方が重要である。目的の達成こそが理論にとって最重要課題であるからである。したがって、理論を評価する場合は枝葉末節な問題と重要な問題とを区別し、枝葉末節なことに拘泥することなく、また本末転倒にならないように注意する必要がある。結局のところ、これらを通じて学ぶべきことは、一方的訴訟終了宣言の法的性質論に関する諸学説の中から支持すべき学説を選択する場合には、個々の問題点の説明や理論的な整合性の優劣だけで学説を評価することはできないということである。評価する際に重視すべき基準は、その学説が一方的訴訟終了宣言において重視し優先している価値が、一方的訴訟終了宣言の制度の目的に合致しているか否かということである。

学説において選択が迫られている価値を具体的にいうならば、訴訟経済か同一紛争の再燃防止か、当事者の手続保障かそれとも簡素な手続か（いわゆる重い手続か、あるいは軽い手続か）ということである。この判断は時代や国によって大いに左右されるであろう。一方的訴訟終了宣言の制度に求められるものが時代や国によって異なるからである。その意味から一方的訴訟終了宣言において優先されるべき価値は常に時代や国によって変動するものであり、それを把握することが重要である。すなわち、永遠に変わらない価値の発見ということではない。したがって我々が考えるべきことは、現在の日本において一方的訴訟終了宣言の問題を考える場合に、いかなる価値を選択するのが妥当であるかということである。

5　対立の構図と評価の視点

このようなドイツの学説の状況から日本法は何を学ぶべきかというのが、本章のメインテーマである。そこでドイツの一方的訴訟終了宣言の法的性質論においていずれの学説が妥当であるかという問題を論じることよりも、ドイツの判例・通説の内容とそれを支えている理由を探究し、そこに日本法との接点を見つけることが重要である。そのためには学説の対立の原因と構図を分析し（A）、それに基づいて日本法の視点で一方的訴訟終了宣言の法的性質論を評価することが必要である（B）。

A　諸説の対立の構図

一方的訴訟終了宣言の法的性質論において多様な学説が展開する原因は、一方的訴訟終了宣言をめぐる問題の解決に当たって重視すべき事項が学説によって異なるからである。学説の分岐点となる問題は、次のようにまとめることができる。①一方的訴訟終了宣言は当該訴訟の訴訟費用の問題だけを考えればよいのか否か、それだけではなく当該訴訟（紛争）が再燃することを防止することも考慮する必要があるのか否か。②一方的訴訟終了宣言の訴訟費用の裁判においては、本案の裁判の内容と連動させる必要があるのか否か。すなわち、訴訟費用の裁判は本案の裁判の内容に連動するのが一般的な原則であるから、この原則をここでも通用させるのか否かということである。③連動を肯定した場合は、連動する本案の裁判の内容はどのように考えるべきか。また連動させるべき判断対象は何か。この問題が設定されるのは、次のような事情に基づく。当該訴訟は終了事由が発生したことにより、請求の理由がなくなり訴えは棄却される。この請求棄却の判断に訴訟費用の判断を連動させるならば、訴訟費用は原告が負担することになる。原告の訴訟費用の負担を回避するのが一方的訴訟終了宣言の問題であったことを想起するならば、この帰結は妥当性を欠く。そこで一方で原告が訴訟費用を負担しないという結論を維持しながら、他方で訴訟費用の裁判は本案の判断に連動させるとするならば、請求棄却の本案の裁判の内容を変える必要が生じる。

これらの事項をどのように考えるかによって、その学説の内容と法的性質論が決まってくるが、これらの事項の中で一番重要なことは、②の訴訟費用の裁判の内容と本案の裁判の内容の連動性をどのように考えるかである。民訴法六一条は「訴訟費用は、敗訴の当事者の負担とする。」と規定しているが（ドイツではＺＰＯ九一条一項）、訴訟費用の裁判は、このように原則として本案で敗訴という結果に依存しているからである（結果責任主義）。そこで問題は、一方的訴訟終了宣言もこのような連動性という訴訟構造を重視して解決するのか否かということである。すなわち、一方的訴訟終了宣言の問題とは実質的には訴訟費用の分担をめぐる争いであるが、連動性を重視すると、訴訟費用の裁判においても既に終了事由の発生により消滅した請求に関する裁判が重要な意味を持ってくる。連動性こそが一方的訴訟終了宣言の問題を複雑にする原因である。それゆえに、４Ｃａで紹介したようにグルンスキーは、この連動性を否定して本案の問題を考慮することなく訴訟費用の裁判だけを独自に行えば、一方的訴訟終了宣言の問題は単純に処理できるとの見解を展開した。

しかし、彼のこの見解は多くの支持を得ることはなかった。[39] この事実は連動性は簡単には否定できないということと、連動性を中核にして一方的訴訟終了宣言の問題を考えざるをえないということを明らかにしている。そして既述のように、連動性とは敗訴という結果によって敗訴者が訴訟費用を負担することであり、これは結果責任主義に基づく。[40] そこで訴訟費用の負担の原則は結果責任主義であるということに立脚しながら、本案の裁判の結果に訴訟費用の裁判を依存させ、さらに当該訴訟の再燃を防止するとなると、衡平な訴訟費用の負担を目指して裁判所が本案で判断すべきことは、「消滅前の請求が適法であり理由を具備していた場合は、原告に訴訟費用の負担を課さない。」ということになる。

このような構造であるがゆえに、訴訟費用の点に着目すれば、訴訟終了効の発生の説明に力点を置くことになるし、請求に関して裁判がなされるにしても、所詮、それは終了効発生のための中間の争いの裁判と理解することになる。これに対して、請求に関して当事者が争い、それについて裁判がなされるという点に着目すれば、その裁判は請求に関する裁判にほかならないとして、それを実体裁判と把握することになる。その結果、訴訟終了効は判決に付随する効果にすぎないということになる。そしてこのような裁判所の判断を重視すれば、一方的訴訟終了宣言は取効的訴訟行為ということになるが、裁判所の判断よりも当事者の行為が重要であると考えれば、一方的訴訟終了宣言は与効的訴訟行為ということになる。

ところでこのように考えるならば、第二節1で提起した問題の解答を導くことができる。そこでは一方的訴訟終了宣言の具体的な問題として、次のような問題を指摘した。①従前の訴訟の訴訟係属の消滅は、いつ、いかなる理由によって生じるのか。②一方的訴訟終了宣言の後の訴訟の訴訟物は何か。③裁判所が下す終局判決は、本案判決なのか、訴訟判決なのか。④一方的訴訟終了宣言は、いわゆる与効的訴訟行為なのか、取効的訴訟行為なのか。これらの問題の解答は、前述のように考えると、そこで提示されている視点のいずれかを選ぶことになり、自然に得られることになる。そして、これらの解答を統合するのが法的性質論である。このような理解に基づき、次に日本法の視点で一方的訴訟終了宣言の法的性質論を考えることにする。

B　日本法からの評価の視点

一方的訴訟終了宣言についてはドイツにおいて多様な議論が展開されたが、議論の背後にあるそれぞれの論者の価値判断を探究することが重要である。それによって日本法の立場を理解し、日本法の問題点を浮き彫りにすることができるからである。そしてさらに重要なことは、浮き彫りになった問題点の解消方法を一方的訴訟終了宣言の議論から学ぶことである。日本法の問題点とその解決策を訴訟終了宣言を通して具体的に提示することが、訴訟終了宣言の制度の研究の究極の目的であり、訴訟終了宣言を日本法において生かすことになるからである。

a　当事者の手続保障

ドイツの議論から浮かび上がってくることは、訴訟費用の問題であっても、訴訟費用の負担者を決める判断基準は明確でなければならないことと、訴訟費用の裁判に当事者が参加することが保障されなければならないということである。これは最近の我が国で使用されている言葉で簡潔に表すならば、「手続の透明性の確保」ということである。そして手続の透明性の確保とは、より具体的には当事者の手続保障である。ドイツの一方的訴訟終了宣言の議論の背後にあるものは、当事者の手続保障の問題であり、訴訟終了宣言が制度として定着していない日本においては、一方的訴訟終了宣言の問題は手続保障の問題であるという認識を持つことが重要である。すなわち、訴訟費用の問題であっても裁判である以上、裁判は当事者を納得させることができるような正当な手続でなされなければならず、裁判の正当性を担保するために当事者の手続保障が重要であるという考えである。そこでこのような認識に基づいて日本の制度を見てみると、問題点が浮き彫りになってくる。

日本では訴訟終了宣言が問題になる事例は、訴えの取下げによって処理すれば足りると一般に考えられている。[41]訴えの取下げの場合の訴訟費用の裁判は、裁判所が決定で行うことになっている（民訴法七三条一項）。これは訴訟費用は裁判所の裁量によって処理するということであり、裁判所に問題解決の主導権を与えるという方法である。しかし、この方法では利害関係者の手続関与が十分に保障されていない。これでは当事者を納得させることは困難である。そこで、この方法は一定の場合に限って利用すべきである。すなわち、当事者間に紛争が存在していない場合にのみ、この方法の妥当性が認められると考えるべきであろう。我が国の訴えの取下げという方法は双方的訴訟終了宣言の事例が適しているのであって、当事者の間に訴訟の終了に関して紛争がある場合は、この方法では無理がある。そこで裁判所の裁量に頼らない別途な方策を用意する必要がある。いわゆる手続の透明性が十分に確保されているものである。すなわち、判断の基準が明確であることと、判断手続において当事者の手続が保障されていることが必要である。

b　結果責任主義の重視と本案の対象

このようなことから裁判所の裁量ではなくて当事者参加による裁判手続の構築が必要であるが、その場合にどのように手続をデザインすべきであろうか。訴訟費用の負担者決定の原則は、今日ではAで述べたように結果責任主義が原則であるから、この場合の判断基準についても、この原則に依拠すべきである。原則の適用は単純明快な指針になるし、個別的に例外を設けるという方法は訴訟費用負担者決定の基準の運用を複雑にすると危惧されるからである。(42) この原則を適用するということは、本案の判断と訴訟費用の負担者の判断を連動させることである。そして連動を生じさせるような本案の内容というと、訴訟終了宣言が問題となるような事例において、原告が勝訴するように考えるということになる。すなわち、当初適法で理由を具備していた訴えが終了事由の発生により訴訟の続行が無意味になった場合において、原告が勝訴するような本案を考えることである。具体的には、次のような確認を本案の内容にすることである。「終了事由が発生する前までは、訴え（請求）が適法で理由を具備していた。終了事由の発生により、訴えが不適法ないしは理由がなくなった。」

本案の内容をこのように考えるならば、これは当事者の手続保障という点でも優れている。実質的な争点が本案になり、その点に関して当事者は主張・立証する機会が十分に保障されるからである。問題はこのような本案と従前の請求の内容との関係であり、従前の請求の運命である。新請求は従前の請求の過去と現在の状況を内容とするから、旧請求は新請求に統合されたと考えることができる。そして統合と考えるならば、従前の請求を裁判対象から外せるし、従前の訴訟資料はそのまま利用できる。現在の請求の状況も裁判対象になるから、その判断に既判力が生じることによって再訴を禁止することができる。こうしてみると、諸説の中では訴えの変更説が制度の目的に対して手続が素直で分かりやすく、当事者参加の手続、手続の透明性という点でも優れていると思う。

c　本末転倒論の問題点

訴えの変更説を支持した場合、問題は訴訟費用の問題のために、終了事由の発生によって消滅した請求が、再び紛争対象になるということである。確かにこれは本末転倒といわれるかもしれないが、結果責任主義の原則に依拠しながら訴訟の結果に応じて訴訟費用の負担者を決めなければならない以上、いたしかたないことである。なぜならば、訴訟費用の問題は当該訴訟で付随的に判断がなされなければならないという要請があるからである。もし訴訟費用のために別の訴訟が必要となると、その訴訟の訴訟費用はさらに別の訴訟を考えなければならなくなって、極論すればいわば訴訟が無限になってしまうからである。また別の訴訟を考えたとしても、従前の訴訟の状況や訴訟活動が争点になるから、それならば当該訴訟で判断するのが一番合理的である。このようなことから、訴訟費用のために従来の訴訟は続行されなければならないと考えるのは、自然の成り行きである。

これに対して、判断すべきことは終了事由の有無であって、終了事由の存在が認められればＺＰＯ九一条ａが適用されるべきであるとする考えがある。しかし、それは正に双方的訴訟終了宣言と一方的訴訟終了宣言との相違を無視するものであり、同時に訴訟費用についての原則はＺＰＯ九一条であるということと、ＺＰＯ九一条ａは特別な場合の規定であることをも看過したものである。なぜならばＺＰＯ九一条ａは終了事由の存在とは関係なく、両当事者が一致したか否かがその適用の要件であるからである。

d　訴訟費用限定説の問題点

このような理由から訴えの変更説に対して本末転倒という批判は誤りと評せざるをえないが、しかし、一方的訴訟終了宣言を単に訴訟費用の問題として済ませる考えも誤りである。訴訟費用のためとはいえ、また、たとえ終了事由の有無が争点であるにしても、一方的訴訟終了宣言では裁判所によって従前の請求の状況につき何らかの判断がなされるからである。この点に注目して従前の請求に関して原告が再び訴えを提起する可能性があることを認識するならば、その再訴を防ぐために従前の請求についての判断に既判力を生じさせるべきである。もちろん、必要があるから既判力を肯定するというのではない。既判力を肯定するだけの十分な手続的な基礎が存在するからである。すなわち、一方的訴訟終了宣言では訴えの変更説でなくても多くの説は、裁判所は従前の請求の現在の状況を判断することになっているからである。しかも、それが当事者間の最大の争点であると考えられるから、当事者の訴訟活動は十分に期待できる。判決の効力の及ぶ範囲は単に広ければ良いというものではないが、この場合に既判力を認めない方がおかしい。

そこで一方的訴訟終了宣言について裁判がなされる場合は、再訴を禁止する判決の効力（再訴禁止効）を考えるべきである。問題は再訴禁止効の根拠である。結論を先取りすれば、それは本案の既判力として位置づけるべきである。いわゆる中間紛争説のような構成やあるいは訴訟判決ということで説明することは、日本では技巧的で分かりづらいからである。しかも、そもそもそのような構成では、一般的な既判力理論との不調和が目立つからである。

このように日本において一方的訴訟終了宣言を考える場合は、単に訴訟費用の問題に止めるのではなく、本案の再訴禁止の問題も考慮すべきである。これに対して、訴訟終了宣言の問題は単に訴訟費用の裁判で処理できるから、訴訟終了宣言の制度は不要であるとの立場が通説である。しかし、この立場は通常の訴訟費用の裁判の背後に本案の裁判が存在し、それが訴訟費用の裁判の正当性を担保しているということを看過している。一方的訴訟終了宣言の事例の場合には、訴訟終了事由が発生する前に行われていた訴訟では原告は敗訴判決を受ける理由がないから、本案の裁判はなされるべきではない。そうなると、一方的訴訟終了宣言の事例について通常の訴訟費用の裁判によって対応できると主張した場合、本案の裁判を欠くから訴訟費用の裁判の正当性についてその根拠を示していないことになる。なぜならば、訴訟費用の裁判は原則として本案の裁判がなされることを前提に、その本案の裁判の手続を利用して行うことによって手続の正当性を根拠づけているからである。(43) したがって、本案の裁判がない場合に訴訟費用の裁判について正当性を確保するためには、訴訟費用の裁判に先行する本案の裁判がなされるように法的な構成を考えるか、あるいは訴訟費用の裁判手続において本案の裁判のような当事者の手続保障を認めることが必要である。訴えの変更説に基づいた一方的訴訟終了宣言によって処理する方法は、前者の立場である。

(13)　Zöller/Vollkommer (C), §91a Rn 34; MK/Lindacher (C), §91a Rn 76; Zeiss/Schreiber (D), Rn 504.

(14)　Musielak (D), Rn 272; Rosenberg/Suhwab/Gottwald (D), §131 III 3; Schilken (D), Rn 637; Stein/Bork (C), §91a Rn 47.

(15)　一方的訴訟終了宣言の法的性質については、双方的訴訟終了宣言に比べて学説ははるかに多様である。二つの博士論文を利用して、その状況を概観してみると、次のようになる。取り上げた博士論文は最近のものとは言い難いが、実は一方的訴訟終了宣言を直接の論文のテーマにした博士論文でドイツにおいて公刊されたものというと、これらが一番新しいものではないかと思う。

なお訴訟終了宣言に関する最近の博士論文としては、二〇〇五年に刊行されたディットフルトとヴェスターマイヤーのものがあるが（拙稿・⑱〔双方的〕八号五頁）、前者はオーストリア法との比較研究であり（同・㉔〔オーストリア〕二〇一頁以下、第二編第三章第三節）、後者は他の訴訟法との比較研究である。これらは従来あまり注目されていない事項をテーマにしたものであり、新たな分野を開拓したと評することができる。

(a)　エル・ガヤール（El-Gayar(B)）の分類

一九九八年に刊行されたエル・ガヤールの博士論文による学説の分類である。彼が取り上げた学説を取り上げた順序に従い、主唱者名とともに挙げれば、次のようになる。

Ⅰ　訴えの変更説（ハープシャイト　Habscheid）
Ⅱ　中間紛争説（シュヴァープ　Schwab）
Ⅲ　訴訟上の形成行為説（ゲッピンガー　Göppinger）
Ⅳ　特別な（特権的な）訴えの取下げ説（A・ブロマイヤー　A. Blomeyer）
Ⅴ　特別な（特権的な）請求の放棄説（グルンスキー　Grunsky）
Ⅵ　折衷説（諸説の組合せ説）
　1　訴えの変更説と中間紛争説の組合せ説（ドナウ／メスナー　Donau/Mössner）
　2　中間紛争説と訴訟上の形成行為説の組合せ説（リンダッハー　Lindacher）
　3　訴えの変更説と訴訟上の形成行為説の組合せ説（ペッファー　Pfeffer）
　4　中間紛争説と特別な（特権的な）訴えの取下げ説の組合せ説（アスマン　Assmann）
　5　訴え棄却の申立て説（ポーレ　Pohle）

ところでエル・ガヤールの博士論文は、一九九七年にエアランゲン＝ニュルンベルク大学において審査され合格したものであり、序文ではフォルコンマー（Vollkommer）教授に対して謝辞が述べられている。そしてこの博士論文は一九九八年に同大学法学部の編集による法学研究叢書の第四七巻として公刊された。訴訟終了宣言に関する博士論文としては一九五八年のゲッピンガーの博士論文以来の大作であり、しかも、叢書として刊行されたことからも明らかなように、単に学位取得を目指した通常の博士論文と異なり、教授資格論文に匹敵するようなものである。判例・学説が詳細に整理されていて、最近の議論の状況を知るには大変に便利な本である。付言すると、訴訟終了宣言についての博士論文の多くは単に印刷されただけであるが、本書のように市販された博士論文は少ない。なお、訴訟終了宣言に関する教授資格論文は、未だに執筆されていない。

(b)　ボゲノ（Vogeno(B)）の分類

一九九六年に刊行されたボゲノの博士論文による学説の分類は、次のようなものである。エル・ガヤールが学説を訴訟行為の視点から並列させたのに対して、ボゲノは訴訟上の効果に着目して分類している。この本が取り上げた学説を取り上げた順序に従って挙げれば、次のようになる。なお（　）内は、それに相当するエル・ガヤールの学説分類の番号である。

Ａ　訴訟係属終了説
　１　特別な（特権的な）訴えの取下げ説（Ⅳ）
　２　特別な（特権的な）請求の放棄説（Ⅴ）
　３　与効的訴訟行為説（Ⅵ４）
　４　その他の学説
Ｂ　訴訟上の形成行為説
　１　ゲッピンガーの見解（Ⅲ）
　２　ペッファーの見解（Ⅵ３）
Ｃ　中間紛争説
　１　シュヴァープの見解（Ⅱ）
　２　その他の中間紛争説
Ｄ　実体裁判説
　１　訴えの変更説（Ⅰ）
　２　その他の訴えの変更説
　３　訴え棄却の申立て説（Ⅵ５）

ところでボゲノの博士論文はケルン大学の博士論文であり、序文ではプリュッテング（Prütting）教授に対して謝辞が述べられている。エル・ガヤールの論文に比べて、正直なところ見劣りがする。エル・ガヤールの論文では文献一覧においてボゲノの論文を挙げていないが、執筆時に参照できなかったという時間的な制約のためか、それとも消極的な評価のためなのかは私には分からない。

(16)　一九八二年に発表した一方的訴訟終了宣言に関する論考（拙稿・④〔一当事者〕）では、ドイツの一方的訴訟終了宣言の法的性質論の現状について、一九八一年に公刊された Rosenberg/Schwab(D)〔13〕における記述（S. 788f.）をそのまま翻訳して紹介した（同・一一頁以下）。なおこの本の最新版は、二〇一〇年に刊行された Rosenberg/Schwab/Gottwald(D) の一七版である。

(17)　訴訟行為の分類において、ドイツではゴルドシュミットが提唱した Erwirkungshandlung と Bewirkungshandlung の区別が広く利用されている（三ケ月章『民事訴訟法』（法律学全集）二六八頁注(2)〔有斐閣、一九五九年〕）。日本ではこれらのドイツ語に対して様々な訳語が提唱されたが（例えば、作因行為と作用行為、効力を求める行為と効力を生ぜしめる行為、目的的訴訟行為と非目的的訴訟行為等）、三ケ月博士が提案された「取効的訴訟行為」と「与効的訴訟行為」の言葉とともに（三ケ月・前掲書二六八頁注(1)）、この分類が今日定着したように思う。なぜならば、この分類は次のような体系書で使用されているからである（編著者名の五十音順）。例えば、伊藤眞『民事訴訟法〔第三版三訂版〕』二八七頁（有斐閣、二〇〇八年）、上田徹一郎『民事訴訟法〔第五版〕』二八六頁以下（法学書院、二〇〇七年）、中野貞一郎＝松浦馨＝鈴木正裕編『新民事訴訟法講義〔第二版補訂二版〕』二四〇頁以下〔池田辰夫〕（有斐閣、二〇〇八年）、松本博之＝上野泰男『民事訴訟法〔第五版〕』一二一頁以下（弘文堂、二〇〇八年）等。

これに対して、この分類の問題点を詳細に論じているのが新堂幸司博士である（『民事訴訟法〔第三版補正版〕』三八四頁以下〔弘文堂、二〇〇五年〕）。また梅本吉彦教授はこの分類に関して、「当事者の訴訟に関する行為を裁判所の判断を介するか否かを基準にして分類するのは、当事者の意思に合致するとはいえず、訴訟法の理念にもそぐわない。」と批判する（『民事訴訟法〔第三版〕』四四九頁注(1)〔信山社、二〇〇七年〕）。

なお松浦馨博士は一九六九年に発表された訴訟終了宣言に関するドイツの判例の解説において、「特権的訴の取下げであるとする説」が判例学説上多数説のようであるとされ、この説は訴訟完結宣言はErwirkungshandlungではなく、Bewirkungshandlungであると考えていると紹介している（松浦・参資二１・一五三頁）。

(18)　学説を指示する場合は、各項目立てで使用した数字とアルファベットで表記することにする。これによって、当該学説について記述した箇所を探すことも容易になると思う。

(19)　当事者の確定に関する学説の状況については、拙稿「当事者の確定―新行動説の提唱―」石川明先生古稀祝賀『現代社会における民事手続法の展開・下巻』一七六頁以下（商事法務、二〇〇二年）に詳論したことがある。以下の本文の記述はこれに基づく。

(20)　A. Blomeyer(A), S. 212ff.; ders.(D), §64; Pohle(A), S. 427ff.; Stein/Leipold(C)[20], §91a Rn 39ff.; Schönke/Kuchinke(D), §71 III–VI. なおStein/Leipoldの最新版は二二版（二〇〇四年）で、ボルク（Bork）が訴えの変更説を説いている。

右文献の他に、El-Gayar(B), S. 62 Fn 448は立法論として、Baur(A), S. 109, 115f.を挙げる。

(21)　被告の棄却判決を取得する権利に着目したポーレの学説は、請求棄却申立て説（Die Klageabweisungsantragstheorie）としても分類される（El-Gayar(B), S. 82ff., Vogeno(B), S. 25f.）。請求棄却申立て説の主唱者としては、メッテンハイムが有名である（Mettenheim(B), S. 156ff.）。この説はもともと請求に理由がなければ請求は棄却されるのであるから、訴訟終了宣言は被告の請求棄却判決を求める権利を奪うものであると考える立場である。そのような理解に基づいて、被告のこのような権利を認めないことが妥当であるか否かの観点から、一方的訴訟終了宣言を考えるべきであると主張する。

この点に関してはポーレとメッテンハイムに意見の違いは見られないが、一方的訴訟終了宣言の行為の法的な性質に関しては見解の対立がある。すなわち、ポーレは一方的訴訟終了宣言を特別な訴えの取下げ説に従い与効的訴訟行為と考えるのに対して、メッテンハイムは取効的訴訟行為と考える。ただし、一方的訴訟終了宣言に関する裁判は訴訟判決であり、従前の訴訟の訴訟物に関して既判力が生じないと解する点では、両者は一致する。なおポーレの説は、前注(15)では訴え棄却の申立て説（ⓐのⅥ５）となっているが、前注(20)のとおり、一般的には「特別な（特権的な）訴えの取下げ説」として分類される。それは、彼は一方的訴訟終了宣言を与効的訴訟行為と考えるからである。

いずれにしてもこの説は多数の支持を得ることができなかったが、次のようなことが問題点として指摘された（拙稿・④

〔一当事者〕一九頁、El-Gayar (B), S. 83f.)。第一に、この説によれば、裁判の対象は被告の棄却判決の申立てということになるが、このような見解は通常の訴訟構造と調和しない。なぜならば、民事裁判の対象を決めるのは、あくまでも原告の訴えであるからである。第二に、この説の場合、従前の訴訟の訴訟係属の終了は裁判によるのか、それとも当事者の訴訟行為によるのか、その説明は十分ではない。

(22)　Blomeyer (D), §64 I 3b は、再訴禁止の問題について改説後の主張である。彼は初版での説明と雑誌の論文（A. Blomeyer (A)）の主張を、このように軌道修正した。

(23)　拙稿・④〔一当事者〕一五頁で同様なことを述べたことがある。なお El-Gayar (B), S. 62ff. は豊富な文献を駆使して、この説の問題点を詳細にまとめている。

(24)　Nikisch (D), §66 III 2 が特別な請求の放棄説を主張したことは有名であるが、その後、Grunsky (D), §12 III 1; ders. (A), S. 165, 176ff.; Lindacher (A), JurA S. 705ff. 等も同様な見解を述べている。なお J. Blomeyer (A), S. 2752ff.; Haubelt (A), S. 192ff.; Temming (B), S. 192ff. も同様な立場と考えられる。

(25)　一八七七年のドイツ民事訴訟法が成立した後から第一次世界大戦前までの間、ドイツではこの問題は様々に議論されてきた。それらの学説の概要については、拙稿・①〔生成〕三号九〇頁以下にまとめたことがある。例えば、二〇世紀の初頭においてこの説を主張した代表的な学者は、Hellwig (D), S. 758 や Kisch (A), S. 1ff. である。二〇世紀の中期においては、Goldschmidt (D), S. 414 や Nikisch (D), §66 III 2 を挙げることができる。なおドイツにおけるこの制度の生成の歴史は、第二編第一章にまとめてある。

(26)　Lindacher (A), JurA S. 705ff. これはリンダッハーが一九七〇年に発表した論文である。しかし、現在、彼はこの説を主張（維持）していない。彼は一九九二年に刊行されたミュヘナーコンメンタールの初版においてZPO九一条aを担当したが、その中では自説として、Cで述べる中間紛争説を主張している（MK/Lindacher (C), §91a Rn 91ff.）。つまり改説ということである。なおこの注釈書は、参考資料（四1C）では現行の版である三版（二〇〇八年）を挙げている。

(27)　以前の論考においてもこの説の問題点を述べたが（拙稿・④〔一当事者〕一五頁以下）、それは主に、一九八一年に刊行された Rosenberg/Schwab (D) [13], S. 788ff. と Lüke (A), S. 328（=リュケ・参資二1・七三頁）を参考にしてまとめたものであった。本書ではさらに El-Gayar(B), S. 74ff. を参考にした。

(28)　この説に分類される文献は、論文としては Schwab(A), S. 127ff.; Deubner(A), JuS 1962, S. 205ff.があり、判例研究としては Deubner(A), NJW 1968, S. 848 ff.; ders., NJW 1969, S. 796f.; Walchshöfer(A), ZZP 79, S. 296ff.; ders., ZZP 90, S. 186ff. 等がある。注釈書では AK/Röhl(C), §91a Rn 36 があり、体系書では Bruns(D), Rn 147ff.; Rosenberg/Schwab(D)[14], §133 III 2; Rosenberg/Schwab/Gottwald(D), §131 III 3; Schilken(D), Rn 637; Zeiss/Schreiber(D), Rn 504ff. 等がある。

なおエル・ガヤールは、Müller-Tochtermann(A), JR 1958, S. 250ff.; ders., NJW 1958, S. 1761ff.; Gamm(A), S. 715ff. はこの説であるとする。さらに、MK/Lindacher(C), §91a Rn 87ff. もこの説に近いとするが（El-Gayar(B), S. 46 Fn 311）、これはリンダッハーの改説後の学説である（前注(26)参照）。

なお二〇〇八年に刊行されたドイツの民事訴訟雑誌一二一巻一号は（ZZP 121(2008), S. 3）、その冒頭において編集者と出版社の連名で、シュヴァープ教授の逝去を報じ、教授に対して謝意と哀悼の意を表明している。それによれば、教授は二〇〇八年一月一七日に逝去されたとのことである。八七歳であった。教授の業績として、一九五四年に公刊された教授資格論文の訴訟物論と、レオ・ローゼンベルクを引き継ぎ、民事訴訟法の大部な体系書の版を重ねたことが述べられている。

ところで同誌は引き続いて次号（二号）の冒頭に、ゴットヴァルト教授の追悼文を掲載している。ゴットヴァルト教授はローゼンベルク＝シュヴァープの名前で有名な体系書の執筆を引き継いだことで知られている（これは本書において、Rosenberg/Schwab/Gottwald(D) として表記した体系書のことである。参考資料四1Dに記載されている）。追悼文においてゴットヴァルト教授はシュヴァープ教授の業績について具体的に挙げて、この偉大な学者の逝去を悼んでいる（〔通し頁表記〕一三五頁以下）。ゴットヴァルト教授はシュヴァープ教授の一方的訴訟終了宣言の法的性質論を取り上げているので（一三五頁以下）、左記にその部分を訳出する。なお追悼文ということもあって、ゴットヴァルト教授の記述は簡潔である。そのため、そのまま翻訳したのでは日本の読者にとっては理解しにくいと思われるので、読者が通読できるように私見による説明を加筆し、加筆部分は〔　〕で表記した。

「一九五九年に彼は一方的訴訟終了宣言について、実質的な中間紛争として理解すべきであることを提案した（民事訴訟雑誌七二巻一二七頁以下〔これは本書において、Schwab(A) として表記した論文である。参考資料四1Aに記載されている。

論文の内容については、3Cで記述した)。〔この問題について〕通説〔の訴えの変更説〕は原告の訴訟終了宣言について、それに対する被告の対応によって〔双方的〕訴訟終了宣言として解釈するか、あるいは訴えの変更として解釈する。そして訴えの変更と解釈する場合は従前の〔訴訟物に関する原告の〕申立てについては〔訴えの変更によって消滅するのではなく、訴訟終了宣言が認められなかった場合の保障のために〕追加的な予備的な申立てとして、設定されなければならないとする。これに対してシュヴァープの着想が導いた解決策は、〔通説による前記のような複雑な法律構成ではなく、〕理路整然として完成された平易なものであり、訴訟費用の衡平な分担の実現を考慮した徹頭徹尾〔訴えの変更説よりも〕より妥当なものである。」

なお日本の民事訴訟法学会では竹下守夫名誉会員が、「カールハインツ・シュワープ教授の逝去を悼む」という追悼文を学会誌である民事訴訟雑誌に掲載した（五五号二四一頁以下〔二〇〇九年〕）。

(29)　以前の論考では A. Blomeyer(A), S. 214 と Lüke(A), S. 335f.（=リュケ・参資二1・八一頁）を引用してこの説の問題点を述べたが（拙稿・④〔一当事者〕一八頁）、El-Gayar(B), S. 51ff. は主に Habscheid(A) や Stahnecker(B) を引用して批判している。

(30)　かつての訴えの変更説の問題点を解消させるとともに、新たに理論的な基礎を提供して、この説に対して今日の判例・通説としての地位を獲得させたのは、Habscheid(A) の功績である（FS Lent, S. 166ff.; ders., JZ 1963, S. 624ff.）。この説が通説と言われるのは、論文・注釈書・体系書等にこの説の支持者を多く見るからである。例えば、論文としては、Lüke(A), S. 323ff.; Ansorge(B), S. 131ff.; Furtner(A), S. 249ff.; Kannengießer(B), S. 56f.; Ostendorf(A), S. 387ff.; Schiller(B), S. 202ff.; Schumann(A), S. 26ff.; Stahnecker(B), S. 129ff. 等がある。

注釈書としては、Musielak/Wolst(C), §91a Rn 29; Stein/Bork(C), §91a Rn 47; Thomas/Hüßtege(C), §91a Rn 32; Wieczorek/Schütze(C), §91a Rn 22; Zimmermann(C), §91a Rn 21; Zöller/Vollkommer(C), §91a Rn 34 等がある。

体系書としては、Jauernig(D), §42 VI 2; Lüke(D), Rn 247; Schellhammer(D), Rn 1720; Schlosser(D), Rn 144 等を挙げることができる。

なお El-Gayar(B), S. 31 Fn 184 は、さらに Brox(A), S. 292ff.; AK/Röhl(C), §91a Rn 36a もこの説に近いとしているが、本

書ではAK/Röhl(C) は中間紛争説に分類した（前注(28)参照）。

(31) Donau(A), JR 1956, S. 169ff.; Mössner(A), S. 175ff. この他の文献については、El-Gayar(B), S. 78 Fn 573 に詳しい。なおこの学説についてエル・ガヤールは、「折衷説（諸説の組合せ説）」の中の「訴えの変更説と中間紛争説の組合せ説」として分類する（前注(15)の(a)のⅥ1）。

(32) 訴えの変更説の問題点は、拙稿・④〔一当事者〕一九頁以下で述べたことがあるし、松本・参資二1・法学雑誌一九巻二号二五八頁も詳論している。これらは今日でもそのまま通用する。というのは二〇〇七年に刊行された最新の体系書における訴えの変更説に対する批判において、同様なことが述べられているからである（Musielak(D), Rn 273）。なお、この本は一方的訴訟終了宣言の法的性質論について論じている数少ない体系書である。この本が訴えの変更説に対する批判を展開しているのは、著者ムジラークが自説として中間紛争説を主張しているからである。もっとも、法的性質論が重要視されていない今日の状況を受けて、ムジラークは一方的訴訟終了宣言の法的性質論は実務においては過大に評価されてはならないと付言している。

ところで訴えの変更説は今日では通説であるがゆえに、エル・ガヤールは豊富な文献を駆使してこの説の問題点を詳論するが（El-Gayar(B), S. 36ff.）、それについては4で紹介する。

(33) ムジラークが被告による一方的訴訟終了宣言を認めるべきであるとして挙げた例は、次のようなものである（Musielak(D), Rn 273）。Yの主張がXの名誉を侵害したとして、XはYの主張の撤回を求めて訴えを提起した。ところがYはXが訴えを提起した後に、その主張を撤回して訴訟の終了を宣言した。これに対して原告Xは被告Yの主張の撤回は十分でないとして、これを争っている。ムジラークはこの問題の解答は法的性質論に依存するとしたうえで、訴えの変更説では対応できないと批判して、中間紛争説の妥当性を主張する。

(34) Göppinger(B), S. 148ff. なおこの説については、以前の論考でも述べたことがある（拙稿・④〔一当事者〕一八頁）。また松本博之教授も詳しく説明している（松本・参資二1・法学雑誌一九巻二号二六〇頁）。

(35) さらにエル・ガヤールは、この説の一方的訴訟終了宣言の内容が不明確である点を指摘する（El-Gayar(B), S. 58ff.）。例えば、原告が従前の訴えが不要になったことを宣言することは、訴訟係属の終了の申立てに他ならないから不要ではないかと指摘する。また本案の中立てとするか否かの区別の基準や中立てを訴えの変更に準じて処理するのも、根拠が十分でないと批判している。

(36) シュヴァープ教授の古稀祝賀記念論文集は、一九九〇年に編者と出版社を異にして二冊刊行されている（詳細は拙稿・⑧〔近時〕八一頁注(18)）。大変に興味深いことは、それぞれに一方的訴訟終了宣言に関する論文が収められていることである。すなわち、エアランゲン＝ニュルンベルク大学関係者の記念論文集の方にはこのアスマンの論文が、一般の研究者の記念論文集の方にはグルンスキーの論文（次のＣａ）が収められている。

なおアスマンの執筆時の身分は記念論文集の執筆者紹介によれば、エアランゲン＝ニュルンベルク大学の民事法と民事訴訟法の研究所の助手である。

(37) エル・ガヤールが博士論文を取得したエアランゲン＝ニュルンベルク大学に注目する必要がある。前注(36)で述べたように、アスマンはそこの研究所の助手であり、彼女の論文はエアランゲン＝ニュルンベルク大学のシュヴァープ教授の古稀祝賀記念論文集に掲載されたものである。アスマンが論文を献呈したシュヴァープは長い間、同大学の教授であったし、学部長、学長という要職を歴任された。そして中間紛争説を最初に主張した学者であった（３Ｃ）。さらに、エル・ガヤールが一方的訴訟終了宣言の博士論文を提出し博士号を取得したのは、この大学である。このような事実から同大学と中間紛争説とは密接な関係があるように思う。換言すれば中間紛争説の主唱者はエアランゲン学派ということもできるのではないかと思う。なおシュヴァープ教授が二〇〇八年一月一七日に逝去されたことについては、前注(28)で述べた。

(38) グルンスキーのこの論文については、その大要を紹介し（拙稿・⑧〔近時〕七四頁以下）、批判したことがある（同・七六頁以下）。そしてその際にこの論文で彼が主張した見解について、「訴訟費用裁判説」と命名した（同・七五頁）。これらについては、第四章にまとめてある。

ところでエル・ガヤールやボゲノは、グルンスキーが訴訟費用の裁判に際してＺＰＯ九三条の即時認諾の際の原告の訴訟費用負担の規定を類推して、原告が訴訟終了事由の発生後に即時に請求の放棄をした場合は被告が訴訟費用を負担すると主張していることに着目して、グルンスキーの見解を「特別な（特権的な）請求の放棄説」（３Ｂ）と位置づけている（前注(15)の(a)のＶと(b)のＡ２参照）。私見もそれらと同様に、グルンスキーを「特別な請求の放棄説」と分類し、その根拠として本論文と一九七四年に刊行された彼の体系書の記述を挙げた（前注(24)参照）。しかし、グルンスキーはこの論文において、一方的訴訟終了宣言は与効的訴訟行為であるとか、請求の放棄であるということを直接主張しているわけではない。彼の主張の力点は、本案の裁判と訴訟費用の裁判の連動性を否定して、単純に訴訟費用の裁判として一方的訴訟終了宣言を考えるところにある。したがって、この論文をグルンスキーの見解として、ここで特に取り上げた。

なおグルンスキーはこの論文において、「国際的比較において、一方的訴訟終了宣言は単に『ドイツ訴訟法の怪物（Monstrum）』と表現することができる」と述べ、さらに「外国の研究者にこの制度の意味を説明しようと試みた者は、我々がこの問題に関して無駄な努力をしていることを知ることになる」とも述べている（Grunsky (A), S. 170 Fn 17）。

(39)　エル・ガヤールはシュターネッカーの論文（Stahnecker (B), S. 85）を引用し、訴訟費用の裁判の基準は何かという問題を投げかけて、グルンスキーの見解を批判している。訴訟費用の裁判において決め手となるのは本案の訴訟物についての判断にならざるをえず、そうであるならば、訴訟費用の裁判と本案の裁判との関係を切断しても訴訟経済上のメリットはないというものである（El-Gayar (B), S. 77f.）。なお私見はさらにこの制度の歴史的生成過程から考察して、両者の関係を切断するのは制度の歴史的な流れ（展開）に反するとして、グルンスキーの学説（訴訟費用裁判説）を批判した（拙稿・⑧〔近時〕七六頁以下）。それはエル・ガヤールの批判の六年前である。なおグルンスキーの見解と私見の批判は、第四章にまとめてある。

ところでグルンスキーはこの論文の最後において、自説はあくまでも概要を説いたものであり、より詳細な論証が必要であると述べているが、今後それを行う予定はないようである（Grunsky (A), S. 179）。

(40)　訴訟費用の負担に関する結果責任主義の展開と訴訟終了宣言との関係については、拙稿・⑥〔訴訟係属〕二六頁以下、同・⑬〔沿革〕七〇頁で略述した。結果責任主義の生成の歴史については同・①〔生成〕三号七〇頁以下、同・⑩〔立法〕八三頁以下で論じたことがある。ドイツの民事訴訟法改正作業において結果責任説の堅持が強調されていることについては、同・⑥〔訴訟係属〕二一頁以下で述べた。これらについては、第二編第一章第一節～第三節にまとめてある。

(41)　日本における訴訟終了宣言に関する議論については、石渡・参資二1・三一四頁以下、荒木・参資二1・二六四頁以下にまとめられている。私自身もこれらの論文に先立って議論の争点をまとめたことがある（拙稿・③〔争点〕一六六頁以下）。

しかし、これらの論文は一番新しいものであっても一〇年以上も前のものであり、今日においてはいささか古いとの印象は否定できない。そこで日本の訴訟終了宣言についての議論を総括して、解釈論として具体的に訴訟終了宣言の主張を展開させたのが、「日本の訴訟終了宣言について」という論考である（同・⑲〔日本〕一七頁以下）。なおこれは、第三編第一章と第二章にまとめてある。

この論考は訴訟終了宣言を日本に導入することに消極的な立場と積極的な立場を詳しく紹介し、それぞれの論拠を検討し問題点を指摘したものである。そのうえで、解釈論として訴訟終了宣言を日本において導入することの道筋を論証し、一方的訴訟終了宣言の重要性を強調した。なお訴訟費用の問題は日本においてはとかく軽視されがちであるが、それは訴権論や訴訟促進に影響を与えるものであり、軽視してはならないと主張したことがある（同・⑧〔近時〕八三頁以下）。

(42)　日本においては、訴訟費用の負担者を決める結果責任主義を緩和して問題を解決すべきであるとの見解（兼子条解（参資二2）・二六六頁）が有力であるが（拙稿・⑲〔日本〕二六頁）、そのような見解は裁判の判断基準を曖昧にして、場当たり的な裁判になる可能性が高く、裁判の衡平さや正当性の点で賛成できない（同・三三頁以下）。これについては、第三編第一章第二節２Ｅにまとめてある。

(43)　確かに訴訟費用の裁判手続においては当事者の手続保障について直接規定されていないが、それは訴訟費用の裁判において当事者の手続保障が不要であるということではない。訴訟費用の裁判は本案の裁判に連動し、本案の裁判には当事者の手続への参加が保障されているから、訴訟費用の裁判の裁判手続に当事者の手続保障は不要なのである（拙稿・⑲〔日本〕二九頁以下）。これについては、第三編第一章第二節２Ｂにまとめてある。

第三節　ドイツにおける個別具体的な問題

１　法的性質論と個別具体的な問題

一方的訴訟終了宣言の法的性質をめぐる学説の状況を概観したが、法的性質論は一方的訴訟終了宣言に関する個別具体的な問題に対して解決策を提示するものでなければならない。個別具体的な問題は、法的性質論からの演繹によって解決の指針や内容が決まるからである。もしそうでなければ法的性質論の存在理由はないし、法的性質論を論じる意味もない。そもそも個別具体的な問題を法的性質論によって解決するという手法は、法解釈の方法として一般的に広く行われており、基軸となる訴訟行為についての法規制から具体的な問題の解決策を演繹して導いている。以下の個別具体的な問題の考察はこの方法に従ったものであり、一方的訴訟終了宣言のために独自な方法を使用するものではないし、特別な論証を行うものでもない。

そこで一方的訴訟終了宣言の内容や要件の問題は、法的性質論から解答を導かねばならない。一方的訴訟終了宣言の法的性質は訴えの変更であるとの訴えの変更説によれば、訴えの変更の要件を考えることによって解答を得ることになる。さらに一方的訴訟終了宣言の個別具体的な問題としては、次のような基本的な問題がある。一方的訴訟終了宣言の適法性（２A）、訴訟物と裁判の内容（２B）、訴訟費用の裁判（２C）、時間的な制約（２D）、被告による一方的訴訟終了宣言（２E）等である。これらの問題も訴えの変更説によれば、訴えの変更を基本として考えることになる。

なお右の表題だけでは分かりづらいものについて、若干の説明をしておく。訴訟費用の裁判（２C）とは、訴訟費用の裁判において適用される条文の問題、すなわち、一方的訴訟終了宣言における訴訟費用の裁判において適用される条文は、訴訟費用の敗訴者負担を定めたZPO九一条か、それとも裁判所が裁量によって決めるZPO九一条aかという問題である。時間的な制約（２D）とは、一方的訴訟終了宣言の始期と終期のことであり、始期としては訴訟係属発生前に一方的訴訟終了宣言が許されるのかという問題であり、終期としては上告審で一方的訴訟終了宣言は許されるのかという問題である。被告による一方的訴訟終了宣言（２E）とは、被告は一方的訴訟終了宣言をすることができるのか否かという問題である。

これ以外に重要な問題としては、予備的な一方的訴訟終了宣言（２F）、すなわち予備的に一方的訴訟終了宣言をすることが許されるのかという問題と、一部の訴訟終了と一方的訴訟終了宣言（２G）、すなわち部分的な訴訟の終了を宣言することは認められるのかという問題がある。これらの問題と基本的な問題との違いは、基本的な問題が一方的訴訟終了宣言の一般的な場面で生じるのに対して、これらの問題は特別な場面で発生するということである。すなわち、一方的訴訟終了宣言の内容を理解するのに最低限必要な事項か否かということである。さらに、これらの問題は一方的訴訟終了宣言の法的性質論と関係が希薄であるということも、違いとして指摘することができる。すなわち、これらの問題は一方的訴訟終了宣言の法的性質論によって解答することは可能ではあるが、それだけでは説得力が十分でない。むしろ法的性質論とは別な観点、例えば当事者間の衡平性とか、制度運営の必要性というような観点で解決策を考えるべき問題である。つまり、当然のことではあるが、すべての個別具体的な問題が法的性質論だけで解決できるわけではないということである。

こうして考えてみると、結局のところ、法的性質論は万能ではないが、しかし、多くの個別具体的な問題の解決のための基準としては有効であり、決して無意味な理論ではないということである。しかし、演繹的方法に安住したり、単に盲従したりすることであってはならない。個別具体的な問題の解決策は、その内容の妥当性が重要であるからである。なぜならば、具体的な結果の妥当性を理論的に根拠づけるのが法的性質論であり、法的性質論は結果の妥当性に後行するからである。そこで、もし演繹的な方法で得られた内容が妥当性を欠いた場合は、その内容は個別具体的な問題の解決策とすべきではない。個別具体的な問題の解決策としては結果の妥当性を優先すべきであり、導き出された内容が妥当性を欠いた場合は、演繹論の基点である法的性質論について必要な修正を施すべきである。

以下ではこのような方法論によってドイツの代表的な個別具体的な問題について概観して、一方的訴訟終了宣言の法的性質論の意味の確認と、一方的訴訟終了宣言についての理解を深めることにする。ただし概観する法的性質論は通説が支持している訴えの変更説だけとする。確かにすべての法的性質論の具体的な事例における展開を見ることは重要ではあるが、日本においてドイツの制度を概観する場合は、そのような詳細な考察は効率的ではないし、意味があるとは思えないからである。重要なことは制度の概要を認識し、日本法における制度設計に役立てることである。そこで法的性質論としてはドイツの通説である訴えの変更説を土台とし、概観する個別具体的な問題は基本的問題と、日本法を意識して日本法の観点から興味ある問題に限定した。考察の順序であるが、個別具体的な問題については問題の重要性の順に従い、訴えの変更説からの解決策の展開を見ることにする。[44]

ところでドイツの判例がいかなる法的性質論を支持しているかというと、個々の判例を詳細に検討しなければ答えられない問題であるが、ドイツの注釈書や博士論文の記述から判例の法的性質論について調べてみると、判例も訴えの変更説であるといってよいのではないかと思う。[45] このことも本章が訴えの変更説だけで個別具体的な問題を考察する理由である。

なお、訴訟終了事由が発生し原告が一方的訴訟終了宣言を行った場合、その後の訴訟手続の流れについては、第一章第二節にまとめてある。

2　個別具体的な問題

一方的訴訟終了宣言をめぐる個別具体的な問題の中から主要なものを選び、順不同ではなく問題の重要性の順に従い、訴えの変更説からの解決策の展開を概観する。なお重要性は理論的に重要であることと、論理的に先行して考える必要があるか否かによって判断した。

A　一方的訴訟終了宣言の適法性

訴えの変更説によれば、一方的訴訟終了宣言は訴えの変更であるから、一方的訴訟終了宣言の適法要件は訴えの変更の適法要件で考えることになる。訴えの変更とは訴訟中に新たな訴えを提起することであるから、先ず、新訴提起のための一般的な要件を備える必要がある。すなわち、訴状に記載することが求められている事項（訴状の必要的記載事項）は準備書面に記載し、申立てはそれに基づいて口頭弁論において原則として朗読しなければならない（ZPO二九七条）。なおこの場合の訴訟係属の発生時点は、口頭弁論において申立てが主張された時または申立てを記載した（訴状の必要的記載事項が書かれた）書面が送達された時である（ZPO二六一条二項）。

次に、一方的訴訟終了宣言は、従前の訴えを新しい訴えに変更するための要件を備えていなければならない。しかし、一方的訴訟終了宣言は典型的な訴えの変更ではないから、訴えの変更の規定が要件としてそのまま適用するというのでは妥当性を欠く。一方的訴訟終了宣言のためには解釈論としての条文の操作による論証が必要である。そこで、一般に挙げられるのがZPO二六四条二号である。この規定は、「請求の原因を変更することなく、本案の申立てや付帯の申立てを拡張又は減縮する場合は訴えの変更とはみなさない」という趣旨の規定である。「訴えの変更とはみなさない」という規定が訴えの変更の適法性を根拠づけるということは、一見矛盾しているようであるが、そうではない。ドイツ民事訴訟法の訴えの変更の要件に注目する必要がある。ドイツ民事訴訟法では訴えの変更が許されるために必要な要件は、被告が同意するか、あるいは裁判所が訴えの変更を相当と判断した場合である（ZPO二六三条）。換言すれば、訴えの変更の許否は被告に依存しているのであり、日本のように「請求の基礎に変更がない限り」（民訴法一四三条一項本文）という一定の客観的な要件の存在によって原告に訴えの変更が許されるというものではない。一方的訴訟終了宣言の場合は、被告は訴訟終了に伴う訴訟費用の負担は原告であるとして争っているのであるから、被告が訴えの変更に同意することはありえない。それゆえに「訴えの変更とはみなさない」という文言の意味は、それらが単に訴えの変更ではないということではなく、訴えの変更についての前記の規定の適用を受けないという意味である。換言すれば、このような訴えの変更は当然許されるということに他ならない。例えば、給付の訴えをそれに関する確認の訴えに変更する場合に、ZPO二六四条二号はそのような訴えの変更を適法とする根拠になる条文である。したがって、訴えの変更説は一方的訴訟終了宣言の適法性の根拠をZPO二六四条二号に求めるのである。(46)

なお日本の訴えの変更の要件について付言しておく。ドイツの民事訴訟法をモデルにした明治二三年（一八九〇年）の民訴法一九六条は、現在のZPO二六四条と同様な趣旨の規定であり、訴えの変更に関する規定の一つであった。注目すべきは、その冒頭の文言である。それは、「原告カ訴ノ原因ヲ変更セスシテ左ノ諸件ヲ為ストキハ被告ハ異議ヲ述フルコトヲ得ス」というものである。つまり、現在のZPO二六四条は前記のように「訴えの変更とはみなさない」であるのに対して、明治二三年の民訴法一九六条は「被告ハ異議ヲ述フルコトヲ得ス」という文言であった。これは次のような規定の仕方に基づく。明治二三年の民訴法一九六条の前条は、権利拘束（訴訟係属）の効果として原告に訴えの原因を変更する権利を認めないことと、変更した訴えに対して被告が本案の口頭弁論前に異議を述べない場合はこの限りではないという趣旨の規定であった（一九五条二項三号）。この規定と一九六条から分かることは、訴えの変更は原則として認めないということと、一九六条がその例外を規定したということである。この立法態度は規定の仕方は異なるが、実質的には当時のドイツ民事訴訟法と同じである。ところがドイツではその後、前述のように訴えの変更が許される要件として、被告の同意の他に、新たに「裁判所が相当と判断すること」を加えることとした（ZPO二六三条）。これは訴えの変更について、原則禁止から大幅な許容へと方向を転換したことを意味する。そこで大正一五年の民訴法二三二条は、それをさらに発展させ、「裁判所の相当との判断」という裁判所の裁量に委ねるのではなく、「請求の基礎に変更がない限り」という客観的な基準を訴えの変更のための要件とし、これが現在の民訴法一四三条に引き継がれた。

Ｂ　訴訟物と裁判の内容

訴訟終了宣言は、すでに述べたように、適法で理由を具備していた訴えが、訴訟終了事由の発生によって不適法な訴えあるいは理由のない訴えになった場合の原告を救済するための制度である。したがって、原告が救済されるためには、原告がこのような状況にあるということが認められなければならない。原告のこの主張に対して、被告が同意するか異議を述べない場合が双方的訴訟終了宣言である。被告が原告の主張を争う場合が一方的訴訟終了宣言であり、この場合の被告の主張は、訴えは当初から不適法であった、あるいは理由を具備していなかったというものである。これは原告の主張と真っ向から対決するものであり、原告と被告の間の最大の争点は、訴えは当初から適法で理由を具備していたか否かということである。それゆえに、この争点が本案の対象でなければならない。新たな本案の対象がそのようなものであるならば、そのように従前の訴えを変更する必要がある（第二節３Ｄ参照）。

このように訴えの変更説は、当事者間の最大の争点を訴訟物に据えることを根拠に、訴訟の終了事由が発生した従来の訴訟の訴訟物に代えて新しい訴訟物を構築する。具体的には、終了事由が発生する前まで訴えは適法であり（第一章第二節２⑦）、理由を具備していた（同・⑧）ということと、終了事由の発生により不適法あるいは理由不備になった（同・⑨）ということの確認を求める訴えである。裁判所がこの訴えを認める場合は、判決主文は、「本案は終了した。」、あるいは「本案の終了を確認する。」ということになる（同・⑨前半）。反対に訴えを認めない場合は、裁判所は判決で（新たな）請求を棄却することになる（同・⑨後半）。棄却する理由が（訴えの変更前の）訴えが当初から不適法あるいは理由を欠いていたということであれば、当初の請求の不存在が既判力で確認される。すなわち、訴えの変更前の訴えが再び提起される場合は、この既判力で遮断される。

C　訴訟費用の裁判

訴えの変更説によれば、新たな訴えについて本案の裁判がなされることになる。そこで訴訟費用の裁判は一般の原則に従い、この本案の判断の結果に連動して行われる。すなわち、訴訟費用は敗訴者が敗訴という結果に基づき負担する（ZPO九一条）。これは妥当な結論である。なぜならば、原告が勝訴した場合は、訴訟費用は被告が負担すべきであるとして原告は一方的訴訟終了宣言を行い、その主張が認められたということであるから、訴訟費用は被告の負担になる。原告が敗訴した場合は、正に反対に原告が訴訟費用を負担することになる。その根拠は原告の敗訴という結果であり、これは原告が訴訟費用を負担すべきであるとの被告の主張が認められたことに他ならない。訴訟費用の敗訴者負担の原則と一致する。

ところで一方的訴訟終了宣言の場合の訴訟費用の裁判の適用条文はZPO九一条でなくて、ZPO九一条aであるとの見解もありうる。一方的訴訟終了宣言の法的性質論として訴えの変更説を採用せず、例えば、中間紛争説（第二節3C）のように一方的訴訟終了宣言とは九一条aの適用の有無をめぐる争いであると解する場合である。したがって一方的訴訟終了宣言の場合に、九一条aが適用されると考えること自体は誤りとはいえない。しかし、日本の文献においてドイツの一方的訴訟終了宣言の場合に訴訟費用の裁判において九一条aが適用されると記述しているものがあるが、それは正しくない。(47) 一方的訴訟終了宣言の法的性質論として中間紛争説（第二節3C）を根拠にそのようなことを述べているのではないし、訴えの変更説を批判してそのようなことを主張しているのではないと思われるからである。

そもそも日本の文献において一方的訴訟終了宣言の訴訟費用に関して九一条aを挙げている場合、一方的訴訟終了宣言と九一条ａとの関係について誤解していることが多い。誤解が生じる原因については次のように分析しているが、分析結果は、日本において一方的訴訟終了宣言について九一条ａを安易に引用したり参照を指示することは妥当ではないという私見の根拠でもある。誤解される原因としては、次のようなことが考えられる。

第一に、九一条ａは一方的訴訟終了宣言についても規定している条文との思い込みがある。すなわち、一方的訴訟終了宣言も訴訟終了宣言であるから、一方的訴訟終了宣言においても双方的訴訟終了宣言の規定である九一条ａが適用されると考えるのかもしれない。しかし、九一条ａは双方的訴訟終了宣言の規定であって、訴訟終了宣言に関する一般的な規定ではない。もちろん、前述のようにドイツにおいて一方的訴訟終了宣言の場合に九一条ａの適用を説く見解はあるから、一方的訴訟終了宣言において九一条ａが適用されると日本で説いたからといって、直ちに誤りであるとは断言できない。しかし、問題は日本において九一条ａの適用が説かれる場合に、なぜ適用されるのかという根拠については、説明がなされていないことである。

第二に、ドイツの法的性質論の判例・通説の見解が訴えの変更説であることを考慮しないことにある。訴えの変更説によれば、一方的訴訟終了宣言においては本案判決がなされるから、訴訟費用の裁判は通常の裁判と同じく、主文の判断に依存することになる。そうであれば、九一条ａが適用される余地はない。理論はその内容が重要であって支持者の数ではないといえば、その通りであるが、しかし、判例・通説を考慮しないということは許されることではなく、それが誤りであると思うのであれば、理由をもって批判をすべきである。すなわち、少なくともドイツの判例・通説が説いている訴えの変更説を批判したうえで、九一条ａの適用を説くべきである。

第三に、注(47)で述べたことでもあるが、ドイツの注釈書が一方的訴訟終了宣言について九一条ａの注釈において説明していることから、一方的訴訟終了宣言は九一条ａが適用されると理解してしまうことである。確かにドイツの注釈書は一方的訴訟終了宣言について記述する場合、九一条ａの注釈の中で行っている。しかし、それは九一条a以外に適当な場所がないからである。すなわち、一方的訴訟終了宣言は法に規定されていないために、注釈書においてどの条文で扱うかが問題になる。一方的訴訟終了宣言を扱う箇所としては、双方的訴訟終了宣言を規定した九一条aが一番相応しいからそこにおいて説明がなされるが、それは九一条aが一方的訴訟終了宣言において適用されるという意味ではない。なお注釈書の執筆者は、一方的訴訟終了宣言については注釈書の九一条aの中での記述を参照するように指示する場合が少なくない。ところが日本の九一条a適用説は、それを九一条aそのものの参照と誤解するようである。

D　時間的な制約

訴えの変更説によれば、一方的訴訟終了宣言は訴訟中の新訴の提起であるから、訴訟係属後になされなければならない。しかし、訴訟係属前においても訴訟終了事由が発生した場合は、それまでの手続費用の分担は、双方的訴訟終了宣言のように裁判所の裁量によって行うことが望ましいことは否定できない。そこで判例・通説の訴えの変更説に反対して、理論的な面からではなく必要性から、訴訟係属前でも一方的訴訟終了宣言を肯定する説があった。[48]しかし、今日ではZPO二六九条三項三段が新設されたために、このような便法は必要なくなった。すなわち、ZPO九一条aの類推という手法ではなく、訴えの取下げで処理し、訴訟費用の裁判はZPO九一条aと同様な方法で行うということである。[49]したがって訴訟係属前に終了事由が発生した場合は一方的訴訟終了宣言を考える必要がなく、一方的訴訟終了宣言が許されるのは、あくまでも訴訟係属後に訴訟終了事由が発生した場合ということである。

訴訟係属後であれば、時間的な制約を受けないということではない。換言すれば、一方的訴訟終了宣言は訴訟係属が終了するまでならば原則として許されるということではない。訴えの変更は新訴の提起であり上告審では許されないから、訴えの変更説によれば、一方的訴訟終了宣言は上告審では許されないと言わざるをえない。しかし、上告審においても訴訟終了事由が発生した場合は、原告の訴訟費用の負担を解放するためには訴訟終了宣言による処理が望ましいし、そもそもこの制度の由来や目的を考えると、上告審における一方的訴訟終了宣言を排斥する理由もない。そこで上告審で一方的訴訟終了宣言を認めるならば、そのことと訴えの変更説との関係が問題になる。訴えの変更説を支持して上告審での一方的訴訟終了宣言を認めると、上告審では訴えの変更は認められないとする原則と抵触するからである。そこで以前の論考では、法的性質論において訴えの変更説ではなく、「他の説によれば肯定説は容易に導きだせるから、一方的訴訟終了宣言と上告審の問題は訴えの変更説の弱いところである。事態の特殊性に着目して、訴えの変更説でも特別な訴えの変更であると解して肯定できるのではないか」という趣旨を述べた[50]。現在では、法的性質論を論じることなく必要性から肯定する立場が多数説のようであるし、判例の立場である。しかし、そうはいっても上告審は法律審であって事実審ではないから、訴えの変更が許されるにしても、事実に関して争いがない場合に限られることになる[51]。

E　被告による一方的訴訟終了宣言

訴訟終了宣言の制度は訴訟費用の負担に関する結果責任主義による帰結を是正するものであると解するならば、一方的訴訟終了宣言は原告だけに許されるものではないはずである。被告による一方的訴訟終了宣言も認められるべきである。しかし、この問題について一方的訴訟終了宣言の法的性質論で訴えの変更説に立つならば、被告による一方的訴訟終了宣言は不適法とする否定説になる。訴えの変更は原告のみが許されものであって、被告は訴えを変更することはできないからである。しかし、訴えの変更説の支持者だけが否定説になるということではない。

一方的訴訟終了宣言の法的性質論において訴えの取下げ（ZPO二六九条、民訴法二六一条以下）や、請求の放棄（ZPO三〇六条、民訴法二六六条以下）との近似性を説いても、否定説になる。これらの行為はすべて原告の訴訟行為であるからである。また、否定説は処分権主義によっても根拠づけることができる。当事者の訴訟行為によって訴訟を終了させるとなると、訴えの取下げや請求の放棄ということになるが、これらの制度を支えているのが処分権主義であるからである。もっとも、処分権主義を根拠にする制度は訴えの取下げや請求の放棄に限らない。被告の訴訟行為である請求の認諾（ZPO三〇七条、民訴法二六六条以下）も処分権主義によって支えられている。それゆえに処分権主義だけを根拠に肯定説が完全に否定されることはないが、この問題を一方的訴訟終了宣言の法的性質論と関係させるならば、肯定説は少数説にならざるをえない(52)。

この問題に関しては以前の論考では訴えの変更説の立場から、肯定説を批判して判例・通説は否定説であると述べ、少数説としてシュヴァープの肯定説を紹介した(53)。彼は法的性質論における中間紛争説の創始者であるが、彼が肯定説を説いたのは法的性質論と無関係ではない。彼は一方的訴訟終了宣言とは中間の紛争であり、一方的訴訟終了宣言が認められるための要件は終了事由の存在であると説いたが、そのことの帰結として、一方的訴訟終了宣言は原告に限定される必要はないと主張した。もし訴訟終了事由の発生まで訴えが適法で理由を具備していた場合に、被告が終了事由を主張したからといって直ちに棄却判決が下されるのは合理性を欠くと主張する。しかし、彼自身もこのような事例は少ないことは認めている。

このように肯定説の論拠が十分でないこともあって、学説の状況は二五年以上経た今日でも変化はない。否定説が判例であり、「圧倒的な通説」（die ganz herrschende Auffassung）である(54)。もっともそうであるからといって、肯定説が消滅したわけではない。二〇〇〇年に公刊されたゼーンの博士論文は肯定説を展開している(55)。彼女は根拠として、利益衡量と当事者の機会平等原則を挙げる。原告との利益状況を比較すると、被告にも一方的訴訟終了宣言は認められるべきであるし、原告だけに一方的訴訟終了宣言が認められるのは不合理であるというものである。しかし、否定説の理論的な根拠を批判することもなく、単に利益衡量を根拠とするだけでは説得力に欠ける。したがって賛同する者はいないようであるが、ただ注目すべきことは、一方的訴訟終了宣言の法的性質論に関係のない立論であるということである。このことは一方的訴訟終了宣言の法的性質論だけでは決まらないことを示唆するからである。そのようなことからか、中間紛争説を支持する論者でも、創始者シュヴァープの肯定説には賛成することなく否定説を主張している(56)。

注意すべきことは、被告による一方的訴訟終了宣言は許されないとしても、それは双方的訴訟終了宣言の先行的なものと理解することは許されるということである(57)。それは譬えていうと、先行（的）自白のようなものである。自白とは通常は相手方が主張した自己の不利益な事実を争わないことであるが、先行自白とはその順序が逆な場合である。すなわち、自白する者の相手方が自白する者にとって不利益な事実を主張する前に、自白する者が自らにとって不利益な事実を主張し、その後で相手方がそれを援用する場合である。通常の自白とは正に順序が逆ではあるが、実質的に当事者間にはその事実について争いがないから、この場合でも自白としての効力は発生すると一般に説かれている。そこで、被告の一方的訴訟終了宣言もこれと同じように考えることができる。一般に双方的訴訟終了宣言は原告が一方的訴訟終了宣言をし、被告が同意するか異議を述べないことであるが、被告による一方的訴訟終了宣言とはその順序が逆で、原告による一方的訴訟終了宣言に対する被告の同意を先行的に行ったもの（双方的訴訟終了宣言の先行的なもの）と理解することである。すなわち被告が先ず一方的訴訟終了宣言をし、原告が後に一方的訴訟終了宣言をするということである。このような場合は、当事者間で訴訟の終了に関して争いが生じないから双方的訴訟終了宣言は有効である。そうであるならば、被告の一方的訴訟終了宣言は原告の一方的訴訟終了宣言に対する同意を先行して行ったということと、それによって原告の一方的訴訟終了宣言を促すということの二つの意味を有するものと解すべきである。

このように被告の一方的訴訟終了宣言は先行的な双方的訴訟終了宣言として解することによって許されることになるが、それは時には請求の認諾という意味もある。あるいは単に請求の棄却を求める意味で、被告が一方的訴訟終了宣言を行うこともあるかもしれない。したがって裁判所は被告の一方的訴訟終了宣言に対して、一律に不適法として扱うのは問題である。具体的な場面では裁判所は釈明権を行使して、被告の真意を見極めたり、適切な法的観点を指摘することが必要である。(58)

Ｆ　予備的な一方的訴訟終了宣言

この問題は以前の論考でも取り上げて当時の学説の状況を紹介したが、(59) その内容は現在ではあまり役に立たない。学説の状況が変化したからである。そこでこの問題については学説の状況の変化に注意しながら、以前の論考とは関係なく現在のドイツの学界の状況を把握し、それに基づいて私見をまとめてみようと思う。

ａ　現在の学説の状況

現在と当時の学説の状況を比較してみると、次のようなことが分かる。

第一に、法的性質論を根拠にした解答が少なくなったことである。これは訴えの変更説が判例・通説の座を獲得し、法的性質論をめぐる論争が少なくなったことに起因する。訴えの変更説によれば、一方的訴訟終了宣言は訴えの変更という新たな訴訟物を設定することであるから、従前の訴訟物と新たに設定された訴訟物との関係が問題になる。その場合に両者の関係は予備的なのか否かということであり、単に訴えの変更説を支持しただけでは問題の解答にはならない。問題解決のための指針も法的性質論から得ることはできない。以前の論考では訴訟終了宣言を主位的な申立てにし、予備的に本案の申立てをすることについて、不適法説のリュケの見解を紹介したが、彼は適法説では原告を殊更優遇することになるし、訴訟終了宣言が原告によって濫用されるおそれがあるとして、適法説のハープシャイトの見解を批判した[60]。リュケもハープシャイトも法的性質論では訴えの変更説であることを考えると、このことは訴えの変更説では問題を解決することはできないということを示すものである。

しかし、法的性質論がこの問題に関係がないかというと、そういうことでもない。例えば、中間紛争説によれば一方的訴訟終了宣言はあくまでも中間の紛争であって新たな訴訟物を設定するものではないから、従前の訴訟物との関係は問題にならず、そもそもこのような問題自体が設定されることはない。以前の論考で紹介したシュヴァープの学説は、このことを示している。彼は不適法説であるが、その理由として、一方的訴訟終了宣言の法的性質論として自身が主張した中間紛争説を挙げているからである[61]。そして法的性質論を理由にこの問題の解答を考えるという手法は、現在ではエル・ガヤールに受け継がれている。もっとも、エル・ガヤールは法的性質論からの適法説批判だけでなく、さらに別の理由から適法説批判を展開させている。すなわち、彼は適法説は理論構成の不備があることと、適法説によって一方的訴訟終了宣言の予備的申立てを適法として認めるだけの必要性が十分に説明されていないことを理由として述べている[62]。要するに、現在では法的性質論だけでは問題を解決することは困難であるということである。

第二に、問題となる場面がより限定されたということである。訴えの変更説によって従来の訴訟の訴訟物と新たな訴訟終了宣言による訴訟物との関係は予備的であると考えるならば、どちらが主たる請求で、どちらが従たる請求かが問題になるが、当時はこの両者が区別されることなく、予備的な一方的訴訟終了宣言の問題として議論されていた[63]。ところが今日では、訴訟終了宣言を主たる請求とし、従前の訴訟物を従たる請求とする場合については、その適法性は問題にならない。ほとんどの学説はこの場合を適法としているからである[64]。したがって、今日において問題になるのは、従前の訴訟物を主たる請求とし、訴訟終了宣言を従たる請求とする組合せが適法か否かということである。これについては今日の学説は適法説と不適法説とで二分しているが、不適法説の方が多数説のように思う。

b　具体的な事例

以下では現在の学説の状況のもとで問題を限定し、従前の訴訟物を主請求にして訴訟終了宣言を予備的に併合する訴えの形態（組合せ）が適法か否かを考えることにする。そもそもなぜこのような問題が議論されるかというと、訴訟終了宣言において終了事由の発生が不確実な場合があるからである。訴訟終了宣言を論じる場合、例えば、支払い請求訴訟中に被告が弁済した場合というような典型例を挙げて、訴訟終了事由が発生したことを前提にしばしば議論するが、実際の事件では必ずしもそのような場合とは限らない。訴訟終了事由の発生が不確かな場合がある。そのような例として注釈書等で一般に挙げられているのは、次のような事例である[65]。

Ｘが不正競争防止法違反のＹの違法行為を止めさせるために、Ｙに対して不作為の訴えを提起したところ、Ｙは営業を廃止した。そこで原告Ｘは被告Ｙの営業の廃止により訴えは意味がなくなったと考え、一方的訴訟終了宣言を行おうと思っている。ところがその時点においてＸが、裁判所がＹは違法行為を繰り返すおそれがあると判断するかもしれないと思う場合である。この場合は、訴訟終了事由の発生は不確かということになる。

この事例において裁判所がＹは違法行為を繰り返すおそれがあると判断すると、従来の訴訟の請求は認容されるべきであり、一方的訴訟終了宣言は認められることはない。しかし、訴えの変更説によれば、そのようなことにはならない。すなわち、一方的訴訟終了宣言が認められないからといって、従来の訴訟の請求が認容されることはない。なぜならば、従来の訴訟の請求は訴えの変更説によれば一方的訴訟終了宣言によって消滅しているからである。この帰結はＸにとっては一方的訴訟終了宣言を行う場合のリスクが大きいことを意味する。また本来なら従来の訴訟の請求は認容されるべきであることを考えると、この結論は妥当性を欠く。そこで不当な結論を回避し、このようなリスクをXに負わせないためには、従前の訴訟物の請求を残存させて、一方的訴訟終了宣言に予備的に併合させることである。このような訴えの併合であれば、一方的訴訟終了宣言が認められない場合は、予備的な従来の訴訟の請求が認容されることは可能になる。既述のように、一方的訴訟終了宣言を主請求にして従来の訴訟の請求を予備的に併合させることについては、今日の学説は問題にしていないが、それはこのようにその結論が妥当性を有しているからであろう。

ところで原告Xには、被告Yが営業を廃止しても不正競争防止法違反の違法行為を繰り返すおそれがないと思えない場合はどうなるであろうか。この場合は、XはYの営業の廃止により直ちに一方的訴訟終了宣言をすることはない。XはYの不正競争防止法違反の行為を止めさせる訴えを維持するであろう。しかし、裁判所はそのようなXの主張を認めるとは限らない。すなわち裁判所は、Yは営業を廃止したから不正競争防止法違反の行為を繰り返すおそれがないと判断することも十分考えられる。裁判所がそのように判断した場合は、裁判所は従前の訴えを棄却することになる。もし裁判所がそのように判断するのであれば、XとしてはYの営業廃止により訴訟は終了したのであるから、敗訴による訴訟費用の負担はYが負担すべきであるとして一方的訴訟終了宣言をするであろう。そこでこのようなXの一方的訴訟終了宣言を認めるべきであると考えると、それはXに予備的な一方的訴訟終了宣言を認めることに他ならない。すなわち、Xは全面的な敗訴を避けるためには、単に従来の訴訟を維持するだけでなく、従来の訴訟の敗訴の場合に備えて、予備的に訴訟終了宣言を行うことになる。もっとも、Yはあくまでも請求棄却に固執するかもしれない。しかし、裁判所がYの営業廃止による訴訟の終了を確認する場合は、YとしてはXの一方的訴訟終了宣言を認めざるをえない(66)。このように考えれば、予備的な一方的訴訟終了宣言の申立ては適法ということになる。

なお不正競争防止法違反というような特別法の例ではなく、通常の訴訟の場合の例としては、次のような訴訟上の相殺の例が考えられる。(67) 被告が訴訟係属後に生じた債権によって相殺を主張した場合である。相殺が認められて請求が棄却される場合、このような相殺は原告にとっては訴えの提起時に予想できないことである。しかも、相殺によって原告の請求権は消滅させられる。このような相殺は、金銭支払請求訴訟の係属中に被告が弁済したため訴訟終了宣言が認められる典型的な例と同じように評価することができる。そうであるならば、このような相殺がなされた場合、それに対抗するためには原告は相手方の債権の存在を否定しながらも、裁判所が被告の反対債権を認めて相殺によって請求棄却をする場合に備えて、それを回避するために一方的訴訟終了宣言を予備的に行う必要がある。

c　適法説の根拠

もし原告が一方的訴訟終了宣言を予備的に行うことが認められないとすると、bにおいて述べたように、訴訟終了事由の発生が不確かな場合は裁判所の判断や最終的な結果を予測することが困難であるにもかかわらず、原告に対して、当初の訴えをそのまま維持するか、それとも訴訟終了宣言をするかの二者択一の選択を迫ることになる。そしてもし原告がその選択を誤ると、原告に大きな不利益が生じる。例えば、一方的訴訟終了宣言が認められる場合に原告が一方的訴訟終了宣言をしないと、原告は棄却判決を受けることになる。また原告は認容判決が受けられる場合に一方的訴訟終了宣言をすれば、原告は認容判決を得ることはできなくなる。そこで予備的に一方的訴訟終了宣言を行うことは許されると考える適法説は、このような事情があるにもかかわらず原告に二者択一の手続選択を迫ることは、合理的な理由がなく不当であると考える。(68) そしてそのような原告のリスクを緩和させるために、一方的訴訟終了宣言の予備的申立てを認めるべきであると説く。

これに対して、このような申立てを認めることは原告を殊更優遇することになるのではないかという批判が、不適法説よりなされる。しかし、適法説は訴訟当事者の武器平等の原則、すなわち当事者を訴訟上平等に扱うという原則により、被告にもそのような申立てを認めれば原告を優遇することにはならないと反論する。すなわち、被告は請求棄却の申立てをするとともに、それが認められない場合に備えて予備的に一方的訴訟終了宣言の申立てができると説く。

d　不適法説の根拠

適法説が主に原告の利益を考慮しているのに対して、不適法説は理論的な面から適法説を批判する。具体的には、不適法説は次のような理由で適法説を攻撃する。(69)

第一に、適法説は原告は棄却判決を回避するために一方的訴訟終了宣言を予備的に行うと説くが、棄却判決の回避のために裁判所の棄却の判断を待って一方的訴訟終了宣言について審理するというのは、一見すると矛盾しているようであり、分かりづらい。この批判をより具体的に述べれば、次のようなものである。一方的訴訟終了宣言が従来の訴訟に予備的に併合された場合、当初の訴えが主たる請求であることを意味する。主たる請求は予備的な請求に先行して審理されることから、当初の訴えが一方的訴訟終了宣言よりも先行して判断されることになる。つまり、主たる請求が認容されない場合に、初めて一方的訴訟終了宣言の当否が審理されることになる。このことは、予備的という条件付きの一方的訴訟終了宣言とは、当初の請求について裁判所の棄却の判断を待って一方的訴訟終了宣言の当否が審理されるものであるということを意味する。すなわち、一方的訴訟終了宣言のための条件が裁判所の棄却判断であり、これでは実質的には棄却判決に等しく、棄却判決を回避することにならない。

第二に、適法説が強調する原告を訴訟費用負担のリスクから解放することは、予備的な一方的訴訟終了宣言を認めなくても、他の方法によっても達成できる。すなわち、リスク回避のために殊更、予備的な一方的訴訟終了宣言を認める必要はない。他の方法とはＺＰＯ九六条（民訴法六二条に相当）の適用である。この規定によれば、勝訴者であっても無益な訴訟活動をした場合は訴訟費用を負担しなければならないから、原告が棄却判決を受けたとしても、常に訴訟費用を負担するとは限らない。もっとも、この規定が適用されるとなると、一方的訴訟終了宣言と従前の訴えとが併存していた場合に、例えば、訴訟終了の事実は認められないとして当初の訴えが裁判されて原告が勝訴すると、原告は無益な訴訟活動を理由に、一方的訴訟終了宣言の方の訴訟費用は負担することになるかもしれない。しかし、訴訟費用の裁判に際して適用される訴訟費用の負担に関するこの規定は裁量規定であり、裁判所の裁量によって訴訟費用の負担者が決まる。したがって、この場合に常に原告が訴訟費用を負担しなければならないということではない。要するに訴訟費用の負担は裁判所の裁量に委ねられているのであり、原告のリスクの回避はこれで十分である。

第三に、原告の主請求において原告の主張が認められない場合（従前の訴えが棄却される場合）、裁判所が予備的に併合された一方的訴訟終了宣言について判断しようとしても、それについては訴えの利益は認められない。すなわち、裁判所は一方的訴訟終了宣言を扱うことはできない。裁判所が原告の主たる請求について認められないと判断した場合は、当初の訴えにおいて原告が敗訴したことである。それは、そのような形で紛争が決着したことを意味する。そうであるならば、一方的訴訟終了宣言によって有利な裁判を求めることは、実質的には従前の訴訟の繰り返しに等しく、そのような訴訟は認められるものではない。訴訟が認められないということは、訴訟法的には訴えの利益がないということであるから、一方的訴訟終了宣言を予備的に申し立てることは不適法である。

第四に、適法説が前提としている訴えの変更説は正しくない。一方的訴訟終了宣言の法的性質論から考えると、予備的な一方的訴訟終了宣言は認められない。訴えの変更説によって一方的訴訟終了宣言は新たな紛争（訴え）と理解することに問題がある。そのように理解するからこそ、一方的訴訟終了宣言がなされると、新たな訴訟物が設定されることになる。それにより従前の訴訟の訴訟物との関係が問題になり、両者の関係として予備的に一方的訴訟終了宣言を併合することが許されるか否かが議論されることになる。もし、一方的訴訟終了宣言が訴訟物に関係しないものであれば、従前の訴訟と一方的訴訟終了宣言との関係は問題にならない。そもそも一方的訴訟終了宣言は訴訟物をめぐる紛争ではないし、訴訟物に関係するものではない。あくまでも中間的な紛争にすぎない。したがって、予備的な一方的訴訟終了宣言の許否という問題は生じない。

ｅ　私見の立場

適法説は理論というよりは原告の利益を考慮したものであり、不適法説は従来の理論との整合性を考慮したものである。その意味で両者の対立は嚙み合わないから、それぞれの批判は必ずしも相手に対して致命的なものとなっていない。例えば、不適法説の主張は理論的にはもっともなものであるが、原告の訴訟費用の負担を軽減するという訴訟終了宣言の目的を考えると、この問題で理論を強調することは形式的すぎるとの印象は否定できない。適法説からすれば、特殊な状況にもかかわらず一般的な理論を引き合いに出すのは適切ではないと考えるから、問題の状況に応じて理論の方を修正すべきであるとの反論が予想される。したがって、両者の対立点は次のように理解すべきである。適法説が説く原告のリスク負担を回避することが適当であるか否か、適当であるとしてもそれを達成するための方法として、一方的訴訟終了宣言の予備的申立てを認めることが適切であるか否かということである。正に問題解決の鍵はここにあり、検討すべきことは結論の当否であり、不適法説が主張する一般的な民事訴訟法理論との整合性ということはあまり重要ではない。

このように学説の対立状況を理解して、原告の利益をどこまで考慮するかという観点で問題を考えるならば、適法説は原告の利益の保護を強調することから、一方的訴訟終了宣言が原告によって濫用されるおそれがあり、それが問題である。これに対して、不適法説であっても、直ちにこれによって原告が不利益を受けるものではないし、当初の訴えを予備的に維持すれば原告のリスクは回避できるから、一方的訴訟終了宣言を予備的に申し立てることを認めなければ原告の利益は守れないということにはならない。このような理由から、この問題では不適法説を支持する。(70)

さらに不適法説を支持する理由は、バランスがよいと思えるからである。今日の多数説はａの最後で述べたように、従前の訴訟の訴訟物と新たな訴訟物との関係について、訴訟終了宣言を主にして従前の訴訟物を従とする場合と、従前の訴訟物を主にして訴訟終了宣言を従とする場合とを区別して、前者は適法であるが、後者は不適法と説く。このような結論は、原告の利益を考慮するか否かというように二者択一的に考えてきた問題に対して、両者の中間の着地点を解答として考えたものであり、全面的に認めるか否かの見解のバランスを考慮した考えと評価することができる。なおこのような視点でこの問題を分析している文献はドイツでは見当たらないが、不適法説のこのようなバランスのよさが今日のドイツで不適法説が多くの支持を得ている理由ではないかと推察する。

Ｇ　一部の訴訟終了と一方的訴訟終了宣言

訴訟の一部についてだけ、訴訟終了宣言をすることが許されるかという問題である。日本でドイツの訴訟終了宣言の制度の状況について報じる場合や、訴訟終了宣言について論じる場合は、実は訴訟物全体について訴訟事由が発生した事例を想定していた。ドイツの体系書や教科書における主たる議論もそのような状況であったから、このことは非難されることではないし、当然なことである。しかし、実際の訴訟で訴訟終了宣言が問題になる場合、訴訟事由の発生が必ずしも訴訟物全体に生じるとは限らない。訴訟の終了が訴訟物の一部にしか生じないことも十分ありうることであるし、ドイツでも日本でも一部請求訴訟が広く認められている現状からすると、推測であって統計的な数字に基づくものではないが、そのような場合の方が多いとも考えられる。このように考えるならば、訴訟の一部についての訴訟終了宣言の問題は実務においては重要な問題である。そこでこの問題は一方的訴訟終了宣言の法的性質論とは関係がないにしても、ドイツの実務における一方的訴訟終了宣言の姿を知るために、取り上げることにした。

ａ　被告が同意する場合

この問題の具体的な事例としては、次のような事案が紹介されている。(71)

交通事故の被害者であるＸは加害者であるＹに対して、一四〇万円の損害金の支払いを求めて損害賠償請求訴訟を提起した。ところが訴状送達後に、被告Ｙが加入している保険会社Ａが原告Ｘに対して無条件で一〇〇万円を支払った。そこで原告Ｘは最初の期日前に、この金額（一〇〇万円）について訴訟終了宣言を行った。

この事案において、被告Ｙが原告Ｘの一方的訴訟終了宣言に対して同意するか、あるいは異議を述べない場合と、そうでない場合を区別する必要がある。前者の場合は当該金額に関して双方的訴訟終了宣言が成立する。後者の場合は一方的訴訟終了宣言であり、これはｂにおいて論じる。ＡがＸに支払った一〇〇万円という金額は訴訟物の一部であるから、この部分は双方的訴訟終了宣言による訴訟の一部終了ということである。すなわち、終了するのはＡ保険会社が支払った一〇〇万円分である。したがって、残額（四〇万円）について訴訟は続行する。裁判所は残額について証拠調べをして、それに基づいて裁判をしなければならない。その結果、例えば残額が満額認められると、事件を終了させる判決の主文は次のようなものになる。(72)

「一　被告は原告に対して四〇万円を支払え。

二　訴訟費用は被告の負担とする。

三　この判決は原告が……万円の担保を提供するときは執行することができる。」

b　被告が同意しない場合

前述のａの事案において、被告Ｙが原告Ｘの一方的訴訟終了宣言に対して異議を述べる場合が一方的訴訟終了宣言における一部終了の問題である。[73]この場合は訴訟は続行し、原告が主張した損害額（訴訟物）全体である一四〇万円について証拠調べがなされる。ここにおいて重要なことは、訴訟物の数である。一方的訴訟終了宣言の各論の問題を考察する場合に前提とした法的性質論の訴えの変更説によれば、双方的訴訟終了宣言と異なり訴訟物が二つになるということである。すなわち、一方的訴訟終了宣言の対象である一〇〇万円の部分の訴訟物と、その残額である四〇万円の部分の訴訟物の二つである。訴えの変更説によれば一方的訴訟終了宣言は訴えの変更であり、それは新たな確認の訴えであるからである。

訴訟物が二つになると、それらの審理について順番が問題になる。もっとも終了した部分が法的に完全に独立したものであれば、二つの訴訟物についての審理の順番はそれほど問題にならない。法的に独立したものであれば、一方の審理が他方の審理に影響を与えるものではないからである。ところがここでの事案のような数量的な一部の終了の場合は、事情は異なる。この場合は一方と他方との関係は単に数量的に一部と残部という関係にすぎず、法律上も事実上も同じ原因に基づく請求であるからである。すなわち、二つの訴訟物の審理は大部分が重複する。このような場合は終了宣言をしない部分から審理を始めるべきである。なぜならば、原告が一方的訴訟終了宣言をした部分については双方的訴訟終了宣言と異なり裁判所は審理をする必要があるが、一方的訴訟終了宣言をしていない部分は一方的訴訟終了宣言をした部分に先行して審理がなされているからである。つまり、これをそのまま続行させ、一方的訴訟終了宣言がなされた部分の裁判に利用するのが効率的である。さらに付言すれば、このような審理方法を採るならば、一方的訴訟終了宣言をした部分を審理する場合に、審理すべき事項は少ないということである。すなわち、新たに審理すべき事項は訴訟の終了事由が訴訟係属後に発生したか否かということぐらいである。

このように考えると、訴訟の一部終了と一方的訴訟終了宣言の問題は、殊更に問題の特性を強調して個別的に考える必要はない。この問題は数量の一部と残部という点においてはいわゆる一部請求の問題と類似性があり、一部と残部とが同一の手続で処理されるという点では、相互に密接な関係を有する単純併合の訴えと考えることができるからである。そこでそれぞれの処理方法を参考にこの問題の手続や処理方法を考えれば、この問題の解決は比較的簡単である。いわゆる一部請求の場合は一部と残部とはそれぞれ別個の訴訟物であり、一部についての裁判の既判力が残部の裁判に及ぶことはないと一般に広く説かれている。しかし、一部についての裁判は理由中の判断であっても、事実上は残部の裁判に影響を及ぼすことは否定できないということも併せて説かれている。このようなことから導かれることは、本事案においても一部の終了した部分と他の部分とを区別して、それぞれ別々の裁判を行うということである。そして相互に密接な関係を有する単純併合の訴えということを考えると、併合された請求の審理は重複を避けて効率的な裁判を行うことと、安易に弁論を分離して併合を解消するようなことはしないことである。したがって、このようなこと以外の審理の方法は、通常の訴訟物全部について終了事由が発生した場合と同じである(74)。

なおこの訴訟の一部の終了と一方的訴訟終了宣言の問題は数量の分割に伴う訴訟手続の問題であり、一方的訴訟終了宣言の法的性質論とは直接の関係はないが、全く関係がないということでもない。クネリンガーの解説によれば、訴訟費用の額の計算方法に争いが生じた場合、一方的訴訟終了宣言を訴えの変更と考えるか否かで、結果的に差異が生じるとのことである。しかし、本章の目的は一方的訴訟終了宣言に関する具体的な問題を概観す

ることにあるので、このような細かい議論の考察は省略し、問題の存在の指摘だけに止める。(75)

さて裁判所は証拠調べを実施したところ、原告の主張通りに一四〇万円の損害が認められたとする。この場合の判決主文は次のようになる。(76)

「一　被告は原告に対して四〇万円を支払え。

原告のその余の請求についての訴訟は終了した。

二　訴訟費用は被告の負担とする。

三　この判決は原告が……万円の担保を提供するときは執行することができる。」

(44)　一方的訴訟終了宣言における各論的な問題については、かつて論じたことがある（拙稿・④〔一当事者〕二九頁以下）。当時の論考を読み直してみると、予備的な一方的訴訟終了宣言の問題を除いて、今日と当時の状況に大きな変化があるようには見えない。したがって状況の変化が見られた予備的な一方的訴訟終了宣言の問題（2F）と、そこで取り上げなかった一部の訴訟終了と一方的訴訟終了宣言の問題（2G）以外の項目に関しては、当時の論考の記述を参考にしてまとめ、文献の引用はここでは原則として省略する。なお当時も訴えの変更説に従ったものなので、当時の各論の記述は原則として今日でも通用すると考えている。

ところで一方的訴訟終了宣言の個別具体的な（各論の）問題について、それぞれ項目ごとに訴えの変更説による解答をまとめているのは、Rosenberg/Schwab/Gottwald(D), §131 III 1である。個別具体的な問題に対する訴えの変更説からの帰結を概観するのに便利である。もっとも、著者ゴットヴァルトが支持している法的性質論は訴えの変更説（第二節3D）ではなく、中間紛争説（同・3C）である。

(45)　判例が何説であるとか、通説が何説であるということは、現行法の具体的な内容を知るうえで重要なことであるが、それが常に明確であるとは限らない。人によって認識を異にするからであり、その根拠も各自の感覚的なものに基づく場合が少なくないからである。そもそも客観的な資料に基づいて、判例・通説を決めること自体が無理なことかもしれない。特に判例の場合は、判例理論が何であるかを断定するのは困難である。判例自らが法的性質論を述べていることは少なく、多くは問題解決策を述べているにすぎないからである。すなわち、判例の具体的な解決策から判例の法的性質論を推論する場合が多いからである。しかし、そうであるからといって、ある問題についての判例・通説の立場が分からないでは済まない。裁判においては判例・通説を基準にして問題が処理される公算が強いし、それゆえに判例・通説は実務において法曹の法解釈の指針になっているからである。つまり判例・通説は裁判規範であると同時に現在の法曹の行為規範という面も有している。

さて一方的訴訟終了宣言の法的性質論についてドイツの判例の立場であるが、先ず判例の意味が問題になる。ここでの判例とは連邦通常裁判所（ＢＧＨ）の判例であり、ドイツの通常の民事事件の頂点に立つ裁判所の判例のことである。次に判例を認識する方法であるが、最近の博士論文を利用して判例理論を把握することにした。一番信頼のおける文献であると考えるからである。このような方法によって得られた結論は、判例理論は訴えの変更説であるということである。

判例理論を把握するために利用した博士論文は、既に前注(15)で紹介した一九九六年に刊行されたボゲノの博士論文と、一九九八年に刊行されたエル・ガヤールの博士論文である。これらによれば、一方的訴訟終了宣言の法的性質に関する判例の態度は、訴えの変更説のようである（Vogeno(B), S. 48ff.; El-Gayar(B), S. 84ff.）。確かにボゲノもエル・ガヤールも、「判例の態度は明確ではないし、判例は態度決定を避けている」と述べていて、判例は訴えの変更説であるとは断定していない。しかし、ボゲノは判例は訴えの変更説であると解することができると述べているし、エル・ガヤールも判例の主流は訴えの変更説と考えられると指摘している。したがって、訴えの変更説と考えるべき判例が多くあり、有力であるということは否定できない事実である。さらにエル・ガヤールは、下級審判例は訴えの変更説であると述べている。このようなことから現時点においては、判例は訴えの変更説であると考えることにした。

ところで、二〇〇五年に刊行されたディットフルトとヴェスターマイヤーの訴訟終了宣言に関する博士論文については以前に紹介したことがあるが（拙稿・⑱〔双方的〕八号五頁）、ディットフルトは、判例はハープシャイトの訴えの変更説であると述べている（Dirfurth(B), S. 31）。ところでヴェスターマイヤーは、判例の訴えの変更説は訴えの変更の規定をそのまま基準としていないと述べている（Westermeier(B), S. 250f.）。彼はその根拠として、判例は一方的訴訟終了宣言によって従前の訴訟物は変更されるとしながら、訴えの変更の規定をそのまま適用させていないと指摘する。

なお判例の詳細を知るには、注釈書や大部な体系書を見れば済むことであるが、これらは個別具体的に判例を分類していることもあって、詳しすぎて大局的に判例を知るには不便である。Lüke(D) はコンパクトな教科書であり、判例を厳選し、それを引用して一方的訴訟終了宣言を説明しているので（Rn 247）、代表的な判例を知るのに便利である。

(46)　初期の訴えの変更説に対しては、そのような訴えの変更は不適法であると批判された。そのために、訴えの変更説にとっては適法性を論証することが急務の課題であった。訴えの変更説を基礎づけたハープシャイトがその論文において力点を置いたのもこの問題であり、本文で述べたような方法で適法性を論証した（拙稿・④〔一当事者〕一六頁）。

(47)　例えば、半田吉信教授はZPO二五四条が規定している段階訴訟において一方的訴訟終了宣言がなされる場合を述べて、ZPO九一条aの参照を指示している（『弁護士報酬敗訴者負担制度の比較研究―ドイツの敗訴者負担原則と日本の裁判実務―』七頁以下〔法律文化社、二〇〇六年〕）。しかし、ZPO九一条aの参照を指示したのは、ドイツの注釈書の記述を誤解したからではないかと思う。一方的訴訟終了宣言は条文に規定されていないために、ドイツの注釈書は一方的訴訟終了宣言の説明は双方的訴訟終了宣言について規定しているZPO九一条aの箇所で行うことになっている。そこで注釈書の著者は、一方的訴訟終了宣言のある問題に関する説明を読者に参照してもらいたい場合は、その表記はZPO九一条aとその箇所の項目番号で示すことになっている。このような事情を理解していないことが、半田教授がZPO九一条aの参照を指示した原因ではないかと思う（拙稿・⑳〔読み方〕八三頁以下）。

同様な例は、木村弘之亮教授のドイツ行政裁判所法の双方的訴訟終了宣言についての解説（法学研究七四巻五号五三頁）においても見ることができる。ドイツ行政裁判所法一六一条はZPO九一条aを引き継いだものであるが（拙稿・①〔生成〕二号六二頁以下、第二編第一章第五節参照）、条文の文言はZPO九一条aとは異なる。すなわち、ドイツ行政裁判所法一六一条は「訴訟が終了した場合」であり、ZPO九一条aのように「両当事者が訴訟の終了を宣言した場合」ではない。これは民事訴訟と行政訴訟の違いによるものと推測するが、ドイツ行政裁判所法一六一条の文言だけでは双方的訴訟終了宣言の要件を読み取ることは困難である。そのためにドイツ行政裁判所法の注釈書は、訴訟終了宣言の要件に関してドイツ行政裁判所法の条文の参照ではなく、ドイツ行政裁判所法一六一条の注釈の記述の参照を指示している（拙稿・⑭〔行訴法〕五〇頁)。これを木村教授はドイツ行政裁判所法一六一条の参照と誤解したようである。

このような観点から木村弘之亮教授の論文の記述(法学研究七四巻五号五三頁)に対して、疑問を述べたことがある(拙稿・⑭〔行訴法〕五〇頁)。なお木村教授の論文とは、「二〇〇一年行政事件訴訟法の草案と概説(一)(二・完)」法学研究七四巻一号一頁以下、二号二九頁以下(二〇〇一年)と、その内容を明らかにするための「二〇〇一年行政事件訴訟法草案の提案理由(一)(二・完)」法学研究七四巻四号二七頁以下、五号四三頁以下(二〇〇一年)のことである。

(48)　訴訟終了宣言は文字通り訴訟の終了を前提にするが、訴訟の終了は訴訟が存在していることを当然の前提にする。訴訟とは法的には一般に訴訟係属の発生によって生じると考えられているから、訴訟係属前の訴訟終了宣言は認められないというのが模範解答である。しかし、訴訟の成立に関係なく、一度開始された手続の費用は誰かが負担しなければならないから、その手続が終了することについて被告に責任がある場合は、被告に費用を負担させるべきである。そうなると、訴訟終了宣言は訴訟係属後に訴訟終了事由が発生した場合の訴訟の終了を念頭に置いたものであっても、手続終了に伴う費用を被告に負担させるために発展してきた制度であるから、訴訟係属前でも訴訟終了宣言が許されるべきであるということになる。なおこの問題については、一九八八年当時のドイツの状況を詳論したことがある(拙稿・⑥〔訴訟係属〕三六頁以下)。

(49)　訴状の提出から訴状の送達までの訴訟係属発生前に訴訟終了事由が発生した場合、訴えを誘発した原因が被告にあったとしても、原告が訴えを取り下げた場合は訴訟費用は原告が負担することになっているが、被告が原告の提訴に対して直ちに履行した場合を考えると、このような場合にまで原告が訴訟費用を負担することは不当である。このような場合は、原告に無用な訴訟を提起させたのは被告であるから、訴訟費用は被告が負担すべきである。そこでこのような場合に対応するために、一九七七年の民事訴訟法委員会報告書に立法案が提案されていた(拙稿・⑥〔訴訟係属〕二一頁以下)。それは次のようなものであった。訴えが取り下げられた場合、原告が訴訟費用を負担するという規定(当時のZPO二七一条二項、現在のZPO二六九条三項二段に相当)の後に、「被告が自己の行為によって訴状の提出の原因を与えたならば、訴訟係属前にその原因が除去され、それに基づく訴えが即時に取り下げられた場合、被告は訴訟費用を負担しなければならない。裁判所はこれについて申立てに基づき決定で裁判する。三項四段及び五段を準用する。」(私訳)という規定を挿入するというものである。

二〇〇一年の民事訴訟法の改正法はこれに応えて、訴えの取下げの場合は原則として訴訟費用は原告が負担するとの規定の後に、ＺＰＯ二六九条三項三段として、一定の要件のもとに裁判所が裁量によって訴訟費用の負担義務について決める旨の規定を新たに創設した（改正法の施行は二〇〇二年一月一日）。これは前記の立法案をそのまま受け入れたものではなく、それをいわば修正したようなものである。この法改正によって、訴訟係属前に訴訟終了事由が発生した場合は、訴訟終了宣言ではなく訴えの取下げによって問題が処理されることになった。なおＺＰＯ二六九条三項三段は裁判所の裁量によって訴訟費用の負担者を決めるという文言ではあるが、実質は前記立法案と同様に、訴訟係属前に訴訟終了事由が発生した場合は、訴訟費用は原則として被告が負担するということであろう。この規定の立法理由と学界の反応については、詳論したことがある（拙稿・⑮〔法改正〇二〕一九頁以下）。

ところでこの規定は二〇〇四年に改正されて、現行法は序章第一節６に掲載した規定である。二〇〇四年の改正の内容とその意味については、詳論したことがある（拙稿・⑰〔法改正〇四〕一八頁以下）。なおこの規定の立法の経違は第二編第一章第四節３、立法理由は同・第二章第一節、改正理由は同・第四節・第五節に、それぞれまとめてある。

（50）　拙稿・④〔一当事者〕三三頁。なおここにおいて訴えの変更説では否定説になると述べた文献として、Thomas/Putzo, ZPO, 11. Aufl., 1981, S. 207 と Putzo, NJW 1965, S. 1018ff. を挙げた。

（51）　Rosenberg/Schwab/Gottwald (D), §131 III 1g. もっとも著者ゴットヴァルトがこのような主張をしているのではない。彼はあくまでも訴えの変更説の帰結を述べているだけである。彼は次に述べるように訴えの変更説を支持しないが、一方的訴訟終了宣言と上告審の問題に関しては訴えの変更説と同様に消極的である。すなわち、彼は訴訟終了の事実に関して争いがないことが必要であるとし、その理由として、訴訟終了の事実の争いは上告審で審理することのできる手続進行のための（適法性に関する）ものではないことを挙げる。

このように考えるのは、彼は一方的訴訟終了宣言の法的性質論において中間紛争説を支持するからである（第二節３Ｃ）。彼は訴訟終了の事実の争いは中間紛争であり、中間紛争は上告審では審理できないと考える（§131 III 3b）。そのうえで上訴審の訴訟終了宣言の問題と上訴の終了とは区別すべきであると指摘する。後者は適法であり、特に被告側で生じると述べている（§131 IV）。被告が上訴審において上訴によって求めた目的が達成できないために訴訟費用を負担しないで訴訟を終了させたいが、即時認諾による訴訟費用の原告負担の規定（ZPO九三条）を利用することができないからである。

(52)　ゲッピンガーは、一方的訴訟終了宣言の法的性質論において、「訴訟上の形成行為説」（第二節3E）を主張する。そのことから、彼はこの問題では肯定説を展開する（Göppinger (B), S. 77ff.）。

(53)　拙稿・④〔一当事者〕三二頁以下。なおここにおいて少数説であるシュヴァープの見解を取り上げたのは、一九八一年に刊行されたRosenberg/Schwab (D) [13] の訴訟終了宣言に関する記述を利用したからである。すなわち、私見の論述の手法として、ドイツの問題状況を簡潔に報告するために、この大部な体系書における一方的訴訟終了宣言に関する記述を翻訳し、論考の冒頭に掲載した。そしてその内容を説明しながら、自説をまとめるという方法を採った。シュヴァープは、自身の学説を当然に取り上げ正当性を主張しているので、拙稿もそれに応じて彼の説について紹介し、訴えの変更説の観点から彼の見解を批判した。

なおこの大部な体系書は、九版（一九六一年）まではローゼンベルクが単独で執筆したものである。一九六三年に彼が亡くなったために、一〇版（一九六九年）から一四版（一九八六年）まではシュヴァープが執筆し、一五版（一九九三年）以降はゴットヴァルトが執筆している。

(54)　引用句はMusielak/Wolst (C), §91a Rn 49. もっとも、ここにおいて執筆者ヴォルストは、被告の一方的訴訟終了宣言は棄却の申立てと評価することができると述べている。

(55)　Shen (B), S. 82ff. なおこの論文の著者の氏名が通常のドイツ人の姓名と異なっているのは、著者は台湾（中華民国）からの留学生であるからである。すなわち、氏名の漢字の音読をローマ字で表記したからではないかと推測する。本に書かれている著者の経歴によれば、次のようなものである。彼女は台湾大学で一九九一年に学士号を、一九九四年に修士号を取得し、台湾で弁護士として活動した。その後一九九五年にドイツ交換奉仕会（DAAD）の奨学金を得て、ハイデルベク大学に留学した。そしてヘーゼマイヤー（Häsemeyer）教授の指導のもとに、一九九九年にこの博士論文を完成させた。

(56)　Rosenberg/Schwab/Gottwald (D), §131 III 3c. シュヴァープから引き継いでローゼンベルクの高名な体系書を執筆したゴットヴァルトではあるが、シュヴァープの肯定説は受け入れなかった。その根拠として、彼は訴訟物は原告が決定することを挙げる。それを理由に彼は、被告は訴訟が終了したか否かを確定させる権利を有しないと説いている。

(57)　否定説が強調するところでもある。例えば、前注(54)のヴォルスト（Musielak/Wolst(C), §91a Rn 49）や、前注(56)のゴットヴァルト（Rosenberg/Schwab/Gottwald(D), §131 III 3c）が述べている。同様な主張は、訴えの変更説から否定説を主張したボルク（Stein/Bork(C), §91 a Rn 59）にも見られる。

(58)　Baumbach/Hartmann(C), §91a Rn 189ff. なおこの中で、ハルトマンは被告の一方的訴訟終了宣言に関して、「被告が一方的訴訟終了宣言を行ったにもかかわず、原告が従前の本案の申立てをそのまま維持することは実務では珍しいことではない」旨を述べている（Rn 189）。

(59)　拙稿・④〔一当事者〕三一頁以下。ここでは先ず、シュヴァープが法的性質論から一方的訴訟終了宣言の予備的申立ては不適法であると説いていることを紹介した（Rosenberg/Schwab(D)[13], S. 790）。次に紹介したのは、法的性質論では訴えの変更説を説くリュケの見解である（Lüke(A), S. 333＝リュケ・参資二1・七八頁以下）。リュケは一方的訴訟終了宣言が終了の事実が確認されないとして認められない場合は、当初の訴えを予備的に維持したとしても当初の訴えは認容すべきでないと主張した。この点において、法的性質論で同じく訴えの変更説を説くハープシャイトと見解を異にする（Habscheid(A), JZ 1963, S. 351）。そこで両者は対立すると理解したうえで（後注(60)参照）、ハープシャイトの見解は原告を優遇することになるので賛成できないとして、リュケ説を支持した（同・三二頁）。

(60)　拙稿・④〔一当事者〕三一頁以下。なお厳密にいうならば、リュケの論文は一方的訴訟終了宣言の予備的主張の適否を直接論じているものではない（前注(59)参照）。リュケが問題にしたのは、当初の訴えが適法で理由を具備していたが、終了事由の発生について原告が証明できなかった場合や、法律状態の見解の違いで一方的訴訟終了宣言を裁判所が認めなかった場合の従前の訴えの取扱いである。彼はこの問題について、当初の訴えを予備的に維持したとしても、当初の訴えは認容すべきでないと主張した。拙稿は、彼がこの問題において従前の訴えを否定したことに着目して、彼の見解は一方的訴訟終了宣言の予備的申立ての問題については不適法説であると理解した（同・三三頁）。

(61)　拙稿・④〔一当事者〕三一頁。なおこの問題について、ローゼンベルク＝シュヴァープの体系書（前注(53)参照）におけるシュヴァープの見解（前注(59)参照）は翻訳したことがある（同・一三頁）。

(62)　El-Gayar(B), S. 232f. なおフォルコンマーは、訴えの変更説の帰結として、場合によっては一方的訴訟終了宣言の予備的申立ては可能であると考えられると述べている（Zöller/Vollkommer(C), §91a Rn 35）。そのうえで、彼はこの記述の後で不適法説を説いている。そこで彼（すなわち、この注釈書）の立場は適法説なのか、不適法説なのかが問題になる。文献によって彼の立場を適法説として分類するものもあれば、不適法説としているものがあるからである。しかし、彼は一方的訴訟終了宣言の予備的申立てについて、「場合によっては可能である」と述べていることからすると、適法説ではなく不適法説ではないかと思う。

(63) 以前の論考においては、一方的訴訟終了宣言と従前の訴えの併合関係に関する当時のドイツの学説の状況について、前者を主に後者を従にしても、反対に後者を主に前者を従にしても、いずれの場合でも裁判所や相手方に余計な負担をかけるものではないから、一般に認められていると述べた（拙稿・④〔一当事者〕三一頁）。

(64) エル・ガヤールは、当初の訴えを予備的に維持することを適法とするのは法的性質論とは関係がなく、全く支配的（ganz überwiegend）な見解であると述べている（El-Gayar(B), S. 232 Fn 1609）。

なおリュケ（前注(59)参照）は、一方的訴訟終了宣言と従前の訴えの併合関係について、前者を主に後者を従にした場合は不適法であるが、反対に後者を主に前者を従にした場合は適法であるとの立場である（拙稿・④〔一当事者〕三一頁以下）。なお現在の学説の多数説はこの立場とは正反対である。

(65) 次の文献が、一方的訴訟終了宣言と当初の訴えとの関係が問題になるような具体的な事例を挙げている。Zöller/Vollkommer(C), §91a Rn 35; Oberheim(E), §29 Rn 42–43.

(66) このような手続の展開については、Oberheim(E), §29 Rn 43の記述による。

(67) 典型的な例として相殺の場合を挙げるのは、エル・ガヤールである（El-Gayar(B), S. 232）。フォルコンマーは具体的な事例として相殺の事例のほかに、不作為を求める訴えにおいて被告の違反行為の繰り返しのおそれがなくなった場合を挙げる（Zöller/Vollkommer(C), §91a Rn 35）。

(68) Oberheim(E), §29 Rn 43 の記述を参考にした。なおハルトマンやヒューステゲはこの立場であるが、その理由は述べていない（Baumbach/Hartmann(C), §91a Rn 76; Thomas/Hüßtege(C), §91a Rn 32）。

(69) El-Gayar(B), S.233; Zöller/Vollkommer(C), §91a Rn 35. なお自説の根拠として、エル・ガヤールは本文で述べた不適法説

の理由の第二、第三、第四を挙げ、フォルコンマーは第一と第二を挙げている。

(70)　以前の論考においても、一方的訴訟終了宣言の制度が濫用されるおそれがあることを理由に不適法説を支持した（拙稿・④〔一当事者〕三二頁）。なお予備的に一方的訴訟終了宣言をすることが許されるか否かの議論は、単に訴訟終了宣言の問題にとどまらず、一般的に条件付き訴えの許否の問題を考える場合に参考になるように思う。すなわち、この問題の議論の経緯を見てみると、次のようにまとめることができるからである。

適法説は原告の便宜を強調し、不適法説は訴えに条件を付すことの問題点を指摘したが、その対立において不適法説が勝利した理由は、原告の便宜は他の制度でカバーできるということに着目したことであった。すなわち適法説でなければならないという必要性はないという認識であった。これによって不適法説は多数の支持を得たが、そこから見えてくることは、条件付き訴えを適法とする根拠としては、単に原告の利益や便宜を強調するだけでは不十分であるということと、条件付き訴えを不適法として、原告の利益は他の制度でカバーする方が問題が少ないということである。

ところで我が国において条件付き訴えの許否の問題というと、訴えの主観的予備的併合の許否の問題が古典的な争点であり有名である。具体的には、複数の被告に対して順位を付して同時に訴えを提起することが許されるかという問題である。例えば、土地工作物の瑕疵による損害賠償を請求する場合に、先ず土地の占有者を、次に所有者を訴えることである（民法七一七条参照）。あるいは代理人と契約したが、無権代理の疑いが否定できないので本人と代理人を共同して訴え、先ず契約を締結した相手方を訴え、もしそれが無権代理を理由に認められない場合に備えて、相手側の代理人の責任も同時に予備的に訴えることである（民法一一七条参照）。いずれの事例でも、原告は二人を別々に訴えるよりも、二人に対する訴えを予備的に併合した方がいずれか一方で勝訴することが期待できる。しかしながら、予備的被告の地位が不安定で、予備的被告が訴訟上不利である点が問題である。なぜならば、予備的被告は主請求が認容された場合は請求棄却判決を得ることができないから、原告による再訴に対して既判力で対抗できないからである。また事件が上訴された場合に、この訴訟は通常共同訴訟であると解する以上は、上訴審で事件について統一的な判断がなされる保障がない点も問題である。要するに訴えの主観的予備的併合の訴えの問題とは、原告の両被告に対する敗訴の危険性を回避するためにそのような形態の訴えを認めるべきか、それとも予備的被告の地位の不安的さを考慮して認めるべきではないかということである。

このような問題点を解消させるために、訴えの主観的予備的併合の許否に関して今日までに多様な見解が主張されたが、最近では「同時審判の申出のある共同訴訟」（民訴法四一条）制度が創設されたことにより、新たな展開を見ている。すなわち、この制度によって訴えの主観的予備的併合の訴えが対応する事例は処理できると考えるならば、訴えの主観的予備的併合という形態を認める必要はなくなるからである。このような議論の経緯は、予備的な一方的訴訟終了宣言に関する議論の経緯と類似している。すなわち、両者とも、原告の便宜を考えて認めるべきか否かということと、原告の便宜を考慮するにしても他の制度でカバーできるか否かということが主要争点であるからである。かなり強引な論法とは思うが、予備的な一方的訴訟終了宣言の問題に関するドイツの議論を参考にして訴えの主観的予備的併合の許否の問題を考えれば、訴えの主観的予備的併合は許されないということになる。この訴えを認めなくても、「同時審判の申出のある共同訴訟」（民訴法四一条）制度で十分カバーできると考えることができるからである。

（71）　Knöringer(E), §11 III 1 の冒頭に挙げてある例を参考にした。あくまでも参考であり、この事案を翻訳したものではない。日本での訴訟終了宣言を意識して事案を簡略にし、人物の表記、金額等も日本の事案の説明での一般的な表記に従い修正した。

（72）　Knöringer(E), §11 III 1(III) の最後に挙げてある終局判決の主文の例を参考にして、日本の場合の判決主文を考えてみた。なお双方的訴訟終了宣言によって訴訟が終了した場合は、そのことはドイツでは判決主文に記載しない。訴訟は当事者の訴訟行為によって終了したのであり、裁判所の判決によって終了したのではないからである。理論的には日本でも同様に考えるべきである。しかし、日本では訴訟終了宣言の制度が十分に理解されていないことを考えると、当分の間、確認的な意味で主文に記載するということが考えられる。私見は両説を考慮して、理由の欄に記載すべきであるという意見である（拙稿・⑱〔双方的〕九号五七頁以下、第二章第五節２）。

ところで右のクネリンガーの解説は判決主文の第二項として、被告に訴訟費用の負担を命じている。その根拠として彼は、訴訟費用敗訴者負担を定めたＺＰＯ九一条（民訴法六一条に相当）と、双方的訴訟終了宣言を規定したＺＰＯ九一条ａを挙げている。これは九一条が残額訴訟の訴訟費用負担の根拠となる条文であり、九一条ａが双方的訴訟終了宣言のそれということであろう。なお注目すべきことは、この事案で被告に訴訟費用の全部を負担させるということである。これは九一条ａ

を適用して裁判所の裁量によって訴訟費用を決めるにしも、事案のような場合は全面的に被告が訴訟費用を負担するということを意味する。

またこの判決は第三項で仮執行宣言をしているが、解説はその根拠としてＺＰＯ七〇一条前段と後段を挙げている。これは日本民訴法二五九条一項に相当する規定である。

(73)　Knöringer(E), §11 III 2 の冒頭に挙げてある事例を参考にした。なお一部の訴訟の終了と一方的訴訟終了宣言の手続的な問題については、Knöringer(E), §11 III 2 が詳しく説明している。以下の本文での手続についての記述は、この説明を参考にしてまとめたものである。

(74)　ハルトマンは一部の終了の効果は完全な訴訟終了の場合と同じであると述べ、それゆえに原告が一方的訴訟終了宣言をした場合と被告がした場合とで区別して考察しなければならないと主張する（Baumbach/Hartmann(C), §91a Rn 204)。被告の一方的訴訟終了宣言の場合は、原告の一方的訴訟終了宣言を促すための先行的な双方的訴訟終了宣言（２Ｅ）と解するからである。これに対してフォルコンマーやヴォルストは、一部の終了であっても全部の訴訟費用について、訴訟費用敗訴者負担を定めたＺＰＯ九一条（民訴法六一条に相当）によって裁判しなければならないと述べている（Zöller/Vollkommer(C), §91a Rn 57; Musielak/Wolst(C), §91a Rn 54)。訴訟費用の裁判は上訴との関係で、一部を分離独立させることはできないことを理由にする。

(75)　Knöringer(E), §11 III 2 Anm(1). この解説は訴えの変更説に基づく学説としては Stein/Bork(C), §91a Rn 56 を挙げ、それに反対する学説としては、Musielak/Wolst(C), §91a Rn 55 を挙げている。

(76)　Knöringer(E), §11 III 2(III) の最後に挙げてある終局判決の主文の例を参考にして、日本の場合の判決主文を考えてみた。

なおこの解説は判決主文の第一項については、Thomas/Hüßtege(C), §91a Rn 45 を指示し、第二項の参照条文として訴訟費用敗訴者負担を定めたＺＰＯ九一条（民訴法六一条に相当）を挙げる。第三項は仮執行を宣言しているが、解説はその根拠としてＺＰＯ七〇一条前段と後段を挙げている。これは日本民訴法二五九条一項に相当する規定である。

第四節　日本における一方的訴訟終了宣言

ドイツの一方的訴訟終了宣言に関する議論を概観したが、それは単に母法であるドイツ民事訴訟法の制度の現状を認識したり、比較法としての知識を得るためだけのものではない。究極の目的はドイツの議論を参考にして、解釈論として日本における一方的訴訟終了宣言の姿を具体的に明らかにすることである。もっとも訴訟終了宣言が一般的に認められていない日本においては、先ず訴訟終了宣言の制度の当否が検討されるべきであり、それを抜きにして日本における一方的訴訟終了宣言を具体的に詳しく論じることは意味がないかもしれない。しかし、日本の訴訟終了宣言論の現状は、訴訟終了宣言について必要か否かを一般的に議論する段階ではなく、必要性を認めたうえで、より具体的に議論を展開すべき段階にあると思う[77]。

もっともこのような日本の訴訟終了宣言の議論の現状認識に対しては、「未だ具体的に議論すべき段階に至っていない」という反対意見が予想される。しかし、反対意見に与したとしても、日本の訴訟終了宣言について一般論ではなく、具体的に議論することには反対しないものと思われる。具体的な場面での問題について、その解答を検討することなく一般的に法制度の当否を論じることは意味がないからである。そこでここでは日本に一方的訴訟終了宣言を導入することを抽象的に主張するのではなく、解釈論として可能である日本の訴訟終了宣言の概要（デザイン）を具体的に明らかにしようと思う。今後の日本における訴訟終了宣言の制度の導入のための問題提起であり、検討課題の提示でもある。

以下では次のような順序で、日本における一方的訴訟終了宣言の姿をより具体的に考察する。この場合、立法論ではなく解釈論として日本における一方的訴訟終了宣言を主張するので、一方的訴訟終了宣言の内容の考察に先立ち、先ず解釈論の根拠を明らかにする（１）。そのうえで日本の一方的訴訟終了宣言の具体的な内容を素描する（2）。そして最後に、日本の一方的訴訟終了宣言において理論的に克服すべき問題点を指摘し、それに対する解答を行う（3）。

これが本節の日本の一方的訴訟終了宣言論の概要であるが、これは第三節で述べたようなドイツの一方的訴訟終了宣言のような各論というものではない。具体的に一方的訴訟終了宣言を提示するといっても、あくまでも日本に訴訟終了宣言の制度を導入することを目的に、導入した場合の具体的な姿を素描するものである。ところで第二節・第三節において概観したドイツの状況が示していることは、もし日本で訴訟終了宣言の制度を導入した場合、それに伴い様々な問題が発生するということである。このことは当然に予想しなければならないが、それに対する対策は第二節で紹介したドイツの学説の見解が参考になると思う。したがって一方的訴訟終了宣言の導入に伴い問題が発生することは否定しないが、それへの対応についてはドイツの議論が参考になるという理由で、楽観している。むしろ重要なことは、問題が発生することを恐れて一方的訴訟終了宣言の導入に消極的にならないことである。第二節・第三節でのドイツの議論をどのように日本の訴訟終了宣言論に活用するかについては、今後の課題としたい。

1　解釈論の根拠

日本の民事訴訟法はドイツの民事訴訟法に依拠し、多くの制度を継受したとはいえ、両者は内容的に全く同じではない。したがって、ドイツ民事訴訟法の制度であるからといって、それについてのドイツの議論が常に直ちに日本民事訴訟法に有効であるとは限らない。訴訟終了宣言の場合は、ドイツと日本とでは立法状況と立法を取り巻く環境が違う。例えば、ドイツでは訴訟終了宣言に関して立法はあるが、日本には立法がない。また訴訟終了宣言の主たる狙いは訴訟費用の合理的な負担であるが、日本ではドイツのような弁護士費用は敗訴者が負担するという原則を採用していない[78]。このことは、ドイツの訴訟終了宣言をめぐる議論が直ちに日本では通用しないことを物語っている。したがってドイツの訴訟終了宣言を日本で通用させるためには、何よりも先ず解釈論として訴訟終了宣言が日本で可能であることを論証する必要がある。すなわち、解釈論としての訴訟終了宣言論を阻む障害を取り除くとともに、この制度を必要とする理由を積極的に明らかにすることである。これこそが解釈論の根拠を示すことに他ならない。これによって、ドイツの訴訟終了宣言を日本のそれに適切に転換させることができる。

ところで日本の民事訴訟において訴訟中に訴訟を終了させる事由が発生した場合、当該訴訟の終了は裁判所が終局判決で処理するか、あるいは原告が訴えの取下げによって行うことになっている。この場合に原告は、「終了事由が発生したとしても、それは自己の主張が間違っていたことではないし、自己の主張は依然として正当である」と主張すると思う。そうであるとすれば、原告は訴えの却下判決や請求棄却判決を受容することはないであろう。つまり、この場合に原告の取る方法は訴えの取下げである[79]。そこで日本法において一方的訴訟終了宣言を解釈論として主張する場合は、訴訟終了宣言について日本に規定がないことに加えて、訴えの取下げとの関係をどのように考えるかが重要な問題である。さらに注目すべきことは、訴訟費用の負担に関する日本法の規定が裁判所の裁量的な判断を可能にして、個別具体的な事例に弾力的に運営できるようになっている点である。これが訴訟終了宣言の不要論の根拠になっているからである[80]。したがって日本で一方的訴訟終了宣言を説く場合は、これらの問題について、先ず解答することが必要になる。

A　法の一般原則からの演繹

日本法には訴訟終了宣言に関する規定が存在しない。それにもかかわらず、ドイツ法に倣い訴訟終了宣言の制度を解釈論として日本において展開させることは可能なのであろうか。答えはイエスである。つまり、条文のないことは訴訟終了宣言論を否定する根拠にはならない[81]。

第一に、訴訟物論に代表されるように、理論の基礎を民事訴訟法の規定に置いていない場合が少なくないからである。そもそも学説で議論されている多くの問題は、法にその解決方法が直接規定されていない。規定がない以上、法の原点に立ち戻って衡平で妥当な解決策を探究するしか方法がない。その解決策は解釈論であって立法論ではない。訴訟終了宣言は正にこのような問題であり、日本においてドイツの訴訟終了宣言の制度による紛争処理を主張することは、日本法には規定が存在しないとはいえ、現行制度をよりよく維持するための解釈論である。

第二に、ドイツでは訴訟終了宣言は条文がない時代でも、解釈論として議論されてきたからである[82]。すなわち、一九五〇年に双方的訴訟終了宣言を規定するＺＰＯ九一条ａが民事訴訟法に導入されたが、これによってドイツで初めて訴訟終了宣言が議論されたのではない。そもそもこの条文は新たに創設された規定というよりも、従来の議論を集約した規定である。しかも、本章のテーマである一方的訴訟終了宣言については、未だにドイツでは規定が用意されていない。このようなドイツの状況から、訴訟終了宣言の問題は具体的な条文の有無に関係のない問題であることは明らかである。したがって日本に訴訟終了宣言に関する条文がないからといって、日本における訴訟終了宣言の問題は解釈論として成立しないということにはならない。

Ｂ　訴えの取下げとの共存

日本では訴えの取下げで対応できるから、日本の訴訟終了宣言は「屋下に屋を架す」ではないかという批判がある。しかし、訴えの取下げによって訴訟終了宣言の問題が完全に処理できるわけではない。訴えが取り下げられた場合、訴訟費用の裁判は裁判所の裁量によって行うことになっているが（民訴法七三条）、裁判に必要な裁判資料を得るための具体的な手続規定は存在しないし、当事者の意見を聴く機会も設定されていないからである。おそらくこれは、このような問題は一切無視して裁判所にすべてを一任したということかもしれない。しかし、当事者の手続保障が重視される昨今の民事訴訟法理論からすると、当事者間に紛争が生じている場合にはそのような見解は是認できるものではないし、一任するだけの根拠が不十分である。

ところで訴訟終了宣言は訴訟の終了に際して当事者が手続に参加することを保障するものであるから、訴訟終了宣言を取り込むことは前述のような訴えの取下げの有する問題点や不十分さを補完することになる。そこで訴訟終了宣言は訴えの取下げの存在を理由に排斥するのではなく、訴えの取下げと共存させるべきである。さらに訴訟終了宣言を訴えの取下げと共存させる理由として、次のようなことを付言することができる。

第一に、日本の立法過程を考察すると、訴訟終了宣言のようなことは全く議論されていないからである(83)。正に法の欠缺であり、日本の立法者はこの問題を解釈に委ねたと解することができる。そうであるならば、法の解釈によってこの欠缺の部分を埋めるのは当然である。したがって、訴えの取下げ以外の他の解決策を立法者の意思に反するとして非難することはできない。特に一方的訴訟終了宣言が扱う問題は、訴えの取下げでは処理できない事項である(84)。

第二に、ドイツでは訴えの取下げと訴訟終了宣言は共存しているからである。そもそもドイツでは、訴えの取下げでは対応できないとして訴訟終了宣言の制度が創設されたのであり、両者は機能と役割を分担している。このことは日本において訴えの取下げだけで対応することは、訴えの取下げに過重な負担を課すことを暗示している。

C　日本とドイツの訴訟費用の規定の異同

日本法の訴訟費用の裁判に関する規定は、裁判所の裁量によって裁判ができるように、判断基準となる条文が抽象的になっている。つまり日本法では個別具体的な事件に適切な対応ができるが、ドイツでは硬直的な規定のためにそのようなことはできない。例えば、日本法では訴えの取下げの場合に被告に訴訟費用を負担させることは可能であるが、ドイツ法では訴えの取下げの場合は原告が訴訟費用を負担するように規定されている。そこで、そのような硬直的なドイツ法の規定であるからこそ訴訟終了宣言はドイツで発展した制度であり、日本ではそうでないから訴訟終了宣言の制度は不要であるとの見解がある[85]。つまり、日本法はドイツ法とは異なった条文構成になっている点において、日本法とドイツ法との間には断絶があり、ドイツ法の訴訟終了宣言を導入する素地は日本法にはないとの意見である。

条文に根拠を有するこの意見は説得力はあるが、正しくない。確かに日本法は訴訟費用の負担に関してドイツ法と条文構成や条文の文言で違いがある。しかし、それは日本法がドイツ法と決別し、ドイツ法とは別の原理に立脚して、ドイツ法とは異なった文言にしたわけではない。日本法とドイツ法との違いは、単に表現の違いだけである。日本の立法者はドイツ法が個別具体的に規定した真意を探究することなく、個別的な規定を一般的に抽象化してもその内容は変わらないと考えて、条文を整序し抽象的な規定に集約したにすぎない。その意味でドイツ法と日本法とは規定の表現に違いがあるにしても、規定している規範の内容は同じであり、異なっているわけでない[86]。

もっとも、そのような立法の経緯は関係ないとの反論もあろう。日本の規定の文言が抽象的である以上、訴訟費用の裁判において裁判所は裁量によって個別具体的に適切に判断できるから、それで十分であるという見解である。しかし、個別具体的な状況に対応して裁量によって裁判するということは、訴訟費用の負担を決める原則が結果責任主義であることと矛盾する。訴訟費用の負担を決める原則は敗訴という結果責任であり（民訴法六一条）、訴訟費用の負担は個別具体的な状況によって決めるものではない(87)。原則に反するような解釈は理論的には許されないし、そもそも個別具体的な状況をどのような手続で裁判所は把握するのかが問題である(88)。そのような手続を有していないということは、個別具体的な判断を予定していないと考えるべきであろう。

D　母法ドイツ法からの継受

日本民事訴訟法はドイツ民事訴訟法を継受したが、そのような関係であれば、ドイツ民事訴訟法の訴訟終了宣言は日本民事訴訟法においてそのまま通用する素地がある。我が国の民事訴訟法の問題でドイツの学説や判例が引用されることは決して珍しいことではないが、それは理論的な議論であれば、ドイツの学説がそのまま日本で通用する素地があるからである。訴訟終了宣言の問題も同様であり、母法ドイツ法の議論であるから、それを参考に問題解決のための案を主張したとしても、制度の根幹と相反するものでない限り、解釈論である(89)。

ところでドイツでは二〇〇一年の民事訴訟法の大改正（施行は二〇〇二年一月一日）に際して、訴えの取下げの規定（ＺＰＯ二六九条三項三段）において、双方的訴訟終了宣言を規定したＺＰＯ九一条ａと同様な規定を設けた(90)。すなわち、訴えの取下げの場合に訴訟費用の裁判は裁判所の裁量によって行うというものである。これは一見すると日本法のような規定である。あたかもドイツ法が日本法に接近したようであり、日本法の立場の妥当性をドイツ法が肯定したように見える。

しかし、そのように考えるのは誤りである(91)。この規定と日本法との異なる点に注意しなければならない。この規定が適用されるのは訴訟係属前に訴訟終了事由が発生した場合である。ところが訴訟終了宣言が問題にしているのは、訴訟係属後に訴訟終了事由が発生した場合である。つまり、新設されたＺＰＯ二六九条三項三段は、訴訟係属発生前の手続の終了という特殊な事例を処理する規定であって、訴訟中に訴訟終了事由が発生した場合でないことに注意する必要がある。そのように区別した理由は、訴訟係属前に訴訟終了事由が発生した場合には訴訟になる前であるから、簡単な手続で迅速に処理することを考えたからである。その意味でこの規定は特殊な場合のための限定的なものであり、訴訟係属後に終了事由が発生した場合にまで拡張されてはならない。ところが日本法にはこのような配慮は全く見られない。訴えの取下げの場合の訴訟費用の裁判については、訴訟係属の前後に関係なく裁判所の裁量に委ねている。これが正に日本法の問題点であり、ドイツ法のこの規定は日本法との親近性を示すものではなく、反対に日本法の問題点を明らかにしたと解すべきである。

2　日本の制度の概要

日本の訴訟終了宣言の内容や手続は、ドイツの場合と同じように考えるべきである。日本民事訴訟法の母法であるドイツ民事訴訟法の制度をそのまま日本に移入するならば、拒絶反応は少なく、無理なく既存の制度と調和するからである。その意味で一番効率的である。さらに今後の日本の訴訟終了宣言の運営を考える場合、ドイツにおいて長い間の試行錯誤によって蓄積・形成された制度運営の様々なノウハウがそのまま利用できるという点でも効率的である。日本の訴訟終了宣言の手続は、具体的には次のようなものと考える。そしてこれが現時点での、日本における一方的訴訟終了宣言の私見の内容でもある。(92)

訴訟の終了事由が発生したために、原告において訴訟を続行する意味や必要がなくなった場合、原告は訴訟が終了する原因は被告にあり、従前の訴訟費用は自己が負担すべきでないと考えるならば、原告は訴えの取下げではなく訴訟終了宣言を行う。これに対して、被告は原告の訴訟終了宣言をそのまま認める場合もあろう。この場合は双方的訴訟終了宣言である。しかし、原告の訴訟終了宣言を認めないにしても、これ以上訴訟は続行したくないし、訴訟費用に関しても争いたくないと考えるならば、被告は原告の訴訟終了宣言に異議を述べないであろう。この場合も双方的訴訟終了宣言である(93)。

これに対して、原告の訴訟終了宣言について被告が同意しない場合が一方的訴訟終了宣言である。被告は訴訟の終了の原因を招来したのは原告であり、訴訟費用は原告が負担すべきであるとか、あるいは原告の訴訟終了宣言は偽装であり、敗訴を回避するためのものであるとか考えるかもしれない。この場合は、被告は原告の訴訟終了宣言に対して積極的に争うであろう。また積極的に争わないにしても、被告は原告の訴訟終了宣言に対して単に異議を述べるだけのこともあろう。このような場合も一方的訴訟終了宣言である。

このように先ず原告の訴訟終了宣言に対する被告の異議の有無によって、訴訟終了宣言を双方的訴訟終了宣言と一方的訴訟終了宣言に区別する。双方的訴訟終了宣言の場合は、訴訟終了宣言は両当事者による訴訟の終了を招来する行為と理解して、裁判所は単に訴訟費用の裁判だけを行う。なお双方的訴訟終了宣言にも再訴禁止効が働く。それは紛争解決機能を充実させるものであり、当事者の処分権主義に根拠を有する(94)。

一方的訴訟終了宣言の場合は、裁判所が原告の訴訟終了宣言の主張が正しいか、それとも原告の主張に同意しない被告の主張が正しいかを裁判し、それによって訴訟手続を終了させる。原告の訴訟終了宣言の具体的な内容は、ドイツの判例・通説である訴えの変更説に依拠して考える。そこで原告の訴訟終了宣言の申立ては、訴えの変更の申立てとして処理する。すなわち、訴訟中に原告が訴訟終了宣言を行った場合、原告が従前の訴訟物から新たな確認の訴えに訴えを変更するものと考える。原告が新たに求める訴えの内容は、「訴訟終了事由の発生時点まで訴えは適法で理由を具備していた」ということの確認である。この新しい請求について、裁判所は主文においてその当否を判断する。すなわち、訴えが適法で原告の主張が正しければ、請求認容判決である。そうでなければ、請求棄却判決になる。

この主文の判断に連動させて訴訟費用の裁判を行う。このように判決主文の内容に連動させるという方法は、一方的訴訟終了宣言の場合だけの特別なものではなく、通常の裁判と同様である。すなわち、原告の主張が認められれば、訴訟費用は被告が原則として全額負担することになる。さらに原告の訴訟終了宣言が認容されたということは、当初の請求が訴訟終了事由の発生により消滅し基準時において存在しないことが確認されたことであるから、当初の請求は既判力の基準時である事実審の口頭弁論終結時に存在していないことが既判力で確定される。したがって事件は再燃することはない。原告の主張が認められない場合は、原告の請求は棄却されて、訴訟費用は原告の負担となる。そしてそれは当初の訴えが適法である限り、その訴えは理由を具備していなかったことを意味するから、当初の請求に関しても、その不存在が既判力で確定される。したがって原告の新しい請求が認められても認められなくても、いずれにしても訴えの変更前の紛争が再燃することはない(95)。

3　克服すべき問題

ドイツの一方的訴訟終了宣言をドイツの判例・通説の訴えの変更説に依拠して、解釈論として日本民事訴訟法に導入すべきであると説き、その内容の概要を述べたが、そのようなことだけで直ちにドイツの一方的訴訟終了宣言が日本へ導入されるわけではない。ドイツ法と日本法とは訴えの変更に関する規定は異なるし、民事訴訟理論についての学説の状況も同じではないから、ドイツの訴えの変更説と日本法との整合性が検討されなければならない。これはドイツの一方的訴訟終了宣言を日本に導入する場合に越えなければならないハードルである。ハードルを越えるためには、克服すべき問題に対して答えなければならない。そこでどのような克服すべき問題があるかということになるが、次のような課題にまとめることができる。

第一は、ドイツの訴えの変更説のような訴えの変更が日本法で可能なのかということである。一方的訴訟終了宣言は訴えの変更説によれば、訴えの変更の申立てということになるが、そのような訴えの変更は日本法において適法なのかということである。なぜならば、訴えの変更説によれば、新請求は従前の適法で且つ理由を具備していた訴えが、（自らの行為とは関係のない）訴訟終了事由の発生により不適法または理由がなくなったということの確認の申立てであり、従前の請求をこのような請求に変更することは、一般の訴えの変更とはかなり異質なものであるからである。

第二は、ドイツの訴えの変更説によって新たに提起される確認の訴えは、日本法において適法なのかということである。既述のように、新請求は従前の適法で且つ理由を具備していた訴えが、（自らの行為とは関係のない）訴訟終了事由の発生により不適法または理由がなくなったということの確認の申立てである。これは正にいわゆる過去の法律関係の確認であり、確認の利益がないのではないかという疑問が生じるからである。過去の法律関係の確認の訴えは、今日ではいわゆる「権利保護の資格」の問題ではないと解されているから、一律に確認の利益が否定されることはないが、「権利保護の利益（必要）」の問題であることは確かなことである。それゆえに、この訴えに確認の利益が存在するということを明らかにしなければならない。

第三は、被告の利益が一方的訴訟終了宣言において保護されるのかということである。訴訟終了宣言は原告が訴訟費用において生じる不利益を回避するために考えられた制度である。とすれば一方的訴訟終了宣言を認めることは既存の制度による原告の待遇に比べて原告を優遇することであり、それは結果的に被告の既得権益を害することになりはしないかという疑問が生じる。あるいは場合によっては原告と被告の利益バランスを乱すことになりかねないようにも思える。このような疑問は当然解消されなければならない。すなわち、この制度によって被告が不利に扱われたり、被告の利益が侵害されたりすることのないことが明らかにされなければならない。

これらの課題については、以下のＡＢＣで順次考えることにする。

A　訴えの変更の適法性

ドイツでは訴えの変更の適法性については、その根拠条文とその解釈をめぐって議論があるが[96]、日本では訴えの変更について規定する民訴法一四三条の解釈の問題になる。すなわち、一四三条一項は訴えの変更が認められる要件として、本文は①「請求の基礎に変更がない限り＝請求の基礎の同一性」と②「口頭弁論の終結に至るまで」を、ただし書きは③「著しく訴訟手続を遅滞させないこと」を規定している。これらの要件の中で一方的訴訟終了宣言の場合に問題になるのは①である。②③は一方的訴訟終了宣言だけの特有の問題ではないからである。

そこで考えるべきことは、「従前の適法で且つ理由を具備していた訴えが、（自らの行為とは関係のない）訴訟終了事由の発生により不適法または理由がなくなった」との確認の申立てが、従前の請求における請求の基礎と同一であるか否かということである。この問題に解答する場合、理論的には先ず請求の基礎の概念を明らかにすることである。しかし、それは効率的な方法ではない。なぜならば、請求の基礎については学説は多様に展開していて、請求の基礎の内容を決めることは簡単ではないからである[97]。請求の基礎概念に固執しない理由は、単にそれだけではない。いかなる説を支持しようが、一方的訴訟終了宣言の場合は、請求の基礎は同一であるという結論になるからである[98]。つまり、請求の基礎の内容に関係なく請求の基礎は同一であるから、請求の基礎を論じる意味がないということである。

それではなぜ請求の基礎の同一性が肯定されるのかというと、一方的訴訟終了宣言の場合、新請求は旧請求がいわば変容したものであり、実質的に考察すれば両者は同一といえるほどの密接な関係にあるからである。したがって請求の基礎の同一性を判断するために諸説がそれぞれ判断基準として重要な視点を主張しているが、いかなる学説によっても請求の基礎の同一性は肯定されるからである。すなわち、経済的な利益という観点からも、訴訟資料という観点からも、請求の背後にある法律関係という観点からも、請求の基礎の同一性は肯定される。

このことはドイツ法よりも一方的訴訟終了宣言の適法性の論証が簡単であることを意味するが、それは正に、訴えの変更の適法要件が請求の基礎概念によって緩和されたという訴えの変更の制度の沿革や目的に符合する(99)。

かくして問題は請求の基礎概念にあるのではない。問題は一方的訴訟終了宣言が訴えの変更であると解した場合に、新請求が異質な内容であるということである。新請求は「終了事由発生時点まで旧訴訟物に関する原告の主張の正当性の確認」であり、このような請求を訴訟の対象にすることは日本の民事訴訟法が全く予想もしていなかったことである。正にこのような新請求の内容が、訴訟物として適当であるか否かが問題となる。この問題については消極的に判断する理由はない。確認の対象は原則として制約がないし、確認の訴えの適否を決めるのは確認の利益の有無であるからである。しかも、紛争解決のために訴訟物をそのように解するから、確認の利益も肯定される。そもそも、訴訟費用の負担者は訴訟の勝敗によって決めるという結果責任主義の原則を維持して当事者の手続保障を考慮すると、新請求のような内容を訴訟物とせざるをえない。

このようなことから、新請求は内容的に問題はないと考えるが、さらに直前の訴訟の訴訟資料を利用して審理の効率を考えると、手続としては訴えの変更が最適であり、最善の方策である。したがって、一方的訴訟終了宣言は訴えの変更であるとして訴えの変更に関する規定を適用させると考えても、あるいは通常の訴えの変更ではなく特別な訴えの変更であると考えて、単に訴えの変更の手続を借用すると考えても問題はない。いずれを取るかは理論が決める問題であり、いずれの場合でも訴えの変更手続で処理することになるからである(100)。

B　過去の法律関係の確認

訴えの変更説の説く新請求、すなわち確認の請求に対しては、過去の法律関係の確認であり不適法ではないかという問題がある。しかし、過去の法律関係であるから直ちに不適法になるのではなく、個々の状況において実質的に確認の利益を考察するのが今日の一般的な見解である。[101] すなわち、権利保護の資格の問題ではなく、権利保護の利益の問題として位置づけるべきであると一般的に理解されている。このことから、過去の法律関係の確認ということが訴えの変更説にとって致命的な欠陥ではないことは明らかである。

問題は一方的訴訟終了宣言を訴えの変更説によって新請求の確認の訴えと考えた場合に、実質的な訴えの利益が存在するのかということである。確かに訴訟費用の判断のために過去の法律関係の確認を訴訟物としているが、それは正に現在の紛争を適切に解決するためである。[102] しかもそれは訴訟費用の裁判のためだけの効果しか有していないということではない。訴えの変更説によれば、従前の請求の不存在について既判力が生じ再訴が防止される。換言すれば、現在の紛争をこのような形で処理する点にも意味がある。これに対して従前の請求は直接の訴訟物ではないから、当事者の手続保障が十分でないとの反論も考えられる。しかし、判断すべき内容は従前の本案の請求が変容したものであり、従前の本案の請求に等しいから、手続保障は不十分ということはありえない。訴訟費用の判断のためとはいえ、従前の紛争に関する請求についての判断が本案と同じように判断されるから、従前の請求の判断に既判力が生じるのは当然であると考える。

なお原告の訴訟終了宣言は、被告が異議を述べない場合は双方的訴訟終了宣言であり、被告が異議を述べる場合は一方的訴訟終了宣言である。このことは一方的訴訟終了宣言の新請求の確認の訴えは、被告が異議を述べることによって結果的に確認の利益を得ることになる。このような構造は不自然であるとの批判がある。[103] 確かに原告が訴訟終了宣言の申立てをした時には被告の態度は不明であるから、その時点では確認の利益があるとは限らない。しかし、終了事由発生前の訴訟の経緯から判断して、被告が異議を述べて訴訟の終了をめぐって紛争が生じることが十分に予想されれば、確認の利益は肯定されると考える。もし被告が異議を述べなければ双方的訴訟終了宣言であり、訴えの変更は生じないから確認の利益を論じる必要はなく、そのまま訴訟は終了する。この場合に、当初の訴訟終了宣言に確認の利益を肯定しても問題はないし実害もない。例えば、即時に被告が請求の認諾をしたからといっても、訴えが不適法にならないが、その場合と同じである。なおこのように考えて確認の利益を肯定しなくても、一方的訴訟終了宣言になってから新訴が提起され訴えが変更されるのであるから、その時点で訴えの利益が生じると考えることもできる。

Ｃ　被告の不利益

一方的訴訟終了宣言によって被告に生じる不利益としては、次のようなことが考えられる。①本案の終了事由が発生していて、本来なら直ちに訴訟が終了すべきであるにもかかわらず、訴訟が続行すること。②本来なら得られるべき本案の棄却判決を得ることができなくなること。③本来なら原告が負担すべき訴訟費用を負担すること。しかし、これらは被告の不利益として理解すべきではない。そもそも訴訟終了宣言は訴訟の終了事由の発生によって原告が訴訟費用を負担するのが妥当ではなく、それを是正しようとするための制度である。そうであるならば、原告の不利益が是正されることによって、結果的に被告が不利益を受ける（例えば、訴訟費用を負担する）ことになっても、それは原告の不利益が是正された結果である。

このように考えると、被告に不利益が生じるとはいえないから、③は理由にはならない。そして訴訟費用に関して争いがある以上、本案の問題ではないにしても訴訟によって決着をつけるしか方法がないから、訴訟は続行せざるをえない。とすれば、訴訟の続行を問題にする①も、説得力がない。また旧請求についてはその不存在の主張を新請求は包含していると解することができるから、旧請求の訴訟係属が消滅しても旧請求については裁判所の判断は示される（裁判される）ことになる。したがって被告の棄却判決を得る権利が侵害されることにはならず、被告にとって不利ではない。しかも、仮に原告の一方的訴訟終了宣言の主張が裁判所によって認められたとしても、旧請求については一方的訴訟終了宣言の既判力によって再訴が禁止されるから、被告にとっては結果的に棄却判決を得たことと同じである。かくして②も被告が不利との根拠にはならない。

確かに終了事由が発生しているにもかかわらず、原告が訴訟費用の負担を免れるために被告が原告の訴訟に付き合わざるをえないということは、被告の負担である。その点を考えると、①はもっともな主張のようにみえる。しかし、被告は訴訟を長びかせたくないと思うならば、原告の終了宣言に同意して双方的訴訟終了宣言によって訴訟を終了させることができる。つまり、被告の主導で訴訟を終了させることができるから、被告の意思に反して常に訴訟が続行するということではない。しかも、双方的訴訟終了宣言においてはＺＰＯ九一条ａが適用されて裁判所が衡平な裁量によって判断するから、被告が一方的に不利な内容の裁判を受けることもない。また原告の訴えが当初から不適法であったり理由を具備していなかった場合には、被告は原告の訴訟終了宣言に反対して、原告の主張を原告の一方的訴訟終了宣言とすることができる。それによって、被告は原告の主張が当初から理由のないものであったと主張して裁判所によって認められれば、原告の請求の不存在を既判力で確定させることができる。さらにこの場合は被告は訴訟費用の負担をしなくてもよいことから、被告にとってさらにプラスである。

想定される被告の不利益（①②③）をこのように個々に検討してみると、一方的訴訟終了宣言によって被告が特に不利益になるということはない。したがって、被告の不利益を理由に一方的訴訟終了宣言は認められないということにはならないし、一方的訴訟終了宣言の訴えの変更説に支障が生じることもない。

(77)　二〇〇七年末に刊行された法学研究の加藤久雄教授退職記念号において、私は「日本の訴訟終了宣言について」という論考を発表した（拙稿・⑲〔日本〕一七頁以下）。この論考は本章に先立つものであり、日本の訴訟終了宣言について一般的に論じたものである。なおこの論考は、第三編第一章・第二章にまとめてある。

この論考において先ず第一に行ったことは、日本における従来の訴訟終了宣言をめぐる論争を整理し、それぞれの見解の問題点と今日において論じるべきテーマを明らかにしたことである。訴訟終了宣言を消極的に評価する見解（消極説）の説く理由は根拠として不十分であるが、しかし、積極的に評価する見解（積極説）にも問題がある。積極説の問題点は、具体的な解釈論を提示していないことである。そこで次にこの論考において行ったことは、積極説の問題点を克服するために、立法論ではなく解釈論として日本において訴訟終了宣言が可能であることを論証したことである。そして論考の最後にまとめとして述べたことは、日本の双方的訴訟終了宣言と一方的訴訟終了宣言について、それぞれの（私見による）制度の概要である。

(78)　日本において弁護士費用敗訴者負担の制度を導入する法案が、国会に上程されたことがある。すなわち、弁護士費用を訴訟の敗訴者に負担させるための「民事訴訟費用等に関する法律の一部を改正する法律案」（第一五九回国会提出閣法第六九号）である。平成一六年三月二日に内閣から国会に提出され、四月五日に衆議院の法務委員会に付託された。しかし、制度導入に対しては弁護士会を中心にした反対が強く、この法案は会期末に継続審議に付されることなく、会期の終了とともに同年一二月三日に衆議院で廃案になってしまった。現時点では導入の見通しが立っていない。

なおこの状況についての私見は、序章第一節注(7)にまとめてある。

(79)　訴訟終了宣言が提起した問題は訴えの取下げで十分に対応できるというのが、日本で訴訟終了宣言を消極的に評価する学説の根拠である（拙稿・⑲〔日本〕二三頁以下、第三編第一章第二節1A）。これに対して、私見は、これは根拠として不十分であると批判する（同・二七頁以下、同・2A）。

(80)　訴訟費用の裁判を弾力的に行えば訴訟終了宣言の問題は処理できるというのが、日本で訴訟終了宣言を消極的に評価する学説の根拠である（拙稿・⑲〔日本〕二四頁以下、二六頁以下、第三編第一章第二節1B・E）。これに対して、私見は日本の訴訟費用の裁判の仕方に問題があると批判する（同・二九頁以下、三二頁以下、同・2B・E）。

(81)　このことについては、詳論したことがある（拙稿・⑲〔日本〕四五頁以下、第三編第二章第一節3）。

(82)　ドイツにおける訴訟終了宣言の生成の過程については、以前に詳論したことがある（拙稿・①〔生成〕三号六一頁以下）。これについては、第二編第一章にまとめてある。

(83)　日本の関係する条文の成立過程については、拙稿・⑬〔沿革〕一〇号二九頁以下で考察したことがある。これについては、第三編第三章にまとめてある。

(84)　日本では訴訟終了宣言は訴えの取下げでカバーできると説かれているが（拙稿・⑲〔日本〕二三頁以下、第三編第一章第二節1A）、それは双方的訴訟終了宣言を想定してそのような主張をしているのであって、一方的訴訟終了宣言は考慮されていない。当事者間に訴訟の終了をめぐって争いがある場合に、その争いを解決するための制度が一方的訴訟終了宣言であり、これは訴えの取下げではカバーできない。換言すれば、訴えの取下げによる方法において欠落した問題が一方的訴訟終了宣言の問題であるということになる。そこで、その欠落を埋めるために、一方的訴訟終了宣言を解釈論として導入すべきであると主張したことがある（拙稿・⑬〔沿革〕一〇号七一頁以下、同・⑲〔日本〕四七頁注(32)）。

(85)　兼子一博士の見解であるが（拙稿・⑲〔日本〕二六頁、第三編第一章第二節1E）、博士の見解は、ドイツにおいて結果責任主義が厳格に適用されている理由についての考察が欠けている（同・三二頁以下、同・2E）。

(86)　ドイツ法は訴訟費用敗訴者負担の原則の例外を個別に規定したが、日本法は例外を個別具体的でなく抽象的に規定した。それはドイツ法からの決別ではなく、規定の整序という意味であった（拙稿・①〔生成〕二号四〇頁以下、同・⑬〔沿革〕一〇号七〇頁以下）。これについては、第三編第三章第四節にまとめてある。

(87)　一八七七年のドイツ民事訴訟法に大きな影響を与えたとされる、いわゆる一八六六年のハノーバー草案の審議の過程において、この問題は審議されている。このことはドイツでも注目されていないが、草案の審議記録の索引を丹念に調べて発見した。記録によれば、一八六三年二月四日にハノーバーで行われたドイツ連邦草案の審議の過程で、訴訟費用の裁判において当該訴訟の個別事情を考慮するか否かで審議は紛糾した。多数決の結果、当該訴訟の個別事情を考慮して訴訟費用の裁判を行うとの提案は否決された（拙稿・①〔生成〕二号七六頁以下）。つまり、ドイツであれ日本であれ、現行法の規定はこのような経過から作られたものであり、訴訟費用の裁判において個別事情を考慮して裁判するという見解を排斥したうえに形成されたものである。なおハノーバー草案の審議の内容とその評価については、第二編第一章第一節2Bにまとめてある。

現在のドイツの学説はこのような立法の経緯を考慮していないが、日本のような訴訟費用の裁判において個別事情を考慮するとの立場が立法や解釈において過去になされたことはない。その理由は、実質的に考察した場合に結果責任主義を厳格に維持することが重要であると考えるからであろう。そしてさらに、結果責任主義は個別事情を考慮する見解と相容れないという理解に基づくからであろう。

日本法において個別事情を考慮すべきであるとの見解は、このようなドイツの状況を考慮していない点で、説得力に欠ける。

(88)　そもそも訴えの取下げの場合、裁判所は原告が訴えを取り下げた理由や取り下げた時の当事者間の紛争の状況について正確に知ることができない。当事者においても、訴えの取下げの場合の訴訟費用の裁判において、自己の見解を主張する機会は保障されていない。なぜならば、これらに対応するための手続を定めた規定が民事訴訟法に存在しないからである。もちろん、民事訴訟法に規定がなくても不文法として存在することはありうる。しかし、そのような手続についての判例は存在しないし、そのような手続を主張している学説も出現したことはない。

(89)　このことは以前にも強調したことである（拙稿・⑲〔日本〕四六頁＝第三編第二章第一節３）。ところで訴訟終了宣言について立法論としてその導入を主張して、立法私案を明らかにしたことがある（拙稿・⑩〔立法〕九六頁以下＝第三編第二章第二節３）。しかし、それは決して解釈論としての訴訟終了宣言を否定したものではない。訴訟終了宣言を解釈論として主張しても、直ちに日本において認知される状況にはないとの判断に基づき、立法論としての訴訟終了宣言の制度を明らかにしたが、そこにおいて特別な主張や条文を創設したものではない。すなわち、私見の解釈論を確認するために条文化したものである。なおその時の立法私案はドイツ法とは異なり、双方的訴訟終了宣言ではなく、一方的訴訟終了宣言を訴訟終了宣言の基本として規定したものである。一方的訴訟終了宣言を基本とするとの考え方や、訴えの変更説に基づく私案の内容は、今もそのまま通用すると思っている。

(90)　この規定の立法理由やドイツの学界の反応については、詳論したことがある（拙稿・⑮〔法改正〇二〕一九頁以下、二九頁以下）。これについては、第二編第二章第一節・第二節にまとめてある。

(91)　ＺＰＯ二六九条三項三段について日本法における理解の仕方と評価については、詳論したことがある（拙稿・⑮〔法改正〇二〕三九頁以下、同・⑰〔法改正〇四〕四四頁以下等）。これについては、第二編第二章第三節にまとめてある。

(92)　日本の一方的訴訟終了宣言の手続については、その概要を述べたことがある（拙稿・⑲〔日本〕四三頁以下、四九頁等）。これについては、第三編第二章第一節２Ｂにまとめてある。

(93)　日本における双方的訴訟終了宣言については、その概要と議論の状況について述べたことがある（拙稿・⑱〔双方的〕九号四五頁以下）。これについては、第二章第四節・第五節にまとめてある。

(94)　ドイツ民事訴訟法における双方的訴訟終了宣言と再訴禁止の問題について報告したことがある（拙稿・⑱〔双方的〕八号二二頁以下）。そのうえで日本法の双方的訴訟終了宣言について、再訴禁止効が働くと主張した（同・九号五七頁）。ドイツの再訴禁止の問題については第二章第二節2D、日本の場合については同・第五節1Bにまとめてある。

(95)　日本の一方的訴訟終了宣言は訴えの取下げを排斥するものではなく、それと共存するものであり（1B）、ドイツの訴えの変更説に準拠して構築すべきである（拙稿・⑬〔沿革〕一〇号七一頁以下、第三編第三章第四節）。その結果は本文で述べたような手続になるが、この概要は以前にも述べたことがある（同・⑲〔日本〕四三頁以下、四九頁等）。これについては、第三編第二章第一節2にまとめてある。

(96)　一方的訴訟終了宣言の法的性質論として訴えの変更説は当初から主張されていたが、最初から多くの支持を得た学説ではなかった。正にこれらの問題がネックになっていたからである。これらの問題に対して説得力のある解答を与え問題を克服したのが、ハープシャイトやリュケの論文である（第二節3D参照。ドイツの議論については拙稿・④〔一当事者〕一六頁）。

なおハープシャイトといえば、シュヴァーブとの間の訴訟物論争が有名であるが、この一方的訴訟終了宣言でも両者の間で論争が行われた。現在のドイツの訴訟物論の通説である二肢説の基礎を与えたのはハープシャイトの訴訟物論であるが、一方的訴訟終了宣言も同様である。

(97)　諸説の状況については、例えば、梅本吉彦『民事訴訟法（第四版）』七二九頁以下（信山社、二〇〇九年）に簡潔にまとめられている。このような状況は、この条文ができた時からである。例えば岩松三郎＝兼子一編『法律実務講座・民事訴訟第一審手続(1)〔復刊版〕（旧民事訴訟編・第二巻）』二一八頁（有斐閣、一九五八年初版、一九八四年復刊）は、次のように述べている。「請求の基礎という術語は、現行民事訴訟法の起草者の創作によるもので、ドイツ、オーストリー等の民事訴訟法においても存在しない概念であるため、その解釈については、立法当初から学説も一致せず、その後の判例の態度にも必ずしも一貫性を欠く。」

(98)　そもそも請求の基礎に関して諸説の対立はあるが、実際の事案においては、一般に、「いずれの説によっても大きい差は生じないであろう。」（岩松＝兼子編・前掲注(97)二一九頁）と言われている。つまり請求の基礎概念をめぐる学説の対立は、実務において不都合な事態を生じさせていないということである。そのことが、この問題に関する学界の関心の低さを示す理由ではないかと思う。

(99)　歴史的に見て訴えの変更の要件が緩和される傾向に関しては、例えば次のような文献が述べている。菊井維大「訴えの変更」民事訴訟法学会編『民事訴訟法講座・第一巻』一八八頁以下（有斐閣、一九五四年）、小室直人「訴えの変更」中田淳一＝三ケ月章編『民事訴訟法演習Ⅰ・判決手続(1)』二六四頁（有斐閣、一九六三年）等。

(100)　例えば、任意的当事者の変更の法的性質論において特殊行為説が有力であるが、それは特殊な状況には特殊な理論を考えるということである。このことから明らかなように、特別な訴えの変更という発想自体はそれほど独自なものではない（拙稿・④〔一当事者〕一一二頁）。

(101)　例えば、高橋宏志『重点講義民事訴訟法（上）』三三〇頁以下（有斐閣、二〇〇五年）、梅本・前掲注(97)三六二頁以下。

(102)　新堂幸司『新民事訴訟法（第四版）』二六四頁（弘文堂、二〇〇八年）は、「現在の原告の法律的地位を民事訴訟によって保護すべき場合であるにもかかわらず、その保護手段として、過去の事実または法律関係の存否を確認すること以外に有効・適切な手段が見当たらないときにも、やはり確認の利益を認むべきである」と述べている。

(103)　松本教授はこのような観点から、訴えの変更説の確認の利益を批判する（松本・参資二１・法学雑誌一九巻二号二六七頁）。このような見解に対しては、反論したことがある（拙稿・④〔一当事者〕二五頁）。

第五節　おわりに

１　本章の主張の要約

本章の節ごとに、その内容を簡潔にまとめてみた。すなわち、一は第一節、二は第二節、三は第三節、四は第四節の要約である。（ ）の中の数字やアルファベットは、目次のそれを示す。

一　一方的訴訟終了宣言が問題となるような具体的な事例として、次のようなものが挙げられている（1）。Xが隣人Yに対して、将来、夜間ステレオの音量が屋外にもれないようにすることを求めて訴えを提起した。これに対してYは今までそのようなことはないと争ったが、係争中に引っ越してしまった。この場合に訴訟はどのようにして終了するのか。訴訟手続はどのように進めるべきか。

ドイツでは次のような事例が教科書等で挙げられている（2）。XのYに対する家賃支払請求訴訟においてYが支払ったのは訴求された月の家賃なのか、それとも別の月の家賃なのかが争われた場合。XのYに対する金銭支払請求訴訟においてYの弁済が訴えの提起直前に適時になされたか否かが争われた場合。XがYに対して債務不存在の訴えを提起したところ、Yが給付の訴えを提起したためにXの訴えは訴えの利益が消滅して不適法になった。そこでXはYの訴えの提起前まではXの訴えは正当であったと主張したところ、YはXの訴えは最初から理由がなかったと主張して争いが生じた場合。

これらの問題を処理する場合、既存の制度では無理がある（3A・B・C）。日本の通説によれば、Xは訴えの取下げ（民訴法二六一条以下）によって訴訟を終了させることになるが、これでは訴訟費用はXが負担することになると思うし（民訴法七三条）、Xの訴えが正当であったか否かは判断されないことになるからである。そもそも訴えの取下げは、当事者間で終了に関して争いがないことを前提にした制度であるから、当事者間に争いがある場合は当事者の手続保障の観点から相応しくない。そこで裁判所の判断で処理する方法が考えられるが、この方法も問題である。この場合はXの訴えは訴訟中に理由がなくなったとはいえ、口頭弁論終結時には理由がないから、裁判所が判断するとなると、その判断はXの請求棄却になる。これはXが求めていることとは反対の帰結である。あるいは訴訟費用の裁判と本案の裁判を連動させないことによって、訴訟費用について本案の判断に関係なく適切に判断するということも考えられる。しかし、この場合は訴訟費用の裁判はどのようにして行うのかは不明である。日本でもドイツでも民事訴訟法は本案の裁判が行われることを前提に訴訟費用の裁判の方法を規定しているから、訴訟費用の裁判を単独で行う場合の規定は十分ではない。

既存の制度では十分に対応できないとして、ドイツでは訴訟終了宣言の制度を創設し、発展させてきた（３Ｄ）。原告の一方的な訴訟終了宣言に対して被告が争わなければ双方的訴訟終了宣言であり、ＺＰＯ九一条ａが規定している。これによれば、裁判所は従前の事実状態及び訴訟状態を考慮して、衡平な裁量（決定）で訴訟費用の負担者を決める。これは訴えの取下げと似ているために、日本では訴えの取下げで十分に対応できるとして、訴訟終了宣言の不要論が主張されている。しかし、問題は被告が原告の主張を争った場合である。これはドイツでは双方的訴訟終了宣言ではなく、一方的訴訟終了宣言として別個に扱われる。本章はこの一方的訴訟終了宣言を論じたものである。

二　一方的訴訟終了宣言の内容と手続については、その法的性質をいかに理解するかによって決まる（１・２）。法的性質論について現在のドイツの判例・通説は訴えの変更説である。そこでこの説が形成されるまでの経過と（３）、最近の対抗する学説を考察した（４）。学説としては特別な訴えの取下げ説（３Ａ）、特別な請求の放棄説（３Ｂ）、中間紛争説（３Ｃ）、訴えの変更説（３Ｄ）、訴訟上の形成行為説（３Ｅ）等が主張された。それぞれ一長一短を持っているが、論争を通じて大方の支持を得たのが訴えの変更説であった。

訴えの変更説の問題点は、終了事由の発生により訴訟が終了しているのに、訴訟費用の裁判のために本案訴訟を続行させることである。すなわち、軽い問題に重い手続というアンバランスである（４Ａ）。そこで近年では中間紛争説を発展させた学説（４Ｂ）や、訴訟経済を重視する学説が有力に主張されるようになった（４Ｃ）。しかし、そのような諸説は現在に至るまで訴えの変更説を通説の座から引きずり降ろすことには成功していない。

その理由は、この問題は新しい学説が説くように単に訴訟費用をめぐる争いでもなければ、訴訟経済の観点から効率的に考えれば解決できるというものでもないからである。すなわち、従前の本案の訴訟物が提示した紛争について終局的な解決をも視野に入れなければならない（５Ａ）。このように本案の紛争の終局的な解決と理解するならば、日本においては一方的訴訟終了宣言を考える場合、当該紛争の解決のための当事者の手続保障という観点から評価すべきである（５Ｂ）。

三　一方的訴訟終了宣言に関して生起する個別具体的な問題については、法的性質論の訴えの変更説を支持する場合は、訴えの変更に関する規定や準則を参考に解決することになる（１）。その手続は原告の一方的訴訟終了宣言によって始まる。被告が同意すれば双方的訴訟終了宣言であり、手続はこれで終了する。被告が同意しない場合は一方的訴訟終了宣言であり、裁判所は必要とされる要件が具備しているか否かを調べ、その当否を判断する。

一方的訴訟終了宣言について理論的に問題となるのは、訴訟終了効の発生の根拠、裁判所の判断の対象の理解、再訴禁止効の有無である。訴えの変更説が多くの支持を得ているということは、これらの問題についての説明が他の説に比べて一番よいということである。

理論的な問題ではなく手続的な問題としては、主に次のような問題がある。適法の要件とは何か（２Ａ）。裁判所が判断する場合の判断の対象は何か、その判断にはいかなる効力が生じるのか（２Ｂ）。訴訟費用の裁判の方法とは何か（２Ｃ）。一方的訴訟終了宣言はどのような時間的な制約を受けるのか、具体的には上告審でも許されるのか（２Ｄ）。被告による一方的訴訟終了宣言は許されるのか（２Ｅ）。予備的に一方的訴訟終了宣言の申立てをすることは許されるのか（２Ｆ）。一部の訴訟終了の場合に一方的訴訟終了宣言は許されるのか（２Ｇ）。

これらの問題については訴えの変更に準じて処理する場合（２Ａ～Ｅ）と、法的性質論とは無関係に処理しなければならない場合（２Ｆ・Ｇ）がある。なおドイツでは、近時注目されているのは後者の問題である。前者の問題は法的性質論が関係する問題であるため、判例・通説が訴えの変更説である以上、議論は活発でないからである。

四　日本において訴訟終了宣言を解釈論として導入することは可能である。規定の有無に関係がないし（１Ａ）、訴えの取下げによる処理を否定するものではなく、訴訟終了宣言は訴えの取下げと共存すると考えるからである（１Ｂ）。もっとも、導入に際してドイツとの事情の違いに注目する必要がある（１Ｃ）。特にドイツの場合、二〇〇一年の法改正で創設されたＺＰＯ二六九条三項三段についての正確な理解が重要である（１Ｄ）。日本の訴訟終了宣言の具体的な手続の展開は、ドイツの場合に準じることになる（２）。

さらに克服すべき問題としては、一方的訴訟終了宣言の要件の有無を裁判所で調べる場合の手続の問題がある。そのような要件を訴訟物にした場合、その訴訟物を新たな訴えとして訴えの変更をすることが果たして許されるのかという問題である。換言すれば、訴えの変更の適法性の問題である（３Ａ）。あるいは要件として訴えの変更説のように、訴訟終了事由の発生時点まで訴えは適法であり訴えには理由があったということが必要であるとされた場合、この確認は過去の法律関係の確認である。そこで、過去の法律関係の確認は認められないという民事訴訟法の一般原則と抵触しないとの論証が必要である（３Ｂ）。また訴えの変更は原告だけにしか認められないし、一方的訴訟終了宣言は原告だけに許されるとなると、それでは被告が不利になるのではないか、民事訴訟法の一般原則である武器平等原則に反するのではないかということが問題になる。この問題に対する解答が必要である（３Ｃ）。

2　新たな展開を求めて

本章の結びとして、先ず今後の一方的訴訟終了宣言に関するドイツの議論の動向と注目すべき点について、私見をまとめてみる（Ａ）。次に、今後の日本における一方的訴訟終了宣言の意味や位置づけの問題（Ｂ）と、弁護士費用の負担の問題（Ｃ）について考えてみようと思う。

Ａ　手続保障の重要性

今後のドイツの一方的訴訟終了宣言の展開を考えるうえで重要な役割を演じるのは、ＺＰＯ二六九条三項三段の適用範囲の拡張あるいは類推の限界という問題である。二〇〇一年の改正法（二〇〇二年一月一日施行）によって導入されたＺＰＯ二六九条三項三段は、訴訟係属前に終了事由が発生した場合の訴えの取下げについて、訴訟費用の裁判は裁判所が従前の状況を考慮して衡平な裁量によって行う旨を規定している。正に訴訟経済を重視し、簡易な手続による迅速な解決を目指した立法である[104]。そこで訴えの変更説による一方的訴訟終了宣言の手続は重いと批判する立場は、この規定の適用範囲を拡大して一方的訴訟終了宣言の守備範囲を侵食し、そのことによって一方的訴訟終了宣言の手続の軽量化を考えるかもしれない[105]。法的性質論によって手続の軽量化を目指す方法が正攻法だとすれば、この規定を類推して一方的訴訟終了宣言が働く場面を縮小させるという方法は、いわばこの規定を橋頭堡にした迂回作戦である。もっとも、この規定の拡張解釈や類推解釈に関してドイツの学界では批判的な意見が少なくないから、このような方法（侵食）が簡単に認められるとは思わない[106]。しかし、その説く主張の目的は紛争の迅速な解決や訴訟経済であるから、それに反対することはなかなか困難である。そうなると当分の間、ドイツでは当事者の手続保障が重要であるとする見解と、訴訟経済を優先する見解との綱引きになると思われる。

そこでそのようなドイツの状況から日本が学ぶべきことは、訴訟経済と手続保障という訴訟法において優先順位を付すことが困難ないわば価値の相克の問題を、いかにして克服するかということである。(107) しかし、この場合に注意しなければならないことは、両国の環境や歴史の違いである。未だに弁護士費用は訴訟費用に含まれておらず、これから本格的に一方的訴訟終了宣言の導入を考える日本と、弁護士強制主義と弁護士費用敗訴者負担の原則を採用して、一方的訴訟終了宣言論が深化しているドイツでは、一方的訴訟終了宣言の意味は自ずと異なってくる。したがって、ドイツの議論が直ちに日本に通用することはない。ドイツの議論を参考にする場合は、両国のおかれている状況の異同に注意しながら、ドイツの議論が日本において通用するように何らかの手当てが必要である。そのように理解したうえで、日本では当面は訴訟経済よりも手続保障を重視すべきである。具体的にはドイツでは手続保障がどのように考慮されているか、また訴訟経済からの批判をどのように排斥しているかを注視し、それを参考にすべきである。すなわち、手続保障を優先する理論を学ぶべきである。(108) なぜならば、近年の日本の民事訴訟法学は、法的安定性を重視する時代から個人の権利を重視する時代になってきたと考えられるからである。

B　訴訟終了の多様性

日本においては訴訟終了宣言の制度は理解はされているが、導入については多くの賛成を得ていない。(109) そこで先ず、双方的訴訟終了宣言と一方的訴訟終了宣言が共に解釈論として認められなければならない。既存の制度と共存し、既存の制度では十分にカバーできない問題に対して、双方的訴訟終了宣言と一方的訴訟終了宣言を働かせれば、解釈論として問題ないと思っている(110)。

そのようになれば、当事者の主導による訴訟終了の方法が増えることになり、それだけ事件に即した適切な解決を導くことができるようになる。例えば、訴訟中に訴訟の終了事由が発生したときの対応策が訴えの取下げか請求棄却かの二者択一では、終了事由発生がなければ原告が勝訴判決を得られたような場合は、一般人の感覚として割り切れなさを感じるであろう。なぜならば、訴えの取下げは原告の主張の撤回であり、請求棄却は原告の主張に理由がないことであり、共に原告の敗訴を意味するからである。この場合には、原告は実質的には自らが勝訴者であるから棄却判決や訴えの取下げでは困ると考えるであろう。他方、被告は原告の訴えは当初は理由があったにしても現時点では理由がなくなったのであるから、あくまでも原告の請求の棄却を求めるであろう。そこでこの両者の対立を調和させることが必要となる。その調和を求めるならば、両者の主張が裁判で決着できるように配慮すべきである。そうなると一方的訴訟終了宣言を認めるべきであるということになるが、仮にそれが認められないにしても、訴えの追加的変更として、訴えが終了事由発生までは適法であり且つ理由を具備していた旨の原告の確認の申立てを認めるべきである（第三編第二章第二節３参照）。

このことは、既に序章第一節５の第二の中で述べたことではあるが、従来の民事訴訟法理論に反省を迫るものである。なぜならば権利保護を求める原告の要求に対して、口頭弁論終結時の権利関係の存否の判断を基準として請求認容か棄却かを決めるという民事訴訟法の基本的な考え方を否定することになるからである。換言すれば、一方的訴訟終了宣言は、当初から権利がなかった場合と訴訟の途中から権利が消滅した場合とを区別することになる。その結果、訴訟終了事由の発生時点まで理由を具備していたか否かについても判断するようになると、裁判所の負担が問題になる。しかし、裁判所としても終了原因をいずれにしても判断しなければならないから、その過程で従前の請求について判断することは、難しいことではない。むしろ当該紛争についての判断に既判力が生じることは、後の当該紛争について関連する紛争の再燃の可能性を遮断するから、手続が重くなって裁判所の負担が多少生じても、妥当なものである。

C　弁護士費用敗訴者負担の原則の導入

次に訴訟終了宣言は、弁護士費用の問題と密接な関係がある。ドイツで訴訟終了宣言の制度が発展した主たる要因は、弁護士費用の負担の問題であったからである。そこで弁護士費用の問題が日本においても今以上に重視されるようになれば、訴訟終了宣言は必然的に今以上に重要な役割を演じることになる。そのためには、弁護士費用を訴訟費用に含め、敗訴者が負担する制度を導入することである。なぜならば、権利主張のための訴訟費用を正当な権利者である勝訴者が負担する理由はないからである。しかし、これは簡単な話ではない。弁護士費用敗訴者負担の原則が導入されると、敗訴者は勝訴者の分まで負担することになり、負けた場合はかなりの負担になるからである。勝訴を確信しないと提訴できなくなることも問題である。結局のところ異例ではあるが、政府提案の法の改正は頓挫した[111]。

このような状況であるために、訴訟終了宣言は弁護士費用敗訴者負担の原則を前提にしている議論ではあるが、当面はそれに依存することなく訴訟終了宣言論を展開する必要がある。訴訟終了宣言によって訴訟費用の負担の問題に関心が高まれば、弁護士費用敗訴者負担の原則の我が国への導入を側面から援助することになるかもしれない。弁護士費用敗訴者負担の原則の導入に賛成する理由については、序章第一節５の第三で述べたので、ここでは繰り返さない。

(104)　ＺＰＯ二六九条三項三段が立法されるまでの経緯や立法の目的等については、前注(49)で述べた。

(105)　ＺＰＯ二六九条三項三段がどのように活用されるかということに関して、例えば、いわゆる段階の訴え（ＺＰＯ二五四条）においてＺＰＯ二六九条三項三段の類推が認められるかという問題がある。最近の多くの注釈書は、これを肯定する（拙稿・⑳〔読み方〕九二頁注(25)）。

　さらに最近では、取立訴訟における第三債務者の陳述義務違反の責任の問題について、ＺＰＯ二六九条三項三段の類推を認めるべきであるとの見解が主張されるようになった。これは第三債務者の陳述義務違反により、無用な取立訴訟を提起してしまった場合の原告の救済方法の問題である。第三債務者の陳述義務違反がＺＰＯ八四〇条二項二段（日本の民事執行法一四七条二項に相当）に該当するにしても、それを別訴で主張するのは迂遠な方法である。そこでドイツでは一方的訴訟終了宣言による方法が有力に主張されていたが、ザウアーエシッヒは、「第三債務者の不十分なあるいは遅れた陳述がなされた場合の民事訴訟法第二六九条三項二段または三段の類推適用」（民事訴訟雑誌一一九巻四号四六三頁以下〔二〇〇六年〕）という論文において、この場合に二六九条三項二段または三段を類推適用すべきであると主張する（Saueressig(K), S. 463ff.）。すなわち、この論題だけではこの論文の内容は分かりづらいが、この論文において彼が主張したことは、不奏効の取立訴訟においてはその原因が第三債務者の不十分なあるいは遅れた陳述に基づくならば、原告は訴えの取下げをすべきであり、その際の訴訟費用の裁判は二六九条三項二段または三段を類推適用すべきであるというものである。

　もっとも、判例や多くの学説はザウアーエシッヒのようには考えていない。なぜならば、段階訴訟の問題とこの問題は状況を異にすると考えるからである。そしてこの問題に関して二六九条三項三段の類推解釈を行うことには懐疑的であり、消極的である。その主たる理由は、敗訴の原告が訴訟費用を負担するのが原則であり、それに対する例外規定の拡張は許されないということである。またこの問題に関しては、例えばＺＰＯ九三条ｄのように立法に規定されていないということである。

　ザウアーエシッヒの主張の当否や学界での反応は別にしても、一方的訴訟終了宣言の守備範囲が侵食される傾向にあることを示す一例として理解すべきであろう。この問題に関しては、詳論したことがある（拙稿・㉑〔取立訴訟〕四二七頁以下）。

(106)　ＺＰＯ二六九条三項三段の創設に関する学界の反応については、拙稿・⑮〔法改正〇二〕二九頁以下（特に三四頁）で述べたことがある。これについては、第二編第二章第二節にまとめてある。

　なお二〇〇四年施行の民事訴訟法の改正で、この規定は当初の字句が削除されたり新たに一文が加わったりしたが、その意味や学界の反応については、拙稿・⑰〔法改正〇四〕三〇頁以下で述べたことがある。これについては、第二編第二章第四節・第五節にまとめてある。

(107) ＺＰＯ二六九条三項三段の創設の日本法における意味については、拙稿・⑮〔法改正〇二〕三九頁以下で論じたことがある。またこの規定は二〇〇四年施行の民事訴訟法の改正で改正されが、この改正の日本法における意味については、拙稿・⑰〔法改正〇四〕三四頁以下、四四頁以下で述べたことがある。これらについては、第二編第二章第三節２・第四節４・第五節４・５等においてまとめてある。

(108) 序章第一節注(8)で指摘したことであるが、ドイツでは二〇〇五年三月一日にブランデンブルク上級地方裁判所（ＯＬＧ）は、ＺＰＯ二六九条三項三段は憲法違反であるとの判断をしている。この規定は原告に有利な制度であるから、いわゆる武器平等原則に反するものであり、それは連邦憲法第三条が定める法の前の平等の原則に違反するというものである。これに対して二〇〇五年一〇月六日に連邦通常裁判所（ＢＧＨ）はこの決定を取り消し、違憲論を否定して合憲論を展開した。下級審と上級審の対立であるが、これは訴訟経済と手続保障の綱引きと考えることができる。

この綱引きは最上級審であるＢＧＨの合憲論で決着がついたように見えるが、しかし、その後に下級審の判断を支持する論文が登場したこともあり、今後の展開が注目される。すなわち、それはダリボーの「ＺＰＯ二六九条三項三段による訴訟費用の手続における憲法違反のリスクの分配」（民事訴訟雑誌一一九巻三号三三一頁以下〔二〇〇六年〕）という論文である(Dalibor(K), S. 331ff.)。この論文において、彼はＢＧＨの合憲論を厳しく批判している。なおＺＰＯ二六九条三項三段が違憲であるか否かのドイツの論争については、拙稿・㉓〔訴訟経済〕六九頁以下が詳しい。

(109) 日本の訴訟終了宣言論の現状については、拙稿・⑲〔日本〕一七頁以下で述べたことがある。これについては、第三編第一章第一節にまとめてある。

(110) 日本において訴訟終了宣言を解釈論として構築することが可能であることについては、第四節１や拙稿・⑲〔日本〕四二頁以下で詳論した。なおこの論考の概要については、前注(77)で述べた。

(111) 既に前注(78)で述べたように、弁護士費用敗訴者負担を定めた法案は平成一六年三月二日に内閣から衆議院に提出されたが、同年一二月三日に衆議院で廃案となった。

第四章　本案の判断と訴訟費用の裁判の連動性

第一節　問題の所在

本案の判断と訴訟費用の裁判の連動性とは、訴訟費用の裁判が本案の裁判の結果に左右されることである。連動性を肯定するというのは、訴訟終了宣言による解決の妥当性を根拠づける。なぜならば、訴訟終了宣言の制度は連動性に対応した手続構造をしているからである。原告が（例えば被告の弁済という）終了事由の発生を理由に終了宣言をし、被告が同意するといういわゆる双方的訴訟終了宣言の場合は、裁判所は訴訟の終了が生じなかった場合の本案の裁判の結果を予測し、それに基づいて訴訟費用の裁判を行う。原告の終了宣言を被告が（例えば、訴えは当初から不適法であったとか、理由を具備していなかったとかで）争う場合は、一方的訴訟終了宣言であり、この場合の裁判対象は、一方的訴訟終了宣言の法的性質論によって異なるが、ドイツの通説や判例である訴えの変更説（第三章第二節３Ｄ）によれば、訴えが当初から終了事由発生時まで適法で理由を具備していたか否かである。裁判所はこれについて本案判決で判断し、肯定すれば（認容判決の場合は）訴訟費用は被告の負担であり、否定すれば（棄却判決の場合は）訴訟費用は原告の負担である。なお訴えの変更説が通説であることについては第三章第二節４の冒頭で、判例も訴えの変更説であることについては同・第三節注(45)で述べた。

これに対して連動性を否定する説は、本案の判断に関係なく訴訟費用の裁判で処理すれば十分であると主張する。日本法でいえば、民訴法六二条を適用（準用）して処理すれば十分であるということである。すなわち、「原告は当該訴訟において訴訟費用の負担についての判断材料を提出し、民訴九〇条〔筆者注、現行民訴法では六二条〕を適用して、訴訟費用の負担を免れることができる。この場合判決が訴え却下ないし請求棄却になるのは、便宜上のことに過ぎない」（石渡・参資二１・三二五頁）というものである。

この問題に関して、グルンスキーが一九九〇年に発表した「本案の裁判と訴訟費用の裁判が連動することの限界」（Grunsky(A), S. 165ff.）という論文に注目すべきである。この論文において、彼は一方的訴訟終了宣言の制度について否定的な評価を下し、問題は訴訟費用の裁判で解決できることを力説した[1]。これは日本の通説である訴訟終了宣言についての消極説、すなわち民訴法六二条で処理すべしとの説を勇気づけることになるので、彼の見解を紹介し、その見解の意味を考えてみようと思う。なお彼の見解を一言で言うならば、一方的訴訟終了宣言を止めて、訴訟費用の裁判の中で処理すべきであるというものであるから、この見解をここでは仮に「訴訟費用裁判説」と名づけることにする。

（1）　グルンスキーは一方的訴訟終了宣言の法的性質論について、学説は簡単な問題をわざわざ難解にしていると批判している（Grunsky(A), S. 170 Fn 17. この批判は、第三章第二節注(38)に訳出してある）。なお彼の法的性質論については、第三章第二節４Ｃａにまとめてある。

第二節　訴訟費用裁判説の内容

グルンスキーの訴訟費用裁判説の大要は、次のようなものである。

ＺＰＯ九一条一項により訴訟費用は敗訴者が負担することになっているので、一般に訴訟費用の裁判の内容と本案の裁判の内容とが連動している。しかし、ＺＰＯ九三条・九四条等は勝訴者に一定の要件のもとで訴訟費用の負担を課しているから、法は連動しない場合も認めている。[2] 問題は法が規定していない場面で、この連動を断ち切ることができるかということである。具体的な事例として、取立訴訟とＺＰＯ八四〇条二項後段の第三債務者の責任の問題を取り上げる。[3] すなわち、第三債務者が債権者に対して当該債権についての陳述義務を果たさなかったために、債権者が取立訴訟で敗訴するに至った場合の訴訟費用の問題である。この場合はＺＰＯ八四〇条二項後段により、取立訴訟の訴訟費用は勝訴者が負担すると一般に解されているが、その方法が問題になる。当該訴訟において被告である第三債務者に負担させるべきである。判例は訴えの変更説に基づいて、被告の第三債務者が訴訟費用を支払う義務がある旨の確認の訴えに原告は訴えを変更すべしと説くが、それは複雑な構成の形式論であり、迂遠な解決方法で全く合理性がない。これに対して当該訴訟の訴訟費用の裁判で処理すれば、債務名義は簡単に得られるし、手続は単純である。あるいはこの場合に、一方的訴訟終了宣言やＺＰＯ九三条の類推という方法も主張されているが、訴訟中に終了事由が発生したという事例ではないから適切ではない。またこれらの方法は原告のための制度であり、理由のない訴えが訴訟中に理由が生じた場合の被告の救済を考えていない点で、衡平とはいえない。

訴訟終了宣言について訴訟係属前の訴訟終了宣言が許されるか否か、またこの場合の訴訟費用の負担に関して議論されているが、[4] これは右記の取立訴訟の場合と同じように、本案の裁判と訴訟費用の裁判の連動性を否定して、訴訟費用の裁判で考えれば済む問題である。また実務では珍しいことであるが、当事者が契約によって訴訟費用の負担を決める場合がある。この場合は正に訴訟費用の裁判でそれを顧慮すれば、解決できる問題である。

もっとも訴訟費用の裁判という方法を採用すると、上訴方法が問題になる。単独で上訴できるのかということである。ＺＰＯ九九条一項は訴訟費用のみの上訴を認めていないが、(5) 二項という例外があることから明らかなように絶対的なものではない。九九条一項が独立の上訴を禁止している状況とこの場合は異なるから、直ちに単独で上訴できないというわけではないし、本案と共に上訴するという方法もある。

このような考察から明らかなことは、本案と訴訟費用の裁判の連動性は絶対的な原則ではなく、訴訟終了宣言の申立ては訴訟費用裁判の申立てと考えればよい。訴訟費用の裁判は本案の裁判に連動させず、訴えが終了事由発生まで適法で理由を具備していたならば、訴訟費用は被告負担として棄却判決を下すべきである。ＺＰＯ二六九条から明らかなことは、被告は棄却判決を得る利益を有しているからである。(6) 一方的訴訟終了宣言の裁判の既判力の問題であるが、通説は訴えが終了事由発生まで適法で理由を具備していたことに既判力が生じると考えているが、このように広く既判力を認めることはない。現在の権利関係の存否に関して既判力が生じれば十分である。既判力の範囲を制限すれば、誤判の可能性が少なくなる。

(2)　ＺＰＯ九三条は、被告が即時認諾した場合に訴えを誘発していないならば、訴訟費用は原告が負担する旨の規定である。日本では明治二三年の民訴法九四条が同様な内容の規定であった。しかし、大正一五年の民訴法（旧民訴法）はそれを他の規定とともに九〇条として統合し、要件を抽象化したために、同様な規定を見ることはできない。現行法六二条はこの九〇条を引き継いだものである。
一方ドイツではＺＰＯ九三条のａ〜ｄ・九四条は特定な訴訟事件をそれぞれ挙げて、その訴訟で一定の要件に合致すれば勝訴者に訴訟費用の負担を課すことができる旨を規定している。すなわち、ドイツ法は訴訟費用の敗訴者負担の例外については、日本の民訴法六二条のような一般的な例外規定を置くことなく、個別具体的な規定を必要に応じて立法することによって対応している。

ところで、二〇〇九年九月一日にＺＰＯ九三条のａ・ｃ・ｄの各条文は廃止された。すなわち二〇〇八年六月二七日にドイツ連邦議会によって可決された「家事非訟事件手続改正法（Gesetz zur Reform des Verfahrens in Familiensachen und in den Angelegenheiten der freiwilligen Gerichtsbarkeit, 略語はＦＧＧ—ＲＧ）」がこの日に施行され、それに伴っての廃止である。この改正の目的は、民法（ＢＧＢ）、民事訴訟法（ＺＰＯ）等に規定されている家事事件に関する規定と、非訟事件手続法（Gesetz über die Angelegenheiten der freiwilligen Gerichtsbarkeit, 略語はＦＧＧ）に規定されている非訟事件手続とを、「家事非訟事件手続法（Gesetz über das Verfahren in Familiensachen und in den Angelegenheiten der freiwilligen Gerichtsbarkeit, 略語はＦａｍＦＧ）」に統合して、家事事件に関する手続について統一的で体系的な法律を独立して創設するためである。

その意味において、前記規定は完全に廃止されたのではなく移動である。Baumbach/Hartmann(C)の六七版（二〇〇九年）ではこれらの規定は削除されているが、この本の補正版（二〇〇九年）にはこれらの規定の注釈と移動先が掲載されている。それによれば、ＺＰＯ九三条ａはＦａｍＦＧ一五〇条、ＺＰＯ九三条ｃはＦａｍＦＧ一八三条、ＺＰＯ九三条ｄはＦａｍＦＧ二四三条である。これに対して、Saenger/Gierl(C)の三版（二〇〇九年）はそれぞれの条文において「削除」と記載した後に、「ＺＰＯ九三条ａの規定していた内容は、ＦａｍＦＧ一三二条と一五〇条に引き継がれた。」と述べている。なおＺＰＯ九三条ｃ・ｄの移動先の条文については、前記バウムバッハの注釈書と同じである。

なおこのドイツの家事非訟事件手続改正法、家事非訟事件手続法等については、萩原佐織「ドイツ家事非訟事件手続法（ＦａｍＦＧ）の研究（１）—家事・非訟紛争処理に関わる手続法の統一的創設—」摂南法学三九号七三頁以下（二〇〇九年）が詳細に報じている。

（３）　ＺＰＯ八四〇条一項は第三債務者に陳述義務を定め、二項はその義務の不履行から生じる損害の賠償責任を規定している。日本の民執法一四七条（旧民訴法六〇九条）に相当する規定である。日本では第三債務者の陳述義務や損害賠償責任については議論されているが、取立訴訟の訴訟費用の点に関しては必ずしも十分な議論はされていない。最近の日本とドイツの状況については、拙稿・㉑〔取立訴訟〕四二七頁以下で詳論した。

(4)　訴訟終了宣言と訴訟係属に関するドイツの議論については、拙稿・⑥〔訴訟係属〕一二頁以下で詳論した。最近の状況については、第二編第二章第一節でまとめている。

(5)　ZPO九九条一項は、訴訟費用について独立した上訴を認めない旨を定めている。二項は例外として、認諾判決の場合は訴訟費用の裁判に対して独立して即時抗告を認めている。なお一項を継受したのが、日本民訴法二八二条である。

(6)　ZPO二六九条は日本民訴法二六一条・二六二条相当の規定で、訴えの取下げの要件と効果を定めている。グルンスキーの主張は、被告の同意が訴えの取下げの要件になっているのは、被告の棄却判決を得る利益を保護するものであるとの理解に基づいている。

第三節　訴訟費用裁判説に対する批判

グルンスキーのこの見解はZPO八四〇条二項後段（日本民執法一四七条に相当）の問題を考える場合に有益であるし、訴訟費用の裁判の効率化という点でも説得力がある。また日本の民訴法六二条で処理すべしとの見解（＝訴訟終了宣言に対して否定的な見解）にとって有力な根拠になることは確かである。しかし、個別問題を離れて大局的に日本法の立場からこの訴訟費用裁判説を見てみると、次のような理由から現時点ではこの見解を支持することはできない。

第一に、この見解は問題の歴史的沿革を全く無視している。法は原則として本案の裁判と訴訟費用の裁判とを連動させたが、このことについてこの論文は全く考察していないし、一方的訴訟終了宣言についての学説の流れにも触れることはない。つまり、グルンスキーの見解は連動しないという例外を重視し、それを一般化した論法である。法が両者を連動させたのは、訴訟費用敗訴者負担の原則の根拠となっている結果責任主義との調和を考

えたからである。(7)

確かに訴訟費用の負担の問題を実体法的に考察するという視点は重要であり、理論的にも説得力がある。しかし、それがもし訴訟費用の負担に関して過失を重視するならば、結果責任主義によって克服された損害賠償説への回帰を意味するのではないだろうか。そうでないとするならば連動性の根拠を問い、かつての損害賠償説でないことと、その問題点を克服したという論証が必要であろう。(8) もちろん、問題の歴史的展開を重視するか否かは法学方法論に帰着するが、法典が整備されてたかだか百年の歴史しか有しない法継受国の日本においては、母法における問題の歴史的展開を考え、その中で学説の位置づけと評価を行うという作業は欠かせないように思う。

第二に、グルンスキーは訴訟終了宣言を訴訟費用の問題と割り切っている。訴訟終了宣言の問題は確かに訴訟費用の問題として展開してきたし、現実の訴訟終了宣言がなされる多くの場合は訴訟費用を巡る紛争であろうが、しかし、一方的訴訟終了宣言の場合はそれに尽きるものではなく、本案についての将来の紛争防止という機能にも注目すべきである。すなわち、訴訟中に訴訟終了事由が発生した場合に、請求が終了事由発生の時点まで適法で理由を具備していたか否かについて当事者間に争いがある場合には（一方的訴訟終了宣言）、裁判所はそれについて本案で確認を行うべきである。

ところがこのような場合は、日本では最二小判昭和二七年二月一五日民集六巻二号八八頁の判例に代表されるように、訴訟費用の問題として処理している。(9) しかし、請求が終了事由発生の時点まで適法で理由を具備していたことの判断を訴訟費用の裁判の中で行うならば、本案で行えるように工夫すべきである。判決理由の前半で原告の主張を全面的に排斥し、後半の訴訟費用に関する箇所においてその一部を認めることに人は違和感を覚えるし、そもそも訴訟中に不適法になったあるいは理由を失った訴訟と、最初から不適法あるいは理由のない訴訟とを同等に扱うことが問題である。法律専門家である実体法学者からも、区別しないことに対して問題が提起されていることも考えるべきである[10]。

ところで一方的訴訟終了宣言の法的性質について第三章で詳論したように、ドイツの通説は訴えの変更説であり、有力説はシュヴァープの中間紛争説である。両説とも一方的訴訟終了宣言でなされる裁判を本案に関する裁判と構成し、従前の訴訟物について既判力を生じさせているのは、訴訟終了宣言は単に訴訟費用の問題ではないと考えているからであろう。これに対してグルンスキーは被告とのバランス論から、訴訟終了宣言は原告を優遇するとの批判を展開する。しかし、訴訟終了宣言は訴訟費用の衡平な分担の問題に尽きるものではなく、当面の訴訟をどのように終了させるかの問題も含むものであるから、原告がイニシアチブを有するのは当然であり、両者の間に取扱いで差異が生じるのは当然である。

第三に、グルンスキーの見解は仮にドイツで支持されたとしても、現在の日本の状況では支持できない。弁護士強制主義を採用しているドイツでは訴訟費用の負担の問題は重要であり、当事者の関心はそこにある。そのようなことから、本案の問題と切り離して考える方が合理的であるとの説は十分考えられる。しかし、これはドイツでの事情であって、日本には当てはまらない。事情は全く反対である。日本では先ず弁護士強制主義が考えられなくてはならず、そのためには訴訟費用の負担に関する裁判手続が整備されなければならない。これが当面の最優先課題である。そのためには手続に透明性が求められるし、当事者の手続参加を認めていくことも必要であろう。その一つの場面として訴訟終了宣言を位置づけるべきである。もし現在の日本で訴訟費用裁判説を採ると、これらの問題が隠れてしまうように思う。それが問題である。

確かに日本民訴法六二条は訴訟費用裁判説から見ると先見的な立法に見えるかもしれないが、それは訴訟費用裁判説に立脚した積極的な立法というより、時間的な制約と訴訟費用については関心がないゆえに、細かい状況を考えることなく一般条項的な条文で済ませてしまったというのが真相であろう（第三編第三章第三節４）。すなわち、当時の職権主義的色彩の濃い立法からすれば当然の帰結であった[11]。その意味で決して先進的な立法と見るべきではなく、今日では訴訟終了事由と訴訟費用に関して必要以上に当事者権を制約している点で批判されるべきである。

このような理由から、グルンスキーの訴訟費用裁判説に賛成することはできないし、日本の通説の六二条による解決策に対して従来通り反対せざるをえない。たとえ訴訟費用の問題と解するにしても、最近の我が国の権利意識の向上とその育成を促す時代の要請や当事者権の充実ということを考えると、今後問題になることは必定であり、六二条では対応できないと思う。もし訴訟終了宣言を認めると、和解、請求の放棄・認諾、訴えの取下げの他、それと並んで当事者による訴訟終了事由を一つ増やすことであり、これは当事者としては選択の幅が広がることにもなる。しかも、重要なことは訴訟終了宣言の問題は六二条による解決策の存在から明らかなように、従来裁判所のやってきたことの延長線上の問題であり、急激な制度の変革ということでもない。我が国では訴訟終了宣言の制度が必要であるし、導入しても問題は生じない。

（7）　訴訟費用敗訴者負担の原則の形成過程ついては、第二編第一章第一節で詳論している。
（8）　エル・ガヤールはシュターネッカーの論文（Stahnecker (B), S. 85）を引用して、グルンスキーの訴訟費用裁判説を批判している。すなわち、訴訟費用の裁判の基準は何かという問題を投げかけている。基準は訴訟物についての判断にならざるをえず、そうであるならば訴訟経済上のメリットはないというものである（El-Gayar (B), S. 77f.）。私見のように歴史的生成過程から問題を考察しても、エル・ガヤールの批判と同じような結論にたどり着くことになる。なおグルンスキーは論文の最後で、自説はあくまでも概要を説いたものであり、より詳細な論証が必要であると述べているが、今後それを行う予定はないようである（Grunsky (A), S. 179）。
（9）　これは村議会議員除名決議の取消しを求める訴訟中に、議員の任期が満了したという事件である。日本の判例の状況と問題点については、第三編第四章で詳論する。なお本件に関する判例研究や判例としての意味については、拙稿・⑧〔近時〕八二頁注(28)で述べている。またこの判例は、第三編第四章第三節で取り上げている。

(10)　訴訟中に原告の行為に関係なく適法で理由を具備していた訴えが、不適法になるかあるいは理由を失う場合がある（第一編第一章第一節４）。この場合、裁判所は訴えを不適法として却下するか、あるいは請求を棄却することになる。これは訴えが当初から不適法であったか、あるいは理由を具備していなかった場合と同じ扱いである。両者を区別しないことは訴訟法的には問題はないが、これでは当該事件の法律的問題に関して裁判所の実体的な判断が示されないことになる。これを問題視するならば、訴えが適法で理由を具備していたことについて判決理由において判断すべきではないかということになる。また訴訟途中まで訴えが適法で理由があったことを考慮すると、敗訴した原告に全面的に訴訟費用を負担させるのは問題である。そこで敗訴の理由によっては、敗訴した原告が訴訟費用を負担しなくて済むように配慮する必要がある。

この問題については判例を題材にして、実体法学者のコメントを引用して、問題点を指摘したことがある（拙稿・⑪〔判例〕一一七頁以下。これは第三編第四章第三節にまとめてある）。本文で「実体法学者からも問題が提起されている」と述べたが、それはこの論考に基づいたものである。したがって、実体法学者の名前や具体的な文献はこれに譲る。

(11)　本間義信「大正期の民事司法」静岡大学人文学部法経研究二三巻二・三・四号一二五頁（一九七五年）は、大正期の民事訴訟法改正（旧民事訴訟法制定の過程）について、手続の迅速化＝職権主義化であったとし、それは我が国の近代化の遅れに照応するものであったとする。なお民訴法六二条の前身である旧民訴法九〇条の成立過程については、拙稿・⑬〔沿革〕一〇号三〇頁以下で詳論したが、第三編第三章第三節にまとめてある。

第五章　訴訟終了宣言の裁判例

訴訟終了宣言に関する議論はともすれば抽象的で具体性に欠ける。そこで具体的な事例を示す意味で、過去の論考において詳細に説明した判例を利用して、ドイツの訴訟終了宣言をめぐる裁判例を紹介する。選択した事例はこのようなために特に選んだものではないが、それでも原告はどのような場面において訴訟終了宣言を行うのか、被告はなぜそれを争うのかが具体的に明らかになると思う。さらにはドイツでは訴訟終了宣言に関してなぜ活発に議論されるのか、またなぜ判例も多いのかといった疑問に対する解答の一端を垣間見ることができる。

なお第二節は一九八一年の連邦通常裁判所（ＢＧＨ）の訴訟終了宣言についての判例の紹介であり、第三節は一九八二年のＢＧＨの判例の紹介である。これらに先立って松浦馨名誉教授は、一九六五年の訴訟終了宣言に関するＢＧＨの判例（NJW 1965, 1597）について紹介しておられる（松浦・参資二１・一五二頁以下）。

第一節　近藤完爾氏の提起した事案

1　近藤氏が在外研究中に見学した裁判

近藤完爾氏が雑誌・判例タイムズの巻頭言「法と人生」の欄において、「訴訟費用の裁判」という題名の論説を発表したことがある。(1) 氏はそこにおいて弁護士報酬を訴訟費用に組み入れた場合、「訴訟追行と事件処理の現実にどのように影響するのか、その功罪をどの角度からどう評価したらよいかが大変難しい」と指摘された。具体的な事例として、一九五九年の在外研究中に見聞したドイツの裁判事情が紹介された。(2)

「ハンブルク地方裁判所に通い始めて間もなく珍しい事件に出会った。債務弁済と保証債務の一部不存在を理由とする訴額一二万マルクの抵当権設定登記抹消および抵当証券返還請求訴訟である。ところが、訴提起から訴状送達までの一週間の間に債権者から債務消滅の承認と抵当証券の返還がなされた。日本でなら訴の取下か請求認諾で簡単に片付くところだが、この原告代理人は時を移さず訴を変更して四六六・七七マルクの損害賠償を請求した。その内訳は、手数料法定額二七五マルク、裁判費用一七五マルク、登記簿抄本請求費一六・八〇マルク、取引税一一・〇七マルクのほか郵便電話料金など細かく計算してある。ドイツでは請求の即時認諾があった場合は、被告の態度が訴提起を決断させる誘因となった場合を除して、勝訴原告が訴訟費用を全額負担させられるからである。それも、償還金額が僅少であれば大した問題でもあるまいが、法定額の弁護士手数料を含むとあってはこのような対策をとらざるを得なくなるわけである。

被告側も負けておらず、管轄違の抗弁のほか、被告側には訴提起のきっかけとなるような言動は全くないと主張し、これを唯一の争点として活潑な文書戦が展開されたが、弁論は一回で終結されていた。結果はどうなったか聞き洩らしたが、起訴の誘因にどちらが有責かという争点について証拠調をしないとは思い切った訴訟指揮だなというのが第一感であった。」

近藤氏はこの裁判に対して、「実質において訴訟費用の裁判であることを考えて簡易迅速に処理するつもりであったのであろう」と推測される。そしてそうであるならば、「いわば後始末的な付帯の裁判であるから本案訴訟のように時間と費用を追加して審理することは好ましいことではない」から、「一応もっともな論理である」とする。しかし、「この事件は認諾判決で終るべき筋のものであるから、有責原因の有無を審査する資料が皆無に近いところに難点がある」との意見を述べられた。その上で「このような訴訟現象はわが国では絶無に近いから最初は珍しい事件と感じただけであるが、……弁護士手数料の訴訟費用化が随所に日本と違った問題を生んでいることに気付いて、彼我の長所と弱点とをどのように評価すべきかという難しい問題に関心を持たざるを得なくなった」として、前述のような問題点を指摘するのである。氏は最後にこの論説を「それにしても甲論乙駁の議論がもう少しあってもよさそうな気がしてならない」と結んでいる。論述の順序は異なるが（引用した文章は論説の中の順序に従っていないが）、以上が近藤氏の論説の大要である。

近藤氏の右の論説は、訴訟費用獲得のために原告が訴えの目的が達成された後で損害賠償請求に訴えを変更して訴訟費用を訴求することがなされることの当否を問題にし、そのことについての我が国の議論を求めていると解することができる。さらには訴えの変更による新訴は損害賠償の訴えではあるが、その実質は訴訟費用の裁判である場合の審理の方法についても、ドイツでの方法が日本で妥当するであろうかとの問題を提起しているようにも思える。近藤氏の問題提起に対して今日までに何らかの意見が発表されたかというと、残念ながら私は寡聞にして知らない。しかし、今日の我が国では弁護士費用は訴訟費用に算入されていないとはいえ、このような問題は考える必要はないというわけではない。我が国における昨今の著しい国際化の進展と一般市民の権利意識の高揚を考えると、今後避けて通ることはできないと言わなければならない。つまり、前述のような事件が我が国で生じないとは断言できないし、近藤氏の問題提起が放置されてよいというわけにはいかないのである。少なくとも前記のような事件の処理法は考えておく必要があろう。とは言っても我が国では十分な実例がないので（近藤氏は「絶無に近い」と述べている）、この問題の先進国であるドイツの状況が勢い気になるところである。

2　訴訟係属前の訴訟終了事由の発生

近藤氏の右に挙げた事例で想起するのは訴訟終了宣言の制度である。原告が訴訟費用の負担をしないで自ら訴訟を終了させるためにドイツで創設された制度であるからである（第二編第一章）。そこで原告の訴訟終了宣言に被告が異議を述べない、あるいは同意した場合は双方的訴訟終了宣言であり（本編第二章）、裁判所は従前の訴訟状況等を考慮して、衡平な裁量によって訴訟費用の分担を決めることができる（ＺＰＯ九一条ａ）。つまり前記事例のような場合に、常に損害賠償への訴えの変更がなされるというわけではない。むしろ原告は訴訟終了宣言をして被告の出方をみるということも考えられる。それでは、なぜ原告代理人は訴訟終了宣言をしなかったのであろうか。答えは簡単である。当時も今日も、判例・通説の見解に立つならば、このような事例においては一方的訴訟終了宣言は許されないと考えられているからである⑶。その理由は一般に訴訟終了宣言が認められるための要件の一つとして、原告が訴えを維持する必要がなくなるような事実の発生は、訴訟係属の発生後でなければならないと解されているからである⑷。このようなことから明らかなように、この事例は訴訟係属前に訴訟終了事由が発生した場合であるので、訴訟終了宣言は許されない。もっともこの問題は一方的訴訟終了宣言の場合に問題になるのであって、双方的訴訟終了宣言の場合は問題にならない。両当事者による終了宣言の場合は処分権主義によって裁判所は終了事由の有無や終了事由の発生の時点を調べることはできないとされているから、これらを要件と解しても意味のないことであると説かれている⑸。

それでは、なぜここであえて訴訟終了宣言の制度を問題にするのかというと、近藤氏は訴訟終了宣言の制度についてはは言及されていないが、既に引用して示したように、この種の事件処理の手続の問題点を明らかにしているからである。近藤氏はこの事例について、原告の訴えの変更後の訴訟の実質は訴訟費用の負担を巡る争いで、ＺＰＯ九三条の「訴え提起の誘因をあたえない被告の即時認諾の場合の訴訟費用は原告負担」との原則から、争点は被告が訴え提起の誘因を与えたか否かの問題であるとしている。つまり本案の対象が訴えの変更により損害賠償請求に変わっても、実質は訴訟費用の裁判であり、「時間と費用を追加して審理することは好ましいことではない」からである。そこで一般の損害賠償事件とは異なり、事件処理に裁判所は「思い切った訴訟指揮」をせざるをえないし、その結果は「事件処理は法改正を先取りしたともいえる放胆さ」ということになる。「彼の地の気風からいえば極く当り前のことであるらしい」とはいえ、このような簡易迅速な処理が妥当するのは通常の損害賠償事件ではなく、訴訟費用を巡る紛争との理解に立つからであろう。そうであるならば、それに応じた理論構成が試みられるべきである。また簡易迅速に処理されることは可能とはいえ、訴えの変更による損害賠償による処理は理論的には明快ではあるが、この訴訟の本質が訴訟費用の裁判であるということを考えると、訴訟費用のためにのみ更に新たな裁判を続行させるという構造は、訴訟経済の点からも衡平という点からも合理的とは思えないのである。さらに、この種の事件では被告の行動に責任があるから、訴訟費用は被告が負担すべきであり、原告の利便性を考慮すべきである。原告の立場からすると、訴訟終了宣言の要件については訴訟係属の有無の点を除けば、訴訟終了事由の発生の時点まで訴えが適法で且つ理由を具備していたことを主張・立証すればよいから、訴訟終了宣言による訴訟費用負担からの解放の方が訴えの変更による損害賠償請求よりも簡単であるということになる。

こうしてみると、近藤氏の挙げた事例は適切な手続とは言い難く、訴訟終了宣言による解決が望ましいということになる。しかし、理論的には既述のように一方的訴訟終了宣言は認められないから、訴訟係属前の訴訟終了事由が発生した場合については、訴訟終了宣言ではないが訴訟終了宣言のような制度で対応することが必要であるということになる。このような状況に対してドイツでは二〇〇一年の大改正（施行は二〇〇二年一月一日）の際に、訴えの取下げを規定するＺＰＯ二六九条に三項三段として、訴訟係属前の訴えの取下げにおいて被告の同意を必要とすることなくＺＰＯ九一条ａのような対応ができる規定を置いて、このような要請に応えた（詳細は第二編第二章）。

（1）　判例タイムズ四七〇号一頁（一九八二年）。以下の本文の括弧内の文章は、これから引用したものである。

（2）　いつ頃のドイツの状況かというと、近藤氏はこれに先立ち別の巻頭言の中で「二〇年も前の異国での話が今の役に立つかどうかわからないが、それは読者に決めてもらうことにして書いてみる。その頃、私はハンブルク地方裁判所の視察を命ぜられて四ケ月ほど滞在していた」と述べている（判例タイムズ四五七号一頁（一九八二年））。氏の在外研究が行われたのは昭和三四年（一九五九年）であるから、この当時のドイツの状況ということになる。なお氏の在外研究の成果は氏の論文集『民事訴訟論考第一巻』（判例タイムズ社、一九七八年）に収められている。

（3）　二〇〇一年の改正法（二〇〇二年一月一日施行）によってＺＰＯ二六九条三項三段が新設された。これは訴訟係属前に訴訟終了事由が発生した場合に手続を迅速に終了させるための制度であり、訴えの取下げとＺＰＯ九一条ａの裁判所の裁量による裁判とを合体させた制度である（詳しくは第二編第二章）。立法理由書は制度を新設した理由として、一方的訴訟終了宣言は判例・通説によれば訴訟係属発生後にしか許されず、訴訟係属発生前では対応できないことを挙げている（拙稿・⑮〔法改正〇二〕一五頁以下。なお立法理由書は、第二編第二章第一節1にまとめてある）。換言すれば、一方的訴訟終了宣言が訴訟係属前に適法であるならば、ＺＰＯ二六九条三項三段は必要なかったということであろう。

　ところで訴訟係属前の訴訟終了宣言は適法か否かの問題に関する判例と学説の状況については、拙稿・⑥〔訴訟係属〕一二頁以下に詳しい。これは一九八八年の論考であるが、消極説が判例・通説であるとまとめている。前述の立法理由書から明らかなように消極説が判例・通説である状況は、この論考当時と変わっていないことが分かる。なお立法理由書は判例が消極説であることの根拠として判例を一つ挙げているが、その判決理由は前記拙稿において全訳してある（一五頁以下）。第三節で紹介する裁判例とは、この判例の全訳を整理したものである。

（4）　訴訟係属（Rechtshängigkeit）の発生の時点であるが、ＺＰＯ二六一条一項は「訴訟事件の訴訟係属は、訴えの提起により発生する」と規定し、同法二五三条一項は「訴えの提起は書面（訴状）の送達によりなされる」としている。要するにこの問題は訴状提出後・訴状送達前に訴訟終了事由が発生したことによって、適法で且つ理由を具備した訴えが訴訟の必要がなくなった場合の手続上の処理に関する問題である。なおドイツ法は訴状が裁判所に提出されて被告に送達する状態にある場合は、rechtshängig ではなくて anhängig であるというのであるから、Anhängigkeit における訴訟終了事由の発生と訴訟終了宣言の問題ということもできよう。もっとも Rechtshängigkeit と Anhängigkeit は日本語に訳すと、どちらも「係属」ということになる（山田晟『ドイツ法律用語辞典〔改訂増補版〕』三一一頁〔大学書林、一九九三年〕）。

ところで訴訟係属の発生の時点が訴状送達時ではなくて訴状提出時であると規定している場合がある。例えば行政裁判所法（ＶＷＧＯ）八一条・九〇条、財政裁判所法（ＦＧＯ）六四条・六六条、社会裁判所法（ＳＧＧ）九〇条・九四条等である。この場合は、訴訟係属前の訴訟終了事由の発生に基づく訴訟終了宣言の適否の問題は生じないことになる（拙稿・⑭〔行訴法〕五四頁）。

（５）　訴訟係属前における双方的訴訟終了宣言については、拙稿・⑥〔訴訟係属〕九頁注（８）が詳論する。

第二節　訴訟物の価額に関する裁判

１　本判決と本決定の意味

原告が訴訟終了宣言し、被告がそれに同意する場合は双方的訴訟終了宣言であり、訴訟は直ちに終了し、その後の手続はＺＰＯ九一条ａによって処理される（第二章）。しかし、被告が同意しない場合は一方的訴訟終了宣言であり、訴訟は続行し裁判によって終了することになる（第三章）。問題は続行する訴訟の訴訟物である。従前の訴訟の訴訟物が維持されるのか、それとも新たな訴訟物が設定されるのかという問題である。一方的訴訟終了宣言の法的性質論においてドイツの判例・通説は訴えの変更説を支持するが、それによれば一方的訴訟終了宣言によって訴えの変更のように新たな訴訟物が設定され、それが続行する訴訟の審判対象である（第三章第二節

３D)。そこで訴訟物をそのように解した場合、訴訟物の価額が問題になる。訴訟物の価額によって訴訟費用の額が左右されるからであるが、さらに重要なことは、ドイツでは訴訟物の価額によって控訴の許否が決まることである（ZPO五一一条二項一号)。

さてここで取り上げる判決は、　連邦通常裁判所が一九八一年一二月八日に下した判決（BGH, NJW 1982, S. 767）であり（①)、それに関係した決定（BGH, NJW 1982, S. 768）である（②)。①は訴訟終了宣言において非財産権上の訴訟はどのように取り扱うのか、②はその際の訴訟物の価額はどのように決めるのかといった問題について答えたものである。これらは続行する訴訟の訴訟物の問題について直接答えているものではないが、訴訟物の価額を決める方法を論じることによって、間接的にこの問題の答えを示唆した点で興味ある判決ということができる。

ところで訴訟物の価額の算定方法について、ZPO三条によれば自由裁量によって裁判所が定めることになっている。そこで訴訟終了宣言の場合の算定方法が問題となる。双方的訴訟終了宣言の場合は、従前生じた訴訟費用の額を訴訟物の価額として、それを基準に上訴する場合の価額を定めることになる点で問題はない。一方的訴訟終了宣言の場合は、従前に生じた訴訟費用の額を基準とする訴訟費用説か、あるいは従前の本案の訴訟物を基準とする本案訴訟物説かで争いがある。裁判所は、訴訟終了宣言後の訴訟は当事者の意思からすると単なる訴訟費用のための訴訟と見るべきではなく、直前の訴訟と同じとして考える旨を説いている。しかし、従来の判例が訴訟費用説に立っているために、従来の判例との整合性が問題となった。そこで裁判所は、非財産権上の争訟の特性を強調することによって、従来の判例とは事案を異にし矛盾するものではないとした。その意味で本件は具体的な事例を提供したものといえるが、訴訟終了宣言の訴訟物価額の算定についての従来の論争に一石を投じ、訴訟費用説から当時学説において有力であった本案訴訟物説へ一歩接近を試みたものとして評価されるべきものである。

なお訴訟終了宣言の制度について、我が国の通説は単に訴訟費用の問題にすぎないと解して、消極的な評価を下しているが（第三編第一章）、裁判所はそうではないことを具体的な事案とその処理方法を説いて示している。それはまた和解、訴えの取下げ、請求の放棄・認諾といった既存の当事者の行為による訴訟終了形態では対応できない事態の存在と、そのための新たな制度の必要性を説いていると解することができる。

なお注(6)〜注(12)は裁判所が引用した文献と判例であり、裁判所の表記に従いそのまま掲載した。したがって、これらは本書の文献表記の方法と異なるが、裁判所が挙げている文献は本書の参考資料四にすべて掲載されている。また以下ではドイツの裁判所として連邦通常裁判所と上級地方裁判所の名前が出てくるが、前者はＢＧＨのことであり、後者はＯＬＧのことである。ＢＧＨとＯＬＧについては、序章第三節１③で簡単に説明している。

２　判決要旨と決定要旨

①　非財産権上の訴訟と一方的訴訟終了宣言

非財産権上の訴訟は、原告が一方的に訴訟の終了を宣言することによって財産権上の訴訟になるわけではない。

②　名誉保護事件における一方的訴訟終了宣言の訴訟物の価額

原告の一方的訴訟終了宣言の場合（被告が訴えの棄却の申立てを維持している場合）、その訴訟物の価額は従前の訴訟費用の額によって決まるとする一般原則があるが、それは、名誉の保護を目的とする事件において、訴訟が事実上終了した後でも両当事者がその時の立場を間接的に法的に正当化する利益を有している場合、適用されることはない。

３　事実関係

被告の飼犬をめぐる相隣関係事件である。被告はその敷地内に「猛犬に注意」の掲示をしていたが、原告の主張によれば、その犬は敷地の外の通行人にも飛びかかり、通行人をも悩ましていた。原告の娘も既にその犬に噛みつかれたし、原告も襲われた。そこで原告は一九七七年一一月三日に被告に手紙を書いたが、それは彼の店の名前が記載された用紙に書かれたもので、恐らくは誤ったものと思われるが、彼の署名がなかった。手紙は次のような内容である。「……あなたに対して、犬を鎖で繋ぐか、あるいは檻に入れておくことを要求する。再三にわたり犬に吠えられ噛みつかれ悩んでいるからである。このような悩みは私の家族も味わっている。このようなことがなくならないのならば、私は前述のような手段（あなたに対して断固たる法律的手段）をとるであろう」。

返事として原告は次のような手紙を受け取った。「同封のあなたのお店の便箋に書かれた手紙のコピーを見ていただきたい。そのスタイルや内容から、私にはあなたがこの手紙を書いたとは到底考えられなかった。この手紙にはあなたの署名がないからである。将来この種の手紙が流布することがないように、あなたのお店の便箋が注意深く安全に錠をかけて保管されることを勧める。Ｂ地区の犬を飼っているすべての者に対する警告として、この手紙を掲示板に掲示することについて、あなたの同意を得る必要があった」。

原告の手紙は、Ｂ地区の掲示板に「すべての犬を飼っている人へ」という手書きの文言が付加されて貼付された。原告は、「被告は原告の被告に対する信頼を裏切り、そして原告を地区住民の笑い物にした」と主張した。原告は被告に対して、⑴一九七七年一一月三日付けの手紙をＢ地区の掲示板から取り除くこと、⑵訴状の中で詳しく述べたところの声明をすること、⑶原告に対して妥当な慰謝料（少なくとも一五〇〇マルク）を支払うこと等の訴えを提起した。一九七七年一一月三日付けの手紙は第一回口頭弁論期日前に掲示板から取り除かれたので、原告は第一の請求について訴訟の終了を宣言した。被告はこの終了の申立てに対して不知を理由に争うと共に、原告の訴えはすべて棄却すべしと申し立てた。被告は第一の請求も当初から理由を具備していなかったと主張し、その理由として、原告の手紙を掲示板に貼付したのは自分ではなかったと述べた。

地方裁判所はこの点については本案の終了を判決によって宣言し、訴訟費用を被告に按分比例により負担させ、その他の訴えは棄却した。訴訟の終了を宣言した判決に対して被告が控訴した。上級地方裁判所は第一の請求についての訴訟物の価額を二〇〇マルクと決定したうえで、控訴を不適法として却下した。被告の上告によりこの判決は破棄され、事件は差し戻された。なお連邦通常裁判所は、上告審の訴訟物の価格を五〇〇マルクに決定した。

４　判決要旨の理由

連邦通常裁判所が判決要旨（２①）を導いた理由は、次のとおりである。

Ⅰ　控訴審は被告の控訴を、それが非財産権上の争訟にかかわらずＺＰＯ五一一条ａにより、不服対象の価額として必要とされる訴訟物の価額の五〇〇マルクに達していないという理由で、却下した。控訴審は、原告の手紙を地区の掲示板から取り除くべしとの原告の申立てが〔掲示板から手紙がなくなったことによって目的が達成されて〕意味がなくなったので、訴訟は財産権上の争訟になったと考えた（〔　〕は筆者の加筆）。

＊　ＺＰＯ五一一条ａは、「財産権上の請求に関する訴訟において不服対象の価額が五〇〇マルクを超えないときは、控訴は不適法である」旨の規定である。しかし、法の改正によりＺＰＯ五一一条ａは削除され、現在ではＺＰＯ五一一条二項一号が同趣旨を規定している。ただし基準となる金額は五〇〇マルクではなく、六〇〇ユーロである。

Ⅱ　ＺＰＯ五四七条による被告の適法な上告により、当該判決を破棄する。

＊　ＺＰＯ五四七条は、「上告は控訴裁判所が控訴を不適法として却下する限り、許される」旨の規定である。しかし、この規

定は二〇〇一年の上訴制度の大改正により削除された。現行法は同趣旨の規定を有していない。

(1)　控訴審が原告の当初の申立てである原告の手紙を掲示板から除去するということは、非財産権上の争訟であったとした出発点は正しい。この除去を請求する権利は人格権の保護を目的としたものである。なぜならば、原告はB地区における彼の名誉が傷つけられると感じたからである。被告は原告の個人的な手紙を公開し、しかも、「すべての犬を飼っている人へ」と加筆して手紙を歪曲し、原告を第三者の注視のなかで笑い物にしたと、原告は考えたからである。かような権利の保護を求める要求は専ら彼の名誉の回復を求めるものであって、経済的利益を維持するものではない。人格的な名誉の保護を求める請求権は、原則として非財産権的性格を有するものである。また何らの追加的な経済的利益も原告は主張していない。すなわち――控訴審が訴訟物の価額決定に際して誤って判断したように――求められた掲示物の除去は、被告にわずかではあるが訴訟費用を負担させるかもしれないが、そこに経済的利益が存在するわけでもない。

(2)　しかるに控訴審は、この請求は原告の（一方的）訴訟終了宣言によって非財産権的な性格を失ったと考えた。それゆえに控訴審は、「地方裁判所の判決はもはや当初の訴えの要求の経済的効果についてのみを判断し、原告の観念的な利益は問題の手紙がB地区の掲示板から除去されたことによって失われ、被告は単に訴訟費用の裁判の変更のみを求めた」と考えたのであるが、かような法的評価は正しくない。

ａ　確かに被告は控訴審において終了した事実、すなわち、訴訟係属後、問題の原告の手紙が地区の掲示板から取り除かれたということは争ってはいない。しかし、被告は棄却判決の申立てを維持し、原告が一方的訴訟終了宣言において主張した事件を双方的訴訟終了宣言とし、ＺＰＯ九一条ａにより訴訟費用について裁判すべきとする原告の申入れを認めなかった。むしろ被告は、この訴えは当初から根拠のないものであったと主張した。これは許されるものであった。終了事実がたとえ争われていなくとも、被告は原告の一方的訴訟終了宣言に対して、

「争訟は訴えの不適法又は理由なしにより後発的に終了せず、訴えはむしろ棄却されるべし」と主張することができる。

一方的訴訟終了宣言の法的性質についての多くの見解の中からいずれの説を採用しようとも、[6] 裁判所は被告が棄却判決を求める場合は、本案の訴訟物について裁判しなければならない。すなわち、裁判所は（必要ならば証拠調べにより）、訴えが訴訟終了宣言まで適法で理由を具備していたならば、原告の申立てにより判決で訴訟の終了を宣言し、この二つの要件のうち一つが欠けていたら、被告の申立てにより訴えを棄却する。このことは連邦通常裁判所の確立した判例に一致する。[7] 棄却判決の申立てを維持するためには、いずれにせよ通常裁判所や労働裁判所の手続においてはいかなる被告の特別な権利保護の利益も必要としないということは、当審が最近認めたところである。[8] このことは被告が自らに課せられた訴訟費用の裁判の変更を主として、あるいはそれだけで上訴した場合でも妥当する。[9]

b　しかし、本案がこのようなことからなお係属していた場合、すなわち控訴審が被告の控訴により設定された本案の申立てについて裁判しなければならなかった時、Ⅱ(1)で述べた理由から非財産権の争訟が問題であった。被告は、控訴審が考えたような訴訟費用の裁判の変更を求めたのではなく、(1)の請求についての訴え棄却により、恐らく、むしろ被告が原告の人格権を侵害しなかったということが真っ先に確認されることを望んだ。この請求の非財産権的な性格は、「このような（一方的訴訟終了宣言の）訴訟状況では、原則として訴訟物の価額は当事者の訴訟費用上の利益に限られる」とする連邦通常裁判所の判例によって、影響を受けることもない。本件は連邦通常裁判所の判例が適用される事例ではないからである。その理由は、同時に下した訴訟物の価額についての決定から明らかなように、当裁判所はこの事件においてこの判例は一般的に適当ではないと考えて、訴訟物の価額を本案の価額によって決めるからである。詳細はこの決定の理由を参照してほしい。したがって非財産権上の争訟についての控訴が許されるか否かは、ＺＰＯ五一一条ａが財産権上の請求に関する訴訟について規定している控訴額、すなわち不服の対象が五〇〇マルクを超えるか否かによって決めるものではなかった。

5　決定要旨の理由

連邦通常裁判所が決定要旨（2②）を導いた理由は、次のとおりである。

訴訟物の価格は本案によって決まる。確かに連邦通常裁判所の確立した判例によれば、原告が一方的に訴訟終了宣言をし、被告が棄却判決の申立てを維持する場合には、原則として当事者の訴訟費用が基準となる。すなわち、当事者はもはや訴訟費用の裁判のためにしか訴訟の続行に対して法的に考慮せられるべき利益を有していない場合である。[10] この判例は文献[11]や多くの上級地方裁判所[12]によって承認されていないが、引き続きこの判例に従うべきか否かについては、本件においては留保する。すなわちこの判例が一般的な事例として認めたところの事実関係、すなわち、事実上の本案の終了により当事者において、もはや訴訟費用しか関心がないという事実関係が本件では存在しなかったからである。このことはとりもなおさず原告の動機から明らかであり、原告の関心こそが判断に当たっての基準となる。原告は明らかに少なくとも間接的ながら、名誉を傷つけられると感じられる行為を自ら阻止することが正当であると確認されることを希望している。しかし、被告においても、また、自らに向けられた処置が事実審の裁判官によって否定されるか、あるいは正当であるとされるかについて知る利益は、控訴審において求められる訴訟物の一部についての取るに足らない訴訟費用の価値に比べると、はるかに重要である。訴訟費用上の利益が一般に訴訟物の価額を判断する際の基準であるとする原則は、右記のような場合には決して適用されてはならないように思う。この原則は、また同じような状況の場合にも、それが明白に認められる限り、決して適用されてはならないから、その結果〔従前の判例と本件判例は矛盾するものではなく、単なる適用範囲を異にするものであるから、事件について〕、民事大法廷での審議を申し立てる必要はない（〔 〕は筆者の加筆）。

（6） 学説の状況については次の文献に記述されている。Stein-Jonas-Leipold, ZPO, 20. Aufl. §91a Rdnr. 39; Habscheid, in: Festschr. f. Lent, S. 167: JZ 1963, 624ff.; Deubner, JuS 1962, 211; Ulmer, MDR 1963, 974; Schwab, ZZP 72, 133; Rosenberg-Schwab, ZPR, 13. Aufl., §133 III; Temming, Einfluß der Erledigungserklärung auf die Rechtshängigkeit, Diss. Frankfurt 1972, S. 81ff.; Ansorge, Die einseitige Erledigungserklärung im Zivilprozeß, Diss. Köln 1973. これらすべてには、より詳細な文献紹介がある。

（7） BGHZ 23, 333〔340〕= NJW 1957, 628; BGHZ 37, 137〔142〕= NJW 1962, 1723; BGH NJW 1961, 1210; 1965, 537; 1969, 237; 1976, 799 = VersR 1976, 954; WM 1979, 1128.

（8） VersR 1980, 384.

（9） BGHZ 57, 224 = NJW 1972, 112.

（10） 公刊されていないが、Urt. v. 22. 2. 1952-IZR 49/51があり、その他にNJW 1958, 2016 = LM §546 ZPO Nr. 31; LM §91a ZPO Nr. 11 = NJW 1959, 724 L; NJW 1961, 1210 = LM §91a ZPO Nr. 13と、――もちろん異なった事例ではあるが――NJW 1969, 1173もある。

（11） 数多くの文献を代表して、Stein-Jonas-Leipold, ZPO, 20. Aufl., §91a Rdnr. 47; E. Schneider, Streitwert, 4. Aufl., S. 199ff. m. w. Nachw.

（12） KG, NJW 1965, 2405; 1968, 846; OLG München, JurBüro 1969, 434〔436〕; OLG Köln, JurBüro 1972, 162; 1974, 215; OLG Karlsruhe, JurBüro 1972, 516; OLG Bamberg, MDR 1973, 943; OLG Hamm, Rpfleger 1973, 144; VersR 1976, 1073; OLG Frankfurt, JurBüro 1975, 512; OLG Stuttgart, JurBüro 1975, 1500; OLG Celle JurBüro 1976, 1095; NJW 1970, 2113; OLG Koblenz, MDR 1977, 496; JurBüro 1977, 1257.

第三節　訴訟終了事由の発生時点に関する裁判

１　本判決の意味

訴訟終了宣言は訴訟中に訴訟終了事由が発生した場合、訴訟手続を終了させるとともに従前の訴訟費用の負担者を決める裁判を行う制度である。そこで訴訟終了事由が発生する時点は訴訟中であることが必要である。このことは訴訟の終了は訴訟が成立したことを前提にすることを考えると、当然なことである。そして訴訟中とは訴訟法学では訴訟係属の発生後のことであると解されているから、訴訟法学の用語でいえば、訴訟終了宣言は訴訟係属前に訴訟終了事由が発生した場合には許されないとの帰結になる。しかし、このように理路整然とした帰結にもかかわらず、訴訟係属の発生前においても許されるとする見解も有力である。なぜならば、許されるとする説は、訴訟終了宣言とは訴訟終了事由が発生した場合に訴訟手続を早急に終了させ、訴訟費用についても裁判所の裁量によって迅速に処理しようとする制度であると考えるからである。このような理解に立てば、訴訟終了事由の発生の時点が訴訟係属発生の前か後かによって訴訟終了宣言の利用の適否を決めることには合理性はないという帰結になる。すなわち、この見解は制度の形式論理よりも制度の必要性を強調する見解である。

ところで前注(3)で述べたことであるが、訴訟係属前に訴訟終了事由が発生した場合に手続を迅速に終了させるための制度としてＺＰＯ二六九条三項三段が新設され、二〇〇二年に施行された。立法理由書は、制度を新設した理由として一方的訴訟終了宣言では対応できないことを述べ、その根拠として、判例・通説が訴訟係属前の一方的訴訟終了宣言を不適法としている点を挙げている。立法理由書は、判例が消極説であることを示すために判例を一つ挙げているが、それが本判決である。すなわち、連邦通常裁判所が一九八二年一月一五日に下した判決（BGHZ 83, S. 12）である。なおＺＰＯ二六九条三項三段の新設の経緯、訴訟終了宣言との関係、その後の改正等については、第二編第二章にまとめてある。

ＺＰＯ二六九条三項三段の創設の立法理由が明らかにしたように、本判決はこの問題について積極説批判を展開し消極説の立場を鮮明にしている。そして、従前の下級審の判例と学説を詳細に引用している。その態度は問題の最終決着を図ったようにも考えられる。また本判決は消極説の根拠を明確に説くと同時に積極説の説く理由を明らかにしたうえで、それには根拠がないとしている。つまりこの問題を考える場合に、本判決を読むことによってそれ以前の状況に遡る必要がないほど、問題についての学説・判例の論点が整理されている。このことは本判決は論点整理として利用できると共に、本判決によって消極説を代表させることができるということである。立法理由書が本判決を挙げたのは当然のように思う。

そこで以下の紹介においては、本判決が（　）によって引用した過去の判例・学説はそのまま本節の注に転載し、判例・学説の状況を知るために利用できるようにした[13]。具体的には注(16)～注(26)がそれであり、本判決の表記に従いそのまま掲載した。したがって、これらは本書の文献表記の方法と異なる。また以下ではドイツの裁判所として連邦通常裁判所と上級地方裁判所の名前が出てくるが、前者はＢＧＨのことであり、後者はＯＬＧのことである。ＢＧＨとＯＬＧについては、序章第三節１③で簡単に説明している。

２　判決要旨

原告の訴訟終了宣言によって判決で確定される本案の終了は、訴えが訴訟係属発生後に（不適法または）理由がなくなったことを要件とする。

3　事実関係

原告はある土地債務の債権者で、それについては被告のアウフラッスング（Auflassung, 土地所有権譲渡の物権的合意）に基づく仮登記に優先する登記を有していた。(14) この優先権に対して、被告は仮処分の方法で異議の登記をした。そこで原告は一九七八年一二月二八日に裁判所に訴状を提出して、被告に対して異議の抹消の同意を求めた。ところがこの不動産は強制競売されて、一九七九年一月一五日に落札がされた。競売の条件によれば、登記簿用紙の第二欄と第三欄の権利は存続しないことになっていた。(15) 即ち、登記上の原告の権利は消滅したということである。一九七九年一月二九日に原告の抹消の許諾を求める訴状が被告に送達されたが、原告は本案が終了した旨の宣言をした。被告はこの訴訟終了宣言に異議を述べ、訴えの棄却を申し立てた。アルンスベルク（Arnsberg）地方裁判所は訴訟は本案において終了し、訴訟費用は被告の負担とする旨の判決を下した。ハム（Hamm）上級地方裁判所は被告の控訴を棄却した。連邦通常裁判所は上告を認めて訴えを棄却した。

4　判決要旨の理由

連邦通常裁判所が判決要旨（2）を導いた理由は、次のとおりである。

控訴審裁判所は不当にも本案の終了が発生したと考えた。被告がこの事件と同じように原告の訴訟終了宣言に異議を申し立てた場合は、裁判所は控訴審裁判所が正当に把握しているように、訴えにおいて主張された請求がいわゆる終了という事態まで存在していたか否かを調べなければならない。訴えが（後から）不適法になったかあるいは理由を欠くに至ったか否か――それ故に本案が終了したか否か――についての当事者間に存在する争いは裁判所によって判決をもって裁判されなければならない。(16) 裁判所が訴えにおいて主張された請求が終了という事態まで存在していたことを確認した場合は、本案は終了したとの裁判がなされる。これに反して裁判所が訴えは不適法かまたは理由を欠いているとの結論に達したならば、終了は生じることはない。この場合は訴えは棄却されなければならない。

(1)　争いがあるのは、終了という事態が訴状提出後・送達前に生じた場合、本案が終了し、そして裁判所によってこれが確認されうるのか否かということである。この問題については大部分は訴訟経済を理由にして、あるいはそれに加えて〔送達の効果を申立時に遡及させることを規定する〕ZPO二〇七条・二七〇条三項の根本思想を根拠にして、上級地方裁判所の判例(17)と少数の文献(18)が肯定している（〔　〕は筆者の加筆）。しかし有力説は、訴状送達前の本案の終了については未だ訴訟法律関係は存在せず本案を欠くという理由で可能なものとは考えていない(19)。

当裁判所はこの有力説に従う。訴訟が本案において終了したという確認は、原告のみの訴訟終了宣言の場合は、訴えが訴訟係属の発生後に不適法になったかあるいは理由を欠くに至ったかということを要件とする。これ以前は民事訴訟法が考えているところの訴訟は未だ存在しない(20)。訴状の送達によって初めて訴訟法律関係、当事者、訴訟物が決定される（ZPO二五三条、特に二項、二六一条）。単なる係属（Anhängigkeit）の段階では終了すべきいかなる「本案」も存在しない(21)。

ここにおいて主張された見解は当裁判所民事第三部の一九五六年七月一四日の判決（民集〔BGHZ〕二一巻二九八頁）と矛盾するものではない。それによれば、たとえ本案が訴状送達前ではあるが訴状提出後に終了したとしても、両当事者が本案について終了した旨を宣言した場合は、ZPO九一条aにより訴訟費用が裁判されるというものである。ZPO九一条aによる訴訟費用の裁判の適法性は、単に両当事者が本案の終了を宣言したか否かに依存する。本案が実際に終了したかとか、いつ終了したかということは、恐らくは訴訟費用の裁判の内容を形成するための役割を演じることになろう。

(2)　訴状送達前の終了を肯定することを擁護するために提示される根拠は説得力を持たない。単なる一当事者による訴訟終了宣言で、本案が終了したか否かが裁判され、それにしたがって終了が確認されるかあるいは訴えが棄却されるとするならば、この場合の訴訟費用の裁判は——両当事者の訴訟終了宣言による場合と異なり——個々に論じられたように[22]ZPO九一条aに基づくものではなく、ZPO九一条によるものである。[23]単に本案で敗訴したということが民事訴訟上の訴訟費用負担義務の基礎である。訴状が提出された時点あるいは終了という事態が生じた時点での実体的権利状態に従って費用負担者を決めることができるにしても、それは重要ではない。[24]終了という事態が訴訟提出後と訴状送達前の間に生じた場合にも訴訟による判決を通じて終了が確認されるならば、被告が訴訟費用を負担するように導かなければならないであろう。このことは、例えば被告は訴状が提出された時に既に自己の債務の履行を遅滞しているから、しばしば正当で衡平であろう。しかし、そうとは限らない。遅滞の要件は、例えば終了という事態が訴状送達前に発生した場合であっても欠けていたかもしれないし、原告によって主張された実体的請求権の消滅が——本件のように——既に訴状提出の際に明らかに差し迫っていたかもしれないからである。しかし、このような場合においても、本案が——訴状送達前に——終了したとの確認がなされるならば、被告が訴訟費用を負担しなければならないであろう。紛争はできる限り一つの手続で完全に処理されるべしとの訴訟経済の原則は、[25]このことを正当化するものではない。ZPO二〇七条・二七〇条三項からも、[26]正当化のために何らの根拠も導くことはできない。なぜならばこの例外規定は、原告が何らの影響も与えなかった事情によって生じる回復できない権利の喪失から原告を保護しようとする規定だからである。ところが、訴状の提出後・送達前の終了という事態だけで、権利が喪失することはない。すなわち、当該訴えのために使われた訴訟費用についての賠償請求権は、常に発生するものではないからである。そのような請求権については、原告が送達前に理由を欠くに至った訴えをそれに相応しく変更するか、さもなければ訴えの取下げ後に訴訟費用の賠償を求めて新しい訴えを提起すればよい。この場合は実体法の関係する規定に従って、民事訴訟法の手続によって裁判されるのである。ところが訴状送達前の終了を確認し、ＺＰＯ九一条によって訴訟費用の裁判がなされるならば、それが個々の事例において実体的権利状態に相応することを保証することはできない。

(3)　一九七九年一月一五日の当該不動産の競売によって原告の土地債務は消滅した（ＺＶＧ＝強制競売強制管理法九一条一項）[27]。これによって、原告の土地債務が優先することに対する被告の異議の取消しを求めて原告によって主張され承諾請求権は、――もしそれがそもそも存続した場合――一九七九年一月一五日、即ち訴え提起前に消滅した。本案の終了はそれ故に発生しなかった。

(13)　本判決は雑誌にも掲載されたが、それについては拙稿・⑥〔訴訟係属〕二七頁注(1)に挙げてある。この判決が有名な判例であることの根拠として注釈書の取り上げ方を述べたが、それについては同・二八頁注(2)、この後の判例が本判例を引用していることと、本判決の考え方を批判している文献については同・注(3)、本判決の文献引用が充実していると指摘している文献については同・二九頁注(7)、本判決と一方的訴訟終了宣言の法的性質論との関係については同・注(8)でそれぞれ述べた。

(14)　土地債務とアウフラッスングについての説明は、山田晟『ドイツ法概論Ⅱ第三版』一九九頁（有斐閣、一九八七年）に譲り、ここでは特に説明はしない。

(15)　登記簿用紙の第一欄は所有権に関するもの、第二欄は所有権、不動産担保権以外の権利（用益権、地益権）、第三欄は不動産担保権が登記される（山田晟『ドイツ法律用語辞典』一〇〇頁、一一四頁、四七九頁（大学書林、一九八四年））。

(16)　BGHZ 23, 333, 340; Senatsentscheidung vom 25. November 1964, V ZR 187/62, NJW 1965, 537; BGH Urteil vom 30. September 1968, VIII ZR 37/68, LM ZPO §91a Nr. 28 = NJW 1968, 2243.

(17)　z. B. OLG Hamburg MDR 1958, 174; OLG Düsseldorf MDR 1962, 137; OLG Köln JMBlNRW 1971, 246; OLG München Bay

VBl 1978, 676 = NJW 1979, 274; OLG Karlsruhe, Die Justiz 1979, 208; OLG Hamm MDR 1979, 941; LG Wuppertal MDR 1979, 941; OLG Hamm MDR 1980, 854; KG OLGZ 1980, 241.

(18)　z. B. Rosenberg/Schwab, ZPO 13. Aufl. §131 I S. 768; Reinelt NJW 1974, 344.

(19)　vgl. schon RGZ 54, 37, 39; OLG Celle OLGZ 65, 178; OLG München NJW 1966, 161 und NJW 1976, 973; OLG Hamm MDR 1979, 500; Baumbach/Lauterbach/Albers/Hartmann, ZPO 40. Aufl. §91a Anm. A 2 b und c; Thomas/Putzo, ZPO 11. Aufl. §91a Anm. 7 a bb; Stein/Jonas/Leipold, ZPO 20. Aufl. §91a Rdn. 11; Landsberg bei Gruchot Beiträge 36 (1892), 236; Lent NJW 1955, 1194 Anm. zu Nr. 13; Furtner JR 1961, 249; Schwab ZZP 72 (1959), 127; Ulmer, Die einseitige Erklärung der Erledigung der Hauptsache und der Erledigungsantrag, Diss. Heidelberg 1961, 23ff. ders. MDR 1963, 974; Ostendorf DRiZ 1973, 387; Bücking ZZP 88 (1975), 307, 314f. m. w. Nachw. zur h. M. auf Seite 308 Fußn. 7; Haubelt ZZP 89 (1976), 192; Weber DRiZ 1979, 243.

(20)　Landsberg bei Gruchot aaO, vgl. auch Lent, aaO S. 1195.

(21)　Baumbach/Lauterbach, aaO §91a Anm. 2a und 2c.

(22)　z. B. OLG München NJW 1979, 274 und OLG Düsseldorf MDR 1962, 137.

(23)　BGHZ 23, 333, 340; 57, 224, 226; BGH Urt. v. 30. September 1968, VIII ZR 37/68, aaO; BGH Urt. v. 7. November 1968, VII ZR 72/66, NJW 1969, 237.

(24)　vgl. dazu auch Schneider, Der materielle Kostenerstattungsanspruch, MDR 1981, 353, 354.

(25)　vgl. Mettenheim, Der Grundsatz der Prozeßökonomie im Zivilprozeß, Berlin 1970 S. 91.

(26)　vgl. dazu etwa OLG Hamburg MDR 1958, 174; OLG Köln JMBlNRW 1971, 246, 247; KGOLGZ 1980, 241, 243; OLG Hamm MDR 1980, 854.

(27)　強制競売強制管理法（Gesetz über die Zwangsversteigerung und die Zwangsverwaltung, 略語はＺＶＧ）については、中野貞一郎教授の翻訳があるので、その九一条一項の訳を参考までに掲げる（法務大臣官房司法法制調査部編『ドイツ強制執行法』一五五頁（法曹会、一九七五年)。

ＺＶＧ九一条〔権利の消滅〕　競売条件に従い存続しない権利は、第九〇条第一項に定める要件の下に競落により消滅する。

第二編　訴訟終了宣言の制度の生成と展開

本編の概要

1　本編の目的と内容の概要

訴訟終了宣言について、一八七七年のドイツ民事訴訟法は直接の規定を設けなかった。そのためか法典成立の直後から問題解決の方法をめぐって判例・学説は多岐にわたり展開した。一九四九年にZＰＯ九一条ａが民事訴訟法典に導入されたが、簡単な条文のために判例・学説が混沌としている状況は変わらなかった。しかしながら、一方的訴訟終了宣言の法的性質については、このような錯綜した状況から訴えの変更説が抜け出し、多くの支持を得て現在、判例・通説の座を獲得した。このような流れは何を物語るのであろうか。そもそもなぜ混沌とした状況が生じたのか。これらの素朴な疑問を解くために、訴訟終了宣言の沿革をドイツ普通法時代にたどってみようと思う（第一章）。

ところで訴訟終了宣言は民事訴訟法だけの問題ではない。ドイツではZＰＯ九一条ａは、他の訴訟法や手続法においても採用されている。また訴訟終了宣言はドイツ民事訴訟法の固有の問題ではない。ドイツ法系の代表的な民事訴訟法、すなわちオーストリア民事訴訟法とスイス民事訴訟法においても、最近ドイツの訴訟終了宣言の影響を受けた理論が展開している。このようにドイツ民事訴訟法において育まれた訴訟終了宣言は、他の訴訟法や手続法にもまた他国にも伝播し開花している。そこで日本法における訴訟終了宣言を正確に位置づけるためには、このような現象をどのように理解し評価したらよいのかを考える必要がある。ドイツにおける他の訴訟法や手続法でのＺＰＯ九一条ａの準用状況を概観し（第一章第五節）、オーストリア民事訴訟法とスイス民事訴訟法における訴訟終了宣言の問題をそれぞれ考察して（第三章・第四章）、これらの展開から学ぶべきことを抽出してみよう。

さらに注目すべきことは、ドイツにおいて二〇〇一年の改正法（二〇〇二年一月一日施行）によりＺＰＯ二六九条三項三段が創設されたことである。訴訟係属前に訴訟終了事由が発生した場合に、原告が遅滞なく訴えを取り下げたならばＺＰＯ九一条ａのような手続で処理するという規定である。この規定はＺＰＯ九一条ａと類似しているだけに、訴訟終了宣言にとって重要である。訴訟終了宣言に代わるものなのか否か、訴訟終了宣言に対する影響の有無、日本の訴えの取下げとの異同等の問題を考察しなければならない（第二章）。

２　考察に当たっての視点

訴訟終了宣言の制度について歴史的・比較法的な考察を行う場合、考察の視点が問題になるであろう。単に過去の制度や外国の制度を記述するだけでは、個々の歴史的な事実は得られても、現在の制度に内在する問題点を理解し、日本法が学ばなければならない点を把握することは困難であるからである。考察の目的は、制度の生成過程や歴史的な展開において必然性が見られるか否かを見極めることである。そのためには考察の視点は、現在のドイツの議論の本質と現在のドイツの法文や判例・通説の形成過程を理解することができるものでなければならない。

そうであるならばそのような視点とは何かということになるが、そのためには訴訟終了宣言の問題の特性を考える必要がある。すなわちＺＰＯ九一条ａは双方的訴訟終了宣言について規定しているが、この規定は「訴訟費用」の箇所に置かれている。他方、今日のほとんどの体系書は、訴訟終了宣言についての理論的な記述は「訴訟費用」の箇所ではなく、「当事者（の訴訟行為）による訴訟終了」の項目のもとで行っている（拙稿・⑨〔翻訳〕二一頁注(22)）。このことが示すように、訴訟終了宣言の制度は訴訟費用の問題であるが、処分権主義に根拠を置くところの訴訟終了を生じさせる当事者の訴訟行為でもある。すなわち訴訟終了宣言は、訴訟費用の負担を回避して訴訟を終了させるための当事者の訴訟行為という理解が必要である。このことは訴訟終了宣言を考える場合に、訴訟費用の負担者はどのように決めるのかという問題と密接な関係にあることを意味する。当事者が訴訟を終了させたいと思った場合に、訴訟費用の負担を負わないのであれば、訴訟終了宣言をすることはないからである。

訴訟費用の負担者の問題は、当事者の権利・義務の内容と要件に関する問題であるから、実体法の問題である。したがって民法の不法行為に準じて考えるのが実体法秩序と整合性がある。しかしながら、単に民法に依拠するというわけにはいかないのは、訴訟という特殊性を加味する必要があるからである。それは判断手続の特殊性である。本案の訴訟の審理の経過なり結果なりに依存して判断するということである。換言すれば、訴訟費用のための新たな審理は極力避けなければならないという要請がある。訴訟費用の負担者や負担の額は、本案の問題とは別に新たに審理して判断するということは十分考えられるし、実体法的視点からみると衡平であるとは思うが、本案終了後に訴訟費用のための新たな訴訟は本末転倒であるし、さらにその手続費用の負担者はどのようにして決めるのかという問題も生じるであろう。そのようなことから、訴訟費用の裁判は本案の審理を利用して、それで代替することが必要である。その限りで訴訟費用の裁判は本案の判断に依存せざるをえない。

しかし、給付訴訟において訴訟中に被告が履行すると原告の請求の理由はなくなるから、それを根拠に原告に訴訟費用の責任を負わせると著しく妥当性を欠く事態が生じる。この場合は被告が訴訟費用を負担すべきであり、訴訟費用の負担者は本案の判断の結論とは反対になる。つまり本案の裁判はそのままでは利用できないという事態になる。したがって訴訟費用の負担者を本案の裁判に依拠して決める一方で、他方、それによって妥当性を欠く事態をどのように解消させ整合させるかが考えられなければならない。

これらの問題はいずれの訴訟法も直面する問題であり、その意味で普遍性のある問題である。答えの一つは裁判所の裁量に委ねるという方法であり、日本法の立場である。しかし、この方法では、委ねられた裁判所はどのようにして判断するのかということが問題になる。さらに、今日的な視点からは、負担者とされた当事者の手続保障や手続の透明性も問題になる。訴訟終了宣言は正にこれに答えたものであり、当事者の主体的な行為によって問題を理論的に処理しようとして形成された制度である。つまり、ドイツでは日本法のような裁判官の裁量という方法を採用しないで、訴訟終了宣言の制度を精緻化させたということである。

このような理解から、各時代や各国の対応方法を調べ、それらとの比較を通して、訴訟終了宣言と日本の制度のそれぞれの特徴や問題点を考えてみようと思う。なおＺＰＯ二六九条三項三段は訴訟終了宣言の規定ではないが、訴訟費用を裁判官の裁量で決める制度であるから、主に訴訟終了宣言との異同という観点で考察する。

3　本編の依拠した拙稿

本編の各章が基本にした論考は、次のとおりである。論考によってはかなり古いものもあり、引用した文献は当時のままであるが、制度の歴史的発展の経緯やそれに対する私見は今日でもそのまま通用すると考えている。

第一章　ドイツにおける生成の歴史

①「西ドイツ民事訴訟法における訴訟終了宣言の制度の生成について（一）（二・完）」法学研究四九巻二号一八頁以

下、三号六一頁以下（一九七六年）〔生成〕

㉕「ドイツ民事訴訟法における訴訟費用敗訴者負担の原則に関する結果責任説の歴史的な展開の素描」法学研究八二巻一号（森征一教授退職記念号）一頁以下（二〇〇九年）〔結果責任〕

第二章　ドイツ民事訴訟法第二六九条第三項第三段の創設

⑥「訴訟終了宣言と訴訟係属」法学研究六一巻一〇号一頁以下（一九八八年）〔訴訟係属〕

⑮「二〇〇二年施行のドイツ民事訴訟法の改正と訴訟終了宣言」法学研究七六巻八号一頁以下（二〇〇三年）〔法改正〇二〕

⑰「二〇〇四年施行のドイツ民事訴訟法の改正と訴訟終了宣言」法学研究七九巻二号一頁以下（二〇〇六年）〔法改正〇四〕

㉓「訴訟経済と手続保障―ドイツ民事訴訟法第二六九条第三項第三段についての違憲論争が示唆するもの―」慶應義塾大学法学部編『慶應の法律学　民事手続法』慶應義塾創立一五〇年記念法学部論文集六九頁以下（二〇〇八年）〔訴訟経済〕

第三章　オーストリア民事訴訟法と訴訟終了宣言

①「西ドイツ民事訴訟法における訴訟終了宣言の制度の生成について（二・完）」法学研究四九巻三号九六頁以下（一九七六年）〔生成〕

⑫「オーストリア民訴法とスイス民訴法における訴訟終了宣言について」鈴木重勝ほか編『民事訴訟法学の新たな展開』（中村英郎教授古稀祝賀記念論文集上巻）六四二頁以下（成文堂、一九九六年）〔ドイツ法系〕

㉔「オーストリア民事訴訟法と訴訟終了宣言」法学研究八一巻一二号（藤原淳一郎教授退職記念号）一九九頁以下（二〇〇八年）〔オーストリア〕

第四章　スイス民事訴訟法と訴訟終了宣言

①「西ドイツ民事訴訟法における訴訟終了宣言の制度の生成について（二・完）」法学研究四九巻三号一〇五頁以下（一九七六年）〔生成〕

⑫「オーストリア民訴法とスイス民訴法における訴訟終了宣言について」鈴木重勝ほか編『民事訴訟法学の新たな展開』（中村英郎教授古稀祝賀記念論文集上巻）六五一頁以下（成文堂、一九九六年）〔ドイツ法系〕

⑯「スイス民事訴訟法と訴訟終了宣言」法学研究七八巻二号一頁以下（二〇〇五年）〔スイス〕

第一章　ドイツにおける生成の歴史

ドイツでは訴訟終了宣言について数多くの研究が発表されているが、歴史的な考察は多くはない。それは解釈論に直接役立つものではないと考えられているからであり、既にＺＰＯ九一条ａが存在することから、訴訟終了宣言の制度を所与のものとして理解するからである。(1) したがって訴訟終了宣言についての多くの論考では、制度の起源については断片的にしか述べられていない。しかしながら、日本法との関係や接点を考える場合、制度の起源とそれに起因する問題点を探究することによって、制度の汎用性や普遍的な面を考察する必要がある。そこで訴訟終了宣言の制度の起源をドイツ普通法に求め（第一節）、ドイツ民事訴訟法成立後の展開をたどりながら（第二節）、ＺＰＯ九一条ａの成立の経緯とその後の展開を概観する（第三節・第四節）。次に、その後ＺＰＯ九一条ａが他の訴訟法や手続法にも影響を与えた様子を概観する（第五節）。そして最後に、これらの概観を通して得られるＺＰＯ九一条ａをめぐる歴史的な展開の経緯から我々が学ぶべきことを考え、訴訟終了宣言の本質を探ることとする（第六節）。

第一節　ドイツ普通法における問題状況

１　学説・判例の状況

Ａ　結果責任説の確立

古来から訴訟費用は敗訴者が負担するということになっていたが、その理由としてはローマ法では様々な見解が主張されていた(2)。代表的な見解として刑罰説、損害賠償説、付随給付説、結果責任説を挙げることができる。刑罰説は軽率な訴訟追行に対するペナルティと考える説であり、損害賠償説は民法上の損害賠償の法理を準用する説である。付随給付説は本案の訴訟に付随して訴訟費用の裁判がなされる点に着目して、本案の責任に付随するものと説き、結果責任説は訴訟費用は敗訴者が負担するということは、敗訴という結果によって生じる責任であると説く。

このような学説の混線した状態から、一番問題が少ないとして抜け出したのが結果責任説である。他の説は、それぞれ次のような問題点が指摘された。刑罰説は敗訴者の訴訟追行は違法であると考えるが、一般的にそうであるとは断定できない。また違法の要件として故意・過失というような主観的な要件は証明が困難であるから、刑罰説では実際には勝訴者は敗訴者から訴訟費用を回収することは困難になる。損害賠償説は刑罰説を私法的に評価した説と考えられるので、この説に対しては刑罰説に対する批判がそのまま通用する。付随給付説は訴訟費用は本案に付随すると説くが、訴訟費用は本案の給付とは無関係であり、訴訟物の判断とは切り離して判断されるべきものである。そもそも訴訟費用の付随的な性格は、訴訟費用の裁判が新たな訴訟費用の問題を発生させないための要請にすぎない。結果責任説はこれらの欠点を解消させるものとして評価され、ローマ法後期においては次第に主流を占めるようになった。

このような状況がドイツ普通法に持ち込まれ、結果責任説に基づいた学説が開花し、それに従うような判例や立法が展開されていった。この説は本案の結果を重視し、訴訟費用の負担者を決める際に故意・過失等の主観的なものを判断基準から外したために、訴訟費用の裁判は容易になった。しかし、他方において画一的な処理に基づく不当な結果を招来することになり、その克服が新たな課題となった。つまり他の説は、衡平に反するような不当な結果を避けるために、主観的な要素を訴訟費用の負担者決定の基準に入れるのに対して、結果責任説は基準に入れないことから不当な結果を回避する方途を別に考えねばならなくなった。結果責任説の採用によって、結果だけでは決められない例外的な事象をいかに体系化し統一的に処理するかが新たな問題になった。

B　本案の裁判と訴訟費用の裁判

一八七七年の民事訴訟法の成立以前においては、訴訟終了宣言が問題にするような事例はどのように処理していたのであろうか。それは一八七七年の民事訴訟法にどのような影響を与えたのであろうか。このような問いは、現行法の訴訟終了宣言の由来や問題点を考えるうえで必要である。当時の状況を大略的にまとめると、次のようになる[3]。

第一は裁判所の判決による終了の場合は、認容判決か棄却判決かの二者択一の選択であり、それは判決時に訴えが理由があるか否かで決まるということである。若干付言すれば、これは現在の民事訴訟法の場合と同じである。換言すれば現在のこのような考え方の起源ということができる。ところでローマ法では争点決定時が重要であったから、判決時の実体状況を訴訟に反映させるということは、ローマ法の原則との決別である。第二は当事者が終局判決を望まない場合は、両当事者が一致して終局判決を放棄することができるということである。これは今日の双方的訴訟終了宣言の原型であるとも言われている（El-Gayar (B), S. 13; Stahnecker (B), S. 29）。第三は訴訟費用の負担者は本案の勝敗によって決まるが、これによって不当な結果が生じる場合はその回避のための努力がなされ、類型化した統一的な解決方法が志向されたということである。

このように当時の状況において現行法と類似している制度を見ることができるが、しかし、訴訟費用の負担者の決定に関しては、原則と例外との関係を必ずしも統一的に把握することに成功していなかったように思う。例えば金銭の支払いを求める訴訟において、被告が訴訟中に弁済し、それが訴訟において明らかになった場合、判決は棄却判決でも訴訟費用の負担は被告の負担であると説き、その根拠としてローマ法上の「*cofessus pro iudicio habetur*（認諾した者は敗訴者として扱う）」の原則を持ち出す（El-Gayar(B), S. 13f.; Smid(A), S. 252）。すなわち被告の弁済を認諾と考え、被告が敗訴したので訴訟費用を負担すると考える。しかし、既述の第一として述べたことからすると、本案の請求が棄却される場合であるから（訴訟費用は原告が負担すると考えざるをえないから）、負担者は本案の結果に連動させて決めるとする結果責任説と調和しないように思う。なおドイツ普通法時代でなく一九三二年のことであるが、弁済受領によって原告は目的を達成したので勝訴者であるとする見解が登場したことがある（Weiß(A), S. 297ff.）。要するに結果責任説は原則的事例と例外的事例との統一的な理論の構築のために、訴訟費用の負担者を本案の結果に依存させるとしつつも、それに徹しきれない面を持たざるをえなかった。

２　立法の状況

Ａ　一八六六年のハノーバー草案の審議の意味

訴訟費用敗訴者負担の原則と例外の問題に関しては、一八六三年二月四日にハノーバーで開催された第五九回ドイツ連邦民事訴訟法草案作成委員会における議論に注目すべきである。(4) その理由は、第一に、当時のこの問題に関する議論の状況を、この委員会の審議記録から知ることができるからである。第二に、ここでの議論は現行法に強く影響を与え、現行法にも受け継がれたと考えるからである（拙稿・①〔生成〕三号七九頁注（1））。もっとも現行法に対する影響については疑問視する声があるかもしれない。委員会は一八六六年三月二四日に民事訴訟法案を完成させて公表したが、同年六月に勃発したプロイセンとオーストリアの戦争によりドイツ連邦（同盟）は瓦解し、草案は法典化されることはなかったからである。しかし、一般にハノーバー草案と呼ばれるこの草案で注目すべきことは、この委員会で報告委員として草案の立案に大いに携わったのが、レオンハルト（Adolf Leonhardt）であるということである。当時ドイツの多くの州（ラント）で民事訴訟法が制定されたが、その中で傑出したものとして高く評価されたのが一八五〇年のハノーバー王国の民事訴訟法である。彼はその起草者として有名である（それゆえに、この委員会はハノーバーで彼が中心となって行われた）。彼はまた後にプロイセンの司法大臣として、一八七七年のドイツ民事訴訟法の制定に深く関与したこともよく知られている。このような理由から、ハノーバー草案は現行法に影響を与えた。またこのように考えると、一八七七年に成立したドイツ（帝国）民事訴訟法の審議の過程において、訴訟費用の敗訴者負担の原則の問題が十分議論がなされていない理由も、既に議論済みだったからということで説明がつく。[5] この草案における議論は現行法に受け継がれたとみるべきである。

B　ハノーバー草案における審議の内容とその評価

草案七四条一項は訴訟費用の敗訴者負担の原則を定めたものであり、「敗訴の当事者はその訴訟に因って相手方当事者に生じたところの、権利の目的に適った追行又は防御に必要な費用を賠償しなければならない」旨の規定である。そして具体的な判断については、同条二項が「どの費用を必要とみるかは、裁判所が証拠調べを許すことなく、裁量に従って裁判する」旨を定めている。これに対して例外規定として、次のような内容の規定を設けるべきであるとの提案がなされた。すなわち、「訴訟中に請求権の期限が到来した場合や訴え提起後に生じた抗弁によって訴えが棄却された場合には、勝訴者に訴訟費用を課すことができる」旨の規定（草案七四条ａ）である。(6) 提案理由は、主に次のようなものであった。七四条の原則規定がバーデン州の民事訴訟法のような損害賠償説ではなく結果責任説に基づいているから、ローマ法のように裁判官の裁量によって処理すべきでなく、個別的な例外規定を設けるべきである。(7) フランス民事訴訟法が訴訟費用敗訴者負担の原則を宣言しながら、実務と学説で例外を認めているのは立法の不備を示している。(8) 七四条一項だけでは、勝訴者に敗訴者への費用賠償を命じる根拠としては不十分である。

この提案に対して、主に次のような理由の反対意見が表明された。結果責任説は形式的に運用されて意味がある。例外が規定されるとそれが拡張解釈されて、勝訴者が訴訟費用を負担しなければならない事態が生じるおそれがある。例外規定を設けた立法があるというが疑問であり、ローマ法も形式的であり、それが近時の主流である。七四条一項で提案の趣旨は達成されるから、後は学説・判例に委ねればよく、例外規定の立法は必要ない。

審議記録によれば、さらに反論がなされ様々な観点から議論がなされたが、最終的には八対三の多数決で提案は否決された。中野教授はここでの議論を次のように評価している。「この提案をめぐる論議のなかに、われわれは、普通法上おおいに争われた、訴訟中に初めて理由を具備するに至った訴えは棄却か認容かという問題についての（争点決定時を基準とする）棄却説から（判決時または弁論終結時を基準とする）認容説への移行を通じて、伝統的な争点決定（Litiscontestation）の観念からの完全な脱却をみることができると同時に、訴訟費用敗訴者負担の原則の基本的把握として、行為責任主義が捨てられ結果責任主義が貫かれていくのを如実にみることができる」（中野・参資二１・基本問題一七七頁）。このようにして今日の通説の結果責任説が形成されたのであるが、現在において結果責任説を問題にする場合は、このような立法の経過を無視してはならないと思う。

（1）　ドイツでは制度の歴史にあまり関心が示されていないが、それは制度の歴史は現行法の解釈に役立たないと考えられているからである。ところで一九七二年に私はドイツのザールラント大学に留学し、ゲルハルト・リュケ教授のもとで訴訟終了宣言の研究に着手した。研究は当時の日本の法学研究の手法に従い訴訟終了宣言の制度の歴史から始めたが、その頃のことについて、次のように述べたことがある。「歴史的考察方法に没入していった私に、リュケ先生は、『歴史は法制史家の仕事であって法解釈学者の仕事ではない』と忠告された」（拙稿「訴訟終了宣言」三田評論九九六号七八頁〔一九九五年〕）。なお当時の様子やリュケ教授については第三編第二章第二節注(18)において述べている。

（2）　本文の1Aの記述は拙稿・①〔生成〕三号七〇頁以下において詳論したことを要約したものである。要約するに際して根拠とした文献については、記載を省略した。以下同様である。

（3）　本文の1Bの記述は拙稿・①〔生成〕三号七〇頁以下において詳論したことを、その後のドイツの文献を参考にして要約したものである。参考にしたドイツの文献は、El-Gayar (B), S. 14ff.; Smid (A), S. 245ff.; Stahnecker (B), S. 29ff. である。なお前記拙稿において参考にした文献は、Göppinger (B), S. 20ff. であった。

（4）　委員会での審議の様子は拙稿・①〔生成〕三号七六頁以下に詳しく述べられているが、中野・参資二1・基本問題一七六頁以下に簡潔に整理されている。

なおドイツ民事訴訟法の成立過程については、Hellweg, August, Geschictlicher Rückblick über die Entstehung der deutschen Civilprozeßordnung, AcP 61 (1878), S. 78ff., 斎藤常三郎＝中田淳一『独逸民事訴訟法〔I〕』現代外国法典叢書⑽一頁以下（有斐閣、一九五五年復刊版初版、なお該当箇所は一九三九年に公刊）、小山昇「民事訴訟法四二〇条一項三号の系譜」『判決の瑕疵の研究』小山昇著作集第一〇巻二〇八頁以下（信山社、一九九四年）等で述べられている。

ドイツ民事訴訟法の制定過程でこの委員会が果たした役割については、鈴木正裕「上告理由としての訴訟法違反—史的考察」民事訴訟雑誌二五号二九頁以下（一九七九年）の中の「三　ドイツ帝国民事訴訟法の成立前史」（四七頁以下）にまとめられている。なおHanoverの日本語表記は、ハノーファー（中野）、ハンノバー（法典叢書）、ハノーヴァー（小山、鈴木）等と種々あり、国語辞典も同様である。しかし私の見たところ、現在の国語辞典ではハノーバー表記が多いようなので、これを使用する。

(5)　ドイツの訴訟終了宣言の歴史を考察する研究者は、ハーン（Hahn, Carl）が編纂したドイツ民事訴訟法立法資料集（Die gesamten Materiallien zur CPO, 1881）に訴訟終了宣言に関する審議記録が掲載されていないことを理由に、現行法とドイツ普通法時代との関連性を否定的に解している（El-Gayar(B), S. 14; Smid(A), S. 250）。あるいは一八七七年の民事訴訟法制定後の判例や学説が問題解決のためにドイツ普通法を参照しないことを理由に、現行法とドイツ普通法時代の民事訴訟法との間に断絶があると指摘する者もいる（Stahnecker(B), S. 29）。

(6)　草案七四条と七四条aの原文（ドイツ語）は拙稿・①〔生成〕三号七六頁、日本語訳は中野・参資二1・基本問題一七六頁以下に掲載されている。

(7)　この当時の各州（ラント）の立法は、バーデンの民事訴訟法が損害賠償説を採用した以外はほとんど結果責任説であった。なお提案者は、ヘッセンの草案もバーデン法と同じ立場であると主張している。バーデン民事訴訟法（Die Neuen Justizgesete für das Großherzgothum Baden, 1863）の一六九条・一七〇条の原文（ドイツ語）は拙稿・①〔生成〕三号七五頁注(12)、日本語訳は中野・参資二1・基本問題一八〇頁注(4)に掲載されている。

(8)　ドイツ民事訴訟法制定に際して参考にされたフランス法の規定の内容とその後の改正については、中野・参資二1・基本問題一八一頁注(6)が述べている。

第二節　一八七七年のドイツ民事訴訟法の成立後の状況

1　学説・判例の取組み

一八七七年のドイツ民事訴訟法は、八七条（現在のＺＰＯ九一条）において敗訴者負担の原則を規定するとともに、[9] 訴えの取下げの場合は無条件で原告の訴訟費用を定め（二四三条三項〔現在のＺＰＯ二六九条三項〕）、結果責任説の採用を明らかにしている。[10] 注目すべきことは、結果責任説の例外ともいえる規定が設けられたことである。すなわち八九条（現在のＺＰＯ九三条）であり、被告が即時に認諾した場合は原告が訴訟費用を負担する旨を規定している。もっともこの規定の出発点が確認の訴えの濫訴の防止にあったことを考えると、[11] 結果責任説の例外的な規定ではあるが、かなり限定的な規定であり、一般的な例外規定と位置づけるのは問題があるかもしれない。いずれにしても例外的な規定はこれだけで、訴訟終了宣言が問題とする事例、すなわち訴訟中の被告の弁済に代表されるような場合に対応する規定は設けられなかった。これは既に述べたように（第一節２Ｂ）、弁論終結時を基準時とすることこそが判決にとって重要であり、判決や訴訟の結果こそが訴訟費用の負担者を決めるという原則を確立することを重視し、個々の問題は切り捨てざるをえないと立法者が判断したからではないかと思う。

このような立法の結果、訴訟の途中まで適法で理由のあった訴えについての訴訟費用の負担の裁判は、不衡平な結果を招来することになった。それは現象的には法の欠缺と映るから、このような事態を回避することが法典の成立した直後から学説・判例に委ねられたが、その場合に個別的な解決ではなく結果責任説の例外の体系的・理論的構築が求められた。具体的には次のような問題が議論された。

訴状送達前、すなわち訴訟係属前に被告が弁済したりあるいは認諾した場合、この訴訟費用は誰が負担するのか。この場合に原則を適用すれば、訴訟費用は原告が負担することになるが、これではあまりにも不合理だというので問題になった。そもそも救済はできないとの意見もあったが、様々な解決策が提案された。[12] 例えば、特別な訴えで救済を求めることができるとの説、訴訟費用についてのみ従前の訴訟を続行させるとの説、前述の八九条（現在のＺＰＯ九三条）の類推が可能であるとの説等である。しかし、諸説の中で最も有力な見解は、訴訟費用に訴えが減縮されると考える説であった。これは、新たな訴えが従前の訴えに密接な関係がある場合は、訴えの変更が常に許されるとの規定（現行法で言えばＺＰＯ二六四条である。同条はそのような場合を具体的に列挙しているが、その二号・三号に相当するということ）を根拠にした訴えの変更説である。さらにこの説は、従前の訴訟費用を本案として主張するか、あるいは本案判決を望まないで単に訴訟費用の裁判を申し立てるかで分かれる。

学説・判例は個別的に終了事実の分析を進める一方、判決によらない訴訟終了の体系化のために、このような事態を、訴訟終了を生じさせる訴訟行為との関連で見てみようという方法に関心が集まった。そこで右記のような特別な訴えの変更と考える説に対して、特別な請求の放棄と考え、現行法で言えば前述のZPO九三条の類推を考える見解が主張された。この他にも様々な学説が登場したが、学説の多様な展開は成文の法規がないために考えられる可能性がすべて考察された感があった。一般的な傾向としては、単なる訴訟費用の問題としてではなく、訴訟終了を招来する一つの独立の訴訟行為として考える方向が模索された。

2　不法活動責任説と結果責任説

訴訟費用の裁判において敗訴者でなく勝訴者に訴訟費用を負担させるために、訴訟費用の賠償責任の本質を当事者が不法（Unrecht）に争ったという点に求める学説が登場した。これが不法活動責任説（Unrechtstheorie）である[13]。本案終了事実の発生により本案判決を下すことはできないから、本案について判決がなされた場合を想定して、その場合の判決が訴訟費用の裁判にとって決定的になるという見解である。したがってこの考え方から導きだされることは、訴訟費用の裁判にとって重要なのは勝訴の見込みであり、具体的には訴え提起時から終了事由の発生まで、訴えが適法でかつ理由を具備していたということである。また被告が原告の訴えの提起に誘因を与えたか否かということも重要になる。

これに対して結果責任説（Erfolgstheorie）からは、原告が訴訟費用を負担するのは訴えで追求した目標が獲得できなかった場合であるとの反論が提起された。勝訴の見込みは関係ないし、八七条（現在のZPO九一条）の結果責任は全く形式的・画一的に決められるものであって、実体的な正当性とは無関係であることや、訴訟費用の裁判の基準時はあくまでも口頭弁論終結時であること等が強調された。つまり不法行為責任説との対立点は、訴えの当初からの勝訴の見込みを要件とするか否かということである。

このような論争を受けて判例も当初は様々な見解を表明したが、しだいに判例は不法活動責任説が主流になった。一方、学説においても不法活動責任説が主流となり、不法活動責任説は通説的な地位を獲得した。ところでこの説と結果責任説との違いは終了事由が偶然発生した場合に生じる。結果責任説では当初の訴えが適法でかつ理由を具備していたか否かを問わないから、終了事由が偶然生じた場合も（例えば、法の改正や終了事実が偶発的に発生した場合等）、原告の目的が達成されないから原告が訴訟費用を負担することになる。これに対して不法活動責任説では、訴えが適法でかつ理由を具備していたことが基準になるから、そのような場合であれば、終了事由の内容に関係なく被告が訴訟費用を負担することになる。原告はこの場合、勝訴判決を獲得したはずであるからである。換言すれば、相手方の行為（例えば、被告の弁済）によって終了が生じた場合は、両説とも結論を同じくする。不法活動責任説であれば訴えが適法でかつ理由を具備していたことを根拠にするであろうし、結果責任説であれば目的が達成されたことを根拠にするであろう。(14)

（9）　一八七七年のドイツ民事訴訟法の第三次草案（一八七四年）の敗訴者負担の原則を定めた八五条（一八七七年のドイツ民訴法八七条と同趣旨）の内容と、その立法理由については、中野・参資二１・基本問題一七八頁以下に詳細に述べられている。

（10）　現在のＺＰＯ二六九条三項二段は、訴えの取下げの場合に原告の訴訟費用負担を定めているが、この規定の沿革については拙稿・①〔生成〕三号八五頁以下に詳しい。

（11）　現在のＺＰＯ九三条は、被告が即時に認諾した場合の原告の訴訟費用の負担を規定しているが、この規定の沿革については拙稿・①〔生成〕三号七九頁以下に詳しい。

（12）　この間の学説・判例の展開の概要については拙稿・①〔生成〕三号九一頁以下で述べ、同・⑩〔立法〕八六頁以下で繰り返したが、これは主にGöppinger (B), S. 20ff. を参考にして整理したものであった。本書ではそれをEl-Gayar (B), S. 14ff. とStahnecker (B), S.29ff. の整理方法を参考にして、以下の本文で述べるように、訴訟行為の問題と訴訟費用の裁判の基準の問題に分けて整理してみた。個々の学説の詳細や文献については、これらに譲る。

(13)　不法活動責任説と表示したが、不法責任説では意味が不明であるし、不法行為責任説では民法の不法行為と誤解されると思ったからである。学説・判例の分類は、El-Gayar (B), S. 14ff. が簡潔で概要を把握するのに便利である。この時代の判例について独立した項目で比較的詳しく述べているのは、Stahnecker (B), S. 30ff. である。それぞれの学説について文献を詳しく紹介しているのは、Westermeier (B), S. 172である。

(14)　両説の違いについて、このようにまとめるのはStahnecker (B), S. 45である。

第三節　一九四二年の第三簡素化令第四条第一項による立法

1　立法の内容と意味

戦時体制下の一九四二年に五月一六日に第三簡素化令が公布され、六月一日に施行された[15]。この命令は五章一五条から成り、裁判所構成法（この命令の第一章の第一条が規定）、民事司法法と訴訟費用法（この命令の第二章の第二条ないし第八条が規定）を簡素化するための命令である（この命令の第三章の第九条から第一二条までと第四章の第一三条・一四条は特別地域に対する規定で、第五章第一五条は施行期日を定めている）。その四条一項は次のような規定である。なおこの条項は、参考資料一　１Ａにも掲載してある。

両当事者が本案の訴訟が終了した旨を宣言したときは、裁判所は訴訟費用について従前の事実状態及び訴訟状態を考慮して、衡平な裁量により裁判する。裁判は決定で行い、不服申立ては認めない。

Haben die Parteien den Rechtsstreit in der Hauptsache für erledigt erklärt, so entscheidet das Gericht über die Kosten unter Berücksichtigung des bisherigen Sach- und Streitstandes nach billigem Ermessen. Die Entscheidung ergeht durch Beschluß und ist unanfechtbar.

この規定が現在のＺＰＯ九一条ａに引き継がれたものであり、その意味でＺＰＯ九一条ａを理解するうえで、この規定の趣旨を問うことは重要である。

この規定の内容は法文に書かれていることに尽きるが、さらに次のような意味をも読み取らなければならない[16]。第一に、この規定は双方的訴訟終了宣言に関する規定であり、一方的訴訟終了宣言については規定していない。つまり、双方的訴訟終了宣言は法律で規制し、一方的訴訟終了宣言は解釈に委ねるということである。その結果、これ以降、判例・学説とも意識して両者を区別して論じることになった。第二に、訴訟費用の裁判が判決でなく、決定でなされるということである。従来の判例・通説は、訴訟終了宣言について本案の問題を訴訟費用の問題に変更する一種の訴えの変更と考えていたから、裁判は本案と同様に判決で行う必要があったが、本条により訴訟費用の裁判は判決ではなく、決定で行うということになった。第三に、本条は裁判官の裁量による訴訟手続の簡素化である。それを支えるのは両当事者の一致した訴訟行為であり、処分権主義に基づくということである。

２　結果責任説との関係

本条は「従前の事実状態及び訴訟状態（der bisherige Sach- und Streitstand）を考慮して」と規定しているが、これは不法活動責任説を引き継いだものと解することができる。というのは終了事由発生まで勝訴の見込みのあること、すなわち訴えが適法でかつ理由を具備していることが、訴訟費用の裁判の重要な基準であることを示しているからである。しかし、そうであるからといって、不法活動責任説に完全に基づいた立法であるということでもない。というのは、本条では「衡平な裁量により裁判する」ということになっていて、前記要件について特に審理がなされないからである。もし不法活動責任説であれば、従前の訴訟は訴訟費用の裁判に限定されて続行され、証拠調べ等の審理が行われるはずである。そうならなかったのは、本条が戦時体制による手続の簡素化の要請に基づく立法であったからである。

ところで訴訟費用の裁判のために、証拠調べをしないで裁判所が裁量で裁判するという規定と同様な趣旨の規定を、一八六六年のハノーバー草案七四条二項に見ることができる。(17) この規定は結果責任説に基づくものであるから、本条の「衡平な裁量により裁判する」という部分は、結果責任説に基づくとも言えなくはないと思う。しかし、本条において結果責任説が加味されていると考えるか否かについては、実益のある議論ではない。いずれにしても本条による双方的訴訟終了宣言の場合、勝訴の見込みについて審理することはないからである。これに対して一方的訴訟終了宣言については、未だ法律に規定がなく解釈に委ねられているから、不法活動責任説か結果責任説かの問題が今日まで残されている。さらに一方的訴訟終了宣言の場合は、両説の対立は訴訟費用の裁判において明らかになるというよりも、訴訟終了宣言の適法性を判断する場面で発現する点に注意する必要がある。ここでは本案の終了が先ず問題になり、訴訟費用の裁判はそれに付随するものと把握されるからである。かくして一方的訴訟終了宣言の場合、不法活動責任説による勝訴の見込みと結果責任説による審理をしないということの調和が求められることになろう。

3　結果責任説の意義

一八七七年の民事訴訟法以降の不法活動責任説と結果責任説の対立と展開の状況を概観した。問題はこれによって何が得られたかということである。そこで、この学説の歴史的な展開から学ぶべきことについて私見をまとめると次のようになる。

第一に、これらの学説は、一方的訴訟終了宣言の法的性質論における訴えの変更説の妥当性をより根拠づけるものである。訴えの変更説は今日のドイツの通説・判例の立場であり、(18)私見は日本でもこの見解に基づいて訴訟終了宣言を考えるべきであるというものであるが、(19)結果責任説をめぐる学説の展開は訴えの変更説の妥当性をより示すものである。これによりドイツの通説・判例の立場や私見の根拠は一層強固になると思う。訴えの変更説によれば、一方的訴訟終了宣言によって、従前の訴えが訴訟終了事由の発生まで適法でかつ理由を具備していたことの確認の訴えに変更される。そしてこの確認の訴えについての裁判の結果によって、一方的訴訟終了宣言が認められるか否かが決まる。換言すれば、訴訟終了事由の発生まで訴えが適法でかつ理由を具備していたことが、一方的訴訟終了宣言が認められるために必要ということである。このことは訴訟活動が正当であったことを意味するから、訴訟費用の負担の根拠については、正に不法活動責任説に立脚しているといえる。しかし、そうであるからといって、訴えの変更説は不法活動責任説に立脚しているということでもない。なぜならば、訴えの変更説は前記要件は新たな訴えの対象として訴訟物と構成し、本案の判断の結果をダイレクトに訴訟費用の裁判に反映させているからである。すなわち、前記の要件を欠けば敗訴者として訴訟費用を負担することになる。これは、結果責任説でも説明できることを意味する。結局のところ、訴えの変更説の訴訟費用負担の根拠は、不法活動責任説でも結果責任説でも妥当するということである。このことは、訴えの変更説はいずれの見解でも妥当するということである。それは正しく、訴えの変更説は訴訟費用の負担の根拠に関して強固な基盤を有していることに他ならない。

第二に、訴えの変更説において訴訟物の構成によって不法活動責任説と結果責任説との対立が解消するということは、訴訟費用の負担の根拠をめぐる議論は説明の問題であることを示す一方で、他方、両説の融合の可能性を示すものである。例えば、不法な活動であったがゆえに敗訴という結果が招来したということは、敗訴という結果は不法な活動によるものであると考えることができるからである。両説はいわば視点の違い、表現の違いということになる。つまり、結果や不法活動の内容の理解によっては、両説を統一的に融合的に考えることができる。そのことは両説のそれぞれが有する長所をより生かすことに繋がる。例えば、結果責任説によれば、訴訟費用の裁判は本案の結論に連動して行えばよく、その手続は簡単であるし勝訴者の保護になる。しかし、そのようにして得られた結果の妥当性はしばしば問題を残すことになる。一方、不法活動責任説によれば、結果の妥当性の説明には適しているが、訴訟費用の裁判手続において不法活動であったか否かを審理せざるをえなくなり、その手続はいわゆる重くなる危険性を有している。そこで両説が融合すれば、手続は簡単でしかも結果の妥当性を導くことが可能になる。このような考えは問題はあるにしても、両者を殊更に対立的に把握するよりも建設的である[20]。

第三に、このような結果責任説と不法活動責任説との融合から見えてくるものは、結果責任説の発展したものという理解である。そう考えると、結果責任説を規定した法律の目的と整合するし、訴訟費用の裁判において負担者を決める場合に、単に訴訟の結果に形式的・画一的に依存することもなくなる。ただし訴訟費用の裁判において弾力的な判断をすることが可能になるが、それによって基準が不明確になり、訴訟が遅延するようなことになれば問題かもしれない。しかし、そもそも立法が結果責任説を採用したのは、訴訟費用の負担者を決める場合に当事者の主観的な態様（故意・過失）を問題にしないということであり、それは訴訟費用をめぐって新たな紛争の発生を防止するためや、勝訴者の訴訟費用の回収を容易にするためであった[21]。したがって結果責任説と不法活動責任説の融合という考えは、当事者の主観的な態様を考慮しない限り立法の目的に反するものではないし、結果責任の原則と矛盾するものでもない。したがって融合的に考えれば、訴訟費用の負担者を決める場合に、単に訴訟の結果に依拠するのではなく、それに至る過程に注目することも可能であり、より妥当な訴訟費用の裁判ができることになる。このような見解を発展的結果責任説として結果責任説の延長線上で理解するならば、訴訟費用を負担する根拠について一元的に理解することができるとともに、訴訟費用の裁判において結果の妥当性を得ることが容易になるのでないかと思う。(22)

(15)　Verordnung zur weiteren Vereinfachung der Gerichtsverfassung, der bürgerlichen Rechtspflege und des Kostenrechts（Dritte Vereinfachungsverordnung -3.VereinfV). Vom 16. Mai 1942. Reichsgesetzblatt, Jahrgang 1942, Teil I, Nr. 54（Tag der Ausgabe: 20. Mai 1942), S. 333f.

一九四二年五月は、電撃的なポーランド侵攻（一九三九年九月一日）から二年半が過ぎ、突然のソ連への侵入（一九四一年六月二二日）から一年目を迎えようとしている時期である。一気に叩いてソ連を制圧するとの目論みが失敗し、戦勝気分が消え、戦線はいたるところで膠着状態になり、ドイツ帝国に陰りが見えてきた時期である。翌月の六月二八日にドイツは第二次夏期大攻勢をかけるが、翌年一月にスターリングラードで大敗北を受け、もはや立ち直ることはなかった。無条件降伏（帝国の崩壊）が一九四四年五月七日であることを考えると、第三簡素化令は正に帝国崩壊への序奏というべきかもしれない。なお日本において戦争遂行のため、「陪審法ノ停止ニ関スル法律」（昭和一八年法律第八八号）が公布され即日施行されたのは、一九四三年四月一日である。

(16)　本条については拙稿・①〔生成〕三号五四頁以下、El-Gayar(B), S. 18ff. 参照。本条に関する文献については、これらに挙げられている。なお本条二項は、「九九条二項及び三項は廃止する」旨の規定である（ドイツ語の条文は、参考資料一1Aに掲載してある）。この意味は、認諾判決においてなされた訴訟費用の裁判と、本案の裁判がない訴訟費用のみの裁判に対して独立の上訴が認められていたが（前者を九九条二項が、後者を三項が規定）、それを廃止するということである。本条一項が規定する訴訟終了宣言の訴訟費用の裁判は上訴が認められないが、これは二項の処置に整合させたからである。このような場合に上訴を認めないのは問題であるが、これが正に戦時の特別な措置である。したがって戦後、本条二項は承継されなかったし、承継された訴訟終了宣言の制度を規定した一項にしても上訴を認めるように改正された。ただし旧条項がそのまま復活したというわけではない。一九五〇年のいわゆる統一回復法は一度廃止した九九条二項を修正したうえで復活させたが、三項の復活はなかった。

(17)　ハノーバー草案と結果責任説との関係については、拙稿・①〔生成〕三号七六頁以下で詳論した。第一節2Bにまとめてある。

(18)　ドイツの一方的訴訟終了宣言の法的性質論については、拙稿・㉒〔一方的〕八号一頁以下に詳しいが、第一編第三章第二節にまとめてある。訴えの変更説の内容と評価に関しては同・第二節3D、訴えの変更説に対する批判については同・第二節4A、訴えの変更説が妥当すると判断する理由については同・第二節5において、それぞれ述べている。なお訴えの変更説がドイツの通説であるとする根拠については、第一編第三章第二節注(30)で説明している。訴えの変更説がドイツの判例であるとする根拠については、同・第三節注(45)で述べている。

(19)　拙稿・㉒〔一方的〕一〇号一頁以下で詳論したが、第一編第三章第四節にまとめてある。

(20)　ベッカー・エーバーハルトは、訴訟費用の負担に関するほとんどの規制は起因者責任説を基本として説明できるし、また不法活動責任説を基本としても説明できるとして、両者の関係を考察している（Becker-Eberhard (B), S. 22ff.)。ヴェスターマイヤーは、不法活動責任説と結果責任説は対立するものではなく、相互に関係することを論じている（Westermeier (B), S. 172f.)。

(21)　ドイツ民事訴訟法における訴訟費用敗訴者負担の原則の立法の経過は、拙稿・①〔生成〕三号七〇頁以下に詳しい。これについては第一節2、第二節にまとめてある。

(22)　ヴェスターマイヤーは結果責任説について、今日では起因者責任説の形で主張されていると述べている（Westermeier (B), S. 172 Fn 259)。ベッカー・エーバーハルトは、起因者責任説によって無益な訴訟活動に基づいた訴訟費用の負担（ZPO九三条、九四条、九五条、三四四条）だけでなく、訴訟に敗訴したことに基づく訴訟費用の負担（ZPO九一条）も説明できると説いている（Becker-Eberhard (B), S. 25)。このことは、ドウブナーがヘルビッヒの体系書や戦前のドイツの判例を引用して強調したことでもある（Deubner(A), JuS 1962, S. 207 Fn 17)。

第四節　一九五〇年の民事訴訟法第九一条ａの誕生とその後の法改正

１　民事訴訟法第九一条ａの誕生の経緯

Ａ　一九四八年のイギリス地区命令

訴訟終了宣言の問題が立法として初めて登場したのは、既述のように一九四二年の第三簡素化令四条一項であった。この命令は帝国の崩壊と連合国のドイツ占領に伴い、各占領地区でそれぞれ異なった扱いを受けた。そのままの地区もあれば廃止した地区もあるが、命令を廃止して民事訴訟法の改正という方法をとったのはイギリス占領地区であった。すなわち一九四八年一月二七日の「裁判所構成法・民事司法法・訴訟費用法の規定の改正に関する命令」であり（同年三月一日施行）、その二条五号はＺＰＯ九一条の後に九一条ａとして、第三簡素化令四条一項と同趣旨の規定を挿入することを規定した[23]。ただし簡素化令では裁判所の決定に上訴できないことになっていたが、この命令二条六号でＺＰＯ九九条を改正して、訴訟終了宣言の決定に対して上訴ができるようにした。なおイギリス地区命令による第三簡素化令四条一項の改正点については、参考資料一２Ａにまとめてある。改正後のＺＰＯ九一条ａのドイツ語の条文とその私訳は、同・Ｂに掲載してある。

Ｂ　一九五〇年の統一回復法

東西冷戦の対立からドイツの分裂が決定的になり、西ドイツが誕生し、急速に法整備が急がれた。いわゆる一九五〇年九月一二日の統一回復法は一〇月一日に施行されたが、その二条一一号はイギリス地区命令に倣い、第三簡素化令四条一項に多少の修正を施して、ＺＰＯ九一条ａとして民事訴訟法に挿入することを定めている。[24] その理由について政府草案の理由書は、「いわゆる一九四二年の第三簡素化令第四条が実務で実効をみたため、それを民事訴訟法に新たに挿入した」旨を述べている。[25] もっとも第三簡素化令四条は裁判所の判断に対して即時抗告を認めていないが、イギリス地区命令と同様に統一回復法では即時抗告を認めている。[26] 理由書は上訴制限は純然たる戦時処理に基づくものであるから、この点は簡素化令を承継しないと述べている。

なお西ドイツ連邦議会ではかなりの議論がなされ、一時的にせよ委員会において「衡平な裁量によって」との文言は削除するとの修正案が可決されたこともあったが、結局は当初の政府草案がそのまま可決された。[27]

なお統一回復法による第三簡素化令四条一項の改正点については、参考資料一３Ａにまとめてある。改正後のＺＰＯ九一条ａのドイツ語による条文とその私訳は、同・Ｂに掲載してある。統一回復法による改正とイギリス地区命令による改正との違いについては、同・Ｃ(2)にまとめてある。

２　民事訴訟法第九一条ａの改正

Ａ　一九九〇年の司法簡素化法による改正

一九九〇年一二月一七日の司法簡素化法は翌年の四月一日から施行された。[28] この法律によって九一条ａは改正されたが、統一回復法から起算すると四〇年ぶりであった。しかし、改正は訴訟終了宣言を容易にすることができるように、口頭弁論の期日以外でもすることができるとするもので、訴訟終了宣言そのものについては何らの修正を加えるものではなかった。その意味では従来の訴訟終了宣言の議論に影響を与えるものではないが、訴訟終了宣言は口頭弁論においてなされなければならず、訴訟費用の裁判も口頭弁論に基づいてしなければならないとの見解が過去に主張されたことがあるから（Müller (A), S. 130）、この立法によってそのような見解を排斥したことになる。

なおこの司法簡素化法によるＺＰＯ九一条ａの改正点については、参考資料一４Ａにまとめてある。改正後のＺＰＯ九一条ａのドイツ語の条文とその私訳は、同・Ｂに掲載してある。

Ｂ　二〇〇一年の民事訴訟法改正法による改正

二〇〇一年の民事訴訟法の改正は大改正であった。ＺＰＯ九一条ａもこの影響を受けて改正されたが、それは訴訟終了宣言の制度の改革ではなく、口頭弁論に関する規定の整理や上訴制度の改革に伴うものであった。すなわち、双方的訴訟終了宣言の場合の裁判所の裁判は口頭弁論を必要としないとする文言を削除したが、規定の内容が重複したからであり、規範の内容を変えるものではない。また訴額によって上訴制限をすることを受けて、双方的訴訟終了宣言の場合の裁判所の裁判に対する即時抗告に対して、この制限を適用するというものである。

なおこの民事訴訟法改正法によるＺＰＯ九一条ａの改正点については、参考資料一５Ａにまとめてある。改正後のＺＰＯ九一条ａのドイツ語の条文とその私訳は、同・Ｂに掲載してある。政府提案の改正理由については、同・Ｃ(1)にまとめてある。(29)

Ｃ　二〇〇四年の第一司法現代化法による改正

二〇〇四年の民事訴訟法の改正は前回の改正と近接していることから明らかなように、二〇〇一年の民事訴訟法の改正に続くものであり、その延長線のものである。二〇〇一年の改正は他の制度の改正に伴う改正であるが、二〇〇四年の改正は双方的訴訟終了宣言が容易に認められるための改正であり、その意味では簡素化法による双方的訴訟終了宣言の手続の簡素化の流れを加速させるものである。もっとも独自な改正というよりは、二〇〇一年の改正による他の部門（訴えの取下げ）での成果を取り入れたものである。

なおこの第一司法現代化法によるZPO九一条aの改正点については、参考資料一6Aにまとめてある。改正後のZPO九一条aのドイツ語の条文とその私訳は、同・Bに掲載してある。政府提案の改正理由については、同・C(1)にまとめてある。[30]

3　二〇〇一年の民事訴訟法第二六九条第三項第三段の創設

訴訟終了宣言の制度は、訴訟費用敗訴者負担を根拠づける結果責任説と密接な関係があることは既に述べたとである（第一節〜第三節）。したがって結果責任説を修正すれば、それに連動して訴訟終了宣言の制度について理解や評価を変える必要があるし、場合によっては訴訟終了宣言の制度は必要がなくなる。そこで結果責任説に対するドイツでの評価について知る必要があるが、ドイツでは民事訴訟法の改革のための委員会がこの問題を取り上げ、報告書を作成して問題点を指摘し、対策について提言した。

一九六四年に連邦司法大臣によって連邦司法省の中に民事訴訟法委員会（die Kommission für das Zivilprozeßrecht）が設けられ、[31] 委員会は一九七七年三月に民事訴訟法委員会報告書（Bericht der Kommission für das Zivilprozeßrecht）を公表した。[32] 報告書は訴訟費用の負担を決める原則の当否を比較法的視点からも検討し、次のように結果責任説を肯定している。[33]「〔ZPO〕九一条の結果責任主義は維持されるべきである。このことは、裁判所費用の無料化も国家による弁護士費用の引受けや一般的な権利保護義務のための保険も導入しないことを前提にする。……民事訴訟法の結果責任主義を廃止すべきか、あるいは少なくともそれを緩和するかについて考える場合に外国の訴訟法が参考になる。……これらの比較法的考察からは、委員会は結果責任主義を廃止するとの結論に至らなかった。それがドイツ訴訟法において正しいことが確証されたからである。委員会は、例えば以下のような個々の事例で結果責任主義を緩和することを――たとえ単に可能性のみを認める規定（Kann-Vorschriften）であっても――

望ましいものとは考えていない。①裁判が客観的に明らかでない権利状況を解明することによってなされる場合（一九三一年草案の九五条のようなもの）、②裁判が立法者の意識的に白紙とした欠缺を補充する場合、③勝訴者に必要な証書の証拠調べが適時になされなかったか、あるいはその証言が不完全に不明確に作成されていた場合（一九三一年草案の九五条のようなもの）、④勝訴者が本来なら回避されるべき証拠調べを招来した場合、⑤当事者が上級審において法律変更を理由に初めて敗訴する場合」。

ここに挙げられた事例は正に結果責任説によると結論の当否が問題となるものばかりであるが、そのような場合でも結果責任説を堅持すべきことを明らかにした点は注目すべきである。その理由は訴訟終了宣言が十分機能していると考えたからであろう。すなわち、民事訴訟法の改正について検討した連邦司法省の委員会のこのような結果責任説を堅持すべきとの結論は、訴訟終了宣言の基礎が磐石なものであることを示すものである。個々の事例で結果責任主義を緩和することは、「たとえ単に可能性のみを認める規定であっても望ましいもの」ではないとの結論づけに注目せざるをえない。

次に注目すべきことは、報告書において訴訟終了宣言について部分的な訴訟終了宣言の問題が取り上げられ、立法的な解決が提言されていることである。[34] また報告書は被告が即時に認諾した場合に原告が訴訟費用を負担すること（ＺＰＯ九三条）とは反対の場合（被告が訴え提起の誘因を与えたが、訴訟係属前に原因が除去された場合）を問題にして、このような場合は、被告が訴訟費用を負担する旨の規定を訴えの取下げの規定（当時の二七一条＝現在のＺＰＯ二九六条）の中に挿入すべしと提言している。[35]

前者の提言は実現しなかったが、後者の提言はＺＰＯ二六九条三項三段の立法という結果を招来した。[36] この立法は訴訟終了宣言で対応することが可能であった問題の処理を訴えの取下げの改正によって行うというものであり、訴訟終了宣言に対して消極的な日本の通説にとって重要な意味を有している。日本の通説は訴訟中の訴訟の終了事由の発生は訴えの取下げによって処理すれば十分であり、訴訟終了宣言は不要であると説いているからである。この立法の内容と意味については、次の第二章で詳しく分析する。

(23)　この命令については、ナチスドイツの崩壊後にイギリスがドイツを占領統治した地区に通用する法令という意味で、「条例」とか「条令」と表現したことがある。しかし、これは現在の日本の条例のように地方議会によって制定されたものではなく、占領軍（高等弁務官）による指令（命令）である。このことを考えると条例は適切ではない。また条令は多くの国語辞典に掲載されている言葉であるが、法律用語でないために条例の誤植と誤解されるかもしれない。そこで、「命令」と表現することにした。

この命令の二条五号・六号の内容については、参考資料一２に掲載してある。なお拙稿・①〔生成〕二号六一頁は、イギリスが占領した地区を地図上に示している。

(24)　Gesetz zur Wiederherstellung der Rechtseinheit auf dem Gebiete der Gerichtsverfassung, der bürgerlichen Rechtspflege, des Strafverfahrens und des Kostenrechts vom 12. September 1950, BGBl. S. 455.

なおナチス帝国の戦時下で発令された第三簡素化令の戦後の取扱いであるが、各占領地区において異なっていた。依然として効力を有していた地区もあれば、廃止した地区もある（拙稿・①〔生成〕二号五五頁）。しかし、統一回復法の施行に合わせて、第三簡素化令やイギリス地区命令は廃止された（八条二項二一号・七〇号。拙稿・①〔生成〕二号六二頁注(22)）。

(25)　Verhandlung des Deutschen Bundestages, 1. Wahlperiode, Drucksache Nr. 530 S. 14.

なおここでの実務とは、イギリス地区命令の実施状況のことである。連邦議会の審議の中で、某議員はイギリス地区での自らの弁護士経験から、裁判所の裁量によって裁判することには問題があると主張して、ＺＰＯ九一条ａの条文から「衡平な裁量によって」との文言の削除を提案している（拙稿・①〔生成〕二号五七頁以下）。

(26)　双方的訴訟終了宣言においてなされた裁判所の判断に対して即時抗告を認めている点では、イギリス地区命令も統一回復法も同じである。異なるのは規定の仕方である。前者はＺＰＯ九九条二項で、後者は九一条ａ二項で規定している。後者は前者を体系的に整序したものであろう（参考資料一３のＣ(2)参照）。

（27）連邦議会でのＺＰＯ九一条ａについての審議の様子は、拙稿・①〔生成〕二号五六頁以下が詳細に述べている。なお議会においてＺＰＯ九一条ａが裁判官に判断を委ねることの是非が争われたが、これはナチス時代の裁判官に対する当時の不信感を反映したものと見るべきであろう。しかし、それだけでなく訴訟経済と手続保障との調整という訴訟法の本質的な問題をも提起していると思う。

（28）Rechtspflege- Vereinfachungsgesetz vom 17. Dezember 1990, BGBl. I S. 2847. この法律の成立の経緯、政府提案の改正理由、それに対する連邦参議院の意見等については、拙稿・⑥〔訴訟係属〕一七頁以下に詳しい。なお改正案が連邦参議院に提出されたのは一九八四年一一月八日であり、連邦議会（日本の衆議院に相当）には翌年の三月一八日であったが、成立したのは一九九〇年一二月一七日であった。

（29）まとめの基になったものは、拙稿・⑮〔法改正〇二〕一四頁以下である。換言すれば、この論考は民事訴訟法改正法による改正と訴訟終了宣言との関係について、詳論したものである。なお民事訴訟法改正法については、ドイツでは数多くの論文が発表された（同・七頁以下）。日本においても注目され、日本語の文献も少なくない（同・九頁以下）。これらについては、参考資料四4にまとめてある。なお民事訴訟法改正法とは、直訳すれば、「二〇〇一年七月二七日民事訴訟の改正に関する法律」のことである（Gesetz zur Reform des Zivilprozesses vom 27. Juli 2001, BGBl. I S. 1887）。

（30）まとめの基になったものは、拙稿・⑰〔法改正〇四〕一四頁以下である。換言すれば、この論考は第一司法現代化法による改正と訴訟終了宣言の関係について、詳論したものである。なお第一司法現代化法について、ドイツでは数多くの論文が発表された（同・七頁以下）。これらについては、参考資料四5にまとめてある。また第一司法現代化法のドイツ語の表記は「Erstes Gesetz zur Modernisierung der Justiz vom 24. August 2004, BGBl. I S. 2198」である。

（31）この委員会が司法簡素化法の草案に果たした役割については、拙稿・⑥〔訴訟係属〕二一頁で述べている。

（32）この報告書のその後の内容と日本の訴訟終了宣言論との関係については、拙稿・⑥〔訴訟係属〕二四頁以下で論じている。

（33）報告書の訴訟費用の箇所の関係項目については、拙稿・⑥〔訴訟係属〕二二頁以下に全訳を掲載しているので、詳細はそれに譲る。

（34）この部分は拙稿・⑥〔訴訟係属〕二三頁以下に、Ｄの表題のもとに翻訳されている。

(35)　この部分は拙稿・⑥〔訴訟係属〕二三頁以下に、F・Iの表題のもとに翻訳されている。

(36)　この間の経緯は、Becker-Eberhard (A), S. 279 にまとめられている。

第五節　他の訴訟法での展開

訴訟終了宣言の制度は、通常の民事訴訟の判決手続だけの制度ではない。証書訴訟、手形・小切手訴訟等の判決手続でも行われるし、仮差押え・仮処分手続、督促手続、強制執行手続等にも利用される。(37) つまり、すべての当事者対立構造の手続において、本案と訴訟費用についての裁判によって手続が終了する場合に、訴訟終了宣言は利用されるということになる。(38) さらに非訟事件手続法（Gesetz über Angelegenheit der freiwilligen Gerichtsbarkeit = FGG）において認められている。すなわち直接の規定はないが、判例・学説によってZPO九一条aは真正争訟事件に準用されている。(39) その他の特別法においても少なくないが、(40) ZPO九一条aの準用でなく訴訟終了宣言について独立した規定を有しているのは、行政裁判所法と労働裁判所法である。(41) これらについて一言述べておこう。(42)

1　行政裁判所法

行政裁判所法（Verwaltungsgerichtsordung = VwGO）における訴訟終了宣言の問題を考察する場合、一八三三年のプロイセンの行政裁判所法に遡る必要がある。(43) しかし当然のことながら、この法律は訴訟終了宣言についての規定を有しておらず、当時の状況は第三簡素化令四条導入以前の民事訴訟法の状況と同様であった。しかも民事訴訟法ほど議論はなされておらず、問題の処理方法は民事訴訟法に依拠して、不法活動責任説に従って処理すべきとの見解が多数説であった。これに対して形式的な敗訴者が基準になるとの説も主張されていた。

行政裁判所法にＺＰＯ九一条ａに類似した規定が導入されたのは、一九六〇年九月二一日の行政裁判所法であり、同法一六一条二項はＺＰＯ九一条ａを受け継いだものである[44]。その理由は、戦後の南ドイツの各州におけるＺＰＯ九一条ａの運用実績に基づくものである[45]。そのようなことから、行政裁判所法の双方的訴訟終了宣言についての規定の淵源は民事訴訟法と同じであり、両者は統一的に考えなければならないと説かれている[46]。

２　労働裁判所法

一八九〇年七月二九日の営業裁判所法（Gewerbegerichtsgesetze）は、労働事件の処理には民事訴訟法とは違った手続が必要ということで、特別な手続法が適用される特別裁判所を設けたが、原則的に民事訴訟法の適用を認めたために、労働法や営業法上の訴訟において訴訟終了宣言は特に問題になることはなかった。そのため一九二六年一二月二三日の労働裁判所法（Arbeitsgerichtsgesetze = ArbGG）も、一九五三年三月三一日の労働裁判所法も、訴訟終了宣言についての規定を設けることはなかった。しかし、同法による判決手続（Urteilsverfahren）では民事訴訟法が一般的に準用されることから（同法四六条二項）、準用という形を通して訴訟終了宣言の制度が利用されることになった。問題は決定手続（Beschlußverfahren）であり、訴訟終了宣言を否定する判例と肯定する学説の対立が見られた[47]。

一九七九年五月二三日の新しい労働裁判所法は、訴訟終了宣言のために決定手続において八三条ａを新設して訴訟終了宣言の制度を導入した。その結果、労働裁判所法では判決手続と決定手続は、ともに民事訴訟法の訴訟終了宣言の原則によって処理されることになった。

（37）　例えば、MK/Lindacher(C), §91a, Rn 8ff.; Musielak/Wolst(C), §91a, Rn 2ff. 等がこのようなことを述べているが、Zöller/

Vollkommer(C), §91a, Rn 7 は督促手続の適用には反対する。なおヴォルストの記述の一部については翻訳したことがある（拙稿・⑳〔読み方〕七五頁以下）。

(38)　MK/Lindacher(C), §91a, Rn 8. なお著者は、ＺＰＯ九一条ａと訴訟終了宣言について判例と理論が発展させた法原則は、本文に記載したような手続に通用すると説いている。

(39)　例えば、Musielak/Wolst(C), §91a, Rn 6; Zöller/Vollkommer(C), §91a, Rn 7b 等が述べている。なお非訟事件手続法における訴訟終了宣言については、拙稿・①〔生成〕二号六八頁以下、拙稿・⑩〔立法〕九一頁注(13)で述べたことがある。またヴォルストの記述については翻訳したことがある（拙稿・⑳〔読み方〕七五頁）。

(40)　MK/Lindacher(C), §91a, Rn 9; Musielak/Wolst(C), §91a, Rn 5f.; Zöller/Vollkommer(C), §91a, Rn 7b 等は、連邦弁護士法・連邦公証人法等の行政争訟手続、カルテル行政争訟手続等の判例を根拠に挙げている。

(41)　ドイツでは司法制度は複合裁判権制度である。通常の裁判所の他に特別な裁判所があり、そのための訴訟法が用意されている。そこでかつて訴訟終了宣言の制度の伝播状況を知るために、民事訴訟法以外の訴訟法や手続法における訴訟終了宣言の制度の採用状況を概観したことがある（拙稿・①〔生成〕二号六二頁以下）。それによれば、財政裁判所法（Finanzgerichtsordnung = FGO）は行政裁判所法と調整した結果、訴訟終了宣言については行政裁判所法と同様な規定を導入したが、社会裁判所法（Sozialgerichtsgesetz）は当時は未調整であった。

(42)　行政裁判所法については Stahnecker(B), S. 50ff.; El-Gayar(B), S. 24ff.; 拙稿・①〔生成〕二号六二頁以下を、労働裁判所法については El-Gayar(B), S. 21ff. を利用してまとめた。

(43)　Stahnecker(B), S. 50ff.; El-Gayar(B), S. 21ff. 前者は一八七六年一二月一六日の Wüttenburg の行政裁判所法についても述べている。

(44)　行政裁判所法の立法経過と理由書については、拙稿・①〔生成〕二号六二頁以下で述べている。

(45)　当時の各州の状況については、Stahnecker(B), S. 56ff.; El-Gayar(B), S. 26 が述べている。

(46)　El-Gayar(B), S. 25, 177ff. このようなことからエル・ガヤールやシュターネッカーのように、民事訴訟法と行政裁判所法の訴訟終了宣言を一緒に論じる博士論文は決して珍しくない。なお木村弘之亮教授はドイツ行政裁判所法を参考にして、『二〇〇一年行政訴訟法草案』（信山社、二〇〇一年）を発表した。この草案一六〇条二項は訴訟終了宣言に関する規定である。これについて批判的に考察したのが、拙稿・⑭〔行訴法〕である。例えば、批判の一つはこの本の基になった雑誌論文に対するものであるが、第一編第三章第三節注(47)で述べている。

(47)　El-Gayar(B), S. 22f. は判例や文献を挙げて、それぞれの理由を略述している。

第六節　歴史的考察から見えてくるもの

1　本章のまとめ

ドイツ普通法では、本案の判断は口頭弁論終結時を基準として考え、訴訟費用の裁判については、本案の判断によって機械的に形式的に訴訟費用の負担者を決定するという結果責任説が原則であった。しかし、この原則を厳格に適用すると不当な結果が生じるので、それを回避するために、本案の判断と連動しない方策を模索していた（第一節1）。このような状況において、ドイツ民事訴訟法はその制定に際して結果責任説の形式性を重視し、例外規定を置くことを排斥した（第一節2）。

したがって一八七七年のドイツ民事訴訟法は、結果責任説に基づく原則規定を定めただけであった。このため制定直後から、判例・学説において不当な結果の回避のために様々な見解が主張された。こうした中で訴訟費用の負担に関する基準として、不法活動責任説が判例・学説で最有力になってきた（第二節）。

戦時体制下の一九四二年に双方的終了宣言について立法がなされた。すなわち、第三簡素化令四条である。これは訴訟手続の簡易化を目指したもので、裁判所が従前の訴訟経過に基づいて裁量によって訴訟費用の裁判を行うというものである。従前の訴訟経過を重視する点で不法活動責任説を基本としているが、新たに審理をしないで裁量で判断するという点で結果責任説による修正と理解することもできる（第三節）。

戦時立法ではあるが、この規定は当事者双方の意思の合致を要件にするので当事者の処分権や手続保障に問題が生じないし、実務で成果を上げたので、裁判所の決定に即時抗告を認めるとの改正を施して、一九五〇年に九一条aとして民事訴訟法の中に導入された（第四節１）。さらに一九九〇年の司法簡素化法、二〇〇一年の民事訴訟法改正法、二〇〇四年の第一司法現代化法によって、より簡易に訴訟終了宣言ができるように改正された（第四節２）。このような立法経過や一九七七年の民事訴訟法調査委員会の報告書から言えることは、ドイツでは訴訟終了宣言は磐石な基礎を築き上げ、制度のより積極的な展開が予想されるということである（第四節３）。すなわち他の訴訟法でも民事訴訟法の訴訟終了宣言の制度は導入されている（第五節）。

２　生成の歴史から学ぶべきこと

訴訟終了宣言の生成の歴史を概観することによって見えてくるものは、訴訟終了宣言はドイツで確固たる基盤を持った制度に発展し、手続の簡素化に応じて進化しているということである。制度の廃止や縮小を説く論調は見当たらない。そして議論の出発点は条文に関係なく衡平感に基づくものであったことを想起すると、ドイツだけの問題ではないことを示している。さらに多年にわたりドイツの判例と学説が、問題解決のために訴訟経済の要請を考慮しつつ、妥当な結論と理論的な体系性を希求したことは、制度の存立のための普遍性の追求と評価することができる。したがって、その帰結はドイツだけに通用するものではなく、日本においても大いに学ぶ必要がある。具体的には次のような点に注目すべきであると思う。

第一は、訴訟費用は敗訴者が負担するという原則において結果責任説を厳格に維持し、それによる不当な結論は訴訟終了宣言で救済するという手法である。訴訟費用といえども当事者間の紛争を解決するのが裁判である以上、例えば、訴えの取下げの場合の訴訟費用の裁判を裁判所の裁量に委ねること（日本民訴法七三条一項）には疑念が生じる。裁量による裁判は、当事者の手続保障の点でも、また裁判の一般的な原理・原則が通用しない点でも、問題である。確かに訴訟費用の点について独自に裁判がなされることはなく、本案の裁判に依存することになっている（日本民訴法六一条）。しかし、本案の裁判に依存するということは、訴訟費用の裁判の手続は本案の手続に依存することである。それによって当事者の手続保障は十分に保障されていることを意味する。これを根拠づけるのが結果責任説であり、結果責任説の厳格な運営によって手続保障と訴訟経済の要請の調和が保たれているのである。

第二は、訴訟において終了事由が発生したことについては当事者間に争いがなくても、終了事由の発生に至る事情が当事者にとって重要である場合が存在することである。このことは本案の紛争が終了したのであるから、訴訟は早急に終了すべきであり、もはや裁判をする必要がないとは断言できないことを示すものである。当事者間で争いがある以上、裁判所は適切に対応すべきであり、訴訟の終了事由の発生をもって直ちに訴えの利益がないと判断してはならない。あるいは過去の法律関係の確認は許されないという理由を持ち出して、裁判を拒絶すべきではない。確かに本案の解決に不要な問題や余計な問題について裁判はなされるべきではない。しかし、訴訟物の問題ではないにしても訴訟物と密接な関係があり、訴訟物に関してその後の紛争の再発が予想されるような場合は、事案に応じて適切な対応が必要である。

第三は、訴訟終了宣言に関してドイツでは双方的訴訟終了宣言（ZPO九一条a）、一方的訴訟終了宣言（判例と学説）、訴訟係属発生前の訴えの取下げ（ZPO二六九条三項三段）という制度があるが、これは訴訟終了事由が発生した場合、事情に応じた適切な方法が選択できるように用意された制度であるということである。ところが日本の通説は訴えの取下げですべて済ますことができるし、それが妥当であると主張するものである（第三編

第一章第二節1A)。しかも、訴訟終了宣言に関しても双方的訴訟終了宣言と一方的訴訟終了宣言を区別することなく、不要であると論じている。しかし、ドイツでは訴訟係属前に訴訟終了事由が発生した場合に限定して、訴えの取下げで処理することになっている（ZPO二六九条三項三段）。当事者間で争いがなければ双方的訴訟終了宣言で処理し、当事者間で争いがあれば一方的訴訟終了宣言で対応している。そもそも一つの制度ですべての場合に対応するのは無理であるということである。また裁判においては一円たりとも疎かにできないという姿勢が必要である一方で、他方において一円の訴訟に数万円の訴訟費用はかけるべきでないとの訴訟経済を重視することも必要である。問題はバランスであり、ドイツの対応はその方法を示している。

第二章　ドイツ民事訴訟法第二六九条第三項第三段の創設

二〇〇一年の民事訴訟法改正法によって、ZPO二六九条三項に新たに第三段が設けられた[1]。この創設された規定を、以下では「本規定」と表記する。なお本規定は二〇〇四年の法改正により若干の字句が削除されたり一文が挿入されたりしたので、本規定とは改正前の規定である。本規定についての目的と意味は第一節、学界の反応は第二節、日本法への影響は第三節で考察する。創設後の二〇〇四年の改正の目的と意味については、第四節と第五節で考察する。改正により削除された字句については第四節、挿入された一文については第五節である。改正後の規定（現在のZPO二六九条三項）は、序章第一節6に掲載してある。

第一節　本規定の意味

1　本規定の内容と立法理由

二〇〇一年の民事訴訟法改正法により、ZPO二六九条三項は次のような内容の規定になった。

「①訴えの取下げにより訴訟は係属しなかったものとみなし、既に下されたが未だ確定していない判決は、明示的な取消しを必要とすることなくその効力を失う。②原告は、訴訟費用につき判決が既に確定していないか、あるいは被告が他の理由により負担すべきであるとされていない限り、訴訟費用を負担する義務を負う。③訴えを提起する原因が訴訟係属前に消滅し、その結果訴えが遅滞なく取り下げられた場合、訴訟費用の負担義務は従前の事実状態及び訴訟状態を考慮して、衡平な裁量によって決められる。」

§269 Abs. 3 ZPO

III ①Wird die Klage zurückgenommen, so ist der Rechtsstreit als nicht anhängig geworden anzusehen: ein bereits ergangenes, noch nicht rechtskräftiges Urteil wird wirkungslos, ohne dass es seiner ausdrücklichen Aufhebung bedarf. ②Der Kläger ist verpflichtet, die Kosten des Rechtsstreits zu tragen, soweit nicht bereits rechtskräftig über sie erkannt ist oder sie dem Beklagten aus einem anderen Grund aufzuerlegen sind. ③**Ist der Anlass zur Einreichung der Klage vor Rechtshängigkeit weggefallen und wird die Klage daraufhin unverzüglich zurückgenommen, so bestimmt sich die Kostentragungspflicht unter Berücksichtigung des bisherigen Sach- und Streitstandes nach billigem Ermessen.**

連邦政府が連邦議会に提出した民事訴訟法改正法の理由書によれば、本規定は次のような理由で創設された[2]。なお、〔　〕は、筆者が説明のために加筆したものである。

「第三段は、訴訟係属前という従来判例によって例外的な要件として認められていない状態において訴えの原因が消滅した場合、その訴訟費用の賠償という従来法律が明確には把握していない事例を規定している。これは双方的訴訟終了宣言の場合の利益状況と実質的に近接しているので、この場合の訴訟費用の賠償〔について〕は第九一条aの法律効果と一致させる。

現行法によれば、被告が訴えを誘発し、原告がこの訴え提起の原因がなくなった後に直ちに取下げを表明したとしても、訴えを取り下げた原告は実体的な訴訟費用償還請求権があるにもかかわらず、訴訟費用を負担することが法律によって義務付けられている。確かに原告は現行法によれば、訴訟の終了を宣言することができる。しかし、事実状態及び訴訟状態を考慮して、衡平な裁量によって訴訟費用の分担を決めることを可能にする第九一条ａによる裁判は、被告が同様に訴訟終了宣言を表明した場合にのみ行うことができる。被告が〔原告の〕訴訟終了宣言に同意しなかった場合、〔一方的訴訟終了宣言であり、それを判例・通説によって訴えの変更と解するならば（訴えの変更説）〕、確かに適法に変更された訴えは判例によれば理由不備であり、それを根拠に原告は〔敗訴の当事者が訴訟費用を負担する旨を規定する〕第九一条によって訴訟費用を負担しなければならない。なぜならば最上級審の判例と通説によれば、本案の終了の確認を求める訴えの変更は、当初から適法で理由を具備していた訴えが、訴訟係属後に生じた事実によって不適法あるいは理由不備になった場合にのみ奏功するからである。特に、訴え提起の原因が――例えば、訴求された金額が支払われたことによって――訴状の提出と訴状の送達との間、したがって訴訟係属前に消滅した場合には、そうはならない（BGHZ 83 S. 12, 14 m. w. N.; Stein/Jonas/Bork, ZPO, 21. Aufl., §91a, Rn 11 m. w. N.）。原告は、被告の訴訟費用の負担義務の確認を求めることに申立てを変えることによっても、このような結果を回避することは現状ではできない。なぜならば訴訟費用の損害額を計算することが可能であるから、この場合に〔確認の訴えに即時確定の利益が必要であることを規定する〕第二五六条の確認の利益が、〔単に被告の訴訟費用の負担義務の確認を求めることに〕認められるかは疑問であるからである。損害額の計算は実務によって複雑なものとみなされているので、通例は訴えの取下げがなされ、そして原告は――例えば遅滞を原因として――実体的な訴訟費用償還請求権が生じる場合、それらについて個々の訴訟追行に頼らざるをえない。これは訴訟経済の理由から満足できるものではない。

第三項第三段における新しい規定は、新たな手続を必要とすることなしに、実体法上の訴訟費用償還請求権を考慮することを可能にする。訴訟係属前に訴えを提起するための原因が消滅し、原告がそれによって遅滞なく訴えを取り下げた場合は、原告は従来の自動的に訴訟費用の分担が決まる方法を使用しないことができる。なお訴訟費用の負担義務は事実状態及び訴訟状態を考慮して、衡平な裁量によって決まる。申立てに基づいてこれら〔第三項によって生じる効果〕については、裁判所が裁判する（草案第四項を参照）。」

2　本規定の意味

本規定は日本で訴訟終了宣言を議論する場合に重要な規定であると考えるが、その理由は次の通りである。

第一に、本規定の時間的な制約を定めた要件を無視すれば、本規定は日本民事訴訟法が規定する方法と近似するからである。訴えの取下げと裁判所の裁量による訴訟費用の裁判という本規定の訴訟の終了方法は、日本民事訴訟法が規定する方法と近似している。その結果、本規定をめぐるドイツの議論は、日本法においても直接的に役立つと思う。

第二に、本規定も訴訟終了宣言の制度も、制度目的は同じであると考えられるからである。両者とも訴訟の終了事由発生に伴う訴訟の終了方法と訴訟費用の負担の裁判手続を規定しているものであり、合理的な訴訟の終了と妥当な訴訟費用の裁判を目指すという点では、目的は同じであると考えられる。そこで本規定と訴訟終了宣言との関係についてドイツにおける議論を参考に両者の異同を考察すれば、訴訟終了宣言の機能や問題点が浮かび上がってくる(3)。それによって訴えの取下げと訴訟終了宣言との相互の関係も明らかになり、両者の代替性や補完性、両者の機能の分担を考えることができる。このような考察は訴えの取下げの規定しか有していない日本法においては、日本法の問題状況を認識するために有益である。

第三に、本規定が訴訟終了宣言と並存して設けられたからである。本規定と訴訟終了宣言は既述のように同じ目的を有するものであるが、それが並存するということは、日本において訴訟終了宣言を論じる場合に、訴えの取下げか訴訟終了宣言かという二者択一的に問題を設定すべきではないことを示唆している。すなわち日本でも訴えの取下げとは別に訴訟終了宣言が必要ではないかと思う。このことは、日本の状況における訴えの取下げと訴訟終了宣言の関係は、本規定をめぐるドイツの議論を参考に考察されなければならないということを意味する。この問題は第三節において考察することとし、ここではこのような問題点を指摘するにとどめる。

第四に、本規定が取り扱う問題は、訴訟終了宣言論の中で従来議論されてきたからである。すなわち訴訟終了宣言においては、訴訟係属の発生前に訴訟終了宣言ができるかという問題が大いに議論されたからである。(4) 訴訟の終了を宣言するためには、理論的には事件が訴訟中であることが必要である。訴訟中とは一般に訴訟係属中のことをいい、訴訟係属が発生していなければ訴訟は成立しておらず、したがって論理的には訴訟の終了は考えられないからである。(5) しかし、訴訟係属前でも訴状が裁判所に提出されれば、そのための訴訟費用は発生するから、その訴訟費用は誰が負担するのかという問題は訴訟係属前であっても存在する。特に訴訟係属発生前に訴訟する必要がなくなったならば、残務整理として訴訟費用の問題は早急に解決されなければならない。しかも、訴え提起を誘発した原因が被告にある場合、訴えの取下げという理由だけで、原告が一方的に訴訟費用を負担するということでは妥当性を欠く。このような状況は訴訟係属後の訴訟終了宣言が処理する問題と全く同じである。要するに、訴訟係属発生前の訴訟終了宣言の問題は理論的には訴訟終了宣言が担当すべき問題ではないが、問題状況は訴訟終了宣言が担当する事例と同じであり、このような場合はどのように処理すべきかということである。理論を優先させるべきか、それとも結果の妥当性を追求すべきかで、判例・学説において様々な解答が主張されていて、実際の運用をめぐって正に混沌とした状態であった。(6) そこで実務では立法による解決を期待していた。(7)

本規定はこれに応えるもので、訴訟終了宣言ではなく訴えの取下げとして位置づけ、訴訟費用の負担については裁判所の裁量によって処理するというものである。訴訟終了宣言による解決を否定したが、裁量による裁判は双方的訴訟終了宣言を規定している九一条ａの方法を借用したものである。いわば訴えの取下げと双方的訴訟終了宣言を合体させたようなものである。

なお本規定に関しては、二〇〇五年に憲法の平等原則に違反するか否かが連邦通常裁判所で争われた。これについては本章では取り上げていないが、拙稿・㉓〔訴訟経済〕で詳論している。また本章では参照しなかったが、参考資料五Ａを見れば、Becker-Eberhard と Schumann が本規定に関する論文を別々の記念論文集に寄稿していて、それが注釈書等で注目されていることが分かる。このようなことから分かることは、本規定は裁判の正当性の根拠や、手続における衡平とは何かを考えさせるものであるということである。訴訟経済と手続保障の問題を考える際に具体的な材料を提供するものとして、本規定に注目すべきである。

（1）　ＺＰＯ二六九条三項三段は創設された規定ではあるが、創設に際して三段が新たに設けられたものではない。旧法にも三段はあったが、全く別の内容の規定であった。今後、ドイツの文献・判例において二六九条三項三段を見た場合、それは旧法の規定なのか、それとも新法の規定なのかに注意する必要がある。なお旧二六九条三項三段は修正・整序されて、新法の二六九条四項に移行した。すなわち、改正法によって消滅していない。

（2）　Begründung der Bundesregierung, BT-Drucks. 14/4722. これは参考資料四４Haに挙げた立法資料集（ZPO-Reform (Ha)；Rimmelspacher (Ha)）の中に収められている。

ところでリンメルスパッハーの資料集には連邦議会の法務委員会での決定内容（これが改正法になった）と、当初の草案との対照表が掲載されている（Rimmelspacher (Ha), S. 3ff.）。それによれば当初の草案の個々の条文が、法務委員会においてどのように修正されたのかが具体的に容易に分かる。本規定は修正されることなく、原案がそのまま承認された（Rimmelspacher (Ha), S. 15f.）。また改正理由とは別に、改正点や改正理由を説明したものもある（ZPO-Reform 2002 (Ha), S. 52f; MK/Lüke (C) [2], S. 154; Kroiß (Ha), S. 120f.）。

（3）　訴えの取下げと訴訟終了宣言とは、密接な関係がある。ドイツでは訴えの取下げの場合の訴訟費用は原告が負担するという規定（ZPO二六九条三項二段）があるため、この規定の適用を回避するために、訴えの取下げとは別に訴訟終了宣言の制度が創設された。すなわち、ドイツ民事訴訟法は訴訟の終了を生じさせる既存の当事者の訴訟行為（訴えの取下げ、訴訟上の和解、請求の放棄・認諾等）とは別に、原告が敗訴判決を受けたり訴訟費用を負担することのないような新たな当事者の訴訟行為による訴訟終了制度を創設した。これが訴訟終了宣言の制度である。

このような制度創設の経緯から明らかなことは、訴訟終了宣言は訴えの取下げの場合に、訴訟費用は原告が負担するという原則を堅持することを前提にして創設された制度であるということである。それではなぜドイツ民事訴訟法はこの原則に対する例外規定を設け、それによって被告に訴訟費用を負担させるという日本法のような方法を採らなかったのかという疑問が生じる。それはドイツでは、訴訟費用負担者を決める原則である結果責任説を重視したからである。結果責任説によれば結果が重要であり、結果に至る過程は考慮しないから、例えば、被告の弁済による原告の訴えの取下げのような場合でも、例外として扱うのはこの原理に反すると考える。そのようなことから、一九七七年の民事訴訟法委員会報告書は、この原則を今後とも堅持すべきであると述べている（第一章第四節3参照。詳しくは拙稿・⑥〔訴訟係属〕二一二頁以下）。もちろん、ドイツ民事訴訟法に例外規定が全くないということではない。存在しないのは日本民訴法六二条のような抽象的・一般的な例外規定である。個別具体的に（追加的に）規定されている例外規定は少なくない（第一編第四章第二節注（2）参照）。これは結果責任説に基づいて、具体的で明確な基準によって処理できるように配慮して、裁量的な判断を極力排しているからである。

ところがZPO二六九条三項三段は、一定の要件のもとで訴えの取下げにおける原告負担の原則を放棄している。これは従来の結果責任説の堅持の流れからすると異質なものであり、限定的とはいえ訴訟終了宣言の制度を利用することなく、訴えの取下げによっても被告に訴訟費用を負担させることができることを提示したことに他ならない。かくして導入したこの規定と従来の原則とをいかに矛盾なく説明するかという新たな問題が浮上すると同時に、結果責任説の当否や訴訟終了宣言の存在意義が問われることになった。

（4）　これはドイツ民事訴訟法では、一般に「訴訟係属前の一方的訴訟終了宣言」というテーマのもとで議論されてきた問題である。問題自体は「民事訴訟法の基本的な解決困難な問題」といわれていた（Timme (I), S. 224）。この問題について論じている日本語の文献は、拙稿・⑥〔訴訟係属〕一頁以下である。この論考は一九八八年に発表したものであるが、引用文献が古いにしても、本規定が創設されるまでは問題状況や構造に大きな変化がないので、論考の内容はそのまま通用すると思っている。

なお「訴訟係属前と双方的訴訟終了宣言」という問題が設定されていないのは、双方的訴訟終了宣言の場合は両当事者の一致した終了宣言が要件であり、そのことから双方的訴訟終了宣言は処分権主義に基づくと一般に解されているからである。すなわち、裁判所は当事者の主張に拘束されて、当事者が主張した事実の真偽を審判することはできないから、訴訟終了の事実の有無は問題にならず、したがって終了事実の発生時点も時間的な制約を受けないと考えられているからである。

（5）　訴訟係属前の一方的訴訟終了宣言を否定する見解が強調する点である。ボニファシオはこのような見解を通説と評しているが、注の中では連邦通常裁判所の一九八二年一月一五日判決（BGHZ 83, 12 = NJW 1982, 1598 = MDR 1982, 657 = JZ 1982, 336）を挙げているだけである（Bonifacio (I), S. 499 Fn 3）。この判例については、第一編第五章第三節において紹介している。

なおボニファシオは、本規定はこの判例に単に依存しただけであり、そのような姿勢が問題であるとして、問題点を具体的に指摘する（Bonifacio (I), S. 499）。

（6）　本規定が創設される以前の判例・学説の状況については、それぞれの論文が略述している（Bonifacio (I), S. 499; Elzer (I), S. 2006; Schneider (I), S. 509; Timme (I), S. 224f.）。なお拙稿・⑥〔訴訟係属〕一頁以下は、発表当時（一九八八年）のドイツの判例理論、法改正の動き、学説の状況を詳細に報じている。この論考の今日的な意味については、注（4）で述べた。

（7）　エルツァーは、二〇〇一年の立法は一九七七年の民事訴訟法委員会報告書（Bericht der Kommission für das Zivilprozess-recht, Bonn 1977, S. 306）の提案にそったものであると述べている（Elzer (I), S. 2006 Fn 8）。なおこの一九七七年の民事訴訟法委員会報告書の中の訴訟費用に関係する部分、特に訴訟係属前の訴求債権の満足については、第一章第四節3にまとめてある。

第二節　本規定に関するドイツでの反応について

本規定が今後の日本の訴訟終了宣言論にどのような影響を与えるかが考察されなければならないが、それは第三節で行うことにして、ここでは準備作業として、先ず本規定が現在ドイツでどのように理解されているかを調べてみようと思う。

調査の方法であるが、本規定に関しては、参考資料四4Ⅰに挙げたようにドイツでは既にいくつかの論文が発表されているので、これらを利用してどのような議論がなされているかを調べ、それを私なりに事項別にまとめてみた。

調査項目の中で特に重視したのは、本規定と訴訟終了宣言の制度との関係についての見解である。なぜならば日本法は訴えの取下げの規定しか有していないが、日本ではそれだけで十分なのか否かが正に問題になっているからである。その解答には第一節2で第三の理由として指摘したことではあるが、ドイツの本規定をめぐる議論が大いに参考になる。さらにいえば、ドイツの議論は大きな示唆を与えてくれるだけでなく、日本の議論にそのまま通用することが少なくないように思う。

1　理論的な問題

A　訴えの取下げと訴訟係属との関係

訴えの取下げとは訴訟係属の発生を前提にすると考えるならば、本規定は訴訟係属発生前の訴えの取下げを認めることになるから、本規定と訴えの取下げとの関係が問題になる。すなわち、訴訟係属発生前の訴えの取下げは正確には訴えの取下げではなく、訴えの取下げに類似したものではないかということである[8]。この点を問題とする判例が報告されているが、[9]問題にしないとの見解が有力である。議論する実益はないし、そもそも理論的な要請を超えた問題であると解するからである（MK/Lüke(C)[2], §269 Rn 4)。もっともこの問題について立法者は十分に考えていなかったようであり、必ずしも明確ではない（Hartmann(I), S. 2585)。今後は訴えの取下げについて、新たな概念構成が必要となるかもしれない（Baumbach/Hartmann(C)[61], §269 Rn 39)。このような理論的な問題があるにしても、実務は問題解決のための処理方法が法律によって明定されたとして、本規定を歓迎している（Hartmann(I), S. 2585; Musielak/Wolst(C)[3], §91a Rn 38)。

このような議論から見えてくることは、本規定の訴えの取下げは訴えの取下げに準じたものと考えるのか、それとも訴えの取下げの概念を変えるのかという問題である。これは、いわゆる法的性質論の問題である。すなわち説明の仕方の優劣を競う問題であり、結論が左右されることではない。

B　体系的な位置

訴訟係属発生前、すなわち訴状送達前に訴えを提起する原因が消滅した場合、原告はいかに負担を少なくして手続から撤退するかということになる。そのために議論されているのが、訴訟係属発生前における訴訟終了宣言の問題であった。この問題の解決のために本規定が採った方法は、訴えの取下げの規定の改正ということであった。これに対して、ボニファシオは鋭く批判する（Bonifacio(I), S. 499f.)。彼の見解は、法律の体系からすれば訴えの取下げではなく、訴状提出から訴状送達の間の訴訟終了宣言の問題であり、その問題に対応するためには、九一条ｂとして新設すべきではなかったかというものである。従来の議論の経過と本規定の手続が九一条ａと類似している点を根拠にする。さらに訴えの取下げにおいて規定したことは訴えの取下げと訴訟終了宣言の境界が曖昧になり、実務で混乱すると指摘する。これは、訴訟終了宣言と訴えの取下げとの関係を考慮して立法がなされなかった点に起因し、そもそも二〇〇一年の民事訴訟法改正法が一方的訴訟終了宣言についての規定を設けなかった点が問題であるとする。

２「遅滞ない訴えの取下げ」という要件

訴えの取下げに際して遅滞ないことが求められているが、このことをシュナイダーは、大要次のように厳しく批判する（Schneider (I), S. 509f.）。この要件は不明確であるし、そもそも遅滞でないことや原告に過失がないことが要件なのかと問題を提起する。もしそうだとすると、これらについて証拠調べが必要になるのではないか。もし必要になると、訴訟経済の観点から衡平な裁判で簡易迅速に処理しようとすることと矛盾するのではないか。裁判所が訴えの取下げのための期間を設定するという方法も考えられるが、そのような方法は法律に規定されていない。そもそも思慮を欠いた立法であり、削除すべきであるというものである。

次に本規定による訴えの取下げの場合、遅滞のない訴えに限定されるのかは立法資料から明らかではないが、訴えの取下げが遅滞した場合、訴訟費用は誰が負担するのかという問題がある。訴えの取下げの場合、訴訟費用は原告負担とする原則に立ち返って原告負担というのでは妥当性を欠く。ではどのような解決がよいかというと、シュナイダーの見解は立法そのものを否定しているから必ずしも明快ではない。実体法上の訴訟費用償還請求権を利用するようである。これに対してエルツァーの見解は明快である（Elzer (I), S. 2008）。遅滞によって生じた費用のみを原告が負担すべきであって、それ以外は被告が負担すべきであると説いている。この見解は望ましい結論ではあるが、どのように法文を操作して導きだせるのかは明らかではない。

ところで簡単な注釈書であるが、チンメルマンは、遅滞なくとは被告に新たな訴訟費用の負担を生じさせないことであるとして、取消権者は取消原因を知った後に遅滞なく取消権を行使しなければならない旨を規定したＢ

ＧＢ一二一条の場合のように解してはならないと説いている（Zimmermann (C) [6], §269 Rn 18）。これに対してクネリンガーは遅くとも第一回期日であると述べている（Knöringer (E) [9], S. 178）。なおこのような制限的な要件は改正理由書に記載されていない。いつ、どのような段階でこのような要件が付加されたのかは明らかでない（ZPO-Reform 2002 [Engers] (Ha), §269 Rn 11）ともいわれている。

３　運用上の問題として衡平な裁判に対する危惧

エルツァーは法が規定している裁判手続に対して、次のような危惧を表明している（Elzer (I), S. 2007）。裁判所が訴訟費用の負担者を決めるに際して、法律的に判断が困難な事例の場合、本規定によれば従前の事実状態及び訴訟状態を考慮してということになるが、それでは簡単な調査で判断されることになる。しかも裁量的な判断となると、判断内容は訴訟費用の折半かお互いの費用の相殺ということになりはしないかと。また事実に関して争われた場合、簡単な審理で裁判所は確信を持って判断できるのかと問い、確信が持てないからといって十分な審理を行うことは、「従前の事実状態及び訴訟状態を考慮して」裁判することにはならない。そうなると十分な審理はできないから、結局のところ訴訟費用の折半かお互いの費用の相殺という安易な判断がなされるのではないか。

さらに彼は終了の有無について当事者間での争いを問題にして、次のように説く。本規定は原告の主張によれば訴訟係属前に終了が生じた事例を想定しているから、当事者間で終了に関して争いがあれば、裁判所は裁量による衡平な裁判の前に終了の存否について判断しなければならない。そして裁判所が積極的に終了の事実を確認した場合は、裁判所は原告が希望したところの裁量による衡平な裁判をすることができる。となると、終了の確定のために、裁判所は終了の有無について証拠調べをすることになる。終了の事実の有無が訴えの取下げの適法要件となると、本規定は裁判所と当事者にとって本当にメリットがあるのか疑問である。

４　適用する場面の拡張

Ａ　訴え提起前への類推適用

訴状提出前に訴えを提起する根拠がなくなった場合に、本規定が適用されるかという問題がある。エルツァーは、この問題について次のように説いている（Elzer (I), S. 2008）。条文の文言からすると適用されそうであるが、立法者は訴状提出から訴状送達の間だけを考えていたようである。しかし、それ以前においても問題状況は同じであるから、本規定が準用されるべきである。シュナイダーはこの問題は立法者の看過した問題ではあるが、エルツァーに賛成して本規定が適用か類推されるべきであると説く（Schneider (I), S. 510)。そして具体的な事例として、次のような例を挙げる。原告が訴状を裁判所に提出した日に、被告によって問題となっていた金額が原告の銀行口座に入金された場合。被告が、問題となっていた金額を原告の弁護士に連絡せずに原告に送金したため、原告の弁護士は被告の送金を知らないまま訴状を提出した場合。なおフェルステは、立法目的から訴え提起前に終了事由が発生した場合にも本規定の適用を肯定する（Musielak/Foerste (C) [3], §269 Rn 13)。

Ｂ　訴訟係属後への類推適用

ボニファシオは、訴訟係属後の終了の場合に本規定は準用されるかという問題を提起して、それを肯定する(Bonifacio (I), S. 500)。その根拠は必ずしも明快ではないが、立法者が連邦通常裁判所の判例を考慮しなければならないと思った点にあるとする。また訴訟係属発生後に準用しても、訴えの取下げにはＺＰＯ二六九条二項一段によって被告の同意が必要になるから、自ずと限界があるとも述べている。シュナイダーも同様に、本規定の訴訟係属発生後への類推適用を肯定する（Schneider (I), S. 510）。そして、口頭弁論前までは訴えの取下げは被告の同意なしに単独でできるが、口頭弁論後は被告の同意が必要であることは当然であると付言する。

しかしながら、このような適用拡張説に対しては、学者は反対である。[10] ムジラークは、訴訟係属後への準用説の根拠である法の欠缺について、そのようなものではないと説く（Musielak (D) [6], Rn 275）。その理由として、立法者は単に訴状提出から訴状送達までの間の問題に限定して規定しようとしたものであり、従来の論争に決着を付けるべく周到に実施したものであると述べている。シルケンは、訴えの取下げの場合の訴訟費用負担の原則を考えれば、このような拡張は問題にならないと拡張説を手厳しく批判する（Schilken (D) [4], Rn 627 Fn 3 u. Rn. 636 Fn 24）。

5　確認の訴えに対する影響

訴訟係属発生前に被告の行動によって（例えば債務の弁済）、訴えを提起する必要がなくなった場合、もし本規定がなかったとしたならば、訴訟費用の負担を回避するためには原告は訴えを変更して、被告が訴訟費用を負担する義務がある旨の確認を求める訴えを提起する必要がある。この場合に、なぜ新訴の提起というような新たな負担を原告がしなければならないのかというと、訴えの取下げという簡単な方法が利用できないからである。すなわち、本規定がない場合は、訴えの取下げによる訴訟費用の負担者は原告であるとする原則がそのまま適用されるから、原告は訴えの取下げでは訴訟費用の負担を回避することができないのである。

そこで本規定の導入によって訴えの取下げという方法が可能になると、次のような新たな問題が登場する。従来の方法である確認の訴えは今後も認められるのか、より正確にいえば、本規定は最も適切な方法であるとして、もはや確認の利益は認められないのかという問題である。本規定による方法が従前の確認の訴えによる方法を完全にカバーするものであれば、確認する必要はないからである。つまり本規定に基づく裁量による裁判で、原告は訴訟費用の負担から完全に解放されるのかということでもある。この問題に対して、エルツァーは次のように答える（Elzer (I), S. 2007）。衡平な裁判の結論が比較的確実に予測されるものであるならば、すなわち衡平な裁量に従い従前の事実状態及び訴訟状態を考慮することによって、誰が訴訟費用を負担するかが明らかであるならば、原告による確認の訴えは訴訟経済に反し、権利保護の必要性を有しない。これに反して裁判所が困難な法律問題に解答せざるをえない場合、または訴訟結果を予測するためには証拠調べが必要である場合は、原告は訴訟費用のために確認の訴えを続行することが可能でなければならない。これは被告に訴訟費用を負担させるための可能性を原告に与えるだけであって、被告に不当な負担を課すものではない。

このようなエルツァーの区分方法に対して、シュナイダーは反対する（Schneider (I), S. 510）。これでは訴えの取下げの方法が複雑になるというのがその理由である。そしてさらに、複雑な規制は、訴えの取下げの運用においては、エルツァーの期待に反して裁判所の裁量判断に依存することになるとも指摘する。しかし、シュナイダーは確認の訴えを否定するのではなく、むしろ必要であることを強調する。原告は訴えの取下げをしようと思っているが、しばしば裁判所の衡平な裁判に危惧の念を抱いている場合があることを指摘する。すなわち衡平な裁判として、裁判所が訴訟費用を半々にしたり、あるいはお互いの負担した費用を相殺するというように処理する傾向があるから、本規定による処理を望まない意思を表明できる機会や、本規定による処理方法に対抗する手段が原告に与えられなければならない。その方法は種々あるが、それらによって原告は保護されるべき利益を有しているというのである。

クリユッケベルクは、訴訟費用償還請求権の存否の判断に証拠調べが必要な場合は、原告は本規定による裁判では有利な判断を期待できないとし、改正前と同じように訴えの変更によるべきであると説いている（Crückeberg (E), Rn 427)。

６　訴訟終了宣言の制度に対する影響

Ａ　双方的訴訟終了宣言の場合

本規定が取り扱う問題は、従来は訴訟終了宣言の問題として議論されてきた。またそこでは、訴訟終了宣言の制度を利用して解決すべしとの見解も主張されていた。このような経緯を考えれば、本規定は訴訟終了宣言に対して少なからずの影響を与えるということは容易に想像できる。具体的な影響についてボニファシオは、九一条ａが規定する双方的訴訟終了宣言の活動範囲が狭くなると指摘して、次のようにその理由を論じる（Bonifacio (I), S. 500)。彼が理由として挙げるのは、訴えの取下げと双方的訴訟終了宣言とを比べた場合の訴えの取下げの身軽さである。例えば原告が訴訟費用について裁判所の裁量的な裁判を求める場合に、訴えの取下げを選択するならば被告の同意なしに単独でできるが、双方的訴訟終了宣言の場合は被告の同意を必要とする。被告の同意という要件が加算されたからといって、双方的訴訟終了宣言の場合に訴えの取下げと違った効果が生じるものではない。そうであるならば、原告はわざわざ双方的訴訟終了宣言を利用することはない。なお被告は棄却判決を得るための権利を有しているが、その権利を保護するために、九一条ａは被告の同意を要件としているとする意見が考えられる。しかし本規定によれば、原告は一方的に訴えの取下げによって裁量的な裁判を得られるのであるから、そのような被告の棄却申立権は保護されていない。ボニファシオは、このように本規定によって、双方的訴訟終了宣言は将来余計な制度になるとの結論に達する。

Ｂ　一方的訴訟終了宣言の場合

ボニファシオは、双方的訴訟終了宣言の将来については悲観的であるが、一方的訴訟終了宣言についてはその存在意義を認め、次のように説く（Bonifacio(I), S. 499)。本規定の裁判所による裁量的な裁判では満足できるとは限らないし、いかなる裁量がなされうるか予測できない。場合によっては事実が争われるから、それに対応するとなると、本規定は簡単な手続とはいえない。また本規定の「遅滞ない訴えの取下げ」という要件は曖昧であり、これでは原告が求める効果の発生は不確実になり、本規定による裁判によって一方的訴訟終了宣言を代替することはできない。シェルハンマーも次のように同趣旨を説いている。本規定による裁判によって原告が訴訟費用の負担を免れるという保障はない。換言すれば訴訟費用は被告の負担とするとの裁判を請求することはできないし、一方的訴訟終了宣言は実体法上の訴訟費用償還請求権が存在する以上、その実現のためには依然としてよりよい方法である（Schellhammer(E), Rn 407)。

ところで一方的に訴訟の終了が表明された場合に、その意思表示の解釈が問題になる。一方的訴訟終了宣言なのか、それとも訴えの取下げなのかということである。フォルコンマーは、表意者の利益という観点で原則として訴えの取下げと解すべきであると説いて、次のような見解を展開させる（Zöller/Vollkommer(C)［23］, §91a Rn 42)。本規定によって終了事実の確定は問題にならなくなるし、本規定は双方的訴訟終了宣言の簡素化という意味も有してくるから、一方的訴訟終了宣言と双方的訴訟終了宣言は法的な効果の面で同化するようになる。

（8）　日本では訴訟係属と訴えの取下げとの関係について訴訟係属発生（訴状送達）前の「訴取下書」の提出は、訴状の取戻請求との見解が主張されている（兼子一ほか著『条解民事訴訟法』八七六頁〔竹下守夫〕（弘文堂、一九八六年）、新堂幸司＝福永有利編『注釈民事訴訟法⑸』三三三頁〔梅本吉彦〕（有斐閣、一九九八年）、梅本吉彦『民事訴訟法』九三二頁（信山社、二〇〇二年）等）。これに対して名古屋地決昭和三六年二月一五日下民集一二巻二号二九一頁は、訴えの取下げとして扱った。

（9）　Lüke (D) [8], Rn 242 は、LG Münster NJW-RR 2002, 1221 を報告している。
（10）　各論文の執筆者紹介によれば、否定説のムジラークはパッサウ大学の教授、シルケンはボン大学の教授である。肯定説のボニファシオは区裁判所の裁判官、シュナイダーは弁護士である。

第三節　本規定と日本の訴訟終了宣言

本規定をめぐるドイツでの議論を概観したが、それによって本規定に関する様々な問題点が浮かび上がってきた。重要なことは、そこから日本法は何を学ぶかということである。そこでそのような観点から議論を整理し、重要な論点を選別し、それについて日本法上の意味を考えてみようと思う。(11) なおドイツで発表された論文の多くは概して本規定に対して批判的であることは、本規定を冷静に観察するために注意しておく必要があるかもしれない。(12)

1　注目すべき論点とそれが示唆するもの

A　本規定の適用領域の限定性

第二節において報告した様々な論点の中から注目すべき論点を挙げるならば、本規定は訴訟係属発生後にも類推されるか否かの問題（４Ｂ）である。なぜならば、もしこれが肯定されれば、本規定は訴訟係属の発生の前後に関係なく適用されることになり、それは訴えの取下げと訴訟費用の裁判は裁判所の裁量によるという日本法の立場に非常に近似するからである。日本法に近似するということは、次のような効果を招来する。第一に、終了事由の発生による訴訟の終了の問題に関して、ドイツ民事訴訟法は二〇〇一年の改正で日本民事訴訟法と同じ立場に立ったと言うことが可能になる。第二に、訴えの取下げの制度だけで十分であると強調してきた日本の通説にとって、本規定が有力な味方になる。しかし、このように事態が展開することはないと思う。その理由は、前提となるドイツの学説、すなわち、訴訟係属発生後にも本規定の適用を肯定する説（以下では単に拡張説と表記する）には疑問があり、学説として存在していることは認めるが、その主張を考慮する必要はないと考えるからである。当然、ドイツで多数の支持を得ることはないと思う。以下、拡張説の問題点を述べ、拡張説批判の理由を明らかにする。

第一に、拡張説は本規定の立法経過（第一節２の第四の理由）、立法理由（第一節１）からすれば、立法者の考えに反する。既に紹介したところであるが（第二節４Ｂ）、拡張説は厳しい批判を受けている。それは立法過程における議論を無視したからである。ムジラークの批判は当然であり、シルケンが「肯定説は問題にならない」と酷評したのも当然である。この点だけでも拡張説は致命的であり、将来においても多数説には決してならないと思う。

第二に、拡張説による手続は正当性と妥当性を欠く。拡張説と本規定が手続を借用したＺＰＯ九一条ａとを比較した場合に、拡張説には正当性と妥当性を根拠づけるものが欠落している。ＺＰＯ九一条ａは簡易な手続による裁量的な裁判手続を規定しているが、それは通常の訴訟手続を適用しないことを意味し、例外的な手続であることを示している。このような手続がなぜ妥当性と正当性を有するかというと、訴訟の終了について両当事者が一致することを要件としているからである。すなわち、手続が当事者の意思（処分権主義）に基づいて行われるように構成されているからである[13]。したがって、訴訟の終了に争いがない場合はＺＰＯ九一条ａの双方的訴訟終了宣言として訴訟費用の裁判は裁量によって行われるが、当事者間に争いがあれば裁量的な裁判は許されず、一方的訴訟終了宣言として訴訟が続行され、その中で訴訟費用の問題は処理される。このような手続構造を考えると、拡張説が単に当事者の一方が単独で裁量による裁判を求めることができると説くのは、妥当性を欠くと言わざるをえないし、一般的に認められるとは思えない。

第三に、拡張説の結果は従来のドイツの立法の流れと調和しない。訴訟費用を負担する者は、敗訴という結果責任に基づくとする結果責任説は訴訟法の大原則であるが、問題はこの原則の例外をどのように規定するかである。すなわち結果責任説を形式的に適用すると不当な結果が生じる場合があるが（例えば、給付訴訟中に被告が請求を履行した場合）、これをいかにして回避するかということである。日本法は例えば六二条のように例外を一般化・抽象化した規定を設けているが、ドイツでは既に述べたように（第一編第四章第二節注(2)）、例外を必要に応じて個別具体的に規定してきた[14]。これは結果責任説を純粋に貫いて、判断が恣意的にならないように、また例外規定が拡張されないように原則と例外の区別を明確にし、画一的に処理できるようにしたからである。従来のこのような立法の流れからすると、本規定はそれらとは異なり、裁判所の裁量に委ねるということで、いわば例外を一般化したようなものであり、この点で従来の立法の流れとは調和しない。

このように考えると、本規定を従来の流れと体系的に整合させるためには、本規定と従来の規定の適用領域を分けて、両者の活動範囲を区別する必要がある。なぜならば適用領域を異にして両者の活動範囲が交わることがないならば、両者の体系的な整合性が求められることはないからである。すなわち両者が調和しなくても、また両者の立脚している原理が異なっても、理論的には問題がない。そうなると、本規定の適用領域は訴訟係属前に限定しなければならず、本規定は訴訟係属後に通用することはないということである。したがって本規定が日本の通説の味方になることはないと思う。要するに本規定は限定された範囲においてのみ妥当性と正当性を有する手続であり、その範囲でしか通用しないと考えるべきである。これは本規定の特殊性・限定性に注目するほかないということである。さらにそれによって従来の議論が止揚されるように思う。本規定が問題にしてきたことは、従来、一方的訴訟終了宣言において大いに議論されてきた問題である。それを本規定は訴えの取下げで処理するというのであるから、この立法に対して批判する者が少なくないように思われる。しかし、議論が錯綜して実務で立法による解決が求められていたことを考えると、本規定は訴訟経済の点から妥当であると評価し、本規定の特殊性・限定性を強調して他の問題に波及させないならば、懸案問題は解決したと考えることは可能なように思う。

B　補完制度の必要性

本規定をめぐる論点において（第二節）、重要な項目は、運用上の問題として衡平な裁判に対する危惧（第二節3）、費用負担者を決める確認の訴えに対する影響（同・5）、一方的訴訟終了宣言に対する影響（同・6B）等である。運用上の問題として衡平な裁判に対する危惧（3）とは、裁量による裁判において、ともすれば足して二で割るような折半的な判断がなされたり、当事者は自ら負担した訴訟費用は相手方に請求しないというようなことが行われることである。費用負担者を決める確認の訴え（5）や、一方的訴訟終了宣言に対する影響（6B）の議論から明らかになったことは、裁量による裁判で不利益になると考える当事者には別の方法を用意する必要があるということである。すなわち当事者が裁量による裁判を望まない場合には、通常の裁判手続が利用できるようにしておく必要があり、当事者に選択させる機会を与えなければならないということである。したがって訴訟費用という付随的な問題であるからとか、訴訟係属前という段階であるからということだけでは、本規定の特殊性・限定性の説明としては十分ではない。換言すれば、当事者の手続保障を確保しておくことが求められるということである。我が国ではこのようなことは全く考えられていないので、これらの議論は我が国のシステムに対して反省を迫るものであるし、対応策を示唆するものである。

C　訴訟終了宣言の将来

本規定によって訴訟終了宣言の制度は影響を受けるとする指摘（第二節６）に注目しなければならない。ドイツの制度を参考に日本において訴訟終了宣言の制度を設計する場合に、現在のドイツの制度の実情だけ考慮するのでは不十分で、本規定によってドイツの制度の運営がどのように変化するかを予測する必要があると思うからである。

さて、本規定によって訴訟終了宣言はどうなるのかというと、双方的訴訟終了宣言の利用が少なくなること、双方的訴訟終了宣言と一方的訴訟終了宣言が同化していくこと、一方的訴訟終了宣言の存在意義は存続することなどが主張されている。それぞれの主張の当否は検証されなければならないが、双方的訴訟終了宣言の利用が少なくなるという主張に注目する必要がある。訴えの取下げと裁判所の裁量による訴訟費用の裁判という方法が、限定的であれ導入されると双方的訴訟終了宣言の利用は少なくなるということは、現在の日本の状況を説明するのに便利な視点を提供するように思うからである。具体的にいうならば、日本の通説は訴えの取下げで十分であるとしているが、それは双方的訴訟終了宣言の場合に通用することではないかということである。換言すれば、訴えの取下げで十分に対応できるのは双方的訴訟終了宣言の場合であって、一方的訴訟終了宣言の場合は訴えの取下げでは十分でないということである。日本での訴訟終了宣言の制度に関する従来の（通説による）説明の多くはＺＰＯ九一条ａを挙げるが、一方的訴訟終了宣言については言及していないように思う。そのような説明と訴えの取下げで十分であるとする見解は、正に符合する。

そこで一方的訴訟終了宣言については本規定が導入されても注目する必要があるし、そのことは次の２Ｂの本規定の補完制度の必要性にも相応するものである。一方的訴訟終了宣言こそが、ドイツでも日本でも重要であるということである[15]。

２　日本が本規定から学ぶべきこと

Ａ　訴えの取下げという方法の限界

本規定をめぐるドイツの議論を通じて本規定の意味や問題が明らかになってきたが、そのことから日本法へのメッセージを読み取る必要がある。本規定は既に何度も述べたように訴訟係属前に訴訟終了事由が発生した場合、訴えの取下げで手続を終結させ、それまでの訴訟費用の負担は裁判所の裁量的裁判で処理することを定めている。１Ａにおいて明らかになったことは、この手続の特殊性・限定性である。一般に訴訟事件の手続原則は法による裁判であり、非訟事件の手続原則が裁量的な裁判である。このことを考えると、訴訟費用とはいえ裁量による裁判が訴訟において行われるということは異例のことである。それ故に本規定の手続は特別な制度であると認識し、限定的な制度と理解することが必要である。このことは訴えの取下げと裁量による裁判という方式がドイツでは特殊なものであり、限定的に利用されるということを意味する。そこから、日本の制度の限界と妥当性が見えてくる。すなわち、本規定と日本の制度に親近性があるとすれば、訴訟係属前の訴えの取下げである。この範囲で親近性があるということは、これ以外では異なるということに他ならないし、その場合はドイツでは訴えの取下げという方法ではないということである。このように考えると、日本の方法が妥当性を有するのは、実は本規定の範囲内ではないかという疑念が生じてくる。本規定と日本の制度との親近性は、日本の制度が国際的に認められたと解すべきでなく、反対に日本の制度の限界が浮き彫りになったと解すべきある。このような視点から日本の制度の見直しが必要である。併せて、本規定の妥当性の根拠を探究する必要があるかもしれない(16)。

Ｂ　補完のための別制度の必要性

訴えの取下げと裁判所の裁量による訴訟費用の裁判という方式の妥当性の領域が明らかになった場合、問題は妥当性を欠いた範囲ではどのような手当てが必要なのかということになる。ドイツでは本規定の手続と並存して、訴えの変更による確認の訴えと、一方的訴訟終了宣言の制度が挙げられている（１B）。このことは、本規定のような裁量による裁判という方法を導入する場合には、当事者の手続保障を担保するための補完手続が必要であるということを示唆しているように思う。そうであるならば、日本においては訴えの取下げで十分であるという主張は問題があり、少なくとも訴訟の終了について当事者間に争いがある場合には、訴えの取下げ以外に、当事者の手続保障を考慮した手続を配置する必要がある。ドイツの議論から補完制度を学ぶべきであり、補完制度の具体的な内容を考えるべきではないかと思う。

このようなことから、訴えの取下げの補完制度として、一方的訴訟終了宣言の制度を考えるべきである。これは年来の私の意見でもある。(17) 問題解決には訴えの取下げだけで十分であるという見解は妥当ではないが、訴えの取下げの方法を完全に否定するのも誤りである。要は訴えの取下げと訴訟終了宣言のそれぞれの制度の特色と限界を考えた役割の分担である。これこそが日本の訴訟終了宣言論の今後の課題である。

C　日本の訴訟終了宣言の将来

司法制度の改革に伴い、勝訴者の弁護士費用を敗訴者が負担するようになれば、訴訟終了宣言の制度は必然的に考慮せざるをえなくなる。仮にそうでなくとも、このようなことが意識され訴訟費用や訴訟の勝敗の意味について当事者の関心が増大すれば、訴訟終了宣言の制度によって処理せざるをえなくなると思う。過去の日本の判例の事案を調べてみると、訴訟終了宣言の制度を考慮して処理した方が合理的と思われる事例は少なくないからである。(18) 当時は関心が低かったのである。

本規定は一見すると、訴えの取下げという点で日本法に接近したように見えるが、それは決して日本法の現状を肯定するものではない。もし日本法が本規定の特殊性・限定性を看過すれば、それは本規定を皮相的に見ることになり、本規定が発信しているメッセージを見落すことになる。既に述べたように本規定の特殊性・限定性に着目し、本規定は日本法の現状の問題点を指摘しているものと理解しなければならない。本規定はその意味で、日本における訴訟終了宣言を積極的に肯定する見解に対する追風である。

3　日本の学界に対する影響

本規定と日本法との関係について、いくつかの見解が考えられる。すなわち既に述べたように、訴訟終了宣言について通説である消極説の味方になるとの説と、通説に反対する積極説の追風になるとの説である。そして前者は誤りで、後者が正しいというのが私見である。しかし、冷静に考えてみると、本規定は日本の従来の議論に対して関係なく、その立場は中立であるという説も考えられる。なぜならば、本規定は日本の議論を意識して立法されたものではないし、日本の従来の説からはそれぞれ都合のよい理解や評価が可能であるからである。そのようなことを考えると、無色中立との理解が穏当な結論かもしれない。

なお本規定の評価はこのように分かれるにしても、それは新たな事態に対する態度表明ということであり、従来の日本の訴訟終了宣言の議論が本規定によって修正が迫られるということではない。なぜならば、本規定は一般的な制度の改正ではなく、特別な事例に対応するために限定的な制度を新たに導入したものであるからである（本規定の特殊性・限定性）。もちろんドイツでも本規定によって訴訟終了宣言に関する従来の議論が大きな影響を受けるとは考えられていないことは、第二節で見た通りである。したがって日本での訴訟終了宣言についての従来の議論は、そのまま通用すると考える。ただし、このように従来の議論に直接の影響がないとしても、ドイツで本規定が創設された点は認識しておく必要がある。

４　まとめ

本規定をめぐるドイツの議論を概観し整理した結果、得られたことは主に次の三つにまとめることができる。

第一に、本規定は訴訟係属前に訴訟終了事由が発生した場合に、訴えの取下げと裁判所の裁量による訴訟費用の裁判という方法で処理することを規定したものであるから、本規定の働く場面はかなり限定されているということである。したがって、この点が訴えの取下げですべて処理している日本法と異なる。この違いは大きな意味があると考える。つまりドイツ法において限定的にしか利用されないということは、限定された範囲でしかこの方法は妥当性を有しないということではないかと思うからである。そのように理解するならば、日本法は訴えの取下げという方法で十分であるとする見解は、訴えの取下げという方法を無批判的に利用しているということになろう。日本法の方法の限界と問題点が、二〇〇一年のドイツの法改正とそれをめぐる議論を通じて明らかになった。

第二に、ドイツの制度には訴えの取下げだけではなく、それを補完する制度が認められているということである。このことから、訴訟終了宣言の制度と訴えの取下げの制度の役割分担が明らかになった。したがって日本の方法、すなわち訴えの取下げによって訴訟を終了させ、訴訟費用については裁判所による裁量的な裁判で行うという方法の限界を考え、この方法によってカバーできない領域や代替できない問題があることを認識し、それらについては一方的訴訟終了宣言によって対応することが必要である。

第三に、本規定の訴訟終了宣言への影響は否定できないが、それは主に双方的訴訟終了宣言についてである。一方的訴訟終了宣言については、反対にその重要性は高まったように思う。その意味では二〇〇一年の改正は、日本の訴訟終了宣言を積極的に評価する説に対する追風と考える。かくして日本の今後の訴訟終了宣言についての議論においては、一方的訴訟終了宣言について要件・効果を明らかにしたうえで適用領域を明確にし、訴えの取下げと訴訟終了宣言の制度との役割分担を考えることである。このようなことから、日本においては訴訟終了宣言を認めるか否かの総論の時代は終わり、各論の時期に入ったと考えるべきである。

(11)　第二節で紹介したドイツでの議論を整理すると、次のようになる。当面考慮する必要のない論点としては、訴えの取下げと訴訟係属との関係（１A）、体系的な位置（１B）、「遅滞のない訴えの取下げ」という要件（２）、訴え提起前への類推適用（４A）等がある。これらは、それほど重要なものとは感じられないからである。例えば、訴訟係属の発生前、訴状送達前の訴えの撤回は訴えの取下げかという議論であるが（１A）、ドイツでも実益がないと評されているように、意味のある議論ではない。訴えの取下げでなくとも、訴えの取下げに準じて考えれば済むからである。

体系的な位置の問題としては（１B）、本規定の条文上の位置として、訴えの取下げの二六九条ではなく双方的訴訟終了宣言の九一条aの後に、九一条bとして規定すべきであったとか、二六九条では実務は混乱するとか指摘されている（１B）。なお実務の混乱ということについては、さらに次のような意見も主張されている。本規定の方法は複雑な問題を有しており、それに対して法律が十分答えていないから、正に問いに対して問いを投げ掛けたようなものである（Schneider (I), S. 509）。

しかし、このような批判はすべて立法論であり、今後の日本でこのような立法をする場合に多少参考になる程度のものである。もっとも日本では訴えの取下げと裁判所の裁量による訴訟費用の裁判という方法が採用されているので、ある意味ではドイツに先立って立法済みであり、日本の今後の立法において参考になることもないように思う。あるいは本規定が日本法に類似している範囲で、このような批判は日本の通説批判として役立つかもしれない。しかし、従来から通説を批判してきた者にとっては（例えば、拙稿・⑬〔沿革〕一〇号七一頁以下、同・⑭〔行訴訟〕三三頁以下等）、当然のような指摘であり、新鮮味に欠ける。さらに付言すれば、このような立法批判は特定の論者に限られているので、ドイツの学界の多数意見であるということではないように思う。この意見を重視するのは危険である。

これに対して「遅滞のない訴えの取下げ」という要件は（２）、ドイツでは重要な問題であり、「遅滞のない」ということについて様々な学説・判例が展開することが予想されたが、二〇〇四年の法改正において、この「遅滞のない」という要件は削除されたために、ドイツでも議論する意味がなくなった。これはこの要件に関する学説の批判を受け入れた法改正であり、短期間の法改正ということから、本要件を課したことは失敗だったということができる。この改正については第四節で詳論する。

訴え提起前への類推適用の問題であるが（４Ａ）、ドイツでは肯定説が多数説になるように推測される。訴え提起前における紛争の終了と、立法者が念頭に置いた訴えの提起と訴状送達の間における終了とは問題状況は同じであり、両者を区別する合理性が感じられないからである。このような議論は日本では現時点では行われないと思うが、日本において訴訟費用の負担が当事者にとって重要な意味を有するようになると、訴え提起前の終了に伴う訴訟費用の負担の問題は無関心ではいられなくなる。その場合にドイツのこの議論は有益である。

(12)　シュナイダーは一貫して民事訴訟法改正法に批判的である。例えば本章では利用しなかったが、題名からして改正に批判的なことが明らかな論文としては、Schneider, Die missglückte ZPO-Reform, NJW 2001, S. 3756ff. がある。ところで彼は、別の論文ではその最後に、次のようなことを述べている。新法によって民事訴訟は分かりやすくなるし、効率的で市民の身近なものになるというような問違った標語のもとに、他の多くの新法の規定と同様に、新二六九条は走りだしている。旧二六九条をそのまま継受した方がよかった。新法は数多くの問題を投げ掛けたので、実務にとって新規定と結び付いた長所を見ることは全くできない（Schneider (I), S. 511）。

(13)　この場合に両当事者の意思の合致の法的性質に関しては、訴訟上の合意なのか、訴訟上の合致した意思表示なのか等で様々な議論が展開しているが（第一編第二章第三節２）、双方的訴訟終了宣言が有している裁判所の審判を排除するという効果は処分権主義に基づくという点では異論がない（同・第二節１Ａ。詳しくは拙稿・⑱〔双方的〕八号一七頁以下）。

(14)　日本法とドイツ法の対応の仕方の違いについては、第三編第三章第四節にまとめてある。詳しくは拙稿・⑬〔沿革〕一〇号七〇頁以下参照。なお本規定の当初の出発点である一九七七年の民事訴訟法委員会報告書では、訴訟係属前に訴訟終了事由が発生した場合は、訴訟費用を原告が負担するのは妥当性を欠くから、被告に負担させるべきであるということであり、裁量的な裁判によって決めるということではなかった（第一章第四節３。詳しくは拙稿・⑥〔訴訟係属〕一二三頁以下参照）。

(15)　第三編第二章第二節３の私案は、このような問題意識と認識のもとで作成されたものである。同様な理由から、グルンスキー教授が主張した訴訟終了宣言論は、訴訟終了宣言は単に訴訟費用の問題にすぎないとする訴訟費用裁判説であり、訴訟終了宣言の有する訴訟物についての確認的な判断機能を看過していると、批判したこともある（第一編第四章第三節。詳しくは拙稿・⑧〔近時〕七七頁以下参照）。

(16)　本規定の制度が働くのは特別な場合に限定されるにしても、手続の正当性・妥当性の根拠を探究することは、日本の制度の問題点を客観的に理解するために有益である。例えば、本規定が手続を借用したＺＰＯ九一条ａの場合、既に指摘したように（１Ａ）、当事者の意思の合致（処分権主義）が裁量による裁判という特別な手続を正当化させている。本規定の場合は、訴えの取下げという処分権主義に根拠を有する訴訟行為であることに注目し、それを根拠とすることが考えられる。日本法はこの立場であると解することができるが、本規定は訴えの取下げ全般ではなく、訴訟係属発生前というように時間的に制約しているから、ドイツでは訴えの取下げということだけでは根拠として十分ではないということであろう。

そこで本規定の特殊性に注目すると、第一に、訴訟費用の裁判の特殊性ということが浮上してくる。訴訟費用の裁判の非独立性・付随性である。例えば、訴訟費用の裁判に対しては独立した控訴は認められない（ＺＰＯ九九条一項。日本民訴法でいえば、二八二条がこのことを規定している）。これは訴訟費用の本案に対する付随性を考慮したものである。訴訟費用の問題は本案の付随的な問題であり、独立して追求すべきものではないから、訴訟係属前に終了事由が発生した場合は残務整理のようなものであり、通常の手続で処理する合理性はない。通常の方法を利用すれば、本末転倒と評されることになる。

第二は、時間的な制約である。すなわち、本規定の適用範囲は訴訟係属前の段階という正に訴訟の初期の段階に限られる。ここでの問題は不十分な訴訟資料で判断するのか、それとも必要な資料の収集を行うのかということになる。後者の必要な資料を収集するという方法は紛争が終了し本案の訴訟が行われないことを考えると、これも本末転倒である。そこで前者の不十分な訴訟資料に基づく裁判ということになるが、そうすると裁量による裁判ということにならざるをえない。すなわち時間的な制約、不十分な資料による裁判が、手続の非訟化を正当なものにするということができる。

このように考えると、訴訟費用の裁判の付随性と本規定の時間的な制約だけで、裁量による裁判を正当化することができるように見える。そうであるとすると、日本の場合も事情は同じであると考えられるから、日本の制度は問題ないということになる。したがって本規定は日本法の立場を補強したことになる。しかし、そう考えてはならない。ドイツの場合は別の制度が並存されていることに注目する必要がある。すなわち、それによって当事者が手続を選択できるようになっているということである。

日本の民事訴訟法でも特別手続は同様な構造になっている。例えば民事訴訟法では手形訴訟・小切手訴訟、少額訴訟、督促手続等の特別手続が規定されているが、これらの手続において通常の訴訟手続を簡略化できるのは、通常の訴訟手続の利用が選択できるようになっているからである。このことがこれら手続の正当性・妥当性を根拠づけている。そうであるならば、本規定のような裁量による簡易な裁判手続は、特別手続のような規定がないにしても、他の特別手続と同様に通常手続の選択の余地を認めておく必要があるように思う。日本の通説は訴えの取下げの場合の訴訟費用の裁量的な裁判の正当性・妥当性は、訴えの取下げで十分に説明できると考えているのかもしれない。しかし、ドイツの議論を参考にドイツの制度と比較すれば、それだけでは不十分であることが分かる。ドイツに倣い、訴えの取下げとは別に訴訟終了宣言のような別制度の配置が考えられなければならない。本規定と日本法とは近似しているが、それぞれ制度の背後にあるものが異なっていることに注目しなければならない。すなわちドイツ法の背後にある手続構造に注目し、それが本規定の手続の正当性・妥当性の根拠になっていることを認識しなければならない。

(17)　訴訟中に終了事由が発生した場合の訴訟の終了方法は、法に規定されている訴えの取下げ（民訴法二六一条以下）だけでは不十分である（第三編一章第二節２Ａ）。訴えの取下げを補完するために、訴訟終了宣言の制度を訴えの取下げと併存させるべきである（同・第二章第一節２Ｃ、同・第三章第三節７Ｄ）。

(18)　日本の判例について訴訟終了宣言の観点から詳細に分析したものとしては、拙稿・⑪〔判例〕八八頁以下があり、それをまとめたものが第三編第四章第一節〜第三節である。個別的な判例研究としては、拙稿・⑦〔判研〕一四一頁以下があり、それをまとめたものが同・第四節である。なお最近の判例については同・第五節で分析している。

第四節　「遅滞なく」という字句を削除する改正

1　改正の理由

デッケンブロック等は本規定が発動される場合を、次のような事例を挙げて説明している。[19]

「二〇〇二年二月二一日に原告は被告に対して、住宅の明渡しと滞納した賃料の支払い請求をした。二月二二日に訴状は裁判所に届いた。二月二六日に裁判所は原告に対して、裁判所費用の予納を命じた。ところが原告はその前日である二月二五日付けの書面で、訴えの取下げを表明して、ＺＰＯ二六九条三項三段によって訴訟費用は被告に負担させるように申立てをした。この書面が裁判所に届いたのは三月四日であった。原告は訴えの取下げをした理由として、二月二四日に被告が滞納していた賃料を完済したことを述べている。」

続けてデッケンブロック等は、「原告が訴状を提出した直後に訴えを取り下げるということはしばしば生じることであり、訴状が被告に送達される前に訴えが取り下げられるということは珍しいことではない。」と述べている。さらには、訴状の提出から送達までの間は、しばしば数週間かかるとも付言している。

そこで問題はこのような場合に、どのような原則に基づき、どのような手続で訴訟費用を負担する者を決めるのかということである。[20]このような事態に対応するために、ドイツでは本規定が二〇〇一年の民事訴訟法改正法によって創設され、二〇〇二年一月一日に施行された（第一節）。それは訴訟係属前に訴訟終了事由が発生した場合は、訴訟終了宣言ではなく訴えの取下げで処理することを定めたものであるが、具体的な処理の方法はＺＰＯ九一条ａの双方的訴訟終了宣言の場合と同じである。ところが二〇〇四年九月一日に「第一司法現代化法」が施行され、[21]民事訴訟法が改正された。これによって二〇〇一年の民事訴訟法改正法によって創設された本規定も改正された。そこで本節は、改正内容を調べ、それをめぐる学界の動向を注視し、この改正の意味を考えようというものである。

二〇〇四年の改正は、本規定の文言を創設から三年を待たず改正するというものである。改正点は先ず、「遅滞なく」という字句の削除であるが、それは本規定が発動されるための要件である「訴えの取下げが遅滞しなくなされること」を不要にするものである。その理由は、この要件があるために訴えの取下げが遅滞してしまった場合には、本規定による処理ができないという点にある。それは結果の妥当性を欠くし、本規定の適用を除外する合理的な理由もない。立法の目的が訴訟の終了を簡易な手続によって訴訟経済的に行うことであったことからすると、これは正に制度創設の目的に反する。もっとも、このようなことは立法直後から指摘されて、批判されていた。そのことを想起すると、当初の制度設計が十分でなかったということであり、「遅滞なく」という要件を課した本規定は、立法の失敗であった。このようなことから、この改正の議論を検討することによって、同じような失敗を繰り返さないための教訓を得ることができる。なお本節では、この改正を「本改正」と表記する。

さて本改正の理由は次のようなものである[22]。

「二〇〇一年七月二七日の民事訴訟の改正に関する法律（官報第一部一八八七頁）の第一条第一項第三四号bによれば、訴えを提起する理由が訴訟係属前に消滅し、原告が訴えの提起の理由が消滅した後に遅滞なく訴えを取り下げた場合、訴訟費用の負担義務は従前の事実状態と訴訟状態を考慮して、裁判所の衡平な裁量によって決まる。この法律は訴訟係属前の訴えの取下げの場合に、弾力的で訴訟経済的に訴訟費用を定める第九一条aの方法を引き継いだものである。もちろん、訴えの取下げが遅滞なくなされるという条件付きである。

このような条件が必要であることは、第一三三会期連邦議会における民事裁判手続と非訟事件手続の簡素化に関する法律の草案（連邦議会第一三会期の議会提出印刷資料第六三九八号。その第一条第一三号）に由来する。それはこの新しい規制によって、特別に有利になっている原告が遅滞なく行為をするように原告を督励し、事件処理を遅らせないようにするという立法者の意思に基づくものであった。しかしながら、遅滞なく訴えを取り下げることができない場合に、納得のいく根拠が認められないにもかかわらず、訴訟経済的に事件を処理することができないという事態が生じた。訴訟費用の観点からも、遅滞のない行為が無条件に必要であるとは思われない。すなわち、原告が訴えを取り下げるのを遅らせ、それによって余分の費用が生じた場合（例えば、被告側で弁護士を委託したことによって訴訟費用が加算された場合）、これは訴訟費用の裁判の範囲で衡平な裁量によって考慮できるからである。それ故に制限的な特徴を示す「遅滞なく」は削除する。」

２　改正前の状況

そもそも遅滞のない訴えの取下げだけが本条の適用を受けるということ、すなわち、法文の「遅滞のない」という制限的な字句は、既に指摘したように立法当初から問題であった（第二節２）。シュナイダーは、大要次のように厳しく批判した（Schneider (I), S. 509f.）。この要件は不明確であるし、そもそも遅滞を問題にするならば原告の過失の有無が要件というのか。もしそうだとすると、これらについて証拠調べが必要になるのではないか。もし必要だとすると、訴訟経済の観点から衡平な裁判で簡易・迅速に処理しようとした制度の趣旨と矛盾する。確かに裁判所が訴えの取下げのための期間を設定するという方法も考えられるが、そのような方法は法律に規定されていない。要するに思慮を欠いた立法であり、削除すべきである。

これ以外の問題点や、当時の学説の状況については既に述べたことがあるので（第二節２）、そこで取り上げなかった文献について概観してみよう。ローゼンベルクの体系書の一六版（二〇〇四年）は、前記のシュナイダーの見解を支持した（Rosenberg/Schwab/Gottwald (D) [16], §128 IV Anm 39）。シュナイダー自身、批判を緩めることはなかった。彼は「遅滞のない」との要件を削除するとの改正草案が発表されると（改正草案は二〇〇三年九月二日に連邦議会に提出された）、これは前回の立法者が曖昧な話を好んだことを物語るものであると述べ（Schneider (J), S. 548）、民法の「遅滞なく」という用語との調整がない点が問題であり、問題は「遅滞なく」を要件とした軽率な立法であるから、施行までの間はこの要件は無視するのがベストであるとも述べている（Schneider (K), S. 1221）。テゲデアは、「遅滞のない」との要件が、実務においてこの規定が十分に使用されなかった原因の一つであるとして（Tegeder (K), S. 3327）、この字句に固執することは法の目的と意味に合致しないとして、シュナイダーと同様に、目的論的な解釈でこの要件を外す解釈論を主張する（S. 3328）。ヴォルフは、この要件は訴訟費用を定める場合の要件であり、それを訴えの取下げの要件にしたこと自体が問題であると批判する（Wolff (A), S. 557）。フーバーは、「遅滞のない」との要件は、実務に重大な問題を招来させる制限であると批判する（Huber (J), S. 268）。

これに対して、この字句について多少とも評価する意見がないわけではない。この要件によって時には遅滞なく訴えの取下げがなされるであろうし、訴状と訴えの取下げ書が同時に送達されるとの意見がある（Wolf (A), S. 525）。あるいは本改正において、本規定が独占的・排他的なものか否かを明確にしなかったことを問題にする観点から、本規定が独占的・排他的であってはならないとの主張を補強するために、本改正によって時間的な制約は外されるから訴訟が長引くであろうと心配している意見もある（Ritter-Schmidt (K), S. 173）。もっともこれらは積極的な主張というよりも、別の主張を補強するために述べられたものである。

このように発表された論文を見る限り、「遅滞のない」との要件に対しては非難の大合唱であり、この要件について積極的に擁護するものを見ることはできなかった。立法者がこの要件の削除に応じざるをえないのも当然であった。

3 ドイツにおける改正の意味

この要件を削除するという本改正は、これらの批判に応えたものであり、改正案は大いに歓迎すべきもの (Deckenbrock/Dötsch (K), MDR 2004, S. 1215) ということである。その結果、遅滞して訴えが取り下げられた場合の手続の処理の方法が弾力的になった。すなわち、その場合に訴訟費用の負担は裁判官の裁量によって決めることができるとする本条項の適用が可能になったからである。これによって裁判官は訴訟費用を原告か被告かのいずれかに負担させるという二者択一を迫られることはなくなり、裁量によって遅滞した原因に応じて訴訟費用の負担を決めることができるようになった (Deckenbrock/Dötsch (K), MDR 2004, S. 1216)。このことは今後、本規定の適用領域が拡大されることを意味する。したがって、考えるべきことは手続の簡素化・効率化という錦の御旗だけで全く問題は生じないのかということであり、問題が生じたときにそれを理由に押し切れるかということである。ここでは「遅滞のない」との要件に関する議論を概観したが、そもそも本規定はそれ自体に関して様々に論じられている。それは単に手続の簡素化・効率化だけでは対応できない問題があることを意味するものであるが、それについては第五節で考察する。

さて本改正によって、本規定から「遅滞なく」という文言が削除されることになったが、これは訴訟終了宣言に対してどのような影響を与えるであろうか。本規定の創設によって双方的訴訟終了宣言が使われなくなる (Bonifacio (I), S. 500) と言われていることからすると、本改正はそれに向かってより一層そのような歩みを加速させることになる。[23] そのことは訴訟終了宣言という制度の必要性と意味を改めて考える切っかけになるであろうし、既存の制度である訴えの取下げ、訴えの変更等との機能の分担を考える必要に迫られることになるであろう。[24]

4　日本における本改正の意味

ドイツにおいて本改正によって双方的訴訟終了宣言の活動の場面が少なくなり、訴えの取下げの活動範囲が広くなるということは、日本における訴訟終了宣言の制度の不要論の有力な根拠になるかもしれない。さらに訴えの取下げの場合の訴訟費用の負担者を決めることを裁判官の裁量に委ねる日本法からすると、日本の立法は先見の明があったということになるかもしれない。しかし、そのような理解は正しくない。訴訟係属前という、そもそも訴訟というべきか否かが問題になるような場面で訴訟の終了事由が発生したならば、訴訟費用の問題は訴訟法の原理に従った方法ではなくて、効率的な簡易な手続で処理するというのがこの規定の趣旨であるからである。すなわち、非常に限られた場面での問題であり、日本のように訴えの取下げのすべてに適用するというものではない（第三節１Ａ）。しかも第五節で述べることであるが、ドイツでは裁判官の裁量による裁判に対しては、問題視する学説が有力であり、すべての学説が諸手を挙げて本規定の制度に賛成しているのではない。したがって、本規定は他の方法による訴訟費用の回収を排斥するものではないというのがドイツの通説的な見解である。すなわち、本規定は排他的・独占的なものではなく、他の制度との併存を許し、他の制度がこの制度を補完しているというのが、本規定に関するドイツの一般的な理解である。換言すれば、本規定の制度を使用するか否かは、原告の選択に委ねられているのである。

ところで日本の場合はどうであろうか。訴えの取下げの場合の訴訟費用を別訴で訴求するということは聞いたことがない。日本では裁判官の裁量による裁判で解決するという方法に対して疑念が表明されることはないし、訴訟費用について徹底して争うということもないからである。つまり問題意識がないから、問題に対する対応も十分に考えられていないのである。例えば、１の冒頭に示したようなドイツの事例は日本でも当然に起こりうるし、その場合に、原告が訴訟費用を被告に請求することもないとはいえない。そこで問題は、もし日本でも原告が訴訟係属前の訴訟費用について被告に請求し、それに対して被告が争う姿勢を示した場合は、どうしたらよいのかということになる。これに対しては民訴法七三条は無力である。そのようなことを想定していないからである。したがって七三条があるからといって、あらゆる場面で対処できるというものではないし、問題が解決されるわけではない。当事者間で紛争が生じたら、ドイツの議論を参考に一方的訴訟終了宣言の制度で対応する必要がある。すなわち、七三条があるから訴訟終了宣言は不要であるということにはならないのである。これに対して、そのようなことは日本では希有なことであるとの批判があろう。しかし、我が国では昨今、人々の権利意識が向上し、訴訟費用についても関心が高くなっている。この状況を考えると、訴訟費用を負担するのは納得がいかないと主張する原告が今後は数多く出てくると思うので、希有なこととして放置することはできなくなるであろう。ドイツでの判例や学説の盛況は、今後の日本の状況を暗示している。

ところで本改正の議論は訴訟終了宣言の問題だけに関係するものではない。それ以外にも有益な教訓を提供していて、学ぶべきことがある。

第一は、立法に際しては字句等について事前に十分な検討が必要ということである。「遅滞のないこと」という要件が、どのような理由で、どの段階で付加されたか不明であるから（第二節2）、安易にこの字句が付加されたという事実は否定できないように思う。もちろん、だからといって慎重な検討によって制度の改革のための立法が遅れるようなことがあってはならないし、運用によって是正するという実験的な試みや試行錯誤的な発想も時には必要であろう。ただ本規定が創設された時は、そのような場合ではなかったということであり、改正の目的を考えれば、正に不要な要件であった。

第二は、立法に問題があれば、迅速に対応すべきであるということである。本規定についてドイツの対応は迅速であった。司法の現代化ということで、訴訟法の検討がなされていた時期というグッドタイミングであったにしても、問題の指摘に直ちに応じた立法当局者の態度は評価すべきである。一般論としては、次のようにまとめることができる。学説からの多くの批判を浴び、それが条文の字句に原因がある場合は、法の解釈によって対応するのではなく、立法者は果断に法の改正で対応すべきである。我が国では、法を改正すれば問題にならないことが法を改正しないために問題になり、判例・学説がそれに対して条文の補正解釈で処理するということがしばしば見られるが、これは司法制度全体から見ると非効率的な方法であり、是正すべきである。成文化できるものは成文化すべきである。

第三は、目的論の重要性を再認識すべきであるということである。立法創設後の短期間の改正という事態を招いたのは、確かに新しい制度の導入という面があったにしても、何のための制度なのかという問題意識が希薄だった点に原因がある。正に目的論的な考察が必要であったのに立法者が安易な当事者間のバランス論を展開して、遅滞のない訴えの取下げを原告に要求したものと推測される。しかし、重要なことは本規定を導入した目的がそれによって達成できるのか否かということであり、当事者間のバランスの取り方は二次的な問題である。さらに当事者間のバランスで求められていることは、一方的に原告のペースで本規定が適用されることとのバランスである。そうであるならば、原告の遅滞を問題にするのではなく、被告の手続保障を考えるべきであったということになる。このようなことから、本改正は安易に利益衡量を行うことの危険性をも示している。

第四は、手続の効率性は「遅滞のない行為」によって直ちに得られるのではないということである。迅速な訴訟や手続の効率性を追求する場合、しばしば当事者に遅滞のない行為を要求することになるが、本改正は、場合によってはそれが反対に遅滞を生じさせることがあるということを示している。安易に「遅滞のない行為」を求めることへの警鐘になろう。遅滞が生じた場合の対応と、遅滞の具体的な内容、行為者の責任、相手方の行為とのバランス、遅滞の有無の判断の方法等を総合的に検討する必要がある。

(19)　Deckenbrock/Dötsch(K), JurBüro 2003, S. 568. この問題に関するこの他の具体的な例としては、後注(34)で Ritter-Schmidt の挙げた事例、第一編第五章第一節１の近藤完爾氏の挙げた事例が参考になる。さらには本章第二節４Ａのシュナイダーの挙げた事例も興味あるものである。

ところで古い判例ではあるが、連邦通常裁判所（ＢＧＨ）の一九八二年一月一五日判決民集八三巻一二頁の判決理由も、この問題について具体的な事例を提供している（第一編第五章第三節）。なおこの判例は訴訟係属前においては訴訟終了宣言を認めないことを判示したものであるが、この判例の存在が本規定の立法を促したことについては、本規定の立法理由が明記している（本章第一節１）。したがって、今日でも注目すべき判例であることは、二〇〇四年になっても、この判例について詳細な判例解説（Löhnig(A), S. 122ff.）が公刊されたことからも明らかである。

(20)　訴訟係属前に訴訟が終了した場合の訴訟費用の計算方法を数式を利用して詳論したものに、Köhnen, Rainer/Köhnen, Liane(A), S. 289ff. がある。

(21)　この法律のドイツ語の表記は、第一章第四節注(30)に記載した。

(22)　連邦政府が二〇〇三年九月二日に連邦議会に提出した司法現代化法の草案に付された理由書に基づく。すなわちこの理由書の関係箇所を翻訳したものであるが、翻訳に際してはかなりの語句を加えて、一読して内容が分かるように努めた。出典はBT-Drucks. 15/1508, 17. である。この連邦議会提出印刷資料は、ドイツ連邦議会のサイト（http://www.bundestag.de/）から入手した。

(23)　本規定の創設がドイツの訴訟終了宣言の制度に与える影響は、決して少なくない。この点は立法当初から指摘されてきたことであるが（第二節６）、二〇〇四年の改正がそれに拍車をかけた。例えば、デッケンブロック等はその論題を「訴訟係属前の訴訟の終了における双方的訴訟終了宣言の終焉」という刺激的なものにして、「ＺＰＯ二六九条三項三段の導入により訴訟係属前における訴訟終了の場合に双方的訴訟終了宣言は可能ではあるが、もはやそれが利用される事例は考えられない」と述べている（Deckenbrock/Dötsch(K), ProzRB 2004, S. 50）。

(24)　ドイツの司法修習生のための最終国家試験用の受験参考書においては、訴訟における被告の対応と訴えの取下げ、双方的訴訟終了宣言、一方的訴訟終了宣言との関係を図で示して、それぞれの制度の機能の分担を明らかにしているものがある

(Oberheim (Ha), S. 497)。あるいは時間的な経過と被告の同意の有無とを表にして、それぞれにおいて可能な訴訟行為を根拠条文とともに明らかにしているものもある（Löhnig (A), S. 125)。これらは実務家になるための最終試験に備えての勉強において、訴訟中に訴訟を終了させるような事由が発生した場合、訴訟手続の時間的な経過と被告の同意の有無との関係で、どのような行為によって訴訟を終了させるのが一番問題がないかを整理しておくようにとの受験指導であろう。換言すれば、類似した制度の異同について問うという問題が、受験生の法律家としての資質を判断するのに出題しやすいということである。

なおこれらの参考書は、ＺＰＯ二六九条三項三段については訴えの取下げの規定であるにもかかわらず、訴訟終了宣言の項目で説明している。この規定を体系的にはどこに配置するかということは一つの問題であり、体系書や教科書を執筆する者が頭を悩ましていると思うが、受験参考書が訴訟終了宣言の項目の中に入れているのは、その機能に注目したからであろうし、理解しやすいということであろう。

第五節　「訴状の送達がない場合も同様」との一文を挿入する改正

１　改正の理由

本規定は、訴えを提起した理由が訴訟係属前に消滅し、遅滞なく訴えが取り下げられた場合に適用されることになっていた。二〇〇四年の改正においては、「遅滞なく」との要件が削除された（第四節）。さらに、「訴状の送達がない場合も同様とする。」という一文が挿入された。この挿入を、本節では「本改正」と表記する。本改正は訴状の送達がない場合でも本規定を適用するという意味であり、形式的にこの法文を読むと、本規定の適用範囲を広げるような印象を受ける。しかし、改正前の状況や改正の経緯を見ると、改正前からすでに多くの裁判所でこのような取扱いがなされていたし、学説も同様なことを主張していたので（後記の２参照）、本改正によって適用範囲が大幅に拡大し、本規定の利用が増大するということではない。しかし、全くないということでもない。この取扱いに反対していた裁判所は、その態度を改めざるをえなくなるからである。その限りで、本規定の利用が増加する。いずれにしても、本改正は学説上の対立点を除去して、実務の指針を明らかにしたものであるが、それは従来の実務と学説の多数説の確認であり、追認である。

さて、本改正の理由は次のようなものである。(25)

「法務委員会は、第二六九条第三項第三段の客観的な適用範囲を明確にすることを提案する。民事訴訟の改革に関する法律によって、裁判所は訴訟係属前に訴訟する理由がなくなって取り下げられた訴えの訴訟費用については、衡平な裁量により決定に基づき裁判する権限が与えられた。文献（Baumbach/Lauterbach/Albers/Hartmann, ZPO, 62. Aufl., §269 Rn. 39; Zöller/Greger, ZPO, 24. Aufl., §269 Rn. 8b; aA Münchener Kommentar-ZPO/Lüke, Aktualisierungsband ZPO-Reform, §269 Rn. 4）と、下級審の判例（KG MDR 2003, 712; OLG Nürnberg MDR 2003, 410; LG Nürnberg MDR 2003, 411; LG Münster NJW-RR 2002, 1221; aA OLG Schleswig SchlHA 2004, 31; OLG Dresden OLG-NL 2003, 164; OLG Köln NJW-RR 2003, 1571; LG Düsseldorf NJW-RR 2003, 213）のそれぞれの一部においては、この規定は訴状が送達される前に取り下げられた場合は適用されないとの見解が主張されている。その理由は、訴状の送達によって訴訟係属が発生し、当事者間に訴訟法律関係が基礎付けられた場合にのみ第二六九条の意味の訴えの取下げは存在するというものである。それ故に第二六九条第三項第三段による裁判が考慮されるのは、次のような場合だけであるとする。訴訟を終了させる事実が発生し訴えを取り下げたが、未だ裁判所にその表示が到達する前に訴状の送達がなされた場合、あるいは訴えの取下げの表示が到達した後で（誤って）訴状の送達がなされた場合である。これに対して訴状の送達が訴えの取下げの表示の到達する際になされていないか、あるいは遅れてもなされない場合は、第二六九条第三項第二段の原則規定により原告が訴訟費用を負担することになり、原告は単に新たな訴訟において原告の実体法上の訴訟費用の賠償請求権を主張することができるにすぎないという。

このような解釈は、民事訴訟法改正法によって導入された第二六九条第三項第三段の新たな規定の基礎にある立法者の目的に合致することは困難である。この規定は訴訟係属前に既に訴訟する理由がなくなった訴えについて、訴訟経済的に迅速に処理することを促進しようとするものである。この規定の文言からも、またこの規定の意味や目的からも、さらにこの規定の生成の歴史からも、この規定が既に取り下げられた訴状の送達によって訴訟法律関係が基礎付けられることを要件としているということを導きだすことはできない。むしろこの規範は、遅れて訴訟係属が発生した事例というようにその適用を限定しない場合にのみ、立法者によって求められた効果を完全に発揮させることができる。それ故にこのような修正が規定されることによって、第二六九条第三項第三段の文言において訴状の送達は要件ではないということが疑いもなく明確になった。」

2　改正前の状況

判例・通説によれば、訴訟終了宣言の制度が利用できるのは、訴訟係属後に訴訟終了事由が発生した場合である（第一編第五章第三節）。換言すれば、訴訟係属前に訴訟終了事由が発生した場合は、訴訟終了宣言は利用できない。そこで一般に原告は被告に対して、被告に訴訟費用を負担する義務があるとの確認の訴えに従前の訴えを変更することになるが（後記の６の第二の問題を参照）、本案が終了しているにもかかわらず、訴訟費用に関して本案と同様な手続が進行するというのでは妥当性を欠く。しかも、そもそも確認の利益が認められるかは疑問であるし、損害額の計算は簡単ではない[26]。しかし、そうであるからといって、この場合に原告が訴えを取り下げることはない。訴えの取下げの場合、原告が訴訟費用を負担すると規定されているからである。そこでこの問題を解消するために、民事訴訟手続の簡素化と効率化を目指した二〇〇一年の民事訴訟法改正法が本規定を創設した（第一節）。それは裁判所の裁量による裁判によって簡単に処理するために、訴えの取下げと訴訟終了宣言を規定したＺＰＯ九一条ａとを結合させたようなものである（第一節１の立法理由が詳論する）。このような立法の経緯を考慮すると、本規定は訴訟係属前に終了事由が発生した場合に制限されることなく適用されるべきことになる。しかし、問題は単純ではない。新しい制度はとかく既存の制度との調和が難しい。

　第一の問題は、訴訟係属の発生前と訴えの取下げとの関係である。原告が裁判所に訴状を提出したが、その送達前に訴訟終了事由が発生した場合に、原告が訴訟を断念するという行為は、正確には訴えの取下げではない。訴状が被告に送達される前は訴訟係属は発生せず、訴えは成立していないからである。つまりこの段階で原告が取り消す（取り下げる）のは訴えではなくて、訴状の提出という行為である。したがって、この場合に原告が訴訟を断念しようとする行為は、訴状の取戻請求ということになる。[27] しかし、そのように解したとしても、この場合について直接規律する規定がないから、同様な場合を規律している訴えの取下げの規定を類推して対応せざるをえない。したがって、訴えの取下げか訴状の取戻請求かということを真剣に議論しても、訴訟係属前の終了事由の発生の問題は規定適用か類推適用かということにすぎないから、結論は大差ないことになる。そうなると、そもそもこのような原告の行為の法的性質について議論する実益があるのかということになる。[28] このように考えれば、この問題はそれほど重要でなくなるが、棚上げ論のような印象は否定できない。

　第二の問題は、本改正のように送達を必要としない場合、訴訟係属の有する理論的な意味との整合性が問題になる。訴訟係属によって訴訟法律関係が成立し、それによって当事者間の訴訟上の問題が処理されると解するならば、理論的には訴訟法律関係が成立していないのに、訴訟費用の問題が裁判によって処理できるということについては疑問が生じる（Deckenbrock/Dötsch (K), JurBüro 2003, S. 570）。訴訟係属前の訴訟終了事由の発生という事態であっても、当事者間の訴訟費用の問題を処理するためには、訴訟係属が必要ではないかということである。すなわち、たとえ一瞬であっても訴訟係属の発生は必要ではないかという問題提起である。

第三の問題は、相手方である被告の手続保障との関係である。訴訟係属は訴状の送達によって生じるということは、それによって被告に対して訴訟が開始されたことを知らせることであり、被告に必要な対抗手段がとれるような機会を与えることである。そこで、もし訴訟係属は必要ないとして被告への訴状の送達を不要とすると、被告の手続保障はどのように考えるのかという問題が生じる。これが実は、送達の有無をめぐる問題の核心である。前述の原告の行為の法的な性質論や訴訟法律関係の成立の問題が観念的であるのに対して、この被告の手続保障の問題は現実的であり、この問題の処理手続の当否や正当性を問うものである。より具体的に述べれば、問題は訴えの取下げであれ、訴状取戻しであれ、そのような行為をするまでの訴訟費用の負担を決める基準と方法（手続）である。例えば、訴えの取下げであるとすると、訴訟費用の負担については原告と被告の両当事者が利害関係を有しているにもかかわらず、訴えの取下げという原告の一方的な行為だけで処理してよいのかということが疑問点として浮上する。訴訟係属が発生していないとはいえ、訴訟費用を誰が負担するのかという問題において、原告の一方的な主張で裁判官の裁量によって決められるとするのは、被告の手続保障の点で適切ではないからである。

そうであるとすれば、訴訟係属の発生前であっても、あくまでも被告の手続保障を確保するために被告への訴状の送達を要求し、もし送達がない場合は本規定は適用されない（Gehrlein (J), S. 421）という送達必要説が形成される。[29] なお現実的な対応策としては、訴状と併せて訴えの取下げの書類の送達を行う（Deckenbrock/Dötsch (K), JurBüro 2003, S. 571）という同時送達説がある。[30] 訴訟係属の必要性の要請を満たすと同時に、早急な手続の終了を図るという考えである。訴訟係属の発生とほぼ同時に直ちに訴訟係属の消滅ということになるのかもしれない。

これに対して、送達を不要とする送達不要説は送達必要説を次のように批判する（Gottwald(K), S. 1120）。送達必要説は立法目的や法文の文言に反する。そもそも立法者にとって重要なことは、本規定の適用領域を概念的に限界づけることではなくて、直面する問題に対する実用的な解答を提示することである。

立法目的が手続の簡素化や効率化にあり、そのために本規定が創設された経緯からすると、本規定の発動に訴状の送達は必要でないというのは、その当否は別にして立法の当然の帰結のように思えるが、それが唯一の答えでない点に法の解釈の難しさがある。実質的な正義や衡平といった観点からの検証も必要であり、送達必要説の存立の基盤はそこにある。単に立法の目的や理由だけでは反論にならないのかもしれない。

3　ドイツにおける改正の意味

このような送達不要説と送達必要説の対立状況の中での改正である。本改正がドイツでの今後の議論に与える影響や意味を考えてみよう。

第一は、本改正によって従来の送達不要説と送達必要説の論争は一応の終止符を打ったことである。すなわち、本規定の適用に際しては、送達は不要ということが法文で明らかになり、適用範囲が明確になった（Knauer/Wolf(J), S. 2858; Saenger/Saenger(C)[1], §269 Rn 39）。これは送達不要説の立法上の勝利であり、これによって従来の論争は一応の決着を見た。

第二は、本規定の適用範囲が拡大する可能性が増したことである。本規定の適用をめぐって対立していた送達の有無の問題が、本改正によって法文において不要と明記され結着をみたが、これによって今後はこの法文を根拠に拡張解釈がなされるように思う。また本改正の立法理由が重要な役割を演じたことから（1の改正理由を参照）、立法理由を根拠に適用範囲が今後拡大するように思う（Schwab(E), S. 119）。具体的に述べれば、次のようなことである。本規定の立法理由は訴訟理論よりも手続の簡素化と効率化を重視したものであり（第一節1）、訴訟理論上の疑念を本規定創設の目的で押し切ったようなものである。そうであるならば、もし何らかの問題が発生した場合は、その解決策は本規定の創設の目的を強調したものになるであろう。既に具体的な事例がある。本規定が訴状提出前の状態においても適用されるかという問題があるが、本規定の立法目的を強調して肯定する説が有力である。[31]

第三は、本規定の解釈や運用において被告の手続保障が重視されることである。被告の手続保障は前述のごとく送達必要説が提起した問題であり、送達必要説であるならば送達によって被告の手続保障は満たされるから問題は生じないが、送達不要説の場合は被告の手続保障の確保が重要な課題となる。手続保障はいわゆる審問請求権と結び付き、ドイツ法上は重要な原則であるからである。したがって本改正によって送達不要説が規定されたということは、そのような条文のもとでは本規定の解釈や運用において被告の手続保障が強調される（Knauer/Wolf(J), S. 2858; Musielak(A), S. 1205; Musielak/Foerste(C), §269 Rn 13; Wolf(A), S. 524）。そこで例えば、訴えについて形式を問わない通告と指示が求められる（Zimmermann(C)［7］, §269 Rn 18b）。あるいは同時送達説が主張される（Schwab(E), S. 119）。

第四には、本改正は退場を迫った送達必要説を完全に駆逐することができなかったという事実である。つまり送達必要説の新たな展開に注目する必要がある。改正の第一の意味として、問題について「一応の終止符を打った」と述べたが、それは「一応」と留保したのである。改正によって問題が全面的に解決したのではないからである。従来の対立状況は改正を契機に新たな展開を見たというのが正確な理解であろう。送達必要説の提起した問題、すなわち、訴状の不送達によって訴訟法律関係や訴訟係属を発生させなくてよいのかという疑問や、そのようなままで当事者間の訴訟費用の問題が処理できるのかという批判に対して、本改正は何らの解答をしていないからである。そのようなことから、訴訟経済の考慮に基づく本規定は、法治国家の原則から疑問があるとの見解がある（Zöller/Greger(C)[25], §269 Rn 18e）。それは本規定による裁判が法定の形式的な基準ではなく、裁量による裁判に基づくことを理由にするものであり、訴訟係属のないままの訴訟費用の裁判がなされることも糾弾する。糾弾しないまでも、一般的な理論と調和しないことを指摘する見解もある（Baumbach/Hartmann(C)[64], §269 Rn 39）。これらの文献は以前は送達必要説を主張していたから、本改正後も基本的な態度の変更はないということであろう。なお第三に述べた被告の手続保障の重視ということは送達必要説の影響を受けたものであるが、送達必要説が手続保障を重視する説に変容することは十分に予想できる。

４ 日本における本改正の意味

本改正の内容や経緯から日本が学ぶべきことをまとめてみると、次のようになる。

第一に、本改正をめぐる議論は、訴えの取下げで十分であるとする日本の通説の問題と限界を浮き彫りにする。確かに、訴えの取下げが可能な範囲の拡張は、日本において訴訟終了宣言論は不要であるとする日本の通説を勇気づけるかもしれない。改正によって本規定の適用範囲が明確になり、本規定の活動範囲がより広くなるからである（３の第二点）。そのことは、本規定と訴訟終了宣言の制度との機能の分担がより鮮明になり、訴訟係属前においては訴訟終了宣言を利用することは少なくなる（Deckenbrock/Dötsch(K), JurBüro 2003 S. 571）ことを意味する。それは訴訟係属前に訴訟終了事由が発生した場合、ドイツでは日本法の制度（民訴法七三条）と同様に訴えの取下げによって当該手続を終了させることに他ならない。いわばドイツ法が日本法に接近することであり、日本における訴訟終了宣言の不要論を勇気づけるものである。しかし、そのような見方は正しくないことは第四節４で述べたところであるし、本規定がドイツで創設されたとしても訴訟終了宣言論が日本において必要であることは、既に第三節において詳細に論じたところである。

第二に、本改正の経緯は、手続の正当性を保障する手続保障と手続の効率性とのバランスを考える場合の問題点を浮き彫りにしている。そこに日本法が参考にすべきことがある。本規定が創設されてからその適用をめぐって実務と学説において深刻な対立が生じたが、本改正はそれについて多数説を支持することを成文で明らかにして、問題を解決したものである。その意味で本改正は新たな制度の創設でもなければ、立法の修正ということでもない。しかし、本規定が導入された直後に実務や学説においてこのような深刻な対立が生じたということは、立法自体に問題が内在していることを示すものである。送達必要説は訴訟係属前に訴訟係属を前提にした訴えの取下げが許されるであろうかという問題を提起したが（2の第三の問題）、それは手続の簡素化と効率化を優先させた立法に対して、理論的な反撃であり、根源的な問いかけである。それは同時に立法自体に内在している問題点を浮き彫りにした。このように見ると、本改正は新たな立法によって、この問いを再び押し切って封じてしまったという印象を受ける。手続の効率性を重視したことは明らかであるが、そのような立法目的が本改正によって達成できるのか、この立法によってどのような新たな問題が提起されるのかなど、大変に興味ある問題である。手続の正当性の担保、相手側の手続保障、それらと手続の効率性をどのように調和させるのかという問題は民事訴訟法学の永遠のテーマであるが、本改正はそれに対する一つの実験という意味があるように思う。この実験の検証の結果は、日本法に重要な示唆を与えるものと思われる。本規定のドイツの運用状況については、その意味で目が離せない。

第三に、立法によって対立する問題に決着を付けるメリットである。本改正は政府草案に基づくものではなく、連邦議会の法務委員会の提案に基づくものである。日本で言えば、委員会での政府提案の修正ということではないかと思う。政府側がこの改正を提案しなかったのは、この問題は判例・学説に委ねることで十分であると判断したからではないかと推測する。そしてその判断を支えたのは、本改正の内容と同じである訴状の送達を不要とする送達不要説が、下級審の判例や学説において有力に主張されているという状況である。これに対して法務委員会が改正提案を行ったのは、司法現代化法の目的が民事訴訟法の規定を見直して問題のある制度を修正するということであるから、この問題についてもこの際に立法によって決着を付けておくべきであると考えたからであろう。すなわち、改正理由（1）から推測される立法者の考えは、送達は不要とするとの立場であり、それを法文において明確にして反対説の成立の可能性を完全に否定した方が、無用な議論をしないで済むということである。さらに、この問題を判例・学説に委ねたままにして反対説の存続を放置すると、本規定を設けた意味が薄れるという立法者の危機意識も感じられる。このようなことから、司法の現代化のためには手続保障よりも手続の簡素化と効率化を優先するという立法者のメッセージも伝わってくる。

ところでこのように判例・学説に委ねるよりも立法によって解決するという方法は、魅力的である。無用な議論を省略して、そのための労力を他の問題に振り向けることができるからである。しかも法文を読めば、注釈書を利用しなくても、一般人にも理解できるということも民主主義国家にとって必要なことである。立法による解決ということを、日本は本改正から学ぶべきではないかと思う。

5　日本における本規定の意味

本章ではこれまで「本規定」とは、二〇〇一年のZPO二六九条三項三段の創設時の規定に使用してきた。しかし、二〇〇四年に法の改正があった関係で、ここからは「本規定」とは、「改正後の規定（現行法）」に使用することにする。二〇〇四年の改正は、二〇〇一年のこの規定を発動させるための要件を修正してこの規定の活動の範囲を拡大させるものであり（四節・五節）、改正によってこの規定が有する本来的な意味や機能が変わったものではないからである。つまり、これらについての記述は改正に影響を受けないから、この規定の内容の変化（改正の前後）に関係なくそのまま通用する。

さて本規定と訴訟終了宣言論との関係はともかく、[32]また本規定が働くのは訴訟係属前に訴訟終了事由が発生した場合という限定的な場面ではあるにしても、ドイツの処理方法が日本法のそれと類似するということは、ドイツの議論がそのまま日本法において参考になるということである。例えば、日本の場合、民訴法七三条による裁判所の裁量の判断基準が必ずしも具体的ではないが、ドイツの本規定は日本法とは別の視点で要件化されていてより具体的であり、判断基準の透明化という点では日本法に有益である。さらに両国の類似性を強調して両者の関係を比喩的にいえば、ドイツでの新しい制度の創設という実験の結果が日本でも有効であり有益であるということになる。具体的にいえば、本規定についてドイツでの議論や問題点の指摘は、そのまま日本の民訴法七三条の問題点を浮き彫りにする。このような認識に基づき、一見すると日本法には無関係のように思われる２と３におけるる議論や本規定をめぐる最近のドイツでの学説の対立状況が、日本法においてどのような意味があるのかについて、最近のドイツの文献を参考に簡単に考察する。

第一に、訴状送達が必要か不要かのドイツでの議論は、日本でも議論されるべき問題である。日本では従来ほとんど議論されてこなかったが、それは訴訟費用の負担について金額が少ないこともあって、当事者も訴訟代理人も関心がなかったからである。権利意識が向上し、不合理なことに対してはあくまでも権利を主張する人々が確実に増加している昨今の状況からすると、将来もこのまま無関心な状態が続くとは到底思えない。そうであるならば、ドイツでの議論が日本でもなされるべきであろう。さらに人々が訴訟費用に関心を示した場合に、七三条の方法それ自体が問題になるであろう。すなわち、本規定の適用に関して訴状送達が必要か不要かの議論は当事者の手続保障をどうするのかというものであったから、そういうことに配慮していない七三条の方法が問われるであろう。当事者が裁判所の裁量によって（当事者の手続保障なしに）、訴訟費用を決めるという方法に満足しないということが十分に予想される。なぜならば、ドイツではこの規定による裁量による裁判について、リスクを伴う（Musielak/Foerste (C) [4], §269 Rn 13）と指摘されているからである。(33) 日本法も同様な問題があると考えるべきであろう。日本法ではドイツ法とは異なり、このようなことはありえないと断定できる根拠や制度的な保障はどこにもない。リスクを伴わない制度設計が、日本では必要ということである。これに関しては日本では民訴法七三条の制度しか考慮していないように思えるが、そのことが問題である。ドイツの議論はそのことを示唆している。

第二に、本規定に関してドイツでは排他的・独占的規定か否かで議論されているが、この議論は日本においては七三条の制度の補完制度の設計に関する問題に活用すべきである。確かに二〇〇四年の改正ではこの問題は取り上げられなかったし、将来も改正のテーマになるとは思わない。ドイツでは判例・学説において一定のコンセンサスができているので、解釈論で十分に対応できると思うからである。しかし、だからといってこの議論が日本に関係ないというものではない。日本においては七三条をめぐって生じる諸問題を解決する際に活用する必要がある。その理由は次のとおりである。ドイツでは本規定による処理について、迅速ではあるが正しい判断がなされるとの保障がないことに危惧の念が表明されている。そして本規定は排他的・独占的なものではないとの見解が主張されている。(34) そしてドイツでは、本規定による処理方法と、実体法上の請求権に基づく訴えに従前の訴えを変更するという方法とを比較して、前者は迅速ではあるが判断に対する信頼性に問題があり、後者は判断は信頼できるが費用と時間がかかると言われている。(35) このことからさらに原告の利用する制度や手続の選択権へと議論は展開していくが、この議論は本規定が支える制度に対する補完制度とそれに伴う原告の制度利用の選択権の問題と理解することができる。そうであるならば、正にこの規定の排他的・独占的性格に関する議論は、そのまま日本の民訴法七三条を取り巻く諸問題の解決に役立つ。日本においても七三条の制度は完全なものではないとの認識と、それを補う制度を考えることが必要である。その際に競合した制度において生じる問題を解消するために、ドイツでの議論が当然参照されるべきである。

第三に、本規定に関して訴訟係属発生後には適用されてはならないとドイツで一般に説かれているが、これは日本の民訴法七三条の問題点として理解すべきである。二〇〇四年の改正は、本規定の適用範囲を明確にして今後の活動範囲を拡張する基礎を作ったが、本規定が訴訟係属発生後に拡張されることはないと一般に理解されている(36)。これは訴訟係属後にも訴えの取下げで対応する日本の民訴法七三条の方式は、ドイツでは評価されないことを意味する。そしてこの場合はドイツでは訴訟終了宣言によって対応する。そのことが意味することは、日本においても訴訟終了宣言の制度が考慮されなければならないということである。日本の場合は七三条によって制度が規定されているから、訴訟終了宣言は考慮できないとの意見もあるかもしれないが、前述のように七三条の制度は完全なものではなく、それを補完するものとして訴訟終了宣言の制度を理解すべきである。本規定は日本の民訴法七三条に類似するが、単に両者の類似性に目を奪われることなく、本規定の特殊性・限定性に注目し、両者の異質性を明確に把握しなければならない(37)。

6　残された問題

デッケンブロック等は、二〇〇四年の本規定の改正において残された問題として次の三つの事項を挙げて、それぞれについて論じている（Deckenbrock/Dötsch (K), MDR 2004, S. 1216ff.）。第一は、訴状提出前における紛争終了事由の発生の問題である。第二は、訴訟費用確定のための訴えの変更の問題である。第三は、訴訟費用の裁判に対する当事者の申立ての問題である。第三の事項は従来問題になっていない事柄なので、若干の説明が必要である。ＺＰＯ二六九条四項によれば、同条三項三段の訴えの取下げによる訴訟費用の裁判には当事者の申立てが必要である。ところが処分権主義を定めたＺＰＯ三〇八条は、その二項において訴訟費用の裁判については当事者の申立ては不要であるとしている。そこで、この相反する関係をどのように考えるかという問題提起である。

彼等は第一の問題については、次のように説いている。この場合の訴訟費用は原告が負担するのが原則であるが、原告が過失なくして被告の履行した事実を知らなかった場合は、例外として被告が負担する。第二の問題については、次のように説いている。簡単な事件では本規定の制度が利用されるが、複雑な事件の場合は、原告は民法上の請求権を基礎として、訴えの変更をして訴訟費用を被告に負担させるべきである。本規定の制度を利用するか、訴えの変更で訴求するかは原告の選択に委ねられているが、被告に不利なことはない。被告においても原告と争わないことによって本規定の制度を選択できるからである。第三の問題については、次のような主張である。本規定を理由に原告に申立てを義務づけることはできないし、訴訟終了宣言についてのＺＰＯ九一条ａの規定との比較からしても、ＺＰＯ三〇八条二項が適用されて申立ては不要であるはずである。しかし、ＺＰＯ二六九条四項が規定されている以上、訴訟代理人はこの申立てをしておくべきである。

これらの問題はドイツ法においては確かに重要な意味を有しているが、訴訟終了宣言の制度が一般に認められていない日本法の状況では、民訴法七三条が本規定と類似性があるとはいえ、これらは枝葉末節的な問題である。ドイツで問題になっているということと、それに対する通説・判例の内容を認識するだけで十分である。それよりも日本法において注目すべきことは、この問題を通じて明らかになった訴訟係属の前段階の手続をどのように考えるかという問題である。この問題について結論を先取りして私見を述べれば、例えば、弁護士に事件を相談した時点から訴訟係属が発生するまでの間を「準訴訟係属」として、その間の法的な現象を理論的に把握し、そのうえで法的規制を考えるべきではないかと思う。もっともドイツでの議論を見る限り、ドイツでは民事訴訟法学の理論や単なる観念論を排除して、具体的に効果が期待できるように手続の効率化を何よりも優先しているとの印象を受ける。しかし、それはこの問題を否定しているのではなく、未だ十分には考えられておらず手付かずの状態のように思える。

最後に、「準訴訟係属」ということについて付言しておく。日本では平成一五年法律第一〇八号により、民事訴訟法第一編総則において、一三二条の二以下の八箇条の条文で構成される「第六章　訴えの提起前における証拠収集の処分等」が新たに設けられた。これは訴訟以前の段階の紛争解決のための制度や手続であり、いわば訴訟手続の前倒しである。このような訴訟係属前の制度は、訴訟手続の効率化のためには今後も増加することはあっても減ることはないであろう。また「裁判外紛争解決手続の利用の促進に関する法律」（平成一六年法律一五一号）の制定により、文字通り裁判外での紛争解決手続の利用が促進されるであろう。このように裁判手続以外の制度や手続が重要視されるようになった今こそ、訴訟係属前の状態を民事訴訟法学によって理論的に統一的に把握することが必要である。もちろん、このような事態に対処する方法として、訴訟係属の概念や訴訟係属の発生時点について、いわば当然視されてきた伝統的な通説的な見解を修正するということも考えられる。しかし、この方法では従来の概念が大幅に変わることになるので、大きな混乱が予想される。そこで従来の訴訟係属概念とは異なるが、それと全く異なるものではないということで、「準訴訟係属」という概念を定め、訴訟係属との異同に注意し、訴訟係属についての概念・効果を参考にして、理論的な把握と一般的な規律を考えるべきであろう。これは同時に、手続の軽量化と効率化における手続保障の在り方を考えることでもある。

(25)　この改正についての改正理由は、政府草案の理由書には掲載されていない。つまりこの改正は、連邦議会において新たに加わった改正である。そこで改正理由は、次のような法務委員会での改正提案の報告書に基づく。

Bericht der Abgeordneten Christine Lambrecht, Hermann Bachmaier, Dr. Jürgen Gehb, Dr. Norbert Röttgen, Jerzy Montag und Rainer Funke, BT-Drucks, 15/3482, 16.

(26)　関係する文献については、前注(20)で述べた。

(27)　訴えの取下げか訴状の取戻請求かの問題について、日本の学説の状況は前注(8)で述べた。

(28)　この問題について本規定が制定された当時のドイツの学説の状況については、第二節1Aで述べている。

(29)　「送達必要説」という学説の名称は、この問題を論じるために私が旧稿⑰〔法改正〇四〕四二頁において命名したもので、ドイツでは名称は付されていない。この説に対抗する学説については、同様な理由で「送達不要説」と命名した。なお判例・学説における送達必要説と送達不要説の対立状況は本改正の改正理由（本節1）において述べられているので、それについては省略する。なおRosenberg/Schwab/Gottwald(D)[16], §128 Rn 36はこの問題を簡潔にまとめているので、判例・学説の概要を知るのに便利である。

(30)　「同時送達説」という学説の名称は、この問題を論じるために私が旧稿⑰〔法改正〇四〕四二頁において命名したものである。ドイツでは名称は付されていない。そもそも学説を内容から分類すれば、この説は送達必要説の一種であり、独立した学説ではない。しかし、同時送達説という名称は、訴状と訴えの取下げ書を同時に送達すべしとの見解を簡潔に表示するために便利である。

　なおこの説のメリットと問題点については、次のようなことが言われている（Deckenbrock/Dötsch(K), JurBüro 2003, S. 570 f.）。メリットは訴訟係属の問題をクリアーさせることができるうえに、訴訟係属発生の直後に訴えの取下げにより手続を終了させるから、余計な訴訟費用を支出しないで済むという点にある。問題点としては、訴訟費用のためだけに訴訟係属を発生させることは理論的におかしいのではないかということである。つまり実質は、訴えの変更による処理方法と大差ないのではないかということである。

(31)　訴状提出前に訴えを提起する理由がなくなった場合に、本規定が適用されるかという問題については、本規定が設けられた理由から本規定の適用を肯定する見解がある（Musielak/Foerste(C), §269 Rn 13）。同様な見解は、Rosenberg/Schwab/Gottwald(D), §129 IV Rn 37にも見られる。もっともDeckenbrock/Dötsch(K), JurBüro 2003, S. 573は本規定の文言である「訴訟係属前（Vor Rechtshängigkeit）」から当然としたうえで、原告を保護すべき状況は訴状提出前後で変わりがないことを根拠にする。なおこれは、本規定が施行された直後に議論された問題である（第二節４A）。

(32) 本規定の創設が訴訟終了宣言の制度に対してどのような影響を与えるかは、訴訟終了宣言論において重要なテーマである（第二節６）。

(33) 既に紹介したことであるが（第二節３）、本規定が施行された直後にエルツァーは本規定による裁判に対して、いい加減な裁判にならないか危惧を表明している（Elzer (I), S. 2007）。

(34) Ritter-Schmidt (K), S. 169ff. は、弁護士経験から実務において訴訟費用の問題は重要であると指摘して、本規定は簡単な事案では使用できるが、複雑な事案では使用できないと述べている。そして、それぞれの制度で同じ結果が得られるとは限らないから、本規定のような略式手続とは別に、訴訟費用が請求できる制度が必要であると説く。そのうえで彼女は、そのことを法文で明記すべきであるとの立法論を主張する。

なお彼女は次のような事件を取り上げて、自説を展開した。それによってこの問題を具体的に考えることができるので、事件の概略を紹介しておく。それはマールブルク（Marburg）地方裁判所の判例であり、それについて彼女は、「LG Marburg, AZ: 5 S 122/03」と表記し、未だ確定していないと紹介している（S. 170 Anm 15）。Xは欠席判決でYに対して金銭の支払いを命じられたが、欠席判決に対する異議申立て期間の間に、XとY間で支払い金額と支払方法についての和解が締結された。しかし、この和解によるXの義務が履行されなかったので、Yは欠席判決に基づき、Xに対して強制執行を行った。これに対して、Xは異議の訴えを提起したところ、Yは訴状の送達前に強制執行の申立てを取り下げた。そこでXは異議の訴えにおいて訴えの変更を申し立て、訴訟費用の支払いを求めた。

第一審は本規定が排他的・独占的な規定であるとして、本規定が存在する以上この制度を利用すべきであって、Xの訴えには訴えの利益がないとして、訴えを却下した。そこでXは控訴して、次のような主張を展開した。本規定は追加的な規定であり、利用を強制するようなものではない。Xが訴訟費用について損害賠償を請求する実体法上の請求権を有している以上、本規定による方法と並んで、確認の訴えか給付の訴えが存続することは許されるはずである。それぞれの制度によって得られる結果が異なる以上、本規定による衡平な裁判がすべての事件においてなされるというのはおかしい。さらに裁判所は、釈明権を行使しなければならなかったのにしなかった。これに対してＹは本規定の立法理由を根拠にして、次のような主張をした。本規定の要件が存在する以上、訴訟費用に関する確認の訴えや給付の訴えは許されない。本規定を理由にした訴えの変更も許されない。

控訴審である地方裁判所は一審判決を取り消して、Ｙに対してＸへの訴訟費用の支払いを命じる判決をした。

(35)　このように対比するのは Deckenbrock/Dötsch (K), JurBüro 2003, S. 571f. であるが、この問題について詳論するのは、Schur (A), S. 373ff. である。なお Goebel (K), S. 254 は原告が本規定の制度を利用しないで、別訴で実体法に基づいて訴訟費用を請求した場合は、たとえこの訴訟で勝訴しても、別訴の訴訟費用は原告が負担すべきであると述べている。本規定による方法を利用しなかった点を問題にするからである。Lindacher (A), JR 2005, S. 92ff. は被告の態度に応じて、また時間的経過に応じて原告が利用することのできる制度を整理する。Musielak (A), S. 1206 は訴えの取下げと訴えの変更を比較し、原告が選択できるようにすべきであると説いている。なおこのような状況について、Gottwald (E), S. 447 は本規定は懸案の問題を解決したが、新たな問題を提起することになったと総括している。そしてこれらの問題は、ＺＰＯ九一条ａの訴訟終了宣言に分類されるべきものであると付言している。

そこで例えば判断基準が不明確であるとの危惧からＺＰＯ九一条ａを利用したくない場合、訴えの変更で処理すべきであるとの見解や、別訴としての確認の訴えが許されるとの見解がある（Fischer (A), S. 1099f.）。なお本規定が別訴としての確認の訴えに対する影響については、本規定の施行直後にドイツでは議論された（第二節５）。これについて最近の体系書・注釈書等を概観したところ、この議論の状況に変化はないように思う。またこの場合の原告の申立てに関する書式については、Gottwald (E) S. 338f. に掲載されている（付録のＣＤ—ＲＯＭにも収められている）。なお日本の場合に、このような補完制度が必要であることについては、すでに述べている（第三節１Ｂ）。

ところで非常に古い話ではあるが、この問題の核心を理解するのに近藤完爾氏の随筆が役に立つ。これは氏がドイツの法廷を見学した際に印象を述べたものであり（拙稿・⑥〔訴訟係属〕一頁以下）、第一編第五章第一節１にまとめてある。

(36)　Gehrlein (J), S. 421 は本規定が訴訟係属後に類推される余地は全くないとして、訴えの取下げはできず、訴訟終了宣言の申立てをするしかないと述べている。Rosenberg/Schwab/Gottwald (D), §129 IV Rn 39 も、訴訟係属後は双方的訴訟終了宣言か本案の終了の確認の方法しか残されていないと述べている。Musielak (A), S. 1205 は、法の欠缺ではないし類推解釈するだけの基礎もなく、立法資料を根拠にして本規定は限定された場合の立法であるとする。

これに対して Tegeder (K), S. 3328 は、本規定は訴訟係属後に適用されないとしたうえで、そのことに合理性が認められないとして、次のような立法論を主張する。「訴えの理由が消滅し訴えがそれにより有効に取り下げられた場合、訴訟費用の負担義務は衡平な裁量によって定める。」これは日本の民訴法七三条のような規定であるが、これによってＺＰＯ九一条ａは時代遅れになるであろうと付言している。なおこの問題については、本規定が施行された直後の学界の状況について大要を述べたことがあり、第二節４Ｂにまとめてある。

（37）　本規定の特殊性と限定性については、第三節１Ａにおいて詳論したので、それに譲る。

第三章　オーストリア民事訴訟法と訴訟終了宣言

第一節　請求を訴訟費用に減縮する方法

ＺＰＯ九一条ａの起源は一九四二年のドイツの第三簡素化令四条一項であるが（第一章第三節１）、これは当時ドイツに併合されていたオーストリアにおいても効力を有していた。[1] 同一二条二項は、「第四条第一項は、訴えの要求が訴訟費用の償還に減縮される場合に準用される」旨の規定であった。この文言が如実に表しているように、ドイツで訴訟終了宣言の制度が処理する事項は、オーストリア法では、請求（訴えの申立て）を訴訟費用に減縮するという方法で処理する。この方法は条文に直接の規定があるものではないが、第二次世界大戦以前から今日まで実務で認められてきた方法である。議論があるのは、申立てを訴訟費用に減縮するという方法の法的性質論と裁判手続に関してである。これらは減縮の適法要件やその後の手続の展開の指針になるからである。

１　法的性質

この訴訟費用に請求を減縮する方法について、今日の学説はどのように理解しているのであろうか。ファッシングの注釈書は、「原告の請求が履行された場合は、原告は従前の請求を訴訟費用の点にのみ減縮せざるをえない。原告が第一審の〔口頭〕弁論終結前にこれをしないならば、原告は請求を棄却され、同時に被告に対して訴訟費用を賠償しなければならない」と述べている。(2) これに対してホルツハンマーは、「請求の減縮は決して訴えの変更ではなく、それは部分的な訴えの取下げであり、その原則に従う。それゆえに被告の同意がない場合は、請求の一部放棄ということになる（この点は争いがある）。請求を訴訟費用に減縮すること（本案終了）も、これと何ら変わることがない（この点は争いがある）」旨を述べている。(3) バロンは、訴訟中に被告が弁済したならば、訴えを理由なしとして棄却し、訴訟費用は原告負担としなければならないと述べた後で、続けて原告がこのような訴訟費用の負担を避けるために取るべき方法は二つあると提示する。すなわち、被告が訴訟費用の負担について合意した場合にのみ訴えを取り下げるか、あるいは単に訴えを訴訟費用に減縮するかである。(4)

このような概観から明らかなように、請求の減縮と請求を訴訟費用に減縮することが同じなのか、それとも異なるのかで議論がある。ホルツハンマーは両者を同一視したが、(5) ファッシングはホルツハンマーの見解を批判し、両者を区別して次のように論じている。請求の減縮は訴えの取下げや請求の放棄ではなく、無条件に許される訴えの変更である（オーストリア民訴法二三五条四項）。またそれは実体法上の請求権の放棄を伴う訴えの取下げでも、また伴わない訴えの取下げでもない。しかし、訴訟費用に請求を減縮することは、原告が新たに本案の請求を主張することを放棄しないと明白に陳述しない限り、その本質は実体法上の権利の放棄を伴う訴えの取下げと考えるべきであり、この場合は訴えの取下げについて原告の訴訟費用の負担を定めたオーストリア民訴法二三七条三項は適用されず、訴えの取下げが許される時期を規定した同条一項のみが適用される。(6)

ファッシングのような見解、すなわち請求を訴訟費用に減縮するということは、請求権の放棄を伴う訴えの取下げであると解釈するのがオーストリアでは多数説である。

2　裁判手続

請求を訴訟費用に減縮した場合の訴訟費用の裁判は判決手続で行うのか、決定手続で行うのかで深刻な議論の対立がある。(7) 対立の原因は、訴訟費用の裁判といえども、この場合は訴求された従前の請求が前提問題として判断されるからである。従前の請求が判断されることを重視すれば、本案の問題と等しいから判決手続で処理すべきであるという判決説になる。これに対して訴訟費用の裁判の面を重視すれば、簡易迅速な手続で処理すべきであり、裁判は決定形式で表示されるべきであるという決定説になる。

（1）この命令は一九四五年一〇月三日のオーストリア民事司法回復の処置についての法律により廃止され、一九三八年三月一三日の民事訴訟法が若干の修正をもって再び効力を復活し、それが戦後のオーストリア民事訴訟法の出発点となった。

（2）Fasching, Kommentar, zu den Zivilprozeßgesetzen, 1959–1972, Nachtrag 1974, Anm 2 zu §41, S. 314. なおこの記述は、この注釈書の最新版であるFasching/Bydlinski (Fc) では該当箇所において見ることができなかった。

（3）Holzhammer (Fd), S. 195 u. 198. なおこの本は二版（一九七六年）であるが、最新の注釈書であるRechberger (Fc) で調べたところ、その後に新版は出版されていない。

（4）Ballon (Fd), Rn 434. なお本章の基になった論考（拙稿・⑫〔ドイツ法系〕）においては三版（一九九二年）を利用したが、本書では一〇版（二〇〇四年）を利用した。二〇〇九年に刊行されたRechberger/Simotta (Fd) によれば、一〇版が最新版と思われる。

（5）バロンも同趣旨を説いている。Ballon (Fd), Rn 265.

（6）ファッシングは、請求の減縮の法的性質についてはFasching (Fd), Rn 1228で述べている。訴訟費用に請求を減縮することの法的性質については、Fasching (Fd), Rn 1254で述べている。

（7）この争いは上訴をどのように考えるのか、手続を簡素に行うのか、それとも法定の手続で行うのか、といった問題に対する解答の争いでもある。文献の詳細はBallon (Fd), Rn 434; Deixler-Hübner/Klicka (Fd), Rn 213; Feil/Kroisenbrunner (Fc), §41

Rn 171; Rechberger/Klicka (Fc), §§237–238 Rz 12 等参照。

なおこれらは決定説であるが、ホルツハンマーは判決説であり（Holzhammer (Fd), S. 114)、第二節で紹介するツェダーも判決説である（Zeder (Fa), S. 55ff.)。決定説のファッシングは、本案が既に問題にならないことを強調し（Fasching (Fd), Rn 1337)、レッヒベルガー＝クリチカは当該裁判が抗告によってのみ修正できること（オーストリア民訴法五五条）を根拠にする（Rechberger/Klicka (Fc), §§237–238 Rz 12)。

第二節　ツェダー（Zeder）の問題提起とその波紋

既にみたように、オーストリアでは訴訟中に終了事由が発生した場合は、請求を訴訟費用に減縮するという独自な方法で対応してきたが、そのために議論の中でドイツの訴訟終了宣言について言及されることはあまりなかった。ところが一九八九年にツェダーは、ドイツの訴訟終了宣言の制度を参考にオーストリア法の制度を検討すべきであると説き、オーストリアの学界に一石を投じた。(8) すなわち、彼は請求を訴訟費用に減縮するという方法はドイツの訴訟終了宣言の制度を参考にして見直すべきであり、ドイツの訴訟終了宣言についての通説的見解である訴えの変更説と同様に、終了事由発生まで請求が適法でかつ理由を具備していたことの確認の訴えと考えるべきであると説いた。

1　ツェダー説の概要

彼は従来の「請求を訴訟費用に減縮する」という方法に関する議論は、裁判の形式を問題にして、訴訟費用償還請求権が公法的であり、また権利が裁判によって顕在化するという性質について十分に理解がなされていなかったとして問題にする。そして、大要次のような批判を展開する。

訴訟費用の裁判は本案の付随的な問題であるが、金銭支払請求訴訟において付随的になされる利息請求のような本案の一部という関係ではないから、請求を訴訟費用に減縮するということは、通常の請求の減縮と異なる。訴訟中に被告が弁済したというように訴訟中に終了事由が発生した場合の訴訟費用の裁判では、証明の対象は変化しないし、本案の訴訟物は存続している。訴訟費用の裁判にとって重要なことは、それについての裁判所の判断である。このような認識を欠いた従来の議論は、民事訴訟法体系とは相容れないものであり、理論的な説明も十分ではない。訴訟費用の問題を私法上の損害賠償請求として構成することも考えられるが、これでは現実には十分な解決方法にならない。結局、オーストリア法は訴訟終了の問題について規定を欠いており、正に法の欠缺という状態にあると言える。法の欠缺を補うには、ドイツ法を参考にするのがよいが、ＺＰＯ九一条ａという規定は、双方的訴訟終了宣言の規定であり、オーストリアでの議論の状況と異なるので、直接利用できない。

訴訟中に終了事由が発生した場合の解決方法は、原告が求めているものを基礎に置くべきである。それは、終了事由発生の時点まで請求に理由があったことの確認である。また実質的にみれば、訴訟費用についての新たな訴訟が遂行されることを認識すべきである。結局のところ、それはあたかも給付の訴えから確認の訴えへの変更であり、このような方法での請求の減縮である。このように考えると、このような訴えにそもそも確認の利益が認められるのかという問題になるが、民事訴訟法に規定のある訴訟費用に関しての紛争であるから、確認の利益は肯定される。またこのような考えは訴訟費用の本案化であり、特に上訴の問題を考えると抗告でなく上告が許されるから、訴訟経済という視点から見ると負担が増大し問題かもしれない。しかし訴訟経済も重要であるが、広範な権利保護の要請、法治国家の要請が優先されるべきであり、訴訟経済は合法性や法的安定という価値とのバランスで考えるべきである。

2　ツェダー説に対する批判

ツェダー説はオーストリアの学界で直ちに賛成を得ることはなかったが、体系書や論文等で取り上げられたことから明らかなように、一石を投じたことは確かである。[9] ツェダー説について、ファッシングは、オーストリア民訴法二二八条の要件、すなわち確認の利益を欠くし、当事者の意思に反すると批判する。ファッシングのいう当事者の意思であるが、彼は訴訟費用に請求を減縮させるという原告の申立ての中に、客観的に見つけ出されるものであると説いている。[10]

ところで間髪を入れずに詳細な批判を展開したのはビトリンスキである。[11] 彼は、ツェダーの問題提起は理論の深化という点で評価するが、実務的な観点から見た場合、問題が多すぎると批判する。すなわち、ツェダー説は実務では現実に対応できない説であるとして、次のような点が問題であると指摘する。第一は、訴訟中に終了事由が発生して、訴訟費用の裁判のために従前の給付の訴えから確認の訴えに変更する場合、この二つの訴えの勝敗はどのように考えるのか。前者は原告の敗訴、後者は原告の勝訴と考えるのか。もしそのように考えるのならば、それは一部勝訴ということになり、訴訟費用の裁判に馴染まないことになる。第二は、このような訴えの変更により、本案の訴訟物の価格の増大を招かないか。第三は、裁判において訴訟終了事由が当事者の主張した時点以前に既に生じていた場合は、一部勝訴と考えるのか否か。またこの場合の訴訟費用の裁判はどうなるのか。第四は、一部弁済の場合はどのように処理するのか。第五は、訴訟費用償還請求権の公法的性格を強調したり、その権利の発生の時点を裁判所の判決の形成的効果と考えたりしているが、それが問題である。訴訟費用の裁判の本案の裁判に対する付随性の理解についても一般的でない。

注目すべきはツェダーとビトリンスキの論争の七年後の一九九六年に、ブライハがツェダー説擁護の論文を発表したことである[12]。

3　ブライハ（Breycha）による反論

拙稿・⑫〔ドイツ法系〕はツェダー説を紹介し評価したものであるが、時を同じくして（一九九六年）、オーストリアでブライハもツェダー説の擁護を主張したことは興味あることである。ブライハの論文はビトリンスキのツェダー説批判に対して、ツェダーに代わって次のように反論している。なお、〔　〕は筆者の加筆である。

ビトリンスキの第一の批判は訴えの変更に伴う訴訟費用の決め方に関するものであるが、一万シリング請求訴訟中に被告がその半分を支払ったため、原告が訴えを五千シリングに制限した場合と同じように考えれば問題はない。訴えを制限した時点の前後で手続を二段階に分けて、前者については原告の勝訴を擬制して考えて処理すればよい。第二の批判は訴訟物の価額の増加に対するものであるが、これはツェダーだけの問題ではない。例えば元本と利息の支払請求訴訟で、元本よりも利息の方が金額が大きい場合に、訴えを利息に制限した場合も同様な問題がある。元利金請求訴訟では訴訟物の価額計算に利息請求の金額は算入されないことになっているからである（オーストリア裁判管轄法五四条二項〔日本民訴法九条二項に相当〕）。第三の批判は終了を主張した時点以前に終了事由が発生していた場合の処理を問うものであるが、原告負担で処理すればよい。第四の批判は一部終了の場合の処理の問題であるが、ツェダー固有の問題ではなく、他の場合と同様に処理すればよい。第五の批判は訴訟費用償還請求権の法的性質論であるが、私法的な性格を強調するのであれば、他の私法上の権利と異なって扱われること、すなわち、本案の判断に依存して処理される手続は説明できない。また法は訴訟費用償還請求権の存否の判断が判決主文の判断と連動しない場合を規定しているが（オーストリア民訴法四四条・四八条〔日本民訴法六二条・六三条に相当〕）、判決主文と判決理由の判断が一体となって訴訟費用償還請求権の要件をなしているのであり、このような関係の説明はツェダー説の方が実用的であり理論的である。

４　論争の評価と展望

ドイツと同じような状況でありながら、ドイツでは訴訟終了宣言、オーストリアでは請求を訴訟費用に減縮するという異なった方法で対応していることは、興味あることである。このような状況であるが、今日において注目すべきことは、ドイツ法の影響を受けたツェダー説の登場である。ツェダー説は既に述べたようにブライハによって評価されたとはいえ、オーストリアにおいては少数説である。しかしそのことをもってツェダー説を軽視してはならないと思う。なぜならば、ツェダー説に対する批判はもっともな指摘ではあるが、主に形式的・技術的批判であって、視点を変えて見てみると決定的ではないように思うからである[13]。批判された原因は、彼が訴訟費用の裁判に拘泥しながら、確認訴訟説を主張した点にある。訴訟費用の裁判というレベルで問題を考察するならば、何も本案判決をする必要はないとの批判を受けるのは当然である。彼が訴訟費用の裁判に固執したのは、訴訟費用の問題で出発しているオーストリアの状況がある。つまり、そのような制約を受けざるをえないのである。そこでこのような状況や制約を離れて、訴訟終了の問題は訴訟費用の問題に尽きるのではないという視点で彼の論文を見てみると、評価すべき点は少なくない。第一に、彼はドイツにおける訴訟終了宣言についての通説的見解である訴えの変更説が、オーストリアにおいても通用することを論証した点である[14]。その当否は別にしても、少なくともオーストリアにおいてドイツの議論が通用する可能性を明らかにした点は看過できない。第二に、問題の解決に当たって、従前の訴訟物について判断せざるをえないということと、訴訟経済よりも重視すべきものがあることを指摘した点である。これは訴訟終了宣言の問題を考える場合に、事柄の本質を明らかにしたものである。

このように私はツェダー説を評価するが、それは彼の説が自説と近似するからである。[15] しかし、そのような個人的な事情は別にして、この論争に注目するのは、ドイツ法への接近が見られるのは彼ばかりではないからである。ツェダー説のドイツ法への接近については既に述べたが、彼を批判したファッシングやビトリンスキにも同じような傾向が見られる。彼らは、訴訟費用に請求を減縮するということは、請求の放棄を伴う特別な訴えの取下げであると説いている。これは正にドイツの訴訟終了宣言において主張された特別な訴えの取下げ説を想起させるものである。[16] 換言すれば、このツェダー、ファッシング、ビトリンスキの論争は、法に欠缺があるとの認識では意見を同じくしつつ、その補充について既存のいかなる制度を類推するかをめぐっての論争という点で、一昔前にドイツで行われた一方的訴訟終了宣言の法的性質をめぐっての論争と状況が類似している。[17] オーストリアはドイツと同様な経過をたどるとは思わないが、ドイツの訴訟終了宣言の影響を受けざるをえないということは断言できるのでないかと思う。[18] その意味で、私はオーストリアは訴訟終了宣言の道を歩もうとしているように思える。

ドイツ法と異なる状況にありながら、このようにドイツ法に接近する状況に注目する必要がある。さらに日本から見て注目すべき点は、オーストリアでは何説を採ろうが、従前の訴訟の再訴が禁止されるということである。既に述べたようにツェダーの確認訴訟説は当然にしても、ファッシング、ビトリンスキの訴えの取下げ説であっても、オーストリアでは被告の同意が得られない訴えの取下げは請求の放棄を伴う訴えの取下げということから、原則として再訴が禁止される。[19] すなわち既判力であれ、訴えの取下げに伴う再訴禁止効であれ、従前の本案についての紛争が再燃されることがない。我が国で訴訟終了宣言の問題を考える場合に、注目すべき効果である。

（８）　Zeder(Fa), S. 55ff. 論文に記された肩書きは、RiAA im Sprengel des OLG Wien である。これはウィーン高等裁判所管轄内裁判官試補ではないかと思う。裁判官試補については、河邉・参資四２Fe・三七六頁以下参照。なおこれはオーストリア民事訴訟法の実情について書かれたものである。

(9) 例えば、Fasching (Fd), Rn 470; Ballon (Fd), Rn 434; Bydlinski (Fa), S. 131ff. u. 157ff.; Rechberger/Fucik (Fc), §41 Lit; Rechberger/Klicka (Fc), §§237–238 Lit; Rechberger/Simotta (Fd), Rn 599. いずれもツェダー説を支持しない。

(10) Fasching (Fd), Rn 470. なおファッシングは、当事者の意思とは現実の意思ではなく、客観的に探究されるべきであると説くが、そうであればツェダー説も成立する余地はあり、その意味で批判にはならないと思う。

(11) Bydlinski (Fa), S. 132ff. 彼はこの後に、訴訟費用について大著を著しているが、そこでもツェダー説を実用的でないと批判している（(Fb), S. 194）。この本の序文でドイツ・ボン大学のガウル教授（Gaul, Friedhelm）、「訴訟費用の償還の基礎的研究」(Becker-Eberhard (B)) という大著の博士論文で有名なベッカー・エーバーハルト講師（Becker-Eberhard, Ekkehard）、オーストリア・ウィーン大学のファッシング教授、父親であるビトリンスキ教授（Bydlinski, Franz）に対して感謝の言葉を述べている。このことから彼がドイツの制度に精通していることは納得できるし、彼の学説がファッシングと同じ結論を採る理由も理解できる。なお、彼の論文での肩書きはBGfHS, Wienであるが、これはウィーン商事区裁判所に勤務という意味かもしれない。ウィーン商事区裁判所については、河邉・参資四２Fe・三六一頁参照。

(12) Breycha (Fa), S. 126ff. 論文に記された肩書きは、ウィーン市のヘルナルス（Hernals）区とデーブリンク（Döbling）区の区裁判所の裁判官である。

(13) これは拙稿・⑫〔ドイツ法系〕六四七頁以下における私の主張であるが、それが公刊された同じ年に発表されたブライハの論文は、このことをオーストリアの実定法の解釈によって具体的に詳論し、ツェダー説の正当性を論証している。

(14) ツェダー自身、ドイツ法を参考にすべきことを述べているが（Zeder (Fa), S. 55ff.）、ビトリンスキは、この説は結果的にドイツの通説である訴えの変更説に従ったものであると喝破している（Bydlinski (Fa), S. 133.）。

(15) 一方的訴訟終了宣言の法的性質について、私は訴えの変更説を支持した（拙稿・④〔一当事者〕一九頁以下、第一編第三章第二節５）。そこで日本の訴訟終了宣言は、この説に基づいて解釈論を構成するように主張した（拙稿・⑲〔日本〕四二頁以下、第三編第二章第一節）。また訴訟終了宣言に関して民事訴訟法に規定を設ける場合も、この説に依拠し、この説を基礎づけるものでなければならないと説いた（拙稿・⑩〔立法〕九二頁以下、第三編第二章第二節）。それゆえにツェダー説は理解できるし、彼の手法や結論に私見と親近性が感じられる。私が日本での可能性を探究したように、彼はオーストリアでドイツの通説の訴えの変更説の可能性を証明したと評価することもできる。また間接的ではあるが、私の手法やその内容が誤りでないことを明らかにしたということもできると思う。

（16）　ビトリンスキはツェダーの説を批判した後で、Stein/Leipold(C)〔20〕の記述を引用して、請求を訴訟費用に減縮することは訴えの取下げと考えるべきであると説いている。これはこの説が、ドイツでは特別な訴えの取下げと分類されることを明らかにするためである。続けて同趣旨のオーストリアの文献として、ファッシングの体系書や自己の論文を挙げている(Bydlinski(Fb), S. 191 Anm 62)。なお判例を引用しつつ、訴えの変更に関するオーストリア民訴法二三五条四項を根拠に、訴えの取下げと考えるべきではないと説くのは、Stohanzl(Fc)〔14〕, §235 E 129である。

（17）　ツェダー説はドイツの訴えの変更説のオーストリア版であり、ビトリンスキやファッシングは同様に、特別な訴えの取下げ説のオーストリア版であると理解することもできる。なおツェダーやビトリンスキは、ドイツのRosenberg/Schwab(D)〔14〕の体系書やStein/Jonas(C)〔20〕の注釈書等を引用している（Zeder(Fa), S. 56; Bydlinski(Fa), S. 132）。この対立は私見によれば、訴訟終了宣言は単に訴訟費用をめぐる問題なのか、それとも訴訟物についての判断が求められる問題なのかの論争である。

（18）　かつてGöppinger(Fa), S. 304ff. を参考にドイツとオーストリアの問題解決方法を比較して、オーストリアの状況を批判したことがあった（拙稿・①〔生成〕三号九九頁）。すなわち、「理論的に不明な点が多く、対応は十分でないように思う。結果を一般条項によって理論化しているにすぎないように思う。理論の深化が今後の課題である」旨を述べた。今日のオーストリアにおける学説の隆盛を見ると、時代の流れを感じざるをえない。

（19）　オーストリア民訴法二三七条一項は、訴えの取下げと同時に請求の放棄がなされる場合は、被告の同意なしに訴えの取下げができるとし、その四項は請求が放棄されていない訴えの取下げの場合は、再訴は許されると規定している。なお四項の日本語訳は、注(23)において紹介している。

第三節　ディットフルト（Ditfurth）の見解について

その後のオーストリアの状況はそれほど変わっていないように見えるが、一九九六年の拙稿・⑫〔ドイツ法系〕公刊から九年を経た二〇〇五年に、ディットフルトの「本案の終了——ドイツ民事訴訟法とオーストリア民事訴訟法の比較法的研究——」という博士論文がドイツで公刊された。[20] 前記のツェダーとビトリンスキの見解は雑誌論文において発表されたものであるから、これは正に本格的な体系的な研究の登場ということができる。そこでディットフルトの博士論文の内容を検証して、現在のオーストリア民事訴訟法と訴訟終了宣言について考察してみようというのが本節と第四節の目的である。

ディットフルトは本論文において、先ずドイツ民事訴訟法における訴訟終了宣言の現状を整理し、次にオーストリア民事訴訟法の現状についてまとめている。そして両者の比較をして総括し、立法案を提案する。目次を翻案して具体的に示すと、次のような構成である。第一編「はじめに」（一頁～四頁）、第二編「ドイツ法の状況」（五頁～八〇頁）、第三編「オーストリア法の状況」（八一頁～一五八頁）、第四編「法の比較」（一五九頁～二三七頁）、第五編「総括と立法提案」（二三八頁～二四二頁）、付録としての図表（二四三頁～二四六頁）[21]、略語一覧（二四七頁）、文献一覧（二四九頁～二六六頁）。

この中で日本の研究者にとって参考となる項目は、第二編、第三編、第五編である。そこでそれぞれの内容について、著者のまとめを参考に概観し、著者の見解を簡単にまとめてみると次のようになる。１が第二編、２が第三編、３・４が第五編の内容の概要である。それぞれの表題は著者によるものではなく、私の理解に基づき、適当と思われる表題を私の独断で付した。ただし、１と２のＡ～Ｄの表題は、著者がまとめの際に使用した表題に近いものである。なお、〔　〕は筆者の加筆である。

１　ドイツ民事訴訟法の状況についての認識

Ａ　双方的訴訟終了宣言

双方的訴訟終了宣言については、ＺＰＯ九一条ａは明確に一義的に規定している〔条文の内容は、序章第一節6〕。ドイツ法はこの規定を導入することによって、昔のドイツ民事訴訟法に存在していた法律の欠缺を補充した。この規定は訴訟経済を重視して手続を形成させるものである。この規定により訴訟費用を当事者に衡平に分配して負担させるならば、それは訴訟費用の負担のリスクを正しく分配することになる。この規定の意味と目的並びに立法者の意思は、一方的訴訟終了宣言の場合にも考慮されなければならない。

Ｂ　一方的訴訟終了宣言

一方的訴訟終了宣言の場合は、ドイツ民事訴訟法においては規定されていない。しかし、この法律状態に対しては法の規制が必要であるし、問題が生じたときの対策を考える必要がある。なぜならば、現状の法の規制では訴訟終了宣言が問題となるような状況に対して十分な解決にはならないからである。そこで通説・判例による問題の解決策〔いわゆる訴えの変更説による手続〕は、より簡素化されなければならない。またその方法は、双方的訴訟終了宣言を規定しているＺＰＯ九一条ａの利益状況や準則に適合するものでなければならない。通説は訴訟の終了に関する確認の申立ての法的性質は訴えの変更として分類することから出発し、それによって一方的訴訟終了宣言を取効的訴訟行為として性格づける。しかし、それでは当事者の利益に反するし、訴訟物概念とも相容れない。

実質的な観点から、通説は当初の訴えの勝訴の見込みは完全に審理されなければならないと説く。しかし、このような範囲で審理を行うことに意味があるとは思えないし、少数説が説くように現在の本案の終了の確定だけに限定されるというのも疑問である。さらに本案の終了についての裁判は確認判決の形式においてなされ、それに無条件に既判力を生じさせるということが必要なのかは十分に考えなければならない。結局、本案の終了の際の訴訟費用の裁判は、ＺＰＯ九一条ａの基準によって行うならば実質に即した判断であり、衡平な解決をもたらすことになる。

Ｃ　訴訟係属前の終了事由の発生

通説・判例によれば訴訟係属の発生によって初めて本案の終了を認めることになるが、それではそれ以前に終了事由が発生した場合の訴訟費用の裁判に十分に対応できない。通説・判例は納得のいく解決策を示せていない。手続の早期の時点において手続を終了させる事由が発生した場合、手続の処理は、従前の法律状態を考慮して単純化しなければならない。また通説のように訴訟終了宣言には訴訟係属の発生が必要との立場では、訴訟係属前に終了事由が発生した場合には訴訟終了宣言によって処理することはできない。そのような帰結は訴訟経済の原則と当事者の利益に相応しないから、改革を必要とする。ＺＰＯ二六九条三項三段は新しい法の規制であるが〔条文の内容は、序章第一節６〕、訴訟終了宣言による処理ではなく、訴えの取下げの方法において処理するというものである。この規定の背後にある訴訟経済を重視する立法者の意思は、この問題をより議論する場合において考慮されなければならない。訴状提出より前に手続終了事由が発生した場合は、訴えの取下げと訴訟終了宣言との統一的な解決という観点から、よく考える必要がある。

Ｄ　訴訟費用

訴訟費用は訴訟前の手続費用と同様に、ドイツ法によれば私法的な性質をもって成立する。それらは訴訟法的な訴訟費用償還請求権によって——場合によっては、しかし、実体法上の損害賠償請求の方法においても——実現される。訴訟に関して支出された費用が訴訟前の手続費用なのか、それとも訴訟費用なのかということが問題になる。その支出が訴訟回避のための費用であったのか、それとも訴訟の準備のための費用であったのかに応じて決めることになる。

２　オーストリア民事訴訟法の状況についての認識

Ａ　双方的訴訟終了宣言

当事者双方によって一致して本案の終了が述べられた場合について、オーストリア民事訴訟法はドイツのＺＰＯ九一条ａのような規定を有していない。オーストリアの学説によれば、双方的訴訟終了宣言のように当事者が訴訟の終了について意見が一致した場合は、訴訟は訴訟費用をめぐる争いに転じ、訴訟外で当事者は訴訟費用について合意し、そのうえで訴訟手続の休止について合意をしたと考えるか、あるいは原告が訴えの取下げをしたと解する。しかし、このような当事者の意思解釈による解決方法は当事者にとって曖昧であり、法的安定性と法的明確性という点で十分なものではない。それゆえに処理手続の明確化と簡素化のために、オーストリア民事訴訟法において双方的訴訟終了宣言についての立法による規制が好ましい。

Ｂ　一方的訴訟終了宣言

訴訟の終了について当事者の間で争われる、いわゆる一方的訴訟終了宣言の場合も、オーストリア民事訴訟法においては法の欠缺がある。この場合は、請求の放棄を含むあるいは含まない訴えの取下げによって処理されるようにはなっているが、決して相応しい解決方法ではない。オーストリアの判例・通説によれば、訴訟終了について当事者間で争われている場合はドイツの一方的訴訟終了宣言に相当するものであり、それは特別な訴えの取下げである。したがって、オーストリアの一方的訴訟終了宣言は与効的訴訟行為として分類されている。しかし、これに対して確認の訴えと考える学説があり、それは正にドイツの判例・通説が説く訴えの変更説と広範囲に相応する。この説によれば、訴えに当初から勝訴の見込みがあったか否かが完全に審理されることになるので、オーストリア法においてもドイツ法と同様に、勝訴の見込みという実体的な場面での審理を簡素化する必要がある。

ドイツと違ってオーストリアにおいて特に争われているのは、一方的訴訟終了宣言に関する裁判と上訴の方法をめぐってである。これに関してオーストリアの判例は、首尾一貫しない方法を採っている。すなわち、判決によって裁判するが、抗告（Rekurs）のみを適法な上訴として許すと説いているからである。裁判の形式とそれに対する不服申立ての方法は出来る限り連携すべきである。結局のところ、一方的訴訟終了宣言の問題において重要なことは、問題は訴訟費用をめぐる争いにすぎないという認識であり、このことは没却してはならない。

C　訴訟係属前の終了事由の発生

オーストリア民事訴訟法によれば、裁判所に訴状が提出されれば、訴訟法律関係が成立すると考えられ、この時点以降の訴訟終了宣言は適法とされる。正に訴状の提出の時点が訴訟終了宣言が可能な一番早い時点である。しかし、オーストリア法においても、訴訟経済の観点からオーストリア民訴法四五条の法思想に依拠して、この時点より前の訴訟終了事由の発生の問題を考える必要はある。[22]

D　訴訟費用

オーストリア判例と通説によれば、訴訟費用償還請求権は公法的な性質なものとして分類され、そのための特別な手続によって権利は実現される。訴訟係属が発生する前の費用は、後に訴訟が成立したか否かに応じて決められる。しかし、このような区分は少数説の批判によれば、はなはだ一方的であり、柔軟な対応が取りにくい。

それゆえに、少なくとも訴訟費用償還請求権の私法的性格が、一般民法典（ＡＢＧＢ）一三三三条三項の新しい規制を背景に認められなければならない。

３　自説の展開

Ａ　双方的訴訟終了宣言

ドイツ民事訴訟法において立法化されている双方的訴訟終了宣言の制度は、オーストリア民事訴訟法に導入されるべきである。オーストリアの場合、立法がなされていないのは意識して立法をしなかったのではなく、この問題に対して適切に対応する手続の必要を理解しなかったからである。ドイツでの双方的訴訟終了宣言の制度が有効であることはドイツにおいて実証されているし、ＺＰＯ九一条ａによる問題解決は、訴訟費用に関して利害が対立する当事者間において裁判所による妥当な判断を導く。したがってドイツの双方的訴訟終了宣言をオーストリアに導入すれば、オーストリアにおいては訴訟の終了に関して、今まで以上に法的安定性と法的明確性を得ることができる。双方的訴訟終了宣言は両当事者の共同処分に基づいて訴訟経済を考慮した訴訟の終了の制度ではあるが、制度の根幹は訴訟費用の問題であるということを明確にするために、立法は体系的にはオーストリア民事訴訟法の訴訟費用の規定の内に規定されるべきである。

Ｂ　一方的訴訟終了宣言

原告の一方的訴訟終了宣言に関しては、オーストリア民事訴訟法はドイツ民事訴訟法と同様に、法に規定がなく法の欠缺の状態にある。一方的訴訟終了宣言はその法的性質によれば、特別な与効的訴訟行為である（いわゆる特別な与効的訴訟行為説）。そしてその法的な性質は訴えの取下げに近いから、オーストリアにおいて同様に考えられているのは適切な対応である。これはドイツの通説である訴えの変更説とは異なる学説であるが、そもそも訴えの変更説のように取効的訴訟行為と考えるのは正しくない。取効的訴訟行為と考えるならば、ドイツでもオーストリアでも訴訟物概念と合致しないからである。また一方的訴訟終了宣言を訴えの変更説によって訴えが変更されたと考えた場合、従前の訴訟の連続という形でなされる裁判は原告の主張に相応しくないし、被告の利益を保護するという観点からも妥当なものではない。そもそも訴えの変更は、請求の内容を実体法上の訴訟費用償還請求権に明らかに変える場合に、例外的に認められるにすぎない。

特別な与効的訴訟行為という形式でなされる一方的訴訟終了宣言の場合、その有効要件は、訴えを不適法あるいは理由なしという状態にさせる終了事由が現実に発生したということである。これは、訴訟行為のための一般的な要件の存在とともに、一方的訴訟終了宣言に必要な要件である。もっとも、この場合は被告が消極的な確認の訴え（反訴）を提起しない限りという条件付きである。一方的訴訟終了宣言を与効的訴訟行為と考えると、有効な与効的訴訟行為の効果として、訴訟物についての裁判なしに訴訟は終了するということになる。訴えにおいてなされた権利保護を求める申立ては、意味を失ったからである。

C　訴訟終了事由の発生とその後の裁判手続

訴訟を終了させる事由が発生した場合、それによって訴訟が続行するか否かが決まるから、裁判所は終了事由の発生の有無について中間紛争処理手続によって審理する。適法性や理由具備性の有無の審理とは別な手続である。ここではあくまでも紛争終了事由の発生の有無が問題である。この手続において重要なことは、訴訟を終了させる事由が発生したか否かであり、当初の訴えにおいて勝訴の見込みがあったか否かは重要ではない。すなわち、裁判所が審理すべき対象は終了事由の発生の有無であり、この点に限定される（裁判対象限定説）。

したがって、このような見解はドイツでもオーストリアでも通説が主張している裁判所の審理する範囲と、それに伴う手続の内容を著しく制限することになる。しかし、それは訴訟経済の観点から相応しいし、ＺＰＯ九一条ａの立法者の意思に合致し、ＺＰＯ九一条ａが規定している制度と調和する。一方的訴訟終了宣言の中間紛争説による訴訟の処理は、いたずらに訴訟当事者の権利を制約することのない実用的な解決を目指すものである。なお訴えの取下げの場合、〔訴訟を続けて勝訴（請求棄却）判決を得ることができる被告の立場に配慮して〕取下げに際して一般には被告の同意が必要であるが、被告への配慮は訴訟終了宣言の場合、不要ということにはならない。なぜならば、被告が原告の訴訟は終了したとの主張に同意しないとなると一方的訴訟終了宣言であり、裁判所は終了事由について審理することになるから、被告は原告の主張に同意しないことによって、訴訟から脱退したいと思っている原告の行動を阻止することができるからである。

ところで、被告が訴訟終了事由の発生前の訴訟における法的な状態について確認を求めたい場合、被告がそれに対して法的ないし正当な利益を有している限り、被告は同じ訴訟において消極的な確認の訴えを提起することができる。それによって訴訟終了宣言による訴訟終了効の発生を阻止することができるし、従前の訴えが勝訴の見込みを有していたことについて、裁判所の判断を求めることもできる。

D　訴訟終了宣言に関する裁判

本案が事実上終了し原告が一方的訴訟終了宣言をした場合に、被告が消極的な確認の訴えを提起しなかったならば、裁判所は訴訟終了の事由について審理し、終了の事由が確認されたならば訴訟の終了を宣言する。ここでは当初の訴えの適法性や理由具備性についての確認は行われることはない（訴訟の一回性の原則）。しかし、オーストリア民事訴訟法において訴訟終了宣言は特別な訴えの取下げであると解されているから、再訴は禁止される。

オーストリア法によれば、訴えの取下げ後の再訴は原則として禁止されているからである。[23] これに対してドイツ民事訴訟法では訴えの取下げ後の再訴は禁止されていないが、ドイツでは再訴が常に自由であるということではない。信義誠実の原則から禁止される場合があるからである。

ところでこの裁判はＺＰＯ九一条ａ一項・二六九条四項、オーストリア民訴法二三七条三項三段等からすると、確認的な決定である。この決定は訴訟物について裁判をしていないから、既判力が生じることはない。この決定に対してはＺＰＯ九一条ａ二項一段と二六九条五項一段を根拠に即時抗告が許されるから、それによってこの決定は取り消されることがある。オーストリア法の場合は通常の抗告によって同様な結果が招来する。

当事者の訴訟費用の負担を決める裁判において考慮されるのは、訴訟終了事由の発生までに存在した本案における勝訴の見込みである。これはＺＰＯ九一条ａの類推によるものであるが、しかし、個々の事例において、ドイツないしオーストリアの訴訟費用に関する他の規定、例えばＺＰＯ九三条ｄないしオーストリア民訴法四五条が訴訟費用の裁判において考慮されることはある。[24]

Ｅ　手続の展開と被告による消極的な確認の訴え

裁判所が中間の紛争の処理手続において、訴訟終了宣言に必要な要件、すなわち与効的訴訟行為のためにＢで挙げた要件が存在しないと判断した場合、特に本案が事実上終了していないと確認した場合は、特別な申立てを必要とすることなく当初の訴訟は続行する。そして裁判所は中間の紛争についての判断は中間判決によって、あるいは終局判決の理由において裁判する。被告が消極的な確認の反訴を提起した場合に、被告が反訴に対して正当な訴えの利益をもっていれば、訴訟は同様に続行する。この場合の反訴の裁判は、訴訟終了宣言という理由から特別な扱いをすることはない。この裁判には完全な既判力が生じるし、この裁判に対して控訴を提起することができる。この反訴の訴訟費用の裁判は、敗訴者が訴訟費用を負担すると規定しているＺＰＯ九一条以下ないしオーストリア民訴法四〇条以下の規定により、一般の原則通り終局判決によってなされる。

Ｆ　訴訟費用の内容と上訴審での訴訟終了宣言

訴訟終了宣言の申立てがなされた場合、訴額はこの時点までに生じた裁判上と裁判外の費用の総額になる。訴訟費用は一方的訴訟終了宣言によって被告が負担すべきであると原告は考えるから、この場合の訴額は、原告の訴訟費用について主張する利益を意味する。それゆえに、オーストリアの通説のように、新たな訴額を零と評価することはない。

上訴審における訴訟終了宣言は、疑いもなく適法である。

Ｇ　訴訟係属前の訴訟終了宣言

訴状提出時から訴状の送達の間に訴訟終了宣言をすることは可能である。ドイツ民事訴訟法においても、オーストリア民事訴訟法と同じように、訴状送達の時点からではなく訴状提出の段階から一定の訴訟法律関係が存在すると考えるからである。このように考えているオーストリア法において、特に問題が生じていないことに注目すべきである。さらに訴状提出前に訴訟終了事由が発生した場合、例えば、被告の履行を知らないで原告が訴状を提出した場合でも、ＺＰＯ九一条ａによる訴訟終了宣言は適法である。

この場合を適法とするのは、このような問題を訴えの取下げで処理することを規定したＺＰＯ二六九条三項三段という新しい制度の後押しがある。さらに訴訟終了宣言において必要な「本案の終了」は、訴えの提起の動機がなくなったという観点から拡張的に解釈されるべきである。しかし、それはあくまでも訴訟終了宣言の規定の範囲内において行われるべきであり、訴えの取下げを迂回するため行われるべきではない。オーストリアにおいては民訴法四五条〔注(22)参照〕を根拠にして、訴訟経済と武器平等の原則により同様なことが通用する。

H　訴訟費用と訴訟費用償還請求権

訴訟費用を請求する権利は公法上の権利として分類されてはならない。私法的な要素をも有しているし、法的な性質に関しては私法と公法の中間的な地位にある。ところで訴訟に関して支出した費用を訴訟費用として考えるか否かを判断する場合、その区別の基準はオーストリアにおいても支出を決めた当事者の意思の内容によってなされるべきである。すなわち、その支出が訴訟の準備のためであれば訴訟費用に含まれるが、訴訟を回避するための支出であれば、訴訟前の費用として扱うことになる。このような考えはドイツ法と同じであり、ドイツにおいて実践されている区別の基準は利益的にバランスのとれた正当な方法であるということである。

特にヨーロッパ法という観点からは、オーストリア民事訴訟法においても、それに合わせるために、訴訟費用償還請求権の法的性質については柔軟な対応が必要である。またオーストリア法において訴訟前の費用は損害賠償として請求できることが保障されなければならない。そこでオーストリア法は、訴訟前の費用を損害賠償として請求できることを一般民法典は一三三三条三項において規定して、これを容認した。これによって、オーストリアにおいても訴訟前の費用と訴訟費用の償還請求権の法的性質は、少なくとも私法的なものと分類することができるし、そのように理解しなければならない。

I　訴訟終了宣言の意味と標準化

訴訟の終了事由が発生した際のドイツとオーストリアの訴訟の終了方法を比較してみると、ドイツの訴訟終了宣言は単に衡平な訴訟費用の裁判を導くだけではなく、当事者間の利益のバランスを考慮した当事者による訴訟終了の制度であることが分かる。訴訟終了宣言に関する私見は、単にドイツだけに通用するものではなく他国に移すことができる理論的な基礎に基づいている。また訴訟における当事者の利益状況にも適合している。すなわち、訴訟終了宣言の制度は単に原告の利益や意思に相応するだけではなく、武器平等原則の意味において被告を保護することや、司法制度や公共の利益にも配慮している。なお司法制度や公共の利益が求めていることは、訴訟経済、訴訟費用の衡平な分配、手続費用の軽減である。

さらにＺＰＯ九一条ａが規定している双方的訴訟終了宣言は、他国の制度に移すことができるような普遍的なものであり、簡易迅速な処理手続としてバランスのよい制度であることに着目する必要がある。またこの規範において表現されているドイツの立法者の意思は、オーストリア法へも移すことができるという点も考慮されなければならない。

訴訟終了宣言の問題について様々な議論がある以上、より一層の法秩序の安定性と統一性のために、ここで展開した私見によって訴訟終了宣言についての最低限の立法をする必要があり、そのことは両国の法秩序において重要な意味があるように思う。

4　立法提言

このような論述を経て著者ディットフルトが到達した結論は、次のような規定をオーストリア民事訴訟法に新たに導入すべきであるという立法論である。その立法論の内容は、訴訟終了宣言については双方的訴訟終了宣言と一方的訴訟終了宣言とに区別して、それぞれに次のような具体的な規定を新たに設けるというものである。

Ａ　双方的訴訟終了宣言

オーストリア民事訴訟法の四三条ａとして、次のような規定を設けるべきであるというものである。なおこの案はＺＰＯ九一条ａをシンプルにしたものであり、それは当面オーストリアにとって必要のないものを削って、双方的訴訟終了宣言の基本構造を条文化したものである。そのことから明らかなことは、この案はＺＰＯ九一条ａと文言や規定の仕方が異なるが、それはＺＰＯ九一条ａを批判的に継受するというものではないということである。

オーストリア民事訴訟法第四三条ａ

Ⅰ　両当事者が本案の訴訟が終了した旨を宣言したときは、裁判所は手続費用について、従前の事実状態及び訴訟状態を考慮して、衡平な裁量により決定で裁判をする。

Ⅱ　この裁判に対しては即時抗告をすることができる。

§43a öZPO

I　Haben die Parteien den Rechtsstreit in der Hauptsache für erledigt erklärt, so entscheidet das Gericht über die Kosten des Verfahrens unter Berücksichtigung des bisherigen Sach- und Streitstandes nach billigem Ermessen durch Beschluss.

II　Gegen die Entscheidung findet der Rekurs statt.

Ｂ　一方的訴訟終了宣言

ドイツ民事訴訟法は一方的訴訟終了宣言について規定を有していないので、一方的訴訟終了宣言についてはドイツとオーストリアのそれぞれに、新たな規定を設けるべきであるというものである。

なお第二項第三段第四段において、「（オーストリア民訴法四三条ａ）」としたが、これは左記の原文をそのまま翻訳したからである。しかし、ドイツ法と比較してみれば、原文は第三段は「Ⅰ」、第四段は「Ⅱ」という文字が欠落したミスプリントであると思われる。すなわち正しくは第三段は「(オーストリア民訴法四三条ａ一項)」、第四段は「(オーストリア民訴法四三条ａ二項)」である。

ドイツ民事訴訟法第九一条ｂ、オーストリア民事訴訟法第四三条ｂ

Ⅰ　原告が本案の訴訟が終了した旨を宣言したときは、被告が消極的な確認の訴えを提起しない場合、裁判所は中間紛争手続において事実上の終了の有無についてのみ審理する。

Ⅱ　本案が事実上終了した場合は、訴訟は直ちに終了する。裁判所は決定によって、訴訟は本案において終了した旨を確認する。訴訟費用の裁判はＺＰＯ九一条ａ一項（オーストリア民訴法四三条ａ）によりなされる。ＺＰＯ九一条ａ二項（オーストリア民訴法四三条ａ）は準用する。

Ⅲ　訴状を送達する理由が訴訟係属前に消滅し、それにより事件について遅滞なく訴訟の終了が宣言された場合、訴訟費用支払義務はＺＰＯ九一条ａ（オーストリア民訴法四三条ａ）により定まる。

§91b dZPO/§43b öZPO

I　Erklärt lediglich der Kläger den Rechtsstreit in der Hauptsache für erledigt, so hat das Gericht nur die tatsächliche Erledigung in einem Zwischenstreitverfahren zu überprüfen, sofern der Beklagte nicht eine negative Feststellungsklage erhebt.

II　Bei tatsächlicher Erledigung der Hauptsache endet der Rechtsstreit unmittelbar. Das Gericht stellt in diesem Fall deklaratorischen Beschluss fest, dass der Rechtsstreit in der Hauptsache erledigt ist. Die Kostenentscheidung ergeht nach §91a I dZPO/§43a öZPO. §91a II dZPO/§43a öZPO gilt entsprechend.

III　Ist der Anlass zur Einreichung der Klage zu einem Zeitpunkt vor Rechtshängigkeit weggefallen und wird die Sache daraufhin unverzüglich für erledigt erklärt, so bestimmt Kostentragungspflicht nach §91a dZPO/§43a öZPO.

(20)　Ditfurth (B)・(Fb). この論文は、二〇〇四年にミュンスター大学（die Westfälischen Wilhelms-Universität in Münster）で承認された博士論文を刊行したものである。序文によれば、Klicka, Thomas 教授と Schermaier, Martin 教授に謝辞が述べられており、前者が指導教授であり、後者が第二審査員とのことである。指導教授のクリチカ教授については後注(25)で述べる。なお謝辞は続いて、刊行に至るまで援助してくれた両親と夫に対してもなされており（旧姓は Schnatmeyer）、本書は両親に献呈されている。

本書の最後に書かれている二〇〇四年一二月付けの著者自身による履歴書（Curriculum Vitae）によれば、著者の経歴は次のとおりである。一九七三年一一月一一日にドイツのノルトライン・ヴェストファーレン（Nordrhein-Westfalen）州のヘルホルト（Herford）で生まれ、そこで育つ。博士論文を提出したミュンスター大学とスイスのローザンヌ大学（Université de Lausanne）で法律学を学ぶ。司法修習のために、同州のビーレフェルト（Bielefeld）の地方裁判所地区に移り、スパイヤー（Speyer）の行政大学やオーストラリアのシドニーの弁護士事務所で研修を受ける。外国での様々な経験は法律学の知識を豊富にするとともに、比較法研究の博士論文を執筆する切っ掛けになった。二〇〇三年一月以降、同州のデュッセルドルフ（Düsseldorf）上級地方裁判所地区の裁判官である。

(21)　これは、ドイツとオーストリアにおける①学説の対立状況、②裁判の範囲、③手続の流れについて、それぞれ一つの図にまとめたものである。それぞれの内容をより詳しく述べれば、次のようになる。①形式的要件としての法的性質論の対立状況、②実質的要件としての裁判の範囲に関する学説の状況、③原告の訴訟終了宣言に対する被告の態度に応じた手続の展開と適用される法条。

(22)　オーストリア民訴法四五条は、法務大臣官房司法法制調査部編『オーストリア民事訴訟法典―一九九五年三月一五日現在―』二六頁（法曹会、一九九七年）によれば、次のような規定である。なお、ＺＰＯ九三条が同様な規定であり、日本民訴法六二条はこのような趣旨を含んでいると解されている。

「訴えの提起が被告の行動に起因するものでなく、かつ、被告が訴えにおいて主張されている請求を第一回期日に直ちに認諾したときは、訴訟費用は原告の負担とする。原告は、開始された裁判手続により被告に生じた費用についても償還しなければならない。」

(23)　オーストリア民訴法二三七条四項は、「取下げのあった訴えは、その取下げに際して主張していた請求を放棄しなかった場合には、改めて提起することができる。」という規定である（『オーストリア民事訴訟法典』前掲注(22)八六頁）。これによれば訴えの取下げ後の再訴は可能であるように読めるが、反対解釈によれば請求の放棄を伴った訴えの取下げの場合は再訴はできないということである。オーストリアでは訴訟終了事由の発生により原告が請求を訴訟費用に減縮した場合、そのような行為は請求の放棄を伴う訴えの取下げと解釈されているから（拙稿・⑫〔ドイツ法系〕六四四頁、第一節1）、訴訟終了事由の発生による訴えの取下げの場合は、再訴は禁止されるということである。

(24)　ZPO九三条dは、半田吉信『弁護士報酬敗訴者負担制度の比較研究―ドイツの敗訴者負担原則と日本の裁判実務―』八七頁（法律文化社、二〇〇六年）によれば、次のように翻訳されている。ただし、訳文中の「二六九条三項」は二〇〇一年の民事訴訟法改正法によって、「二六九条三項二段」に改正されている。さらにZPO九三条a・bは二〇〇九年九月一日に廃止された。家事非訟事件手続改正法が施行されて、これらは家事非訟事件手続法に移行したからである。この改正については第一編四章第二節注（2）で詳しく説明した。なおオーストリア民訴法四五条の訳文は、前注(22)に掲載した。

「請求を受けた当事者が、彼がその収入及び財産について通知する義務に従わず、または不完全にしか従わなかったことにより、法定の扶養義務に関する手続が開始する原因を与えたときは、手続の費用は、ドイツ民訴九一条〜九三ａ条、二六九条三項の規定とは異なり、公平な裁量に従いその全部または一部を彼に負担させられうる。」

第四節　ディットフルトの見解の検討

1　ドイツの博士論文である意味

オーストリア民事訴訟法における訴訟終了宣言の問題を考える場合に、ディットフルトの博士論文（以下では「本論文」と表記する）は貴重な文献であることは間違いない。しかし、それは私の勝手な思い込みではないかという意見があるかもしれない。なぜならば、次のような疑問が生じることは否定できないからである。本論文はオーストリアで書かれたものではないし、オーストリアの大学で審査された博士論文ではない。つまりオーストリアの大学で通用する博士論文なのか、あるいはオーストリアの学界で評価された論文なのかという疑問である。譬えていうならば、日本において日本語でドイツ民事訴訟法の改正案を提案した場合に、それをドイツ語に翻訳すればドイツの学界でそのまま通用し、評価されるのかという問題である。これは当然な疑問と思われるので、この疑問に対しては説明が必要である。

この疑問の解答を得るために指導教授の略歴と業績を大学のホームページで調べてみたところ、この疑念は完全に払拭された。というのは確かに本論文が審査されたのはドイツのノルトライン・ヴェストファーレン州のミュンスター大学であるが、本論文の指導教授のクリチカ教授はウィーン生まれで、比較法に関心を持ち、オーストリア法に関して多くの業績を残している教授であるからである。(25) 特に注目したのは、オーストリアでは民事訴訟法についての最大のコンメンタールであるファッシングの大コンメンタールにおいて（Fasching（Fc））、教授が二三五条を執筆していることである。(26) オーストリア民訴法二三五条は訴えの変更を規定した条文であるが、オーストリア民事訴訟法の注釈書の多くは、この条文の注釈の中で訴訟終了宣言を記述する場合が多い。つまり、このようなことから、本論文はオーストリア民事訴訟法の専門家で訴訟終了宣言の問題についても造詣の深い教授の指導を受けて完成したものであるということができる。そのことは、本論文の内容についてはオーストリアにおいても十分通用することを示すものである。

ところで本論文がオーストリアで書かれたものではないことは、日本から見ると決してマイナス要因ではない。本論文はドイツ民事訴訟法の立場からオーストリア民事訴訟法を観察したものであり、ドイツとオーストリアを比較して論じているから、それをそのまま日本で利用すれば、自らで法制度を比較するという困難な作業をしないで済むからである。ただ多少問題があるとすれば、本論文はドイツの訴訟終了宣言の制度を肯定的に評価し、それを前提としていることと、ドイツの訴訟終了宣言についての議論に強く影響を受けていることである。したがって本論文を参考にしてオーストリアの訴訟終了宣言を考察する場合、この点に十分考慮する必要がある。

このような理由から、冒頭で述べたように、本論文はオーストリア民事訴訟法における訴訟終了宣言の問題を考える場合の貴重な文献である。

２　日本において注目すべきこと

日本の視点から本論文において注目しなければならない点を、以下にまとめてみよう。

第一は、本論文のオーストリアの訴訟終了宣言の現状についての記述と、従来の私の研究の内容が、学説の認識等において違いがあるかということである。もし違いがあるとすれば、その原因を探究していずれが正しいかを見極め、従来の日本の研究に間違いがあればそれを修正する必要があるからである。例えば、オーストリアの一方的訴訟終了宣言の法的性質論の通説はドイツの特別な訴えの取下げ説を想起させると説いたが（第二節４。なお拙稿・⑫〔ドイツ法系〕六四八頁）、このような状況認識の当否が問題になる。本論文はそれが間違っていないことを明らかにしている（第三節２Ｂ）。

それでは、ツェダー説はどう評価されているか。旧稿では、一方的訴訟終了宣言の法的性質論においてドイツの判例・通説に依拠したツェダー説を取り上げた（第二節。なお拙稿・⑫〔ドイツ法系〕六四四頁以下）。そこにおいてツェダー説は多くの支持を得ることはできず少数説であると述べたが、前記のように本論文は現在のオーストリアの一方的訴訟終了宣言の法的性質論の通説は特別な訴えの取下げ説であると述べていることから、状況に変化はなく、前述の私見はそのまま通用するということである。それならば、そもそも現時点において少数説であるツェダー説を取り上げることに疑問が生じるかもしれない。しかし、本論文において、被告による消極的な確認の訴えが論じられていることは（第三節3B・3E・4B）、反訴と本訴との違いがあるにしても、確認の訴えを説いたツェダー説の影響と見るべきであり、ドイツの一方的訴訟終了宣言の訴えの変更説は、オーストリアの訴訟終了宣言の問題を考える場合に無視できないことを物語っている。

第二は、本論文の主張が立法論ということである。日本に訴訟終了宣言を導入するためには、本論文の主張に対して分析や評価をすることが重要である。同じドイツ法系とはいえ、日本、ドイツ、オーストリアの民事訴訟法はかなりの部分で異なるし、司法制度や民事訴訟法を取り巻く環境が違うから、本論文の主張がそのまま日本で通用するわけではない。それゆえに違いを乗り越えて、日本法において参考にすべきことや通用することを抽出する作業が必要である。このようなことを意識したうえで日本の訴訟終了宣言論から本論文を見た場合、本論文の主張が解釈論ではなく、立法論であることは問題である。日本の訴訟終了宣言に関して注(15)で述べたように、私見は主に解釈論として訴訟終了宣言の導入を主張しているからである（第三編第二章第一節）。私見は立法論も主張しているが、それは制度創設という意味ではなく解釈論の内容を確認するためのものである（同・第二節）。そこで次のような問題が浮上してくる。日本民事訴訟法もオーストリア民事訴訟法も訴訟終了宣言についての規定を有していないが、オーストリアでは本論文が訴訟終了宣言について立法論を説いたのであるならば、日本でも解釈論ではなく立法論なのではないか、日本の解釈論は誤りでないかという疑問である。これについては、3で論じることにする。

第三は、本論文の一方的訴訟終了宣言についての主張である。本論文においてディットフルトは、一方的訴訟終了宣言の法的性質論においていわゆる中間紛争説を支持し（第三節1B・3C）、その観点からオーストリアにおいて中間紛争説による立法論を展開している（同・4B）。この立場は私見と異なる。私見はツェダー説を支持し（第二節3）、ドイツの一方的訴訟終了宣言の法的性質論において訴えの変更説に賛成しているからである

（第一編第三章第二節5。なお拙稿・㉒〔一方的〕八号三四頁以下）。つまり、私見の立場からはディットフルトの見解はどのように理解したらよいのかということが問題になる。中間紛争説に対する批判は、4で論じることにする。

第四は、現在のオーストリアの通説は特別な訴えの取下げ説であることである（第三節2B）。なぜならば、特別な訴えの取下げ説は我が国の通説である訴訟終了宣言否定説と同じようなものではないかという疑問が生じるからである。我が国の通説は訴訟終了宣言を否定して訴えの取下げで処理できると説いているから（第三編第一章第二節1A。なお拙稿・⑲〔日本〕二二頁以下）、特別か否かの違いがあるにしても、訴えの取下げという点では同じである。しかし、特別な訴えの取下げ説は支持できない理由は既に述べているし（第一編第三章第二節3Ab。なお同・㉒〔一方的〕八号一二頁以下）、我が国の通説の問題点も指摘しているので（第三編第一章第二節2。なお同・⑲〔日本〕二二頁以下）、これらについて論じることはここでは省略する。

3　立法論と解釈論

立法論は解釈論が無理な場合に主張されるものであるから、立法論の提案は解釈論では無理であるという主張も含まれている。確かに一般的にはそうであるけれども、ディットフルトの場合に、そうであるとは限らないように思う。なぜならば、彼女は法の明確化を重視しているので（第三節2A・3A）、彼女の立法論は自らの解釈論を成文化するための立法論と解することができるからである。あるいは彼女は、一方的訴訟終了宣言の場合、オーストリアでは特別な訴えの取下げ説が通説であるから、ここで解釈論を展開させてもインパクトは大きくなく、立法論の方が注目されると考えたのかもしれない。このように考えると、立法論としての提案はオーストリア法においては建設的である。したがって立法論として説かれたとしても、それは解釈論を否定したことにはならない。しかし、法の欠缺の補充は立法によるとは限らないし、そもそも法に欠缺がある場合は、その補充は先ず解釈による可能性を探究するのが王道であるから、法の欠缺を理由に立法論を展開するのは、やや性急との印象を受ける。したがって、彼女が立法論を主張したからといって、訴訟終了宣言について日本での解釈論が否定されることにはならない。

さらに、日本の場合は訴訟終了宣言の立法論は現実的ではない。日本では立法に時間がかかることから、立法よりも法の解釈によって現実的に対応することが多い。したがって、いきおい立法論は軽視されるか無視されるかの傾向にある。しかも、訴訟終了宣言の問題は早急に立法的な解決が求められているような問題ではないから、政府提案の形でもまた議員立法という形でも、立法化される状況には全くない。おそらく将来も状況が変化することは考えられないし、民事訴訟法の改正の際についでに立法がなされる可能性も零に等しい。このような状況において立法論を主張することは建設的ではない。すなわち立法論が現実的で最良の対策ではないから、解釈論として主張することが重要である。

結局のところ、彼女が訴訟終了宣言に関してオーストリアにおいて立法論を展開したとしても、それは私見に対する批判にはならないし、むしろ訴訟終了宣言についての問題状況を明らかにしたという点において、彼女の見解は日本において理解され評価されるべきである。なお彼女の立法論の内容は、日本では不要である。日本の場合は訴えの取下げの際に、訴訟費用の裁判は裁判所が裁量によって行うことになっているから（日本民訴法七三条・六二条）、この制度を必要に応じて改良すれば、双方的訴訟終了宣言の立法については日本では必要ない。換言すれば、日本の現在の制度を廃止しない以上、双方的訴訟終了宣言の立法は無理である。これに対して一方的訴訟終了宣言の場合は、日本法に対応する制度がないので、解釈論によって一方的訴訟終了宣言を認めるべきである（第三編第二章第一節3。なお拙稿・⑲〔日本〕四三頁以下）。日本における一方的訴訟終了宣言の具体的な内容は、第一編第三章第四節で（拙稿・㉒〔一方的〕一〇号三頁以下参照）、また日本における双方的訴訟終了宣言については、同・第二章第五節で詳論している（同・⑱〔双方的〕九号四五頁以下参照）。

４　中間紛争説に対する批判

本論文はドイツの一方的訴訟終了宣言の法的性質論について訴えの変更説を批判し（第三節１Ｂ）、中間紛争説による処理を説いて（同・３Ｃ）、それに基づく立法案を提案する（同・４Ｂ）。しかし、訴えの変更説に対する批判は十分ではない。批判の内容は、訴えの変更説によると訴訟物概念と相容れないことと、被告の保護が十分でないことであるが、いずれも形式論であり、訴えの変更説の致命的な批判にはなっていない。それよりも、中間紛争説の方が問題が多いように思う（第一編第三章第二節３Ｃｂ。なお拙稿・㉒〔一方的〕八号一五頁以下）。

中間紛争説は、終了宣言の裁判は通常の裁判における理由具備性を判断する前段階のもので、訴えの適法性について審理する裁判のようなものであると位置づける。このように一方的訴訟終了宣言の裁判は中間の紛争を解決するための裁判と位置づけることから、中間紛争説と命名されている。この説によれば終了宣言が有効である場合は、裁判所は本案の終了を終局判決で確認しなければならないが、これは訴訟判決である。請求そのものの裁判ではないからである。しかし、再訴は禁止される。それは、この訴訟判決によって、従前の請求が訴訟中に訴訟対象でなくなったということが既判力で確定され、この既判力は従前の訴訟物についての新たな訴訟（いわゆる再訴）に対して、効力を有するからである。このことは、この種の判決に請求についての判断の既判力を肯定するということでもある。

しかし、このような判決効論は、一般に認められている民事訴訟法理論とは完全に調和しない。たとえ訴訟判決に既判力を認めるにしても、再訴を禁止するのは訴訟上の請求についての本案の裁判でなければならないからである。それではなぜ、この説は訴訟判決に固執して本案判決と考えないのか。それはこの説は一方的訴訟終了宣言では訴訟物は従前のままで変わらないし、一方的訴訟終了宣言の要件は本案の訴訟物には構成できないと考えるからである。さらに本案判決と考える訴えの変更説には、訴えの変更の許容性に問題があると考えたからである。しかし、このような問題点を回避するために本案判決ではなく訴訟判決であると説いたために、この説は再訴禁止の既判力の説明で苦慮することになる。

そこでディットフルトは、被告による確認の訴えという構成をとる（第三節3B・4B）。しかし、訴えを提起するか否かを被告の態度に依存させるよりも、訴えの変更説によって原告が確認の訴えを提起しなければならないとして、常に請求に関して既判力が生じるという構成の方が、紛争の効率的解決という点でも理論の平明さという点でも優れている。そもそも被告の訴えの提起という構成をとること自体、訴訟終了宣言をめぐる紛争が中間紛争説では対応できないことを意味するものであるし、紛争の性格が単なる中間紛争でないことを示している。一方的訴訟終了宣言は訴えの変更説によって考えるべきである（第一編第三章第二節5、第三編第二章第一節2。なお拙稿・㉒〔一方的〕八号三四頁以下、同・⑲〔日本〕四三頁以下）。

5　まとめ

本節で主に考察したのは、ディットフルトが提起した双方的訴訟終了宣言と一方的訴訟終了宣言の問題である。これらは総論的な問題であり、これ以外にも彼女は様々な問題を提起した。すなわち、訴訟係属前の訴訟終了の問題（第三節1C・2C・3G）、裁判の手続と対象の問題（同・3C）、訴訟終了宣言についての裁判の問題（同・3D）、上訴審と訴訟終了宣言の問題（同・3F）、訴訟費用の法的性質の問題（同・1D・2D・3H）等である。これらはいわば各論的な問題なので、日本の訴訟終了宣言の各論の問題を考察する際に論じることにして、ここでは扱わない。

ところで彼女は、訴訟終了宣言に関してドイツとオーストリアの制度を比較したことによって、訴訟終了宣言について次のように高い評価を下している。訴訟終了宣言の制度は訴訟費用について衡平な裁判を実現するものであり、当事者の利益状況に即した適切な処理をするものである。さらに訴訟経済、簡易迅速な処理という面でも公共の利益に応えている（第三節3Ⅰ）。私見は従来からこの制度をこのような観点から評価し、解釈論として日本への訴訟終了宣言の導入を主張しているが（第三編第二章第一節1。なお拙稿・⑲〔日本〕四二頁以下）、正に本論文は私見の強い見方である。換言すれば、訴訟終了宣言は普遍的な制度ということもできるように思う。

さらに本論文の意味は、訴訟終了宣言の研究に有益であるだけにとどまらない。本論文で展開されたディットフルトの訴訟終了宣言の制度の比較の方法は、今後、外国の制度を参考に日本で解釈論を展開する場合に有益である。すなわち、それは次のようにまとめることができる。先ず参考とすべき制度の内容をできるだけ客観的に把握する。次に、それに該当する日本の制度をまとめる。そのうえで、外国の制度と日本の制度を比較して、外国の制度の長所が日本で生かせるかを検討する。その場合、外国の立法理由、外国の制度の機能の現実を調べることも重要であり、それらは移入が可能か否かを決める判断材料になる。要するに外国法研究は単に外国法の内容の紹介だけではなく、このような方法によって、解釈論として日本法に生かせるように努めるべきである。

(25)　クリチカ教授（Klicka, Thomas）についてミュンスター大学のホームページによれば、次のようなことが掲載されている。なおクリチカという教授の日本語の表記であるが、『アルファベットから引く外国語人名よみ方字典』二八〇頁（日外アソシエーツ株式会社、二〇〇三年）を参考にした。

一九六三年にウィーンで生まれる。一九八八年に博士学位、一九九四年に教授資格をそれぞれ取得（取得した大学名は記載されていない)。一九九六年からミュンスター大学の民法、民事訴訟法、比較法の教授。重点的な研究領域は民事訴訟法、手続法と民法との結び付き、比較法である。公刊物としては、次のものがある。

Bestimmtheit des Klagebegehrens, 1988; Die Beweislastverteilung im Zivilverfahrensrecht, 1995; Das gerichtliche Verfahren in Sozialrechtssachen, in: Tumandl, System des öst. Sozialversicherungsrechts, 1994; Keine Teilklage bei Schmerzensgeld?, ÖSZ 1991, 435; Kommentierung des Sachenrechts (§§285–363, 365–430) in: Schwimann, Praxiskommentar zum ABGB.

(26) ところで一九九六年のオーストリアの訴訟終了宣言の研究の際には、この大コンメンタールの初版を利用した(拙稿・⑫〔ドイツ法系〕六四三頁)。その時に、この注釈書について「今日ではかなり古いとの印象は否定できないが、オーストリアでは未だこれに代わるものが刊行されていない」と述べたことがある(同・六四九頁注(10))。初版は一九五九年から一九七二年にかけて刊行されたものであるからである。

第四章　スイス民事訴訟法と訴訟終了宣言

本章で論じることは、訴訟中に訴訟終了事由が発生した場合の処理方法について、スイスではどのように考えられているのかということである。スイスについての調査・分析の目的は、スイスの解決策の検討を通じて、この問題の解答に普遍的な原理というものが存在するのか否かを考えるところにある。その結果を踏まえて、日本法のあるべき姿を提示したいと思っている。なおスイスは連邦国家であり、現時点では統一した民事訴訟法が存在しないので、スイス民事訴訟法と一括して表現することには問題がある。正確には本章で考察するのは主として、連邦の民事訴訟法とドイツ法系のチューリッヒの民事訴訟法ということである。

ところで本章は拙稿・⑯〔スイス〕一頁以下に依拠したものであり、二〇〇四年当時のスイスの状況に基づいている。つまり、現在（二〇一〇年三月末）のスイスの状況ではない。しかし、スイスの訴訟終了宣言の問題を考察する場合には支障がないと考えている。というのは、訴訟中に訴訟終了事由が発生した場合の訴訟の終了方法については大きな変化が見られないからである。もっとも二〇〇八年に、スイスに各州ごとの民事訴訟法ではなく、統一した民事訴訟法が成立したことに注意する必要がある。すなわち、同・三三頁以下ではスイスの民事訴訟法の立法動向に触れて、その仮草案九八条二項について説明し論じたが、統一民事訴訟法という長年の悲願がここに結実した。二〇〇八年一二月一九日のスイス民事訴訟法である（Schweizerische Zivilprozessordnung (ZPO) vom 19. Dezember 2008)。ただしこの法律の施行日は、Brand, Anne-Banu/Egli, Margareta, Zivilprozessrecht, 2010, S. 25によれば、二〇一一年一月一日である。

さてこのような状況において、新たに成立したスイス民事訴訟法は一〇七条一項e号に、仮草案九八条二項と同じ内容の規定を見ることができる。すなわち、新法のこの規定は仮草案の規定に依拠したものと思う。そうであるならば、仮草案九八条二項に関して述べたこと（同・三五頁以下）は、新法においても通用することを意味する。そこで仮草案九八条二項に関する私見は、第四節に掲載することにした。同・三七頁注(25)において参考資料の入手先として記載したインターネットのホームページは、現在は閉鎖されているので削除した。なおこれら参考資料の現在のインターネット上の所在と、仮草案九八条とスイス民訴法一〇七条との関係については、本章の最後に「付記」として略述する。

なお法令や草案には、左記の略語を使用する。

連邦民訴法　スイス連邦民事訴訟法＝BZP (Bundesgesetz über den Bundeszivilprozess vom 4. Dezember 1947, SR 273)。
一九四七年一二月四日公布、一九四八年七月一日施行。注意すべきことは、この法律は原則として一般の民事事件に適用されるものではないということである。一般の民事事件は州の裁判所が担当し、州の民事訴訟法が適用される。つまり連邦民事訴訟法は、連邦の裁判所が担当する一定の限られた事件だけに適用される。

仮草案　専門家委員会によって二〇〇三年に発表されたスイス統一民事訴訟法の仮草案（Vorentwurf der Expertenkommission für eine Schweizerische Zivilprozessordnung vom Juni 2003）。

スイスでは第一節１で述べるように、各州はそれぞれ独自の民事訴訟法を持っている。そこで統一民事訴訟法の制定はスイスの長年の課題であったが、なかなか実現しなかった。ところが近年、統一民事訴訟法の制定の動きが活発になってきた。二〇〇三年にそのための仮草案が発表された。

なお仮草案は参考資料四3GeのMeierやSutter-Somm/Hasenböhlerの本に付録として掲載されている。また以前は、インターネットでも見ることができた。

説明書　仮草案とともに公表された仮草案の説明書（Bericht zum Vorentwurf der Expertenkommission 2003）。本章を執筆するに際しては、インターネットを利用して入手した。

第一節　立法と学説の状況

1　連邦民事訴訟法第七二条

スイスは連邦国家（Eidgenossenschaft）であり、連邦法（Bundesgesetz）と州法（Kantonsrecht）が並存している。[1]そこでスイスでは本章の問題、すなわち訴訟の目的達成による訴訟の終了の取扱いという問題は、連邦民事訴訟法とそれぞれの州の民事訴訟法ごとに考える必要がある。しかし、州の数は二六あるので、[2]個々に考察することは無理であるし、非効率でもある。そこでここでは連邦民事訴訟法の規定を中心に、スイスでの訴訟の終了の方法とその問題点を概観する。[3]関係する規定を連邦民事訴訟法に求めると、七二条に見ることができる。連邦民訴法七二条は次のような規定である。[4]

第九章　判決によらない訴訟の終了
連邦民事訴訟法

第七二条　訴訟がその意味を失った場合、あるいは法的利益を欠いて同様な事態が生じた場合、裁判所は両当事者の申立てにより、当事者の弁論なしに直ちに訴訟の終了を宣言し、訴訟費用については、終了原因発生前の状況に基づき簡略な理由をもって裁判する。

BZP（Bundesgesetz über den Bundeszivilprozess vom 4. Dezember 1947, SR 273）

Neunter Titel: Erledigung des Rechtsstreites ohne Urteil

Art. 72　Wird ein Rechtsstreit gegenstandslos oder fällt er mangels rechtlichen Interesses dahin, so erklärt ihn das Gericht nach Vernehmlassung der Parteien ohne weitere Parteiverhandlung als erledigt und entscheidet mit summarischer Begründung über die Prozesskosten auf Grund der Sachlage vor Eintritt des Erledigungsgrundes.

この規定で注目すべきことは、ＺＰＯ九一条ａとの親近性である。[5]条文の文言・構造・内容等を比較してみると、両者の類似性に気が付く。そこで両者は単に表現の違いのように思えるが、しかし、両者の要件の違いに注目しなければならない。ＺＰＯ九一条ａは終了そのものを要件化せず、訴訟の終了に関して当事者に争いがないことを要件としているのに対して、連邦民訴法七二条では客観的な要件として、「訴訟がその意味を失った場合、あるいは法的利益を欠いて同様な事態が生じた場合」と規定している。スイスでは、この要件を規定していないドイツの議論はそのまま通用しないということであり、この要件をめぐる議論はスイス独自の問題ということになる。なお連邦民事訴訟法では、ＺＰＯ二六九条三項二段が規定しているような「訴えの取下げの場合の訴訟費用は原告の負担とする」という趣旨の規定がないことにも注目する必要がある。日本法もスイス法と同様な状況であるからである。ドイツではＺＰＯ二六九条三項二段が存在するので訴訟終了宣言の制度が発達し、そのような規定のない日本では訴訟終了宣言の制度は不要であるとの見解があるが、スイスでの状況、すなわち連邦民訴法七二条の存在は、そうではないことを明らかにしている。

2　訴訟の無意味化とその原因

訴訟の無意味化という言葉は日本では一般に使われていないので、戸惑う人が少なくないと思う。これは法文の「gegenstandslos」の訳語であり、その意味は訴訟を続行する必要性がなくなったということである。翻訳では「訴訟の無意味化」と表現したが、決してこの訳語に満足しているわけではない。内容を正確に表現すると長文になるし、法律的な用語を使用すると誤解されるおそれがあるので、とりあえず「訴訟の無意味化」という表現にした[6]。正に消極的な選択であった。要するにスイスの訴訟終了宣言の問題とは、この「訴訟の無意味化」の問題ということである。ところでドイツの高名な民事訴訟法学者であるハープシャイトはドイツとスイスの両大学の教授を兼務した関係で、スイス民事訴訟法に関して大部な体系書を公刊したが、その中で彼はこの問題について立法が十分でないことや、それにもかかわらず学説でほとんど論じられていないこと等を指摘している（拙稿・⑫〔ドイツ法系〕六五五頁）。つまりこの問題については、スイスの学説に多くを期待できないということである。なお本章では訴訟の無意味化と訴訟終了宣言の問題は内容的には同じであると解して、スイスの訴訟の無意味化についての議論は訴訟終了宣言論として記述することにする。

スイスの学説において議論があるのは、終了事由についてである。例えば、金銭支払請求訴訟において被告が弁済した場合のように、単に終了事由が発生したというだけでなく、終了事由の発生に被告の行為が介在していることが必要であると考えるか否かということである。いわゆる主観的な要件の有無をめぐる論争である。消極説によれば、終了事由が発生した以上、早期に訴訟を終了させなければならないので、終了事由の発生の原因は訴訟費用の負担を決める段階で考慮すればよいと考えるが、積極説によれば訴訟を終了させるか否かの最初の段階で、発生の原因を考慮すべきであると考える。ハープシャイトはこの問題については、議論の状況を報告しているだけで自らの態度は表明していない。その理由であるが、ドイツ民事訴訟法の訴訟終了宣言についての彼の立場からすると（第一編第三章第二節３Ｄ）、議論そのものを消極的に解しているからではないかと推測する。

3　訴訟終了の裁判と訴訟費用の負担

訴訟終了効を発生させるのは本案判決かそれとも終了決定かという議論があるが、ハープシャイトは終了事由によって訴訟判決か本案判決かに分かれると説いている（拙稿・⑫〔ドイツ法系〕六五六頁）。訴訟要件が欠けて訴訟が終了する場合は訴訟判決であり、請求の理由がなくなって訴訟が終了する場合は本案判決であるとする。これは、ハープシャイトがドイツの学者であることを考えると、ドイツの訴訟終了宣言の制度からスイスの制度を見た場合の帰結と考えるべきであろう。

有力な州であるチューリッヒ州の民事訴訟法の場合は、訴訟が無意味化した場合に訴訟費用を負担する者は裁判所の裁量によって決める。(7) そこで問題は、その場合の訴訟費用の分担を決める基準である。これについては、終了事由が発生しなかった場合の訴訟の勝敗を予測することや、訴訟を誘発した原因がいずれの当事者にあるのかといったことが説かれている。ハープシャイトも訴訟が終了しなければ勝訴したと思われる当事者が、訴訟費用を負担するのは正当でないと説く（同・六五七頁）。そしてさらに論を進めて、適法要件、例えば権利保護の利益の消滅を理由に訴訟の意味がなくなった場合は、裁判所は仮に訴訟終了事由が発生しなかったならば、訴えは理由をも具備していたであろうか否かについて審理すべきであると説いている。これは訴えの理由がなかったならば、原告が訴訟費用を負担するのが衡平であると考えるからである。彼がドイツの一方的訴訟終了宣言について訴えの変更説を詳細に展開した学者であることを想起すれば、当然の主張といわなければならない。(8)

（1）　連邦法と州法との関係については、拙稿・⑫〔ドイツ法系〕六五九頁注(28)で述べたことがある。

（2）　Habscheid (Gd), XLVff. では、スイスの民事訴訟法の法源として二六の州の民事訴訟法を挙げているが、これは尋常な数ではない。

（3）　第一節は第二節で論じるアドールの博士論文の内容を理解しやすくするために、必要最小限の知識を、拙稿・①〔生成〕三号一〇五頁以下、同・⑫〔ドイツ法系〕六五一頁以下を基に簡潔にまとめたものである。より詳しい内容やそれぞれの記述の基になった文献については、これらに譲る。

（4）　この条文については、かつて拙稿・①〔生成〕三号一〇六頁、同・⑫〔ドイツ法系〕六五二頁等で説明した。なおスイス連邦法についてインターネットを利用して調べたところ、二〇一〇年三月末現在、この条文に関しては改正はなく、このまま通用している。なお本文に挙げた翻訳は同・⑫〔ドイツ法系〕六五二頁によるものであり、同・①〔生成〕三号一〇六頁の訳文と異なる。これは前者によって実質的に後者を修正したものである。具体的にいうならば、「当事者」を「両当事者」に、「訴訟がその根拠を失う」を「訴訟がその意味を失った」に修正した。「当事者」か「両当事者」かについては、同・⑨〔翻訳〕一三頁以下で論じた。「訴訟がその根拠を失う」ではなくて「訴訟がその意味を失った」にした理由については、後注(6)で説明する。

（5）　ＺＰＯ九一条ａの日本語訳は、序章第一節6に挙げてある。

（6）　gegenstandslos を無意味化と訳した理由については、拙稿・⑫〔ドイツ法系〕六五九頁注(31)で述べたが、その内容は次のようなものである。

山田晟『ドイツ法律用語辞典（改訂増補版）』二五七頁（大学書林、一九九三年）は、gegenstandslos について、「無効になる。規律する対象がなくなったために効力を失うことをいう」と説明している。そこで訳語としては「無効」が考えられるが、しかし、訴訟の無効というと、訴訟それ自体が無効のような誤解を与えやすい。すなわち、gegenstandslos は請求に理由がなくなったり、あるいは訴えが不適法になることをいうのであって、訴訟それ自体が無効になるということではない。そこで「根拠がなくなる」という訳語も考えたが、根拠という言葉は訴えの理由と誤解されやすく、訴えの利益の喪失のように訴訟要件の消滅も含むから、根拠や理由がなくなるという訳語は好ましくない。あるいは訴訟中に訴訟終了事由が発生した場合であるから、訴訟の終了という訳語も考えられる。しかし、gegenstandslos は訴訟終了を意味するが、この訳語であると Erledigung des Streites（訴訟の終了）と区別がつかなくなる。そこであえて法律用語に類似した言葉を選ばないで、前に「無」、後に「化」という漢字と、それらに結合しやすい語として「意味」という言葉を選び、gegenstandslos の訳語を「訴訟の無意味化」とした。

（7）　チューリッヒ民訴法一八八条二項は訴訟の終了について規定し、六五条はその場合の訴訟費用の裁判を規定している。すなわち前者は、「本案の終了の裁判は判決によるが、それ以外の訴訟の終了の場合、特に訴訟要件の欠缺、訴えの取下げ、請求の認諾、和解、訴訟の無意味化の場合は、決定または命令による」旨の規定である。後者は、「訴訟が無意味になった場合、あるいは訴えにおいて法的利益が消滅した場合、裁判所は裁量によって訴訟費用の裁判をなす」旨の規定である（拙稿・⑫〔ドイツ法系〕六六〇頁注(36)）。

（8）　一方的訴訟終了宣言についてのハープシャイトの訴えの変更説については、第一編第三章第二節3Dで述べた。

第二節　アドール（Addor）の訴訟終了宣言論について

1　アドールの本の概要

スイスでは訴訟終了宣言に関連する条文があるにしても、訴訟終了宣言について、従来本格的に論じられることはなかった。このことは参考文献がないということであり、簡単な記述の体系書を頼りに訴訟終了宣言について自らまとめなければならないということでもある。[9] この作業は心もとないものであったが、一九八六年にハープシャイト（Habscheid, Walther J.）のスイス民事訴訟法の体系書〔初版〕が出版され、多少楽になった。ドイツ法の視点から書かれたために理解しやすく、頼もしく感じられた。しかし、体系書のために限界がある。問題についての学説と判例の概説であり、様々な視点から詳しく論じるものではないし、自らの立場を鮮明に表明するものではないからである。その点で不満が残るものであった。

ところが朗報というべきであろう。一九九七年にスイス・ベルンで訴訟終了宣言について大部な博士論文が公刊された。フェリックス・アドール著『訴訟の無意味化――ドイツの法的状況を考慮したスイス民事訴訟法における訴訟終了宣言の研究――』である。[10] 博士論文ではあるが、スイス法叢書六〇〇号（Abhandlungen zum schweizerischen Recht, Heft 600）として公刊された。この本の序文によれば、同年三月にベルン大学法経学部において承認された博士論文であり、条文の謝辞から推測すると、指導教授はベルン大学のバルター教授（Walter, Gerhard）である。[11] 本に記されている肩書きによれば、著者は弁護士（Fürsprecher）である。

この本はA5判よりも一回り大きいもので、本文が二六八頁、序文・目次・文献一覧等が四七頁という構成である。ドイツの訴訟終了宣言に関する博士論文をいろいろ読んだ経験からすると、かなり大部な本である。副題が示すように、本書はドイツの訴訟終了宣言の学説を参考に（詳細に引用して）、スイスの訴訟の無意味化という現象（ドイツ法ならば訴訟終了宣言論）を分析したものであり、本書によってスイスの現在の状況と問題点を容易に知ることができる。もっともこの本が大部な理由は、スイスで問題が理論的に錯綜しているからではない。訴訟終了宣言のあらゆる問題を詳細に取り上げているからであり、正にスイスの訴訟終了宣言についての百科事典の趣がある。このような百科事典的な本が刊行されたということは、訴訟終了宣言が従来スイスでは議論されてこなかったことを物語るものであるが、[12] 同時に、近年においてはそのようなままで済まされない状況にあるということも意味するであろう。[13]

この本の刊行によって、日本におけるスイスの訴訟終了宣言の研究の事情は一変した。この本の豊富な文献の引用による論述は、従来のスイス法研究の問題点、すなわち文献がない、各州の状況が不明である等の問題点をことごとく解消させるものであり、スイスでの状況を具体的に鮮明に把握することが容易になったからである。

また博士論文であるために、問題意識が鮮明であり、記述が理論的に整理されており、その主張の当否は別にしても分かりやすい。またドイツ法の文献を縦横に駆使してスイスの問題を解決しようとするものであるから、ドイツ法と比較する者にとっては、大変に便利な本である。このような理由から、この本の内容を彼自身の要約を参考にして紹介し（２）、この本の提起した問題を日本法の視点から考えてみようと思う（３）。

２　アドールの議論の概要

本書は一般的な項目の整理方法と異なるので、紹介に際しては項目の構成を示す用語は直訳した。大項目はＡ～Ｄであり、その下に中項目の部と章がある。もっともＢは部を三編に分け、Ｄは結論で中項目はない。そして部と章の順序を示す数字（序数詞）は大項目の中で完結させないで、本書全体で連続させている。

Ａ　基礎論

まず第一部は「基礎論」として、問題の所在と現状を次のようにまとめる（七頁～三三頁）。物の引渡請求訴訟中に当該物件が消滅した場合や、金銭支払請求訴訟中に被告が弁済した場合、請求は理由がなくなる。判決内容は判決時の請求の状況で決まり、それによって訴訟費用の負担者が決まる。この場合は請求の理由がなくなるから、原告が訴訟費用を負担する。このような結果は好ましいものではないから、それを回避するためにどのような方法で対応すべきかを考察しておかなければならない（第一章「問題の所在」。七頁～九頁）。

訴訟を追行する意味が失われるということは、終局判決以前に訴訟終了事由が発生したということである。訴訟の無意味化は当事者の意思とは無関係に、請求の理由が消滅した場合または訴えの利益が喪失した場合に生じる。このような場合には、裁判所は訴訟を終了させ、訴訟費用の裁判をする（第二章「立法・学説・判例の状況」。

一〇頁～一三二頁)。

B　訴訟の無意味化の要件

次に第二部は「訴訟の無意味化の要件」として、訴訟の終了について次のような分析を行う（三五頁～一五五頁)。第一編は「客観的要件」であり、訴訟追行の意味が喪失する場合について考察する（三五頁～一三七頁)。訴訟の無意味化を理解するためには、訴訟物を軸として理解するのがよい。訴訟物は原告によって求められた権利保護の目標であり、法的な要求と訴えの原因によって特定される。訴訟の無意味化の原因は訴訟物の終了ということであり、訴訟物の終了とは手続中に訴えの原因が変更することによって、当初求めていた権利保護の目標を訴訟的にはもはや達成できないことである。それは訴訟係属中の訴訟物の内容が空になるということである。すなわち訴訟物は消滅するのではなく、原告が訴えを取り下げるかあるいは判決が確定するまで、空のままで存続する（第三章「原因」三六～六三頁)。

訴訟中に客観的に訴訟を終了させる事由（以下では単に「終了事由」と表記する）が訴訟外で発生すると、訴えは意味がなくなる。実体法的な対象が消滅すると訴えの理由がなくなる（実体的な無意味化)。権利保護の利益が喪失したとかというようなことは、手続の終了にとって重要ではない。基準になるのは訴訟物が訴え提起後に訴訟外の終了事由の発生によって確定的に終了したということだけである（第四章「終了事由」六四頁～一一二頁)。終了事由は訴訟のそれぞれの段階で生じるが、訴訟が成立し訴訟物が確定して初めて訴訟の無意味化は生じる。そして訴訟が消滅するのは最上級審の終局判決であるから、訴状の提出後から最上級審の最終の本案判決の言渡しの間の終了事由の発生が重要ということになる（第五章「終了の時点」。一一二頁～一三七頁)。

次に第二編は「主観的要件」として、当事者の意思を考察する。当事者の意思は無意味化にとって重要ではない（一三八頁～一五四頁）。訴訟終了時の当事者の意思は、訴訟費用の負担の問題でのみ考慮すれば足りる（第六章「終了原因の発生と当事者の意思の意味」。一三八頁～一四一頁）。訴訟追行と本案判決の取得に対する当事者の利益の喪失が、主観的要件である。そして終了事由の発生（客観的要件）が確定されたならば、裁判所は両当事者の権利保護の利益が欠けていると考えてもよい。しかし、当事者の一方が権利保護の利益を有していることを証明した場合は、訴訟は無意味化することはない。このように客観的要件と主観的要件が満たされて初めて、訴訟の無意味化が生じる（第七章「訴訟の続行と判決のための利益」。一四二頁～一五四頁）。

第三編は第二部の要約である。要件論のまとめとして訴訟の無意味化を定義すれば、次のようになる。訴訟の無意味化は、訴訟手続の経過において紛争が訴訟外において終了したことによって生じる。紛争が終了したということは、訴状提出後に生じた客観的な事由によって請求の原因が変更し訴えの理由がなくなったことによって生じる。あるいは権利保護の利益が確定的に喪失するであろう場合にも生じる（第八章「訴訟の無意味化の定義」一五五頁）。

C　訴訟の無意味化の効果

第三部は「訴訟の無意味化の効果」という表題のもとで、効果論を展開する（一五七頁～二六三頁）。終了事由の存否の調査は職権によってではなく、当事者の申立てにより行う。終了事由の発生によって、その後の手続について当事者には三つの方法がある。すなわち終了事由の発生を申述すること、訴訟の終了を主張すること、そして終了宣言の申立てである。当事者が終了事由を申述するならば、裁判所は事実上終了している訴訟を終わらせることができる。当事者が訴訟の終了を主張した場合、それは黙示の終了宣言の申立てであり、終了宣言の申立ては取効的訴訟行為である。被告が再訴をおそれて訴訟中に生じた訴訟の続行を妨げる事由の確定を望んだ場合、原告はさらに裁判所に終了決定を求める申立てを行う。これは訴訟上の形成の申立てである。両当事者が一致して終了の申立てをした場合、裁判所は終了事由について調査することなく、終了を宣言しなければならない（第九章「訴訟の無意味化の訴訟への影響」。一五八頁～一九六頁）。

裁判所は申立てにより終了事由の存否について判断しなければならないし、その事由の存在を確信した場合は終了宣言をする必要がある。裁判所がその存在に疑いを持ち、当事者にも意見の一致がない場合は、終了事由の存否について調査しなければならず、必要ならば証拠調べを行う。訴えが当初から理由がない場合は、調査を止めて訴えを棄却する。裁判所は訴訟の無意味化を確信した場合、訴訟の終了を宣言するが、終了事由の発生まで訴えが適法で理由があったか否かは調べない。訴訟の終了が明らかでない場合、訴訟は続行する（第一〇章「裁判所によるさらなる処置」。一九七頁～二一五頁）。

裁判所の終了の裁判によって、訴訟追行の意味を喪失した訴訟は終結する。この裁判は特殊な形成裁判である。裁判所は終了の裁判とともに訴訟費用の負担と額の裁判をしなければならない。この裁判は次のような三つの基準に従って行われる。①いずれの当事者が訴訟を誘発したか。②いずれの当事者が訴訟の無意味化を惹起させたか。③もし訴えが無意味にならなかった場合、敗訴者は誰になったであろうか。これらを重畳的に考慮する。裁判所は必要な調査を簡略な方法で行う。基礎資料は、終了事由発生時点の訴訟記録と裁判前の当事者の弁論である。訴訟費用に関しては、証拠調べは行わない（第一一章「訴訟の終了」。二一六頁～二三六頁）。

訴訟の無意味化を原因として下された訴訟終了の裁判には当事者間に訴訟上の形成力が発生し、言渡しによって当該裁判所を拘束する。それが通常の上訴手続において取り消されない状態になった場合は、形式的確定力が生じる。また既判力も生じるが、既判力の範囲は訴訟が無意味になったということに限定される。終了裁判の基礎にある関係が事後に変更された場合にのみ再訴は許される（第一二章「訴訟の無意味化による訴訟終了の効果」。二三七頁～二四七頁）。

終了の裁判は通常の終局裁判であり、州レベルでは判決の場合と同様な上訴や再審が許されるであろう。連邦レベルでは上訴、再審、憲法上の抗告等が許される。訴訟費用の負担についてだけ、あるいは額についての判断に異議がある場合、終了の裁判に対し上訴をしなければならない。あるいは法に規定があれば、直接訴訟費用の裁判に対して上訴を提起しなければならない。州裁判所の最終的な訴訟費用の裁判に対して、憲法上の権利の侵害を理由に連邦憲法裁判所に異議の申立てができる。

訴訟がその意味を失ったにもかかわらず判決が下された場合、本案判決の要件を有しているか、あるいは訴えが初めから理由を具備していたならば、当事者はその判決に対して不服を申し立てることができる（第一三章「終了裁判の取消しの可能性」。二四八頁～二六三頁）。

D　具体的な立法の提言

最後に本書の結論として、訴訟の無意味化の要件と効果をまとめたうえで（二六五頁～二六七頁）、次のような立法論を主張する（二六七頁以下）。これは解釈論として無理なので立法論として主張するというのではなく、疑義を無くすことと、立法がない州に立法を求めるという意味である。

(a)　「訴訟の終了」の章に、「訴訟の無意味化」として、次のような条文を加える。

①　訴状提出後に裁判外の事由の発生により、訴えの理由がなくなった場合あるいは訴えにおいて法判断を求めるための法的利益が消滅した場合、裁判所は当事者の意見を聴いて訴訟が無意味になったものとして訴訟を終了させる。

② 当事者は訴訟の無意味化を理由に、訴訟の終了を申し立てることができる。

③ 両当事者が一致して終了を申し立てた場合、裁判所はさらに審理することなく訴訟を終了させる。

④ 終了の裁判に対しては控訴することができる。

(b) 「訴訟費用」の章に、「訴訟の無意味化の場合の訴訟費用」として、次のような条文を加える。

① 訴訟が無意味になった場合、裁判所は裁判所費用と当事者費用について裁量で裁判する。

② 訴訟費用の裁判に対しては、本案のさらなる審理がふさわしいであろうと思われる場合、当初の訴訟費用の額が少なくとも八千スイスフランであるときは、控訴を提起することができる。

(c) 「裁判の効力」の章に、「既判力」として、次のような条文を加える。

訴訟の無意味化を理由にした終了の裁判は、無意味化の確定に関してのみ既判力が生じる。

3　日本において注目すべき点

既に指摘したように、本書はスイスの訴訟終了宣言についての百科事典である。個々の問題について、著者は州の民事訴訟法の条文、判例・学説等を豊富に引用して考察している。本書で展開している著者の主張の当否は考えなければならないが、それよりも重要な作業は、このスイスの訴訟終了宣言論からドイツの訴訟終了宣言論において普遍的なこと（学ぶべきことは何かということ）を把握することである。スイス民事訴訟法はドイツ法系の民事訴訟法とはいえ、歴史、文化、法制度を異にするから、スイスとドイツの訴訟終了宣言論を比較してその異同に注目すれば、訴訟終了宣言の本質的なこととそうでないことが見えてくるはずである。それによって得られた本質的なものを基礎に、日本の訴訟終了宣言論は構築されなければならないと思う。

このような視点から考えると、アドールの次のような見解に注目すべきである。特に訴訟終了宣言論が集約されている立法論が重要である。第一に、立法において、一方的訴訟終了宣言を基本としている（Ⓓⓐの中で、②が③に先行している）。第二に、終了裁判に確認的な要素を認めて、既判力を肯定している（Ｃの第一二章とⒹⓒ）。第三に、一方的訴訟終了宣言の法的性質論において、ドイツの判例・通説の訴えの変更説を退け、特殊形成訴訟説を展開している（Ｃの第一二章）。第四に、訴訟費用の負担を決める裁判において、当事者の訴訟の無意味化に対する責任を重要な基準にしている（Ｃの第一一章）。

これらの点はドイツの通説と異なるが、それはスイス特有の状況に起因することなのか。また立法論としての主張ということは、解釈論としては無理ということではないのか。このようなスイスの状況は、日本法の視点で見た場合にどのような意味があるのか等の疑問が生じる。これらについては次の第三節１で考察するが、結論を述べれば、訴えの変更に関する立法状況に違いがあることと、訴訟費用の負担で結果責任説を直ちに持ち出さないことに、主たる原因があるように思う。後者について具体的にいうならば、今日のドイツの訴訟終了宣言論は、結果責任説と不法活動責任説の対立の中から形成されてきたが⒁、スイスではそのような歴史的な展開に注目することなく、ドイツ法が排斥した主観的要素を残存させている。つまりスイスでは過去の展開にとらわれることなく、現実の問題解決を重視しているように思う。

（9）　全くないということではないが、古い文献のためにあまり参考にならなかったということである。一九七六年にスイスの訴訟終了宣言論について論じた時に（拙稿・①〔生成〕三号一〇五頁以下）、参考にしたのは、一九五七年のドイツの Göppinger(Ga) の論文と、一九三四年のスイスの Völki(Gb) の博士論文であった。一九九六年に再度論じた時は（拙稿・⑫〔ドイツ法系〕六五一頁以下）、訴訟終了宣言について比較的詳しく論じていた一九九〇年の Habscheid(Gd) の体系書の二版が参考になった点を除けば、文献の状況はほとんど変わっていなかった。

（10）　Addor(Gb). この本の存在については、二〇〇一年に発表した訴訟終了宣言の研究の中で述べたことがある（拙稿・⑭

〔行訴法〕四二頁注(27))。

(11)　序文の謝辞には他の教授の名前が挙がっているが、民事訴訟法の学者ではないようである。またこの本の最後に追記として、著者は序文で挙げた教授以外の多数の人に感謝を述べている。

(12)　この本の文献一覧は詳細であるが、挙げられている文献の多くはドイツの訴訟終了宣言の文献であり、スイスの文献については表題から見る限り、直接、訴訟終了宣言について論じているものではないように思う。アドールも本書の序文において、訴訟の無意味化（訴訟終了宣言）の意味、要件、効果について、従来スイスでは深く論じられてこなかったと書いている。

(13)　スイスでの訴訟終了宣言の利用状況について直接の資料はないが、アドールは四つの州の統計から（三一頁以下）、スイスでの近年の全終了事由の約四％と推計している（三三頁）。

参考までにドイツの場合を見てみると、双方的訴訟終了宣言による終了は、一九八九年に簡易裁判所（Amtsgericht）が二％、地方裁判所（Landgericht）第一審では一・五％という数字が報告されている（Rosenberg/Schwab/Gottwald (D) [15], S. 778）。二〇〇〇年では簡易裁判所が二・六％、地方裁判所第一審が一・三％である（Rosenberg/Schwab/Gottwald (D) [16], S. 906）。二〇〇七年では簡易裁判所が三・五％、地方裁判所第一審が一・四％、地方裁判所第二審が〇・八％、上級地方裁判所（高等裁判所）が〇・八％である（Rosenberg/Schwab/Gottwald (D), S. 747）。なお二〇〇七年の紹介では地方裁判所第二審と上級地方裁判所での数値が新たに加わったが、それぞれが同じ割合ということは興味深い。また一九六九年から一九七二年のザールラント州の統計を調べたことがあるが（拙稿・①〔生成〕二号二五頁）、それとこれらの数値とを比較してみると、大きな違いが見られない。このことからドイツでは、双方的訴訟終了宣言は例年この程度の割合で生じると概括的に理解してよいのではないかと思う。

(14)　訴訟費用の負担を決める原則としての結果責任説と不法活動責任説については、第一章第二節2においてまとめてある。また訴訟費用の負担の問題は、弁護士費用敗訴者負担の原則と密接な関係がある。弁護士費用敗訴者負担の原則によって敗訴者が勝訴者の弁護士費用まで負担するとなると、本案の問題以上に訴訟費用の問題は当事者にとって重大な問題である（第一編第五章第一節）。

第三節　スイスの訴訟終了宣言論の意味

1　アドール論文から見えてくるもの

スイスにおいて訴訟終了宣言についてドイツとは異なった議論がなされているということは、訴訟終了宣言の制度を考える場合にドイツの議論が絶対的なものではないことを示すものであり、時代により国により訴訟終了宣言の在り方が異なることを明らかにしている。したがって重要なことは、現象の違いに目を奪われることなく制度の本質の把握に努めることであり、差異よりも同質性に注目すべきである。既に第二節３で、アドールの論文において注目すべき点を四つ挙げたので、以下ではそれぞれについて、その意味を日本法の視点から考えてみよう。

第一に、彼の立法論である。訴訟終了宣言についての立法は、スイスでもドイツでも双方的訴訟終了宣言の場合だけを規定している。これに対して彼の立法論は一方的訴訟終了宣言をも規定し、しかも具体的な条文ではそれを双方的訴訟終了宣言に先行して規定している。この意味であるが、スイスでは訴訟終了宣言について規定を有する連邦法や州法が存在するから、彼の主張は訴訟終了宣言を既に認知している立法を整序したように思える。しかし、そう考えるべきではないと思う。スイスでは訴訟終了宣言について規定を有していない州が多く、それを考えると彼の立法論は規定のない州を考慮したものというべきである。すなわち、今後新たに訴訟終了宣言について規定する場合の具体的な条文を提示したと考えるべきである。さらに彼は、一方的と双方的の両訴訟終了宣言を併せて規定し、双方的訴訟終了宣言を一方的訴訟終了宣言の特殊な場合と位置付けるべきであるとの提案をしているが、それは正当なものと評すべきである。一方的訴訟終了宣言がメインであるからである。すなわち双方的訴訟終了宣言の場合は処分権主義に根拠を置くものであり、当事者の自治に委ねれば済むからそれほど問題は生じない。しかし、一方的訴訟終了宣言の場合は当事者間に終了をめぐって紛争が存在するから、その処理方法が正に問題である。事態は早急に解決しなければならないし、解決に当たって無用の混乱を避けるための規律が必要である。そこで立法は一方的訴訟終了宣言を基本に考えるべきである(15)。

第二に、訴訟終了宣言の既判力の問題である。彼は訴訟終了宣言の裁判に既判力を肯定しているが、それは正当な判断である。訴訟の終了をめぐって争いがあり、それについて裁判所が判断したならば、その判断に拘束力を与えて同じ紛争が再燃しないように防止すべきであると考えるからである。問題はその法的構成である。拘束力は既判力として、この場合に既判力が生じるとした構成が一番、単純で明快である。すなわち紛争の再燃防止として、従前の訴訟物について既判力を生じさせるように構成することである。したがって一方的訴訟終了宣言についての裁判の訴訟物は、紛争の再燃防止の観点から考えることになる。そもそもその裁判の訴訟物と既判力の正当性の根拠（当事者の手続保障）を一括して考えるのが一方的訴訟終了宣言の法的性質論であるから、訴訟終了宣言の既判力の問題は、法的性質論に展開していく。結局のところ、訴訟終了宣言の既判力の問題は、彼の一方的訴訟終了宣言の法的性質論の当否の問題に帰着する。彼の一方的訴訟終了宣言の法的性質論については次に述べるが、結論を先に述べれば、彼の法的性質論と訴訟終了宣言に既判力を肯定することとは、うまく対応できていないように思う。

第三に、彼の一方的訴訟終了宣言についての法的性質論である(16)。彼はドイツの判例・通説の訴えの変更説に反対して、特殊形成訴訟説を主張している。これは、訴えの変更説によって一方的訴訟終了宣言を理解することが普遍的でないことを示唆している。このこと自体は評価すべきであるが、このことから直ちに、一方的訴訟終了宣言の法的性質論としてドイツの訴えの変更説が正当でないと断定してはならないであろう。彼が訴えの変更説を支持しなかったのは、訴えの変更の制度がスイスはドイツと異なっているために、ドイツの訴えの変更説が説くようにはスイスでは訴えの変更ができないと考えたからである。したがって、彼の主張を根拠に特殊形成訴訟説が普遍性を有すると解すべきではない。そもそも彼の一方的訴訟終了宣言の法的性質論は、既判力の説明が十分ではないと思う。彼は訴訟係属を消滅させる形成力を基本とする特殊形成訴訟説を説く一方で、従前の訴訟物に関する裁判所の判断に対しては既判力を肯定する。しかし、一般的な既判力論によれば、従前の訴訟物に関する裁判所の判断は、判決理由中の判断であるから既判力が生じないというべきであって、既判力を肯定する彼の主張とは正反対である。彼の主張が一般的な既判力論の帰結と異なるのは、先ず紛争の再燃防止のために従前の訴訟物に関する判断に既判力が必要と考えるからである。したがって、それの説明は一般的な既判力論とは異なる特別なものであり、それが一般性を有するかは疑問である。すなわち、彼の見解は特殊なものと断定せざるをえない。

第四に、訴訟費用負担を決める原則についてである。[17] スイス法は訴訟費用の裁判の判断基準においてドイツ法と異なり、当事者の主観的要素を重視している。このような問題について、従来日本では議論してこなかっただけに、スイス法のような考え方について検討しておく必要がある。さらに手続保障という視点で見るならば、立法的提言（第二節2Dの(a)①）は、訴訟費用の裁判であるにしても、当事者の意見を聴くだけで裁判が裁判所の裁量によってなされるということで、問題があるように思う。当事者の主観的な要素という判断が困難な問題について、当事者の意見を聴くだけの手続でなされる裁判所の裁量による判断で、当事者を納得させることができるのかということである。結局のところ、訴訟費用の負担を決める裁判の基準について、客観的な要素を重視するドイツ法を採用するか、主観的な要素を重視するスイス法を採用するかということになるが、それによって訴訟物の構成が異なってくるから、一方的訴訟終了宣言の法的性質論も影響を受けるということに注目する必要がある。日本はドイツ法を継受したことや、ドイツ法の原則がローマ法以来の長い間の試行錯誤のうえに形成されたことを考えると、スイス法の裁判基準には直ちに賛成できない。

このようにアドールの見解において注目すべき点について日本法の立場で考えてみると、彼の見解に直ちに賛成するのは困難である。もっともこのことは、彼の理論に問題があるということではない。日本法から見て賛成できないということである。スイスの状況に注目すべきであり、スイスの状況がドイツとは異なった見解を導き出したと考えるべきである。スイスのこれまでの判例・学説の状況から考えると、それらとの調和ということから、彼の見解はスイスでは妥当な理論であると思う。要するに日本ではスイスの状況を認識したうえで、彼の理論を学ぶ必要がある。したがってアドールの一方的訴訟終了宣言の法的性質論については、ドイツの訴えの変更説を基本（理念形）とし、その変容したものとして位置付けるべきではないかと思う。

２　日本において参考にすべきこと

スイスの場合、訴訟費用の裁判の基準がドイツのように客観的・定型的・形式的ではなく、主観的要素が重要な意味を有していることもあって、裁判官の裁量によって訴訟費用の裁判がなされる[18]。それにもかかわらず訴訟終了宣言についての規定は存在するし、アドールのような訴訟終了宣言論が展開している。このことは、訴訟費用の裁判を弾力的に裁量によって行うということと訴訟終了宣言は、無関係であることを意味する。換言すれば、スイスでは裁量的な裁判で訴訟終了宣言を代替していないということであるし、裁量的な裁判による解決が訴訟終了宣言の問題のための切札ではないことを示している。ところで日本の場合、訴訟終了宣言の問題は民訴法七三条によって処理するが、この方法は民訴法六二条等の準用により裁判所の裁量により弾力的に訴訟費用の裁判を行うという方法である[19]。この裁判所の裁量的判断を強調して日本の通説は訴訟終了宣言の不要を説くが、スイスの場合はそうではない。すなわち裁判所の裁量によって訴訟費用の負担を決めるという点で日本法はスイス法と親近性があるが、スイスでは日本の通説と異なり訴訟終了宣言を認めている。この点に注目すべきであろう。

(15) 日本における立法論については、第三編第二章第二節で論じている。
(16) アドールは第九章第三節Ｂにおいて（Addor (Gb), S. 171ff.）、特殊形成訴訟説について詳論する（第二節２Ｃ）。なおドイツの一方的訴訟終了宣言の法的性質論については、第一編第三章第二節にまとめてある。
(17) 訴訟費用の負担を決める原則のローマ法からの歴史的な変遷については、第二編第一章第一節において述べている。
(18) アドールは第一一章第二節Ｂで論じている（Addor (Gb), S. 277ff.）。なおこれに関しては、第二節２Ｃと、３の第四項目でも述べた。
(19) 日本の通説は日本における訴訟終了宣言を否定する根拠の一つとして、民訴法七三条とその二項に基づく六二条準用を挙げる。すなわち、これらによる裁判所の裁量の方法が訴訟終了宣言に代替するから、訴訟終了宣言は日本では不要であると主張する。しかし、これらの条文の沿革を尋ねると、この方法の問題点が浮かび上がってくる。第三編第三章は、民訴法七三条と六二条の沿革を尋ね、そこから日本法の対応策の問題点を指摘するものである。

第四節　統一民事訴訟法への道

スイスは既に述べたように各州ごとに民事訴訟法を有するので、連邦民事訴訟法とは別に二六の民事訴訟法が存在する。これは州を越えた交流が拡大すればするほど、大変に不便な事態である。そのためにスイスでは常に統一民事訴訟法の成立の必要性が叫ばれてきたが、その成立の道程は簡単ではなく、今までに具体的に結実することはなかった。(20) ところが近年、大きな進展が見られ、統一民事訴訟法のための草案が発表されるに至った。(21) 二〇〇三年六月に発表された、統一民事訴訟法の草案作成のための専門家委員会による仮草案がそれである。(22) そこで、この仮草案を訴訟終了宣言の観点から考察し、本章の「おわり」としたい。

1　統一民事訴訟法のための仮草案第九八条第二項について

仮草案は、四編構成で三九五条の本則と、関連する二六の法律についての改廃を規定している附則から成り立っている。この草案から本章で論じた問題に関する規定を探してみると、それは九八条二項である。この規定は仮草案の第一編「総則（Allgemeine Bestimmungen）」の中にある。第一編の第七章は「訴訟費用と訴訟救助（Prozesskosten und unentgeltliche Prozessführung）」であり、その第二節は「訴訟費用の負担（Verteilung der Prozesskosten）」である。この第二節は九四条～一〇二条によって構成されている。

九八条は次のような規定である。

Art. 98　Verteilung nach Ermessen

1 Die Prozesskosten werden nach Ermessen verteilt werden, wenn:

a. die Klage zwar grundsätzlich, aber nicht in der Höhe der Forderung gutgeheissen wurde und diese Höhe vom gerichtlichen Ermessen abhängig oder die Bezifferung des Anspruchs schwierig war;

b. die klagende Partei in guten Treuen zur Prozessführung veranlasst war;

c. andere besondere Umstände vorliegen, die eine Verteilung nach dem Ausgang des Verfahrens als unbillig erscheinen lassen;

d. eine Vertretung des Kindes angeordnet worden ist.

2 Wird das Verfahren als gegenstandslos abgeschrieben, so entscheidet das Gericht über die Prozesskosten nach Ermessen, sofern dieses Gesetz nichts anderes bestimmt.

この規定の見出しは「裁量による訴訟費用の負担」であるが、この規定は前条の原則規定に対する例外規定と位置付けられるものである。すなわち、仮草案は九七条において訴訟費用は敗訴の当事者が負担するという原則を規定し、九八条は九七条の原則が適用されない場合を規定している。すなわち、九八条一項は裁判所が裁量によって判断する場合を列挙している。認容された請求の金額が決まっていない場合(a)、原告が訴えを誘発した場合(b)、敗訴者に負担させることが衡平を欠くように見える事情がある場合(c)、子供の代理が命じられた場合(d)である。そして二項が訴訟の終了（訴訟の無意味化）に関するものであり、「手続が無意味になり終了する場合、裁判所は訴訟費用についてこの法律に特別な定めがある場合を除き、裁量によって裁判をする。」と規定する。

一項と二項の異同であるが、裁量によって負担を決めることでは両者は一致している。しかし、一項は単に「訴訟費用は次に掲げる場合、裁量によって負担を決める」として、四つの場合を挙げているが、二項は「裁判所が裁量によって裁判する」と規定していて、裁判所の裁量による裁判が明記されている。つまりこれが訴訟の無意味化の場合で、判決による訴訟の終了でないことが一項に集約されなかった理由と思われる。もっとも裁判所の裁量による裁判といっても、この二項と連邦民訴法七二条（第一節1）とを比べてみると、この二項の方がかなり簡略化されていることが分かる。連邦民事訴訟法では規定されていた「両当事者の申立てによる」とか、「終了原因発生前の状況に基づき簡略な理由をもって裁判する」という字句が欠落しているからである。さらにアドールの立法論からみれば、この規定には彼の主張は全く生かされていない。なおこの規定の「この法律に特別な定めがある場合を除き」であるが、私はこの法律において、特別な定めが規定されている箇所を見つけることができなかった。

2　仮草案と訴訟終了宣言

仮草案で訴訟終了宣言に関する規定が簡略化されたことは、どのように理解したらよいであろうか。これは本章で議論したことの意味を否定するようにも見えるから、本章にとっては重要な問題である。しかも、条文の字句だけでこの規定を理解すると、裁判所の裁量によって問題を処理するというのであるから、日本法と同じような立法と解することができる。果たして仮草案は日本法に接近したのであろうか。この問題については、仮草案は従来の議論を否定するために条文の字句を簡略化したのではないと考えるべきである。換言すれば、仮草案はそれとは反対に従来の議論をそのまま認めて、要件・効果についての詳細は学説・判例に委ねたために簡略にしたと解すべきである。なぜならば、仮草案の説明書によれば、この規定について次のような説明がなされているからである。[23]

「訴訟が終了した場合の訴訟費用の負担を決める裁判において考慮されなければならないのは、いずれの当事者が訴え提起の誘因を与えたか、訴訟が終了しない場合はいずれの当事者が勝訴するのであろうか、訴訟終了の原因を発生させたのはいずれの当事者か等である。この場合に両当事者は審尋されるのは当然である」。

なお当事者の審尋に関しては、緑の党が次のような意見を述べている[24]

「裁判所は当事者を審尋して初めて訴訟費用について裁判することができるというように規定すべきである。確かに仮草案四八条によれば、当事者は審問請求権を有するとなっているから、ここでこのような規定は不要かもしれないが、念のためにここで再度明確にしておくべきである。」

このような仮草案の説明や緑の党の意見からは、仮草案が訴訟の終了（訴訟の無意味化）に関して従来の議論を否定しているようには読めない。むしろ、従来の議論がそのまま反映されていることは明らかである。[25] それでは、なぜ仮草案は条文を簡略にしたのかということが問題になろう。それは連邦国家という特別な事情ではないかと推測する。すなわち、各州が承認できることを考える必要があり、そうであるならば各州の最大公約数でまとめるしかない。さらに同様な理由から、仮草案は特定の国家や州の影響を受けていないような配慮も必要である。[26] となると、詳細な規定は無理である。そもそも仮草案は本則三九五条で、通常の判決手続法の他に、執行、仲裁、調停、特別訴訟手続等についても規定している。日本の民事訴訟法（判決手続法）が略式訴訟手続を含むとはいえ、本則だけで四〇五条であることからしても、仮草案がいかに簡略な規定であるかは明白である。

確かに仮草案を見ると、訴訟終了宣言に関しては従来の議論とは異なるような立法がなされるように思える。しかし、それは表面的な見方であって、立法は規範の内容の詳細については判例・学説に委ねたものであり、実質は従来の議論の延長線上にあると考えるべきである。したがって本章で述べたことは、そのような立法の動きにも影響されることなく、アドールの博士論文をしのぐ論文が出現するまでの間は、そのまま通用する。

(20) スイスにおける統一民事訴訟法の制定の動きについては、既に一九七六年の拙稿・①〔生成〕三号一〇五頁で指摘している。

(21) 二〇〇四年当時の立法の作業予定によれば、統一民事訴訟法は二〇一〇年の施行を考えていたが（Pressemitteilung vom 15. 09. 2004, Eidg. Justiz- und Polizeidepartement）、冒頭に述べたように二〇一一年一月一日に施行される。なおこの資料は、インターネットで資料として公開されているものから入手した。

(22) ドイツ語の表記は、本章冒頭の略語一覧に掲載してある。仮草案は Meier (Ge), S. 107ff.; Sutter-Somm/Hasenböhler (Ge), S. 131ff. 等において全文を見ることができる。なおインターネットによっても入手できた。

(23) Bericht zum Vorentwurf der Expertenkommission, Juni 2003, S. 56. なおこれは、インターネットで資料として公開されてい

るものから入手した。

(24) Zusammenstelluug der Vernehmlassungen, Vorentwurf für ein Bundesgetetz über die Schweizerische Zivilprozessordnug, 2004, S. 289. なおこれは、インターネットで資料として公開されているものから入手した。

(25) 前述の仮草案の説明や緑の党の意見以外に、仮草案九八条について言及している文献を見ることはできなかった。すなわち、仮草案について個々の問題点を挙げて論じている文献としては、参考資料四３Geに挙げたMeier, Spühler, Sutter-Somm/Hasenböhler 等があるが、これらにおいては訴訟費用の分担、訴訟の無意味化、訴訟終了宣言等は扱われていない。

(26) 仮草案の説明書は、仮草案は外国や州の民事訴訟法をモデルにすることなく、独自なものとして作成されたと述べている（Bericht, a. a. O. (Nr. 23), S. 14)。

〔付　記〕

本章の冒頭で述べたように、スイス統一民事訴訟法は法律として成立しているが（二〇〇八年一二月一九日のスイス民事訴訟法）、施行日は二〇一一年一月一日である。第四節で紹介した仮草案九八条二項は、スイス民事訴訟法一〇七条一項ｅ号に同じ内容の規定を見ることができる。そして仮草案九八条と新法一〇七条一項とを比較してみると、前者は字句等の修正を施して新法一〇七条一項に集約されたことが分かる。さらに新法一〇七条一項は仮草案九八条を集約しただけでなく、新たな号を追加している。すなわち、第一項は、「裁判所は次に掲げる場合には、訴訟費用の負担に関する原則と異なって訴訟費用を裁量によって配分することができる。」として、ａ～ｆ号を列挙している。

第二項は、特別な場合に対応するために革新的な規定である。すなわち、二項は当事者や第三者に訴え提起の誘因がない場合の裁判所費用について、裁判所は衡平原則から州に負担させることができる旨の規定である。

このようなことから本章の冒頭でも述べたように、第四節で述べた仮草案九八条二項についての私見の理解と評価は現在でもそのまま通用すると考える。なお同所で引用した資料であるが、現在（二〇一〇年三月）、注(23)、注(24)に記載した資料は、それぞれ次の表記の箇所で見ることができる。http://www.ejpd.admin.ch/etc/medialib/data/staat_buerger/gesetzgebung/zivilprozess.Par.0006.File; http://www.admin.ch/ch/d/gg/pc/documents/9/Ergebnisse_d_f_i.pdf

第三編　日本の訴訟終了宣言

本編の概要

1　本編の目的と内容の概要

日本においては訴訟終了宣言の制度について、単に外国の一つの制度として理解するだけでよいとする見解（消極説）と、それだけでは不十分で積極的に評価すべきであるとの見解（積極説）との対立が見られる。積極的に訴訟終了宣言を評価する見解は、さらに二つの意見に分けることができる。第一説は訴訟終了宣言のメリットを考慮して、訴訟終了宣言のような立法がなされるべきであるとする説である。第二説は訴訟終了宣言は日本法に積極的に取り込むことができるとして、解釈論を展開する説である。当初から現在に至るまで消極説が通説であり、積極説においても第一説が主流である。このような状況において、本編は解釈論としての訴訟終了宣言を次のように展開するものである。先ず学説の状況を概観し、消極説の主たる根拠は民訴法七三条と六二条の準用にあると把握する。そしてその方法の問題点を指摘し、これは現行法の規定が不十分であるか、あるいは立法に空白があることを意味すると分析し、その態度を批判する。次に従来の積極説（第一説）に対しては訴訟終了宣言に対して積極的な姿勢は評価できるにしても、日本における訴訟終了宣言を実現させるための具体的な内容を提示していないと批判する（第一章）。

そこで現行法の規定の不十分な状況を補うためと、積極説をより具体的に展開させるために、ドイツ民事訴訟法の訴訟終了宣言の制度に倣い、日本における訴訟終了宣言を解釈論として展開する。これに対して現在の学説の状況からすると、訴訟終了宣言はそれに対応できる立法がある以上、日本においては解釈論としては無理であるとの批判が予想される。そこでそれに対しては解釈論の内容を確認する意味での立法案を提言する。これは訴訟終了宣言について解釈上の無用な混乱を防止するためでもある（第二章）。

次に民訴法七三条と六二条の準用という処理方法の問題点をより明確に認識するために、この方法はどのような理由で誕生したのか、それにはどのような合理性があるのかを、それぞれの規定の沿革を尋ねることによって探究する。すなわち、それぞれの規定の問題点と限界を民事訴訟法の改正作業の審議記録等の客観的な資料を用いて明らかにする（第三章）。

最後に判例について検討する。訴訟中に訴訟終了事由が発生して訴訟が終了した場合、訴訟費用の分担の裁判はどのような基準と手続でなされたのかを公刊されている多くの裁判例によって調べ、判例の対応方法とその問題点を具体的な事例によって明らかにする（第四章）。判例研究ではあるが、訴訟終了宣言についてドイツの事例ではなくて、日本の事例で説明する意味もある。

2　本編の依拠した拙稿

本編の各章が基本にした論考は、次のとおりである。論考によってはかなり古いものもある。引用した文献は当時のままであるが、日本の学説の状況、訴訟終了宣言に関係する日本の民事訴訟法の条文の沿革、日本の判例の分析等については、今日でもそのまま通用すると考えている。また学界においても、現時点において注目しなければならないような目立った新たな動きは特に見られない。なお第四章第五節は、本書のために新たに執筆した。

第一章　学説の状況

⑲「日本の訴訟終了宣言について」法学研究八〇巻一二号（加藤久雄教授退職記念号）一七頁以下（二〇〇七年）〔日本〕

第二章　解釈論と立法論

⑲「日本の訴訟終了宣言について」法学研究八〇巻一二号（加藤久雄教授退職記念号）一七頁以下（二〇〇七年）〔日本〕

⑩「訴訟終了宣言の日本における立法化について」中野貞一郎＝石川明編『民事手続法の改革―ゲルハルト・リュケ教授退官記念―』七八頁以下（信山社、一九九五年）〔立法〕

第三章　民事訴訟法第七三条の沿革とその限界

⑬「民事訴訟法第七三条の沿革と訴訟終了宣言（一）（二）（三・完）」法学研究七二巻八号一頁以下、九号一九頁以下、一〇号二九頁以下（一九九九年）〔沿革〕

第四章　判例の状況とその評価

⑪「訴訟終了宣言と我が国の判例」法学研究六九巻二号（宮澤浩一教授退職記念号）八三頁以下（一九九六年）〔判例〕

⑦「判例研究（最大判昭和二八年一二月二三日民集七巻一三号一五六一頁）」法学研究六四巻六号一四一頁以下（一九九一年）〔判研〕

第一章　学説の状況

第一節　学説の概要

1　学説の変遷

訴訟終了宣言については、戦前において既に雉本朗造博士によって次のように紹介されたことがあったが、当時のドイツの実務の事例を簡単に述べたもので、紹介の域を越えるものではなかった。(1)

「独逸帝国裁判所ノ実際ニ於テハ、問題ノ如キ場合ニハ……『本案請求ハ解決セラレタリ、訴訟費用ハ被告ノ負担トス』（„die Hauptsache wird für erledigt erklärt“）ト云フカ如キ主文ヲ為スノ例アリ。……『請求棄却』ノ主文ヲ為スヘシトスレハ、『訴訟費用ハ原告ノ負担トス』トノ裁判ヲ為スヘキカ如キ嫌アルカ故ニ、之ヲ避クルカ為メニ案出セラレタル主文ナリ。」

単なる制度の紹介ではなく明確に消極的な評価を下したのは、一九五一年（昭和二六年）に刊行された兼子一博士の『条解民事訴訟法Ⅰ』（二六六頁）である。これが一九五五年（昭和三〇年）にⅡ・Ⅲと他の改訂合本されて、今日一般に引用される『条解民事訴訟法上』（参考資料二2）になった。兼子博士と同様に消極的な評価を下したのは、『条解民事訴訟法上』が出版された同じ年に刊行された『民事訴訟法講座第三巻』の鈴木忠一判事の「訴訟費用の裁判」の論文（同・二1）である。それぞれの根拠は第二節1で紹介するが、兼子博士と鈴木判事という学界と実務のそれぞれの大家の意見だけに、訴訟終了宣言は日本において必要ないとする消極的な評価が我が国において定着した。しかし、一九七〇年（昭和四五年）頃になってこの制度を積極的に評価する意見が相次いで主張され、訴訟終了宣言の評価をめぐって議論が活発になったが、議論は平行線に終わり、新たな展開を見ることなく対立状況がそのまま残ってしまった。そのため研究者の関心が薄れ、一九七〇年代の状況のままで今日に至っている。

2　学説の内容

訴訟終了宣言をめぐる我が国の学説はこのように形成されたが、それぞれの主張をその説く内容によって区別するならば、訴訟終了宣言について消極的な評価を下す消極説と、反対に積極的に評価する積極説とに分けることができる。消極説は訴訟終了宣言は日本法では訴えの取下げで十分に対応できるから、単にドイツ民事訴訟法の一つの制度として理解するだけでよいとする見解である。これに対して積極説は日本において訴訟終了宣言の趣旨を積極的に評価して、日本の訴訟においても活用すべきであるとする見解である。

1で述べたように我が国では消極説から出発したこともあって、当初から現在に至るまで消極説が通説である。しかし、積極説も有力であり、積極説は少数説であるとは断定できない。積極説は通説に対して有力な反対説というのが正当な評価ではないかと思う。なお私見は積極説であるが、ほとんどの積極説は具体的な解釈論として訴訟終了宣言論を展開しているわけではないので、具体的に解釈論としてこの制度を考える私見とは同じではない。換言すれば、日本の訴訟終了宣言論を解釈論か立法論かという視点で見ると、我が国の学説は消極説も積極説も訴訟終了宣言は立法論であるとする点では同じである。したがって我が国の学説の現状はこの問題に関する論争の新たな段階として、解釈論としての訴訟終了宣言論の登場が期待されているということになる。

3　本章の構成

このような学説の状況を受けて、本章は先ず消極説の根拠を明らかにし、それを検討することによって、消極説からの積極説に対する批判に反論する。これは消極説の問題点を明らかにすることでもある（第二節）。次に、従来の積極説の内容と問題点を述べる。これは積極説の新たな展開のための準備作業であり、私見と従来の積極説の違いを浮き彫りにするための前提作業でもある（第三節）。そして次章において、私見として具体的な解釈論の大綱を提示する（第二章第一節）。これは訴訟終了宣言は日本法において積極的に利用されるべきであるという年来の主張の集大成でもある。

なお本章において日本語の文献を引用する場合、原文の漢字の旧字体は常用漢字に改めた。

（1）　雉本・参資二1・一三四頁註一八。博士は認諾判決制度において、被告が本案だけを認諾した場合や、原告が被告の認諾に対して認諾判決を求めなかった場合について論じ、裁判所は訴訟費用の負担に関してのみ審理及び裁判すべきであると主張した。なおこの論文は、雑誌に掲載されたものでなく単独で出版されたためか、論文集には付録として収められ、刊行年は記載されていない。

第二節　消極説の根拠と問題点

１　消極説の根拠

例えば、金銭の支払いを求める訴訟中に被告が弁済した場合、ドイツでは訴えの取下げではなく訴訟終了宣言によって訴訟は終了する。訴えの取下げの場合、原則として原告が訴訟費用を負担することになっているからである（ＺＰＯ二六九条三項二段）。もし訴えの取下げをしないで訴訟を続行したり、あるいは弁済を受領したことで訴え提起の目的が達成されたとして期日に欠席したりすれば、請求が棄却されて、訴訟費用は原告が敗訴者として負担することになる（ＺＰＯ九一条一項二段）。この不合理を解消するために訴えの取下げでもなく、請求棄却でもない訴訟終了の制度が必要ということになる。さらにその制度によれば、訴訟費用は被告が負担するとの判断がなされなければならない。冒頭の事例の場合、被告が訴訟前に弁済していれば訴訟をする必要がなく、訴訟費用を原告が負担するのは妥当性を欠くからである。そしてこれらの要請に応えるために、ドイツでは訴訟終了宣言の制度が創設された。

訴訟終了宣言の制度の出発点が、このように訴えの取下げにおいて原告が訴訟費用を負担するとの規定の回避にあるならば、訴えの取下げでも被告に訴訟費用を負担させることができれば、わざわざ新たな制度を創設して対応する必要はない。日本の消極説は正にこの点に着目した。日本では訴えの取下げにおいて、原告が訴訟費用を負担するという規定はないからである。消極説はこのような認識に立って、訴訟終了宣言の制度が処理する問題は訴えの取下げ（民訴法二六一条）で十分に対応できると主張する。その根拠をより詳しく見れば、次のＡ〜Ｅにまとめることができる。なお当然なことであるが、消極説に反対して積極説を説く場合は、これらすべての消極説の主張に反論する必要がある。

A　訴えの取下げで十分

訴えの取下げによって訴訟は終了させることができるし、訴訟費用の問題は民訴法七三条と六二条によって被告に負担させることができるから、訴えの取下げで十分に対応できる。したがって訴訟終了宣言は必要ない。これが通説の基本的な考えであるが、このことを初めて主張したのは、第一節1で指摘したように兼子一博士と鈴木忠一判事であった。両氏とも訴訟終了宣言の制度について消極的な判断を下したが、その理由は訴えの取下げで十分であるというものであった。兼子博士は次のように述べている。「わが法においては……訴取下の場合にも、九〇条を準用する趣旨が表われているから、費用の点のためにかかる特別な訴訟完結事由を認める必要はなく、期日において当事者が訴訟終了の合意をする場合も、原告の訴取下と被告のこれに対する同意と或は費用の点の和解を包含する行為と取扱えばよい。離婚訴訟における和諧（人訴一三参照）も、その一種である。」（兼子条解（参資二2）・二六六頁以下）。

鈴木判事も、同様な主張を述べている。[2]「我民訴法の下に於ては九〇条の解釈により、又一〇四条の規定の適用により特に独逸における『本案終了』の理論を援用する必要は乏しい。」（鈴木・参資二1・民訴講座九四一頁以下）。

なお両氏が引用している九〇条と一〇四条は平成八年の民事訴訟法の改正前（旧民訴法＝大正一五年の民訴法）の規定であり、現行法の六二条と七三条に相当するものである。換言すれば、現行法の六二条は旧九〇条を、七三条は旧一〇四条をそれぞれ引き継いだものである。したがって、現在では両氏の考えは、六二条と七三条で十分対応できると説く見解ということになる。

この見解は内容が明快であり、しかも両氏とも学界と実務においてそれぞれ強い影響力を有していたこともあって、広く支持され、このような消極説は正に通説の起源となった。[3]

B　訴訟費用の裁判による処理

訴訟で負けた場合は、その訴訟費用は敗訴者が負担することになっている（民訴法六一条）。これは本案の判断に連動して訴訟費用の裁判がなされることと、訴訟費用の裁判のために特別な訴訟手続が用意されていないことを意味する。しかし、本案の裁判の敗訴者が常に訴訟費用を負担するということではない。勝訴者が負担する場合も定められているからである（民訴法六二条）。このことは、訴訟費用の負担者と本案の勝敗とが連動するとは限らないことを意味する。(4)

例えば、被告の弁済によって訴えを取り下げざるをえなくなった原告が、訴訟費用は被告が負担すべきであると考えたならば、そのような主張を訴訟費用の負担者を決める裁判において行い、六一条でなく六二条が適用されるように努めることである（石渡・参資二1・三二五頁）。被告がそれに対して異論があるならば、その裁判においても争うことである。裁判所は当事者が互いに争う場合は、それぞれの主張・立証に基づいて判断する。七三条の手続においても、口頭弁論または審尋により資料を収集する機会が用意されている（荒木・参資二1・二六五頁）。したがって、訴訟終了宣言による処理と七三条と六二条の準用による処理とでは目立った差異が生じないから、わざわざ訴訟終了宣言を考える必要はない（荒木・参資二1・二六五頁）。要するに、訴訟費用の裁判は本案の手続とは別に整備されているから、訴訟費用の負担の問題は本案に関係なく独自に判断すればよく、そのための手続も現行法で十分である。

C　訴訟費用に対する関心の薄さ

一般に訴訟費用に関心が薄いから、訴訟終了宣言を導入する実益がない。日本ではドイツと異なり、弁護士費用が訴訟費用に算入されていないから訴訟費用の額がそれほど大きくならず、訴訟費用の回収は手間暇をかけても割りが合わない。手間暇をかけてどうしても回収することでもないから、当事者も代理人も一般に訴訟費用について関心が薄い。さらに勝訴者としても訴訟から早期に離脱したいという心情もあり、勝訴しても訴訟終了後に相手方に訴訟費用を請求することは少なく、したがってわざわざ七三条の申立てをすることも少ない（石渡・参資二1・三二五頁）。このような状況から、訴訟終了宣言のような議論をする必要性は感じられない。訴訟終了宣言のような精緻な理論を展開させたところで、そもそも日本では訴訟費用の裁判が利用されていないのであるから、この制度を日本で導入すべきと言われても実感がわかない。

D　ドイツの学説の混乱

ドイツでは訴訟終了宣言の法的性質をめぐって学説は錯綜している。(5) そこで訴訟終了宣言の制度をそのまま無批判的にドイツから日本に持ち込めば、日本の実務において混乱が生じるのは明らかである。しかも、制度が立法として条文化されていないことから、日本で導入した場合に要件と効果をめぐって学説で争いが生じるのは必定である。このようなことを考えると、日本で訴訟終了宣言を導入することはプラス面よりもはるかにマイナス面が多い（石渡・参資二1・三二五頁、荒木・参資二1・二六五頁）。

E　訴訟費用裁判の柔軟な対応

訴訟終了宣言が取り上げられるのは、訴訟費用の裁判において負担義務の有無についての判断があまりにも形式的になされることに原因がある。そこで訴訟費用の裁判においては、負担義務の判断は形式的に判断するのではなく、柔軟にすればよい。

兼子博士は、次のように述べている（兼子条解（参資二2）・二六六頁以下）。

「独の判例及び通説は、訴取下の場合の原告の費用負担義務を厳格に解し、そのために生じる不衡平を救済するため、原告は訴訟中に請求がその必要又は理由を欠くに至った場合には、訴訟完結の宣言（Erledigungserklärung）をすることができ、これに被告が同意すれば、訴訟の終了を来たすが、これは、審判要求の撤回ではなく、訴訟が目的を失ったとの主張であって、訴訟費用はむしろ被告が負担する結果となる場合と説く。又もし被告がこれに同意しない場合でも裁判所はこの宣言を理由ありとするときは、終局判決をもって訴訟完結を宣言すべきであるとする。」

博士のこの記述からは、訴訟終了宣言は、「原告の費用負担義務を厳格に解し、そのために生じる不衡平を救済するため」の制度ということになるが、その当否は別にして、このような理解は次のようなことを示唆している。すなわち、原告の費用負担義務を厳格に解さなければ不衡平は生じないから、訴訟終了宣言は不要になるということである。換言すれば、訴えの取下げの場合の訴訟費用は原則として原告が負担するというのではなく、訴訟費用の負担は裁判所が裁量によって決めれば、訴訟終了宣言は不要である。

2　消極説の問題点

訴訟終了宣言の制度は我が国では不要であるとする主張はそれぞれもっともなものではあるが、しかし、訴訟終了宣言を否定する根拠としては十分ではない。以下ではそれぞれの主張に対する疑問や反対の理由をまとめてみたが、アルファベットは1の消極説の根拠のアルファベットに対応している。なお消極説の主張を批判しても、それだけでは積極説の妥当性を論証したことにはならないから、積極説は訴訟終了宣言についてより具体的に明らかにする必要がある。

Ａ　訴えの取下げでは不十分

訴えの提起とは自らの法的な見解が正当であると主張することであるから、それを取り下げることは権利主張の放棄であり、それは自らの主張が正当でないことを認めることに等しい。そうであるならば、訴えの取下げは実質的には敗訴である。そうであるからこそ、ドイツでは敗訴者と同様に原告が訴訟費用を負担すると規定した（ＺＰＯ二六九条三項二段）。問題はこれとは反対の場合も、訴えの取下げで処理することが妥当かということである。例えば、支払請求訴訟中に被告が弁済した場合である。これは訴訟終了宣言を必要とする典型的な例である。この場合は原告の主張が正当であったにもかかわらず、それを認めた被告の弁済という行為によって原告は訴訟を続行する意味を失ったのである。この場合に請求棄却判決や訴えの取下げで処理するならば、原告は敗訴者と誤解されやすい(6)。

そこで、誤解されても訴訟の目的は達成されたのであるから構わないと考えるかということである。これは判決によらないで当事者の行為によって訴訟を終了させる場合は、終了させる（訴訟係属を消滅させる）ことが重要であり、訴訟の実質的な勝敗や訴訟の終了に至る原因を考慮する必要はないと考えるものである。いわば訴訟法上の訴訟終了効だけを考えるもので、訴訟運営の効率を重視した見解である。これに対して、実体法の研究者や一般人はそうは考えないで、次のように考えると思う。被告が訴訟中に弁済したために訴訟を続行する必要がなくなった場合と、勝訴の見込みがないので訴訟を止める場合とは区別する必要があり、訴えの取下げは後者を想定した制度であるから、前者までもこれで処理するのはおかしい。訴えの取下げではなく、実質的な勝訴者が明らかになるような新たな訴訟終了のための制度を考えるべきである。

訴訟終了宣言はこのような要望に応じる制度である。そもそも法律学においては自らの専門性を強調するよりも、他の分野の研究者や一般人の意見に耳を傾けることは重要である。妥当な結論は何かが分かるとともに、妥当な結果を新たな理論によって基礎付けることができるからである。(7) 例えば、争点効理論や信義則論を挙げることができる。判決理由中の判断には既判力が生じることがないから（民訴法一一四条一項）、訴訟物が異なれば実質的に同じ訴えであっても再訴は可能である。しかし、この帰結はどうしてもおかしいし承服できないとして、前記理論が主張されるようになった。すなわち、素朴な疑問に判例と理論が即応したものである。判決理由中の判断に既判力が生じないから判決理由中の判断は全く意味がないとは言えないのと同様に、単に訴訟が終了すればよいから、その原因や訴えに理由があったか否かは無視してよいということにはならない。

そうであるならば、訴訟の終了に至る経緯が重要であり、それに相応しい終了方法が選ばれるべきである。そのためには訴えの取下げ以外に新たな訴訟終了制度が必要になるが、それが訴訟終了宣言である。訴訟終了事由の発生した時点まで訴えが適法で理由があった場合は、原告が訴訟終了宣言の制度を利用できるようにすべきである。そこで原告が実質的な敗訴の場合は訴えの取下げ、実質的な勝訴の場合は訴訟終了宣言で処理するということになる。

なお訴えの取下げと訴訟終了宣言を比較した場合、訴訟係属の消滅する時点や再訴禁止効の有無に関して差異が生じると思うが、生じないとする見解も可能である。(8) また差異があるにしても、当面はそれほど重要視することではないので、詳論はここでは省略する。

B　訴訟費用の裁判の問題点

訴えの取下げの場合の訴訟費用の裁判手続は十分ではない。確かに七三条や六二条が、訴えの取下げの場合の訴訟費用の裁判について規定している。しかし、この規定では現実には十分に機能しないと思う。それは機能しない原因が制度に内在しているからである。なぜならば、六二条は終局判決をする場合の規定であり、判決によらない場合にこの規定を発動させるには無理がある。すなわち、訴訟費用の裁判において六二条を発動させるための裁判資料は終局判決をする過程で十分に確保することは可能であり、裁判所は六二条の要件を簡単に把握できることを想定している。ところが七三条の場合はそうではない。裁判を担当するのは従来の裁判所ではなく第一審の裁判所であるから、従前の訴訟の経緯を十分に把握できるとはいえない(9)。そもそも訴訟外で生じた訴訟の終了事由の発生について、裁判所が認識する方法が規定されていない。

当事者にとっても、訴訟費用の負担について本格的に争う場合は、手続保障は十分ではない。そのための手続が法定されていないからである。あくまでも裁判所の裁量によって審尋なり口頭弁論が開かれるにすぎない。したがって訴訟の終了事由が発生した後に、訴訟費用の裁判のために口頭弁論が開催されたということは聞いたことがない。それでは口頭弁論が常に開催されればよいかというと、そういうものでもない。訴訟費用の裁判は本案の裁判に連動することによって手続を簡素化しているが、その要請に反することになるからである。そもそも本案の問題と連動させないで独立の裁判手続を考え、簡素な訴訟手続で当事者の手続保障を確保するということは非常に困難な話である。なぜならば、簡素な手続と当事者の手続保障は二者択一の関係にあるからである。

そうなると手続保障が確保されている本案の裁判と連動させ、そこでの結果を利用する方法で対応せざるをえないのではないかと思う。まして六二条の適用の前提要件として、原告の請求が適法でかつ理由を具備していることを必要とするならば、本案の裁判と連動させないことは効率的ではないし、独立した手続を本案並みに構築することはいたずらに手続を複雑にするであろう。そこで七三条・六二条による方法には限界があると考え、限界の外は法の欠缺であり、そのような場面では訴訟終了宣言によって対処すべきである。解釈論としては、七三条・六二条の方法は他の解決方法を排斥するほど独占的で排他的とは思えないから、それと並列的にそれを補完するものとして訴訟終了宣言を認めれば済むことである(10)。具体的には当事者間に争いがある場合は、一方的訴訟終了宣言で処理することである。それによって終了事由の発生前の訴えが適法でかつ理由を具備していたか否かも判断されるから、訴えの取下げ以上の効果も有することになり、Aで述べたように訴えの取下げでは紛争解決機能が十分でない。

C　訴訟費用に対する当事者の関心

訴訟終了宣言は訴訟費用のためだけの制度ではなく、理由のある訴えが終了事由の発生によって訴訟を続行することができなくなった場合に、名誉ある撤退を可能にする制度である。このことは既にAで述べたことである。そこに訴訟終了宣言を考える実益があるが、訴訟費用の問題も今日では軽視できない状況にある。確かに現在、弁護士費用が訴訟費用に算入されていないので訴訟費用の額は多くはない。そこで、訴訟費用の回収のための手続の手間を考えると勝訴しても敗訴者に請求することはなく、その意味で関心が薄いのは消極説が指摘したとおりである。しかし、既に（序章第一節注(7)）述べたように廃案になったとはいえ、そのような法案が国会で審議されたということは関心が高まってきたというべきである。

また国家が成熟して法治主義が定着した現時点においては、法による解決が社会に浸透し、自らの権利を訴訟を通じて主張しようとする人々が増えている。昨今のこのような状況を見ると、人々が訴訟費用に対して関心を向けるようになるのは時間の問題である。今後は訴訟費用の問題に対して人々の関心が高まることは十分に予想される。このような社会の動きに注目するならば、訴訟費用の裁判は本案に比べれば付随的なものであり、主に裁判所の裁量的な判断で決まるとしても、当事者は無関心ではいられないであろう。したがって訴訟費用の裁判は大雑把なもので許されるものではない。今後は手続の透明性が強調され、裁判の理由が注目されるようになるであろう。そうであるならば、訴訟費用の裁判においても精緻な手続と明快な理論による裏付けが必要である。(11)

これに答えるのが訴訟終了宣言の制度であるが、手続は当事者の手続保障という面もあるから、常に精緻な手続が必要なわけではなく、当事者間で終了に争いがない場合は、手続は簡素でよい。つまり訴訟終了宣言は、当事者間に争いがある場合は一方的訴訟終了宣言、争いがない場合は双方的訴訟終了宣言というように区別して対応すべきである。[12]

D　ドイツでの判例・通説の確立

訴訟終了宣言に関してドイツの判例・学説が錯綜していることは確かである。しかし、だからとって実務の混乱が生じているわけではないし、訴訟終了宣言の制度を廃止すべしとする意見が主張されているということでもない。むしろ双方的訴訟終了宣言を規定するＺＰＯ九一条ａの最近の改正の動きを見ると、改正は双方的訴訟終了宣言の適用領域を拡大させようとしていることが分かる。ドイツから目を転じてドイツ法系のオーストリアとスイスの民事訴訟法の学説の動向を見てみると、両国において訴訟終了宣言の制度は注目されていることが分かる。[13]

学説が錯綜しているように見えるのは現象面であり、ドイツでは既に通説・判例が確立しているから、実務上の処理手続は確立していて、実務が困っているわけではない。学説で激しい議論があるとしても、実務で混乱が見られないことは有名な訴訟物論争で経験済みのことである。むしろ論争は訴訟法理論を深化させるから、望ましいというべきであろう。[14]そもそも論争が存在することは、いかに訴訟終了宣言が重要であるかを物語るものである。

E　結果責任主義の厳格な適用

訴訟費用はなぜ敗訴者が負担するのかという問題がある。ローマ法やドイツ普通法での論争から得られた結論は結果責任であり、敗訴の原因は問わないというものである。もし結果責任でなく原因を問い行為責任を問うことになれば、勝訴者は敗訴者の故意・過失を立証しなければならないから、それは簡単なことではない。つまり勝訴者は訴訟に勝っても、訴訟費用は敗訴者から取れないことになり、勝訴者の自己負担ということになるが、これが不当であると結果責任主義は考える。[15] このような理由から結果責任主義が原則として採用されたが、しかし、この原則によれば問題は生じないかというと、そうではない。訴訟終了宣言が問題にする事例、例えば金銭支払請求訴訟で被告の弁済による訴訟の終了では、結果責任主義によれば訴訟費用の負担者は形式的な訴訟の結果に依存するから、実質的な勝訴者であっても訴訟を終了せざるをえない原告が訴訟費用を負担することになり、不当な結果になる。

そこでこの問題を解決するために登場したのが、訴訟終了宣言の制度である。訴訟の終了事由の発生前に原告の訴えに理由があった場合は、原告を敗訴者として扱わないというものである。それに対して被告が争わない場合は双方的訴訟終了宣言として、裁判所が従前の訴訟の経過を参考に裁量によって訴訟費用の負担者や負担の割合を決める。被告が争えば、一方的訴訟終了宣言として原告の主張の当否を判断し、その結果によって訴訟費用の負担者や負担の割合を決めるというものである。このような処理方法は結果責任主義の原則を堅持しつつ、妥当な結論を追求するものと見ることができる。

確かに結果責任主義を緩和することによっても、不合理な方法は回避できる。しかし、ドイツではそのような意見は見られない。[16] そのような方法はそもそも原則に反するし、原則を緩和することによって原則が修正されるならば、判断基準は曖昧になり事件ごとに恣意的な判断がなされることになるからである。その意味でも結果責任主義を堅持すべきであるとドイツでは考えられている。要するに緩和説は場当たり的になりやすく、法の基本理念である衡平性を保つことはできない点で問題である。

なお日本とドイツとの訴訟費用の規定の条文構成の違いから、ドイツの議論は日本に通用しないとの意見が考えられるが、日本法がドイツ法と異なった条文になったのは、ドイツ法との決別ではなく、立法に際して表現を簡素化・集約化したためであり、規範内容はドイツ法と異なるものではない。したがって、結果責任主義のドイツ法と異なった日本独自の原則を立法化したものではない[17]。

(2)　鈴木判事はその後も、参考資料二1に挙げた論文において、同様な主張を繰り返した。

(3)　同趣旨を説くものとしては、次の文献がある（発表順）。注解民訴（参資二2）・七六頁以下、石川・参資二1・一一七頁注(21)、注解民訴二版（参資二2）・一〇二頁、条解民訴（参資二2）・二七四頁、石渡・参資二1・三一四頁以下、荒木・参資二1・二六四頁以下。

(4)　ドイツにおいて本案の判断と訴訟費用の裁判との連動性について批判を展開したのは、一九九〇年のグルンスキーの論文である（Grunsky (A)）。論文の内容を紹介して、それを批判したのが、第一編第四章である。

(5)　双方的訴訟終了宣言の法的性質については、第一編第二章第三節において詳しく紹介し、論じている。一方的訴訟終了宣言の法的性質については、同・第三章第二節において錯綜している状況を詳しく報告し、支持すべき学説を明らかにしている。

(6)　日本においては、一部の当事者は訴えの取下げを不名誉なことと考え、訴えの取下げの代わりに和解が利用される場合があるとのことである（拙稿・④〔一当事者〕五頁注(10)）。

なお訴えの取下げの訴訟費用の裁判を行う場合に、訴えの取下げに至った事情は考慮しないで、訴えを取り下げた者に負担させるという実務の研究報告がある。これについては、拙稿・①〔生成〕二号二九頁注(13)で述べたことがある。

(7)　訴訟法理論からすれば当然の帰結であるが、実体法の研究者からは疑問が述べられることが少なくない。これについては判例を題材にして、実体法学者のコメントを引用して具体的に指摘したことがある（拙稿・⑪〔判例〕一一七頁以下。これは第四章第三節にまとめてある）。

なおドイツでは訴訟終了宣言は単に訴訟費用の問題であるとする論文が見られるが（例えば、第一編第四章のグルンスキーの論文）、他方、そのような論調に反対する論文もある。すなわち、訴訟終了宣言は単に訴訟費用の問題だけではなく、争いになった実体法上の権利について訴訟において確認することを強調する論文である。Prütting/Wesser (A), S. 267ff.

(8) 訴訟終了宣言と訴えの取下げとの違いについては、拙稿・②〔両当事者〕三五九頁以下で言及し、同・④〔一当事者〕七頁以下と同・⑱〔双方的〕九号四九頁以下で述べた。第一編第二章第四節3にまとめてある。

(9) 七三条一項は、訴えの取下げの場合の訴訟費用の裁判は第一審の裁判所が行うと規定している。これは現行法において新しく規定されたものであるが、この立法の経緯については、第三章第一節において詳論する。

(10) 七三条・六二条による方法の問題点とそれを補完するための一方的訴訟終了宣言については、第三章第四節において詳論する。

(11) 訴訟費用の裁判は十分でないと実務家が注意を喚起しているが、それについては拙稿・⑪〔判例〕一一九頁注(31)で述べたことがある。なお最高裁の刑事事件の判決ではあるが、伊藤正己裁判官は訴訟費用の裁判がともすれば安易になされているとして、裁量権を逸脱してはならないと警告的な補足意見を書いている（同・一一五頁以下）。

(12) 訴訟終了宣言を論じる場合に、一方的訴訟終了宣言と双方的訴訟終了宣言を区別することが必要である。消極説が訴訟終了宣言は我が国では必要ないと主張する場合に想定しているのは双方的訴訟終了宣言であり、私見が訴えの取下げで対応できないと主張しているのは一方的訴訟終了宣言である（拙稿・⑰〔法改正〇四〕三〇頁、同・⑬〔沿革〕一〇号七一頁以下）。

(13) ドイツ法系のオーストリアとスイスの民事訴訟法と訴訟終了宣言との関係については、第二編第三章・第四章にまとめてある。

(14) ベッカー・エーバーハルトは、正当な訴訟物理論の獲得のために努力したことを別にすれば、一八七九年の帝国民事訴訟法の施行以来、訴訟終了宣言ほど人々の心を捉えた民事訴訟上の問題はないとまで言い切っている。彼は続けて、訴訟終了宣言についての法規範は実務の産物であるとし、実務と理論との関係は訴訟物論争と好対照であるとも述べている(Becker-Eberhard (A), S. 273)。

(15)　ドイツにおいて結果責任主義が確立していく過程については、第二編第一章第一節～第三節にまとめてある。
(16)　一九七七年に連邦司法省の民事訴訟法委員会は民事訴訟法の改正に関する報告書を公表しているが、そこでは結果責任主義を堅持する旨が述べられている（第二編第一章第四節3）。
(17)　日本法の訴訟費用敗訴者負担の原則に対する例外規定の変遷については、拙稿・①〔生成〕二号三〇頁以下に条文を挙げ、図で説明している。審議過程とその意味については、同・⑬〔沿革〕一〇号三四頁以下が詳論する。これは第三章第三節にまとめてある。

第三節　積極説の根拠と問題点

1　積極説の根拠

ドイツの訴訟終了宣言の制度については、日本においては類似した制度が存在しないこともあって、従来はあまりその内容が詳しく紹介されることはなかった。しかし、訴訟終了宣言について紹介しながら、この制度のプラスの面に注目すべきであるという見解が登場した。訴訟終了宣言についてのメリットとして挙げられた事項を整理してみると、次のようにまとめることができる。これらが積極説の根拠ということになろう。

A　訴訟費用の公正な裁判

松浦馨名誉教授は訴訟終了宣言について、訴訟費用の裁判がより公正に行われるようになると評価する（松浦・参資二1・一五三頁以下）。

「そもそも訴の取下のためには被告の同意が必要であり、かりに同意が得られて訴の取下があったとしても〔民訴法〕八九条〔現行法六一条〕が原則として働き、九〇条〔現行法六二条〕などは例外的規定としてその挙証責任は原告にあるとみなければならぬのではなかろうか。請求棄却または訴却下の判決の場合にも九〇条〔現行法六二条〕などが原告救済のために働きうることはドイツとても同じであるが、訴訟完結宣言の場合には、もっぱらVeranlassungsprinzipと裁判官の公正な考量により全く平等に原告被告間に訴訟費用が分配される点に大きな意味がある。」（〔　〕は筆者の加筆）。

B　民事訴訟法第六二条適用の基礎の提供

松本博之教授は訴訟終了宣言の研究の意味について、民訴法九〇条（現行法六二条）の積極的な適用の基礎を与えるとして、次のように主張する（松本・参資二1・法学雑誌一九巻二号二五〇頁以下）。

「どの訴訟行為が権利の伸張または防禦に必要であったか否かの必要性の限界の識別が容易でないため、この規定の適用はあまりないとされるほか、本条後段の適用をみた判例……においても、右の必要性の限界が区々になっていることが指摘できるのである。さらに民訴九〇条〔現行法六二条〕は、実質的に著しく衡平に反しない限り、勝訴当事者に訴訟費用の負担を命ずるか否かを裁判所の裁量に委ねていると解されている……。以上の指摘によって民訴九〇条〔現行法六二条〕は〔訴訟終了宣言を研究する〕本稿の妨げとはならないことが明らかになったと考える。むしろ本稿は本条の積極的適用のための基礎をも与えようとするものである。」（〔　〕は筆者の加筆）。

なお私はドイツ法と日本法の比較法的考察や歴史的発展の経過から、裁判の裁量の余地を少なくする点でドイツ法は優れているという意見を述べ、より積極的に訴訟終了宣言を評価したことがある（拙稿・①〔生成〕一一一頁）。

C　訴訟費用の裁判の充実

柏木邦良博士は、訴訟の終了事由が訴訟中に発生した場合に、訴えの取下げをしないと敗訴になるということ自体が問題であると指摘する〔柏木・参資二１・二巻三〇頁注(2)〕。

「原告は理由のある訴を提起したにもかかわらず事実上やらずものがなの訴の取下を強要されるし、また取下の動機を明確にしておかないと訴訟費用を負担させられることにもなり、ひいては裁判所がその動機について被告の言分を確め、また事前に慮って確認しておく必要も生じよう。また、裁判所が、訴の取下または原告敗訴という外見から、機械的に訴訟費用の原告負担を命ずるおそれがないではなく、この場合には抗告を申立てなければならないということにもなるであろう。従って、――我国でも上述の場合には、『事件完結の申立』を認め、裁判所がその場で民事訴訟法第一〇四条〔現行法七三条に相当〕を適正妥当に適用するための資料を収集できるものと解すべきであると考える。」（〔　〕は筆者の加筆）。

なお裁判所が資料収集ができるとしても、当事者の提出した資料に限られるので、結果的に当事者がイニシアチブを有することになり、当事者の手続保障が充実すると言えるのではないかと思う。

D　訴訟の迅速な処理

遠藤功教授は学生向けの演習問題として、訴訟終了宣言による解決が相応しい具体的な事例を挙げて、この場合、「裁判所はどのように手続を進めるべきか。」という設問を作成した〔遠藤・参資二１・一五六頁〕。そして設問の解説において、ドイツ法の訴訟終了宣言による解決の方法を説明し、訴訟終了宣言の重要性を指摘している。

「弁護士費用の訴訟費用への算入と敗訴者負担が現実味をもって語られる現況では、本案完結表明〔訴訟終了宣言〕は訴訟の完結〔終了〕の一場合として検討を要しよう。」（〔　〕は筆者の加筆）。

さらに解説の最後に、教授は訴訟終了宣言のメリットとして次のように述べている。

「この制度により、訴訟の迅速な処理と、訴訟費用の負担の明確化と訴えを提起する必要のあった原告側が敗訴するという不合理から救済されることなど、プラス材料が多く伴われる。」

E　他の場面への応用

中山幸二教授は今後の日本における訴訟終了宣言について、次のように述べている（中山・参資二１・二一四頁）。

「いわゆる『第三の波』の提示する紛争解決観〔判決による完結的紛争解決観からの脱皮〕の影響により、訴えの取下げや請求の放棄など当事者による訴訟終了の場合の動機や経緯の考慮が今後比重を増し、これらとの関係でも訴訟終了宣言が議論の対象となるであろうと予測する。」

そして具体的には、次のような項目と訴訟終了宣言との関係を挙げる。

「訴訟係属との関係、訴え取下げとの役割分担、両当事者の合意による訴訟終了の概念、不当提訴または不当応訴と不法行為の成立可能性、言いがかり訴訟の予防等の、訴訟法学上の基礎的問題にかかわる重要な論点であると受け止めている」。

2　積極説の問題点

第一に、それぞれの主張は訴訟終了宣言が日本において必要とされる決定的なものではない。消極説の石川明名誉教授は積極説の主張に対して、次のような問題点を指摘している〔石川・参資二1・一一七頁。なお〔　〕は筆者の加筆〕。

訴訟費用の裁判が公正に行われるとの主張（A）に対しては、「九〇条〔現行法六二条〕後段はVeranlassungs-prinzipを規定するといえるし、九〇条〔現行法六二条〕の場合裁判官の公正な裁量がなされるのであろう点を考えれば、必ずしも……消極説をとっても不都合はないように思われる。」と述べる。

訴訟終了宣言は民訴法六二条（旧九〇条）の運用に有効であるとの考え（B）に対しては、「この制度の仲介なしに九〇条〔現行法六二条〕の適用を理由づけることができるのであれば、九〇条〔現行法六二条〕の存在はこの制度を導入するについてブレーキになるというべきではないだろうか。」と述べる。

そして裁判所の裁量による判断が妥当することについては、次のように付言する。

「九〇条〔現行法六二条〕の場合裁判所の裁量がなんの資料もなく恣意的になされるとはいえないであろうし、ZPO九〇条にあっても裁判官は『妥当な裁量』により訴訟費用の負担を決するのであるから、この制度の導入について積極説をとるか消極説をとるかにより訴訟費用の負担に関する限り結果的に重大な相違が生じるとは考えられない。」

なお教授は積極説を完全に否定するのではなく、積極説の進むべき道として次のような方向を示唆している。

「この制度の導入の可否は、訴訟費用分担の問題との関係においてではなく、むしろ訴訟終了原因としての適否との関連で検討すべきものではないかと考える」。そして「〔Cの柏木論文〕が、そもそもこのような場合に訴の取下をしないと敗訴になるということ自体疑問であるとしている点は注目すべきである。」

第二に、それぞれの主張は訴訟終了宣言が日本で導入された場合のメリットを述べてはいるが、日本に訴訟終了宣言を導入する道筋は明らかにしていない。すなわち積極説の訴訟終了宣言の制度の導入が望ましいとの主張は理解できても、積極説は解釈論として導入が可能であることを明らかにし、その道筋を明らかにしないならば、説得力に欠ける。もちろん訴訟終了宣言を積極的に評価することが立法論であっても意味がないことはない。しかし、そのような立法が簡単に実現できるとは思えない。したがって解釈論でないならば、日本の具体的な問題の解決に影響を与えることはないと思うので、立法論は議論の実益という点で疑問である。要するに積極説は解釈論としての道筋を明らかにして、日本法で訴訟終了宣言が活動する場面をより具体的に提示しなければならない。

第二章　解釈論と立法論

第一節　解釈論の構成

1　解釈論としての訴訟終了宣言の必要性

第一章でまとめた消極説と積極説の対立の構図から、訴訟終了宣言の概要と日本法における問題点が明らかになった。私見は積極説を支持し、それをさらに展開させようとするものである。そのためには、取り組まなければならない課題がある。

第一は、消極説からの積極説に対する批判に対して解答することである。しかし、この解答は既に第一章第二節2の「消極説の問題点」で行った。この項目の「問題点」の意味は、消極説の積極説批判の根拠には問題があるということであり、この項目において消極説の積極説批判の根拠が十分でないことを、消極説の主張の順序に従って明らかにした。すなわち、これは消極説からの批判に対する積極説側の解答であると同時に、消極説の根拠は十分ではないという主張でもある。なぜならば消極説の最大の根拠は積極説の根拠が十分でないということであるから、それを否定することは消極説に対する最大の批判になる。

第二は、積極説の問題点の解消である。これについては次のように考える。消極説の積極説に対する批判や問題点の指摘はもっともなことである。しかし、それは消極説に不都合がないということであって、消極説が積極説と比較して妥当であるということではない。その意味で積極説にとって致命的な批判ではない。したがって積極説にとって現在の一番の問題は、具体的な解釈論の構築である。換言すれば、現在は外国の制度の紹介ともいうべき最初の段階を終えて、次の段階に進まなければならない時である。単に抽象的に日本における訴訟終了宣言の制度の当否について論じるのではなく、日本法において具体的に訴訟終了宣言について論じ、解釈論に影響を与えることが必要である。

２　訴訟終了宣言の具体的な内容

訴訟終了宣言が問題にする典型的な事例は、支払請求訴訟中に被告が弁済したというものである。抽象的に言うならば、訴訟の終了事由が発生した時点までは原告の請求には理由が存在し、終了事由の発生を原因に請求棄却判決がなされるのが不当であると思われるような事例である。通説は訴えの取下げによって処理できると説くが（第一章第二節１Ａ）、それは適当ではない（同・２Ａ）。

Ａ　双方的訴訟終了宣言

訴訟終了宣言による解決方法を具体的に述べれば、次のようになる。[1] 訴訟の終了事由が発生し原告が訴訟を続行する意味がなくなった場合、原告は一方的に訴訟の終了を宣言する。被告がこれに対して異議を申し立てなければ、裁判所は双方的訴訟終了宣言として訴訟を終了させる手続を行う。[2] 具体的にはドイツの双方的訴訟終了宣言に倣い、次のような取扱いをする。[3] 原告が訴訟の終了を主張し、被告が同意する場合は双方的訴訟終了宣言として、裁判所は従前の訴訟の経過（事実状態と訴訟状態）を考慮して、訴訟費用について衡平な裁量によって決定で裁判する。(4) 双方的訴訟終了宣言の効果に関してはドイツでは再訴禁止効の有無について議論があるが、私見は肯定説を支持する。(5)

B　一方的訴訟終了宣言

原告の訴訟終了宣言に対して被告が異議を述べる場合は、一方的訴訟終了宣言として扱う。(6) すなわち、原告の訴訟終了宣言の主張が正しいか否かの裁判を行う。具体的には、ドイツの判例・通説である訴えの変更説を参考にして処理する。そこで原告の訴訟終了宣言の申立ては、訴えの変更の申立てと解釈する。(7) それは従前の訴訟物が新たな確認の訴えに変更されたということであり、その確認の対象は、「訴訟終了事由の発生時点まで訴えは適法で理由を具備していたこと」である。この新しい請求について、裁判所は主文で請求認容か棄却かの判決を行う。主文の判断に応じて通常の裁判と同様に訴訟費用の負担者を定め、併せて訴訟費用の裁判も同時に行う。この結果、原告の主張が認められれば、訴訟費用は被告が原則として全額負担することになり、当初の請求の不存在も併せて確認されるから、それについて既判力が生じ、事件が再燃することはない。原告の主張が認められない場合は、原告の請求は棄却され訴訟費用は原告の負担となる。この請求棄却判決が当初の訴えについて理由を具備していなかったことを判断していた場合は、当初の請求に関しても、その不存在が既判力で確定される。したがって訴え変更前の訴訟が再燃することもない。

C　既存の制度との関係

訴訟終了宣言と従来の方法である訴えの取下げとの関係であるが、一方が他方を排斥するというような排他的・独占的なものではなく、(8) 両者は併存するものであり、いずれを利用するかはその時々に当事者が選択すればよいと考えるが、それは次のような理由による。

第一に、訴訟終了宣言による解決がいかに優れていたとしても、法律が訴えの取下げによる処理方法を規定している以上、訴訟終了宣言がそれを押し退けることはできないからである。したがって、訴訟終了宣言は従来の方法を補完する意味で併存するものである。もっとも補完の意味は従来の方法が優先するという意味ではない。すなわち、従来の方法が利用できない場合に初めて訴訟終了宣言が利用できるという意味ではない。訴訟終了事由の発生に伴う訴訟の終了方法が、訴えの取下げだけであることを補完するという意味である。

第二に、当事者の選択に委ねることは、個々の事案ごとに相応しい方法によって問題解決ができることになるからである。[9] このことは、既存の制度と訴訟終了宣言との競争を意味し、訴訟終了宣言の利用が多くなれば、訴訟終了宣言が次第に日本において認知され定着することになる。なお本来ならば訴訟終了宣言によって解決しなければならないと考える訴訟を、従来の方法で処理することを否定しないのは、従来の方法が法律に規定されているからだけではない。新たな制度の導入においては急激な変更を避け、利用の実績を重ねて次第に日本法に浸透させることが、制度の定着にとって一番効率的な方法と思うからである。[10]

３　解釈論の根拠

ドイツ法に倣い訴訟終了宣言の手続を解釈論として述べた場合、日本法に条文の根拠がない以上、立法論であって、具体的な事案の解決に役立たないとの批判が予想される。これに対しては次のように考えている。解釈論の根拠と言うこともできる。

第一に、条文のないことについて述べることが、直ちに立法論になるわけではない。訴訟物論に代表されるように、理論の基礎を民事訴訟法の規定に置いていないものも少なくない。そもそも学説で議論している多くの問題は、法にその解決方法が直接規定されていない。規定がない以上、法の原点に立ち戻って衡平で妥当な解決を探究することになるが、それはあくまでも解釈論である。訴訟終了宣言は正にこのような問題であり、日本法には規定が存在しないが、現行制度をよりよく維持するための解釈論である。そのようなことから、立法論とは明白に立法者の意思に反する場合か、現行制度の根幹と相容れないか、それを棄損するような解決案ということになる。

そもそもドイツでは訴訟終了宣言は条文がない時代でも解釈論として議論されてきた[11]。すなわち、双方的訴訟終了宣言を規定するＺＰＯ九一条ａが導入されたから議論された問題ではない。しかもドイツにおいて訴訟終了宣言に関係する条文は従来の議論を集約したＺＰＯ九一条ａだけであり、最も議論がある一方的訴訟終了宣言については今だに規定が用意されていない。このようなドイツの議論の経過を見るならば、訴訟終了宣言の問題は具体的な条文の有無に関係のない問題であることは明らかである。したがって日本に訴訟終了宣言に関する条文がないからといって、日本における訴訟終了宣言の問題は解釈論として成立しないということにはならない。

第二に、日本法の規定によって訴訟終了宣言の問題が処理できるとしても、それとは異なって訴訟終了宣言論を主張することが、直ちに立法論になるわけではない。日本の立法過程を考察すると、訴訟終了宣言のようなことは全く議論されていない[12]。このことは法の欠缺と考えることができるし、あるいは日本の立法者はこの問題を解釈に委ねたと解することができる。そうであるならば、法の解釈によってこの欠缺の部分を埋めるのは当然である。したがって、日本法の規定によって訴訟終了宣言の問題が処理できるとしても、それは立法者の意思というよりは、単なる一つの解決策の提示にすぎない。要は日本法の規定によって処理する方法と訴訟終了宣言によって処理する方法とでは、どちらが問題解決策として優れているかということである。

第三に、日本民事訴訟法はドイツ民事訴訟法を継受したが、そのような関係であれば、ドイツ民事訴訟法の訴訟終了宣言は日本民事訴訟法においてそのまま通用する素地がある。我が国の民事訴訟法の問題でドイツの学説や判例が引用されることは決して珍しいことではないが、それは理論的な議論であれば、ドイツの学説がそのまま日本で通用する素地があるからである。訴訟終了宣言の問題も同様であり、母法であるドイツ法の議論であるから、それを参考に問題解決案を主張したとしても、制度の根幹に相反するものではなく、解釈論である。

なお日本法の訴訟費用の裁判に関する規定はドイツ法と異なった条文構成になっているから、ドイツ法と日本法との間には断絶があり、そのまま通用する素地はないとの批判があるかもしれないが、それは正しくない。日本法はドイツ法と条文構成や条文の文言で違いがあるが、第一章第二節２Ｅの最後で述べたように、それはドイツ法と決別したためではないからである。日本法はドイツ法の個別具体的な規定の仕方の真意を探究することなく、個別的な規定を抽象化してもその内容は変わらないと考えて、抽象的な規定にしたからである。その意味でドイツ法と日本法は単に表現が違うだけで、規定している内容が異なっているわけではない[13]。

ところでドイツ民事訴訟法は二〇〇一年の大改正に際して、訴えの取下げの規定（ＺＰＯ二六九条三項三段）において、双方的訴訟終了宣言の場合と同様な規定を設けた[14]。すなわち、訴えの取下げの場合に訴訟費用の裁判は裁判所の裁量によって行うというものであり、一見すると日本法のような規定である。あたかもドイツ法が日本法に接近したかのように見える。しかし、そのように考えるのは誤りである[15]。この規定と日本法との異なる点に注意しなければならない。この規定が適用されるのは訴訟係属前に訴訟終了事由が発生した場合であるが、訴訟終了宣言が問題にしているのは訴訟係属後に訴訟終了事由が発生した場合である。ＺＰＯ二六九条三項三段が規定しているのは、訴訟係属前の訴訟の終了という特殊な事例であって、訴訟中に訴訟終了事由が発生した場合ではないことに注意する必要がある。そのように区別した理由は、訴訟係属前に訴訟終了事由が発生した場合には訴訟になる前であるから、簡単な手続で迅速に処理しようとしたことにある。その意味でこの規定の適用範囲は限定的であり、訴訟係属後の場合にまで拡張されてはならない[16]。ところが日本法にはこのような配慮が見られない。これが正に日本法の問題点であり、このドイツの規定は日本法との親近性を示すものではなく、反対に日本法の問題点を明らかにした。

（1）　訴訟終了宣言について規定を有しない日本法において訴訟終了宣言を解釈論として主張する場合は、次のような手順が必要である。先ず、現行法の対応が不十分で、法に欠缺があることを明確にする。そして次に、その欠缺を補充するために、訴訟終了宣言が当事者にとっても紛争解決という観点からも、一番有効な手段であることを論証する。このような手順を経れば、訴訟終了宣言は立法論でなく解釈論として通用すると思う。このような解釈論の詳細は、拙稿・⑱〔双方的〕九号五四頁以下で述べ、第一編第二章第五節においてまとめてある。

（2）　訴訟終了宣言を双方的訴訟終了宣言と一方的訴訟終了宣言に区別することについては、拙稿・⑱〔双方的〕九号五一頁以下、同・⑰〔法改正〇四〕二八頁等で述べたが、第一編第二章第四節４にまとめてある。

（3）　ドイツの双方的訴訟終了宣言の手続については、拙稿・⑱〔双方的〕八号二〇頁以下で述べたが、第一編第一章第二節１にまとめてある。日本の場合の双方的訴訟終了宣言の手続については、同・⑱〔双方的〕九号五六頁以下で述べたことがあり、同・第二章第五節１Ｂにまとめてある。

（4）　日本における（双方的）訴訟終了宣言の場合の裁判書については、鈴木忠一判事が論じている（鈴木・参資二１・新実務民訴八巻五八頁）。これについての私見は、拙稿・⑱〔双方的〕九号五七頁以下で述べ、第一編第二章第五節２にまとめてある。

（5）　ドイツの双方的訴訟終了宣言の効果としての再訴禁止効については、拙稿・⑱〔双方的〕八号二二頁以下、同・②〔両当事者〕三五三頁以下等で述べ、第一編第二章第二節２Ｄにまとめてある。

（6）　日本では訴訟終了宣言は訴えの取下げでカバーできると説かれているが（第一章第二節１Ａ）、それは双方的訴訟終了宣言を想定してそのような主張をしているのであって、一方的訴訟終了宣言は考慮されていない。一方的訴訟終了宣言は当事者間に訴訟の終了をめぐって争いがある場合にその争いを解決するための制度であり、これは訴えの取下げではカバーできない。換言すれば、訴えの取下げによる方法において欠落した問題を扱うのが一方的訴訟終了宣言である。要するに当事者間に訴訟の終了をめぐって争いがある場合は法の欠缺であり、その欠缺を埋めるために一方的訴訟終了宣言を解釈論として導入すべきであるということである（拙稿・⑬〔沿革〕一〇号七一頁以下）。

(7)　一方的訴訟終了宣言の法的性質論については、第一編第三章第二節にまとめてある。訴えの変更説は、紛争対象をそのまま訴訟の対象として当事者の手続保障を充実させ、既判力による紛争の再燃を防止するので、諸説を検討した結果、この説が結論の妥当性と理論的整合性の観点から総合的に判断して一番優れている（第一編第三章第二節5B）。

(8)　ドイツでは訴訟係属前の訴えの取下げの場合に、訴訟費用は裁判所が裁量によって判断することができると規定されている（ZPO二六九条三項三段）、それは排他的・独占的な規定なのか、それとも原告は他の方法を選択することができるのかについては議論がある（第二編第二章第五節5の第二）。

(9)　双方的訴訟終了宣言は当事者間で訴訟の終了については争いがなく、訴訟費用の判断だけを裁判所の裁量によって行う手続である。手続における当事者の手続保障は、訴訟終了についての当事者間の同意で代替されるので考える必要はなく、軽い手続である。これに対して一方的訴訟終了宣言は、当事者間で訴訟の終了について争いがある場合の手続である。訴訟手続でその争いを解決する必要があるので、当事者間の手続保障を充実させなければならず、いわゆる重い手続である。当事者はこのような認識に基づいて、相応しい手続を選択することになる（第一編第二章第四節4。なお拙稿・⑰〔法改正〇四〕二八頁で詳しく論じている）。

(10)　訴えの交換的変更や任意的当事者変更の法的な性質の問題についての学説の変遷は、興味あることを示している。これらの場合、学説は先ず既存の条文や制度による解答を説く。しかし、それが十分でないことが分かると、既存の条文や制度を離れて独自の制度として理解し、新たな学説が登場する。訴訟終了宣言の場合もそれと同じであり、いずれ既存の制度に代わって訴訟終了宣言が利用されることになるであろう。

(11)　ドイツにおける訴訟終了宣言の生成の過程については、第二編第一章にまとめてある。

(12)　日本の関係する条文の成立過程については、第三章においてまとめてある。

(13)　日本法の条文の変遷については、拙稿・①〔生成〕二号三〇頁以下が詳論する。

(14)　この規定の立法理由については第二編第二章第一節に、ドイツの学界の反応については同・第二節にまとめてある。

(15)　この規定の日本法での理解の仕方と評価については、第二編第二章第三節、同・第五節４・５において詳しく論じている。

(16)　ドイツの学説が強調するところである（第二編第二章第二節４Ｂ）。

第二節　立法論の展開

１　ドイツ法の発展過程から学ぶべきこと

ドイツのＺＰＯ九一条ａの成立の過程を概観し（第二編第一章第一節〜第四節１）、さらに改正の流れを見たのであるが（同・第四節２）、日本の訴訟終了宣言の制度を考える場合に我々が学ぶべき点は少なくない。まとめると、次のようなことが言える。

第一に、訴訟費用分担についての結果責任説を遵守すべきであるということである。訴訟終了宣言の制度は、一九五〇年にＺＰＯ九一条ａが民事訴訟法に挿入されたことによって突然に創設されたものではない。一九四二年の第三簡素化令四条一項が実務において実績を上げたからである。そして第三簡素化令四条一項は、戦時立法とはいえ特に異論なく導入されたのは、当事者の合意を要件とし、その場合に限定すれば問題ないという考えによるものと推測する。立法者のその場限りの単なる思いつきではなく、それ以前の判例・学説の長い間の議論の集積である。それは結果責任説を採用したことによる問題の発生とその克服の歴史でもあるが（第二編第一章第二節）、採用それ自体に対する反省の姿勢はドイツでは全く見られず、結果責任説の採用を肯定したことの自信が見られることは注目すべきである。日本で訴訟終了宣言の問題を考える場合、この点は考慮されなければならないであろう。すなわち、歴史的展開や比較法的な視点から把握すべきである。

第二に、訴訟費用の裁判においても、裁判所の裁量による裁判は極力避けるべきであるということである。ＺＰＯ九一条ａは訴訟費用の裁判を裁判所の裁量に委ねているが、当事者の合意（あるいは意思の合致）を必要としている。これは裁判所の裁量によって裁判できるという手続の簡素化は、処分権主義を根拠に正当性を確保しているということである。換言すれば、手続の簡素化や合理化は、両当事者の意思に反してはできないということである。この構造に注目すべきである。ドイツ法のこのような姿勢は訴訟費用の問題といえども、原則は本案の問題と同じように扱われるべきであるという考えの表れであり、この点を見失ってはならない。確かにＺＰＯ九一条ａは裁判所の裁量という点で日本の訴訟費用の裁判の場合と親近性があるが、立脚している原則はドイツでは処分権主義であり、日本では職権主義で全く異なる。訴訟終了宣言の問題を考える場合、現象に目を奪われることなく、民事訴訟法の原理・原則に立ち返って考察しなければならない。

第三に、民事訴訟法の抜本改正と連動することなく、訴訟終了宣言だけに限っての立法は可能であるということである。訴訟終了宣言に関しては平成八年法律第一〇九号の民事訴訟法の成立の際に全く考慮されなかったが、次回の民事訴訟法の大改正を待つ必要はない。他の制度との整合性の問題も特に生じることはないから、単独に訴訟終了宣言の立法は可能である。もちろん、ドイツでも訴訟終了宣言だけが法律によって成立したり、改正されたのではないが、ＺＰＯ九一条ａは訴訟手続の簡素化の一つとして成立し、そのような理由で改正された経緯を見ると、日本では単独の立法は無理としても通常の改正の中に潜り込ませることは十分に可能である。民事訴訟法においては常に手続の簡素化と合理化が求められているのであるから、その時々の改正において訴訟終了宣言の立法をすればよい。その意味で立法は簡単な条文が望ましく、制度自体の運営に関しての指針等は解釈論に委ねるべきである。解釈を通じて常に時代の要請に応えられるからである。ＺＰＯ九一条ａは双方的訴訟終了宣言についてのみの規定であり、一方的訴訟終了宣言についてはは立法がなされていないが、この簡単な条文だけでドイツでは壮大な訴訟終了宣言の制度が構築されたことを考えると、日本もＺＰＯ九一条ａのような簡易な立法から出発すべきである。

2　立法すべき訴訟終了宣言

既に述べたような点を考慮すると、結論としては、裁判所の裁量による解決に依存する日本の制度は問題であり、早晩当事者から非難を受けるようになると思う。問題の発生を待って制度を考えるのでなく、当事者の手続保障を充実させるものとして、今から訴訟終了宣言の制度を日本において考える必要がある。もっともそれは、訴訟終了宣言は解釈論が無理であるから立法がなされなければならないというのではない。訴訟終了宣言は解釈論として可能であるが、制度の理解を深め制度を実効有らしめるために、立法がなされるべきであるとの意見である。

Ａ　一方的訴訟終了宣言についての立法

それでは立法に当たっては、どのような規定を設けたらよいであろうか。具体的な条文の内容を考える前に決めなければならないことは、立法の対象は双方的訴訟終了宣言と一方的訴訟終了宣言のいずれかか、あるいは両方かということである。この点については、一方的訴訟終了宣言についてだけ一箇条の立法をすればよいと考える。その理由は、次のようなものである。

第一は、規定は簡潔を旨とし詳細は解釈に委ね、細かいことは規定する必要がないと考えるからである。解釈に委ねれば、解釈を変更することで時代の要請にも簡単に応じられる。

第二は、双方的訴訟終了宣言は一方的訴訟終了宣言の当事者が争わない場合と位置づければ済むからである。

そのように考えると、一方的訴訟終了宣言と双方的訴訟終了宣言を一体として理解することが可能になる。さらに双方的訴訟終了宣言の場合の当事者の一致した終了宣言を被告の認諾として考えると、再訴禁止の要件・効果も法律上明確になる。現在のドイツでは法的性質論から、いわば条文でなく理論から再訴の可能性の問題等を論じているが、条文を離れて観念的過ぎる点に問題がある。したがってそのようなことが解消されるし、不要な議論がなくなるであろう。

第三は、ドイツで議論が紛糾するのは一方的訴訟終了宣言の場合であることから、これを立法で押さえておけば、ドイツよりも進んだ立法と言えるのではないかと思う。これではドイツ法とは反対になるが、ドイツの場合は訴訟終了宣言についての初めての立法ということで、処分権主義に根拠を求める必要があった。日本の場合は既にドイツの展開を見ているのであるから、ドイツ法の問題点を修正し改良して継受すべきであって、何もドイツの制度を初めからそのまま模倣することはない。ドイツでの今日の議論の状況を考えて、ドイツ法を冷静に客観的に観察して立法すべきである。

B　ドイツの立法論との関係

ところで一方的訴訟終了宣言についてだけの立法となると、ドイツの立法論についての議論との関係が問題になる。ドイツの立法論の状況であるが、ドイツでは既に述べたように双方的終了宣言についてのみ規定しているため、立法論というと一方的訴訟終了宣言についての立法の当否が議論されている。概して立法的解決を強調する見解が多数見られるが、リュケが消極的な立場を鮮明にしている点は有名である。立法に関して、リュケは有名な「訴訟終了宣言について」という論文の最後で、大要次のように述べている。[17]「一方的訴訟終了宣言は訴えの変更と扱えば実務や従来の民事訴訟法理論とも適合するから、特に新たな制度と把握したり、訴えの取下げの特別なものと把握する必要はない。訴訟終了宣言の問題は一見すると、特別な制度の問題のように見えるが、実質は訴えの変更の問題であるから、立法は必要ない」旨の主張である。私は一九七二年一二月一五日のドイツでのセミナー報告から一貫して訴えの変更説が正しいと考えてきたから[18]、その立場からこの主張に賛成すると立法論は不要になる。ドイツでの立法に消極的な見解に基づいて我が国で立法論を展開するのは、矛盾するように見えるかもしれないが、日本での立法は確認的な意味での立法である。つまり、新たな制度の創設というよりも、通説が訴訟終了宣言の制度について消極的であるから、確認的な意味での立法が必要であるということである。

3　私の立法試案

このような考察を経て、私の到達した立法案は次のようなものである。

「原告が訴訟終了事由の発生がなければ請求認容の判決を受けることができたと主張して訴訟の終了を宣言した場合、訴訟終了事由発生時点において訴えが適法でかつ理由を具備していたことの確認を求める訴えが提起されたものとする。」

訴訟終了宣言は単に訴訟費用の問題だけではなく、当事者による訴訟終了行為の一つであると考えるから、訴訟費用としての規定を設けないことにした。それは訴訟費用の問題はあくまでも結果責任説に基づいて、本案判断の結果に連動させるべきであると考えたからでもある。そもそもこのような訴えが適法であるか否かという問題があるが、規定を設けることによってそのような議論が棚上げされ、適法性が鮮明になることに意味がある。実質的に考えても、終了事由発生の時点において訴えが適法でかつ理由を具備していたか否かを判断することは可能であるし、これをめぐって訴訟が展開されていたことを考えれば、それほどの負担を被告や裁判所に負わせるものでもない。要するに原告がこのような確認を必要としたならば、それを率直に認めるべきであって、訴えの利益を根拠に否定する理由はない。これに対して、訴訟制度の効率な運営という観点から認められないとか、過去の法律関係の確認は不適法であるという批判が考えられるが、過去の法律関係でも現在の紛争の解決のために必要であれば認められるという昨今の訴え利益論の状況からすると、決定的な批判にはならない。むしろ試案のような場合に確認の訴えを認めないという態度こそが形式的・硬直的で問題である。当事者の希望に応じて、「正当な訴えであったが、終了事由の発生により終了した」という主張は認めるべきである。

この場合の訴訟費用については、変更後の訴えについての裁判所の判断や請求の認諾・和解等の当事者の訴訟行為によって決めればよいから、裁判官の裁量の余地が少なくなり、正に結果責任説は貫けることになる。問題はZPO九一条aが規定しているような場合、すなわち、双方的訴訟終了宣言の場合である。当事者が争うことなく終了を宣言した場合は、訴訟上の合意として終了効を認めるとともに、訴訟費用については、当事者が裁判所の裁量的判断を求めたと考えればよい。試案の「原告が訴訟終了事由の発生がなければ請求認容の判決を受けることができたと主張して訴訟の終了を宣言する」必要がない場合や、訴えの変更後の訴訟に勝訴の自信がない場合は、原告は訴訟終了宣言をすることなく、単に訴えの取下げをすればよい。訴えの変更後の訴訟について、被告は請求の認諾をしてもよいし、争ってもよい。

あくまでも訴えの変更として本案の問題とするということは、既判力による紛争の解決を保障することであるから、紛争が後日再燃することは少ないであろう。また本案に勝訴する自信がない場合は、このような申立てをすることはないから、訴訟終了宣言が請求棄却判決を受けることの回避手段として濫用されることもない。訴訟終了宣言の申立てといっても本質が訴えの変更であるから、手続の展開に疑義が生じることもない。またドイツの現在の通説が訴えの変更説であるから、ドイツの判例・通説が開拓した個別問題を解決するための手法をそのまま利用できるというメリットもある。

もっとも最近のドイツにおいて、一方的訴訟終了宣言における通説である訴えの変更説に対する批判が見られることは確かである[19]。これは、いわば一方的訴訟終了宣言の軽量化を目指す動きであり、訴訟終了宣言を単に訴訟費用の問題としてのみ考えていこうとするものである。このような視点に立つ論者は、訴えの変更説に基づいた一方的訴訟終了宣言についての立法は不要であると説いたリュケを批判している[20]。訴訟終了宣言の問題は、結局は訴訟費用の問題であるとするこの新しい見解は、ドイツでは今後有力になっていくように思うが、このような現象は、一つにはドイツにおける訴訟過剰の風潮に対する反省の表れのように思う。このような見解の出現は、その意味で時代の流れを表しているように思う。しかし、このような見解がドイツで今後有力になるであろうとはいえ、通説的な地位を獲得するかは疑問であるし、訴訟過剰という経験を持たない日本においては、この新しい見解を採用することはできない[21]。また訴訟費用に関心がない日本の現状では、このような訴訟費用だけに注目する見解は、長い間の学説・判例の展開や努力を軽視し、いたずらに訴訟終了宣言の制度を矮小化させることになるので、賛成することはできない。

このような理由から、提案した立法試案は、訴訟終了宣言の制度の運営に十分な実効を上げるものと思う。

(17)　Lüke(A), S. 335. この論文は翻訳されている〔リュケ・参資二１・八一頁〕。なお、ドイツの立法論については、次の文献が参考になる。Assmann(A), S. 205; Pfeffer(B), S. 178f.; AK/Röhl(C), S. 297f.

(18)　このセミナーのことについては、本書の「はしがき」の「研究の経緯と指導してくださった先生」というテーマで書いたので、ここでは繰り返さないが、この時のセミナーは、セミナー参加者の現職の裁判官が記録している〔拙稿・⑩〔立法〕八一頁注(４)〕。それによれば、会の最後に司会者から日本での訴訟終了宣言の必要性を問われて、私は必要ないと答えている。当時の日本の通説に従ったからであるが、そもそもこの制度の沿革や本質を十分に理解していなかったからである。

(19) 訴えの変更説に対抗する近時の学説については、第一編第三章第二節4にまとめてある。それは訴えの変更説の問題点を指摘し（A）、中間紛争説が台頭してきた状況（B）と、訴訟経済重視の学説が展開している状況（C）を報告したものである。

(20) 一方的訴訟終了宣言について立法的解決を強調するのはアスマンであり、訴訟終了宣言の立法化に消極的なリュケ説を批判する（Assmann (A), S. 205）。なおこれ以前の立法論については、拙稿・⑥〔訴訟係属〕三六頁注(46)において論評した。

(21) 新しい学説と訴えの変更説との対立状況を分析し、日本法の視点から評価を行ったのは、第一編第三章第二節5である。

第三章　民事訴訟法第七三条の沿革とその限界

第一節　民事訴訟法第七三条第一項の管轄裁判所

1　平成八年の民事訴訟法による改正

平成八年法律第一〇〇号の民事訴訟法により（この法律は現行法であるが、本章では旧法と対比する意味で、「新法」と表記する場合もある）、「訴訟が裁判及び和解によらないで完結したとき」、当事者の求めに応じて訴訟費用の負担を決める裁判所は第一審の裁判所ということになった（民訴法七三条一項）。旧民訴法一〇四条は単に「裁判所」とだけ規定していたから、裁判所を第一審裁判所に改めたということは、より具体的に裁判所について規定したということになる。この改正理由について、次のような説明がなされている（法務省民事局参事官室編『一問一答　新民事訴訟法』七三頁（商事法務研究会、一九九六年））。

「旧法第一〇四条では、管轄裁判所が必ずしも明らかではなく、解釈も分かれていました。立法者は、第一審裁判所と考えていたようですが、現実に訴訟の審理をしていた裁判所が訴訟費用の負担およびその額を定めるのが適当であることを理由に、訴訟がその終了時に係属していた裁判所と解する見解もありました。しかし、第七三条の申立てについては中立時期の制限がありませんから、裁判官の異動等により、同条の申立てがあった時点において裁判所を構成する裁判官と現実に訴訟の審理を担当していた裁判官とが一致するとは限らず、この場合には、審理に関与していない裁判官が記録に基づいて裁判をすることになります。したがって、訴訟がその終了時に係属していた裁判所を管轄裁判所とする合理性は乏しいように思われます。むしろ、訴訟が裁判や和解で完結した場合と同様に、訴訟がどの審級で完結したかにかかわらず、第一審裁判所が訴訟費用の負担の裁判をし、その裁判所の裁判所書記官がその負担の額を定めることとした方がわかりやすく、しかも、現実の訴訟記録の所在や旧法の立法者の意思にも合致すると考えられます。そこで、新法では、第一審裁判所が訴訟費用の負担の裁判をし、その裁判所の裁判所書記官が訴訟費用額の確定処分をするものとしました。」

この説明は、七三条の管轄の問題を考えるうえで重要である。この説明以外に現在のところ、七三条が管轄裁判所に関して旧一〇四条の規定に修正を施した理由を述べている文献を見ることができないからである[1]。さらにこの説明が重要なのは、この説明が立法者の意思や立法の理由を推測させるからである。すなわち、この説明は立法作業を支えた法務省民事局参事官室によって、立法の解説としてなされたものであり、単なる第三者の立法の解説とは趣きを異にするからである。このような理由からこの説明は重要であるが、その内容に関しては疑問がないわけではない。旧一〇四条の立法者の意思について述べているが、そのように解してよいのかということである[2]。またこの改正は従来の判例・通説の立場を否定したものであるが、それらが提起したことに対して、どのように答えるのだろうかということである[3]。以下では旧一〇四条における判例・通説のように、管轄裁判所は終了した時の受訴裁判所であるとする見解を終了時裁判所説、七三条のように第一審裁判所であるとする見解を第一審裁判所説として、七三条の問題点を考えてみようと思う。

2　平成八年の民事訴訟法の改正の問題点

本改正は旧一〇四条が解釈に委ねた管轄裁判所の問題を決着させて、学説の対立を解消させた点で評価することはできるが、他方、判例・通説とは異なった立場を選択したことで、新たな問題が生じるように思う。本改正において七三条が第一審裁判所説を選択した理由は、1で紹介した参事官室の見解によれば、「訴訟がどの審級で完結したかにかかわらず、第一審裁判所が訴訟費用の負担の裁判をし、その裁判所の裁判所書記官がその負担の額を定めることとした方がわかりやすく、しかも、現実の訴訟記録の所在や旧法の立法者の意思にも合致する」ということである。立法者の意思に合致するという説明には既に1で指摘したように疑問があるが、第一審裁判所を管轄裁判所とすることは固定的で分かりやすいことは確かである。また記録を利用して裁判することになるから、裁判するうえでも大変に便利である。さらに参事官室の説明は、反対説である終了時裁判所説の問題点を指摘しているが、これまた説得力がある。すなわち「第七三条の申立てについては申立時期の制限がありませんから、裁判官の異動等により、同条の申立てがあった時点において裁判所を構成する裁判官と現実に訴訟の審理を担当していた裁判官とが一致するとは限らず、この場合には、審理に関与していない裁判官が記録に基づいて裁判をすることになります。したがって、訴訟がその終了時に係属していた裁判所を管轄裁判所とする合理性は乏しいように思われます。」という批判である。

しかしながら、これらの説明は十分なものではない。第一に、これらは従来、第一審裁判所説が説いてきたことであり、特に目新しい主張ではないし、本改正において新たに浮上したことでもない[4]。第二に、これだけでは終了時裁判所説の第一審裁判所説に対する批判や反論に答えたことにはならない。二つの問題点を指摘したい。第一は、上級審で当事者が訴訟終了と同時に七三条の申立てをした場合、それでも第一審裁判所が処理するのかということである。第二は、訴訟費用の負担の裁判は、従前の訴訟の事情を知りうる立場にある終了直前の訴訟を担当していた裁判所が担当すべきではないかということである。換言すれば、別の新たな裁判所が単に記録だけで終了に至った事情を把握して、七三条二項に基づき六二条以下を準用して訴訟費用の負担について適切な判断をすることができるのかという危惧である。

この点については、前記参事官室の説明にしても、従前の第一審裁判所説にしても、日数がかなり経ってから当事者が申立てをする事態を想定しているように思う。したがって次のような解答が予想される。第一の点に関しては、そのようなことは希有な事例であり、仮にあったとしても、第一審の裁判所は必要ならば口頭弁論を開催して当事者の主張を十分に聴けば済む。第二の点に関しては、第一のような事例で問題になるのであって、この場合は既述のように丁寧に裁判をすれば済むし、それ以外の場合（かなり時間を経て当事者が申し立てた場合）は、事件との関係は希薄になっているのであるから、どの裁判所で裁判をしても結果に影響は生じない。

確かに答えはその通りではあるが、第一審の裁判所が口頭弁論を開催したり、審尋をすることは可能であっても（八七条）、それは必ず行わなければならないことではないから、当事者からすれば手続保障はないに等しいと言わざるをえない。またもし本格的に口頭弁論手続によって訴訟費用の裁判を行うならば、それは既に終了した本案の再審理になりかねず、制度としては合理性を欠く。なお七三条の第一審裁判所説は先の参事官室の説明では、本改正は申立てが現実に利用されていないことを考慮したり、裁判の妥当性よりも裁判の便宜性を強調してなされたように思えるが、そうであるならば問題があるように思う。訴訟費用の問題が今後重要になっていくことを考えると、立法においては現実を単に追随し肯定するのではなく、ある程度将来を見据えたものが必要なように思うからである。また訴訟記録の保管場所の問題は重要ではあるが、手続は裁判の妥当性と裁判への信頼性を保障するものでなければならず、そのような価値は裁判の便宜よりも優先されなければならないと思う。(5)

ところでこのような七三条の問題点は、訴訟終了宣言に消極的な通説に対する疑問でもある。なぜならば通説はその理由として、七三条による六二条準用という方法と訴訟終了宣言による処理との差異はないと説いていたが、それは従来の判例・通説の終了時裁判所説に立ったものである。(6) 終了時裁判所説によれば、訴訟終了宣言の場合と担当する裁判所は同じであるから、両者の違いは単に手続の違いといえなくはないからである。ところが本改正では裁判所を異にすることになり、七三条による裁判で六二条以下の準用がうまく働かないことが危惧される。換言すれば、新法は結果として訴訟終了宣言を認める余地を残し、訴訟終了宣言の必要性を増大させたということができる。それは新法が意図したことではなく、皮肉にも、新法が訴訟終了宣言について関心がなかったことによる結果であるように思う。(7)

3　民事訴訟法第七三条の問題点の克服の方法

既述のように七三条は、訴訟資料が第一審裁判所に存在し、しかも当事者がかなり遅くなって申立てをする場合を想定した規定である。したがって当事者が早期に（訴訟の終了に近接して）申し立てた場合には、第一審裁判所が裁判を行う妥当性を欠く。七三条がこのような問題を有しているならば、このような問題が生じないように解釈で補うことが必要である。具体的には、当事者が訴訟終了と近接して申立てをした場合、旧一〇四条における判例・学説を尊重して、それに相応した処理方法を考えるべきではないかと思う。(8) この限りで七三条の適用範囲は限定されるが、それはそもそも七三条が通用するための基礎を欠くからであり、それにもかかわらず通用させる方が問題である。さらに付言すれば、七三条の制度は高度の公益性を要求するものではなく、当事者の求めに応じるための制度であるから、管轄について常に画一的に処理する必要はないし、任意訴訟禁止が通用する合理性もない。当事者が従前の受訴裁判所（終了時裁判所）での裁判を望んだ場合は、その希望が優先されるべきである。しかも、この手続の方が裁判の迅速という点でメリットがあるし、裁判の妥当性という点でも合理的である。さらに、当事者の希望に応じた手続を用意することは、当事者のための制度の趣旨に添うことになるし、当事者に手続の選択を認めることは、七三条の制度にとってもメリットがある。なぜならば七三条以外の手続がありながら、それを当事者が選択しなかったならば、当事者は七三条の第一審裁判所による手続に承服すべきであるという論理が成立するからである。

このようなことから、当事者が早期に（訴訟の終了に近接して）申し立てた場合には、七三条とは別の扱いにすべきであると思うが、その手続が問題になる。この場合は訴訟終了宣言として処理すべきである。訴訟終了宣言の問題とは、正にこのような事態を想定した手続であるからである。そうなると訴訟終了宣言と七三条の処理とが並立し、手続の選択において混乱や複雑化が懸念されるかもしれない。しかし、裁判所は訴訟の当事者が終了を申し立てた場合に、訴訟費用の問題について早期に申立てをするか否かを問い合わせれば簡単に済む問題である。またその際に、事後の手続について説明すれば混乱は生じないし、より適切で妥当な解決が得られるであろう。

（1）　新法制定に際して、七三条の管轄裁判所の問題は重要視されなかったように思う。もちろん、審議会内部では様々な議論があったとは思うが、公刊された資料ではそれが見えてこない。すなわち平成三年（一九九一年）に公表された法務省民事局参事官室編『民事訴訟手続に関する検討事項』、同『民事訴訟手続に関する検討事項補足説明』、平成五年（一九九三年）の『民事訴訟手続に関する改正要綱試案』、同『民事訴訟手続に関する改正要綱試案補足説明』等では、この問題には全く触れられていない。したがって、これらしか見ていない者にとっては、七三条の管轄裁判所の改正は、平成八年（一九九六年）に法務大臣に答申された「民事訴訟手続に関する改正要綱」の「第九の一の３（一）」において、突然登場したように見える。

参考までに該当する箇所を挙げれば、「２（和解）の場合を除き、訴訟が裁判によらないで完結したときは、第一審の裁判所は決定で訴訟費用の負担を命じ、その裁判所の裁判所書記官はその決定が執行力を生じた後にその負担の額を定めなければならないものとする。補助参加の申出の取下げ又は補助参加についての異議の取下げがあった場合も、同様とするものとする。」というものである（「　」は筆者の加筆）。

七三条の法文と大差なく（法文の「申立てにより」の字句がないが）、これだけでは管轄裁判所の規定の改正の理由は明らかにならない。このような状況であるから、小林秀之＝土橋晴子＝畑宏樹「民事訴訟法改正検討事項・改正要綱試案・現行法対照表」別冊判例タイムズ一三号二五二頁以下（一九九四年）、小林秀之＝高田ありさ「民事訴訟法改正検討事項・改正要綱試案・要綱対照表」判例タイムズ九〇〇号一二六頁以下（一九九六年）、小林秀之監修「検討事項・要綱試案・改正要綱案・新法対照表」三宅省三ほか編『新民事訴訟法体系―理論と実務―第四巻』四〇四頁（青林書院、一九九七年）等では、七三条の基になった旧一〇四条や要綱の「第九の一の３（二）」の対照を見ることができない。またこの問題は青山善充ほか「研究会新民事訴訟法をめぐって〔第六回〕」ジュリスト一一〇九号一一四頁以下（一九九七年）でも触れられていないし、また訴訟費用に関する改正について論じている高中正彦「訴訟費用の負担と確定手続」三宅省三ほか編『新民事訴訟法体系―理論と実務―第一巻』二二三頁以下（青林書院、一九九七年）、畑宏樹「訴訟費用」小林秀之編『新民事訴訟法の解説』九九頁以下（新日本法規出版、一九九七年）等でも取り上げられていない。

(2)　旧一〇四条の管轄裁判所に関する立法者の見解については、拙稿・⑬〔沿革〕八号二一頁以下。

(3)　旧一〇四条の管轄裁判所に関する判例・通説の状況については、拙稿・⑬〔沿革〕八号五五頁注(19)。これによれば平成八年の立法によって否定された見解は判例・通説であったが、説明はこれについて触れることなく、単なる一見解にすぎないというように位置づけ（「……と解する見解もありました」）、それについて「合理性は乏しいように思われます」として済ませているが、これでよいのかということである。

(4)　第一審裁判所説と終了時裁判所説のそれぞれの論拠については、拙稿・⑬〔沿革〕八号二四頁以下にまとめられている。

(5)　このような主張は決して奇異なことではない。いわゆる検討事項に対して表明された各界の意見にも、同じような見解を見ることができるからである。検討事項の第九の二の１（一）は、「訴訟費用の負担の裁判は、本案の裁判が確定し、又はこれによって執行力が生じた後、申立てにより職権で、別途に行うものとする考え方」というものであった（前掲注(1)『検討事項』五一頁）。この提案は次の要綱試案では消えてしまったが、補足説明によれば、その提案の趣旨は、訴訟費用の負担を定めて判決書に記載するだけでも相当煩雑な作業を必要とする場合があることや、「実務では、訴訟費用の負担を定める裁判において額までは定めない扱いが採られているが、訴訟費用額確定決定の申立てがなされることは極めて少ないのが実情である」こと等を考慮したものであった（前掲注（1）『検討事項補足説明』五〇頁。なお柳田幸三＝始関正光＝下田文男＝小川秀樹「『民事訴訟手続に関する検討事項』の解説(4)」NBL四九三号二二頁（一九九二年））。

この考え方に対して各界の反応は、「賛成の意見も複数の団体等から寄せられたが、反対の意見が大多数であった」（柳田幸三＝始関正光＝小川秀樹「民事訴訟手続に関する検討事項に関する各界意見の概要(10)」NBL五二一号三五頁（一九九三年））。検討事項で議論されたテーマは、判決による訴訟の終了の場合の訴訟費用の裁判であるから、本問題と同列に扱うことはできないにしても、本案の裁判と訴訟費用の裁判を別個に行うとする検討事項で提案された考えを七三条は反映させたものと考えることは可能であるし、訴訟費用の裁判は訴訟終了事由発生時の裁判所が担当するか否かという点や、手続の信頼性という点では共通性があり、本問題についても妥当することは少なくないと思う。紹介された反対意見は、「①訴訟費用の負担およびその割合は、本案に対する判断と密接に関連するので、本案の裁判とは別に行なうものとすると、訴訟費用の負担について、的確な判断がされなくなるおそれがある、②本案で勝訴した当事者にとって二度手間になり、現在よりもさらに訴訟費用額確定の申立てが少なくなるおそれがある、③訴訟費用の負担の裁判をする裁判官が新たに記録を検討し直さなければならず、裁判所にとっても二度手間になる、④訴訟費用の負担の裁判は、裁判官にとってそれほど負担になるものではなく、改正の必要性に乏しいなどがあげられていた」とのことである。

各界の意見が危惧したのは、二度手間と便宜を重視して妥当性を欠いた訴訟費用の裁判がなされることであり、検討事項の提案はそのような可能性を有する手続ではないかということである。このような意見のためか、それとも単に反対意見が大多数であったためか、先の検討事項の考え方は要綱試案で消えてしまった。七三条の管轄の問題において、一度消滅した検討事項の提案の趣旨が生かされるようなことがあれば、問題のように思う。立法を検討する過程で消滅したことも想起して、逆に各界の反対意見の趣旨が七三条の管轄の問題に活かされる方途を考えるべきであると思う。

（6）　通説の状況については、荒木・参資二１・二六四頁以下に適確にまとめられているが、通説を構成している文献は、荒木教授のこの論文を除いてすべて旧法時代のものである。したがって新法においてもその態度を維持されるかは不明であるが、荒木教授は本改正を承知したうえで、旧法下の通説を支持されるので、通説を構成する他の研究者も態度を変えることはないように思う。荒木教授はわざわざ訴訟終了宣言を認めるほどの結論を左右するものではないとして、本改正を重要なものとは考えていない。

（7）　池田辰夫教授は、訴訟終了宣言の問題について、「今次改正においてあまり議論されなかった論点でもある」と述べているが（「学界回顧民事訴訟法」法律時報六七巻一三号一四七頁（一九九五年））、弁護士費用の訴訟費用への算入問題が先送りされたこともあって、立法過程でほとんど考慮されることはなかったと推測する。

（8）　もっとも場合によって処理方法を変えるとなると、例えば、裁判の効率を考えて、訴訟記録の所在によって管轄裁判所を決めることも考えられるし、その方が妥当かもしれない。しかし、そのような方法では管轄裁判所が画一的に決まらない点で妥当性を欠く。すなわち技巧的すぎるし、そのような区別が常に妥当するかは疑問である。しかも訴訟記録の所在は外から見えないだけに、それで管轄を決めるのは問題である。またあるべき所在地と現実の所在地がずれた場合は新たな問題が派生するから、立法としては無理である。旧一〇四条において当事者の申立てについて時間的な制限を設けなかった理由も、このような判断からではないかと推測する。

第二節　民事訴訟法第七三条の手続規定の沿革と問題点

七三条が規定する第一審裁判所による訴訟費用の裁判手続には問題があり、この手続の適用に限界があるということを指摘したが（第一節3）、そのような事態が発生した原因は、七三条が承継した旧一〇四条の管轄裁判所の規定の文言が、手続規定の変更に応じて適切に修正されてこなかったことによるのではないかと思う。そもそも旧一〇四条の手続は全体として意識的に整序されることなく、個々の字句の修正によって形成されたのではないかと思う。そこでこれらを検証するために、以下では旧一〇四条の具体的な手続規定の変遷を関係する立法資料を基にたどりながら、旧一〇四条規定の形成過程とその問題点を考察してみようと思う。これは七三条の解釈論の前提作業として必要欠くべからざる作業である。

なお本章において使用する立法資料、立法の経緯に関する論文、様々な草案等については、本章末尾の略語表に基づいて表示する。

1　明治三六年草案第一〇二条

旧一〇四条の形成過程を探究し、手続規定がどのように変貌してきたのかを考察するためには、その出発点が問題になる。旧一〇四条の淵源は何かという問題でもある。それは明治三六年（一九〇三年）の（旧）法典調査会の民事訴訟法案一〇二条であると考える。その理由は、この条文の文言と旧一〇四条の文言が一見して類似していることから明らかであるが、立法資料からは旧一〇四条の草案は明治三六年草案を叩き台にして形成された経緯が分かる。これより前に淵源をたどらないのは、明治二三年の民事訴訟法の規定に旧一〇四条に相当する条文を見ることができないからである。つまり旧一〇四条は大正一五年の改正法の新設条文である。明治三六年草案一〇二条の内容は次のとおりである。(9)

明治三六年草案〔明治三六年の（旧）法典調査会案〕

第百二条　①訴訟カ裁判ニ因ラスシテ完結シタルトキハ裁判所ハ職権ヲ以テ訴訟費用ノ裁判ヲ為スヘシ

②前項ノ裁判ハ口頭弁論ヲ経スシテ之ヲ為スコトヲ得

③決定ニ対シテハ即時抗告ヲ為スコトヲ得

明治三六年草案一〇二条一項と現行法七三条を比較してみると、前者は「裁判所ハ職権ヲ以テ訴訟費用ノ裁判ヲ為スヘシ」であり、後者は「申立てにより、第一審裁判所は決定で訴訟費用の負担を命じ……なければならない」である。裁判所についての規定や多少の字句の違いを別にすれば、両者の違いは、前者が「職権による裁判」であり、後者が「当事者の申立てによる裁判」という点である。そのことは明治三六年草案一〇二条の「職権による裁判」が、その後の改正作業の中で、「当事者の申立てによる裁判」に変わったことを意味する。それではそれがいつどの段階で変わったのかということになるが、約一二年後に法律取調委員会の起案会が作業を開始して作成したところの「仮決定案」においてである。その理由は、各界の意見において反対が多数であったからであると思う。

2　明治三六年草案第一〇二条に対する各界の意見

明治三六年草案に対して各地の裁判所、検事局、弁護士会等に意見照会がなされた。寄せられた意見をまとめたものが、「民事訴訟法改正案修正意見類聚（明治三六年）」であり、刊行年は明治四五年（一九一二年）頃と言われている。(10) この前年に法律取調委員会で民事訴訟法の改正の審議が開始されたことを考えると、そこで利用するために印刷されたもののように思う。さらに明治四四年（一九一一年）に、司法省は民事訴訟法及び附属法令に関して意見照会をしている。これに対して寄せられた意見をまとめたものとして、「民事訴訟法及附属法令修正意見類聚（明治四五年六月印刷）」がある。(11)

これらから分かることは、第一に職権による裁判でなく、申立てによる裁判にすべしという意見が圧倒的に多いことである。(12) 第二に申立てに時間的な制約が考えられているということである。具体的に提案されている期限は完結後一週間、一か月である。その他に注目すべき点は、原則は申立てであるが、必要な場合は職権でも裁判できるとの折衷案が提案されていることである。さらに「裁判所ヲシテ事情ヲ斟酌シテ相当ノ裁判ヲ為サシムル旨ノ規定ヲ設ケンコトヲ冀望ス」という意見もあり、大変に興味がある。訴訟終了宣言を規定するＺＰＯ九一条

ａは、「両当事者が本案について終了を宣言した場合、裁判所は訴訟費用について、従前の事実状態及び訴訟状態を考慮して、衡平な裁量によって決定で裁判をする」旨の規定であるが、それを想起させるからである。

それぞれの提案に理由が記載されていないので、提案の根拠は推測するしかないが、このように多数の多様な意見が寄せられたということは、裁判によらない訴訟の終了について、明治二三年の民事訴訟法が直接の規定を有していないことと、そのような場合の裁判の規準についても規定が十分でないことに対する不満の表れではないかと思う。[13]したがって立法当局が一〇二条のような規定の立法は必要と考えるのも当然である。その場合に、なぜ職権による裁判が立案されたのかは、現時点では判断するための資料がないので推測の域を出ないが、職権による裁判と規定すると、裁判による終了の場合の規定がそのまま利用できるというメリットがあるからではないかと思う。立法者にとっては規定の簡素化は魅力的ではないかと思うからである。これに対して右記のように実務からの反対に遭遇したが、その理由も推測の域は出ないが、裁判所関係者が多いことから、職権による裁判所の責任を増やしたくないというのが本音ではないかと思う。いずれにしても、この場合、提案者は当然としても、意見表明者も訴訟を担当した裁判所が扱うという点では共通の認識があったと考えられる。そうであるからこそ、申立てに時間的な制約を課すことや、事情による裁判が提案されていたように思う。

このようなことから、一〇二条相当の規定を設けること、その場合は当事者の申立てによる立案が求められることになったのではないかと思う。しかしながら、「民事訴訟法改正起草委員会審議録」によれば、明治四五年（一九一二年）七月一二日の第六五回民事訴訟法起草委員会で一〇二条について審議されているが、このことは話題になっていない。[14]

3　起案会の仮決定案第九条と決定案第八七条

明治三六年（一九〇三年）草案は作成した法典調査会が同年に廃止されたために、これ以上この草案が進展することはなかったが、改正作業そのものは頓挫したわけではなかった。その後の改正作業の経過を略述すれば、次のとおりである。(15) 明治四〇年（一九〇七年）四月一九日に設置された法律取調委員会は、明治四四年（一九一一年）五月に民事訴訟法の審議に着手した。法律取調委員会第二部が民事訴訟法を担当し、当初は委員総会、主査委員会、起草委員会という構成であった。すなわち法律取調委員会の下に主査委員によって構成される主査委員会、主査委員の中から指名された起草委員からなる起草委員会が設置された。そして起草委員会が起稿した原案を主査委員会が検討し、そのうえで委員会で議決するという審議方法がとられた。第一回起草委員会は明治四四年（一九一一年）五月五日に開催され、大正三年（一九一四年）六月二二日までに一〇九回の審議を行い、立法事項を決定した。第一回主査委員会は明治四四年（一九一一年）六月二一日に開催されたが、第二回目はかなりの間をおいて大正三年（一九一四年）一一月一日であり、最終の第一〇回目は大正四年（一九一五年）二月一七日であった。委員総会は大正四年（一九一五年）六月一六日より七月一四日まで五回開催された。

このような経過の後で、大正四年（一九一五年）三月八日の第一一二回起草委員会において、法文を起案することが決定され、そのために起案会が設けられ、第一回起案会は同年同月一二日に開催された。その後、起案会は大正八年（一九一九年）六月二三日まで二〇二回開催された。ところが翌月の七月九日に、改正作業を統括していた法律取調委員会が官制改革で突然廃止されてしまった。しかし、改正作業は中断されることはなかった。直ちに同月一八日に司法省に民事訴訟法改正調査委員会が設けられ、第一回の民事訴訟法改正調査委員会委員総会は同年九月二三日に開催され、従来の改正作業を引き継ぐことが確認された。そして翌月の一〇月一日に第一回の民事訴訟法改正起草委員会が、一〇日には第一回の民事訴訟法改正調査委員会起案会がそれぞれ開催された。

さて法律取調委員会廃止前の起案会で作成されたものが、「民事訴訟法改正起案会決定案第一編総則（仮決定案）」である[16]。大正四年（一九一五年）三月一二日から大正八年（一九一九年）六月二三日の間に起案したものとされているが、明治三六年草案の次の段階の草案と位置づけることができる。訴訟費用に関する左記の規定が旧一〇四条（現行法七三条）に相当する規定であり、大正五年（一九一六年）五月から六月頃に印刷されたものであろうか[17]。

起案会・仮決定案（民事訴訟法改正起案会決定案第一編総則（仮決定案））

第九条　①訴訟カ裁判ニ因ラスシテ完結シタルトキハ裁判所ハ申立ニ因リ決定ヲ以テ訴訟費用ノ裁判ヲ為ス此場合ニ於テハ第一条乃至第六条ノ規定ヲ準用ス

②前項ノ裁判ニ対シテハ即時抗告ヲ為スコトヲ得

仮決定案は明治三六年草案を基にしたと思われるが、明治三六年草案一〇二条と仮決定案九条を比較してみると、項の構成や文言の違いは別にして、内容的には次の二つの変化（違い）を見ることができる。第一の変化は、職権による裁判が当事者の申立てによって行われることになった点である。第二の変化は、裁判のための判断基準が示されていなかったが、準用という形で示されることになった点である。この二つの変化は現象的には二つであるが、両者は一体のものと理解すべきである。当事者の申立てによる裁判ということは、終了前の手続との切断を意味すると思うからである。職権による場合は終了前に訴訟を担当していた裁判所が、従前の状況を考慮して判断することを想定していると思うが、当事者の申立てによるということは申立てがない場合を考えざるをえず、その場合は手続は終了したとして処理し、申立てがあった時点で新たな裁判が行われると考える方が自然であるからである。そこで仮決定案は新たな裁判手続が必要になると考え、裁判の規準を準用ということで明示したように思う。

　このような理解に立つならば、仮決定案に対する疑問点は、どのようにして準用規定を働かせるのかということである。すなわち判断材料の収集方法の問題であり、従前の訴訟経過をどのようにして裁判所は獲得するのかという問題である。当然、決定手続において訴訟費用に関する新たな訴訟の展開は考えていないと思う。そうであるならば、裁判所が判断に際して利用するものは、従前の本案の審理において獲得した広義の訴訟資料であり、それを前提として考えざるをえない。そこで仮決定案は、流用を認めた規定がない点で手続的には問題があるにしても、訴訟の終了まで担当していた裁判所が訴訟費用の問題を処理すれば、事実上は本案の審理の訴訟資料の利用は可能になると考えたのではないかと思う。すなわち仮決定案では、その裁判所は終了事由発生直前の受訴裁判所（終了時裁判所）であるということは当然のこととして考えられていたように思う。しかし厳密に考えれば、裁判所が勝手に流用してよいのかという手続上の問題は残る。これが申立て方式を採用した場合の問題点であり、このような問題は現行法七三条まで連綿と続いているようにも思う。

　この仮決定案が、決定案では次のように変容したことが、「民事訴訟法改正起案会決定案・起草委員会議案」で知ることができる。この案は大正四年（一九一五年）五月から大正九年（一九二〇年）七月の間に仮決定案に検討を加えて作成され、起草委員会の審議の対象になったものであるが、左記の八七条については大正五年（一九一六年）九月頃に印刷されたものと思われる。(18)

起案会・決定案〔民事訴訟法改正起案会決定案（四一〇条まで）（起草委員会議案）〕

第八十七条　①訴訟カ裁判ニ因ラスシテ完結シタルトキハ裁判所ハ申立ニ因リ決定ヲ以テ訴訟費用ノ裁判ヲ為ス此場合ニ於テハ第八十条乃至第八十四条ノ規定ヲ準用ス

②前項ノ裁判ニ対シテハ不服ヲ申立ツルコトヲ得ス

仮決定案と決定案との違いは第二項であり、両者がいわば正反対なのが注目される。現行法七三条は仮決定案の立場を採用しているから、元に戻ったということになろう（正確には後述の起草委員会案から戻った）。このような大きな振幅の理由はどこにあるのだろうか。それは訴訟が裁判および和解によらないで終了した場合でも、訴訟費用の裁判手続は本案の裁判に付随するものと考えるべきであるとする意見と、訴訟は既に終了しているから、訴訟費用の裁判手続は本案の手続とは独立した手続と考えるべきであるとする意見の対立ではないかと思う。訴訟費用の裁判が本案に付随する点に注目するならば、独立した上訴は認めないことになるが、そうでなければ、この裁判で不利な判断を受ける当事者に対して、手続保障の観点から上訴を認めるべきであるということになる。

両者は、訴訟費用の裁判の本案の裁判に対する付随関係をどのように理解するか、訴訟費用の裁判において本案が判断されると考えるのか、訴訟費用の裁判の審理は十分なのか、といった点でことごとく対立している。したがって仮決定案と決定案との違いの結論は、これらにおいていずれかを選択した結果であると思うので、立法者の意思を考察する場合は、この選択に際して決定的な要因を探究することが重要になる。しかし、実はこのような見解の対立が生じることに、そもそも問題があるように思う。それは訴訟費用の裁判手続が不明であるという点である。仮決定案や決定案で裁判において準用すべき条文は明示したが、手続については単に決定手続ということだけである。本案の問題はどのように位置づけられるかは不明であって、手続がいわば感覚的に経験的に議論されているように思う。そうであるからこそ、その時々で判断が異なるのである。これは訴訟費用の裁判が本案の裁判とは別に行われるとした場合に常に生じる問題であり、本案の裁判と切り離すことに原因があるのではないかと思う。

4　起草委員会の第一案・決議案第九二条

起案会・決定案については大正五年（一九一六年）九月から大正九年（一九二〇年）一〇月までの間に、法律取調委員会の起草委員会が、大正八年（一九一九年）にそれが廃止された後は、民事訴訟法改正調査委員会の起草委員会が審議した。それによって作成されたのが「第一案・決議案」である。九二条が現行法七三条に相当する規定であり、次のとおりである。解説によれば印刷日は大正六年（一九一七年）一月一三日である。[19]

第一案・決議案〔民事訴訟法改正起草委員会決議案（第一案）〕

第九十二条　訴訟カ裁判ニ因ラスシテ完結シタルトキハ裁判所ハ申立ニ因リ決定ヲ以テ訴訟費用額ヲ定メテ其負担ヲ命スヘシ此場合ニ於テハ第八十条乃至第八十四条及ヒ前二条ノ規定ヲ準用ス

起案会・決定案と第一案・決議案を比べてみると、第一に項数の違いに気がつく。二項構成が一項になった。しかし、これは不服を認めないことの帰結であり、起案会・決定案八七条の二項が削除されたにしても、表現の問題であり内容的な変更はない。第二に字句の違いに気がつく。前者は「裁判所ハ……訴訟費用ノ裁判ヲ為ス」であるのに対して、後者は「訴訟費用額ヲ定メテ其負担ヲ命スヘシ」ということである。これは次の変更とともに、重要な変更である。第三の違いは、文言の比較だけでは分からないことではあるが、それぞれの条文の体系的な位置が異なるという点である。すなわち、前者は訴訟費用に関する条文の中では大体、中ごろに位置するが（八〇条から九二条の中の八七条）、後者では最後の方（八〇条から九五条の中の九二条）である。このような違いは、起草委員会で起案会・決定案が審議された結果生じたものであるが、職権から申立ての転換を第一の転換点とするならば、これは第二の転換点である。

第二の転換内容は前記の字句の違いが示すように、本条に基づいて行う裁判が訴訟費用の負担の裁判だけでなく、併せて訴訟費用の額も裁判するようにというものである。しかも、「裁判所ハ……訴訟費用額ヲ定メテ其負担ヲ命スヘシ」で、額を定めることが負担の裁判よりも先行するような字句である。体系的な位置の変動もこれに連動したもので、起案会・決定案の場合は費用の負担の裁判であるから、訴訟費用の額の確定の手続を定めた規定に前置していたが、第一案・決議案では額も併せて裁判することになったので、額確定の手続の後に置かれることになり、額確定の手続規定である「前二条」が準用されている。つまり、第一案・決議案において、この条文の担う裁判に額確定の手続が付加され合体したということである。

このような転換を促す誘因を与えたのは、当時最新のハンガリーの民事訴訟法典ではないかと思う。直接これを証明する資料はないが、立法資料の中に「民訴法条対照」という、改正案と現行法（明治二三年の民事訴訟法）と諸外国の民事訴訟法の法条を比較した一覧表があり、明治三六年草案一〇二条に相応するものとして、ハンガリー民訴法四二四条を挙げているからである。[20] このハンガリー民事訴訟法は明治四四年（一九一一年）に公布された、当時としては立法者が参照しえた最新の立法であり、その邦訳は大正二年（一九一三年）一二月に印刷されたものである。[21] もっともハンガリー法は裁判による終了とそうでない終了を区別していないようであるし、しかも手続が職権でなされるから、日本の場合とは異なる。したがってハンガリー法はそのままでは日本では通用しないが、立法者はハンガリー法を参考にして従前の裁判所がこの裁判を担当すれば、判断資料は事実上得られるから問題ないと考えたのではないかと思う。さらにこの方法によれば妥当な訴訟費用の裁判をすることもできるし、訴訟費用の裁判のために特別な立法をする必要もないから、メリットは大きいと考えたのかもしれない。

しかし、このような考えに問題がないわけではない。それでは裁判官の私的な認識に基づく裁判を容認することであり、終了した訴訟の訴訟資料を訴訟費用の裁判において利用できることを理論的に説明したことにはならないからである。すなわち訴訟係属が終了した後の裁判所は、どのような手続で終了事由の発生に至るまでの事情を知ることになるのかという問題を解くことはできない。もっともこれは職権を廃して当事者の申立てにしたことによって派生した問題であり、当事者の申立てによる裁判への転換を「職権ヲ以テ」から「申立ニ因リ」にだけで済ませた立法者は、このような問題意識は有していなかったと思う。

5　その後の展開

草案における規定の字句等の変遷以外に、さらに審議記録から次のような議論があったことが分かる。[22] 大正一二年（一九二三年）五月一日の第四五回民事訴訟法改正調査委員会総会の後に起草委員会で検討し、[23] 大正一四年（一九二五年）六月九日の第五〇回の委員会にその結果を報告していることであるが、当事者の申立てに時間的な制限を課す必要があるのかということと、費用負担について規定を設ける必要があるかということである。いずれも起草委員会の結論は消極的であったが、その理由は前者については、「当事者は利害関係上適当な時期に申立てをすることであるから殊更之を規定する必要はあるまい」ということであった。後者については「結局八三条の準用で以て事が足りはしないかと云ふことで」あった。[24] このことはどのような意味があるのだろうか。いずれも穏当な結論と思うが、前者について言えば、時間的な制約を設けると、制約に反した場合はどのような事態になるのかということを考えなければならないので、時間的なことは当事者の良識に委ねるというのは、確かに妥当な決断と言えるであろう。しかし、時間的な制約を設けないとなると、当事者の申立てが終了事由の発生からかなり遅れてなされる場合をも考えねばならず、このような場合であれば従前の訴訟との関係は疎遠になり、訴訟費用は誰が負担するかについては、訴訟費用の額を確定する手続のように単に記録によって裁判することになる。つまり申立てに時間的な制約を設けないことは記録による裁判を想定することになり、適切な裁判所は記録を保管する第一審裁判所ということになる。さらには申立ての時効が問題になる。[25]

次に後者の費用負担の規定の問題であるが、明治二三年の民訴法七二条二項にしても、明治三六年草案二三八条二項にしても、訴えを取り下げた原告を敗訴者としていたから、このような規定を設けるか否かが問題になったのだと思う[26]。しかし、規定するにしても、裁判で終了しない場合を統合して規定するのか（例えば明治二三年の民訴法七二条二項）、あるいは個別的に規定するのか（例えば明治三六年草案の二三八条二項）で、判断が迷うところである。そこで準用によっても同じ結論が得られることから、特別に規定するのを断念したのではないかと思う。しかし、そもそも準用規定が裁判による場合と同様に働くのか、働かせるための工夫は必要ないのかという点は、全く考察されることはなかった。その理由は、負担者についての規定を設けるか否かという問題が主たるテーマであったこと、当然働くとの考えが前提になっていたこと、立法者が法文を機能的に考察するよりも体系的に整序することに関心を持っていたこと等が考えられる。

6　草案の変遷が示唆するもの

現行法七三条の前身である旧一〇四条の手続規定の形成過程を概観してみたが、明治三六年草案を出発点としたために（1・2）、明治二三年の民事訴訟法の立法的な態度が問題になる。明治三六年草案以降の展開と比較してみると、これは裁判不要方式（負担者法定方式）と言えるのではないかと思う。すなわち、裁判なしに負担額確定の手続に接続するものであり、その意味で裁判不要という立場である。そのようなことが許されるのは、負担者が法定されているからである[27]。しかし、この方式であると、法定された負担者に訴訟費用を負担させることが妥当でない場合が問題になる[28]。妥当でない結論を回避することが求められるが、他方では訴訟費用敗訴者負担の原則も考えなければならない。そこでこのような事態に対応する方法として、個々の状況を斟酌して裁判所が負担者を決めるという裁判方式が考えられた。これが明治三六年草案の出発点であった。その後の変遷をまとめてみると、次のようになる。

第一段階は、訴訟費用の負担者の決め方について裁判不要方式（負担者法定方式）から職権による裁判方式への転換であった（1）。その場合の裁判手続が問題になるが、明治三六年草案一〇二条は訴訟費用の裁判の本案の裁判に対する付随性の原則を考慮して、本案の従前の裁判手続と資料を利用するために、職権による裁判方式を採用し、職権による裁判ということで負担者を決める判断基準は、裁判による終了の場合の基準がそのまま使用できると考えていたように思う。というのは、同条は単に決定による裁判手続だけしか規定していないからである。このような転換は、結果的にはドイツ法系の処理方法との決別を意味する。すなわち、立法者が意図したことかは不明であるが、日本法独自の道を歩み始めたということになる。

第二段階は、職権による裁判方式から当事者の申立てによる裁判方式への転換であるが（3）、実務の要望に基づいた変更である（2）。すなわち明治三六年草案一〇二条の裁判方式については問題はなかったが、職権による裁判という点は非常に評判が悪かったので、当事者の申立てによる裁判に変更するとともに、その場合の裁判には裁判による終了の規定を準用するという方法（起案会・仮決定案九条、同・決定案八七条）が考案された。この転換は処分権主義に相応するものであり、当事者にイニシアチブを与えた点は評価できるが、この方法は従前の手続と訴訟費用の裁判手続との関係に問題を生じさせたように思う（4）。すなわち当事者の申立てによって訴訟費用の裁判がなされるならば、申立てがなされない事態を考えると、従前の手続はとにかく終結すると考えるのが素直で分かりやすい。そうなると、申立てによって新たな訴訟費用の裁判手続が開始すると考えざるをえないが、訴訟費用の裁判で考慮する必要のある従前の訴訟の経過や状況は、担当する裁判所が同じであれば事実上把握することは容易であるが、現行法七三条のように従前の裁判所が担当しないと、新たな訴訟の開始と同じであるにもかかわらず単に訴訟記録によって裁判するか、あるいは十分な審理を考えて口頭弁論を開くかということになる。前者では裁判の妥当性に疑問が生じるが、後者では従前の本案の審理の復活でよいのかという点で問題が生じる。このような疑問は、この後の立法が申立て方式に立脚していることから、今日まで続いていると考えるべきである。

第三段階は、当事者の申立てによる裁判方式に立脚したうえで、負担額の確定手続をも含める手続への転換である（４）。額の確定も一緒に行うことになったために、訴訟記録を保管している裁判所が管轄裁判所としてふさわしいと考えられるが、額確定の手続が単に事務的に処理できる事項であることを考えると、負担の裁判の方が重要であるし、この点での手続を常に考慮しなければならない(29)。旧一〇四条一項の管轄裁判所について当時の判例・通説が終了時裁判所説であったが（第一節）、それはこのようなことを考慮したからであるし、従前の裁判手続の結果を少しでも生かせるように、事実上の手続の連続を意図したからであろう。申立て方式の手続的な問題を、このような形で克服しようとしたと理解することができる。

第四段階は、平成八年の民事訴訟法による改正であり、当事者の申立てによる裁判方式に立脚したうえで、負担額の確定手続との合体から分離への転換である（第一節１）。変遷の歴史から見ると、元に戻ったようなものであるが、記録の保管を重視した点で、過去の草案（起案会・仮決定案、同・決定案）の場合と異なる。このような転換は、裁判所と裁判所書記官との職務の分担が原因であるが、負担の裁判の管轄裁判所を第一審の裁判所と定めたことは、旧一〇四条のもとで判例・通説が申立て方式の欠陥を克服しようと意図した事実上の手続の連続という見解を否定したように思う。記録による裁判を当然の前提にして、その便宜を考慮した結果であるが、裁判する側の視点での手続の合理化という姿勢は問題である（第一節２）。

（9）「民事訴訟法改正案―旧法典調査会案（明治三六年）」松本ほか・立法資料全集一〇巻〔資料一〕四四頁。なおこの草案の形成過程と草案の有する意味については、拙稿・⑬〔沿革〕九号二二頁以下に詳しい。
(10)「民事訴訟法改正案修正意見類聚（明治三六年）」松本ほか・立法資料全集一〇巻〔資料二〕一四七頁以下。この資料の説明は松本・経過（一）一一頁以下、同・成立九頁参照。
(11)「民事訴訟法及附属法令修正意見類聚（明治四五年六月印刷）」松本ほか・立法資料全集四五巻〔資料四二〕一三九頁以下。この資料の説明は松本・成立一六頁、一〇二条に関してはその一五七頁。なお追加分として「民事訴訟法及附属法令修正意見類聚追加（明治四五年七月印刷）」松本ほか・立法資料全集四五巻〔資料四三〕三四六頁以下があるが（訴訟費用に関しては三四七頁）、一〇二条に関しては掲載されていない。
(12)具体的な内容は拙稿・⑬〔沿革〕九号二四頁以下。立法資料全集の資料が転載されている。
(13)明治二三年の民訴法七二条は、次のような規定である。
「①敗訴ノ原告若クハ被告ハ訴訟ノ費用ヲ負担シ殊ニ訴訟ニ因リ生シタル費用ヲ相手方ニ弁済ス可シ但其費用ハ裁判所ノ意見ニ於テ相当ナル権利伸張又ハ権利防御ニ必要ナリト認ムルモノニ限ル。②訴訟中ニ訴ヲ取下ケ、請求ヲ放棄シ又ハ相手方ノ請求ヲ認諾スル原告若クハ被告ハ敗訴ノ原告若クハ被告ニ同シ」
(14)「改正案第一〇二条ニ付キ（第六五回明治四五年七月一二日）」松本ほか・立法資料全集一〇巻〔資料二〇八〕四二四頁以下。この資料の説明は松本・経過（一）一二頁参照。この日の委員会のメインテーマについては、拙稿・⑬〔沿革〕九号二七頁以下に詳しい。
(15)以下本文の改正経過についての記述は、松本・経過（一）四頁以下に基づく。すなわち松本教授の研究の成果を本章に必要な限度で要約し、利用したものである。なお松本・経過（一）四頁は第一回起草委員会について明治四五年とあるが、前後の記述の内容から明治四四年の誤りではないかと思う。
(16)「民事訴訟法改正起案会決定案第一編総則（仮決定案）」松本ほか・立法資料全集一一巻〔資料四七三〕二三頁以下。この資料説明は松本・経過（二）一二頁以下。
(17)この案が印刷された年月を推測したが、その根拠については拙稿・⑬〔沿革〕九号五一頁注(60)に詳しい。
(18)「民事訴訟法改正起案会決定案（四一〇条まで）（起草委員会議案）」松本ほか・立法資料全集一一巻〔資料四七五〕五六

頁以下、八七条についてはその六五頁。印刷年月については拙稿・⑬〔沿革〕九号五二頁注(63)参照。この資料の説明は松本・経過（二）一三頁。

(19)「民事訴訟法改正起草委員会決議案（第一案）」松本ほか・立法資料全集一一巻〔資料四七六〕一〇一頁以下。この資料の説明は松本・経過（二）一三頁以下。

(20)「民訴法条対照」松本ほか・立法資料全集一一巻〔関連資料四四〕六七三頁。もっとも改正案が明治三六年草案を指すのかは明らかでないが、そのように考えるべきことについては、拙稿・⑬〔沿革〕九号五三頁注(68)参照。

(21)ハンガリー民訴法四二四条は次のような規定である（「匈牙利民事訴訟法（大正二年一二月印刷）」松本ほか・立法資料全集四六巻〔関連資料七〕五〇九頁以下）。なおハンガリー民事訴訟法については、拙稿・⑬〔沿革〕九号五四頁注(69)・(70)参照。

第四百二十四条　裁判所ハ終局判決及ヒ自己ニ係属スル手続ヲ終結スル決定ニ於テ職権ヲ以テ訴訟費用ノ負担ニ関スル裁判ヲ為スコトヲ要ス

此他ノ裁判ニ於テハ負担スヘキ費用カ事件ニ関スル終局ノ裁判ニ関係ナクシテ生シ又ハ判決アリタル後ニ生シタル場合ニ限リ費用ノ負担ニ関スル裁判ヲ為スコトヲ要ス

費用ノ額ハ猶計算スルコトヲ要スル手数料ヲ除クノ外負担ヲ命スル裁判ニ於テ数字ヲ以テ確定スルコトヲ要ス当事者カ手続ノ進行中ニ其費用ヲ計算セス又ハ証明セサリシトキハ裁判所ハ費用額ヲ確定スルカ為メ終結シタル手続ヨリ知ルコトヲ得ヘキ事項ニ限リ斟酌ス後ニ至リ為シタル計算ハ之ヲ許サス又下級審ニ於テ解怠シタル計算ハ上級審ニ於テ追完スルコトヲ得ス

(22)第一案・決議案から旧一〇四条成立までの文言等の変遷の詳細は、拙稿・⑬〔沿革〕九号三六頁以下に詳しい。

(23)「民事訴訟法改正修正問題（起草委員会再審議問題）」松本ほか・立法資料全集一一巻〔資料四八〇〕二二四頁＝同・一二巻四六二頁の九六条の項目。この資料の説明は松本・経過（二）一五頁。九六条については次の二点が問題であった。なおこのようなことが問題になった理由については、拙稿・⑬〔沿革〕九号三八頁以下で詳論している。

一　申立ヲ為シ得ヘキ時期ニ付キ制限的規定ヲ設クル要ナキヤ

二　訴訟カ裁判ニ因ラスシテ完結シタル場合ニ於ケル訴訟費用ノ負担ニ付キ規定ヲ設クル要ナキヤ

(24)「民事訴訟法改正調査委員会議事速記録第五〇回（大正一四年六月九日）」松本ほか・立法資料全集一三巻〔資料六二八〕三四頁の松岡義正委員の説明。

(25) 申立ての時効についての議論は、拙稿・⑬〔沿革〕九号六〇頁注(80)にまとめてある。

(26) 明治二三年の民訴法七二条二項は、「訴訟中ニ訴ヲ取下ケ、請求ヲ放棄シ又ハ相手方ノ請求ヲ認諾スル原告若クハ被告ハ敗訴ノ原告若クハ被告ニ同シ」という規定である。明治三六年草案二三八条二項は、「訴ヲ取下ケタル原告ハ訴訟費用ヲ負担スヘシ」という規定である。この問題の詳細は、拙稿・⑬〔沿革〕九号三九頁以下で述べている。

(27) 当時の体系書・注釈書の理解については、拙稿・⑬〔沿革〕九号六六頁注(86)において詳しい。

(28) この問題は、前述2の明治三六年草案に対する各界の意見の中に見ることができる。

(29) 鈴木判事は、旧一〇四条の管轄裁判所は第一審の受訴裁判所ではなく、当該訴訟終了当時その訴えが係属した裁判所であると主張し、その理由の一つとして、「一〇四条が多分に負担を定める裁判たる性質を有する点にその理由を求むべきであろう」と述べている（鈴木・参資二１・民訴講座九五一頁）。旧一〇四条においては、正に訴訟費用の負担の裁判という面の性質を見るべきである。

第三節　民事訴訟法第七三条第二項による第六二条の準用について

七三条二項により六一条から六六条まで及び七一条七項が訴訟費用の負担者の裁判（決定）手続に準用されるが、訴訟終了宣言を論じる際に問題になる条文は六二条後段である。訴訟終了宣言は不要であると説く消極説は、六二条の準用で訴訟終了宣言を代用できると説いているからである。(30) 六二条は六一条の例外規定であるから、六一条の原則と六二条の例外がどのように形成されてきたのか、その場合にどのような問題を引き継いできたのか、本当に訴訟終了宣言を代用できるのかを考えてみようと思う。

ところで七三条二項は旧一〇四条二項に由来するものであるが、この規定が登場したのは既に述べたように（第二節３）、起案会・仮決定案であり、明治三六年草案にはない条項である。実は六二条の淵源もここにあり、明治三六年草案においては、六二条に相当する規定を見ることはできない。その理由は七三条の場合と全く同様に、明治三六年草案に対する各界の意見が色濃く反映した結果であると思う。以下ではこの点の事情を資料によって明らかにするとともに（１～３）、どのような議論と経過によって六二条の前身である旧九〇条が形成されたかを探究し（４～６）、旧九〇条の問題点を考えてみようと思う（７）。

１　明治二三年の民事訴訟法の場合

訴訟費用の負担について明治二三年の民事訴訟法は七二条で敗訴者負担の原則を、七四条でその例外を規定していた[31]。この延長線上に位置する明治三六年草案九三条に対して、多くの意見が寄せられたということは、実務ではこの例外規定だけでは対応できない事態が、実際には多く発生していたということを物語るものであろう。現行法六一条に相当する七二条、現行法六二条に相当する七四条の条文は次のとおりである。なお七三条は一部敗訴の場合の訴訟費用に関する規定であり（現行法六四条に相当）、本問題と直接には関係ないので掲載は省略する。

第七十二条　①敗訴ノ原告若クハ被告ハ訴訟ノ費用ヲ負担シ殊ニ訴訟ニ因リ生シタル費用ヲ相手方ニ弁済ス可シ但其費用ハ裁判所ノ意見ニ於テ相当ナル権利伸張又ハ権利防御ニ必要ナリト認ムルモノニ限ル

②訴訟中ニ訴ヲ取下ケ、請求ヲ放棄シ又ハ相手方ノ請求ヲ認諾スル原告若クハ被告ハ敗訴ノ原告若クハ被告ニ同シ

第七十四条　被告直チニ請求ヲ認諾シ且其作為ニ因リ訴ヲ起スニ至ラシメタルニ非サルトキハ訴訟費用ハ原告ノ勝訴ト

為リタルニ拘ハラス其負担ニ帰ス

２　明治三六年草案第九一条・第九三条

明治二三年の民事訴訟法では、例えば、訴訟中に敗訴を予測した被告が訴訟費用の負担を免れるために、原告の要求を訴訟外で応じた場合に問題が生じる。この場合は訴訟の終了は原告が訴えを取り下げるか、あるいは裁判所が被告の主張に基づいて請求棄却の判決を下すかによって生じるが、いずれの場合でも訴訟費用は七二条により実質的には勝訴した原告が負担しなければならない。この結論は訴訟費用敗訴者負担の原則を形式的に適用すると当然の帰結であるにしても、訴訟費用を負担する根拠を問い、それによって敗訴者を実質的に把握するならば、原告が負担するとの前記の結論は妥当性を欠く。しかし、法規に忠実であろうとすると、そのようなことを問題にすることもないし、まして問題の提起が上告審となると紛争の実態に注目するよりも法適用の当否に重点が置かれてしまう。したがって当初はこのような問題提起に対して、大審院はひややかに反応したように思う(32)。このような状況を反映して明治三六年草案は、敗訴者が不当に訴訟費用を負担することのないような配慮をしなかったし、特別な方法を講じることもなかった(33)。

さて、明治二三年の民訴法七二条・七四条に相当するのが、左記の草案九一条・九三条である。なお九二条は明治二三年の民訴法七三条に相当する規定であり、七三条と同様な理由で掲載しない。

第九十一条　敗訴シタル当事者ハ訴訟費用ヲ負担スヘシ但相手方カ支出シタル訴訟費用ハ其権利ノ伸張又ハ防御ニ必要ナリシモノニ限リ之ヲ弁済スヘシ

第九十三条　被告カ其行為ニ因リ訴ヲ提起スルニ至ラシメタルニ非サル場合ニ於テ直チニ請求ヲ認諾シタルトキハ訴訟

費用ハ原告之ヲ負担スヘシ

3　明治三六年草案第九一条・第九三条に対する各界の意見

明治三六年草案に対する意見照会に対して、各界から意見が表明されたことは既に述べたが（第二節2）、九一条・九三条についての意見は次のようなものであった。

民事訴訟法改正案修正意見類聚(34)

訴訟費用ノ節中ニ左ノ趣旨ノ規定ヲ設クルコト

「訴訟ノ目的カ滅失シタルカ為メ原告ニ敗訴ヲ言渡ス場合ニ於テハ事情ニ因リ被告ニ訴訟費用ヲ負担セシムルコトヲ得」（高知所長、検事正）

民事訴訟法及付属法令修正意見類聚(35)

第七十二条（改第九十一条）

本条中訴訟ノ勝敗ニ拘ラス裁判所ノ自由ナル意見ヲ以テ当事者ノ訴訟費用負担ノ割合ヲ定メ得ヘキ趣旨ノ規定ヲ設クルコト（長野地方、同検事局）（松江区）（知覧区）（岡山弁）

第七十四条（改第九十三条）

一　改正案中ニ左ノ趣旨ノ規定ヲ加フルコト

「被告ノ不当ナル行為カ訴提起ノ原因トナリ且訴訟係属中ノ被告ノ行為又ハ訴訟係属中ニ生シタル事由ニヨリ原告ニ敗訴ヲ言渡ス場合ニハ訴訟費用ハ被告之ヲ負担スヘシ」（広島控訴）（秋田地方）（神戸地方）（甲府地方、同区）（大阪地方）（高知地方、同区）（京都地方、同区）（福井地方、管内各区）（鳥取地方〔、〕同検事局）（小松区、

大聖寺区）（鳥原区）（姫路区）（白河区）（大阪弁）（京都弁）（甲府弁）（長野弁）（広島弁）

二　訴提起後ニ生シタル事由ニ依リ原告若クハ被告ノ敗訴ニ帰シタルトキハ勝訴者ニ訴訟費用ヲ負担セシムル趣旨ノ規定ヲ設クルコト（広島地方、同検事局、同区）

このようにいわば現場から数多くの意見が表明されたということは、訴訟中に訴訟の目的が喪失した場合の訴訟費用の負担に関しては、明治二三年の民事訴訟法や明治三六年草案の規定に問題があることを示すものである。正にこのような規定では適切に対応することができないことが露呈したと言うこともできる。衡平の観念から、訴訟費用の敗訴者負担の原則と結果責任主義に基づく訴訟費用の裁判に対する疑問の表明であり、これらの規定が有する問題状況が凝縮されているとの感がある。早速これに対する対策が立法上求められたのは当然であった。明治四四年（一九一一年）五月に法律取調委員会第二部が民事訴訟法の改正を担当することになり、委員総会、主査委員会、起草委員会等が組織され、起草委員会は五月五日に第一回目を開催し、明治三六年草案について検討を開始したこと等については、既に述べたところである（第二節3）。

4　民事訴訟法改正起草委員会での審議

このような意見の表明を受けて、この問題は明治四五年（一九一二年）五月二四日の第六二回民事訴訟法改正起草委員会で詳細に議論されている。[36] もっともこの日に唐突にこの問題が浮上し議論されたわけではない。約二週間前の五月一〇日の第五八回委員会では明治三六年草案九一条が議論され、問題が提起された。そこでは様々な問題が議論されたが、その中で鈴木委員が、「訴提起後ニ於ケル勝訴者ノ行為ニヨリテ相手方ニ敗訴ノ結果ヲ生シタルトキノ如キハ勝訴者ニ費用ヲ負担セシムル規定ヲ設クル必要ナキヤ（例ヘハ強制執行ニ付キ第三者ノ異議ノ訴ノ提起後債権者ニ於テ差押ヲ解放シ為メニ第三者ニ敗訴ノ結果ヲ生セシメタル場合ノ如シ）」と問題を提起し、全員の賛成を得た。これが現行法六二条の議論の出発点であった。[37]その後、鈴木委員により「起第四十二号」として次のような草案が提出され、[38]五月二四日の委員会で討論された。[39]

起第四十二号

訴訟費用ニ関スル規定中ニ左ノ如キ規定ヲ設クヘキヤ

被告ノ行為ニ因リ原告カ敗訴シタルトキハ訴訟費用ハ被告之ヲ負担スヘシ

委員会での議論において、現行法六二条の解釈や訴訟終了宣言の問題にとって注目すべき点がいくつかある。それらを挙げながら、問題点も指摘してみようと思う。

第一に、提案者は原告の請求の正当なることを当然の前提としていたという点である（①）。請求の正当なることが要件である点は、ともすれば現在では見過ごされているから、現行法六二条発動に当たって当然の前提とされていたという点は銘記しておく必要がある。しかしながら、残念なことに、どのようにしてこれを判断するかについては全く議論はされていない。当時は問題として意識されていなかったからであるが、手続保障が問題とされる昨今の状況からすると、これは看過できない重要な問題である。原告の請求に理由があることが要件であるならば、終了事由発生前にこれが判断されていない場合は新たにこの要件について判断する必要があるが、訴訟費用の裁判のためだけに、請求に理由があったか否かを判断しなければならないというのでは本末転倒のように思う。また審理をするにしても、当事者の手続保障はどのように考えるのかも無視できない問題であろう。

第二に、この問題は財産上の負担であるから明確な規定が必要であるという意見（齋藤委員）や、制裁規定であるから詳細な規定をする必要があるという意見（鈴木委員）が主張された点である（②）。これらは、訴訟費用の負担から原告を救済する場合、敗訴者負担という結果責任主義に対して単に抽象的に一般的な例外規定を設ければよいという姿勢を批判しているように思う。そのような立法に対して、安易な方法として危惧の念を表明したものと考えられる。したがって、この点を現行法六二条の解釈に生かすとするならば、六二条の文言を広く解する拡張解釈や、趣旨を忖度するというような類推解釈は慎むべきであるということになる。

第三に、このような規定を設けた場合に、弁済や相殺以外の場合は証拠調べ等が必要であり、このために訴訟費用を増加させるという意見（横田委員）や、そのような弊害の存在を認める意見（鈴木委員）が主張されたことである（③）。これは訴訟費用の裁判の問題点を的確に指摘しているものである。本案が終了しているにもかかわらず訴訟費用の裁判のために慎重な審理を行えば、新たな本案訴訟と同じであり、本案に対する訴訟費用裁判の付随性の原則に抵触して合理性を欠くことになる。かといって十分な根拠を提示することなく、裁判所が一方的に訴訟費用の負担の裁判をすれば、負担を課せられた方には手続保障なしの不当な裁判という不満が残る。即時抗告ができるから、当事者の手続保障は考えているにしても、それは問題の先送りであり、上策ではあるまい。この問題も解決が困難な問題であるが、従前の本案の審理の結果を生かすような工夫で対応すべきである。

第四に、このようにいくつかの重要な問題が指摘されているにもかかわらず、「事情ニ従ヒ被告ヲシテ訴訟費用ノ全部又ハ一部ヲ負担セシムルコトヲ得」ということで決着がついたことである（④）。これでは指摘された問題や議論はどうなるのかという素朴な疑問が生じるが、記録から読み取れることは、問題があるにしても立法すべきであるというのが、その場の委員会全体の雰囲気であったということである。結果的には曖昧のまま問題を先送りしたとの印象を受ける。換言すれば、委員会は訴訟費用の負担について結果責任を緩和するという決断をしたが、指摘されたような問題の解決は将来の判例と学説に委ねたと解すべきではないかと思う。(40)

5　民事訴訟法改正起案会の仮決定案第一条と決定案第八〇条

このような議論を経て起案会の仮決定案と決定案が作成されたが[41]、そこでは明治三六年草案九一条のただし書が大幅な修正を受けるとともに、九三条が消えてしまった。従前の議論からすると、新しいただし書は九三条と鈴木提案（起第四二号問題）に基づく決議が合体してできた文言ということになろう。抽象的な規定に問題があるとの指摘がありながら（4の②）、このような抽象的な規定にした理由であるが、具体的に規定すると文言の解釈について議論が生じることになるので、それを避けたのではないかと想像する[42]。

起案会・仮決定案[43]

第一条　訴訟費用ハ敗訴者ノ負担トス但裁判所ハ事情ニ従ヒ勝訴者ヲシテ其権利ノ伸張若クハ防御ニ必要ナラサル費用又ハ相手方ノ権利ノ伸張若クハ防御ニ必要ナリシ費用ノ全部又ハ一部ヲ負担セシムルコトヲ得

起案会・決定案[44]

第八十条　訴訟費用ハ敗訴者ノ負担トス但裁判所ハ事情ニ従ヒ勝訴者ヲシテ其権利ノ伸張若クハ防御ニ必要ナラサル行為ニ付テノ費用又ハ訴訟ノ程度ニ於テ相手方ノ権利ノ伸張若クハ防御ニ必要ナリシ行為ニ付テノ費用ノ全部又ハ一部ヲ負担セシムルコトヲ得

決定案は仮決定案の「相手方ノ権利」の前に、「訴訟ノ程度ニ於テ」という文言を加えている（これは正文まで引き継がれた）。さらに決定案では仮決定案の「必要ナラサル費用」を「必要ナラサル行為ニ付テノ費用」に、同様に「必要ナリシ費用」を「必要ナリシ行為ニ付テノ費用」に変更している。興味あることは、この変更は次の第一案・決議案では再度変更して、元の仮決定案に戻っていることである。もっともこの変更も確定的なものではなく、最終段階の第五案で修正されている（６）。

6　その後の展開

起案会・決定案八〇条はその後、第一案・決議案の八〇条、起草委員会案の八三条、第一案・議案の八三条、第二案・議場用の八三条・八三条ノ二、第三案の八五条・八六条、第四案の八九条・九〇条、第五案・議会提出の八九条・九〇条と変遷した。(45) この間にいくつかの修正が行われているが、本章は訴訟終了宣言の観点から現行法六二条の前身である旧九〇条を考察するというのが目的であるから、これらの修正について述べることは省略する。(46)

7　法案の変遷が示唆するもの

立法資料全集の資料を利用して、現行法六一条・六二条の前身である旧八九条・九〇条の立法過程での各種草案における法文の変遷や、それに関する議論の内容を概観したが、これによってこれらの条文に込められた立法者の考えを推測したり、その問題点を把握することが可能になったように思う。すなわち、字句の修正が幾度となく行われたが（５・６）、それらは主に立法上の技術的な表現の問題であり、訴訟終了宣言に関して言えば、民事訴訟法改正起草委員会での議論（４）が重要である。これに対して、委員会では明治三六年草案に関連して提案された事項が議論されているだけであることを理由に、重要視する必要はないとの意見もあろう。しかし、現在公開されている資料の中で実質的に議論しているのはこれしかないということ、(47) 委員会での議論に挙げられた事例が、現行法六二条に相当する旧九〇条の立法理由で挙げられていることを考えると、(48) 法文とは直接関係がないとは言えず、むしろ委員会で審議された規範の内容は、旧九〇条に受け継がれたと考えるべきではないかと思う。すなわち委員会での議論が旧九〇条後段に集約され、旧九〇条の内実を形成していると考えるべきである。そこでこのような認識のもとに、4で指摘した点を現行法七三条の解釈のために生かすことを考えるならば、次のようになるであろう。個々の問題の解決は判例・学説に委ねたから（④）、個々の事案を統一的に解決するための理論が探究されなければならないし、その際には基準・規定が明確であることと（②）、審理は新たな証拠調べ等がなされないように考えねばならない（③）。これらは基準の明確さや新たな手続的な負担は避けるべきであるから、これらは正当な指摘であり、現行法七三条の法解釈において考慮しなければならない点である。しかし、最も重要なことは、請求が正当であることが要件とされながら、その認定方法が検討されず看過されたということである（①）。これが解釈に委ねられた最大の課題であると思う。

以下ではこの問題を取り上げる。なぜならば、これは現行法六二条の運用の成否に関係すると思うからであり、要件について旧九〇条が立法された後に学説の対立が生じたのも、また旧九〇条が十分に機能しなかったのも、ここに原因があると思うからである。これらについて詳論してみよう。

A　松岡博士と細野博士の対立

松岡博士は旧九〇条の解釈のために明治二三年の民訴法七四条を取り上げ（法文は本節1に挙げてある）、「旧民事訴訟法ニ在リテハ被告直チニ原告ノ請求ヲ認諾シ且ツ其ノ所為ニ因リテ訴ヲ起スニ至ラシメサルトキニ於ケル原告ノ起訴ニ因リテ生シタル訴訟費用ハ事情ノ如何ヲ問ハス勝訴ノ原告ニ之ヲ負担セシメタルカ如シト雖這ハ正当ナラス」と主張した。その理由として博士は、「原告ノ訴カ不適法ニシテ且ツ理由ナキトキハ裁判所之ヲ棄却シ原告カ本法八十九条〔現行法六一条に相当〕ノ規定ニ従ヒ訴訟費用ヲ負担スヘキモノナレハナリ（ヘルビヒ氏獨逸民事訴訟法原論、ゾヰヘルド氏獨逸民事訴訟法注釈第一巻参照）」と述べた。[49]要するに、博士の主張は、被告が即時に認諾し原告に訴訟費用を負担させる場合でも、原告の請求が適法で理由を具備していることが必要であるというものであり、これが旧九〇条の適用する場合の前提となる要件であるというものである。そこで訴訟費用の裁判においても、原告の訴えが「適法ニシテ且ツ理由アルヤ否ヤノ事情」の調査が必要であり、このために旧九〇条は「事情ニ従ヒ」と規定したのであると説く（松岡・前掲注(49)四六九頁）。したがって、旧九〇条を準用する旧一〇四条二項の場合（現行法で言えば六二条を準用する七三条の場合）において、博士は「債務ノ弁済請求ノ訴ノ提起後被告ノ任意ノ弁済ニ因リテ本案訴訟完結シ為ニ判決カ不必要ト為リタル場合」を例として挙げて、「裁判所ハ原告ノ訴カ其ノ提起ノ当時正当ナルヤ否ヤヲ調査シ正当ナリト認メタルトキハ被告ハ〔ニの誤りか〕訴訟費用ヲ負担セシムル裁判ヲ為スコトヲ要シ不当ナリト認メタルトキハ原告ニ訴訟費用ヲ負担セシムル裁判ヲ為スコトヲ要ス」という主張を展開させている（松岡・前掲注(49)四六九頁、五三二頁。〔　〕は筆者の加筆）。

これに対して細野博士は、明治二三年の民訴法七四条は旧九〇条前段に承継されたものであるとの考えで、松岡博士の主張は「之レ〔七四条〕ヲ改正スル必要アリト論スルモ（同氏〔松岡〕第三巻四六八頁）正当ニアラス蓋シ法典上被告カ直ニ認諾シテ原告カ本案ノ勝訴ヲ得タル場合ヲノミ指称スルコトハ文理解釈上毫モ疑ナキ所ナレハナリ」と批判している。[50] もっとも松岡博士の挙げた例のような場合（「訴ノ提起当時訴ハ理由アリシモノナルモ爾後被告ノ行為ニ因リ遂ニ訴カ理由ナキニ至リ原告ノ敗訴シタル場合」）については、細野博士は単に、「原告カ訴ヲ提起シタルコトカ当然ノ状勢ニ於テ権利ノ伸張トシテ必要ナリシモノト認メラレルトキハ原告ノ敗訴ニ拘ラス被告ニ対シ訴訟費用ノ負担ヲ命ス可キモノトス」と述べている（細野・前掲注(50)一一九頁以下）。

B　対立の評価

この両者の対立をどのように考えたらよいであろうか。先ず松岡博士の主張であるが、請求の認諾は請求の理由の有無を問わないことを考えると、請求の認諾の後に請求の理由の有無を調査するという博士の主張はこれと矛盾するように見えるが、訴訟費用を負担させるためのものであるから、直ちに矛盾とは言えない。問題はこの場合どのようにして調査を行うかである。訴訟費用の裁判のために本格的な本案の審理を行うことになると、訴訟費用の裁判は元来は独立して行うものではない（付随的な裁判である）という原則と調和しないのではないかという疑問が生じる。反対に裁判所が簡単な調査で処理するならば、たとえ即時抗告が当事者に認められているにしても、また口頭弁論が任意であれ保障されているにしても、記録だけで裁判しても違法ではないことを考えると、負担を命じられる当事者にとっては、本案の手続における当事者の地位と比較した場合、手続保障は不十分のように思う。このようなことを考えると、判断する対象や判断基準が明確で合理的であるにしても、それを判断する手続面での問題は解決されていないように思うが、松岡博士からは手続についての説明はない。

次に細野博士の主張を考えてみよう。松岡博士の主張に問題があるというのであれば、細野博士の主張が正しいのかというと、そうではない。博士の見解にも問題があると言わざるをえない。というのは博士の旧九〇条の適用の要件の記述は抽象的であり、具体的な要件となると明らかでなく、博士の主張だけでは裁判所は具体的に何をどのように判断すればよいのか分からないからである。例えば、松岡博士が説いたところの「原告の請求が適法であり且つ理由があること」は、旧九〇条の適用に際して細野説において要件であるのか否かは明らかでない。裁判所の裁量という面があるにしても、これでは判断基準が曖昧で手続がいわゆる不透明になるように思う。この点は訴訟費用の裁判だから当然であるとの反論があるかもしれないが、訴訟費用の裁判といえども、裁判所が当事者の一方に不利益な判断を下すおそれがあるという点では通常の金銭の支払いを求める事件と同じであり、妥当な裁判が求められるし、利害関係者である当事者の手続保障も十分なものでなければならないと思う。つまり訴訟費用の裁判であるとの理由だけで、手続を簡素化し裁量で判断してよいというものではない。ただ判決による終了の場合、訴訟費用の裁判の手続が問題にならないのは、訴訟費用の裁判は本案の裁判と密接な関係があるとのことから、手続保障が十分に施されている本案の裁判で得られた訴訟資料が、そのまま利用（流用）されることになっているからである。このように判決による訴訟終了の場合の訴訟費用の裁判は、本案手続の流用によって手続の簡素化が正当化されているが、現行法七三条の場合に本案の裁判との関係を切断するとなると、この点が曖昧になる。正に判断基準の明確化と手続の透明性が求められるが、その点の説明は細野説においても見られないし、判断基準の明確さという点では松岡説よりも後退している。

C　今日の問題状況

このような状況は、現行法七三条による訴訟費用の裁判手続の問題の所在を明らかにしているように思う。裁判の判断基準として、松岡博士のように、具体的に例えば原告の請求が適法でありかつ理由があることを要件とすると、その手続と本案の手続との関係が問題になるし、要件を細野博士のように抽象的にすると、判断基準が曖昧になり手続の透明性に欠ける。つまりどちらにしても、七三条の手続に問題があることを示している。これではいずれにしても七三条がうまく機能することは期待できないと思うが、訴訟終了宣言について消極的な通説は、七三条による六二条の準用で十分であると説いている。松岡・細野の両博士の対立やそこから明らかになった手続的な問題は、もはや今日では解消されたというのであろうか。そこで両博士の対立から六〇年以上を経た現在の状況はどうかというと、旧九〇条に関してであるが、「裁判所が裁量権を行使するにあたっては、権利の伸張または防御のために不必要な訴訟行為、または必要な訴訟行為であったことが客観的に明白であり、それによって生じた費用が他のものと区別することができ、かつ考慮に値する程度の額でなければならない」と述べられ、そして「実際上はこの識別は容易ではないので、本条の適用はあまりなされない」と指摘されている。(51)あるいは「終局判決において、本条〔旧九〇条〕が適用されるときは、訴訟費用の全部を勝訴当事者に負担させることに止まり、訴訟費用を個々に検討して負担を決めるということはほとんどない」と指摘されている。[52] これらは正に旧九〇条が十分に機能していないことを報告するものであろう。旧九〇条に関する記述とはいえ、いずれも現在の我が国を代表する権威ある注釈書であることを考えると、これらの記述は当然、現行法六二条の注釈書にも引き継がれている。[53] したがってこれらは六二条が十分機能しないことを暗示しているように思う。さらにこのような機能不全を根拠に旧九〇条、現行法六二条自体に制度的な欠陥があると指摘したとしても、あながち誇張した表現ではないように思う。これが現在の状況である。

このような現在の状況と両博士の対立当時の状況を比較すると、この間に議論の進展は全く見られなかったと言わざるをえない。ところで今日の学説の状況は、松岡説が忘れられて細野説の方が支持されているように見えるが、それは細野説が松岡説を撃破したからでもなければ、細野説が自らの問題点を克服したからでもない。旧九〇条の法文が抽象的であることから細野説の方が受け入れやすいことと、前述したような立法過程での議論（本節４の①）が注目されなかったことが原因ではないかと思う。あるいは細野説が大部な体系書の中の記述であり、松岡説が注釈書の中の記述ということも関係しているかもしれない。しかし、議論の停滞の最大の理由は、学界や実務がこの問題に関心を持つことはなかったし、停滞を打破する必要性を感じなかったからである。[54] そのことは、この問題が論文や体系書では論じられず、もっぱら注釈書で論じられてきたことからも明らかである。

D　新たな解決方法の模索

弁護士費用が訴訟費用に算入されることが、単なる立法論からかなり現実味を帯びてきた昨今の状況を考えると、[55] このような事態がこのまま放置されてよいわけはない。[56] そもそもこのような事態が改善されることなくして、単に弁護士費用が訴訟費用に算入されるならば、弁護士費用の負担をめぐって新たな紛争を招来するだけである。そこで今日においてはこのような状況を打開することが必要であろう。具体的には現行法七三条と六二条を準用する訴訟費用の裁判の制度を棚上げすることが考えられる。今までこれらが機能しないままに放置されてきた状況を考えると、七三条それ自体の改善に期待するのは無理なように思うからである。七三条の制度には内在的・制度的な限界があると認識して、七三条だけで対応するのではなく、訴訟終了宣言との役割分担も視野に入れた対策を志向すべきではないかと思う。

ここで訴訟終了宣言を持ち出すのは、訴訟終了宣言は七三条と六二条準用という訴訟費用の処理方法の目的と一致するし、七三条と六二条準用という方法に比べて手続的な対応が充実しているからである。それでは立法論ではないかということになるが、解釈論の根拠としては、旧一〇四条や旧九〇条の沿革から七三条と六二条準用の方法には、手続的な問題や空白があるということを挙げたい。すなわち七三条が承継した旧一〇四条やその二項が準用する六二条の前身である旧九〇条の立法者は、実体的な判断基準は提示したが、それが機能するような手続は十分に考えることなく、手続問題はいわば先送りして解釈に委ねたのではないかと思う（第二節6、本節4の④）。そうであるならば、委ねられた事柄として訴訟終了宣言の観点から七三条の制度を見直して、七三条や六二条が意図したことを実現するための手続を新たに構築することは、解釈論としても許容されるのではないかと思う。法解釈としては、立法者の思考を追体験することを通じて、問題の原点に立ち返って本案の問題との関係に注目し（本節4の①）、立法者の懸念に注意しながら（本節4の②③）、立法者の意図した結果が招来するような方法を考えることが求められるが、訴訟終了宣言はそれらを満足させるものである。

訴訟終了宣言はドイツでこのような問題を解決するために形成されたものであることを考えると、当然の話かもしれない。このように考えるならば、解釈論としての訴訟終了宣言は現行法との接点を持つことができるし、また訴訟終了宣言を現行法の改善策として位置づけることができる。六二条の前身である旧九〇条が十分に機能しないのであるから、七三条二項によって六二条が準用されるというだけでは、決して問題は解決されないのである。

(30)　通説が六二条を根拠とすることについては、第一章第二節１Ｂにまとめてある。六二条の準用の問題点については、拙稿・⑬〔沿革〕一〇号五〇頁注(94)にまとめてある。
(31)　これら条文の明治二三年の民事訴訟法における体系的な位置、テッヒョー草案との関係、七二条の次の七三条を取り上げない理由等については、拙稿・⑬〔沿革〕一〇号三一頁以下で述べている。
(32)　大審院判例については、拙稿・⑬〔沿革〕一〇号五二頁注(97)で述べている。
(33)　明治三六年草案九一条・九三条の成立過程については、拙稿・⑬〔沿革〕一〇号五三頁注(98)に詳しい。
(34)　松本ほか・立法資料全集一〇巻〔資料二〕一六九頁。
(35)　松本ほか・立法資料全集四五巻〔資料四二〕一五六頁以下。
(36)　民事訴訟法改正起草委員会の成立の経緯については、第二節３にまとめてある。
(37)　松本ほか・立法資料全集一〇巻〔資料一八九〕四〇三頁。
(38)　この間の経緯については、拙稿・⑬〔沿革〕一〇号三五頁以下に詳しい。
(39)　審議の様子は松本ほか・立法資料全集一〇巻〔資料一九八〕四一三頁以下。なお拙稿・⑬〔沿革〕一〇号三六頁以下に転載してある。
(40)　これらの議論やその他の議論については、拙稿・⑬〔沿革〕一〇号三八頁以下に詳しい。
(41)　この間の経緯については、拙稿・⑬〔沿革〕一〇号四〇頁以下に詳しい。
(42)　私見の根拠については、拙稿・⑬〔沿革〕一〇号四〇頁以下にまとめてある。
(43)　松本ほか・立法資料全集一一巻〔資料四七三〕三三頁以下。
(44)　松本ほか・立法資料全集一一巻〔資料四七五〕六五頁。なお前注に挙げた〔資料四七三〕にも掲載されている（三五頁）。

(45) この間の経緯については、拙稿・⑬〔沿革〕一〇号四二頁以下に詳しい。
(46) この間の修正の内容については、拙稿・⑬〔沿革〕一〇号四二頁以下に詳しい。
(47) このことに関しては、拙稿・⑬〔沿革〕一〇号六二頁注(122)において詳しく述べている。
(48) このことに関しては、拙稿・⑬〔沿革〕一〇号六二頁注(123)において詳しく述べている。
(49) 松岡義正『新民事訴訟法注釈第三巻』四六八頁（清水書店、一九三二年）。ただし、本文の〔　〕は筆者の加筆。
(50) 細野長良『民事訴訟法要義第五巻』一一九頁注(1)（巌松堂、一九三七年）。ただし、本文の〔　〕は筆者の加筆。
(51) 注解民訴二版（参資二2）・三五頁以下〔小室直人＝宮本聖司〕。
(52) 注釈民訴（参資二2）・四四四頁〔奈良次郎〕。
(53) 例えば、園尾隆司編『注解民事訴訟法Ⅱ』三五頁〔高中正彦〕（青林書院、二〇〇〇年）、秋山幹男＝伊藤眞＝加藤新太郎＝高田裕成＝福田剛久＝山本和彦『コンメンタール民事訴訟法Ⅱ〔第二版〕』二一頁、二三頁（日本評論社、二〇〇六年）である。
(54) 実務の状況として、「訴訟費用の負担の裁判において細かい考慮が払われていないし、それを非難できる実情でもない。九〇条の適用は、裁判所の自由裁量によるものであることも影響して、看過されやすいということも言い得るであろう」趣旨のことが述べられている（兼子一編『判例民事訴訟法　上巻』三六四頁（酒井書店、一九六二年））。その理由として、「現行制度を前提にすると訴訟費用の裁判に多くの精力を費やしえないのもやむ得ないであろう」旨も指摘されている（三五六頁）。

　なお訴訟費用の裁判が実務で軽視されていることについて、次のような証言もある。民事訴訟法学者として令名の高かった岩松三郎判事は、「控訴審で見てると、控訴されてくる判決の九〇パーセントは訴訟費用の判断が間違ってるね」と語ったことがあるとのことである（倉田卓次『裁判官の戦後史』七四頁（筑摩書房、一九八七年））。この話を紹介した倉田氏は続けて、「訴訟費用の負担の主文について、訴訟物についての判断ほど丁寧に考えてないということは大方の裁判官に言えるであろうが、『九〇パーセントまでは間違い』はどうだろうか、誇張はないのか、三〇年後の今も半信半疑である」と述べている。

ところで岩松判事と訴訟終了宣言の判例との関係については、第一編第二章第五節注(43)で述べている。

(55)　既に序章第一節注(7)で述べたことではあるが、弁護士費用を訴訟の敗訴者に負担させるための「民事訴訟費用等に関する法律の一部を改正する法律案」は平成一六年三月二日に内閣から国会に提出され（第一五九回国会提出閣法第六九号）、四月五日に衆議院の法務委員会に付託された。しかし、この法案は会期末に継続審議に付されることなく、会期の終了とともに平成一六年一二月三日に衆議院で廃案になってしまった。現時点では導入の見通しが立っていないが、法案が国会に提出されたということは、弁護士費用敗訴者負担の制度の必要性が日本においても理論面や政策面で認知されたということを意味する。したがって、日本の訴訟終了宣言をめぐる議論は新たな展開を迎える時期にきていると思う。この事態に対する私見は、序章第一節注(7)にまとめている。

(56)　随分前の話であるが、三ケ月章博士は訴訟費用の問題の重要性を次のように強調された（『民事訴訟法』（法律学全集）三五九頁〔有斐閣、一九五九年〕）。「〔訴訟費用が敗訴者負担でなく、当事者の各自の負担という現状は〕元来あるべき訴訟像を歪めて国民の前に投影して結果的に訴訟による権利の救済から国民を無意識的に遠ざけている一の原因をなしているとみることは決して誇張ではない。……訴訟に対する当事者の真率さは敗訴費用負担の原則がきびしく、又実効的に貫かれるときにのみ担保されるということは、不幸にして民事訴訟制度の歴史の教えるところである。かくみてくれば訴訟費用の点に関するわが国の立法及び実務上の慣行は大きな欠陥をもち、健全な司法制度の運営という見地からは深甚の反省が加えらるべき点であると考える」（〔　〕は筆者の加筆）。現在でもそのまま通用する発言であるが、そのことは事態が一向に改善されていないということであろう。

第四節　民事訴訟法第七三条とドイツの訴訟終了宣言との連結

ドイツ民事訴訟法の立法過程において、我が国の六二条のような規定の立法化が否定されたという事実がある。それは第二編第一章第一節2で紹介したことであるが、一八六六年のハノーバー草案の作成の過程である。すなわち一八六三年二月四日にハノーバーで開催された第五九回ドイツ連邦民事訴訟法草案作成委員会において、「訴訟中に請求権の期限が到来した場合や訴え提起後に生じた抗弁によって訴えが棄却された場合には、勝訴者に訴訟費用を課すことができる」旨の規定を新たに設けるべきであるとの提案がなされた。この提案は激しい議論の後に採決をし、八対三で否決された。(57) 日本の民事訴訟法改正起草委員会が審議した時期が明治四五年（一九一二年）であるから（第三節４）、約半世紀前ということになる。多数決で否決されたドイツと、採決を行うことなく決められた日本とを比べると、正に好対照である。この点に着目すると、別々の道を歩んだということで、ドイツの制度と日本の制度は接点がないように見える。

しかし、ここから直ちに日本法はドイツ法と決別したと考えるのは早計である。というのは、当時のドイツにおいては先ずローマ法との関係が主たる問題であり、ドイツの議論がそのまま日本に通用しないという事情がある。したがって日本の議論と単純には比較できないが、両国の共通性の有無を調べる必要がある。第一に、日本法も結果責任主義を原則として認め、そのうえでの議論であるから、ドイツ法と異なる状況にあるものではない。第二に、ドイツで否定されたといってもその理由は、六二条を適用した結果を否定したものではなく、六二条のような規定を設けることについて、例外が一般化することを理由に反対したのである。(58) したがってドイツも日本も狙いは同じであり、ドイツ法と日本法とは対立するものではない。確かに日本法は旧九〇条に見られるように関する議論を棚上げするため、個別規定を統合化・抽象化したものであった（第三節５）。このようにして件に関する議論を棚上げするため、個別規定を統合化・抽象化したものであった（第三節５）。すなわち個別規定の要抽象化した規定を設けたが、それは内容を一般化して拡張するためのものではなかった。このようにしてみると、規範の内容の問題ではなく規範の表現の問題と言えなくはないから、日本とドイツとは決して対立するものではない。両者の違いは日本法には七三条・六二条準用という規定があり、ドイツ法にはそのような規定がないというだけである。

そこで規定があるということは、それで処理すべきであるということであるから、訴訟終了宣言の制度を持ち出すのは、立法者の意思に反すると言うかもしれない。しかし、問題は七三条が現実に十分に機能していないことである（第三節７Ｃ）。その原因は制度に内在しているように思う。第一は、日本の七三条・六二条準用という方法の場合は、裁判所は六二条の要件を簡単に把握できることを想定しているが、多くの場合はそうではない。簡単に把握できる場合がないとは言わないが、当事者が訴訟費用について本格的に争う場合は、日本法では当事者の手続保障の要請に十分対応できないように思う。第二に、要件自体についても問題があり、必ずしも要件が明快ではない（第三節７Ａ）。つまり七三条・六二条準用によって独占的・排他的に処理するだけの妥当性を欠いている。もちろん七三条・六二条準用という方法を改良して前述の欠陥を是正し、ふさわしい手続を構築することが考えられる。しかし、本案の問題と連動させないで独立の裁判手続を考え、簡素な訴訟手続で当事者の手続保障を確保することは非常に困難な話である。なぜならば簡素な手続と当事者の手続保障は二者択一の関係にあるからである。そうなると手続保障が確保されている本案の裁判と連動させ、そこでの結果を利用する方法で対応せざるをえないのではないかと思う。まして六二条の準用の前提要件として、原告の請求が適法でかつ理由を具備していることが必要となるから（第三節４の①、同・７ＡとＢ）、本案の裁判と連動させないことは効率的ではないし、独立して手続を本案並みに構築することは、いたずらに手続を複雑にするであろう。そこで七三条・六二条準用という方法にこのような限界があると考え、限界の外は法の欠缺であり、そのような場面では判例・学説に委ねたと考えて対処すべきではないかと思う。

そのような状況であるならば、七三条・六二条準用という方法にこだわることなく、それはそのままにして、それと並列的な制度としてドイツの訴訟終了宣言の制度による対応を考えればよいし、その方が簡単で合理的なように思う。七三条・六二条準用という方法があるからと言って、無理にそれですべてを処理する必要はない。

並列した手続のどちらで処理するかは、当事者に選択させればよい。六二条の沿革から明らかなことは、六二条の立法の趣旨は結果責任主義による不衡平な結論の修正であり、それを達成すればよいのであって、七三条・六二条準用という方法が他の解決方法を排斥するほど独占的で排他的とは思えない。当時、立法者は訴訟終了宣言の制度を知らなかったから、そのような考察も規定もしなかっただけである。ドイツでは日本法のような規定がなくても目的を達成しているのであるから、それを日本で解釈論として七三条・六二条準用という方法と並列的に認めれば済むことである。

ところでドイツの一方的訴訟終了宣言については、判例・通説は訴えの変更説であるが、それは訴訟終了宣言に関して、当事者間に争いがある場合は本案の裁判によって決着させようとするものである。(59)この説の魅力は、かかる争点を本案として考え、本案の問題と連動させることによって、本案の裁判結果を訴訟費用の裁判に取込み、実質的に訴訟費用の裁判手続において当事者の手続保障を充実させる点にある。また終了事由の発生で本来なら不要な本案の紛争についても、訴訟費用の裁判で併せて解決しようとする点も魅力である。もっともこのような点は反対の評価もあり、終了事由の発生で本案について裁判する必要がないはずであるとか、実質は訴訟費用の裁判であるにもかかわらず手続が重くなるとの批判がある。しかし、訴訟費用の裁判であっても、訴えが適法で理由を具備していたことが訴訟費用の負担の裁判の要件であり、それを判断して裁判しなければならないのであるから、(60)従前の請求を何らかの加工をして訴訟物として把握するのは当然であるし、理論的にも簡明である。このような議論は日本でもそのまま通用するものであるから、ドイツ法での一方的訴訟終了宣言の議論は、日本法でも当事者間に争いがある場合は基本的に受け入れて、七三条・六二条準用という方法と併存する制度を考えるべきであろう。当事者が争わない場合は、双方的訴訟終了宣言の場合と考えるべきである。(61)

(57)　Protocolle der Kommission zur Berathung einer allgemeinen Civilprozeßordnung für die deutschen Bundesstaaten, Bd 3, Hannover, 1863 S. 873ff. 委員会での審議の様子は、拙稿・①〔生成〕二号七六頁以下に詳しく述べられているが、第二編第一章第一節２にまとめてある。

(58)　これについては、拙稿・①〔生成〕三号七七頁において詳しく述べている。

(59)　一方的訴訟終了宣言についてドイツの諸説の状況については、第一編第三章第二節で詳論している。

(60)　ドイツ法において判例・通説の訴えの変更説によれば、訴えが適法で理由を具備していたことが訴訟費用の負担の裁判の基準になることについては、第一編第三章第二節３Ｄで述べている。日本法の場合は、本章第三節４の①、同・７ＡとＢ等で述べている。

(61)　日本における双方的訴訟終了宣言については、第一編第二章第四節・第五節において詳論している。

第五節　私見の要約

(1)　旧法時代であるが、訴訟終了宣言の制度は、旧一〇四条二項（現行法七三条二項に相当）による旧九〇条（現行法六二条に相当）準用という方法があるから必要ないというのが通説の見解であった。しかし七三条は、管轄裁判所を旧一〇四条において判例・通説が主張した終了時の裁判所を変えて、第一審の裁判所と規定したので、従来の訴訟終了宣言についての通説が、自らの見解をそのまま維持できるかは疑問である（第一節２）。

(2)　七三条の管轄裁判所は第一審裁判所であるというのは、旧法の立法者の意思に合致するものであると言われているが、そのように断定することはできない（第一節１）。また現行法が旧法下の判例・通説の立場を否定したことは、それらの主張を考慮しない点で問題がある。すなわち現行法のように、本案訴訟との関係を切断して訴訟費用の裁判を行うという手続は合理的ではない（同・２）。この点の問題を克服するには、七三条は当事者が終了事由発生の直後に申し立てることを想定していないので、当事者がそのような申立てをした場合は、七三条とは別な取扱いが必要と思われる。すなわち訴訟終了宣言の制度の利用を積極的に考えるべきである（同・3）。

(3)　七三条一項の前身である旧一〇四条一項の形成過程において注目すべき点は、第一に明治二三年の民事訴訟法の負担者法定方式から、明治三六年草案の裁判方式への転換である（第二節1）。第二は各界の意見により（同・2）、職権方式から当事者の申立て方式に修正したことである（同・3）。この際に本案の裁判からの乖離が必然的に生じたが、判決による訴訟終了の場合の基準を準用することで対応した（同・4）。さらに訴訟費用の額の確定手続と合体されて旧一〇四条が誕生した（同・5）。このように裁判による終了の場合とは異なる手続が形成されたが、裁判の場合の基準を準用しただけで、制度が十分機能するような手続的な考慮をすることはなかった（同・6）。

(4)　六二条の前身である旧九〇条の形成過程を見てみると、当初は先ず敗訴者責任主義の継受であった（第三節1・2）。しかし、各界よりこの原則の適用の問題点が指摘され対策が求められたために（同・3）、立法による解決を考え、草案が提案されて様々な問題点が指摘されたが（同・4）、それらを十分に考慮することなく問題を先送りしたような旧九〇条が立法された（同・5・6）。立法後に要件についての議論が生じたり、制度が十分機能しない原因はここにあると思う。制度を動かすための手続の工夫が必要で、訴訟終了宣言の制度が考慮されるべきである（同・7）。

(5)　七三条・六二条の沿革を尋ね、ドイツの訴訟終了宣言の制度の生成の歴史と対比してみると、立法的な決断の内容は両者は正反対のように見えるが、時代背景を考えそれぞれの趣旨を生かすならば、両者の間に連結点が浮かび上がってくる。(62) したがって、日本法は訴訟終了宣言を排斥するものでなく、むしろそれを受け入れることによって目的が達成される（第四節）。

(62) 拙稿・⑬〔沿革〕は民訴法七三条一項と六二条の沿革を訴訟終了宣言の観点から考察したものであるが、各草案におけるこれらの法文や関連がある法条について、それぞれの変遷が把握できるようにまとめられている（同・六六頁以下）。したがってこれらは資料として、独立して利用することができる。

追　記

1　新しい文献について

本章の基になった論考は、一九九九年に発表した拙稿・⑬〔沿革〕である。その後、日本の民事訴訟法の歴史を研究するうえで次のような重要な研究や資料が刊行されたが、残念なことに本書において活かすことができなかった。

鈴木正裕『近代民事訴訟法史・日本』（有斐閣、二〇〇四年）、同『近代民事訴訟法史・日本2』（有斐閣、二〇〇六年）、松本博之＝徳田和幸編著『民事訴訟法〔明治編〕(1)　テヒョー草案Ⅰ』日本立法資料全集一九一巻（信山社、二〇〇八年）、同『民事訴訟法〔明治編〕(2)　テヒョー草案Ⅱ』日本立法資料全集一九二巻（信山社、二〇〇八年）、同『民事訴訟法〔明治編〕(3)　テヒョー草案Ⅲ』日本立法資料全集一九三巻（信山社、二〇〇八年）

2　ハンガリー民事訴訟法について

本章第二節4において、日本の民事訴訟法に対するハンガリー民事訴訟法の影響を指摘した。ハンガリー民事訴訟法の制定の経緯については拙稿・⑬〔沿革〕九号五四頁注(70)にまとめてあるが、雉本朗造博士がハンガリー民事訴訟法の重要性を指摘しているので、紹介しておく。なお博士の生涯については、日本史研究者によって二〇〇六年に評伝が出版された（堀崎嘉明『評伝　雉本朗造　地域と知の形成』（風媒社））。

雉本朗造博士は民事訴訟法の改正について、「法律新聞」の記者に意見を求められたことに対して、改正を議論するには先ず過去の改正運動を知ることが重要であると説き、「民事訴訟制度の変遷及改正運動〔附　墺太利民事訴訟法及び匈牙利新民事訴訟法〕」という論説を法律新聞に発表した。大正二年（一九一三年）一月一五日から三月一五日にかけて一一回にわたる連載である。その内容は、ドイツ民事訴訟法はゲルマン法系とローマ法系の混合であるとして、一三世紀から説き始めるもので、かなり雄大な構想のもとに書かれたものである。この論説において注目すべきことは、博士はハンガリーの民事訴訟法を評価して、日本においてその研究を促していることである（連載一〇回目、法律新聞三月一〇日の紙面五頁）。博士がハンガリー民事訴訟法を絶賛する理由として挙げたことをまとめてみると、次のようになる。

同法はドイツ民事訴訟法とオーストリア民事訴訟法を参照して制定されたこと。同法はオーストリアの民事訴訟法を斟酌したが、オーストリア民事訴訟法においてクライン（Franz von Klein）が「多少熱情的（Temperamentarisch）に鼓吹したる幾多の主義上の修正を排して、主として独逸訴訟法に則りたること及び訴訟運用上の細目に関する幾多の規定を加え、醇乎として醇たる法律たること」。同法は訴権論で有名な Plosz 博士が起草したこと。同法はドイツ民事訴訟法の解釈において日頃問題とされていた事柄を解決しており、その結論は私見（雉本説）と同じであること。

略語一覧

立法資料

松本ほか・立法資料全集一〇巻　松本博之＝河野正憲＝徳田和幸編著『民事訴訟法〔大正改正編〕⑴』日本立法資料全集一〇巻（信山社、一九九三年）

松本ほか・立法資料全集一一巻　松本博之＝河野正憲＝徳田和幸編著『民事訴訟法〔大正改正編〕⑵』日本立法資料全集一一巻（信山社、一九九三年）

松本ほか・立法資料全集一三巻　松本博之＝河野正憲＝徳田和幸編著『民事訴訟法〔大正改正編〕⑷』日本立法資料全集一三巻（信山社、一九九三年）

松本ほか・立法資料全集四五巻　松本博之＝河野正憲＝徳田和幸編著『民事訴訟法〔明治三六年草案〕⑶』日本立法資料全集四五巻（信山社、一九九五年）

論　文

染野・裁判制度　染野義信『近代的転換における裁判制度』（勁草書房、一九八八年）

松本・経過（一）　松本博之「民事訴訟法〔大正一五年〕改正の経過」松本ほか・立法資料全集一〇巻一頁以下

松本・経過（二）　松本博之「民事訴訟法〔大正一五年〕改正の経過（その二）」松本ほか・立法資料全集一一巻一頁以下

松本・成立　松本博之「民事訴訟法〔明治三六年法典調査会案〕の成立」松本ほか・立法資料全集四三巻一頁以下

草案と旧法（作成あるいは制定された順）

テッヒョー草案　明治一九年（一八八六年）六月にテッヒョーが山田顕義司法大臣に提出したもので、独文のものと日本文のものとがある。本章では『訴訟法草案』という表題が付された日本文のものを使用。

草案の成立経過やその有する意味等については、染野・裁判制度二二一頁以下に詳しく述べられている。

明治二三年の民訴法　明治二三年（一八九〇年）四月二一日に法律第二九号として公布され、翌年の一月一日より施行された。大正一五年（一九二六年）四月二四日に法律第六一号として公布され、昭和四年（一九二九年）一〇月一日に施行された「民事訴訟法中改正法律」によって、第一編から第五編までが全面的な改正を受け、その部分についてはその役目を終える。

松本ほか・立法資料全集四三巻〔資料二〕二一頁以下に収められている。

この法律の成立経過については、染野・裁判制度二三二頁以下に詳しく述べられている。

明治三六年草案

明治三六年（一九〇三年）に法典調査会が公表した草案である。本章では『民事訴訟法案』と表題が付されたものを使用した（活版印刷されているが、刊行年・刊行者は不明）。

なお一般に「旧法典調査会案」と表示されることが多いが、単に「法典調査会案」と表示されることもあり、表記に統一性が見られない（松本・経過（一）一一頁、染野・裁判制度二四七頁以下参照）。松本ほか・立法資料全集では「民事訴訟法改正案Ⅰ旧法典調査会案（明治三六年）」という表題が付されて、一〇巻〔資料一〕三一頁以下に収められている。

この草案の成立過程やその有する意味については、染野・裁判制度二四二頁以下、松本・成立三頁以下、松本・経過（一）一一頁等に詳しい。なお拙稿・⑬〔沿革〕九号二二頁以下に、これらをまとめてある。

起案会・仮決定案

「民事訴訟法改正起案会決定案第一編総則（仮決定案）」松本ほか・立法資料全集一一巻〔資料四七三〕二三頁以下。

草案の成立過程やその有する意味については、本章第二節3で略述している。

起案会・決定案

「民事訴訟法改正起案会決定案（四一〇条まで）（起草委員会議案）」松本ほか・立法資料全集一一巻〔資料四七五〕五六頁以下。

この草案については、松本・経過（二）一三頁に説明があるが、草案の成立過程やその有する意味については、本章第二節3で略述している。

第一案・決議案

「民事訴訟法改正起草委員会決議案（第一案）」松本ほか・立法資料全集一一巻〔資料四七六〕一〇一頁以下。大正五年九月から大正九年一〇月までの間に、「起案会・決定案」に順次修正を加えて作成されたものである。

この草案については松本・経過（二）一三頁以下に説明があるが、この草案の成立過程やその有する意味については、本章第二節4で略述している。

起草委員会案

「民事訴訟法改正案（起草委員会案）」松本ほか・立法資料全集一一巻〔資料四七八〕一四三頁以下。

この草案については松本・経過（二）一四頁以下に説明がある。なおこの案から左記の第五案までの各草案の流れは、拙稿・⑬〔沿革〕九号三六頁以下にまとめてある。

第一案・議案

「民事訴訟法改正案（第一案・議案）」松本ほか・立法資料全集一一巻〔資料四七九〕一八〇頁以下。民事訴訟法改正調査委員会の委員総会に提出され審議の対象になったものである。

松本・経過（二）一四頁以下に説明がある。なおこの案の改正作業における意味については、拙稿・⑬〔沿革〕九号三六頁以下にまとめている。

第二案・議場用

「民事訴訟法改正案（第二案）」松本ほか・立法資料全集一一巻〔資料四八一〕二四一頁以下。大正一四年四月二三日の委員総会に配布されたものである。

松本・経過（二）一五頁以下に説明がある。なおこの案の改正作業における意味については、拙稿・⑬〔沿革〕九号三六頁以下にまとめている。

第三案

「民事訴訟法案（第三案）（大正一三年九月）」松本ほか・立法資料全集一一巻〔資料四八二〕二八一頁以下。起草委員会において再審議に基づき作成されたもので、委員総会に提出された。委員総会では大正一四年四月から七月まで審議された。

松本・経過（二）一六頁以下に説明がある。なおこの案の改正作業における意味については、拙稿・⑬〔沿革〕九号三六頁以下にまとめている。

第四案

「改正民事訴訟法案（第四案）（大正一四年一〇月印刷）」松本ほか・立法資料全集一一巻〔資料四九九〕三五八頁以下。起草委員会の修正決議、委員総会の審議結果に基づき、第二案・第三案を修正して大正一四年一〇月一五日に完成した民事訴訟法改正調査委員会の改正案である。

松本・経過（二）一八頁に説明がある。

なおこの案の改正作業における意味については、拙稿・⑬〔沿革〕九号三六頁以下にまとめている。

第五案・議会提出

「民事訴訟法中改正法律案（議会提出・第五案）」松本ほか・立法資料全集一一巻〔資料五〇〇〕三九九頁以下。法制局が作成し、大正一五年二月一二日第五一回帝国議会に提出されたものである。

松本・経過（二）一八頁以下に説明がある。なおこの案の改正作業における意味については、拙稿・⑬〔沿革〕九号三六頁以下にまとめている。

旧（民訴法）

大正一五年（一九二六年）四月二四日に法律第六一号として公布され、昭和四年（一九二九年）一〇月一日に施行された「民事訴訟法中改正法律」による民事訴訟法である。平成八年（一九九六年）六月二六日に法律第一〇九号として公布され、平成一〇年（一九九八年）一月一日に施行された「民事訴訟法」がこれに替わる。

松本ほか・立法資料全集では「民事訴訟法中改正法律（大正一五年四月二四日法律第六一号）正文」という表題が付されて、一一巻〔資料五六八〕四九六頁以下、一四巻四五一頁以下（再録）に収められている。

なお、いわゆる立法理由書は「民事訴訟法中改正法律案理由書」という表題で、一三巻〔資料六三九〕一四七頁以下に収められている。

第四章　判例の状況とその評価

日本の判例集等に判例として紹介されている判決（裁判例）を題材にして、[1]訴訟終了宣言の問題を具体的に考え、日本の通説の問題点を明らかにしてみようと思う。これによって、従来の議論がより進展するであろうし、問題の所在が具体的に明らかになるであろう。なお「判例」は多義的な言葉であるが、本章では個々の判決という意味と、それらを集合した裁判例という意味で使用する。したがって、本章の判例は判例法を意味するものではないし、法規範とか法原則という意味でもない。

ところで考察の方法であるが、先ず、訴訟終了宣言に関する日本の判例の対応について探究し、判例が訴訟終了宣言について理解している内容を分析して、日本の訴訟終了宣言をめぐる議論において判例が有している意味を明らかにする（第一節）。次に、訴訟終了宣言を消極的に解する通説の根拠である民訴法六二条の適用上の問題点を考察する（第二節）。さらに、訴訟終了宣言の問題は訴訟費用の問題に尽きるものではなく、訴訟中に訴訟の目的が達成された場合の訴訟の終了方法を問うことでもあるから、訴訟終了宣言によらない請求棄却判決や訴えの取下げによる訴訟の終了に問題はないのかも、判例を題材に検討してみる（第三節）。そしてより具体的な考察として、皇居前広場使用許可をめぐる最高裁大法廷判決昭和二八年一二月二三日民集七巻一三号一五六一頁を取り上げて、訴訟終了宣言の観点から分析する（第四節）。

これらは以前に発表した論考を基にまとめたものであり、明治・大正・昭和の判例である。つまり、旧法時代の判例である。平成（最近）の判例は新法に関するものであり、そのためか立論は旧法時代の判例とは異なっている。そこで従来の判例とは別に独立して考察する（第五節）。最後に、様々な判例を考察したことによって明らかになった判例の問題点と、それに対する私見のまとめを行う（第六節）。

要するに、本章では日本の判例を訴訟終了宣言を肯定する視点から総合的に考察するものである。第四節までは拙稿・⑪〔判例〕を基に、最近の文献による検討と法改正による引用条文の影響を考慮しながらまとめたものである。簡潔を旨として不必要な部分を大幅に削除し、記述も大胆に変更した。そのために注、引用文献、引用条文の条数等の変更はあるが、旧稿で取り上げた判例や私見の主張に変更はない。なお文献の表記や文章を引用する際には、原文の旧漢字は常用漢字に変更した。

（1）　本章において判例として取り上げた裁判例は、第四節までは平成七年（一九九五年）当時に見ることができたものである。それ以降のものは第五節で扱う。なお第四節までに使用した判例で一番新しいものは、昭和六〇年（一九八五年）の判例である。なお第五節は、本書のために新たに執筆した。

このような区分をした理由は、本章をまとめるに際して、前者は拙稿・⑪〔判例〕に基づき、後者はその後の判例について新たに執筆したからである。判例の収集方法であるが、主に『判例体系』（第一法規、加除式）の民訴法六二条（旧九〇条）、七三条（旧一〇四条）に挙げられている判例から、訴訟終了宣言論の観点から興味あるものを選んだ。具体的には、左記のような事案であり、それらは可能な限り網羅的に取り上げた。なお第四節までの判例については、併せて判例検索のために利用できるものは、すべて利用した。例えば『民事判例集索引』（新日本法規出版、加除式）、兼子一編『判例民事訴訟法　上巻』三六〇頁以下（酒井書店、一九六二年）、村松俊夫ほか編『判例コンメンタール民事訴訟法Ⅰ』（三省堂、一九六七年）、判例年報昭和五五年度～平成四年度版（判例タイムズ四三二号～八一〇号）等である。

事案として選んだのは、訴訟終了宣言の代表的な事例である訴訟中に訴訟の目的が達成された訴訟や、あるいは達成が不可能になった場合の訴訟である。選び出された判例の具体的な事案を見てみると、圧倒的に多いのは第三者異議の訴えにおいて訴訟中に債権者の差押えが解除された場合と、行政事件で訴訟中に訴えの利益が喪失する場合である。このことは、訴訟終了宣言はこの種の事件で問題になるということを意味している。

第一節　訴訟終了宣言についての判例

日本においては訴訟終了宣言について論じている判例は全くないように思われがちであるが、そうではなく三つ存在している。そこでそれらの判例を分析し、その今日的意味を考察してみようと思う。

１　肯定的な判例

訴訟終了宣言について肯定的に論じている判例として、①東京控判昭和九年七月二三日法律新聞三七四八号四頁と、②東京控判昭和九年九月二九日法律新聞三七八九号四頁が一般に挙げられる。(2) ①は貸金返還請求事件であるが、訴求債権が相殺の特約により訴訟中に順次消滅していったという事案である。②は約束手形の支払請求事件であり、控訴審で一部任意に弁済がなされたという事案である。いずれもこのようなことから請求の減縮がなされ、相手側が異議を述べなかったという事情がある。

このような事態に対して裁判所は、「該請求部分に付ては既に訴訟係属を離脱し原判決は此の部分に付き当然其の効力を喪失したものにして、当院は此の点に付き最早審判を為すを要せざるなり」と述べた（引用は①五頁。②四頁も同趣旨を説く）。さらに裁判所は、「若し既に請求に対する判決ありたる後其の一部を右の趣旨に於て減縮したる場合に在りては該請求部分に付き当然に訴訟係属の離脱を来し右判決は此の部分に付き当然に其の効力を喪失すべきを以てなり」と判断した（引用は②四頁。①五頁も同趣旨を説く）。そのうえで裁判所は、「訴の目的を遂げたる旨の陳述に伴ふ請求の一部の減縮」について（引用は②四頁。①五頁も同趣旨を説く）、請求の一部放棄でも訴えの取下げでも和解でもないと指摘して、目的達成による訴訟からの離脱であると述べているから、それは新たな訴訟終了事由を認めているように読める。また訴訟費用の裁判において、「弁済の為されざる限り、控訴人は本訴請求の全部に亘り敗訴すべかりしことを窺ひ得るところなるが故に訴訟費用は全部控訴人をして之を負担せしむべきものとす」と述べているが（引用は②五頁。①六頁も同趣旨を説く）、それはＺＰＯ九一条ａによる処理を想起させるものである。なおこのような場合は、ドイツでは訴訟の一部の終了宣言の問題として議論される問題である[3]。さらにこれらの訴訟において原告の請求の減縮の主張に対して被告は異議を述べなかったが、それは双方的訴訟終了宣言として評価することもできると思う。そして当時のドイツは双方的訴訟終了宣言と一方的訴訟終了宣言を区別しない時代であるから、①②の訴訟費用の負担の決め方は、今日の双方的訴訟終了宣言の先駆的な判例ということもできる。

このようなことから明らかなことは、訴訟終了宣言の制度は日本の実務と決して関係のない話ではないということである。さらにこのような判例が存在するということは、日本において訴訟終了宣言を議論することが無意味ではないことを示すものであるし、訴訟終了宣言を解釈論として主張する私見を後押しすることになるであろう。その意味で①②は、日本の訴訟終了宣言論を基礎づけるものとして評価すべきである。しかしながら、注意すべきことは、第一に、①②が有している意味はこのような抽象的なものにすぎないということである。つまり、これらの判例は、訴訟終了宣言に関して具体的な規範を形成したり、判例としての何らかの意味を有しているものではない。第二に、①②には次のような問題があるということである。なおこのような問題はこれらの判例の影響力の弱さを示す理由でもあるし、これらに続く判例が見当たらない原因でもある。

第一に、これらの訴訟は判決によって終了したものであり、訴訟終了宣言によって終了したものではない。それにもかかわらずこれらの判例が訴訟終了宣言について論じたのは、訴訟費用の負担を決める際に、請求の放棄や訴えの取下げ等とは異なった考慮が必要であるという理由からである。つまり、判例は訴訟費用の裁判に際しての判断の基準や方法について述べたものであり、新たな訴訟の終了の方法を示したり、具体的な訴訟終了宣言の制度を主張しているものではない。また判例は既存の制度とは別に訴訟を終了させる場合があることを述べているが、その部分はいわゆる傍論である。

第二に、これらの判例は訴えの目的達成による請求の減縮について、請求の放棄や訴えの取下げとの違いを強調するが、区別する必要性は必ずしも明確ではない。すなわち、訴訟の目的達成による訴訟係属の離脱は、請求に理由がないことを認める請求の放棄とは異なるし、互譲解決を目指す和解とは異なる。また私権保護の要求の撤回である訴えの取下げとも異なると説くだけである。確かにこの指摘は正しいが、しかし、そのような違いがあっても、訴訟の目的達成を既存の当事者による訴訟終了制度に当てはめて考えることは可能であろうし、仮に当てはまらないとしても既存の制度の特別なものとして修正して考えることもできる。例えば、「特別な請求の放棄」とか、「特別な訴えの取下げ」というようなことで説明する方法である。つまり、既存の制度によると不合理・不都合が生じるということを明らかにしていない以上、単なる説明の当否の問題であり、説得力が弱いと言わざるをえない。

第三に、これらの判例を訴訟終了宣言の判例として理解することに疑問があるのは、これらの判例が次のように説いているからである。すなわち、請求の放棄、訴えの取下げ、和解と異なり、「離脱した部分についての訴訟費用に関しては依然として訴訟係属があり」、それゆえに「裁判所は請求の全部についての訴訟費用の裁判を行う」と説きながら、他方では請求の一部についての放棄、訴えの取下げ、和解等があっても、訴訟費用一体の原則から、裁判所は請求の全部についての訴訟費用の裁判を行うと説いている（①六頁、②五頁）。つまり、このことは、請求の減縮があった場合にはそれが請求の放棄、訴えの取下げ、和解等によって生じたか否かに関係なく、また訴訟費用一体の原則が適用されるか否かに関係なく、残部請求を判断する裁判所が全部の訴訟費用を裁判するということである。そうであるならば、わざわざ訴訟終了宣言について論じる必要はなく、その説明はいわゆる傍論である。要するに、これらの判例の訴訟終了宣言についての説明は、正しく当時のドイツ法の訴訟終了宣言の制度に関する議論をそのまま日本に適用したということに過ぎないのである。

第四に、判例の数が問題である。同じような判例が二つあるということは、一般には判例理論が形成されたと理解することができるし、判例が説く見解は強固なものであるような印象を与える。しかし、それは別々の裁判所が判決をした場合に言えることであって、①②がそれに該当するかというと、そうではない。①②の裁判所は同じ裁判所であり、判決日も近接している。[4] それぞれの裁判所を構成した裁判官は三名中二名が同じ裁判官であり、裁判長はいずれも、ドイツ民事訴訟法に造詣の深い岩松三郎判事であった。そのため①②は立論の方法や記述の仕方が全く同じである。このような事情からすると、事件は別であるが判例が二つ存在するとは言い難い。そこで判例は実質的には一つと理解した方が、判例の状況を認識するためには適切である。

したがって、訴訟終了宣言について消極的評価を下す通説の側から①②を見ると、訴訟終了宣言に関する判例ではなくて、「請求の減縮の場合（部分的に請求の放棄、訴えの取下げ、和解等の判決によらない訴訟終了が行われた場合）、残部請求について裁判する裁判所が全請求の訴訟費用を裁判するから、旧一〇四条（現行法七三条）の申立ては許されない」ことを明らかにした判例として理解することになるし、一般にもそのように理解されている。[5] 前述のこれらの判例の有する問題を考えれば、このような理解は訴訟終了宣言を積極的に是認する立場であっても、一概に否定することはできないから、①②をもって訴訟終了宣言を積極的に肯定することは困難である。その意味で訴訟終了宣言の制度を理解した判例という評価はできても、訴訟終了宣言の制度を我が国において積極的に根拠づける判例ということはできない。

２　否定的な判例

訴訟終了宣言について否定すべきことを説いたのは、③大阪地判昭和四三年六月一七日判例タイムズ二二五号一九四頁である。この判例は、「不作為の違法確認訴訟中に行政処分がなされた結果、訴えが却下される場合でも、当該処分が通常必要と考えられる相当期間経過後になされたときは、九〇条〔現行法六二条〕後段の適用がある」旨を判示した判例として紹介されているものであり、訴訟終了宣言の観点から紹介されたことはないが、訴訟終了宣言を認めない理由を次のように説いている。[6]

「ところで原告は予備的申立として、本件訴訟の終了宣言を求めているが、わが民事訴訟において終了宣言の認められるのは、例えば訴えの取下、和解の成立、休止満了等により訴訟が終了した場合に訴訟の終了の有無について争いのあるようなときであって、右以外の場合においては訴訟の終了を宣言する必要がなく、その旨の規定も慣行もないのであるが、これを本件についてみるに、既に本案の請求である本位的申立が訴訟要件を欠くため却下される運命にある以上訴訟の終了は自明であり、特にかゝる宣言をなす要をみないものといわなければならない。」

この判例の訴訟終了宣言を認めない理由は、「必要がなく、その旨の規定も慣行もない」ことであるが、当時は訴訟終了宣言について積極説が説かれていない時代であることを考えると、裁判所実務としては当然の判断である。しかし、訴訟終了宣言の制度がドイツで学説と判例によって生成されたことや、①②のような判例が存在することを考えると、規定がないことや慣行のないことは、積極的に訴訟終了宣言を排斥する根拠にはならない。

また「訴訟の終了は自明であり、特にかゝる宣言をなす要をみない」という記述からすると、訴訟終了宣言の制度の目的や当事者の意図について、十分な理解が欠けているように思う。当事者が訴訟終了宣言を求めたのは、単に訴訟の終了を宣言してもらうためだけではなく、自己の主張がある時点まで正当であったことの確認と、訴訟費用は相手側が負担することを求めるものと考えるべきであるからである。もっとも、この判例の見解は当事者の予備的主張を排斥するために述べられたものであるから、正に傍論というべきであって、この部分が判例として意味を有するというわけではない。

3　判例の評価

さてこれらの判例を訴訟終了宣言の判例として考え、そこから直ちに訴訟終了宣言についての判例の傾向を読み取ることができるのかということが問題になる。数が少なく、二対一とはいえ相反する内容であることを考えると、これだけで判例をまとめることは正直なところ無理である。しかも既に述べたように、三件とも訴訟終了宣言の判例として位置づける点には疑問がないわけではないし、今日では一般にこれら三件の判例は訴訟終了宣言の判例としてほとんど注目されていない。したがってこのような判例が存在していても、判例の訴訟終了宣言に関する態度は未定であって、態度決定は今後の問題と考えるべきである。

これに対して、大部分の判例は訴訟終了宣言の制度からみてふさわしい事件であっても、当事者からの主張もないこともあって、訴訟終了宣言については論じていないし、現象的には判例は旧九〇条（現行法六二条）を根拠に処理しているから、通説と同様に判例は訴訟終了宣言に否定的であるとの見解の方が説得力があるかもしれない。しかし、それは訴訟終了宣言の理論が学説において十分に成熟していないからであって、判例において訴訟終了宣言の消極説が既に確立していると考えるべきではないと思う。ドイツで訴訟終了宣言の制度の確立が学説と判例の展開に依存したことを考えると、①②③はあくまでも訴訟終了宣言の問題を提起した判例と理解し、判例も学説もそれぞれ訴訟終了宣言の制度について、問題解決の手段として有効であるか否かを個別の事案ごとに検討することが必要である。まして平成八年の民事訴訟法の改正でこの問題が議論されていないということは、訴訟終了宣言の問題について立法者は将来の学説・判例に委ねたと見るべきである。その意味で今日ではこの制度のメリットと我が国の法制の問題点を明らかにする必要があろう。

（2）　訴訟終了宣言の視点からこれら二つの判例について言及する文献は、鈴木・参資二1・民訴講座九四一頁以下、注解民訴〔参資二2〕・七七頁〔桜田勝義〕、拙稿・④〔一当事者〕五頁注(10)、注解民訴二版〔参資二2〕・一〇二頁〔桜田勝義＝宮本聖司＝小室直人〕である（刊行順）。

（3）　訴訟の一部の終了宣言の問題については、拙稿・㉒〔一方的〕九号二七頁以下において論じている。第一編第三章第三節2Gにまとめてある。

（4）　いずれも東京控訴院第七民事部の判決であり、判決年月日から明らかなように、両者の期間は二か月しか経っていない。なお担当裁判長の岩松三郎判事が後年、最高裁判所図書館にドイツ民事訴訟法関係の本を寄贈されたことについては、第一編第二章第五節注(43)で述べた。また、判事が、「控訴審で見ていると、控訴されてくる判決の九〇パーセントは訴訟費用の裁判は間違っている」と発言されたことについては、第三章第三節注(54)で紹介した。

（5）　①②が説く旧一〇四条（現行法七三条）と訴訟費用不可分の原則に関する見解は、兼子条解〔参資二2〕・二六八頁、条解民訴〔参資二2〕・二七四頁〔新堂幸司〕、注釈民訴〔参資二2〕・四九六頁〔東松文雄〕等に見られる。注解民訴二版〔参資二2〕・六二頁〔小室直人＝宮本聖司〕は、①は一部取下げの残部判決で訴訟費用について全部判断した判例として、②は請求の減縮の場合の判例として挙げている。注釈民訴〔参資二2〕・四三一頁〔奈良次郎〕は、①を訴訟費用不可分の原則の判例として挙げている。

ところで福嶋登「訴訟費用の範囲」実務民事訴訟講座第二巻一四七頁注(18)(日本評論社、一九六九年)は、共同訴訟における一部の共同訴訟人の訴訟の終了や当事者の脱退の場合の訴訟費用の裁判に関して、①②を挙げているが、その意味は訴訟費用不可分の原則を明らかにした判例ということであろう。

なお、①②が説いた「一部終了した訴訟の訴訟費用の裁判においては、残部請求を判断する裁判所が全請求を判断する」との見解に対しては、今日では反対説が有力である。例えば、東京高判昭和五一年七月八日判例時報八三五号七六頁。

（6）　この部分は判例要旨に含まれていないから、判例の検索で見つかるかは疑問である。関係する判例を全部読んだ結果、偶然見つけることができた。なお、この事件の内容は判例の掲載誌を見ても不明である。

第二節　訴訟終了事由の発生と民事訴訟法第六二条

訴訟終了宣言の制度は不要と考える通説の根拠の一つは、民訴法六二条の存在である。すなわち、これによって訴訟終了宣言の制度が提起した問題は処理できると考えるのである。そこで現行法六二条の前身である旧九〇条についての判例を題材に、六二条による処理方法の問題点を考察してみようと思う。

なお本章で取り上げた判例は第五節に掲載したものを除いて、すべて旧民事訴訟法時代の判例である。しかし、本章で論じる問題において適用される条文に関しては改正はなかったので、旧法時代の判例であっても現行法においてそのまま通用すると考える。そこで本章では、六二条が継承した旧九〇条に関する判例は六二条の判例として扱うことにした。

1　訴えの取下げと民事訴訟法第六二条

A　判例の状況

訴えの取下げ後に訴訟費用の裁判で六二条を論じた判例としては、④東京高決昭和三三年九月二四日判例時報

一六九号一三頁（＝東高民時報九巻九号一六四頁）、⑤札幌高決昭和三四年九月一五日下民集一〇巻九号一九四二頁、⑥札幌高決昭和三九年一一月一二日高民集一七巻七号四八九頁、⑦東京地決昭和四四年六月一六日訟務月報一五巻一〇号一一三七頁（再抗告審決定は、⑧東京高決昭和四四年一〇月三日訟務月報一五巻一〇号一一四〇頁）がある。

④⑤⑥は差押え解除による第三者異議訴訟の取下げの場合であり、⑦⑧は本案で和解が成立したことによる仮処分申請の取下げである。六二条の適用を肯定したのが④⑥、否定したのが⑤⑦⑧である。取下げに当たって訴訟費用について各自負担との暗黙の了解があったか否かが争われ、肯定するのは⑦⑧であり、否定するのが④である。なお⑤⑥はいずれも原審の判断と対立している。すなわち、⑤は原審が安易に六二条を適用したことを批判し、原則は取り下げた者が負担するのであるから、「原裁判所としては、当事者を審尋するなりしてから決定をなすべきであったと考える」と述べている。⑥は原審が相手方は起訴を挑発していないと判断したことを否定した。

Ｂ　判例の評価

このような状況から分かることは、第一に、判例の数が少ないことである。判例の数の少ない原因は、訴訟費用に関心が薄く、訴訟費用をめぐって訴えの取下げ後に深刻な紛争が生じなかったからと思われるが、しかし、本格的に争われる事例は皆無ではなく、判例の中に見ることができることは注目すべきである。近年の権利意識の高揚を考えると、今後は訴訟費用についての紛争が益々増加することを暗示しているように思う。

第二に、判例の判断に統一性が見られないことである。これでは基準なきに等しく、衡平を欠き、判断の予測を困難にする。裁判所の判断に統一性が見られない原因として、先ず考えられるのは、個々の事案の特殊事情である。裁判所の裁量とされているのもこのためと思われるが、しかし、⑤が原審の判断に対して批判していることから推察されるように、六二条の使用方法について、裁判所の間に統一的な理解がないことも原因の一つのように思う。換言すれば、六二条そのものが判断の不統一を生じさせるような規定の仕方をしていて、それが問題のように思う。

裁判所の判断の不統一という事態を克服する方法は、判例の集積を待って判例を類型し、客観的基準の発見に努めることであろう。しかし、既述のように判例の数が少ない現状ではこの方法は当分無理である。そうなると、判断基準が明確になるような手続的な工夫が必要ではないかと思う。その答えが訴訟終了宣言の制度の利用であり、これらの場合に訴えの取下げではなく訴訟終了宣言によって処理すれば、このような不統一にはならなかったように思う。

なお訴訟費用について各自が負担するとの暗黙の了解があったか否かが争われている事例（④⑦⑧）があるが、これは、訴訟終了宣言は訴えの取下げと訴訟費用についての和解が包含されていると解すれば足りるとする通説に対して、問題を提起しているように思う。すなわち、そのような擬制では処理できない事例があるということを示している。また通説は当事者の合意が成立していないことが判明した場合の手続の展開や事件処理は想定していないから、通説が通用する範囲は限定されるように思う。裁判所による当事者の意思の確認が必要であろうし、訴訟終了事由の発生については争いがないが、発生原因について争いがある場合を想定した理論が必要であろう。このように現行法には隙間があり、それを埋めるのが訴訟終了宣言ということになる。

2　従前の本案の判断と民事訴訟法第六二条

六二条は訴訟費用の裁判において、従前の訴訟の経過を考慮して裁判所が妥当な判断をすることを規定しているが、しかし、訴えの取下げ等の場合には現実にはそのようには機能していないようである。そもそも六二条は本案について終局判決による訴訟の終了を想定した規定であり、終局判決のないままに訴訟が終了する場合や、終了事由の発生による請求棄却判決の場合を想定していない点に問題がある。

Ａ　判例の状況

六二条の適用に際して、従前の請求に関する判断について論じている判例は四つある。⑨東京地判大正八年一一月二九日法律新聞一六六四号一八頁は、即時認諾の場合の訴訟費用は原告の負担とする旨を規定する明治二三年の民訴法七四条についての判例ではあるが、第三者異議訴訟中に差押えが解除された場合の訴訟費用について、次のように述べている。「被告が訴訟中原告の請求を履行したる場合の如きにありては原告の訴は之が為め敗訴するも訴訟費用は却て之を被告の負担と為すべきを妥当とすれども此如きは民事訴訟法第七十四条に規定の反面より付度し得べき注意にして右法則を適用し得べき場合は前記第七十四条の場合と同様に被告が明かに原告の請求権の存在を認めたりと見る可き場合に限られ偶々被告をして原告の求むる所に適用すべき行為を為したりとするも其果して被告原告の請求権を認めて此に出でたるものなりや否や不明なるが如き場合にありては直ちに右法則を適用すべき限りにあらざるなり」。そして具体的な事件の処理について⑨は、差押え解除の事実だけでは適用するには不十分であるが、しかし、「訴訟費用の負担者を定むるが為にのみ本案訴訟の黒白を分つべきことを命じたる規定なきが故に……原則に依り之を判定する外なきもの」として、訴訟費用は原告に負担を命じている。この⑨の見解は、明治二三年の民訴法七四条から旧九〇条に吸収され、引き継がれている。⑩大阪地判昭和三〇年一一月二日下民集六巻一一号二三二三頁は、「九〇条〔現行法六二条〕が適用されるのは本案の審理過程で九〇条〔現行法六二条〕所定の特別な事情が認められる場合である」としている。なお⑪最二小判昭和二六年一二月二八日ジュリスト五号三九頁（事案不祥）は、「論旨は本訴においては当事者の負担する訴訟費用も莫大であるから当事者としては実体上の判断を受ける権利があるというのであるが所論のような訴訟費用を当事者のいずれが負担するかは請求に関する実体上の利益ではない。訴訟費用の負担のために実体上の判断をしなければならないというものではないから論旨は理由がない」と述べているが、⑨⑩と同様の立場であろう。

ところで、⑫大阪高判昭和四七年四月一七日判例タイムズ二八〇号二四〇頁（＝判例時報六七九号二三頁）は、注目すべき判例である。これはXが所有権に基づいてYに対して所有権の抹消登記を求めた訴訟であるが、訴訟係属中に登記名義がYからAに移転し、AがXに対して売買契約を締結して代金を支払ったことが控訴審で判明した事件である。一審では原告が勝訴しているが、それは被告が訴えの取下げに同意せず、しかも当事者が法律関係の変動を主張しなかったためである。⑫は原判決を取り消し請求を棄却し、一・二審の訴訟費用の三分の一をXの負担とした。その理由は、「原告敗訴の場合にも、敗訴の原因が訴訟係属中の権利関係の変動によるときには、訴提起当時の状況からすれば、訴の提起が原告の権利の伸張に必要な場合もありうるのであるから、訴訟費用の負担を定めるにあたっては、右権利関係変動前の状況に基づけば、原告の請求が正当であったかどうかを考慮してこれを決すべく、もし裁判所がその当否についての判断になお熟していないときには、訴訟に顕われた全資料を顧慮、綜合して、裁判所が公平の見地からの裁量によりこれを定めるのが民事訴訟法第八九条〔現行法六一条〕第九〇条〔現行法六二条〕の趣旨に合致するものと解せられ」ると説いている。

B　判例の評価

これらの判例から分かることは、六二条の適用は、終了事由が発生したと裁判所が認識した時点における本案の審理の状況に左右されることである。本案の審理状況は千差万別であるから、訴訟費用は誰が負担するかは一概に決まらないことは致し方ないとしても、例えば、一方に有利な証拠調べのみが行われて反証が行われていない段階で終了事由が発生した場合、終了時までの証拠調べの結果のみで厳格な判断をして処理することは、衡平ではない。六二条が衡平の見地から作られた規定であることを考えると、⑨⑩のように一律に割り切って処理するのでなく、審理の内容に応じた認定をすべきである。例えばドイツのように、双方的訴訟終了宣言の場合はＺＰＯ九一条ａで対応し（第一編第二章）、訴訟費用の判断に争いが生じるおそれがある場合は一方的訴訟終了宣言（同・第三章）で対応するというような審理方法を、考えておく必要があるように思う。

正にこの問題を論じたのは⑫である。⑫の方法こそは、訴訟終了宣言に関する唯一の条文であるＺＰＯ九一条ａが規定している方法を想起させるものである。しかし、ＺＰＯ九一条ａは本案判決による訴訟終了の場合ではないし、要件として「両当事者が終了を宣言した場合」と規定し、裁量による裁判の妥当性の根拠が処分権主義であることを明らかにしている点は注意する必要がある。また⑫は根拠として単に、「条文の趣旨に合致する」ことだけを挙げるが、対立すると思われる⑨⑩との関係について言及がない。やや強引な解釈との印象は否定できない。問題は六二条をいたずらに拡張して辻褄を合わせようとする姿勢である。六二条が手続的視点を欠いたまま立法されたとの認識のもとに、法の欠缺を根拠に訴訟終了宣言の制度を考え、この種の問題について理論的に統一的な解決方法を志向すべきではないかと思う。したがって、⑫は訴訟終了宣言の必要を説いたものと評価し、第一節で取り上げた①②とともに、訴訟終了宣言の基礎を提供する判例として位置づけるべきであろう。なお⑫の事案は通常は訴えの取下げで処理されるが、特別な事情のため控訴審で訴えが棄却されたのであるから、実質的には双方的訴訟終了宣言と類似し、ＺＰＯ九一条ａが適用される事例と考えることもできる。

3　訴訟終了事由の種類と民事訴訟法第六二条

訴訟終了宣言が適用できるような事例を判例で探すと、例えば、訴えの利益が消失した時点で請求に理由があり、それゆえに本案は訴え却下（原告敗訴）にもかかわらず、被告が訴訟費用を負担するような場合である。このような処理をしている判例も少なくないが、ほとんどが行政事件である。そこで民事事件の判例において訴訟終了宣言が問題となるような六二条後段に関した事例を探してみると、第三者異議の訴えが提起された後に執行が解除された場合や、訴訟中の弁済がなされたことによる訴訟終了の事例を見ることができる。このような場合に訴訟費用について論じている判例が目につく。

A　執行解除による第三者異議の訴えの終了

第三者異議の訴えにおいて執行が解除された場合は訴えはその目的を失うから、訴えは却下（棄却）される。[7] これは訴訟中に訴えの利益が消滅した一事例ということになるので、ドイツではこのような場合は、訴えの取下げや訴えの却下ではなく、訴訟終了宣言が利用される。すなわち、一方的訴訟終了宣言の場合であれば、民訴法六一条に相当するＺＰＯ九一条によって、双方的訴訟終了宣言の場合であれば、それを規定しているＺＰＯ九一条ａによって、訴訟費用は裁判される。ＺＰＯ九一条ａによる衡平な裁判がなされる場合に、即時認諾について訴訟費用を原告に負担させる旨を規定しているＺＰＯ九三条が問題になると、執行債権者（第三者異議訴訟の被告）が訴えを惹起させたか否かが考慮されることになる。

日本の場合は訴訟が続行された場合であれ、訴えが取り下げられた場合であれ、六二条が問題になる。[8] このような場合に請求を棄却した事例としては、⑬大津地判大正四年一二月二五日法律新聞一〇七一号一四頁（＝法律評論四巻民訴三二九頁）、⑨（東京地判大正八年一一月二九日）、⑭東京区判大正一一年一月二七日法律評論一一巻民訴一〇二頁、⑮東京控判大正一四年三月二五日法律新報三九号一七頁、⑩（大阪地判昭和三〇年一一月二日）、⑯松山地判昭和三六年八月二三日判例時報二七七号二八頁等がある。訴えが取り下げられた場合については、既に述べた④（東京高決昭和三三年九月二四日）、⑤（札幌高決昭和三四年九月一五日）、⑥（札幌高決昭和三九年一一月一二日）がある。

これらの判例を結論から分類すると（括弧内は訴えが取り下げられた事例）、第三者異議の訴えの原告が負担すべきものとしたのは、⑨⑩⑭⑮⑯（⑤）であり、被告が負担すべきものとしたのは⑬（④⑥）である。⑤⑨⑩が原告負担とした理由は、原告の請求に理由があるとは現時点では判断できないからであり、⑭⑮は原告の主張に理由がないと判断したからである。⑯が原告負担とした理由は、原告は訴え提起時に訴訟終了を予想しえたと判断したからである。⑬が被告負担としたのは、不法な強制執行であると判断したからであるが、④は被告の「工場抵当法からして無効の差押えであるから起訴する必要がなかった」という主張に対して、それは認められるが、第三者異議が不要とはいえないと判断したうえで、訴え提起に至る事実の経過を詳しく述べることによって、被告の主張を却けた。⑥は原審の判断と異なり、被告に起訴の挑発があったと判断したから被告に負担を命じたものである。

第三者異議の訴えにおいて訴訟費用は敗訴者である原告（訴えを取り下げた者）が負担する判例が多いのは、一般論として勝訴者（第三者異議の訴えの被告）が負担すべきことを述べても（この部分が判例体系等に掲載されている）、実際の裁判ではその命題の適用を認めていないからである。すなわち、⑨は被告が訴訟中に履行した場合、⑭は被告が即時に認諾した場合、⑮は目的物が滅失した場合である。裁判所は一般論として第三者異議の訴えの被告の訴訟費用負担を述べているが、当該訴訟ではそれを適用しないで、原告が負担すると判断している。

B　弁済等による訴訟終了と民事訴訟法第六二条

六二条後段の適用要件については、学説においても必ずしも見解の一致が見られるわけではない。例えば鈴木忠一判事は被告の訴訟中の弁済の事例について、この事実を「原告が争わないとき」に六二条の適用があるとする（鈴木・参資二1・民訴講座九四〇頁）。これに対して細野長良博士は、「原告ハ直ニ之レニ因リテ自己ノ訴カ理由ナキニ帰シタルコトヲ認メタル」ことを要件とし（『民事訴訟法要義第五巻』一二〇頁（巌松堂、一九三七年））、松岡義正博士は「原告ノ訴カ其ノ提起ノ当時正当ナルヤ否ヤヲ調査シ正当ト認メタルトキ」（『新民事訴訟法註釈第三巻』五二三頁（清水書店、一九三二年））と述べている。両博士の見解は明治二三年の民訴法七四条（ZPO九三条に相当）を念頭に置いていることは明らかであるが、請求の理由の有無をどのような手続で判断するのかが問題となろう。

訴訟中に終了事由が発生したという典型的な事案ではないが、類似した事案の判例を見てみよう。例えば、⑰東京控判（裁判年月日不明、明治四一年(ネ)五二九号）法律新聞六六五号（明治四三年九月一五日号）一一頁の詐害行為取消訴訟がある。裁判所は、「当事者の一方が当初無益な攻撃防御の方法を用いたがその後に生じた事情のため勝訴した場合、右行為によって生じた費用を勝訴者に負担させることができる」旨を述べている（一二頁）。この事件は第一審で敗訴した債務者（被告・控訴人）が控訴した第二審において、債権者（原告・被控訴人）に弁済したというものである。控訴審は被控訴人はもはや債権者でなくなったとして請求を棄却し、訴訟費用は第一審の費用は控訴人が、控訴審の費用は被控訴人が負担すべきであるとした。本来ならば、第二審で敗訴した被控訴人が全部負担すべきであるが、それでは「公平を失する」から、前記のように控訴人にも負担させるというものである。つまり、訴訟費用の裁判において訴訟の勝敗だけではなく、「控訴人の所為に因り新に生したる事情」を考慮したからである。

⑱東京区判大正二年一〇月二〇日法律評論二巻民訴二九三頁は、「義務者が訴訟係属後一年間請求を争った後裁判外で弁済したために勝訴したような場合は、認諾と同一視できるからこの者に訴訟費用の全部を負担させるのが相当である」旨を述べている（二九四頁）。⑲東京控判大正一四年四月一三日法律評論一四巻民訴三八六頁は、「確認訴訟を提起した後に相手方が争ったが、結局請求を認めたため訴えの利益がないとして敗訴した場合は、訴訟費用を相手方にも分担させるのが相当である」と判断している（三八八頁）。もっともこの判決の訴えの利益がなくなるとの判断には疑問があり、本案判決を下してもよいように思う。⑳東京区判昭和五年五月三一日法律新聞三一五七号一二頁は、「土地の賃貸人が賃借人の所有に係る建物の占有者を被告とし賃借人の賃料不払による契約解除を理由として土地の明渡請求をした場合、原告が勝訴しても被告に訴えの提起について責任がないから訴訟費用は自ら負担すべきである」とする。

C　判例の評価

従前の判例を含めて訴訟終了事由の種類ごとに六二条の運用状況を概観したが、次のようなことが明らかになった。

第一に、判例の六二条（明治二三年の民訴法では七四条）適用の基準は種々なものがあり、判例の判断基準を統一的に考察することは困難であるということである。つまり、六二条の適用基準が明確でなく、訴訟費用の裁判は透明性に欠けるというものである。六二条は裁量的規定であるから、このような帰結は当然であるというかもしれないが、判例において判断基準が明確でないということは、裁判所にとっても当事者にとっても好ましいことではない。またそもそも裁量といっても、裁判所が完全に自由に判断するわけではない。そのようなことから、類型化という作業によって基準の設定に努めるか、あるいは訴訟終了宣言による処理が必要であると思う。

そこで同じような事件を比較してみた。具体的には、⑫（大阪高判昭和四五年四月七日ジュリスト四七二号七頁である。両者は登記抹消請求事件という点で共通するが、本案の審理の進捗状況の違いなのか、両者は対応の仕方が異なるように思う。すなわち、㉑は「原告主張の登記が現に抹消されている以上、原告が被告に対し右登記の抹消手続を求める請求は棄却されるべきであるが、右抹消登記手続は本訴提起に伴う予告登記完了後になされたものであるから、原告の本訴請求はその権利の伸張に必要なものと認め、訴訟費用は被告に負担させるのが相当である。」と述べている。これに対して⑫は、第二節２Ａにおいて事件の経過や裁判所の判断の内容等については紹介したので結論だけ述べると、「本訴における訴訟費用は、第一、二審を通じてこれを三分し、その一を被控訴人〔原告〕の負担、その余を控訴人〔被告〕の負担と定める」というものである。「訴訟に顕れた全資料を顧慮、綜合して公平な裁量」に基づいた結論ではあるが、被控訴人が第一審の訴訟中に当該土地を訴外人に売却したために抹消登記請求権を有しなくなったこと、それ以前に請求に理由があったか否かの判断は熟していなかったこと等を重視すると、結論の妥当性に疑問がないわけではない。また㉑と整合するのかは不明である。同じ類型の事件において適用基準が必ずしも明快でないとなると、類型が異なれば適用基準の解明という作業は一層困難になるであろう。

第二に、判例の流れとして、六二条を信義則的に一般化する傾向があるということである。㉒千葉地判昭和六〇年五月一〇日金融・商事判例七二八号三五頁（＝判例タイムズ五六二号一二三頁）は、六二条を抽象的な規定として考えている。この事件はいわゆる協力預金として預けた他人名義の定期預金について、出捐者である会社の支払い請求を認めたものであるが、訴訟費用は勝訴の原告負担とした。この場合に判例は単に六二条を引用しただけであるが、この事件は六二条に規定した要件に直接該当しないから、自己の行動に起因して訴えを提起せざるをえなかった原告自身の責任を斟酌し、衡平の観念より六二条を拡張して適用したということになろう。このようなことは、明治二三年の民訴法七四条時代の判例であるが、⑬⑰⑱⑲等においても見られる。[9]すなわち、事例が七四条そのものに該当しないために、これらの判例では七四条の「類推」とか「精神」とか「民訴法の精神」とかが述べられている。このような判例の流れが現行法六二条のような一般的、抽象的な規定の創設に繋がったと思うし、㉒のように六二条を抽象化して適用する判例の出現の原因になったと思う。

六二条をこのように信義則的に考えるならば、判断基準の探究は困難であり、判断の不統一は当然ということになるのかもしれない。しかし、このような事態には承服できない。そもそも六二条を信義則的に把握することが問題である。というのは、六二条を信義則的に使用することは勝敗に関係なく衡平の見地から訴訟費用の負担者を決めることであり、それは訴訟費用の負担は結果責任であるとする民訴法六一条の原則を無視することになるからである。もちろん、結果責任原則が問題であるからその修正であるという考えもあろう。しかし、訴訟の結果でなく衡平を重視すると、訴訟費用負担の問題が新たな紛争となり、訴訟費用の負担は簡単に決まらないように思う。ドイツ民事訴訟法は訴訟費用敗訴者負担の原則の例外をＺＰＯ九三条以下に個別具体的に規定し、決して例外を抽象的に規定していないが、それはそのような配慮があるからである。[10]つまり、結果責任主義の原則との調和を考えると、例外規定の個別化の方が妥当性があり、合理的に決まると考えた結果のように思う。日本法は従前の例外規定を統合し、例外を一般的抽象的に規定した結果、あたかも信義則のように一般化されて使用され、六二条の基準が不明確になったように思う。もっとも、これに対してＺＰＯ九一条ａも一般的抽象的規定ではないかとの反論があろう。しかし、これは双方的訴訟終了宣言の規定であって、この規定が働く場合は限定されているし、この規定の適用に関しては合意が要件であることから、当事者は選択権を有していると見ることができる。訴訟終了宣言によると、当事者が終了事由の発生の有無や発生責任を争った場合は、既述のように一方的訴訟終了宣言であり、訴訟で決めることになるから当事者の手続は保障されるし、訴訟費用負担者決定の原則である結果責任主義は堅持される。争わない場合は、裁判所がＺＰＯ九一条ａを参考にして裁量的に決めることになる。

（7）　中野貞一郎『民事執行法〔増補新訂五版〕』三一〇頁（青林書院、二〇〇六年）、鈴木忠一＝三ケ月章編『注解民事執行法⑴』六七九頁〔鈴木忠一〕（第一法規出版、一九八四年）等。理論的には却下であるが、鈴木忠一判事は「ただし我が国の実務では請求棄却の判決をしているのが普通のように思われる」と述べている（前掲書六七九頁）。

　ところで棄却か却下かはドイツの文献を翻訳するときにも問題になる。ドイツ語ではいずれの場合も、「Abweisung」であるからである。拙稿「ドイツ民事訴訟法の Abweisung の翻訳について」教養論叢一一七号九頁以下（二〇〇〇年）は、この問題について詳論したものである。

（8）　鈴木・前掲注(7)六七九頁は、「訴訟費用の負担については民訴法九〇条〔現行法六二条〕の適用を考慮すべきである」と注意を呼びかけている。奈良次郎教授は旧九〇条〔現行法六二条〕の注釈の中で、第三者異議訴訟中に差押えが解放され被告が勝訴した場合、判例が旧九〇条〔現行法六二条〕をどのように適用しているかを概観しているが、その結論として、「これをみれば、このような事案についての裁判実務はやや混沌とし、統一的な基準によっているとまでいえないようである」と述べている（注釈民訴（参資二2）・四四六頁）。なお訴訟終了宣言について教授は、「導入を不要とする見解が強い」と述べている（同・四一〇頁）。

　この点に関して兼子博士は、大判昭和一五年六月二八日民集一九巻一三号一〇七一頁についての判例研究において、「債権者が債務者の所持する物を差押えたことに対する第三者異議の訴で、債権者が異議を認めて差押を解除すると、それまでの訴訟費用は民訴第九〇条〔現行法六二条〕により、勝訴の債権者をして負担させるべきであるとは必ずしも即断できない」とし、その理由として、「債務者の所持占有する物は一応その所有物と認めるのが当然であるから（民法一八八条）、単に第三者が異議を述べたからとて直ちに差押を解除すべき必要な」いことを挙げる（その根拠として、博士は執達吏職務細則五五条・五九条を指示）。そして「むしろ第三者において訴訟前又は訴訟上において充分の証明方法を講じたに拘らず、債権者が差押の解除を肯じなかつた場合に始めて、起訴の挑発乃至は不必要な防御をしたものとして、その後に解除しても訴訟費用を負担させられるに止まると解すべきである」と主張される（兼子一『判例民事訴訟法』四五八頁〔弘文堂、一九五〇年〕）。そもそも博士は第三者異議の訴えの訴訟費用については、「敗訴者に負担させるのが通常であるが（民訴八九条〔現行法六一条〕）、債権者が債務者の占有・登記に信頼してその財産に対して執行を申立て、原告である第三者がその権利を証明して異議を述べ、他の財産へ執行させる機会を与えずに直ちに起訴した場合の如きは、債権者が起訴を誘発したといえないから、訴訟費用は、異議が理由ある場合においても、これを原告に負担させるのが衡平に合する（民訴九〇条〔現行法六二条〕、旧民訴〔明治二三年の民訴法〕七四条参照）」とされる（兼子一『増補強制執行法』四五八頁〔酒井書店、一九五五年。初版は一九五〇年〕）。

（9）　六二条は旧九〇条を引き継いだものであり、旧九〇条は明治二三年の民訴法七四条を取り込んだ規定である。明治二三年の民訴法七四条はＺＰＯ九三条を継受したものである。換言すれば、ＺＰＯ九三条は日本では明治二三年の民訴法七四条を経由して現行法六二条に取り込まれていると言える（詳細は拙稿・①〔生成〕二号三七頁以下）。

なおＺＰＯ九三条は、被告が訴えを誘発しないにもかかわらず訴えが提起されたため、即時に認諾した場合は訴訟費用は原告が負担する旨を規定している。

（10）　ドイツでは日本の六二条のような規定の創設は全く考えていないし、結果責任主義の原則の維持に注意を払っている（第二編第一章第三節3・第四節3）。個別具体的に規定した条文に関しては、第一編第四章第二節注（2）で述べた。なおＺＰＯ九三条はそもそもが確認訴訟の濫訴防止のために作られた規定であることは、注意しておく必要がある（拙稿・①〔生成〕三号七九頁以下）。

ところで日本でも明治二三年の民訴法が通用していた時代ではあるが、敗訴者負担の原則に対する例外規定は厳格に解釈すべきであるとの見解や判例が見られた。すなわち、「敗訴者が控訴中に任意にその義務を履行した結果、訴訟が意味を失い原判決を破棄するに至った場合、訴訟費用は誰が負担するのか」という問いに対して、「問題の事例が訴訟費用の敗訴者負担の原則に対する例外規定のいずれにも該当しない場合は、原則に復帰して敗訴者が負担することになる」との解答がなされ、「同趣旨判例」として東京控判明治四二年一〇月二八日法律新聞六一三号一二頁が挙げられている（法律評論二巻民訴一五六頁以下〔一九一三年〕）。

解答者は続けて、「結論が不当であることは明らかであるが、法の不備なためいたしかたなく、民事訴訟法改正において注意すべき事項である」旨を述べている。同じ質問に対して、同様な理由で敗訴者負担を説いた板倉松太郎学士は、「常識的には勝訴者に負担させるべきであるが、訴訟法の解釈論としてはこれ以外の解答はない」趣旨のことを述べている（法学志林一五巻六号七八頁以下〔一九一三年〕）。なお挙げられた判例の事案は、仮登記抹消請求事件で請求認容判決後に被告が抹消登記をしたうえで控訴した場合であり、正に設問のような事件であった。裁判所は原判決を取り消して被控訴人の請求を棄却し、訴訟費用は一・二審とも被控訴人（原告）の負担と判断した。

これらの見解や判例によれば、⑱（東京区判大正二年一〇月二〇日）についての法律評論のコメントと同様に、⑱に反対ということになろう。換言すれば、⑱はこのような見解に対して反対を表明した判例ということになる。既に述べたようにその後の判例の展開から分かることは、⑱が支持され、それが現行法のような例外規定の集約化という法改正に結びついていったということである。このような現象は、訴訟法の原則よりも一般常識に合致することの方が重視され、支持されたと表現することができるが、それはまた日本では、ドイツ法のような見解の妥当性が忘れ去られてしまったということでもある。

第三節　訴訟費用の裁判の中での本案の判断

裁判所が、請求が終了事由の発生時点まで適法で理由を具備していたとの判断を、訴訟費用の裁判で行っている判例がある。訴訟法の原則からすると当然のことであり、特に問題にすることではない。しかし、訴訟費用の裁判でそのような判断ができるならば、本案の判断においても積極的にそのような判断を行うような工夫をすべきではないかと思う。判決理由の前半で原告の主張を全面的に排斥し、後半でその一部を認めることには違和感を覚えるからである。そもそも訴訟中に不適法になったりあるいは理由を失った訴訟と、始めから不適法あるいは理由のない訴えを、本案の判断において、いずれも単に口頭弁論終結時に請求に理由がないとして扱うことには問題がある。確かに訴訟は口頭弁論終結時の請求の当否の有無を判断するが、当初から理由のない訴えと、訴訟の途中から理由がなくなった訴えとは内容的にも価値的にも等しくない。両者は区別すべきであろう。その方が国民の一般的な裁判に対する感覚にも合うと思うので、そのような観点で訴訟手続を考えるべきである。それに応えるものが訴訟終了宣言である。旧来の訴訟法原則に固執する理由はない。

1　判例の状況

㉓最二小判昭和二七年二月一五日民集六巻二号八八頁は、村議会議員除名決議の取消しを求める訴訟中に議員の任期が満了した場合に、訴えを却下して被告に訴訟費用の負担を命じているものであるが、この類型に属するものとして『判例大系』に登載されているものは、行政事件が多い。例えば、㉔高松高判昭和三〇年四月三〇日高民集八巻三号二二一頁（＝行裁例集六巻四号一一一四頁）は、「行政事件訴訟特例法一一条一項によって請求を棄却する場合、訴訟費用を勝訴者に負担させることができる」と判示している。同条項は違法処分でも公共の福祉の観点から請求を棄却できる旨の規定であり、事件は知事の土地改良区の設立認可に関するものである。第一審が単に請求を棄却したのに対して、第二審は同条項を使用して請求棄却したために九〇条〔現行法六二条〕が問題になった。③（大阪地判昭和四三年六月一七日）は事件の内容は不明であるが、「不作為の違法確認訴訟中に行政庁の処分がなされた結果、訴が却下される場合でも、当該処分が通常必要と考えられる相当期間の経過後になされたときは、九〇条〔現行法六二条〕後段の適用がある」旨を判示している（この判例は訴訟終了宣言を否定した判例として、既に第一節で紹介した）。同様な趣旨を説くものとして、㉕京都地判昭和四八年一二月一二日訟務月報二〇巻五号一二四頁があるが、これはメーデー集会で京都御苑使用許可申請に関するものである。類似したものとして、㉖名古屋高金沢支判昭和四六年九月二九日訟務月報一七巻一〇号一六二六頁（＝判例時報六四六号

一二頁）がある。これは国立大学の医学部の学生がストに関係し、期末試験を受験できなかったことに関する事件であるが、「不作為の違法確認訴訟中行政庁の処分がなされた結果訴が却下される場合でも、その原因が行政庁側にあるときは、九〇条〔現行法六二条〕後段の適用がある」と判示している。税務訴訟では、㉗大阪地判昭和四三年六月二四日訟務月報一四巻一二号一四二二頁は、「第一次更正処分取消訴訟中に第二次更正処分がなされた結果訴が利益を欠くものとして却下される場合には、九〇条〔現行法六二条〕後段の適用がある」旨を判示し、㉘横浜地判昭和五一年一一月二六日訟務月報二二巻一二号二九一二頁も、「更正処分および過少申告加算税賦課決定の取消訴訟中の再更正処分および右賦課決定の取消がされたときは、本条〔九〇条のことで、現行法六二条〕後段の適用がある」旨を判示している。

行政事件以外では、㉙東京控判昭和九年二月一四日法律評論二三巻民訴一四三頁が、「登録実用新案権の存続期間が満了したために敗訴した場合、期間満了までの訴訟の程度において請求に理由あったとすれば、その時までに生じた訴訟費用は勝訴者に負担させるのが相当である」と判示している（一四四頁）。また商標権の専用使用権に基づく真正商品の輸入に対する差止請求権に関する事件で、並行輸入業者が国内の商標権者を相手に請求権不存在確認の訴えを提起し第一審で勝訴したところ、控訴審で控訴人の専用使用権設定契約が解除された場合について、㉚大阪高判昭和四六年八月六日判例タイムズ二六七号二四二頁は、原判決を取り消して被控訴人の請求を棄却したうえで（訴訟費用の三分の二は勝訴の控訴人の負担としている）、「第一審の判断は最終口頭弁論期日の時点においては正当であり、控訴審の審判中における控訴人側の事情変更により請求棄却の判決を受けるに至ったときは、被控訴人の訴の提起および維持は、権利の伸張または防御に必要な面がなかったとはいえない」旨を判示している。同様な事例として、㉛大阪高判昭和五三年一二月一三日判例タイムズ三八〇号一五一頁がある。㉛は重婚を理由とする後婚の取消訴訟で取消しを認めた一審判決に対する控訴審判決であるが、原判決の言渡日

（昭和五三年七月一八日）の後（同年同月二七日）、後婚が協議離婚によって解消されたことを認め、原判決を取り消し（前婚の妻の）訴えを却下し、訴訟費用は第一審、二審とも（後婚の夫と妻である）控訴人の負担とした。

２　判例の評価

これらの事件では、当事者が望めば本案判決をして原告の請求に理由があった旨の確認をしてよいのではないかと思うし、そうでない場合は、訴訟終了宣言をすることによって請求棄却判決は避けるべきである。[11] ㉚について桑田三郎教授は、「訴訟形式的には原審判決を取り消しながら実体法的にはその正しさを認めたものといえようか」と述べて、「そのような実体的判断にしても、それになんらの理由がふせられていないこと、あるいは、ただ漫然と専用使用権消滅の事実を認定するにとどまっているなどの点において、控訴審としてのその安易かつ消極的な態度が指摘されるべきであろう」と批判している（「真正商品の並行輸入と商標権の属地性」ジュリスト五〇〇号五八〇頁（一九七二年））。しかし、批判されるべきは控訴審判決ではなく、そのような違和感を与える訴訟手続であり、訴訟法学説ではないかと思う。桑田教授の批判に答えられるのは、訴訟終了宣言である。

同様な問題が実体法学者から指摘されたのは、有名な皇居外苑使用不許可処分取消等請求事件（㉜最大判昭和二八年一二月二三日民集七巻一三号一五六一頁）である。なおこの判例についての分析は第四節で行うが、この判例を１に挙げなかった理由は、この判例は訴えの利益の喪失を述べた後で、括弧書きで（「なお、念のため、本件不許可処分の適否に関する当裁判所の意見を附加する」という書き出しで）、請求に理由のないことを述べている点で、１の各判例と異なるからである。つまり訴訟費用の判断の中で実体判断がなされていないし、示された判断は当初から理由がないということで、１の事例と異なる。とはいえ、この判例は訴訟中の訴えの利益の消滅を訴訟でどのように扱うべきかという問題を提供していることは確かである。

(11)　㉚は判決理由の中で、「訴訟費用の負担につき考えるに、原判決は右差止請求権の不存在確認の請求を認容すべきものとしているのであるが、その判示は原審最終口頭弁論期日の時点において正当であり、その後の控訴人側の事情変更により被控訴人は右請求につき棄却の判決を受けるに至ったものであって」と述べている。つまり、この判決は取り消すべき原審の判示は判決した当時は正当であったと判断している。この意味はこのような事例で本案について判断することが可能であること、判断をしても訴訟費用の観点からの意味しか有しないこと、訴訟費用の裁判においてこのような判断をする必要があることを示している。このような認識は重要であるが、しかし、なぜそうなるのかという説明はない。訴訟費用の裁判は裁判所の裁量の問題であるから当然なことと考えているのかもしれないが、裁量といえども判断に至る手続や基準が明確でないのは問題である。裁判所によって異なった取扱いが生じると思うからである。本判決の事例のような場合、手続や基準は訴訟終了宣言の制度で説明すれば簡単であるし、合理的である。

第四節　具体的な事例の分析

訴訟終了宣言について、第一編第五章でドイツでの具体的な事例を紹介したが、日本での例として、日本の判例を利用して具体的な問題を概観しようと思う。第三節において㉜として紹介した最高裁の有名な判例を取り上げ、この場合に訴訟終了宣言による解決方法がいかに合理的であるかを明らかにしたい(12)。

1　取り上げる判例と判示事項

最高裁判所大法廷判決昭和二八年一二月二三日民集七巻一三号一五六一頁（皇居外苑使用不許可処分取消等請求事件）

公園使用不許可処分の取消しを求める訴えの、使用すべき日経過後における判決を求める法律上の利益

２　事実関係

Ｘ（日本労働組合総評議会）はＹ（厚生大臣）に対して、昭和二六年一一月一〇日に昭和二七年五月一日のメーデーのため皇居外苑使用許可の申請をした。Ｙは昭和二七年三月一三日にＸに対して不許可を通告した。そこでＸ（原告・被控訴人・上告人）はＹ（被告・控訴人・被上告人）に対して右不許可処分の取消しを求めて訴えを提起したところ、昭和二七年四月二八日に第一審（東京地裁）は右処分の取消しの判決を下した。第二審である原審（東京高裁）は昭和二七年一一月一五日に次の理由で第一審判決を取り消して、Ｘの請求を棄却した。

Ａ　原審の判断

「被控訴人は本訴において、被控訴人のなした『昭和二十七年五月一日メーデーのための皇居外苑使用許可申請』に対する控訴人の不許可処分が違法であるとして、これが取消を求めるものであるから、裁判所としては右具体的な行政処分の適否を判断しうるにとどまり、その範囲を超えて判断を加え得ないことはいうまでもない。

しかるに被控訴人が皇居外苑の使用許可を申請した昭和二十七年五月一日はすでに経過しているのであるから、被控訴人にとっては、もはやかかる判決を求める実益が失われたものといわなければならない。

被控訴人は、被控訴人と控訴人間のメーデーのための皇居外苑使用の許可をめぐる紛争は、国家として訴訟制度を利用せしめるだけの価値ある紛争であり、又この紛争を法律上の争訟として、判決によって解決することが、現在においても依然有意義であるのであるから、被控訴人の請求についての判決を受ける正当の利益を喪失していない旨主張するけれども、仮りに被控訴人が本訴において請求するような判決があったとしても、その判決は前記の行政処分の取消の効果を生ずるにとどまって、将来控訴人がなすかもしれない同種の行政処分に対しては、何ら形成力を有するものではない。又判決の既判力の及ぶ範囲はその判決の主文に包含せられる訴訟物たる法律関係に限られるから、同判決はまた将来の同種の行政処分に対し既判力を及ぼすものではない。したがって本件紛争が被控訴人主張のように重大なものであり、又かかる判決が実際においてこの紛争の解決に役立つものであるとしても、被控訴人は法律上判決を求める利益がないものというべきであるから、被控訴人の右主張は採用することができない。さらに被控訴人は、もし本訴において昭和二十七年五月一日を経過したために訴の利益を喪失したものとして本案の判断を拒まれるとすれば、裁判所は被控訴人に対して憲法の保障する裁判を受ける権利を奪う結果となり不当である旨主張するけれども、憲法第三十二条の規定は民事事件についていえば、何人も裁判所に訴訟を提起するときは、その受理を拒まれ、したがってまたその審理及び裁判を受けることを拒まれることのないとの趣旨であって、常に必ず本案それ自体の裁判を受ける権利を有することを意味するものではない。訴訟を提起しても、所謂訴訟成立要件を具備していないために本案前の裁判において訴を不適法として却下せられることもあるのであるが、かかる場合でも、裁判を受ける権利を奪われたわけでないことは言を俟たないところである。ましてや本件においては本案の審理に入った結果被控訴人のために権利保護をなす必要がないものと判断したに過ぎないのであって、これをもって憲法の保障する裁判を受ける権利を奪われたとする被控訴人の右主張の理由のないことはいうまでもない。ただ本件のような毎年五月一日に行われる行事に関し、その挙行の場所の使用許否に関する争訟にあっては、行事の期日と許否決定の日との間の期間が短いときは、訴訟長期間を要するためにその時機を失することも考えられるので、将来同様の場合に自己に有利な確定判決を受けることのできないことの起るであろうことは、これを推知するにかたくないが、万一不許可となった場合の訴提起にそなえてあらかじめ、周到な準備を遂げ、訴提起後は訴訟の促進に努めるならば、所期の日時までに確定判決を受けることも不可能ではないと考えられるから、前記のような場合があればとて、前段の判断を妨げるものではない。」

B　上告理由

これに対してXは大要次の理由で上告した。すなわち、本訴は皇居外苑の使用を求める訴えではなく、Yの行った違法の行政処分の取消しを求めているのであって、違法処分は五月一日を経過したとしても依然として存在しているから、救済是正の必要性は現存している。適法な訴えに対して本案判決を拒んだことは裁判を受ける権利を規定した憲法三二条に反する。原判決のように解すると特定の行政処分について究極の司法審査を受けられないことになる、等である。

3　最高裁判所の判断

最高裁は次の理由で上告を棄却した。

「上告人の原審における本訴請求の趣旨は、上告人の昭和二六年一一月一〇日附『昭和二七年五月一日メーデーのための皇居外苑使用許可申請』に対して被上告人が同年三月一三日になした不許可処分は違法であるから、これが取消を求めるというのである。そして、実体法が訴訟上行使しなければならないものとして認めた形成権に基くいわゆる狭義の形成訴訟の場合にあっては、法律がかかる形成権を認めるに際して当然訴訟上保護の利益あるようその内容を規定しているのであるから、抽象的には所論のごとくその権利発生の法定要件を充たす限り一応その訴は保護の利益あるものといい得るであろう。しかし、狭義の形成訴訟の場合においても、形成権発生後の事情の変動により具体的に保護の利益なきに至ることあるべきは多言を要しないところである。（例えば離婚の訴提起後協議離婚の成立した場合の如きである。）また、被上告人は同年五月一日における皇居外苑の使用を許可しなかっただけで、上告人に対して将来に亘り使用を禁じたものでないことも明白である。されば、上告人の本訴請求は、同日の経過により判決を求める法律上の利益を喪失したものといわなければならない。そして、原判決は、上告人の本訴請求を権利保護の利益なきものとして棄却の裁判をしたものであって、裁判そのものを拒否したものではなく、憲法三二条に違反したものとはいえない。また、原判決は本訴のごとき訴は、所期の日時までに確定判決を受けることも不可能ではないと判断したものであるから、憲法七六条二項の保障に反したものともいえない。されば、原判決は正当であって、所論はその理由がない。」

さらに最高裁は、判決理由の中で「（なお、念のため……）」と括弧を付して、本件処分が違法であるか否かの問題について論じている。

４　判例の分析

Ａ　訴え却下という処置の問題点

本判決に対しては様々な問題があるが、以下においては期日の経過により訴えの利益が消滅したとして請求を棄却した（訴えを却下した）点について検討する。[13] 上告理由はこのような原審の処置に対して詳しく批判を展開したが、本判決に関する判例解説、判例研究においても、かかる処理に対しては批判が強い。例えば、ある評釈者は「裁判所への期待が大きく且つ基本的人権尊重の熱意にもとづく」あまり、このような裁判所の処置は「現実を遊離した概念法学的形式論理」と批判している。[14] 原判決（そして結果的にそれを支持した本判決）は「期間前に確定判決が得られる可能性があるから、期間経過後に訴えの利益がなくなっても原告に不可能なことを要求している訳ではない」趣旨を述べているが、この点を捉えて、多くの評釈は「非常識にすぎる」[15] とか「強弁にほかならない」[16] とか、「あまりにも現実ばなれのした非常識な、形式的立論をしているとしか考えられない」[17] と批判している。しかし、このような批判はあるものの注意しなければならないことは、これら批判者すべてが訴訟法理論からすれば原判決と本判決の処置は、いたしかたないという認識に立っていることである。[18] 例えば、ある論者はこのような裁判所の処置は「裁判をうける権利が事実上奪われているとしか思われない。しかし、だからといって、訴の利益のないものについて裁判を求めることが不適法であることを、否定するわけにはいかない」とその苦しい心情を述べているが、[19]正にそのような状況を適切に吐露しているというべきである。そこで、このようなことが生じるのは「司法制度の盲点である」[20]とか、この問題は「解決困難な問題である」[21]という人もいる。

このような心情をどのように受け止めるかが、訴訟法に向けられた課題ということになろう。本件について具体的な対案を提示するために一歩踏み込んだ議論をしようとすると、ドイツ行政裁判所法の違法確認の制度に注目せざるを得ないし、行政処分に関して司法的救済のあり方を再検討すべきであるという立法論と結び付くことになる。[22]これらは既に詳しく論じられていることでもあるし、[23]本章は民事訴訟法に研究対象を限定したものであるので、以下では民事訴訟法において、訴えの利益が訴訟中に消滅した場合の訴訟法上の対応方法を考えることにする。

そこで想起されるのが訴訟終了宣言の制度である。訴えの利益の消滅は直ちに訴え却下ということではなく、訴訟終了宣言の制度が利用できないかということである。この制度が日本法において解釈論として可能なのかという点は議論のあるところであるが、[24]訴訟終了宣言の制度が認められていたら、本件においても実体法学者から概念法学的形式論理的な処置とか、現実ばなれした非常識な立論との批判は生じなかったように思われる。もっとも現実の民事訴訟において、期間の経過で直ちに訴えの利益が消滅する事例が存在するのかは疑問である。そこで以下では本件事案とは関係なく、より一般的に訴えの利益が訴訟中に消滅した場合で考えてみることにする。

Ｂ　訴訟終了宣言による解決

訴訟終了宣言の制度が我が国で認められていたら、終了事由発生後に訴訟手続はどのように展開するであろうか。私の訴訟終了宣言についての理解に基づいて（すなわち、それはドイツの支配的見解である訴えの変更説であるが）、訴訟手続の展開を考えてみよう。第一編第一章第二節で述べたことであるが、略述すれば次のようになる。

原告は訴訟終了事由の発生を理由に訴訟終了宣言の申立てをする。被告がこれに同意すれば、双方的（両当事者による）訴訟終了宣言である。[25] 被告が訴訟終了事由の発生は認めるにしても、訴えは当初から不適法であり請求に理由がないから、訴えは本来なら請求棄却であったと主張すると、（原告の）一方的（一当事者による）訴訟終了宣言である。[26] 裁判所は訴えが終了事由発生まで適法でかつ請求が理由を具備していたか否かを審理することになる。これを肯定すれば、裁判所は「訴訟は終了した」旨の判決を下すことになる。これに対して、訴えは当初から不適法かあるいは理由がないということであれば、請求棄却の判決を下すことになる。なお一方的訴訟終了宣言において裁判所が終了を認めた後に、同じ事件が再訴される可能性は否定できない。本件のような事例ではそもそも再訴は問題にならないが、再訴については既判力で遮断される。終了宣言が認められるということは、「終了事由発生時まで訴えは適法で理由を具備していた」ことが確定されるからである。すなわち、それは請求に関して既判力が生じることを意味するからである。

このような展開に対して、訴えの利益のない訴訟を続行することは矛盾である、過去の法律関係の確認であるから不適法である、従前の訴訟をこのような訴えに変更することは許されない等の疑問が多いが、説明できない致命的な問題というわけではない。[27] むしろ、原告の敗訴を意味する「訴えの却下」という主文よりも、「本案は終了した」という主文の方が実態に即したものであり、本件のような事件の終結には望ましいと言える。多少、誇張すれば訴訟終了宣言は既に述べた訴訟制度の盲点を克服し、実体法学者から訴訟法学に対する期待への解答と位置づけることができると思う。なぜならば一方的訴訟終了宣言によって、請求について終了事由発生までの適法性と理由具備性が実質的に判断されるからである。

C　実体判断と訴訟終了宣言

ところで本件では最高裁は原審と異なり、括弧付きのなお書きではあるが、実体判断を示している。これを読む限り、仮に本件で実体判断をしたとしても、事件は請求棄却になることを推測させるものである。さらに同種の申立てが将来なされるとしたときに、期日前で訴えの利益があった場合、すなわち実体判断をしなければならない場合に、原告敗訴を予想させるものである。つまり、事実上は実体判断を示したことと等しいのである。

このような措置に対して、「現在の制度的な欠陥を補おうとしたのであろう」と評価することができるが[28]、しかし、「こうした配慮……によって……昭和二九年以降は、下級審を事実上拘束するようになることはたしかである。このような下級審の拘束の仕方は、法的には問題があろう[29]」という批判には注目しなければならない。確かにこのような処置は問題克服の一つの方法として評価できるが、その時々に裁量的に恣意的に行われるとするならば、制度の欠陥を補う制度というよりは、その時の都合による場当たり的な措置との印象は否定できない。このことは司法制度に対する信頼ということを考えると、決して好ましいことではない。

本判決で最高裁が変則的にせよ実体判断を示したことは、本件は政治的な大問題であるから、訴訟的判断だけでは済まされないと考えたからかもしれない。しかし、この事件以降、メーデーのために皇居外苑を使用されることはなかったという事実を考えると[30]、本件の実体判断は政治的配慮のもとに行われたとの印象も否定できない。このような印象を払拭するためにも、何らかの訴訟法的裏づけが必要である。そうなると訴訟終了宣言は、当面この種の問題を解決するのに一番適していると思う。

なお本判決の傍論は政治的配慮でなされたというのでなければ、本判決は必要以上に裁判所が実体判断をしない姿勢を批判したものと読むべきかもしれない。司法消極主義が批判されたと解することも可能なように思う。また訴えの利益がないと裁判所は判断できないというわけではないし、余計な負担になるというものではないことを表しているように思う。もしこのような理解が可能であるならば、本判決は訴訟終了宣言の制度の基礎を提示した先駆的判例と評価することができる。訴訟終了宣言の制度を解釈論として主張している者としては、本判決をそのように理解したいと思う。

D　訴訟要件の消滅と訴訟終了宣言

訴えの利益が訴訟中に消滅した場合は訴訟終了宣言によって訴訟を終了させるべきであると説いたが、そもそも訴えの利益の消滅を理由に訴訟終了宣言が許されるかというと、問題がないわけではない。従来、我が国では訴訟終了宣言の典型的な例として弁済が挙げられていたように、主として実体法上の終了事由が考えられており、訴えの利益や訴訟要件の消滅については論じられてこなかったからである。つまり、より一般的に言うならば、訴訟要件の消滅の場合に訴訟終了宣言が認められるかという問題である。結論を言うならば、肯定すべきである。制度の成生の過程からすれば区別する必要はないし[31]、問題状況も実体的終了事由と区別する合理性はないからである。すなわち、既に述べたように、原告の訴訟終了宣言の申立てに対して被告が同意しない場合（一方的訴訟終了宣言）、裁判所は訴えが終了事由の発生まで適法でかつ請求が理由を具備していたか否かを審理しなければならないと理解するならば、実体的終了事由と訴訟的終了事由を区別する意味はないからである。ドイツでも同じような理由から肯定説が判例・通説の見解である[32]。反対説は訴訟終了宣言の法的性質論との関係での主張であるが、そもそもその説自体、今日では少数説である[33]。

このような考察から本事案に対しては、今日の視点からみると違法確認制度の活用の他に、事案の処理として訴訟終了宣言による解決が適切であるというのが、私のこの判例研究の結論である。この判例のその後の展開については、既に文献においてまとめられているので、ここでは省略する[34]。

(12)　本節は拙稿・⑦〔判研〕の中の訴訟終了宣言に関する箇所を取り出して、今日的な視点と本書に収める関係で加除訂正を施したものである（例えば民事訴訟法改正について言及した部分の削除）。このようにして再構成したものであるが、私見の変更はない。引用文献については、事例提供が目的なので、利用した判例研究は拙稿・⑦〔判研〕のままである。すなわち執筆時である一九九一年までに公刊されたものに限られる（詳細は拙稿・⑦〔判研〕一五〇頁注(2)参照）。ただし文献によっては新しい版を利用した場合もある。

(13)　これ以外の問題については拙稿・⑦〔判研〕一四三頁以下で論じている。例えば本件の原審は請求を棄却したが、今日の通説や判例によれば訴え却下である。表現の問題であり、実体が異なるわけではないので、本章では通説に従って訴え却下という表現を使用する。なお請求棄却か訴え却下かについては、本判決を担当された裁判官でもある岩松三郎判事の『民事裁判の研究』七二頁（弘文堂、一九六一年）、本件判例研究である山木戸克己『民事訴訟法判例研究』一二七頁以下（有斐閣、一九九六年。初出は一九五五年）において論じられている。

同様に今日の視点から見て本判決で問題になると思われるのは、本判決後の昭和三七年（一九六二年）に制定された行政事件訴訟法九条（現行法九条一項）の括弧書きである。本件判例はこれによって影響を受けるかという問題である。この点については、拙稿・⑦〔判研〕一四五頁以下で論じている。

(14)　黒田了一「本件判例研究」最高裁民事判例批評（五）五六六頁（有斐閣、一九六六年。初出は一九五五年）。

(15)　南博方「本件判例研究」判例百選（ジュリスト二〇〇号）一三七頁（一九六〇年）、同・判例百選（第二版）（別冊ジュリスト二号）一九頁（一九六五年）。

(16)　引用は山木戸・前掲注(13)一二七頁。同趣旨は、田中二郎「本件判例研究」行政判例百選（ジュリスト二四八の二号）一〇一頁（一九六二年）、同・行政判例百選（新版）（別冊ジュリスト二八号）一二四頁（一九七〇年）、同・行政判例百選Ⅰ（第一版）（別冊ジュリスト六一号）一八九頁（一九七九年）、橋本公亘「本件判例研究」憲法の判例（第一版）（ジュリスト増刊）五九頁（一九六六年）、同・憲法の判例（第二版）（ジュリスト増刊）六六頁（一九七一年）、同・憲法の判例（第三版）（ジュリスト増刊）六九頁（一九七七年）。なお俵静夫「本件判例研究」憲法判例百選（第一版）（ジュリスト二七六の二号）四五頁（一九六三年）はやや批判を弱めて、問題が残ることは否定できないと指摘する。

(17)　長谷川正安『憲法判例の研究』二四七頁（勁草書房、一九五六年）。
(18)　南・前掲注(15)ジュリスト二〇〇号一三七頁、別冊ジュリスト二号一九頁、田中・前掲注(16)ジュリスト二四八の二号一〇一頁、別冊ジュリスト二八号一二四頁、橋本・前掲注(16)一版五九頁、二版六六頁、三版六九頁、俵・前掲注(16)四五頁、長谷川・前掲注(17)二四七頁以下等。
(19)　長谷川・前掲注(17)二四七頁以下。
(20)　南・前掲注(15)ジュリスト二〇〇号一三七頁、別冊ジュリスト二号一九頁。
(21)　丸山健＝上田伝明「集会結社の自由」有倉還暦記念『体系憲法判例研究Ⅱ』二九五頁（日本評論社、一九七四年）。
(22)　南・前掲注(15)ジュリスト二〇〇号一三七頁、別冊ジュリスト二号一九頁、田中・前掲注(16)ジュリスト二四八の二号一〇一頁、別冊ジュリスト二八号一二四頁、匿名「本件判例解説」法曹時報六巻二号七三頁（一九五四年）、高根義三郎「本件判例研究」法学新報六一巻五号六九頁（一九五四年）。
(23)　高木積夫「違法宣言訴訟について」司法研修所創立十周年記念論文集三四頁以下（一九五八年）、市原昌三郎「西ドイツにおける違法宣言制」一橋論叢五〇巻四号三九三頁以下（一九六三年）、同「行政事件訴訟法第九条かっこ書きの意味」公法研究二六号一八二頁以下（一九六四年）、松本博之「行政処分取消訴訟における取消対象の消滅と訴えの利益」法学雑誌一九巻三・四合併号（吉富・黒田退任惜別記念号）五九一頁以下（一九七三年）等。なお松本論文は、参考資料二１にも挙げてある。

ところで松本論文は、従前の訴訟が違法確認訴訟に移行しない場合に、訴訟終了宣言による訴訟の終了を詳細に説いている。教授はこの論文の中で、一方的訴訟終了宣言の法的性質論として訴えの変更説はドイツでは少数説であり、理論的に問題があると批判している。しかし、他方、教授は訴えの変更説の功績を次のように述べて高く評価している。この点に注意する必要がある。「ハープシャイト・ウルマーの確認訴訟への訴えの変更説は、一般の支持を得ることはできなかったけれども、この見解は次の点で重大な貢献をなしたと思われる。すなわち、本案終了の場合、確認の利益の要件を充足するだけの具体的利益の存するときは、本案を確認の訴えへ変更し、または確認訴訟として続行することも許容される、という法理を明らかにしたのである。そして西ドイツ行政裁判所における違法確認制も実はこの法理の適用にほかならないのである」（六〇六頁以下）。

私見によれば、訴えの変更説は現在のドイツの判例・通説である（判例の状況については第一編第三章第三節注(45)、学説の状況については同・第二節４）。訴えの変更説では訴えの利益の問題がネックになるが（同・第四節３）、しかし、それは致命的な欠点ではない（同・第四節３Ｂ）。一方的訴訟終了宣言について訴えの変更説を支持すれば、訴えの利益が喪失したと解したとしても、喪失した時点までの訴えの適法性や理由具備性は確認されることになるから、原告の目的は一応達成することは可能である。ところで現在の日本の判例は、本件のような場合は訴えの利益が喪失するとの立場であり、それを支持する学説が少なくないから（後注(34)参照）、この種の問題は一方的訴訟終了宣言によって解決すべきであると思う。

(24)　訴訟終了宣言についての我が国の学説の状況については、第一章で論じている。

(25)　双方的訴訟終了宣言については、第一編第二章で論じている。

(26)　一方的訴訟終了宣言については、第一編第三章で論じている。

(27)　訴えの変更説については、第一編第三章第二節３Ｄで論じている。またこの説に対して指摘される問題点とその解決策については、同・第四節３「克服すべき問題」で詳しく述べている。

(28)　引用は長谷川・前掲注(17)二四八頁。なお山木戸・前掲注(13)一二七頁は、司法的救済が受けられるような立法的な措置がとられるべきであるとの観点から、かかる処置について「諒としたいと思う」と述べている。

(29)　引用は長谷川・前掲注(17)二四八頁。

(30)　本件は昭和二七年度のメーデーであったが、それ以降のメーデーと皇居外苑に関する訴訟に関しては南・前掲注(15)ジュリスト二〇〇号一三六頁、別冊ジュリスト二号一八頁、橋本・前掲注(16)一版五六頁以下、二版六三頁以下、三版六六頁以下、俵・前掲注(16)四四頁等にまとめられている。

(31)　訴訟終了宣言の制度の生成の過程については、第二編第一章で論じている。

(32)　肯定説としては、例えばRosenberg/Schwab/Gottwald(D), §131 I 6; MK/Lindacher(C), §91a Rn 5; Stein/Bork(C), §91a Rn 6がある。その他の文献、判例は、これらに挙げられている。

根拠を述べているのはStein/Bork(C), §91a Rn 6であり、訴訟終了宣言の根本思想は、訴えが訴訟的理由から後に意味を失った場合にも適合するからであると説く。また請求の終了を実体的要件の消滅か訴訟的要件の消滅かで区別する理由はないとも述べ、肯定説は「現在の支配的見解」であると報じている。この支配的見解の基礎を与えたのが Rosenberg (A), S. 393ff. である。論じている例は上訴要件に関するものであり、肯定する理由は実体的終了事由の場合と区別する必要がないというものである。

判例も肯定説である。例えば連邦通常裁判所一九六二年五月一六日の判決は、確認の訴えが訴えの利益を欠いたため不適法であった場合（被相続人が生存した場合の相続権の確認）、訴えは当初から不適法であるから訴訟終了宣言は許されないと説いている（BGHZ 37, 137）。これは原判決が訴訟終了宣言を認めたことを批判した形の判例であるが、訴訟終了宣言が認められることを前提に、その要件に欠けるという判例である。つまり、肯定説である。ケルン上級地方裁判所一九八〇年一二月二三日決定は、前訴の既判力に触れる訴えに関して訴訟終了宣言による終了を認めた判例である（OLG Köln FamRZ 1981, 486）。

なお Rosenberg/Schwab (D) の一九八六年の一四版を引き継いで、新たに執筆者となったゴットヴァルトは、一九九二年の一五版からこの部分を大幅に削除した。要するに今日では、もはや議論にならないということであろう。

(33)　否定説としては、Müller/Tochtermann (A), NJW 1958, S. 1763 がある。終了とは本案の終了と解すべきこと、不適法なものであれば、そもそも裁判所は裁判できないはずであること等を理由にする。すなわち、訴訟終了宣言は訴えによって主張された実体法的請求権が、後になって消滅した場合に限られると説くのであるが、その根拠はあまりにも形式的すぎるように思う。

(34)　新堂幸司ほか編『注釈民事訴訟法⑸』七四頁以下〔福永有利〕（有斐閣、一九九八年）、新堂幸司『新民事訴訟法』二四四頁以下（弘文堂、一九九八年）、本間義信「形成の利益」青山善充＝伊藤眞編『民事訴訟法の争点〔第三版〕』（ジュリスト増刊）一二八頁以下（一九九八年）。

なお本節は一九九一年に発表した判例研究（拙稿・⑦〔判研〕）を基に、現在の学説の状況に注意しながらまとめたものである。したがって文献は原則として当時のものである。現在の学説の状況を知るために利用した文献は、次のものである。

町村泰貴「行政訴訟の訴えの利益」民事訴訟法判例百選〔第三版〕（別冊ジュリスト一六九号）七六頁以下（二〇〇三年）、

高橋宏志『重点講義民事訴訟法(上)』(有斐閣、二〇〇五年)、本間靖規「形成の利益」伊藤眞＝山本和彦編『民事訴訟法の争点〔第四版〕』(ジュリスト増刊) 一〇四頁以下 (二〇〇九年)。

本節で取り上げた判例について、町村教授は「本件のような事例では、回復すべき法律上の利益がない以上、訴えの利益が失われるとの結論はやむを得ない」(七七頁) と述べ、高橋教授は「行政の適法性確保の見地から問題はあろうが、訴えの利益の角度からは率直な扱いと言うべきである」(三四九頁) として、いずれも判旨を肯定する。

これに対して本間靖規教授は、「訴えの提起の趣旨、目的をどのように考えるかにより、結論が異なってくる」として、「もしこの種の訴訟を原告の個別具体的な利益 (個人の権利領域への侵害) に引き付けて考えるならば、⑨〔筆者注、本書の㉜であり、本件判例〕の結論を是認することになる……」と分析する。そして、次のように続ける。訴訟物を違法 (取消) 性に置き、取消しの申立てに予防的な機能をもたせ、「行政庁による当該処分侵害の除去だけではなく、事実状態、法律状態が変わらない限り同一内容の侵害を将来もしないことに求める実体上の請求権を有する旨の主張とする」と訴えの利益は残ることになり、訴えの利益の喪失のみでは済まされないことになる。このような分析に基づき本間教授は、「その意味において、処分の取消訴訟の対象消滅後でも違法性の確認の利益はあることから、違法確認訴訟への移行を説く見解は興味深い」(二〇五頁) として、松本論文 (前掲注(23)) を挙げる。

これらの記述から分かることは、民事訴訟法の観点から見る限り、現時点においても民事訴訟法学界におけるこの判例に対する評価に大きな変化は見られないということである。現在でも本件のような場合に判例は訴えの利益は喪失するとし、それを支持する学説は多いようである。そのことを考えると、訴えの利益があるとして違法確認訴訟への移行について議論することとは別に、この種の問題については一方的訴訟終了宣言による解決方法を検討すべきではないかと思う。新たな解決策の提言は結果的に原告の救済の道を広げ、硬直的な学説の対立状況に一石を投じることになるであろう。

第五節　最近の判例について

1　取り上げる判例

最近の判例の状況について『判例体系』で調べたところ、民訴法六四条、七三条の箇所に次のような判例が掲載されていた（決定年月日順）。これらは第四節までの判例に続くものではあるが、これらの内容はこれまでの判例とは異なっている。その意味で従来の判例との連続性はないが、これらはすべて同じような見解を展開している。そこでこれらが説く見解は今後の裁判の基準となる判例理論として考えることができる。本節はこれらを検討して、現在の判例理論の問題点を明らかにしようと思う。各判例は、(a)判断基準の基本原則についての見解と、(b)事件の個別事情についての判断に基づいて、(c)適用条文と訴訟費用の裁判の結論を導いている。そこで(a)～(c)の項目別に、これらの判例の決定理由を整理してみると、次のようになる。

㉝　東京地決平成一一年四月一九日判例タイムズ一〇一五号二七四頁は、「請求の放棄により訴訟が完結した場合の訴訟費用について、訴訟の進行経過、当事者の衡平の観点等から、各自の負担とした」事例である。この訴訟は動産収去請求事件である。原告の請求の放棄により訴訟が終了したので、被告は訴訟費用は原告が負担するとの裁判を申し立てた。すなわち、申立人が被告であり、相手方は原告である。申立人は、「訴訟費用は敗訴の当事者が負担することになっている。請求の放棄は原告である相手方の実質的敗訴であるから、民訴法七三条により訴訟費用は相手方が負担すべきである」と主張した。これに対して相手方は、「請求の放棄をしたのは訴えの目的が達成されたからである。これは実質的勝訴であり、申立人が訴訟費用を負担することになってもやむを得ない」と主張した。裁判所は次のように判断した。

(a)　基本原則について

「1　訴訟費用は、敗訴の当事者が負担することが原則である（民事訴訟法六一条）。この規定は、訴訟追行の不成功という結果に基づき、敗訴者の負担により、勝訴者の損失を補償させるのが妥当であるという政策的考慮に基づくものであり、訴訟費用を敗訴当事者が負担する根拠は、その訴訟追行の不成功という結果責任に求められる。そして、請求の放棄は、特段の事情のない限り、敗訴と同様に解されることになるものである。申立人が引用する東京高等裁判所平成一〇年一〇月一六日決定も、この原則に依拠したものと解される。

2　しかしながら、基本事件における請求の放棄には、特段の事情があるといわなければならない。すなわち、基本事件における請求の放棄については、相手方の訴訟追行が不成功に帰したという結果責任の前提が欠けており、したがって右でみた敗訴者負担の原則を本件に適用することは妥当ではない。」

その理由として、裁判所は「記録及び当裁判所に顕著な事実」により、基本事件の経過について次のように判断した。

(b)　個別事情について

相手方（請求の放棄をした者、基本事件の原告）の事情

「基本事件は、相手方の請求の放棄により終了したものではあるが、その実質は、相手方が、申立人に対し、訴えをもって本件動産の収去を求めたところ、申立人又はその意を受けた者によって本件動産が本件土地から収去されたことにより、その訴えの目的を達したため、その請求を放棄したということであるから、むしろ、相手方の訴訟追行は成功に帰したと評価してよい面があると解される。……基本事件は、相手方の請求の放棄により終了したものであるが、その進行経過及び実質に照らすと、訴訟追行の不成功という訴訟費用敗訴者負担原則の前提を欠くといわざるを得ない。すなわち、基本事件の訴訟費用の負担については、民事訴訟法六一条を適用して、その訴訟費用を全部相

手方の負担とすることは相当ではなく、同法六四条を類推して、裁判所が実質的観点から、各当事者の費用負担を裁量で定めるのが相当であると解される。」

訴訟費用の裁判を申し立てた者（基本事件の被告）の事情

「そのような実質的観点からすると、申立人の基本事件の対応については、次の事情についての考慮が必要であろう。

㈠　基本事件においては、被告である申立人が最後まで相手方の請求を争い、その主張事実が排斥されるという形で終局を迎えたわけではない。

㈡　申立人は自らの主張する事実による占有正権原の立証を断念して、本件動産を収去したものと速断することもできない。

㈢　申立人又はその意を受けた者が本件動産を収去した行為は、相手方の請求の放棄の契機となり、ひいては相手方の目的の到達に寄与する行為であると評価できる面もあると解される。

右の諸事情を鑑みると、基本事件の訴訟費用を全部申立人の負担とすることもまた相当とは思われない。」

(c)　**結論と適用条文について**

「以上によれば、基本事件は、相手方の請求の放棄により終了したものではあるが、その進行経過及び実質に照らし、かつ、申立人及び相手方の衡平の観点から、その訴訟費用は各自の負担とする（すなわち、申立人及び相手方はいずれも費用償還請求権を有しない）ことが相当と解されるのである。

よって、民事訴訟法七三条一項、六四条本文により、主文のとおり決定する。」

㉞　大阪地決平成一八年一月一九日判例タイムズ一二〇九号三〇九頁は、「訴えの取下げにより訴訟が完結し

た場合の訴訟費用の負担について、訴えの取下げを敗訴と同視すべきでない特段の事情が認められるとして、訴訟費用を被告負担とした」事例である。これは公文書の非公開処分の取消しを請求した訴訟である。より詳しく述べれば、原告が公文書の公開を求めたところ一部について非公開の処分がなされたので、その部分の処分の取消しを請求した訴訟である。ところが訴訟中に当該文書がほぼ全面的に開示されたために、原告が訴えを取り下げ、訴訟費用の裁判の申立てをした。裁判所は、「一件記録及び当裁判所に顕著な事実」によって、次のように判断した。

なお裁判所は、基本事件の主張立証は第二回弁論準備手続期日までにすべて終了していたから、第三回弁論準備手続期日に出頭するための費用まで、すべて相手方負担とするのは六二条の趣旨から相当でないとして、これについては各自の負担とすべきであると判断した。

(a)　**基本原則について**

「訴訟費用は、原則として敗訴当事者の負担とされており（民事訴訟法六一条）、訴えの取下げは、原則として敗訴と同様に解されるから、取下げをした原告が訴訟費用を全部負担するのが原則である。

しかし、訴訟費用の敗訴者負担原則が、敗訴当事者の訴訟追行不成功という結果責任に根拠付けられる以上、原告が訴えを取り下げた場合であっても、具体的な審理経過や訴えの取下げに至った事情によっては、取下げを敗訴と同視すべきでない特段の事情が認められ、訴訟費用の全部又は一部を被告の負担とすべき場合があると解するのが相当である。」

(b)　**個別事情について**

「本件決定において、相手方は、本件各調書中、本件非公開部分が利益侵害情報に該当するとしてこれを非公開としていたものであるが、本件変更決定においては、本件変更部分が利益侵害情報には該当しないとの判断の下、同部分を公開するとの判断に至ったものと認められる。

本件決定と本件変更決定との間には本件改正条例が施行されていたが、利益侵害情報の内容を定めた本件条例七条二号は、本件改正条例によっても変更されていない……。

相手方は、本件変更決定は、本件改正条例により本件条例三一条、三七条が改正されて実施機関の裁量判断の指針が示され、これに伴い運用が変更されたことからされたものであると主張する。しかし、これらの条項は、……これらの規定の新設によって利益侵害情報の範囲が変更されたと解することはできない。

そうすると、本件変更決定は、相手方が本件決定を不適法な行為であったとの判断に基づき自庁において是正したものというべきである。そして、……相手方が基本事件の訴え提起後、訴訟対応のために初めて第三者である市中金融機関に意見聴取をしていること、この聴取結果を基に行った有識者への意見聴取の結果得られた意見書……を踏まえて本件変更決定がなされたことなどの事情からすれば、申立人が基本事件の訴えを提起したことにより、本件変更決定がされるに至ったものと認めることができる。」

(c)　結論と適用条文について

「そうすると、基本事件は、訴えの取下げによって終了したものではあるが、これを敗訴と同視すべきでない特段の事情が認められることは明らかである。そして、変更後は非公開部分がごくわずかであるという本件変更決定の内容に照らせば、実質的には、基本事件は申立人の全部勝訴と同視し得るのであって、訴訟費用は全部相手方の負担とするのが相当である。」

「よって、民事訴訟法七三条一項、二項前段、六一条、六二条、六四条により、主文のとおり決定する。」

なお主文は次のようなものである。

「訴訟費用のうち、当事者又は代理人が第三回弁論準備手続期日に出頭するための旅費及び日当は各自の負担とし、その余は相手方の負担とする。」

㉟　東京地決平成一八年九月一五日判例タイムズ一二三四号六五頁は、「訴えの取下げにより訴訟が完結した場合の訴訟費用の負担について、敗訴と同様に解すべきでない特段の事情があり、実質的には申立人らの全部勝訴と同視できるとして、訴訟費用の全部を相手方の負担とした」事例である。これはいわゆる台湾ハンセン病補償金支払請求訴訟の訴訟費用の問題である。戦前日本の統治下にあった台湾に設置されたハンセン病療養所の入所者が、ハンセン病補償法に基づき厚生労働大臣に対して補償金の支給を請求したところ、不支給の決定を受けた。入所者は取消訴訟を提起し、第一審で勝訴した。ところが控訴審での審理中に補償法と告示等の改正があり、支給決定がされることになった。そこで入所者は訴えを取り下げ、訴訟費用の裁判の申立てを行った。裁判所は、「本件記録及び当裁判所に顕著な事実」により、次のように判断した。

(a)　基本原則について

「同条〔民訴法六一条〕の趣旨は、訴訟費用は勝訴者の権利実現のための費用であるから、敗訴者の責任の有無にかかわりなく、訴訟追行の不成功という結果責任としてその負担が命じられることにある。

イ　ところで、訴えの取下げの場合には、特段の事情のない限り、訴訟追行の不成功という点において敗訴と同様に解されるから、訴訟費用は、原則として、訴えを取り下げた者の負担とすべきである。

しかし、上述のとおり、民訴法六一条の規定の趣旨が訴訟追行の不成功という結果責任にあると解される以上、訴えの取下げの場合、訴訟進行の経緯や訴えの取下げに至った具体的事情によっては、訴訟追行の不成功という前提を欠き、敗訴と同様に解すべきでない特段の事情が認められる場合があり得るのであり、このような場合には、同法六四条を類推して、訴えを取り下げた者の相手方に訴訟費用の全部又は一部を負担させるのが相当であると解される。」

(b)　個別事情について

「イ　以上のとおり、当裁判所が申立人らの請求に理由があるとして認容し、本件各不支給決を取り消したところ、基本事件被告が控訴した後、申立人らの請求が満足される内容の、改正前ハンセン病補償法及び本件改正前告示の改正がされた結果、申立人らが基本事件の訴えを取り下げるに至ったのであり、上記訴えの取下げに至る経緯にかんがみれば、基本事件は、訴えの取下げで終了したものではあるが、訴訟追行の不成功により終了したものとはいえず、敗訴と同様に解すべきでない特段の事情があるというべきであり、実質的には申立人らの全部勝訴と同視できるのであるから、訴訟費用は、第一、二審とも相手方の負担とするのが相当である。」

(c)　結論と適用条文について

「基本事件の訴訟費用は、第一、二審とも相手方の負担とする。」

「行政事件訴訟法七条、民訴法七三条一項、二項前段、六一条により、主文のとおり決定する。」

㊱　東京高決平成一八年一一月二四日判例時報一九五七号六四頁は、㉟事件の控訴審決定である。裁判所は次のように述べている。なお適用条文は(b)に記載したためか、本決定の最後には記載はない。また主文は、「本件抗告をいずれも棄却する。抗告費用は抗告人の負担とする。」である。

ところで新聞報道によれば、最高裁は平成一九年四月二〇日に国側の特別抗告を棄却する決定をし、その理由として、「……訴えを取り下げた経緯からすると、訴訟費用を国の負担とした判断は是認出来る」と述べたとのことである（読売新聞の同じ日のインターネット版）。

(a)　基本原則について

「当裁判所も、基本事件の訴訟費用は第一、二審とも抗告人の負担とするのが相当と判断するが、その理由は、原決定が説示するとおりである。」

(b)　個別事情について

「相手方らにつきハンセン病補償法に基づく補償金支給決定がされたことから、相手方らは基本事件の訴えを取り下げたものである。この場合における訴訟費用の負担につき民事訴訟法七三条を適用するについては、同法六四条を類推するのが相当である。」

「抗告人が改正法を制定したことにより、相手方らが基本事件の訴えを提起した目的は達せられたのであるから、相手方らは、基本事件において実質的に全部勝訴したのと同視することができる。」

(c)　結論と適用条文について

「よって、本件抗告は理由がないので棄却することとし、主文のとおり決定する。」

2　判例の考え方

最近の判例を概観したが、その数は少ないとはいえ、現在の問題の状況やそれに対する現在の判例の考え方を知ることができる。それをまとめてみると、次のようになる。

第一に、訴訟中に原告の訴えの目的が達成された場合は、訴訟は訴えの取下げ（㉞㉟㊱）か、あるいは請求の放棄（㉝）によって終了する。

第二に、このような場合は訴訟費用は原告が敗訴者として負担するのが原則であるが、判例は原告を敗訴者として扱わない特段の事情があるか否かを検討する。具体的にいうならば、「原告の訴訟追行は不成功だったのか否か」（㉝）であり、「敗訴と同視すべきでない事情の有無」（㉞㉟）である。あるいは「原告は実質的に全部勝訴したのと同視できるか否か」（㊱）である。これらはそれぞれ表現は異なるが、考え方は同じであり、これが判例理論であると思う。

第三に、判例は実質的な勝敗を判断するに際して、事件の経過や訴えを取り下げたり請求の放棄をしたりした原告の動機を重視している（㉝〜㊱）。

第四に、判例が六一条を適用しないで、実質的に判断する場合の法的根拠は六四条である。すなわち、㉝㉟㊱は六四条の類推を根拠にしている。㉞は決定本文の中では六四条を挙げていないが、決定の最後の適用条文の中で六四条を挙げている[35]。

なお本章において重視した六二条については㉝㉟㊱は挙げていないが、㉞は挙げている。これは六二条を無視するか軽視することに他ならないが、これこそが最近の判例の特色である。過去の判例が六二条を重視したことを想起するならば（第二節）、最近の判例はそれとの断絶であり、過去の判例とは連続しない新たな立場と考えるべきであろう。

3　判例の評価

これらの判例の見解は妥当であるとの評価を学界からは得ると思うが、訴訟終了宣言を様々な観点から多角的に考察した本書の立場からすると、判例が説く理由には次のような点に疑問がある。

第一に、立法沿革という観点から判例の説くような解釈は無理がある。すなわち、訴訟費用の裁判において裁判所が当事者の訴訟活動の不成功の有無を調べたり、実質的な勝訴者を判断することが適切かという疑問である。ドイツの訴訟終了宣言の制度の誕生と展開を見て分かることは（第二編第一章）、ドイツ民事訴訟法が訴訟費用の負担を決める原則として結果責任主義を採用した主たる理由は、本案の勝訴者をより保護するためであるということである。すなわち、訴訟費用の裁判を厳密に行うことによって、勝訴者が訴訟費用の賠償を受けられないことを避けるためである。そうであるならば、訴訟費用の裁判は形式的・画一的な基準で簡易・迅速に行うことが求められる。このように考えると、審理の経過から実質的な勝訴者は誰かとか、当事者の訴訟活動が不成功か否かを基準に訴訟費用の負担者を考えるという方法は、明らかにこれに反する。そして日本法はそのようなドイツ法を継受したのであるから（第三編第三章）、訴訟費用の裁判において負担者を実質的な観点から裁判所が判断することは、立法沿革や立法者の意思に反するように思う。しかも、判例は一方で結果責任主義が原則であることを肯定しているから、特別な事情があるか否かについて実質的に審理・判断することは、原則を軽視ないしは否定することであり、矛盾していると評せざるをえない。

確かに六四条は、裁判所が訴訟費用の負担に関して裁量によって判断することを規定している。この点は明治二三年の民訴法七三条やそれが継受したZPO九二条と異なった規定の内容である。しかし、それは日本法がドイツ法と決別するという意味ではなく、ドイツ法が結果責任主義の例外について個別的に規定したものを、日本法は単に一般化しただけである[36]。すなわち、訴訟費用の裁判について、全面的に裁判所にフリーハンドを与えたわけではない。

これに関して鈴木忠一判事は、旧民訴法九二条本文について次のように述べている（鈴木・参資二1・民訴講座九四三頁）。「此は裁判所の自由裁量に一任したのではなく、理論上は民訴九八条の原則が適用され各当事者をしてその敗訴部分に応じて負担せしむべきであるが（学説も之を是認する……）、単に勝敗の価額のみを対比して数学的正確さを以て按分すべきことを要求して居ないのに止まる（大判明四二・一一・一五民録一五輯八八三頁）。このことは民訴九二条但書からしても推知し得る。」（筆者注、民訴九二条は現行法六四条に相当する規定である。なお民訴九八条は八九条〔現行法六一条相当〕の誤植ではないかと思う）。

要するに、六四条は裁判所の裁量を認めて、明治二三年の民訴法七三条やＺＰＯ九二条と規定の仕方は異なるが、それは六二条と同様に、法律の規定の仕方（表現）の違いであり、原理・原則を変更したものでない。なお六二条の沿革については第三章第三節で、日本の民事訴訟法とドイツの民事訴訟法との規定の仕方の違いについては、同・第四節で述べたところである。

第二に、判例は当事者が全部敗訴のような場合にも六四条を類推して相手方に訴訟費用を負担させるが、法文は「一部敗訴の場合」と限定しているから、全部敗訴の場合にまで裁判所の裁量を認めるのは、類推の根拠が不十分である。もっとも全部敗訴の場合に裁量による裁判をするとしても問題はないし合理的であるから、六四条の適用ではなく類推であると反論するかもしれない。しかし、法が裁判所に対して裁量による裁判を許容したのは、一部敗訴の多様性によるものである。一部敗訴の場合は一律に対処するのではなく、個々の状況に応じて対応する方が適切であると考えたからである。したがって、裁判の裁量が許されるのは一部敗訴という場面に限られ、全部敗訴の場合はこの規定を適用してはならないというのが率直な法文の解釈である。例外的な規定は拡張してはならないというのが法解釈の原則である[37]。

第三に、規定の沿革や文言を考慮することなく、自由な立場で問題の処理を考えたとしても、判例が説く方法は妥当性を欠く。今日の状況は立法当時と社会状況は異なるし、法の解釈において立法沿革や立法者の意思に固執する必要はないとの立場から、妥当な解決を何事にも拘束されずに構成することは可能である。しかし、判例の方法には裁判を担当する裁判所という観点から問題がある。従前の訴訟を担当した裁判所ではなく、訴訟経過を知らない裁判所が担当するからである（民訴法七三条一項）。訴訟費用の裁判が本案の裁判と付随してなされるのは、本案の裁判によって審理は尽くされたと思える基礎が存在するからである。ところが判例の方法は従来の裁判機関でない裁判所が従前の裁判の経過を調べて、それによって裁判するというのであるから、裁判を正当化するための条件が不十分といわざるをえない(38)。

第四は、当事者の手続保障という点で問題がある。一番の利害関係者である当事者が、裁判手続に参加することが保障されていないことである。繰り返しになるが、通常の場合、本案の審理に基づき本案判決がなされ、同時に訴訟費用の裁判がなされることになっている。そこでは本案の審理において当事者の手続は十分に保障されているし、裁判所も審理の過程で当事者の主張や訴訟活動は把握できるから、訴訟費用の裁判における当事者の手続保障は問題にならない。ところが本案の裁判がなされない場合は本案の審理がないから、訴訟費用の裁判には当事者の手続は十分に保障されていない。そういう状況において、訴訟費用の裁判は行われている。当事者間で争いがある場合にも、当事者の手続参加を十分に保障することのない手続で対応し、裁判所の裁量で決着を付けるのは問題である。訴訟費用の問題とはいえ、当事者間で紛争があるならば、通常の民事紛争と異ならないから、口頭弁論を経て判決で処理すべきである。七三条が準用する規定は本案の裁判を前提にした規定であるから、本案の審理がなされていない場合は、準用に際して慎重な配慮が必要である。

第五は、ドイツ法系の民事訴訟法という国際的な観点からみて、判例の方法は説得力が十分でないように思う。換言すれば、判例の解決方法に普遍性という点で問題があり、日本でしか通用しないものではないかという疑問である。もちろん、普遍性を過度に強調して、いかなる国においても同じ手続で処理すべきであると主張するものではない。しかし、外国との交流が飛躍的に増大した現代社会においては、外国から奇異な感じを受けることのないように心掛ける必要があるし、外国からの無用な批判は避けなければならない。訴訟終了宣言は、既に述べたような判例の問題を克服するためにドイツで発展した制度であり（第二編第一章）、判例のような裁判所の裁量による解決という方法は、ドイツでは限定的である。すなわち、裁判官の裁量による解決方法は、当事者が合意した場合（双方的訴訟終了宣言）と、訴訟係属前の訴えの取下げの場合（ＺＰＯ二六九条三項三段）だけに認められていて、それ以外は否定的である（同・第二章第二節４Ｂ）。その理由は一般的に拡張した場合、当事者の手続保障の観点から問題があるからである（拙稿・㉓〔訴訟経済〕八八頁以下）。当事者の手続保障による裁判内容の正当化という視点は、日本においても近年強調されているから、このようなドイツの状況は学ばなければならない。さらに、ドイツ法系の民事訴訟法に属するオーストリア民事訴訟法やスイス民事訴訟法において訴訟終了宣言について関心が示されているが（同・第三章・第四章）、そのことは訴訟終了宣言の制度の持つ普遍性を物語るように思う。ドイツでは裁判官の裁量に対して批判的な意見が多いが、それはナチスの司法制度に対する反省という面がないとは思わないが、争いごとは原則として通常の裁判手続によって処理すべきであるという、手続についての意識の反映と理解すべきであろう。

４　新たな解決策の提言

さて判例の方法を批判するならば、どう対応したらよいのかということになる。立法がない以上、解決の内容が不当であっても法の欠缺であるからいたしかたないという意見があるが（第二節注(10)）、それはあまりにも形式的であり結論の妥当性を欠く。しかも、立法による解決は時間がかかるから簡単ではなく、現実的ではない（第二章第二節）。本書の立場からすれば、このような事態に適切に対応するための制度が訴訟終了宣言ということになる。そもそも裁判所が訴訟費用の負担の裁判を実質的な観点から行うならば、判断基準が明確でないことから裁判官によって判断に差異が生じるのではないかという危惧もある。そのようなことから、ドイツでは結果責任を堅持して（第二編第一章第四節３）、訴訟経済を優先させるにしても裁判官の裁量による判断を訴訟係属前の訴えの取下げの場合に限定している（同・第二章第二節４Ｂ）。それでもドイツではこのような立法を批判する学説は存在するし、訴えの取下げという当事者の一方的な行為に基づいてなされる訴訟費用の裁判は、憲法の平等原則違反であるという下級審の判例や学説が展開している（拙稿・㉓〔訴訟経済〕七八頁以下）。ところが訴訟終了宣言については問題はいろいろ指摘されているにしても、そのような批判は存在しない。それは当事者間で争いがない場合は双方的訴訟終了宣言（第一編第二章）によって処理し、争いがある場合は一方的訴訟終了宣言（同・第三章）で対応することになっているからである。すなわち訴訟経済と当事者の手続保障という対立的な緊張関係を、別々の制度を用意して解消させているからである。そのような観点から日本の判例の処理方法を見ると、当事者間で争いがあるにもかかわらず、双方的訴訟終了宣言と同じような手法で対応しているように見える。当事者間で訴訟の終了の原因や訴訟費用の負担に関して争いがある以上、一方的訴訟終了宣言で対応すべきであるというのが本書の主張である。

（35）　これと反対なのが㉟である。㉟は決定理由において「六四条を類推して」と述べているが、決定理由の最後の根拠条文を挙げる箇所では六四条を挙げていない。なお㉝は決定理由の中で「六四条を類推して」と述べ、決定理由の最後の根拠条文を挙げる箇所にも六四条を挙げている。㊱は決定理由の最後に根拠条文を挙げていない。

（36）　注解民訴二版（参資二2）・四五頁〔小室直人＝宮本聖司〕、注釈民訴（参資二2）・四五二頁〔東松文雄〕。なお大正一五年二月二二日に池田寅二郎政府委員は貴族院において旧九二条について、「現行法ノ主義トスル所ト変リハナイノデアリマス」と述べている（「大正一五年二月二二日貴族院民事訴訟法中改正法律案外一件特別委員小委員会議事速記録第三号」松本ほか・立法資料全集一三巻〔第三章の最後の「略語一覧」参照〕〔資料六四六〕三九九頁以下）。

ところで旧九二条の淵源（各草案の条名の変遷）を第三章で述べた各草案についての略語を使用して略述すれば（第三章の最後の「略語一覧」参照）、次のようにまとめることができる。第五案・議会提出九二条、第四案九二条、第三案八八条、第二案・議場用八五条、第一案・議案八五条、起草委員会案八五条、第一案・決議案八二条、明治二三年の民訴法七三条である。

(37)　法解釈の在り方を示す法諺として、「例外規定に定められていないことは、原則規定を適用すべきである」というものがある。これについては、拙稿「民事訴訟法第三一九条について―最高裁判所と口頭弁論―」法学研究八二巻一二号（加藤修教授退職記念号）三九頁注(34)(二〇一〇年）で述べたことがある。

(38)　刑事訴訟法一八七条は、「裁判によらないで訴訟手続が終了する場合において、訴訟費用を負担させるときは、最終に事件が係属した裁判所が職権によってその決定をしなければならない。」と規定している。なお刑事訴訟法における訴訟費用負担の原則については、拙稿・⑪〔判例〕一二〇頁注(33)で述べたことがある。

ところで伊藤正己裁判官は刑事訴訟法の訴訟費用の負担の裁判に関して、裁量権を逸脱して違法な場合がありうるとして、最三小判昭和六三年九月二七日裁判集刑事二五〇号一三九頁（判例時報一二九〇号一五二頁、判例タイムズ六八一号一二五頁）において、伊藤裁判官自らが後に使用した表現をそのまま引用すれば、「一種の警告的な示唆を行った補足意見」を書いたことがある。これを執筆した動機について、伊藤裁判官は、「刑事訴訟費用は刑の言渡しをうけた被告人が負担するのが当然であるとして、いささか安易に判断されているのではないかという憂慮がその基礎にあるが、これは無用な心配であろうか。」と述べている（『裁判官と学者の間』二五八頁（有斐閣、一九九三年））。

この補足意見の中で注目すべきは次の一節であり、伊藤裁判官は訴訟費用裁判における裁判所の裁量の根拠について、審判に当たった裁判所が裁判を適切になしうるとしている点である。

「私見によれば、抽象的な基準としては、当該事件の審理上必要と認められる処分のために要した費用であって、審理の経過とその結果からみて被告人に負担させるのが相当と考えられる費用は、被告人に負担させるという刑訴法一八一条一項の趣旨にかなうものと考えられる。そして、この基準に該当するかどうかの判断は、審判に当たった裁判所が最も適切になしうるものであるから、その決定は、当該裁判所の広い裁量権に委ねられているものというべきであり、総合的に判断してこの裁量権を逸脱したと認められる場合に負担を命じたときに、それが違法になると考えられる。」

第六節　おわりに

本章においては関連する判例を整理しながら、判例の現状を認識しつつ、その問題点を考察した。特に問題なのは最近の判例の傾向である（第五節）。判例は判決によらない訴訟終了の場合の訴訟費用の裁判について、六四条の「裁量で定める」という文言に注目して、類推解釈の手法によって裁量による裁判を正当化する。そこでは六四条の立法の経緯や従来の判例の処理方法を考慮することはないし、当事者に対する手続保障の配慮も見られない。換言すれば、自らのバランス（衡平な）感覚に基づいて処理すれば、何ら問題は生じないという自信と裁量による裁判に対する楽観的な姿勢が見える。しかし、訴訟費用の裁判は、その実質は通常の金銭の支払いをめぐる紛争と大差ないことを考えると、裁判の正当性は民事訴訟の基本原則に立ち返り、通常の民事訴訟手続と同じような原則や手続によって確保すべきである。確かに訴訟費用の裁判は付随的な裁判であるから、裁量による裁判は必要であり効率的であるかもしれない。しかし、訴訟費用の裁判の正当性は本案の裁判が担保しているという構造は、看過してはならないであろう。したがって本案の裁判がない場合は訴訟費用の裁判の正当性は当然に生じるものではない。それをいかに確保するかが問題になる。判例は六四条の類推を根拠に裁量による裁判を正当化するが、六四条が本案の裁判に付随してなされる場合の規定であることを考えると、その説明は十分なものではない。すなわち、判例の説く裁量による裁判の正当性に対する疑念は払拭されていない。

そもそも訴訟費用の裁判に問題があるという指摘は、決して目新しいことではない。訴訟費用の裁判に対する疑念や批判は、昔から言われてきたからである[39]。にもかかわらずここで改めて問題を提起するのは、判例や立法当局は問題点は分かっていながら十分に対応してこなかったか、あるいは対応できなかったということを明らかにするためである。判例の主たる役目は眼前の紛争を解決することであるから、このことは致し方ないことであり、批判すべきことではない。批判すべきは、判例が現状を正当化するための根拠として利用されることである。重要なことは判例の現状を批判的に考察し、現状を変える努力をすることである。このことは訴訟費用の問題は訴訟制度の健全な運営に密接な関係があることを考えるならば[40]、必要なことであり、研究者の当然の責務である。

このように考えると、裁量による裁判に安易に依存して事足りるとすることや、当事者を主体とする裁判手続を軽視することは許されない。現状を打破するためにも、最近の我が国の権利意識の向上とその育成を促す時代の要請からも、さらには手続保障や当事者権というような観点からも、新たな問題解決策を模索すべきである。そこでこれらの要請に応えられる解決策として、ドイツの訴訟終了宣言の制度に注目すべきであるというのが私見である。ドイツでは前記のような意識から判例と学説が訴訟終了宣言の制度を創設し、それを定着させたからである。そしてさらに、ドイツでの実績を誇る訴訟終了宣言の制度を、解釈論として日本に導入すべきであるというのが私見の結論である。民事訴訟制度の改善にとっても有効であり、一番効率的であるからである。

訴訟終了宣言の制度が認められると、訴訟上の和解、請求の放棄・認諾、訴えの取下げの他に、それと並んで当事者による訴訟終了事由が一つ増えることになる。これは当事者としては訴訟活動の選択の幅が広がることになるし、裁判所としても事案処理の方法が一つ増えることでもある。しかも重要なことは、終了宣言による問題の処理は、従来裁判所のやってきたことの延長線上のこととして位置付けられるということである。訴訟終了宣言を認めるということは、決して急激な制度の変革ではなく、静かな改革であり、その意味で現状の改善というべきである。しかも、ドイツでの実績がそのまま利用できるから効率的である。

(39)　例えば、草案審議の段階で問題になっている。大正一一年四月一八日の第一一回の民事訴訟法改正調査委員会の席上である。松岡義正委員は訴訟費用の裁判について、負担は正確に調査してやらねばならぬということになると、そのために訴訟が遅延するから、およそ三分の一とか四分の一とかというように定めてやると説明している。これに対して岡野敬次郎委員は、次のような意見を述べている。「あなたの御話は趣旨は頗る賛成でそれが又実際だろうと思う、それで此法文には大層立派に決めるように書いてあるけれども、実際は斯ういかない、好加減なことをやる、それでは法文に合わない、依って実際此負担を極めるには今御話になるように法文を拵えた方が宜くはないか。」（「民事訴訟法改正調査委員会第一一回（大正一一年四月一八日）」松本ほか・立法資料全集一二巻〔第三章の最後の「略語一覧」参照〕〔資料五八九〕一五五頁。なお引用に際して、原文を現代表記に改めた）。

訴訟費用の裁判が実務で軽視され、問題点が十分考察されていないことを実務家自身が自覚していることについては、第三章第三節注(54)で紹介した。また六二条に関してではあるが、裁量による判断が求められていても実際には行われていないことについては、同・本文7Cで述べた。

(40)　今から半世紀以上も前になるが、三ケ月章博士は訴訟費用の問題の重要性を強調されたが、このことについては第三章第三節注(56)で紹介した。

引用判例の一覧（判例番号順）

① 東京控判昭和九年七月二三日法律新聞三七四八号四頁
② 東京控判昭和九年九月二九日法律新聞三七八九号四頁
③ 大阪地判昭和四三年六月一七日判例タイムズ二二五号一九四頁
④ 東京高決昭和三三年九月二四日判例時報一六九号一三頁＝東高民時報九巻九号一六四頁
⑤ 札幌高決昭和三四年九月一五日下民集一〇巻九号一九四二頁
⑥ 札幌高決昭和三九年一一月一二日高民集一七巻七号四八九頁
⑦ 東京地決昭和四四年六月一六日訟務月報一五巻一〇号一一三七頁
⑧ 東京高決昭和四四年一〇月三日訟務月報一五巻一〇号一一四〇頁（⑦の再抗告審決定）

⑨　東京地判大正八年一一月二九日法律新聞一六六四号一八頁
⑩　大阪地判昭和三〇年一一月二日下民集六巻一一号二三二三頁
⑪　最二小判昭和二六年一二月二八日ジュリスト五号三九頁
⑫　大阪高判昭和四七年四月一七日判例タイムズ二八〇号二四〇頁＝判例時報六七九号二三頁
⑬　大津地判大正四年一二月二五日法律新聞一〇七一号一四頁＝法律評論四巻民訴三二九頁
⑭　東京区判大正一一年一月二七日法律評論一一巻民訴一〇二頁
⑮　東京控判大正一四年三月二五日法律新報三九号一七頁
⑯　松山地判昭和三六年八月二三日判例時報二七七号二八頁
⑰　東京控判（裁判年月日不明、明治四一年(ネ)五二九号）法律新聞六六五号（明治四三年九月一五日号）一一頁
⑱　東京区判大正二年一〇月二〇日法律評論二巻民訴二九三頁
⑲　東京控判大正一四年四月一三日法律評論一四巻民訴三八六頁
⑳　東京区判昭和五年五月三一日法律新聞三一五七号一二頁
㉑　東京地判昭和四五年四月七日ジュリスト四七二号七頁
㉒　千葉地判昭和六〇年五月一〇日金融・商事判例七二八号三五頁＝判例タイムズ五六二号一二三頁
㉓　最二小判昭和二七年二月一五日民集六巻二号八八頁
㉔　高松高判昭和三〇年四月三〇日高民集八巻三号二二一頁＝行裁例集六巻四号一一一四頁
㉕　京都地判昭和四八年一二月一二日訟務月報二〇巻五号一二四頁
㉖　名古屋高金沢支判昭和四六年九月二九日訟務月報一七巻一〇号一六二六頁＝判例時報六四六号一二頁
㉗　大阪地判昭和四三年六月二四日訟務月報一四巻一二号一四二二頁
㉘　横浜地判昭和五一年一一月二六日訟務月報二二巻一二号二九一二頁
㉙　東京控判昭和九年二月一四日法律評論二三巻民訴一四三頁
㉚　大阪高判昭和四六年八月六日判例タイムズ二六七号二四二頁

㉛　大阪高判昭和五三年一二月一三日判例タイムズ三八〇号一五一頁
㉜　最大判昭和二八年一二月二三日民集七巻一三号一五六一頁
㉝　東京地決平成一一年四月一九日判例タイムズ一〇一五号二七四頁
㉞　大阪地決平成一八年一月一九日判例タイムズ一二〇九号三〇九頁
㉟　東京地決平成一八年九月一五日判例タイムズ一二三四号六五頁
㊱　東京高決平成一八年一一月二四日判例時報一九五七号六四頁（㉟の抗告審決定）

なおこの他に、引用した判例は次のとおりである。

東京控判明治四二年一〇月二八日法律新聞六一三号一二頁（注(10)）。
東京高判昭和五一年七月八日判例時報八三五号七六頁（注(5)）。

引用判例の一覧（裁判年月日順）

東京控判明治四二年一〇月二八日法律新聞六一三号一二頁（注(10)）
東京控判（裁判年月日不明、明治四一年(ネ)五二九号）法律新聞六六五号（明治四三年九月一五日号）一一頁　⑰
東京区判大正二年一〇月二〇日法律評論二巻民訴二九三頁　⑱
大津地判大正四年一二月二五日法律新聞一〇七一号一四頁＝法律評論四巻民訴三二九頁　⑬
東京地判大正八年一一月二九日法律新聞一六六四号一八頁　⑨
東京区判大正一一年一月二七日法律評論一一巻民訴一〇二頁　⑭
東京控判大正一四年三月二五日法律新報三九号一七頁　⑮
東京控判大正一四年四月一三日法律評論一四巻民訴三八六頁　⑲
東京区判昭和五年五月三一日法律新聞三一五七号一二頁　⑳

東京控判昭和九年二月一四日法律評論二三巻民訴一四三頁　㉙
東京控判昭和九年七月二三日法律新聞三七四八号四頁　①
東京控判昭和九年九月二九日法律新聞三七八九号四頁　②
最二小判昭和二六年一二月二八日ジュリスト五号三九頁　⑪
最二小判昭和二七年二月一五日民集六巻二号八八頁　㉓
最大判昭和二八年一二月二三日民集七巻一三号一五六一頁　㉜
高松高判昭和三〇年四月三〇日高民集八巻三号二二一頁＝行裁例集六巻四号一一一四頁　㉔
大阪地判昭和三〇年一一月二日下民集六巻一一号二三二三頁　⑩
東京高決昭和三三年九月二四日判例時報一六九号一三頁＝東高民時報九巻九号一六四頁　④
札幌高決昭和三四年九月一五日下民集一〇巻九号一九四二頁　⑤
松山地判昭和三六年八月二三日判例時報二七七号二八頁　⑯
札幌高決昭和三九年一一月一二日高民集一七巻七号四八九頁　⑥
大阪地判昭和四三年六月一七日判例タイムズ二二五号一九四頁　③
大阪地判昭和四三年六月二四日訟務月報一四巻一二号一四二二頁　㉗
東京地決昭和四四年六月一六日訟務月報一五巻一〇号一一三七頁　⑦
東京高決昭和四四年一〇月三日訟務月報一五巻一〇号一一四〇頁（⑦の再抗告審決定）　⑧
東京地判昭和四五年四月七日ジュリスト四七二号七頁　㉑
大阪高判昭和四六年八月六日判例タイムズ二六七号二四二頁　㉚
名古屋高金沢支判昭和四六年九月二九日訟務月報一七巻一〇号一六二六頁＝判例時報六四六号一二頁　㉖
大阪高判昭和四七年四月一七日判例タイムズ二八〇号二四〇頁＝判例時報六七九号二三頁　⑫
京都地判昭和四八年一二月一二日訟務月報二〇巻五号一二四頁　㉕
東京高判昭和五一年七月八日判例時報八三五号七六頁（注（５））

横浜地判昭和五一年一一月二六日訟務月報二二巻一二号二九一二頁　㉘
大阪高判昭和五三年一二月一三日判例タイムズ三八〇号一五一頁　㉛
千葉地判昭和六〇年五月一〇日金融・商事判例七二八号三五頁＝判例タイムズ五六二号一二三頁　㉒
東京地決平成一一年四月一九日判例タイムズ一〇一五号二七四頁　㉝
大阪地決平成一八年一月一九日判例タイムズ一二〇九号三〇九頁　㉞
東京地決平成一八年九月一五日判例タイムズ一二三四号六五頁　㉟
東京高決平成一八年一一月二四日判例時報一九五七号六四頁　㊱（㉟の抗告審決定）

参考資料

一　ドイツ民事訴訟法第九一条ａ（＝ＺＰＯ九一条ａ）の条文の変遷史

1　一九四二年の第三簡素化令第四条第一項による立法

A　ＺＰＯ九一条ａが継受した規定

「両当事者が本案の訴訟が終了した旨を宣言したときは、裁判所は訴訟費用について、従前の事実状態及び訴訟状態を考慮して、衡平な裁量により裁判する。裁判は決定で行い、不服申立ては認めない。」

Verordnung zur weiteren Vereinfachung der Gerichtsverfassung, der bürgerlichen Rechtspflege und des Kostenrechts（Dritte Vereinfachungsverordnung — 3. VereinfV）. Vom 16. Mai 1942. Reichsgesetzblatt, Jahrgang1942, Teil I, Nr. 54（Tag der Ausgabe: 20. Mai 1942）, S. 333f.

Haben die Parteien den Rechtsstreit in der Hauptsache für erledigt erklärt, so entscheidet das Gericht über die Kosten unter Berücksichtigung des bisherigen Sach- und Streitstandes nach billigem Ermessen. Die Entscheidung ergeht durch Beschluß und ist unanfechtbar.

＊　なお第二項は次のような規定である。

「民事訴訟法第九九条第二項第三項は廃止する。」

Die Vorschriften des §99 Abs. 2 und 3 der Zivilprozeßordnung werden aufgehoben.

B　コメント

この規定の意味については、第二編第一章第三節にまとめてある。詳しくは、拙稿・①〔生成〕二号五四頁以下、同・㉕〔結果責任〕一三頁以下参照。

2　一九四八年のイギリス地区命令第二条第五号・第六号による改正

A　改正点

⑴　ＺＰＯ九一条の後に、1を⑵のように修正したうえで、九一条ａとして規定する（五号）。

⑵　1の「訴訟費用の裁判に対して不服申立てができない」旨を規定した部分を削除し、⑶のような方法で、「不服申立てができる」ようにする（六号）。

⑶　ＺＰＯ九九条二項として、「九一条ａの訴訟費用の裁判に対して、即時抗告をすることが許されることと、抗告に対する裁判の前に相手方を審尋しなければならない」旨の規定を入れる。

B　改正によるZPO九一条aの内容

「両当事者が本案の訴訟が終了した旨を宣言したときは、裁判所は訴訟費用について、従前の事実状態及び訴訟状態を考慮して、衡平な裁量により裁判する。裁判は決定で行う。」

＊　ZPO第九九条第二項

「本案が請求の認諾に基づき言い渡された敗訴の裁判によって終了した場合、訴訟費用に関する裁判に対しては第五六七条第二項の制約のもとに即時抗告をすることができる。民事訴訟法第九一条ａが規定する訴訟費用の裁判も同様とする。抗告について裁判する前に相手方を審尋しなければならない。」

Verordnung zur Änderung von Vorschriften auf dem Gebiete der Gerichtsverfassung, der bürgerlichen Rechtspflege und des Kostenrechts vom 27. Januar 1948 〔Inkrafttreten: 1. April 1948, VOBl. S. 13〕

Artikel2　Änderung von Vorschtiften der Zivilprozeßordnung

Die Zivilprozeßordnung wird wie folgt geändert: …

5. Hinter §91 wirt folgende Vorschrift als §91a eingefügt:

„§91a

Haben die Parteien den Rechtsstreit in der Hauptsache für erledigt erklärt, so entscheidet das Gericht über die Kosten unter Berücksichtigung des bisherigen Sach- und Streitstandes nach billigem Ermessen. Die Entscheidung ergeht durch Beschluß."

6. §99 erhält folgende Absatz 2:

„Ist die Hauptsache durch eine auf Grund eines Anerkenntnisses ausgesprochene Verurteilung erledigt, so findet gegen die Entscheidung über den Kostenpunkt mit der Beschränkung des §567 Abs. 2 sofortige Beschwerde statt. Das gleiche gilt von der im §91a vorgesehenen Kostenentscheidung. Vor der Entscheidung über die Beschwerde ist der Gegner zu hören."

C　コメント

(1)　改正の理由を記載している資料は見つけることはできなかった。しかし、次の3の政府草案の理由書から、以下のような理由が推測される（第二編第一章第四節１B）。

１は戦争遂行のために、訴訟手続を簡素にして訴訟を迅速に処理するために創設されたものである。しかし、戦争が終了しても訴訟促進は必要であるから、廃止する必要はない。訴訟促進のために、１は実務において成果をあげたことを考えると、１は民事訴訟法に挿入されるべきである。ただし１の上訴を認めないことは戦時下で正当化されることであって、民事訴訟法の体系に調和しない。そこで上訴を認めることによって民事訴訟法に合わせる。

(2)　この規定の意味については、第二編第一章第四節１A

にまとめてある。詳しくは、拙稿・①〔生成〕二号五五頁以下参照。

3　一九五〇年の統一回復法第二条第一一号による改正

A　改正点

(1)　ZPO九一条の後に、1を2A(2)のように修正したうえで、九一条aとして規定する。

(2)　1の「訴訟費用の裁判に対して不服申立てができない」旨を規定した部分を削除し、(3)のような方法で、「不服申立てができる」ようにする。

(3)　ZPO九一条aの二項として、「九一条aの訴訟費用の裁判に対して、即時抗告をすることが許されることと、抗告について裁判する前に相手方を審尋しなければならない」旨の規定を入れる。

(4)　2とは(1)(2)は同じであり、(3)は異なる。すなわち、上訴について九九条二項に規定するのが2であり、九一条a二項に規定するのが3である。

B　改正によるZPO九一条aの内容

「I　両当事者が本案の訴訟が終了した旨を宣言したときは、裁判所は訴訟費用について、従前の事実状態及び訴訟状態を考慮して、衡平な裁量により裁判する。裁判は決定で行う。

II　この裁判に対しては即時抗告をすることができる。抗告について裁判する前に相手方を審尋しなければならない。」

Gesetz zur Wiederherstellung der Rechtseinheit auf dem Gebiete der Gerichtsverfassung, der bürgerlichen Rechtspflege, des Strafverfahrens und des Kostenrechts vom 12. September 1950, BGBl. S. 455

Artikel 2　Änderung der Zivilprozeßordnung

Die Zivilprozeßordnung wird wie folgt geändert:

11. Hinter §91 wird folgende Vorschrift als §91a eingefügt:

„§91a

Haben die Parteien den Rechtsstreit in der Hauptsache für erledigt erklärt, so entscheidet das Gericht über die Kosten unter Berücksichtigung des bisherigen Sach- und Streitstandes nach billigem Ermessen. Die Entscheidung ergeht durch Beschluß.

Gegen die Entscheidung findet sofortige Beschwerde statt. Vor Entscheidung über die Beschwerde ist der Gegner zu hören.“

C　コメント

(1)　2はイギリス占領地域の法であるため、形のうえでは3は2の改正ではなく、1の改正である。しかし、実質的にみれば、3は2を引き継いだものである。したがって、3は

1との違い（A⑴⑵⑶）だけでなく、2との違い（A⑷）に注目する必要がある。

⑵　3において1を民事訴訟法に組み込んだ理由は、2と同じである。しかし、3が上訴の規定の位置を2と異にした理由は、政府草案の理由書からは明らかではないが、次のような理由ではないかと推測している。

1が戦時体制を理由にZPO九九条二項三項を削除したために、終戦により2ではこれを元に戻す必要があった。九九条二項を復活させる際には九一条aの上訴についても規定せざるをえなかったので、簡便に規定する方法として、九九条二項の中に、九一条aの上訴は請求の認諾と同様な扱いをする旨の規定を加える方法を選択した。しかし、終戦後の混乱を脱して西ドイツ全体に通用する民事訴訟法を制定する時に、民事訴訟法の体系という観点から考える必要があった。上訴の方法は本来ならば当該裁判ごとに個別的に規定するものであるから、2の方法は適切ではない。さらに訴訟終了宣言は請求の認諾とは別の制度であることを考えても、九九条二項の中に一緒に規定するのは問題である。

⑶　この規定の意味については、第二編第一章第四節1にまとめてある。詳しくは、拙稿・①〔生成〕二号五五頁以下参照。

4　一九九〇年の司法簡素化法による改正

A　改正点

⑴　3Bの一項一段の冒頭から三語目の後に、「口頭弁論において又は書面の提出により若しくは書記課で調書に記載することにより（in der mündlichen Verhandlung oder durch Einreichung eines Schriftsatzes oder zu Protokoll der Geschäftsstelle）」を追加する。

⑵　3Bの一項一段の最後に「決定で（durch Beschluß）」を追加する。

⑶　3Bの一項二段を次のように変更する。「裁判は決定で行う。（Die Entscheidung ergeht durch Beschluß.）」→「この裁判は口頭弁論を経ないですることができる。（Die Entscheidung kann ohne mündliche Verhandlung ergehen.）」

B　改正によるZPO九一条aの内容

「Ⅰ　①両当事者が口頭弁論において又は書面の提出により若しくは書記課で調書に記載することにより、本案の訴訟が終了した旨を宣言したときは、裁判所は訴訟費用について、従前の事実状態及び訴訟状態を考慮して、衡平な裁量により決定で裁判をする。②この裁判は口頭弁論を経ないですることができる。

Ⅱ　①この裁判に対しては即時抗告をすることができる。

②抗告について裁判する前に相手方を審尋しなければならない。」

Rechtspflege-Vereinfachungsgesetz vom 17. Dezember 1990, BGB1. I S. 2847

I ①Haben die Parteien in der mündlichen Verhandlung oder durch Einreichung eines Schriftsatzes oder zu Protokoll der Geschäftsstelle den Rechtsstreit in der Hauptsache für erledigt erklärt, so entscheidet das Gericht über die Kosten unter Berücksichtigung des bisherigen Sach- und Streitstandes nach billigem Ermessen durch Beschluß. ②Die Entscheidung kann ohne mündliche Verhandlung ergehen.

II ①Gegen die Entscheidung findet sofortige Beschwerde statt. ②Vor der Entscheidung über die Beschwerde ist der Gegner zu hören.

C コメント

(1) 訴訟終了宣言に関して、次のような意見が考えられる。「訴訟終了宣言は口頭弁論においてなされなければならない。訴訟費用の裁判も口頭弁論に基づかなければならない」。しかし、迅速な訴訟という観点からすると、訴訟を終了させる訴訟終了宣言のために期日を開くことは訴訟の遅延の一因になるし、当事者の手続保障が重要としても、本案の手続保障で代替できると考えるならば、口頭弁論での宣言に固執することもない。そうなると訴訟終了宣言は口頭弁論においてなされる必要はないということになる。司法簡素化法はこのような観点から制度を見直し、訴訟終了宣言は書面でもよいし、書記課で調書に記載することによっても許される旨の規定を付加した。

(2) この改正の意味については、第二編第一章第四節2Aにまとめてある。立法理由、立法の経過等の詳細については、拙稿・⑥〔訴訟係属〕一七頁以下参照。

5 二〇〇一年の民事訴訟法改正法による改正

A 改正点

(1) 4Bの一項二段（Ⅰ②）の「この裁判は口頭弁論を経ないですることができる。(Die Entscheidung kann ohne mündliche Verhandlung ergehen.)」は削除する。

(2) 4Bの二項に新二段（Ⅱ②）として、次のような新規定を置く。「本案の価額が第五一一条に規定した額を超えない場合は、この限りではない。(Dies gilt nicht, wenn der Streitwert der Hauptsache den in §511 genannten Betrag nicht übersteigt.)」

(3) 4Bの二項二段（Ⅱ②）は、新二項三段（Ⅱ③）とする。

B　改正によるＺＰＯ九一条ａの内容

「Ｉ　両当事者が口頭弁論において又は書面の提出により若しくは書記課で調書に記載することにより、本案の訴訟が終了した旨を宣言したときは、裁判所は訴訟費用について、従前の事実状態及び訴訟状態を考慮して、衡平な裁量により決定で裁判をする。

Ⅱ　①この裁判に対しては即時抗告をすることができる。②本案の価額が第五一一条に規定した額を超えない場合は、この限りではない。③抗告について裁判する前に相手方を審尋しなければならない。」

Gesetz zur Reform des Zivilprozesses vom 27. Juli 2001, BGBl. I S. 1887

なおこの法律の略称はZivilprozessreformgesetz、略語はZPO-RG

I Haben die Parteien in der mündlichen Verhandlung oder durch Einreichung eines Schriftsatzes oder zu Protokoll der Geschäftsstelle den Rechtsstreit in der Hauptsache für erledigt erklärt, so entscheidet das Gericht über die Kosten unter Berücksichtigung des bisherigen Sach- und Streitstandes nach billigem Ermessen durch Beschluß.

II ① Gegen die Entscheidung findet die sofortige Beschwerde statt. ② Dies gilt nicht, wenn der Streitwert der Hauptsache den in §511 genannten Betrag nicht übersteigt. ③ Vor der Entscheidung über die Beschwerde ist der Gegner zu hören.

C　コメント

(1)　改正の理由について、政府が連邦議会に提出した理由書は次のように述べている（Begründung der Bundesregierung. BT-Drucks. 14/4722. なお［　］は筆者の加筆）。

(a)　第一項の改正について

改正案は、判決でない裁判の場合の任意的口頭弁論について、草案一二四条四項において新たな一般的な規定を置くという変更を行った。これに伴い九一条ａ一項二段の規定、すなわち、本案が終了した場合の訴訟費用の裁判は、口頭弁論を経ないですることができるという規定は［新規定で対応するので］削除した。

(b)　第二項の改正について

この改正は、「民事裁判手続並びに非訟事件手続の簡素化についての法律」の改正案の一条三号における提案を採用した。

訴訟が両当事者の訴訟終了宣言によって本案において終了した場合、裁判所は訴訟費用についてだけ裁判しなければならない。終了宣言がなされると本案についての争いは終了し、もはや本案については争うことはできなくなるから、従来九一条ａ二項は「訴訟費用の裁判は［本案に付帯する裁判ではあるが、上訴が許されるのに］相当な付帯裁判として、即時抗告によって争うことができる」旨を規定していた。この抗告が適法であるために五六七条二項前段が規定する抗告の対象の価額のほかに、控訴対象の価額をも充足しなければならないか否かについては、現在法律は明確には規定していない。判例の一部は集中審理原則を適用して、この問題を肯定している。

九一条a二項一段の改正によって、この判例は法律上の根拠を明白に有することになった。訴訟費用の裁判に対する抗告は、これによれば本案の価額が裁判の時点において草案五一一条の控訴の対象の新価額（六〇〇ユーロ）を超える場合にのみ、許されるということである。

(2) この改正の意味については、第二編第一章第四節2Bにまとめてある。詳しくは拙稿・⑮〔法改正〇二〕一四頁以下参照。

(3) 本改正と同時に、訴えの取下げの規定の中にZPO九一条aに類似した規定が新設された（ZPO二六九条三項三段）。これにより訴訟係属前の訴訟終了宣言の問題は、立法的な解決を見ることになった。そこでこの規定の立法の当否や、この規定と訴訟終了宣言との役割分担等の問題が、今日ドイツで議論されている。

この規定やこの規定をめぐる議論は、日本においても注目すべきである。日本の通説は訴えの取下げで対応できるから、訴訟終了宣言は不要と主張しているからである。訴えの取下げで処理する点で、日本の通説とこの新規定とは共通性がある。

このようなことからZPO二六九条三項三段の新設は、訴訟終了宣言にとって重要である。そこで第二編第一章第四節3は立法前史をまとめている。第二章では、条文の内容・立法理由（第一節）、立法に対するドイツでの評価（第二節）をまとめ、日本での評価（第三節）を論じている（詳細は拙稿・⑮〔法改正〇二〕一九頁以下参照）。

6 二〇〇四年の第一司法現代化法による改正

A 改正点

5Bの第一項の最後に次の一文を挿入する。その結果、従前の一項が一項一段になり、挿入された文章が一項二段になる。

「被告が原告の終了宣言に対して、書面の送達から二週間の不変期間内に異議を述べない場合において、被告がそれに先立ちその効果について説明を受けていたときは、同様とする。」

Dasselbe gilt, wenn der Beklagte der Erledigungserklärung des Klägers nicht innerhalb einer Notfrist von zwei Wochen seit der Zustellung des Schriftsatzes widerspricht, wenn der Beklagte zuvor auf diese Folge hingewiesen worden ist.

B　改正によるZPO九一条aの内容

「I　①両当事者が口頭弁論において又は書面の提出により若しくは書記課で調書に記載することにより、本案の訴訟が終了した旨を宣言したときは、裁判所は訴訟費用について、従前の事実状態及び訴訟状態を考慮して、衡平な裁量により決定で裁判をする。②被告が原告の終了宣言に対して、書面の送達から二週間の不変期間内に異議を述べない場合において、被告がそれに先立ちその効果について説明を受けていたときは、同様とする。

II　①この裁判に対しては即時抗告をすることができる。②本案の価額が第五一一条に規定した額を超えない場合は、この限りではない。③抗告について裁判する前に相手方を審尋しなければならない。」

Erstes Gesetz zur Modernisierung der Justiz vom 24. August 2004, BGBl. I S. 2198

なおこの法律の略称は das 1. Justizmodernisierungsgesetz、略語は das 1. JuMoG

I ① Haben die Parteien in der mündlichen Verhandlung oder durch Einreichung eines Schriftsatzes oder zu Protokoll der Geschäftsstelle den Rechtsstreit in der Hauptsache für erledigt erklärt, so entscheidet das Gericht über die Kosten unter Berücksichtigung des bisherigen Sach- und Streitstandes nach billigem Ermessen durch Beschluss. ② Dasselbe gilt, wenn der Beklagte der Erledigungserklärung des Klägers nicht innerhalb einer Notfrist von zwei Wochen seit der Zustellung des Schriftsatzes widerspricht, wenn der Beklagte zuvor auf diese Folge hingewiesen worden ist.

II ① Gegen die Entscheidung findet die sofortige Beschwerde statt. ② Dies gilt nicht, wenn der Streitwert der Hauptsache den in §511 genannten Betrag nicht übersteigt. ③ Vor der Entscheidung über die Beschwerde ist der Gegner zu hören.

C　コメント

(1)　改正の理由について、政府が連邦議会に提出した理由書は次のように述べている（BT-Drucks. 15/1508, 17. なお［　］は筆者の加筆）。

しばしば被告は裁判所に対して訴えについて一般に態度を示さないが、しかし、そのような態度にもかかわらず、訴状の送達後に求められた請求について履行することがある（例えば、明渡しの訴えの場合）。この場合、原告は訴訟の終了を宣言する。これに対して被告が再び応答しない場合は、従来の法律のままであれば終了について争いがあるものとして審理し、大部分は欠席判決になると思うが、終了を確認する判決をしなければならない。

今回の改正はこの手続を簡素化するために、［二〇〇一年の］民事訴訟法の改正によって訴えの取下げのために二六九条二項四段*に既に導入されていた同意の擬制という法的思考を起用するものである。被告が送達された原告の終了宣言に対して態度を示さない場合、被告の同意が擬制される。この場合、裁判所は記録に書かれた状態を基に九一条aの決定をすることができる。（欠席判決をするためであれ）新たな期日はもはや必要がない。

＊　ZPO二六九条二項四段とは、「訴えの取下げについて被告が二週間の不変期間内に異議を述べない場合に、被告がそれに先立ちこのことの説明を受けていたならば、訴えの取下げの同意があったものとみなす」旨の規定である。

(2)　この改正の意味については、第二編第一章第四節2Cにまとめてある。詳しくは拙稿・⑰〔法改正〇四〕一四頁以下参照。

(3)　本改正と同時に、二〇〇一年に新設されたZPO二六九条三項三段（5C(3)）についても改正がなされた。運用して生じた問題点の改善であり、その具体的な内容は第二編第二章第四節・第五節にまとめてある（詳細は拙稿・⑰〔法改正〇四〕一八頁以下参照）。

二　訴訟終了宣言に関する日本語の文献

＊　従来発表した私の論考等は本書の序章第四節1において「拙稿一覧」としてまとめてあるので、ここでは除いてある。したがって、訴訟終了宣言に関する日本語の文献を知るためには、この「日本語の文献」に拙稿一覧に挙がっている論考等を加える必要がある。

1　論文・解説

＊　著者の姓名の五十音順。なお「＊」を付した文献は、訴訟費用敗訴者負担の原則の沿革に関する文献である。

荒木隆男　「訴訟終了宣言」青山善充＝伊藤眞編『民事訴訟法の争点〔第三版〕』（ジュリスト増刊）二六四頁以下（一九九八年）

石川　明　「債権執行における第三債務者の陳述義務について」『ドイツ強制執行法研究』一一七頁注(21)（成文堂、一九七七年）
　なお初出は法曹時報二八巻八号二三頁注(21)（一九七六年）

石渡　哲　「訴訟終了宣言」三ケ月章＝青山善充編『民事訴訟法の争点〔新版〕』（ジュリスト増刊）三二四頁以下（一九八八年）

遠藤　功　「演習・民事訴訟法」法学教室二七四号一五六頁（二〇〇三年）

大喜多啓光＝西謙二＝佐久間邦夫＝三村量一　『ドイツにおける簡素化法施行後の民事訴訟の運営』一三八頁（法曹会、一九九五年）
　なお本書は、司法研修所が司法研究報告書

四三巻二号（一九九四年）として刊行したものを、法曹会が公刊したものである。

柏木　邦良　『民事訴訟法への視点—ドイツ民訴法管見—』（柏木邦良著作類纂第二巻）三〇頁注（2）（リンパック有限会社、一九九二年）
　なお初出は「西ドイツ民事訴訟法学の現況(2)」ジュリスト四七〇号一二五頁注(2)（一九七一年）

柏木　邦良　『訴訟要件の研究—手続の適法性と訴訟構造—』（柏木邦良著作類纂第四巻）三三一頁以下（リンパック有限会社、一九九四年）
　なお初出は「訴訟要件と訴訟内紛争—単一的訴訟把握に対する一つの反省—」民事訴訟雑誌一九号一三〇頁以下（一九七三年）

片野　三郎　「〈外国判例研究〉非独立附帯上告における訴訟費用の負担」法経論集（愛知大学法学部）一五六号一八九頁以下（二〇〇一年）

金子　宏直*　『民事訴訟費用の負担原則』二六四頁以下（勁草書房、一九九八年）

雉本　朗造　「訴訟行為論」『民事訴訟法論文集』附録一三四頁註（一八）（内外出版印刷株式会社、一九二八年）
　なおこの論文は『民事訴訟法の諸問題』（有斐閣、一九五五年）にも収められている（六四〇頁註（一八））

斎藤　和夫　「再審手続の訴訟物（一）」法学研究四七巻七号五一頁（一九七四年）

鈴木　忠一　「訴訟費用の裁判」民事訴訟法学会編『民事訴訟法講座第三巻』九四〇頁以下（有斐閣、一九五五年）

鈴木　忠一　「民事訴訟に於ける当事者自治の限界と実務上の問題」鈴木忠一＝三ケ月章監修『新・実務民事訴訟講座第一巻』一〇一頁以下（日本評論社、一九八一年）

鈴木　忠一　「非訟事件に於ける手続の終了と受継」鈴木忠一＝三ケ月章監修『新・実務民事訴訟講座第八巻』五八頁以下（日本評論社、一九八一年）

中田　淳一　斎藤常三郎＝中田淳一『独逸民事訴訟法〔I〕』の補遺（現代外国法典叢書⑽）六五七頁、六六二頁以下（有斐閣、一九五五年）

中野貞一郎　「民訴第一九九条第二項について」『訴訟関係と訴訟行為』一五五頁（弘文堂、一九六六年）
　なお初出は『司法研修所創立十周年記念論文集上　民事編』（司法研修所報特集号）四九八頁（司法研修所、一九五八年）

中野貞一郎*　「ドイツにおける訴訟費用敗訴者負担制度について」財団法人法律扶助協会四〇周年記念誌編集委員会『リーガル・エイドの基本問

題』一七五頁以下（法律扶助協会、一九九二年）

中山　幸二　「紹介と批評・中野貞一郎＝石川明編『ゲルハルト・リュケ教授退官記念・民事手続法の改革』」法学研究六九巻九号二一四頁（一九九六年）

半田　吉信　『弁護士報酬敗訴者負担制度の比較研究―ドイツの敗訴者負担原則と日本の裁判実務―』七八頁以下（法律文化社、二〇〇六年）

なお本書は、訴訟費用の敗訴者負担原則の沿革についても論じている（一三頁以下）。この本の訴訟終了宣言に関する記述について批判的に分析したのが、拙稿・⑳〔読み方〕五三頁以下である。

松浦　　馨　「訴訟完結の宣言による訴訟終了」『ドイツ判例百選』（別冊ジュリスト二三号）一五二頁以下（一九六九年）

松本　博之　「本案終了の表示（Erledigungserklärung in der Hauptsache）について」法学雑誌一九巻二号二四九頁以下（一九七二年）

松本　博之　「行政処分取消訴訟における取消対象の消滅と訴えの利益」法学雑誌一九巻三・四合併号六〇八頁以下（一九七三年）

ボルク　ラインハルト・ボルク（三上威彦訳）「二〇〇二年のドイツ民事訴訟法の改正」法学研究七六巻一〇号七八頁（二〇〇三年）

リュケ　G・リュケ（石川明訳）「本案の終結宣言について」石川明訳『ドイツ手続法の諸問題』（翻訳叢書12）六七頁以下（成文堂、一九七九年）

なお初出は法学研究四九巻二号五頁以下（一九七五年）であり、原文はLüke(A)である。

2　注釈書

＊　これらは旧民訴法（大正一五年の民事訴訟法）の注釈書である（刊行順）。現在刊行されている現行民事訴訟法の注釈書において、訴訟終了宣言について言及しているものはないと思う。〔　〕は本書での引用に際しての略語である。

兼子　　一　『条解民事訴訟法上』二六六頁（弘文堂、一九五五年）〔兼子条解〕

兼子一ほか　『条解民事訴訟法』二七四頁〔新堂幸司〕（弘文堂、一九八六年）〔条解民訴〕

斎藤秀夫編　『注解民事訴訟法⑵』七六頁以下〔桜田勝義〕（第一法規出版、一九七一年）〔注解民訴〕

斎藤秀夫ほか編　『注解民事訴訟法⑶〔第二版〕』一〇〇頁以下〔桜田勝義＝宮本聖司＝小室直人〕（第

一法規出版、一九九一年）〔注解民訴二版〕

上田徹一郎＝井上治典編『注釈民事訴訟法⑵』四〇九頁以下〔奈良次郎〕（有斐閣、一九九二年）〔注釈民訴〕

上田徹一郎＝井上治典編『注釈民事訴訟法⑵』四九三頁以下〔東松文雄〕（有斐閣、一九九二年）〔注釈民訴〕

3 体系書

中野貞一郎ほか編『民事訴訟法講義〔第三版〕』三七一頁以下〔松浦馨〕（有斐閣、一九九五年）

＊ 本書での引用に際しては、「中野ほか講義」と表示する。なお訴訟終了宣言に関する記述はこの第三版において初めて加筆されたものではなく、初版三四八頁以下（一九七六年）、補訂二版三四八頁以下（一九八六年）を引き継いだものである。

なお本は第三版で終わり、一九九八年に同じ編者による『新民事訴訟法講義』がこの本の後継書として刊行された。現在では第二版補訂二版（二〇〇八年）であるが、訴訟終了宣言に関する記述は初版からない。

4 ＺＰＯ九一条ａについての翻訳

現在のＺＰＯ九一条ａは二〇〇四年九月一日に施行された「第一司法現代化法」による改正に基づくものであり（第二編第一章第四節２Ｃ）、その私訳は参考資料一６に挙げてある。

これ以前のＺＰＯ九一条ａについては左記のような翻訳がある（拙稿は除く）。なおこれらの翻訳の当否について検討したのが、拙稿・⑨〔翻訳〕一頁以下である。またＺＰＯ九一条ａの文言等の具体的な変遷については、参考資料一にまとめてある。

⑴ 一九九〇年の司法簡素化法（一九九一年四月一日施行）による改正条文の翻訳

荒木　隆男「訴訟終了宣言」青山善充＝伊藤眞編『民事訴訟法の争点〔第三版〕』（ジュリスト増刊）二六四頁（一九九八年）

石川明＝三上威彦　法務大臣官房司法法制調査部編『ドイツ民事訴訟法典（一九九一年一一月一〇日現在）』三五頁（法曹会、一九九二年）

なお本書は、法務大臣官房司法法制調査部が専ら部内における執務の参考用に、法務資料四五〇号（一九九二年）として配布したものを、法曹会が公刊したものである。

ドイツ司法簡素化法研究会「ドイツ『司法簡素化法』について」判例タイムズ七六八号一四頁以下（一九九一年）

吉野正三郎　民事訴訟法典現代化研究会編『各国民事訴訟法参照条文』（日本立法資料全集別巻三四）一五四頁（信山社、一九九五年）

(2)　一九九〇年以前の条文の翻訳

石川　明　『ドイツ手続法の諸問題』（翻訳叢書12）八五頁（成文堂、一九七九年）
なおこれは、リュケ論文（参考資料四、Lüke(A)）を「本案完結の宣言について」と題して翻訳した際に付した解説の箇所である。初出は法学研究四九巻二号一六頁（一九七五年）である。

石川　明　『ドイツ民事訴訟法典（一九八一年三月一日現在）』三七頁（法務大臣官房司法法制調査部司法法制課、一九八二年）
なお本書は法務資料四四〇号として、法務大臣官房司法法制調査部が専ら部内における執務の参考用として印刷し配布したものである。

石渡　哲　「訴訟終了宣言」三ケ月章＝青山善充編『民事訴訟法の争点〔新版〕』（ジュリスト増刊）三一四頁（一九八八年）

中田　淳一　斎藤常三郎＝中田淳一『独逸民事訴訟法〔Ⅰ〕』の補遺（現代外国法典叢書⑽）六六二頁（有斐閣、一九五五年）

松浦　馨　「訴訟完結の宣言による訴訟終了」『ドイツ判例百選』別冊ジュリスト二三号一五二頁（一九六九年）

松本　博之　「本案終了の表示（Erledigungserklärung in der Hauptsache）について」法学雑誌一九巻二号二五三頁（一九七二年）

＊　なお上田徹一郎＝井上治典編『注釈民事訴訟法⑵』四〇九頁〔奈良次郎〕（有斐閣、一九九二年）は、⑵の石川訳（法務資料）を転載している。上田徹一郎＝井上治典編『注釈民事訴訟法⑵』四九四頁〔東松文雄〕（有斐閣、一九九二年）もZPO九一条aの翻訳文を掲載しているが、⑵の石川訳（法務資料）に依拠したものと思われる。両者は漢字と平仮名の使用方法は異なるが、内容は同一である。

三　日本における「訴訟終了宣言」という用語と「それ以外の用語」の使用状況

1　本書では訴訟終了宣言という用語を使用したが、それは、従来この用語を使用してきたからである（序章第四節拙稿一覧参照）。ところで訴訟終了宣言という用語が日本において定着しているかというと、必ずしもそうではない。この制度に関しては左記のようにさまざまな用語が使用されているのが現状である。そこで左記に用語の使用状況をまとめてみた。

なお訴訟終了宣言という用語を使用した理由は述べたことがあるし（拙稿・①〔生成〕二号二六頁注(2)）、それぞれの用語の当否について検討したこともある（同・⑨〔翻訳〕一二頁以下）。しかし、本書で訴訟終了宣言という用語を使用した理由はそのような作業の結果というよりは、多くの人の目に触れる『民事訴訟法の争点』（ジュリスト増刊）が、初版（一九七九年）から三版（一九九八年）までこの用語を使用してきたからである。なお第四版に相当する「新・争点シリーズ4」の『民事訴訟法の争点』（二〇〇九年）では、この項目は削除された。

ところでドイツ行政裁判所法一六一条二項はZPO九一条aを継受したものであるが（第二編第一章第五節1、拙稿・①〔生成〕二号六二頁以下）、この条文に関しても様々な翻訳がなされている（拙稿・⑭〔行訴法〕五頁、一七頁以下）。

2　二の文献と三の文献との関係は、次のようなものである。二の文献の多くは三でも挙げているが、三は二の文献をそれぞれが使用している用語によって分類したものである。しかし、二の文献で三で挙げていない場合がある。すなわち、訴訟終了宣言について述べているが、その際に訴訟終了宣言に関する用語を使用していない場合である。例えば、単にZPO九一条aやZPO二六九条三項三段の説明に終始している場合である。反対に二で挙げていないが、三で挙げている文献がある。訴訟終了宣言について説明したり論じているものではなく、単に訴訟終了宣言がなされるとか、なされたという事実を記述している場合である。

ところで三は訴訟終了宣言についての用語の分類を示すものであるが、単にそれだけではない。この一覧は、どのようなところで訴訟終了宣言という言葉が使用されているのかを、具体的に明らかにしたものである。

3　訴訟終了宣言は、「訴訟」「終了」「宣言」の三つの言葉から成り立っている。日本においてさまざまな用語が誕生したのは、それぞれの言葉に対して別の言葉が用いられたからである。

すなわち、「訴訟」に対しては「本案・事件」、「終了」に対しては「完結・終結」、「宣言」に対しては「表示・中立て・表明」である。これらがいろいろ組み合わさり、多様な用語が形成された。

4　左記の一覧の配列は次のとおりである。先ず用語の冒頭の言葉で区別し、次に使用している文献の多い順に分類した。分類した項目の中の文献は刊行順とした。

なお分類が困難な場合は一番近いものに分類し、ただし書きを付した。また一つの文献でいろいろな使用例が見られる場合は、そのことを付記した。初出の記載は、二に詳細に記載した文献については刊行年だけにした。したがって初出が掲載された雑誌等については、二を参照されたい。

A 訴 訟

① 訴訟終了宣言

上北 武男 「紹介 Grunsky, Wolfgang; Die Veräusserung der streitbefangenen Sache, 1968」民事訴訟雑誌一六号三四九頁（一九七〇年）

斎藤秀夫編 『注解民事訴訟法⑵』七六頁〔桜田勝義〕（第一法規出版、一九七一年）

ただし項目の表題は「訴訟ないし本案終了宣言」であるが、記述においてはこれ以外に「本案終了の表示」とか、「訴訟終了宣言」という表現も見られる。

三ケ月章＝青山善充編 『民事訴訟法の争点』（ジュリスト増刊）一六六頁（一九七九年）

ディーター・ライポルド（森勇訳） 「民事訴訟とイデオロギー―弁論主義を例に―」 ペーター・アーレンス編（小島武司編訳）『西独民事訴訟法の現在』（日本比較法研究所翻訳叢書21）六五頁（中央大学出版部、一九八八年）

三ケ月章＝青山善充編 『民事訴訟法の争点〔新版〕』（ジュリスト増刊）三一四頁（一九八八年）

青山善充＝伊藤眞編 『民事訴訟法の争点〔第三版〕』（ジュリスト増刊）二六四頁（一九九八年）

② 訴訟完結の宣言

兼子 一 『条解民事訴訟法上』二六六頁（弘文堂、一九五五年）

松浦 馨 「訴訟完結の宣言による訴訟終了」『ドイツ判例百選』（別冊ジュリスト二三号）一五二頁以下（一九六九年）

中野貞一郎ほか編 『民事訴訟法講義』三四八頁注（1）〔松浦馨〕（有斐閣、一九七六年）。なお補訂第二版・三四八頁注（1）（一九八六年）、第三版・三七一頁注（1）（一九九五年）

兼子一ほか 『条解民事訴訟法』二七四頁注（1）〔新堂幸司〕（弘文堂、一九八六年）

③ 訴訟終結宣言

石川 明 「債権執行における第三債務者の陳述義務について」『ドイツ強制執行法研究』一一五頁（成文堂、一九七七年。初出は一九七六年）。

B 本 案

④ 本案終了の表示

鈴木 忠一 「訴訟費用の裁判」民事訴訟法学会編『民事

訴訟法講座第三巻』九四一頁（有斐閣、一九五五年）

中野貞一郎　「民訴第一九九条第二項について」『訴訟関係と訴訟行為』一五五頁（弘文堂、一九六六年。初出は一九五八年）。
ただし「本案の終了の裁判」として使用。

松本　博之　「本案終了の表示（Erledigungserklärung in der Hauptsache）について」法学雑誌一九巻二号二四九頁以下（一九七二年）

松本　博之　「紹介　ヴォルラム・ヘンケル『形成的手続行為としての訴の取下』――エドゥアルト・ベッティヘル記念論文集の紹介（五）」法学論叢九一巻二号一二頁以下（一九七二年）

松本　博之　「行政処分取消訴訟における取消対象の消滅と訴えの利益」法学雑誌一九巻三・四合併号六〇八頁以下（一九七三年）

ゴットフリート・バウムゲルテル（伊東乾訳）　「訴訟物の理論」（小泉記念講座選書14号）八頁（慶應義塾大学、一九七三年）

鈴木　忠一　「民事訴訟に於ける当事者自治の限界と実務上の問題」鈴木忠一＝三ケ月章監修『新・実務民事訴訟講座第一巻』一〇一頁以下（日本評論社、一九八一年）

鈴木　忠一　「非訟事件に於ける手続の終了と受継」鈴木忠一＝三ケ月章監修『新・実務民事訴訟講座第八巻』五八頁（日本評論社、一九八一年）。

⑤　本案終了宣言

斎藤秀夫ほか編　『注解民事訴訟法(3)〔第二版〕』一〇〇頁以下〔桜田勝義＝宮本聖司＝小室直人〕（第一法規出版、一九九一年）
ただし項目の表題は「本案（訴訟）終了宣言」であるが、記述においてはこれ以外に、「終了宣言」、「本案終了の宣言」、「本案終了宣言」という表現も見られる。

ペーター・ギレス（小島武司＝上原敏夫＝豊田博昭訳）「消費者団体訴訟をめぐる政策と理論」小島武司＝石川明編訳『ヨーロッパ民事手続法―その現状と課題』一三九頁（中央大学出版部、一九八五年）

P・アーレンス＝H・プリュッティング＝吉野正三郎（松村和徳＝安達栄司訳）　『ドイツ民事訴訟法』五九頁以下（晃洋書房、一九九〇年）
ただし項目の表題は「本案の終了宣言」であるが、記述においては「双方の訴訟終了宣言」、「一方的訴訟終了宣言」が使用されている。

石川明＝三上威彦　法務大臣官房司法法制調査部編『ドイツ民事訴訟法典（一九九一年一一月一〇日現在）』三五頁（法曹会、一九九二年）

大喜多啓光＝西謙二＝佐久間邦夫＝三村量一　司法研修所編『ドイツにおける簡素化法施行後の民事訴訟の運営』一三八頁（法曹会、一九九五年。初出は一九九四年）

⑥　本案完結宣言

中田　淳一　斎藤常三郎＝中田淳一『独逸民事訴訟法〔Ⅰ〕』の補遺（現代外国法典叢書⑽）六五七頁（有斐閣、一九五五年）

G・リュケ（中野貞一郎訳）「民事訴訟上の訴の体系についての覚書」中田淳一先生還暦記念『民事訴訟の理論㊤』三四二頁（有斐閣、一九六九年）

斎藤　和夫　「再審手続の訴訟物（一）」法学研究四七巻七号五一頁（一九七四年）。

ただし「本案完結制度」として使用。

G・リュケ（石川明訳）「本案完結宣言について」石川明訳『ドイツ手続法の諸問題』（翻訳叢書12）六七頁以下（成文堂、一九七九年。初出は一九七五年）

ベンダーほか（三谷忠之ほか訳）『西ドイツ簡素化法入門』一九三頁、二五二頁等〔前田泰〕（ユニオンプレス、一九八三年）。

ただし「本案の完結」として使用。

ドイツ司法簡素化法研究会　「ドイツ『司法簡素化法』について」判例タイムズ七六八号一四頁以下（一九九一年）

ベルンド・ゲッツェ　『独和法律用語辞典』九三頁（成文堂、一九九三年）

なお「本案［訴訟］の完結〈終決〉」と記載されている箇所もある。この場合「訴訟」は補完する用語で、省略できるという意味である。「完結」は「終決」に置き換えることができるという意味である。

⑦　本案終結宣言

石川　明　「債権執行における第三債務者の陳述義務について」『ドイツ強制執行法研究』一一三頁、一一七頁注(21)（成文堂、一九七七年。初出は一九七六年）。

石川　明　『ドイツ民事訴訟法典（一九八一年三月一日現在）』（法務資料四四〇号）三七頁（法務大臣官房司法法制調査部司法法制課、一九八二年）

民事訴訟法典現代語化研究会編　『各国民事訴訟法参照条文』（日本立法資料全集別巻三四）一五四頁〔吉野正三郎〕（信山社、一九九五年）

⑧ 本案完結表明

遠藤　功　「演習・民事訴訟法」法学教室二七四号一五六頁（二〇〇三年）

C 事件

⑨ 事件完結の申立

柏木　邦良　『民事訴訟法への視点―ドイツ民訴法管見―』（柏木邦良著作類纂第二巻）二九頁以下（リンパック有限会社、一九九二年。初出は一九七一年）

柏木　邦良　『訴訟要件の研究―手続の適法性と訴訟構造―』（柏木邦良著作類纂第四巻）三三一頁以下（リンパック有限会社、一九九四年。初出は一九七三年）

D その他

雉本　朗造　「訴訟行為論」『民事訴訟法論文集』附録一三四頁註（一八）（内外出版印刷株式会社、一九二八年。初出の記載なし）＝『民事訴訟法の諸問題』六四〇頁註（一八）（有斐閣、一九五五年。初出の記載なし）はドイツの実務に関して、そこでは「『本案請求ハ解決セラレタリ……』（„die Hauptsache wird für erledigt erklärt“）ト云フカ如キ主文ヲ為スノ例アリ。」と述べている。

半田　吉信　『弁護士報酬敗訴者負担制度の比較研究―ドイツの敗訴者負担原則と日本の裁判実務―』七八頁以下（法律文化社、二〇〇六年）

「本案の事件における紛争解決」という表題のもとで、ＺＰＯ九一条ａについてドイツの民事訴訟法の注釈書の記述を参考にして述べている。その内容を批判的に分析したのが、拙稿・⑳〔読み方〕五三頁以下である。

und Zustellung der Klageschrift, JurBüro 1979, S. 1121ff. (SB)

E. Schneider, Zinsen und Kosten beim Streitwert nach teilweiser Hauptsacheerledigung, JurBüro 1979, S. 1589ff. (SB)

E. Schneider, ZPO-Reform 2002 – Ein kritisches Resümee, MDR 2003, S. 901ff. (SR)

N. Schneider, Die Übergangsvorschriften nach dem RVG, AnwBl. 2004, S. 359ff. (SS)

Schröcker, Prozessaufrechnung als erledigendes Ereignis, NJW 2004, S. 2203ff. (S)

Schulz, Die Erledigung von Rechtsmitteln, JZ 1983, S. 331ff. (SB)

Schumann, Die geglückte Indikatur des Bundesarbeitsgerichts zur Erledigung der Hauptsache, FS Richardi, 2007, S. 403ff. (ML)

Stickelbrock, Inhalt und Grenzen richterlichen Ermessens im Zivilprozess, 2002 (ML)

Thesen, Eintritt und Einrede der Verjährung im Verfügungsverfahren als Erledigung der Hauptsache, WRP 1981, S. 304ff. (SB)

Teubner / Prange, Die hilfsweise Erledigungserklärung, MDR 1989, S. 586ff. (SB)

Ülrich, Die „Erledigung“ der einstweiligen Verfügungsverfahren durch nachlässige Prozeßführung, WRP 1990, S. 651ff. (SB)

Ulrich, Die Erledigung der Hauptsache im Wettbewerbsprozeß, GRUR 1982, S. 14ff. (SB)

Windel, Zur Erledigung der Hauptsache in den Klassischen Verfahren der freiwilligen Gerichtsbarkeit, ZZP 110 (1997), S. 189ff. (SB)

(1990), S. 137ff. (SB)
Herlein / Werner, Die Erledigung der Hauptsache vor Rechtshängigkeit, JA 1995, S. 55ff. (SB)
Hodes, Die „Erledigung der Hauptsache“ und iher Rechtswirkungen, ZZP 66 (1953), S. 386ff. (SB)
Hölscher, Einseitige Erledigung des Rechtsstreits trotz Anerkenntnisses des Beklagten?, WRP 1995, S. 585ff. (SB)
Hölzer, Hauptprobleme der Erledigung der Hauptsache, JurBüro 1982, S. 161ff. (SB)
Horn, Einige Fragen zu § 91a ZPO, NJW 1953, S. 924ff. (SB)
M. Huber, Erstes Gesetz zur Modernisierung der Justiz – Änderungen der ZPO, JuS 2004, S. 873 ff. (SR)
Jestaedt, Die Erledigung der Hauptsache im Patentnichtigkeits- und Patenteinspruchsverfahren, WRP 1994, S. 680ff. (SB)
Kassebohm, Die Kostenentscheidung bei der Stufenklage, NJW 1994, S. 2728ff. (SB)
Löhnig, Aufrechnung als erledigendes Ereignis, JA 2004, S. 10ff. (SB)
Manssen, Die einseitige Erledigungserklärung im Verwaltungsprozeβ, NVwZ 1990, S. 1018ff. (SB)
Mein, Zwifelsfragen zur einseitigen Erledigungserklärung, DRiZ 1958, S. 47ff. (SB)
Meister, Die Erledigung der Hauptsache im Zivilprozeβ – ein Anlaβ zu falscher Gelehrsamkeit, AnwBl. 1988, S. 262ff. (SB)
Meller-Hannich, Die Einrede der Verjährung, JZ 2005, S. 656ff. (S)
Melullis, Zur Unterlassungsvollstreckung aus erledigten Titeln, GRUR 1993, S. 241ff. (SB)
Mertins, Die streitige Erledigung der Hauptsache vor Rechtshängigkeit und die Erledigung im Säumnisverfahren, DRiZ 1989, S. 281ff. (SB)
Merz, Weitere Sachverhaltsaufklärung nach Erledigung der Hauptsache?, ZMR 1983, S. 364ff. (SB)
Richter, Die Erledigung der Hauptsache im Verfahren der freiwilligen Gerichtsbarkeit, Diss Saarbr 1986 (B)
Rixecker, Die Erledigung im Verfahren der Stufenklage, MDR 1985, S. 633ff. (SB)
Röckle, Die einseitige Erledigungserklärung des Klägers im Zivilprozeβ, AnwBl. 1993, S. 317ff. (SB)
Schiffer, „Einheitliche Berufung“ bei gemischter Kostenentscheidung nach §§ 91, 91a ZPO?, ZZP 101 (1988), S. 25ff. (SB)
H. Schmidt, Zum Streitwert bei einseitiger Erledigungserklärung, MDR 1984 S. 372.ff. (SB)
Schmitz, Erledigung des Rechtsstreits im öffentlichen Recht und im Zivilrecht – eine „Rechtvergleichung“, JA 1996, S. 242ff. (SB)
E. Schneider, Erledigung der Hauptsache durch Gutschrift eines Schecks zwischen Einreichung

Deckenbrock / Dötsch, Streitwert bei einseitiger Erledigungserklärung, JurBüro 2003, S. 287ff. （SB）
Deckenbrock / Dötsch, Aktuelle Probleme rund um §269 Abs. 3 Satz 3 ZPO, ProzRB 2005, S. 274ff. （SK）
Deubner, Aktuelles Zivilprozessrecht JuS 2003, S. 892ff.; JuS 2004, S. 484ff.; JuS 2004, S. 1063 ff.; JuS 2006, S. 516ff. （SR）
Donau, Nochmals: Die einseitige Erledigungserklärung des Klägers, MDR 1959, S. 91ff. （SB）
Donau, Die Erledigung der Hauptsache vor Einlegung eines Rechtsmittels, ZZP 67 （1954）, S. 16ff. （SB）
Emde, Unzuständigkeit des angerufenen Gerichts und Kostentragungspflicht nach § 91 a ZPO, MDR 1995, S. 239ff. （SB）
Enders, Einseitige Erledigungserklärung auch bei „Erledigung“ vor Rechtshängigkeit, MDR 1995, S. 665ff. （SB）
Erbacher, Klagerücknahme vor Rechtshängigkeit? Aktuelle Probleme des § 269 Abs. 3 S. 3 ZPO （2005） （SR）
Furtner, Die Erledigung der Hauptsache im Rechtsmittelverfahren, MDR 1961, S. 188ff. （SB）
Furtner, Die Erledigung der Hauptsache im Verfahren des Arrestes und der einstweiligen Verfügung, MDR 1960, S. 451ff. （SB）
Gölzenleuchter / Meier, Zu den Zulässigkeitsvoraussetzungen der sofortigen Beschwerde nach §§ 91a Ⅱ 1, 99 Ⅱ ZPO, NJW 1985, S. 2813ff. （SB）
Göppinger, Zur Anwendung des § 91a ZPO bei Erledigung des Rechtsstreits in Ehesachen, ZZP 67 （1954）, S. 463ff. （SB）
Göppinger, Die Rechtsnatur des Erledigungsantrags, AcP 156 （1956）, S. 473ff. （SB）
Göppinger, Die Erledigungserklärung im Urkunden-, Wechsel- und Scheckprozeβ, ZZP 70 （1957）, S. 221ff. （SB）
Göppinger, Die Erledigungserklärung im Verfahren wegen Arrestes und einstweiliger Verfügung, ZZP 70 （1957）, S. 423ff. （Rb）
Gorski, Die einseitige Erledigungserklärung des Beklagten, DStR 1977, S. 657ff. （SB）
Gottwald, Rechtsmittelzulässigkeit und Erledigung der Hauptsache, NJW 1976, S. 2250ff. （SB）
Grunsky, Grundlagen des Verfahrensrecht^{2}, § 12 （SB）
Habscheid, Die Erledigung der Hauptsache vor Einlegung des Rechtsmittels, MDR 1954, S. 589 ff. （SB）
Habscheid, Die Erledigung der Hauptsache und ihre Rechtsfolgen, Rpfleger 1955, S. 33ff. （SB）
Hase, Verjährung von wettbewerbsrechtlichen Unterlassungsansprüchen und Erledigung der Hauptsache im einstweiligen Verfügungsverfahren, WRP 1985, S. 254ff. （SB）
Heintzmann, Die Anfechtung der gemischten Kostenentscheidung, Festschr. f. G. Baumgärtel

Piekenbrock, Zur Zulässigkeit der hilfsweisen Erledigungserklärung der Hauptsache, ZZP 112 (1999), S. 353ff. (Rb・S・SB)

E. Schneider, Sachverhaltsaufklärung nach Erledigung der Hauptsache, MDR 1976, S. 885ff. (Rb・S)

N. Schneider, Erledigung der Hauptsache bei Aufrechnung des Beklagten – Auswirkungen auf die Kostenentscheidung, MDR 2000, S. 507ff. (S・SB)

Schumann, Erledigungserklärung und Klagerücknahme nach Erledigung der Hauptsache, Festgabe für Vollkommer, 2006, S. 155ff. (Ra・Rc・B・MB・ML・SR・Z)

Smid, Zur Gewährung rechtlichen Gehörs zur Vorbereitung der Kostenentscheidung bei Erledigung des Rechtsstreits in der Hauptsache, MDR 1985, S. 189ff. (ML・SB)

Stuckert, Die Erledigung in der Rechtsmittelinstanz, 2007 (Ra・Z)

Timme, Kosten der Säumnis bei Klagerücknahme, JuS 2005, S. 705ff. (SK・SR)

Ulrich, Die Erledigung der Hauptsache und die Vereinfachung des Verfahrens, NJW 1994, S. 2793ff. (Rb・B・ML・S・SB)

Vossler, Die einseitige Erledigungserklärung vor einem unzuständigen Gericht, NJW 2002, S. 2373ff. (Rb・S・SB)

Wosgien, Konkurs und Erledigung der Hauptsache, 1984 (B・SB)

B　単数の「文献一覧」が記載した文献

Asmussen, Die Erledigung der Hauptsache im Zivilprozeβ, SchlHA 1965, S. 73ff. (SB)

Baumgärtel / Laumen, Die erledigte Schmerzensgeldklage, JA 1980, S. 200ff. (SB)

Bemmann, Das Verhältnis der Erledigungserklärung zum Klageverzicht und zur Klagerücknahme, NJW 1960, S. 230ff. (SB)

Bode, Erledigung der Hauptsache vor Zustellung der Klage – ein Kostenproblem?, JurBüro 1983, S. 647ff. (SB)

Borck, Die einseitige Erledigungserklärung im Unterlassungsrechtsstreit, WRP 1987, S. 8ff. (SB)

Borck, Rückwärts gewandte Feststellungsklage und Fristsetzung nach „Erledigung der Hauptsache“?, WRP 1980, S. 1ff. (SB)

Breuermann, Erledigung der Hauptsache im schriftlichen Vorverfahren, DRiZ 1978, S. 311ff. (SB)

Brüchert, Erledigung eines Rechtsstreits vor Eintritt der Rechtshängigkeit, AnwBl. 1989, S. 80ff. (SB)

Bücking, Zur Möglichkeit der Erledigung der Hauptsache vor Anhängigkeit des Verfahrens, ZZP 88 (1975), S. 307ff. (SB)

載したような順序と略号で表示する。

A　複数の「文献一覧」が記載した文献

Becker-Eberhard, §269 Abs. 3 Satz 3 ZPO – Die Neueröffnung der Debatte um die richtige Behandlung der einseitigen Erledigungserklärung, FS Gerhardt, 2004, S. 25ff.（Ra・MB・S・SK・SR）

Bergerfurth, Erledigung der Hauptsache im Zivilprozess, NJW 1992, S. 1655ff.（Rb・L・ML・S・SB・ZS）

Bernreuther, Die Stufenklage und ihre Erledigung, JA 2001, S. 490ff.（Rb・S）

Billing, Aufrechnung und Erledigung der Hauptsache – BGH NJW 2003, S. 3134ff., JuS 2004, S. 186ff.（L・S・SB）

Bischoff, Aus der Praxis: Erledigungserklärung oder Klageabweisung, JuS 2004, S. 592ff.（L）

Deckenbrock / Dötsch, Die Novellierung des § 269 Ⅲ 3 ZPO, JA 2005, S. 447ff.（Rc・LK・MB・SK・SR）

Deppert, Rechtskraftwirkung und Bemessung der Beschwer einer Entscheidung über die einseitige Erledigungserklärung des Klägers, FS J. Wenzel, 2005, S. 23 ff.（Ra・ML・S）

Ebner, Die Erledigung der Hauptsache im Zivilprozess, JA 1998, S. 784ff.（Rb・S・SB）

El-Gayar, Verjährung und Erledigung der Hauptsache, MDR 1998, S. 698ff.（S・SB）

Gaier, Rechtsmittelerledigung im Zivilprozeβ, JZ 2001, S. 445ff.（ML・S・SB）

Häsemeyer, Beteiligtenverhalten im Zivilrechtsstreits, ZZP 118（2005）, S. 265, 286ff.（S・SR）

Heintzmann, Die Erledigung des Rechtsmittels, ZZP 87（1974）, S. 199ff.（ML・SB）

Heistermann, Die Erledigung der Hauptsache durch Aufrechnung, NJW 2001, S. 3527ff.（Ra・S・SB）

Künzl, Die einseitige Erledigungserklärung im Urteilsverfahren, DB 1990, S. 2370ff.（Rb・ML・S）

Lange, Erledigungserklärung und Erledigungsfeststellungsantrag, NJW 2001, S. 2150ff.（Rb・S・SB）

Liebheit, Erledigung der Hauptsache im Mahnverfahren – Rücknahme eines Streitantrags, NJW 2000, S. 2235ff.（Rb・S）

Müther, § 91 a ZPO bei nur einseitiger Erledigungserklärung?, MDR 1997, S. 528ff.（Rb・S・SB）

Pape / Notthoff, Die Erledigung in der Hauptsache im Zivilprozess, JuS 1995, S. 912ff. u. 1016 u. JuS 1996, S. 148ff., 341 u. 538（Rb・L・ML・S・SB・Z）

F. Peters, Die Einrede der Verjährung als ein den Rechtsstreit in der Hauptsache erledigendes Ereignis, NJW 2001, S. 2289ff.（Rb・S）

利用方法には問題があるとの疑念や批判が生じるかもしれない。しかし，本書で取り上げなかった文献の多くは，それなりの理由がある。第1に，Raが付された論文の多くは，本書の論述の基本である拙稿が発表された後の論文である。その意味で拙稿において参照することはできなかった。したがって，今後論旨を補充する必要はあるにしても，必ずしも執筆時に必要と思われる文献を見落としたということではない。第2に，Rbが付された論文の多くは，訴訟終了宣言の各論的な問題を論じている文献である。これらは総論的な問題を論じる本研究では不要と考えて，あえて考慮しなかった。今後，日本において訴訟終了宣言について各論的な問題に議論が展開した場合に参照されるべき文献である。

第3に，訴訟係属前の訴訟終了宣言の許否に関する問題はかつては大きな争点であったが（拙稿・⑥〔訴訟係属〕1頁以下），2001年の法改正で新設されたZPO 269条3項3段が対応することになり（拙稿・⑮〔法改正〇二〕29頁以下），今日では議論する意味が失われた。つまり，これに関する過去の多くの文献は，その存在理由を大幅に減少させた。そこで，この問題に関する文献を文献一覧として記載すること自体に疑問を有している。第4に，本書の基礎となった論文を執筆した当時に，その文献をあまり評価しなかった場合もある。

さて複数の文献一覧が記載している文献はAに，単数の場合はBに区別して示している。A・Bにおける文献の記載方法は，次のとおりである。

(1)　文献は，「文献一覧」の表記をそのまま表示することを原則としたが，例外的に下記の(2)～(7)のような修正を施している。
(2)　論文の表記においてカンマの使用や頁数の表記に関しては，各文献一覧で異なる。そこで読みやすくするという観点から，本書の使用方法に統一した。具体的には，発行年の後にカンマを使用し，頁数の前に「S.」を，最後に「ff.」等を付した。
(3)　同じ著者の文献の場合は，ドイツの文献一覧は「同」を示すために，「ders.」と表示している。しかし，本書では氏名を繰り返すことにした。
(4)　複数の文献一覧が記載している文献で，各文献一覧において略号等に関して表記に多少の違いがある場合がある。それがRosenberg / Schwab / Gottwaldの文献一覧に記載されているものであれば，その表記を使用した。この本をベースにしたからである（1C)。なおこの本では原論文の題名で使用された「β」を，新正書法に基づいて「SS」に修正している。原論文の「β」表記をそのまま使用すべきであると思うが，この本の表記に従った。
(5)　文献一覧の文献表示において，引用符として「»　«」が使用されている場合，原論文の使用に関係なく，一般的な引用符である「„　“」に変更した。ドイツの文献表示でもこのような扱いが多数見られることと，この方が読みやすいことが理由である。
(6)　文献一覧の文献表示に関する誤記等の間違いは，原論文を参照して訂正した。
(7)　当該文献が記載されている「文献一覧」は，各文献の最後の（　）内に，1Cに記

② 四１B

Ditfurth（S）

Stahnecker（B）

③ 四５J

Knauer / Wolf（SR）

④ 四５K

Deckenbrock / Dötsch, JurBüro（SR）

Saueressig（SR）

Ritter-Schmidt（SR）

Schneider（SS）

C 浩瀚な「文献一覧」が記載しなかった文献

他の文献一覧が記載しているにもかかわらず，Stein / Jonas の注釈書（１B②の Stein / Bork と Stein / Roth）の文献一覧（１C②の SB・SR）が記載していない文献は，次のとおりである。それぞれが異なった文献の評価を行ったからであろう。ただし Ditfurth と Westermeier の場合はそうではない。両者とも Stein / Jonas の文献一覧（SB）の公刊後の文献であるからである。なおこの文献一覧が El-Gayar を記載していないのは，消極的評価ではなくてミスと思われる。

ところで，この文献一覧は Schiller と Stahnecker を記載しないことによって消極的に評価しているが，Shen と Vogeno を記載するのであれば，Schiller と Stahnecker も記載すべきであるというのが私見である。

① 四１A

Kraft（L･S）

Lindacher, JR（ML･S）

② 四１B

Ditfurth（S）

Stahnecker（B）

El-Gayar（Rb･B･ML･Z）

Westermeier（Ra･Rb･B･S･Z）

Schiller（B･S）

3 本書の文献の補完

ドイツの文献一覧において，本書の四の１A・１B・４I・５K に掲載されていない文献を選び出し，それをまとめたものである。したがって，本書の文献一覧を補完するものと位置づけることができる。ところで，補完のための文献が多いと感じるかもしれない。さらにはそのことから本書の論述におけるドイツの文献検索が不十分で，文献の参照の仕方や

Kraft（L・S）
Lindacher, JurA（L・ML・SB）
Lindacher, JR（ML・S）
Lüke（Rb・B・L・ML・S・SB）
Pohle（ML・SB）
Prütting / Wesser（Ra・L・ML・S・SB・Z）
Rixecker（Rb・S・SB）
Schur（SK・SR）
Schwab（Rb・L・ML・S・SB・Z・ZS）
Smid（Rb・ML・S・SB）
Stöhr（Rb・SB）
R. Wolff（SB・SS）

② 四１B

Becker-Eberhard（ML・S・SB）
El-Gayar（Rb・B・ML・Z）
Göppinger（Rb・L・ML・S・Z・ZS）
Schiller（B・S）
Shen（Rb・B・SB）
Vogeno（Rb・B・SB）
Westermeier（Ra・Rb・B・S・Z）

③ 四４I

Bonifacio（Ra・Rc・LK・MB・SB・SK・SR）
Elzer（Ra・Rc・RS・SB・SK・SR・SS）
Schneider（Rc・SR）
Timme（Ra・Rc・SK・SR）

④ 四５K

Dalibor（Ra・Rc・SR）
Deckenbrock / Dötsch, ProzRB（Ra・SK）
Deckenbrock / Dötsch, MDR（Rc・LK・MB・SR）
Tegeder（SB・SR）

B 単数の「文献一覧」が記載した文献

① 四１A

J. Blomeyer（SB）
Donau, JR（SB）
Donau, MDR（SB）
Furtner（SB）
Gamm（SB）
Haubelt（SB）
Hölzer（SB）
Köhnen / Köhnen（SB）
Linke（SB）
Löhnig（SB）
Mössner（SB）
Müller-Tochtermann, NJW 1958（SB）
Müller-Tochtermann, JR（SB）
Müller-Tochtermann, NJW 1959（SB）
Ostendorf（SB）
Reinelt（SB）

② 比較する「文献一覧」

B　=② Baumbach / Hartmann, S. 1067（Ra / Rb に対応）［13］
L　=③ Lüke, S. 253 （Ra / Rb に対応）［17］
LK =③ Lüke, S. 250 f.（Rc に対応）［3］
MB =② MK / Becker-Eberhard, S. 1522（Rc に対応）［5］
ML =② MK / Lindacher, S. 626 f.（Ra / Rb に対応）［30］
S　=③ Schilken, S. 340（Ra / Rb に対応）［41］
SB =② Stein / Bork, S. 469 ff.（Ra / Rb に対応）［111］
SK =③ Schilken, S. 345（Rc に対応）［9］
SR =② Stein / Roth, S. 434 f.（Rc に対応）［11］
SS =② Saenger / Saenger, S. 647（Rc に対応）［4］
Z　=② Zöller / Vollkommer, S. 396（Ra / Rb に対応）［11］
ZS =③ Zeiss / Schreiber, S. 190（Ra / Rb に対応）［7］

2 本書の文献について

下記の一覧は本書の四の１A・１B・４I・５J・５Kに記載した文献が，ドイツの文献一覧において記載されているか否かを示すものである。複数の文献一覧が記載しているものはAに，単数の場合はBに区別して示している。またCは他の文献一覧が記載している文献でも，浩瀚な文献一覧が記載していない場合があることを具体的に示している。

A・B・Cにおける文献の記載方法は，次のとおりである。

(1) 各文献は著者名だけで特定できるので，文献名（論文名）は記載しない。同一著者が複数の論文等を執筆している場合は，それが掲載された雑誌等の略号を付加することによって特定する。

(2) 「文献一覧」が記載している文献の場合は，著者名の後の（　）内に，その「文献一覧」を１Cに記載したような順序と略号で表示する。

A 複数の「文献一覧」が記載した文献

① 四１A

Assmann（Rb・L・ML・S・SB）
Becker-Eberhard（Rb・B・ML・S・SB・Z・ZS）
A. Blomeyer（L・ML・SB）
Brox（L・ML・S・SB・ZS）
Deubner, JuS（L・ML・SB・ZS）
Fischer（Ra・Rb・S・SB）
Grunsky（B・L・ML・S・SB）
Habscheid, FS（ML・SB・Z・ZS）
Habscheid, JZ（L・ML・SB・ZS）
Jost / Sundermann（Rb・L・ML・S・SB・Z）

それは文献一覧の作成された時点での話であり，現時点においてそのまま通用するとは限らない。

博士論文の文献一覧を参考にする場合は，上記のようなことを考慮する必要があり，その結果，五の２・３の文献一覧の作成においては博士論文は参考にしなかった。なお四の１Ｂの中で一番新しい博士論文は，Westermeier のものであるが，それは2005年に刊行されたものである。現時点から見ると，最近の状況は十分に反映されていないと思う。しかし，この博士論文を評価し，記載している文献一覧は少なくないし（２Ａ②），文献を法の改正の前後で区分した③の Rosenberg / Schwab / Gottwald は，(a)と(b)の両方にこの博士論文を記載している。

C　調査対象の「文献一覧」

このような理由から２・３において比較の対象とする注釈書と体系書の文献一覧を選別した。さらにその中から一番重要なものをベースにするために選定した（①)。ベースにするという意味は，その文献一覧が当該文献を選択したか否かの判断を重視して，それが直ちに分かるように，他の文献一覧よりも常に先に表示することである。

以下の各行の表示の意味と略号の役割は，次のとおりである。

(1)　各行の冒頭のアルファベットの１字あるいは２字は，＝の後に記載した本の文献一覧を示すための略号であり，＝の後の丸中数字は，Ｂにおいてそれが記載されている箇所を示している。

(2)　各行末尾の［　］の数字は，訴訟終了宣言や ZPO 269条３項３段の規定について，「文献一覧」が掲載している参考文献の数である。

(3)　略号の掲載の順序は，略号のアルファベット順である。

(4)　２・３に記載した文献が，下記の①②の「文献一覧」に記載されている場合は，この略号を使用してそのことを示す。

①　ベースにする「文献一覧」

Rosenberg / Schwab / Gottwald（Ｂ③）の「文献一覧」

Ra＝上記の本の「訴訟終了宣言」の文献一覧において，「a. 新法に関するもの」と分類されたもの（S. 745）［13］

Rb＝上記の本の「訴訟終了宣言」の文献一覧において，「b. 2001年以前の法律に関するもの」と分類されたもの（S. 745 f.）［27］

Rc＝上記の本の「訴えの取下げ」の文献一覧において，「a. 改革に関するもの」と分類されたもの（S. 728）［8］

(a)新法に関するもの，(b)2001年以前の法律に関するもの，である。もっとも，文献の中には，両方に記載されているものもある。2001年を基準にしたのは，同年の民事訴訟法改正法によって，訴訟終了宣言に関して大きな改正があったからである。具体的にはそれは訴えの取下げのZPO 269条３項に３段を新設することであるから，文献の区分は単に文献の刊行年だけではなく，新設規定に関するものか，新設規定を引用しているか否か等を考慮してなされたように思う。したがって文献の一部は，「訴えの取下げ」の文献一覧の箇所にも重複して記載されている（S. 728）。なお「訴えの取下げ」の文献は，(a)改革に関するもの，(b)従来の法に関するもの，とに区分していて，上記の新設規定に関する文献は(b)に記載されている。

現行の制度はこの改正に基づいているし，改正の前と後では立法状況が異なるから，この区分には合理性がある。すなわち，現行法においては(a)の文献はそのまま使用できるが，(b)の改正以前の文献は，利用に先立って，その内容がそのまま現在においても通用するか否かを検証する必要がある。なおこのような区分はこの本だけであり，他の文献一覧では文献を区分することなく一括して掲載している。

さて新法（2001年以降の法律）の体系書・教科書類において，この本以外で訴訟終了宣言に関する文献一覧を掲載しているものは，Lüke（9. Aufl., 2006), S. 253; Schilken（5. Aufl., 2006), S. 335, 340; Zeiss / Schreiber（11. Aufl., 2009), S. 190である。訴えの取下げの文献一覧においてZPO 269条３項３段に関する文献を掲載しているのは，Lüke, S. 250 f; Schilken, S. 335であり，Zeiss / Schreiberには掲載されていない（S. 186）。

④　博士論文の利用

訴訟終了宣言に関するドイツ語の文献については，四の１Bに挙げた博士論文（Dissertation）が，それぞれ詳細に一覧にまとめている。そこで訴訟終了宣言に関するドイツ語の文献を調べる場合は，それぞれの博士論文の文献一覧を見るという方法がある。この方法は，博士論文では参考文献の一覧が掲載されているから，訴訟終了宣言の文献の調査に限った話ではない。なお，いわゆる教授資格論文（Habilitationsschrift）の文献一覧の方が，一般に博士論文よりもはるかに詳細であり，充実していて信頼性が高いが，訴訟終了宣言に関しては現時点では教授資格論文は公刊されていない。

しかし，この方法には次のような難点がある。第１に，内容が詳し過ぎる。読むのではなく見ることでさえ，挙げている文献の全部に当たるのは，外国の研究者にとっては困難なことである。そのことから，この方法は効率的な方法ではない。第２に，文献一覧が相応しいか否かは判断しづらい。博士論文は研究者としての登龍門であるにしても，博士論文のすべてが優秀なものとは限らない。論文の審査に合格した博士論文の文献一覧であるとしても，無批判的に受け入れるのは問題である。博士論文の文献一覧といえども他の文献一覧と比較して，その当否を検証する姿勢が必要である。第３に，時間的な制約がある。時間的制約は博士論文に限らないが，文献一覧が詳しくて内容が妥当なものであっても，

の注釈書の ZPO 91条 a の冒頭に掲載されている文献一覧と，体系書では訴訟終了宣言に関する項目の冒頭に掲載されている文献一覧とを調査の対象とした。

四の４I・５K に関しては，ドイツの注釈書の ZPO 269条の冒頭に掲載されている文献一覧と，体系書では「訴えの取下げ」という項目の冒頭に掲載されている文献一覧のそれぞれの中から，ZPO 269条３項３段の規定に関する文献を選び出し，調査の対象とした。この方法に問題はないことは，これらの文献の一部が訴訟終了宣言の文献にも記載されていることや，訴訟終了宣言の文献一覧の最後に，「訴えの取下げ」の文献一覧を参照するように指示しているものがあることから（③の Schilken, S. 340），明らかである。

なお ZPO 269条３項３段は2001年の民事訴訟法改正法によって導入され，2004年の第一司法現代化法によって若干の字句が改正された。これらの具体的な内容と訴訟終了宣言との関係や問題点等については，第２編第１章第４節２B・２C・3で述べた。

② 注釈書の利用

２・３の文献一覧作成のために注釈書（四の１C）を利用したが，その際に2001年以前に刊行されたものを除いた。すなわち，Wieczorek と AK（＝Alternativkommentar）の注釈書である。最近のものでも，文献一覧を掲載していないものがある。例えば，Musielak, Thomas / Putzo, Zimmermann の注釈書である。その結果，文献一覧が利用できる注釈書は，下記のとおりである。

四の１A・１B に関しては，次のものである。Baumbach / Hartmann（67. Aufl., 2009), S. 340; MK / Lindacher（Bd. Ⅰ, 3. Aufl., 2008), S. 626 f.; Stein / Bork（Bd. Ⅱ, 22. Aufl., 2004), S. 469 ff.; Zöller（27.Aufl., 2009), S. 396. なお Saenger の注釈書は ZPO 91条 a の注釈に文献一覧を掲載していないが（Saenger / Gierl（3. Aufl., 2009), S. 258），269条の注釈には下記のように掲載している。

四の４I・５K に関しては，次のものである。MK / Becker-Eberhard（Bd. Ⅰ, 3. Aufl., 2008), S. 1522; Saenger / Saenger（3. Aufl., 2009), S. 647; Stein / Roth（Bd. Ⅳ, 22. Aufl., 2008), S. 434f. なお Baumbach / Hartmann（67. Aufl., 2009), S. 1067; Zöller / Greger（27. Aufl., 2009), S. 863は文献一覧はあるが，参考とすべき文献は記載されていない。

③ 体系書・教科書の利用

２・３の文献一覧の作成のために体系書・教科書（四の１D）を利用したが，これらは注釈書の場合（②）と同様な事情がある。すなわち，刊行が古いのもあれば，文献一覧を掲載していないものもある。最新で詳細な文献一覧を掲載しているのは，2010年に刊行された Rosenberg / Schwab / Gottwald（17. Aufl., 2010), S. 745f.である。そもそもこの本の文献評価には定評がある。そこで２・３においては，この本の文献一覧をベースにした。ベースにしたということの意味は，C と３で述べる。

ところで，この本は訴訟終了宣言に関する文献を，次のように２つに区分している。

かになるから，文献の一般的な評価が分かり，文献の選択がしやすくなる。すなわち，文献一覧の比較は，いわば文献一覧の記載内容に関する相互の保証になる。

② 「文献一覧」の比較の効用

ドイツの文献一覧の比較をまとめたのが２・３であるが，次のような目的で利用することができる。これが，文献一覧を比較することによる効用である。

第１に，本書の引用した文献について，文献の重要の程度が明らかになるし，その結果，本書での文献の利用が適切であったか否かも分かる（２のＡ・Ｂ)。例えば，複数の文献一覧が記載している文献であれば，重要な文献と考えることができるし，単数の文献一覧にしか記載がない文献の場合は，あまり重要視するのは避けた方がよい。さらにいずれの文献一覧にも記載されていない文献は，訴訟終了宣言とは直接関係のない文献ということになる。なお本書によって訴訟終了宣言に関心を持ち，本書の内容をさらに発展させようとする場合は，本書で引用した文献（２のＡ・Ｂ）ではなく，新たな文献（３のＡ・Ｂ）を参考にした方が効率的である。

第２に，四の１Ａ・１Ｂ・４Ｉ・５Ｋの文献に，３の文献（Ａ・Ｂ）を加えることによって，訴訟終了宣言に関するドイツの文献をほぼ完璧に把握することができる。これによって，訴訟終了宣言についてドイツでは様々なテーマのもとで議論されていることが分かり，いかにこの制度がドイツでは重要な制度であるかも再認識することができる。さらにドイツにおいて，訴訟終了宣言に関してどのようなテーマについて，どの程度議論がなされているのかも概観することができる。またもし将来，日本においてこの制度が導入され運用された場合に問題が発生したならば，解決の指針を得るための文献を探すことも容易と思われる。

第３に，今後の訴訟終了宣言を研究する際に，２・３の文献一覧の比較のまとめをベースにすれば，研究を効率的に行うことができる。研究に必要な文献リストを作成することは決して簡単なことではない。２・３の文献一覧の比較のまとめがあれば，新たに文献を補充するにしても，文献検索は零からスタートするのではないから，かなりの時間の節約になる。しかも，単にドイツの文献一覧の比較であるから，本書で主張した私見とは無関係であり，私見に賛成するしないにかかわらず，これだけでも利用できる。さらに個々の文献がＡ・Ｂに区分されていることから，それぞれのドイツでの評価の一端を知ることができ，そのことはその文献を日本で利用する際に参考になる。

Ｂ 「文献一覧」の状況

① 調査の方法

本書の四の１Ａ・１Ｂは訴訟終了宣言に関する文献一覧であり，四の４Ｉ・５ＫはZPO 269条３項３段の規定に関する文献一覧である。そこで四の１Ａ・１Ｂに関しては，ドイツ

1　文献検索と「文献一覧」

重要な文献を読み，それを批判的に継受することが学問研究の第一歩である。そこで学問研究において，その前提作業である文献検索は重要な仕事の一つである。しかし，文献検索は一般には意識されることはないし，それが研究書の前面に出てくることもない。なぜならば，研究に必要な文献は自然と把握することができるからである。そもそも研究を支える問題意識は重要文献から得られるものであるし，重要文献は参照した文献をたどることによって，研究に必要な文献はいわば芋蔓式に明らかになる。さらにドイツ語の文献に関しても，ドイツの注釈書・体系書・教科書等を利用すれば，問題に関する判例と学説の状況を認識し，重要文献を把握することができるから，特に文献検索を意識する必要はない。要するに，文献検索は独立して取り上げるようなテーマではないし，仮に文献検索の重要性を意識しても，文献検索は研究の黒子に徹すべきである。

従来の多くの研究はこのような見解に基づいているから，この見解には説得力がある。しかし，このことは，すでに十分に知られた制度に関する研究について，特に日本語の文献について言えることである。そうでない場合は妥当性を欠く。すなわち，訴訟終了宣言のように，日本で十分に紹介や理解されていない制度について本格的に深く研究する場合には，そうは言えない。

A 「文献一覧」の利用と効用

①　ドイツの「文献一覧」の利用

訴訟終了宣言について本格的に研究するような場合は制度の概要の把握だけでは不十分で，より本質的な理解を深めるためには，注釈書・体系書・教科書等だけでなく重要な論文を読む必要がある。そこで文献の検索と選択が必要になる。ドイツ語の関係する文献をすべて読破することは簡単なことではないし，研究には限られた時間で効率的な作業をすることが求められるからである。そのためには準備作業として，先ず，テーマに関する文献を詳細に把握することである。次に，その中から重要な文献を選び出すことである。

文献を把握するための方法には様々なものがあるが，一番簡単で効率のよい方法は，ドイツの文献一覧を利用することである。これを見ることによって必要な文献を把握することができるし，そこに挙がっていない文献は重要なものではないという論文の評価の一端を知ることもできるからである。しかし，注意しなければならないことは，それだけで満足してはいけないということである。複数の文献一覧と比較することが必要である。というのは，注釈書・体系書・教科書や論文等が引用する文献を利用する方法であれ，文献一覧を参考にする方法であれ，執筆者や作成者の偏見や誤りが混入していないとも限らないから，一つだけに頼るのは危険である。これに対して文献一覧を比較すれば，例えば多くの文献一覧に記載されている文献と，一つの文献一覧にしか記載されていない文献が明ら

五　ドイツの訴訟終了宣言に関する「文献一覧」について

本書において参照したドイツの論文と単行本は，四の１A・１B・4I・５Kにまとめたが，それは私が利用した文献の一覧であって，訴訟終了宣言に関するドイツの最新の文献を一覧にまとめたものではない。そこでドイツの訴訟終了宣言の議論の状況を詳細に把握するためには，ドイツの文献一覧を見る必要がある。しかし，ドイツの注釈書や体系書等の文献一覧の中から，適当にどれか一つを見れば済むということではない。なぜならば，当然なことであるが，作成者の主観が反映されているし，ミスがないとは言えないからである。あるいは詳しい文献一覧ならば，いわゆる「大は小を兼ねる」から問題がないかというと，そういうことでもない。詳しいものはいわば文献の玉石混淆であり，必要な文献を探すのが困難な場合もあるし，重要な文献が欠落している場合もある。例えば，Stein / Jonas（四の１C）の注釈書は大コンメンタールの名前に相応しく，訴訟終了宣言に関する文献として，文献一覧に111の文献を挙げている。これは大部な体系書である Rosenberg / Schwab / Gottwald（四の１D）の場合が40であることを考えれば，量的に３倍に近く，正に他の文献一覧を圧倒している。しかし，２Cでまとめたように，他の文献一覧で挙げられた重要な文献が，Stein / Jonas の文献一覧に記載されていないこともある。

このような問題を解消するためには，複数の文献一覧を参照して掲載している文献を相互に対比することである。それによって，それぞれの文献一覧の文献選択に問題がないかを検証することができるからである。具体的には，各文献ごとにその文献を記載した文献一覧を明らかにすることである。そこで最近のドイツの訴訟終了宣言に関する文献一覧と，四の１A・１B・4I・５Kの文献一覧とを比較して，両者のいずれにも記載されている文献は，２において一覧にまとめた。本書で利用した文献の評価を知る場合に，便利である。次に，四の１A・１B・4I・５Kに記載されていないが，ドイツの文献一覧に記載されている文献は，３においてまとめた。訴訟終了宣言に関して最新の論文を含めて網羅的に調べる場合は，３によって，四の１A・１B・4I・５Kを補完する必要がある。

ところでドイツの文献一覧が訴訟終了宣言の研究にとって必要であるならば，将来において３を補完することが必要になる。補完する方法として，３に挙げられていない文献を五の４という新たな項目のもとにまとめることが考えられる。あるいは，四の１A・１B・4I・５K・五の３を統合した新たな文献一覧を作成する方法もある。前者の方法は，新しい文献が一見して明らかである点にメリットがあるが，文献一覧が散在することがデメリットである。後者は文献一覧を利用する者にとっては効率的で便利であるが，何が新しく加わったのかが分かりづらいので，それを明らかにするために，例えば新しい文献には印を付ける等の工夫が必要である。

beabsichtigeten Justizmodernisierungsgesetzes, ZRP 2003, S. 268ff.

Knauer, Christoph / Wolf, Christian, Zivilprozessuale und strafprozessuale Änderungen durch das erste Justizmodernisierungsgesetz – Teil 1: Änderungen der ZPO, NJW 2004, S. 2857ff.

Lange, Sonja / Müller, Christian, Justizmodernisierung und Justizbeschleunigung in Diskussion, ZRP 2003, S. 410ff.

Münch, Joachim, Die „neue“ ZPO: bedeutende Änderungen im Zivilgerichtlichen Verfharens-recht（Teil I）, DStR 2002, S. 85ff.

Schneider, Egon, JuMoG-ZPO-Reform, 2 Akt, AnwBl 2003, S. 547ff.

K　ZPO 269条 3 項 3 段に関する文献

Dalibor, Marcel, Verfassungswidrige Risikoverteilung im Kostenverfahren nach § 269 Abs. 3 Satz 3 ZPO, ZZP 119. Band（2006）, S. 331ff.

Deckenbrock, Christian / Dötsch, Wolfgang, Kostenerstattug nach § 269 Abs. 3 S. 3 ZPO bei Klagerücknahme vor Zustellung, JurBüro 2003, S. 568ff.

Deckenbrock, Christian / Dötsch, Wolfgang, Das Ende der übereinstimmenden Erledigungs-erklärung bei Erledigung vor Rechtshängigkeit, ProzRB 2004, S. 47ff.

Deckenbrock, Christian / Dötsch, Wolfgang, JuMoG-Aktuelle Änderungen bei der Klagerück-nahme gem. § 269 Abs. 3 S. 3 ZPO, MDR 2004, S. 1214ff.

Goebel, Frank-Michael, Die Auswirkungen des Justizmodernisierungsgesetzes auf den Zivil-prozess erster Instanz, ProzRB 2004, S. 252ff.

Gottwald, Peter, Anmerkung zu einer Entscheidung von OLG Nürnberg über § 269 Abs. 3 S. 3 ZPO, FamRZ 2003, S. 1119f.

Ritter-Schmidt, Dorothea, Die Neuregelung des § 269 Abs. 3 S. 3 ZPO als Mittel der Prozess-ökonomie?, Festgabe für Olaf Werner zum 65. Geburtstag, Juristenausbildung als Leiden-schaft,（Hrsg. Hanna / Roos / Saenger）, 2004, S. 169ff.

Saueressig, Christian, Die analoge Anwendung des § 269 Abs. 3 Satz 2 order 3 ZPO bei mangel-hafter oder verspäteter Drittschuldnererklärung, ZZP 119. Band（2006）, S. 463ff.

Schneider, Egon, Die neue ZPO-Risiken und Kontroversen-Neuregelungen bei der Klagerück-nahme, ZAP 2003, S. 873f. = Fach 13, S. 1221f.

Tegeder, Jörg, Die Klagerücknahme als „einseitige Hauptsachenerledigungserklärung“ NJW 2003, S. 3327ff.

10号73頁以下（2003年）

I　ZPO 269条３項３段に関する文献

Bonifacio, Michael, Klagerücknahme und Erledigungserklärung nach der Zivilprozessreform, MDR 2002, S. 499ff.

Elzer, Oliver, Einseitige Erledigterklärung vor Rechtshängigkeit nach dem ZPO-Reformgesetz, NJW 2002, S. 2006ff.

Hartmann, Peter, Zivilprozess 2001 / 2002: Hunderte wichtiger Änderungen, NJW 2001, S. 2577 ff.

Luckey, Jan, Alles erledigt? §§ 91a, 269 ZPO nach der Zivilprozessreform, ProzRB 2002, S. 24ff.

Schneider, Egon, Die Kostenregelung der Klagerücknahme nach neuem Recht −Eine kritische Analyse−, JurBüro 2002, S. 509ff.

Timme, Michael, Die »Erledigung« des Rechtsstreits zwischen Anhängigkeit und Rechtshängigkeit nach der Neufassung des § 269 ZPO, JA 2000, S. 224ff.

5　2004年の第１司法現代化法（同年施行）によるドイツ民事訴訟法の改正

＊　主に拙稿・⑰〔法改正〇四〕１頁以下を執筆した際に，利用した文献であるが，拙稿・㉓〔訴訟経済〕89頁以下，拙稿・㉑〔取立訴訟〕434頁以下で引用した文献も含まれている。

＊＊　K に記載した Dalibor の論文は，拙稿・㉓〔訴訟経済〕において詳しく説明し（89頁以下），評価すべき点をまとめている（91頁以下）。

＊＊＊　同じく Saueressig の論文は，拙稿・㉑〔取立訴訟〕において詳しく説明し（434頁以下），評価すべき点，問題とすべき点，日本法からの評価という視点でまとめている（441頁以下）。

＊＊＊＊　ZPO 254条が規定する段階訴訟は日本法にないドイツ法独自の制度であるが，この訴訟において訴訟終了が発生した場合は，ZPO 269条３項３段が類推適用されるとの見解がドイツで今後有力になると論じたのは，拙稿・⑳〔読み方〕59頁以下である。

J　一般的な文献

Fölsch, Peter, ZPO-Änderungen durch das. l. Justizmodernisierungsgesetz 2004, MDR 2004, S. 1029ff.

Gehrlein, Markus, Erste Erfahrungen mit der reformierten ZPO-Erstinstanzliches Verfahren und Berufung, MDR 2003, S. 421ff.

Huber, Michael, Modernisierung der Justiz? Anmerkungen zu dem die ZPO betreffenden Teil des

Hannich, Rolf / Meyer-Seitz, Christian / Engers, Martin, ZPO-Reform, Einführung-Texte-Materialien, Köln 2001〔ZPO-Reform〕

Hannich, Rolf（Hrsg.）/ Meyer-Seitz, Christian（Hrsg.）, ZPO-Reform 2002 mit Zustellungsreformgesetz, München 2002〔ZPO-Reform 2002〕

Hannich, Rolf / Meyer-Seitz, Christian / Engers, Martin, Das neue Zivilprozessrecht, Synoptische Textausgabe mit einer Einführung, 2. Aufl., Köln 2002〔Das neue ZPR〕

Hartmann, Peter, Zivilprozess 2001 / 2002: Hunderte wichtiger Änderungen, NJW 2001, S. 2577ff.

Kroiβ, Ludwig, Das neue Zivilprozeβrecht, Bonn 2001

Musielak, Hans-Joachim, Reform des Zivilprozesses, Zum Entwurf eines Gesetzes zur Reform des Zivilprozesses（Zivilprozessreformgesetz-ZPO-RG）, NJW 2000, S. 2769ff.

Oberheim, Rainer, Die Reform des Zivilprozesses, Synoptische Gegenüberstellung des alten und des neuen Rechts mit erläuternder Einführung, Neuwied, Kriftel 2001

Rimmelspacher, Bruno, Zivilprozessreform 2002, München 2002

Hb　一般的な文献（日本語）

＊　姓名の五十音順。外国人の場合は片仮名で姓・名の順に表記し，名前には〔　〕を付した。

片野三郎「〈資料〉ドイツ新民事訴訟法典（2002年）—上訴部分—」愛知大学法学部法経論集161号１頁以下（2003年）

ゴットバルト〔ペーター〕（出口雅久＝本間学訳）「ドイツにおける民事司法改革への努力」立命館法学277号（＝2001年３号）945頁以下（2001年）

シルケン〔エーベルハルト〕（松本博之訳）「ドイツ民事訴訟における上訴改革計画の重点」法学雑誌（大阪市立大学）48巻２号479頁以下（2001年）

ゼンガー〔インゴ〕（石崎誠也訳）「ドイツ民事訴訟法の改革プラン」法政理論（新潟大学）34巻１・２号123頁以下（2001年）

出口雅久「民事訴訟における第一審強化策—ドイツ連邦司法省民事訴訟法改正草案を素材として—」吉村徳重先生古稀記念論文集『弁論と証拠調べの理論と実践』54頁以下（法律文化社，2002年）

勅使川原和彦「2001—2002年ドイツ民事訴訟法改正について」『民事訴訟法理論と「時間」的価値』39頁以下（成文堂，2009年。初出は早稲田法学77巻３号207頁以下，2002年）。なおドイツ上訴法の改正に関する教授の研究成果としてはこの論考のほかに，「続審制の変容—2001年ドイツ民事訴訟法改正を中心に—」松本博之＝徳田和幸編『民事手続法研究』２号35頁以下（信山社，2006年），「ドイツ上訴法改革の現状と課題」比較法学42巻１号187頁以下（2008年）等があり，上記の本に収められている。

ボルク〔ラインハルト〕（三上威彦訳）「2002年のドイツ民事訴訟法の改正」法学研究76巻

Gd　体系書・教科書

Guldener, Max, Das Schweizerisches Zivilprozeβrecht, 3. Aufl., Zürich 1979

Habscheid, Walther J., Schweizerisches Zivilprozess- und Gerichtsorganisationsrecht, Ein Lehrbuch seiner Grundlagen unter Mitarbeit von Stephen Berti, 2. neubearbeitete und erweiterte Auflage, Basel, Frankfurt a. M. 1990

Kummer, Max, Grundriss des Zivilprozeβrechts, Nach den Prozessordnungen des Kantons Bern und Bundes, 4. Aufl., Bern 1984

Vogel, Oscar / Spühler, Karl, Grundriss des Zivilprozessrechts und des internationalen Zivilprozessrechts der Schweiz, 7. Aufl., Bern 2001

Walder-Richli, Hans Ulrich, Zivilprozessrecht nach den Gesetzen des Bundes und des Kantons Zürich unter Berücksichtigung anderer Zipilprozessordnung, 4. Aufl., Zürich 1996

Ge　2003年の仮草案に関する文献

Meier, Isaak, Vorentwurf für eine Schweizerische Zivilprozessordnung, Überblick mit Kritik und Änderungsvorschlägen, Zürich 2003

Spühler, Karl（Hrsg.), Die neue Schweizerische Zivilprozessordnung, Basel, Genf, München 2003

Sutter-Somm, Thomas（Hrsg.)/ Hasenböhler, Franz（Hrsg.), Die künftige schweizerische Zivilprozessordnung, Mitglieder der Expertenkommission erläutern den Vorentwurf, Zürich 2003

Gf　スイス民事訴訟法に関する日本語の文献

晴「スイスの民事訴訟―連邦裁判所，チューリッヒ州及びベルン州の実務を中心とし
て―（上）（中）（下）」法曹時報46巻12号１頁以下（1994年），47巻１号27頁以下, 2
27頁以下（1995年）。これは後に『ヨーロッパにおける民事訴訟の実情（下）』151
以下（法曹会，1998年）に収められた。

年の民事訴訟法改正法（2002年施行）によるドイツ民事訴訟法の改正

般的な文献（ドイツ語）

⑮〔法改正〇二〕1頁以下を執筆した際に利用した文献である。なお著者が同一
名では特定できないので，文献末尾の〔　〕の略語を使用する。

3　スイス民事訴訟法

＊　本書の基礎になった論考を執筆した際に利用した文献である。重要なことは，最近になってスイスで統一民事訴訟法が初めて成立したことである（第2編第4章冒頭）。そのために2010年には新法のための注釈書・体系書等が続々と刊行されている。つまり，下記の文献は新法制定の前段階の文献であり，現在のスイスの状況を反映しているものではない。したがって，下記の文献を利用する場合は，このことに注意しなければならない。

しかし，新法の制定によって本書の内容が意味がなくなったわけではない。私見は新法においてもそのまま通用すると考えているからである（第2編第4章第4節付記）。新法下の問題の状況の分析と私見の論証は，別の機会に行う予定である。

Ga　主に雑誌に掲載された論文

Göppinger, Horst, Die Erledigung des Rechtsstreites in der Hauptsache nach österreichischem und schweizerischem Recht, rechtsvergleichende Betrachtungen, ZZP 70. Band（1957）, S. 304ff.

Gb　単行本・博士論文

Addor, Felix, Die Gegenstandslosigkeit des Rechtsstreits, Eine Untersuchung zur Erl
Streitgegenstandes im schweizerischen Zivilprozessrecht unter Berücksichtigu
lage in Deutschland（Abhandlungen zum schweizerischen Recht, Heft 60

Völki, Regula, Die Kostentragung der Parteien im kantonalen Zivilprozes
Zürich, Winterthur 1934

Walder, Hans Ulrich, Prozesserledigung ohne Anspruchsprüfung nac
rich 1966

Gc　注釈書

Bühler, Alfred / Edelmann, Andreas / Killer, Albert, Komm
ordnung, 2. Aufl., Aarau-Frankfurt a. M. 1998

Frank, Richard / Sträuli, Hans / Messer, Georg, Komme
nung, 3. Aufl., Zürich 1997

Leuch, Georg / Marbach, Omar / Kellerhals, Fraz, Di
Kommentar（ohne Vollstreckungsrecht）samt
Bern 1995

Gd　体系書・教科書

Guldener, Max, Das Schweizerisches Zivilprozeβrecht, 3. Aufl., Zürich 1979

Habscheid, Walther J., Schweizerisches Zivilprozess- und Gerichtsorganisationsrecht, Ein Lehrbuch seiner Grundlagen unter Mitarbeit von Stephen Berti, 2. neubearbeitete und erweiterte Auflage, Basel, Frankfurt a. M. 1990

Kummer, Max, Grundriss des Zivilprozeβrechts, Nach den Prozessordnungen des Kantons Bern und Bundes, 4. Aufl., Bern 1984

Vogel, Oscar / Spühler, Karl, Grundriss des Zivilprozessrechts und des internationalen Zivilprozessrechts der Schweiz, 7. Aufl., Bern 2001

Walder-Richli, Hans Ulrich, Zivilprozessrecht nach den Gesetzen des Bundes und des Kantons Zürich unter Berücksichtigung anderer Zipilprozessordnung, 4. Aufl., Zürich 1996

Ge　2003年の仮草案に関する文献

Meier, Isaak, Vorentwurf für eine Schweizerische Zivilprozessordnung, Überblick mit Kritik und Änderungsvorschlägen, Zürich 2003

Spühler, Karl（Hrsg.）, Die neue Schweizerische Zivilprozessordnung, Basel, Genf, München 2003

Sutter-Somm, Thomas（Hrsg.）/ Hasenböhler, Franz（Hrsg.）, Die künftige schweizerische Zivilprozessordnung, Mitglieder der Expertenkommission erläutern den Vorentwurf, Zürich 2003

Gf　スイス民事訴訟法に関する日本語の文献

林道晴「スイスの民事訴訟―連邦裁判所，チューリッヒ州及びベルン州の実務を中心として―（上）（中）（下）」法曹時報46巻12号１頁以下（1994年），47巻１号27頁以下，2号27頁以下（1995年）。これは後に『ヨーロッパにおける民事訴訟の実情（下）』151頁以下（法曹会，1998年）に収められた。

4　2001年の民事訴訟法改正法（2002年施行）によるドイツ民事訴訟法の改正

Ha　一般的な文献（ドイツ語）

＊　主に拙稿・⑮〔法改正〇二〕1頁以下を執筆した際に利用した文献である。なお著者が同一の文献は著者名では特定できないので，文献末尾の〔　〕の略語を使用する。

3　スイス民事訴訟法

＊　本書の基礎になった論考を執筆した際に利用した文献である。重要なことは，最近になってスイスで統一民事訴訟法が初めて成立したことである（第2編第4章冒頭)。そのために2010年には新法のための注釈書・体系書等が続々と刊行されている。つまり，下記の文献は新法制定の前段階の文献であり，現在のスイスの状況を反映しているものではない。したがって，下記の文献を利用する場合は，このことに注意しなければならない。

しかし，新法の制定によって本書の内容が意味がなくなったわけではない。私見は新法においてもそのまま通用すると考えているからである（第2編第4章第4節付記)。新法下の問題の状況の分析と私見の論証は，別の機会に行う予定である。

Ga　主に雑誌に掲載された論文

Göppinger, Horst, Die Erledigung des Rechtsstreites in der Hauptsache nach österreichischem und schweizerischem Recht, rechtsvergleichende Betrachtungen, ZZP 70. Band（1957), S. 304ff.

Gb　単行本・博士論文

Addor, Felix, Die Gegenstandslosigkeit des Rechtsstreits, Eine Untersuchung zur Erledigung des Streitgegenstandes im schweizerischen Zivilprozessrecht unter Berücksichtigung der Rechtslage in Deutschland（Abhandlungen zum schweizerischen Recht, Heft 600), Bern 1997

Völki, Regula, Die Kostentragung der Parteien im kantonalen Zivilprozess der Schweiz, Diss., Zürich, Winterthur 1934

Walder, Hans Ulrich, Prozesserledigung ohne Anspruchsprüfung nach züricherischen Recht, Zürich 1966

Gc　注釈書

Bühler, Alfred / Edelmann, Andreas / Killer, Albert, Kommentar zur aargauischen Zivilprozessordnung, 2. Aufl., Aarau-Frankfurt a. M. 1998

Frank, Richard / Sträuli, Hans / Messer, Georg, Kommentar zur züricherischen Zivilprozessordnung, 3. Aufl., Zürich 1997

Leuch, Georg / Marbach, Omar / Kellerhals, Fraz, Die Zivilprozessordnung für den Kanton Bern, Kommentar（ohne Vollstreckungsrecht）samt einem Anhang zugehöriger Erlasse, 4. Aufl., Bern 1995

Feil, Erich / Kroisenbrunner, Elke, Zivilprozessordnung, Kurzkommentar für die Praxis, Wien 2003

Klauser, Alexander / Kodek, Georg E.(Hrsg.), Jurisdiktionsnorm und Zivilprozessordnung, 16. Aufl., Wien 2006

Rechberger, Walter H.(Hrsg.), Kommentar zur ZPO, 3. Aufl., Wien 2006, zit.: Rechberger / Bearbeiter

Stohanzl, Rudolf, Jurisdiktionsnorm und Zivilprozessordnung, 15. Aufl., Wien 2002; 14. Aufl., 1990

Fd　体系書・教科書

Ballon, Oskar J., Einführung in das österreichische Zivilprozeβrecht, Streitiges Verfahren, 10. Aufl., Graz 2004, S. 260

Deixler-Hübner, Astrid / Klicka, Thomas, Zivilverfahren, Erkenntnisverfahren und Grundzüge des Exekutions- und Insolvenzrechts, 4. Aufl., Wien 2005

Fasching, Hans W., Lehrbuch des österreichischen Zivilprozeβrechts, 2. Aufl., Wien 1990, S. 628

Holzhammer, Richard, Österreichisches Zivilprozeβrecht, 2. Aufl., Wien, New York 1976, S. 198

Rechberger, Walter H. / Simotta Daphne-Ariane, Grundriss des österreichischen Zivilprozessrechts, Erkenntnisverfahren, 7. Aufl., Wien 2009

Fe　オーストリア民事訴訟法に関する日本語の文献

河邉義典「オーストリアの司法制度―ドイツの制度との比較考察―（上）（中）（下）」法曹時報46巻7号31頁以下，8号25頁以下，9号1頁以下（1994年）。これは後に『ヨーロッパにおける民事訴訟の実情（上）』323頁以下（法曹会，1998年）に収められた。

松村和徳「近年におけるオーストリア民事訴訟改革とその評価（1）（2）（3）」山形法政論叢創刊号1頁以下（1994年），3号39頁以下（1995年），4号37頁以下（1995年）。

＊　なお法典については，下記の翻訳がある。

民事訴訟法典現代語化研究会編『各国民事訴訟法参照条文』日本立法資料全集別巻34（信山社，1995年）

法務大臣官房司法法制調査部編『オーストリア民事訴訟法典―1995年3月15日現在―』（法曹会，1997年）

2　オーストリア民事訴訟法

＊　本書の基礎になった論考を執筆した際に利用した文献であり，時間的な制約がある。すなわち，現時点での文献ではないし，注釈書・体系書等に記載した版も最新版であるとは限らない。また注釈書・体系書等の記載は代表的なものであり，ドイツ法のような詳細なものではない。

なお，RZ は Österreichische Richterzeitung の略語である。

Fa　主に雑誌に掲載された論文

Breycha, Otto, Replik zum Thema Klagseinschränkung auf Kosten, RZ 1996, S.126ff.

Bydlinski, Michael, Klagseinschränkung auf Kosten oder auf Feststellung? Eine Erweiterung, RZ 1989, S. 131ff., S. 157ff.

Göppinger, Horst, Die Erledigung des Rechtsstreites in der Hauptsache nach österreichischem und schweizerischem Recht, rechtsvergleichende Betrachtungen, ZZP 70. Band（1957）, S. 304ff.

Zeder, Fritz, Die „Klagseinschränkung auf Kosten“, RZ 1989, S. 55ff.

Fb　単行本・博士論文

＊　Bydlinski のものは，1992年にウィーン大学に提出された教授資格論文を公刊したものである。この本の序文の謝辞にドイツの教授の氏名が挙がっている。指導された教授であろう（本書第２編第３章第２節注(11)）。

＊＊　Ditfurth のものは，2004年にドイツのノルトライン・ヴェストファーレン州のミュンスター大学で承認された博士論文を公刊したものである。彼女の経歴については，本書第２編第３章第３節注(20)に，指導教授については，同・第４節注(25)にそれぞれまとめてある。なおこの本は四１Ｂ・五２Ｂ・Ｃにおいても挙げてある。

Bydlinski, Michael, Der Kostenersatz im Zivilprozess: Grundfragen des Kostenrechts und praktische Anwendung, Wien 1992, S. 194

Ditfurth, Jo Christine von, Die Erledigung der Hauptsache —eine rechtsvergleichende Untersuchung zum deutschen und österreichischen Zivilprozeβrecht—, Aachen 2005

Fc　注釈書

Fasching, Hans W. / Konecny, Andreas（Hrsg.）, Kommentar zu den Zivilprozeβgesetzen, Band 3, 2. Aufl., Wien 2004, zit.: Fasching / Bearbeiter

Schlosser, Peter, Zivilprozeβrecht I - Erkenntnisverfahren, 2. Aufl., München 1991
Schönke, Adolf / Kuchinke, Kurt, Zivilprozeβrecht, 9. Aufl., Karlsruhe 1969
Zeiss, Walter / Schreiber, Klaus, Zivilprozessrecht, 11. Aufl., Tübingen 2009; 10. Aufl., 2003

E　入門書・演習書・実務の案内書

＊　版は原則として最新版あるいは最終版を記載した。それ以外に本書で利用した版があれば，版（Aufl.）と出版年を表示した。

Crückeberg, Harald, Zivilprozeβrecht: Anwaltliche Prozeβführung in der ersten Instanz, 2. Aufl., Bonn 2002
Förschler, Hermann（Begr.）/ Förschler, Peter, Der Zivilprozess, Ein Lehrbuch für die Praxis mit Aktenfall, 6. Aufl., Stuttgart 2004
Gehrlein, Markus, Zivilprozessrecht, Ein Leitfaden für Ausbildung und Praxis, München 2003
Gottwald, Uwe, ZPO-Lexikon, ABC der ZPO, Arbeits- und Beratungshilfen, Münster 2005
Knöringer, Dieter, Die Assessorklausur im Zivilprozess: Das Zivilprozessurteil, Hauptgebiete des Zivilprozesses, Klausurtechnik, 12. Aufl., München 2008; 11. Aufl., 2005; 9. Aufl., 2002
Michalski, Lutz, Zivilprozessrecht, Strukturen-Zusammenhäge-Definitionen-Übersichten-Skizzen, mit Fällen und Lösungen, 2. Aufl., Köln, Berlin, Bonn, München 2003
Oberheim, Rainer, Zivilprozessrecht für Referendare 6. Aufl., Düsseldorf 2004
Pantle, Norbert / Kreissl, Stephan, Die Praxis des Zivilprozesses, 4. Aufl., Stuttgart 2007
Pohlmann, Petra, Zivilprozessrecht, München 2009
Prechtel, Günter, Die Erledigung des Rechtsstreits in der Praxis, ZAP Nr. 1 vom 3. 1. 2007（Fach 13・S. 1391ff.）, Münster
Pukall, Friedrich, Der Zivilprozess in der Praxis, 6. Aufl., Baden-Baden 2006
Schellhammer, Kurt, Die Arbeitsmethode des Zivilrichters, Ein Leitfaden für Referendare und junge Praktiker mit Fällen und einer Musterakte, 14. Aufl., Heidelberg 2002
Schneider, Egon, Die Klage im Zivilprozess, 3. Aufl., Köln 2007
Schrader, Siegfried（Begr.）/ Steinert, Karl-Friedrich / Theede, Kai-Uwe, Zivilprozess, Handbuch der Rechtspraxis, Band 1a, München 2004
Schwab, Martin, Grundzüge des Zivilprozessrechts, Heidelberg 2005
Tempel, Otto / Theimer, Clemens / Theimer, Anette, Mustertexte zum Zivilprozess, Band I, Erkenntnisverfahren erster Instanz, 6. Aufl., München 2006

Thomas, Heinz (Begr.)/ Putzo, Hans / Reichold, Klaus / Hüβtege, Rainer, Zivilprozessordnung, 29. Aufl., München 2008, zit.: Thomas / Bearbeiter; 27. Aufl., 2005; 22. Aufl., 1999

Wassermann, Rudolf (Hrsg.), Alternativkommentar zur Zivilprozeβordnung, 1. Aufl., Neuwied u. a. 1987, zit.: AK / Bearbeiter

Wieczorek, Bernhard (Begr.) / Schütze, Rolf (Hrsg.), Zivilprozeβordnung und Nebengesetze, Groβkommentar, Band I / 2, 3. Aufl., Berlin, New York 1994, zit.: Wieczorek / Bearbeiter

Zimmermann, Walter, Zivilprozessordnung, 8. Aufl., Heidelberg 2008; 7. Aufl., 2006; 6. Aufl., 2002

Zöller, Richard (Begr.), Zivilprozessordnung, 27. Aufl., Köln 2009, zit.: Zöller / Bearbeiter; 26. Aufl., 2007; 25. Aufl., 2005; 23. Aufl., 2003; 15. Aufl., 1987

D 体系書・教科書

＊ 版は原則として最新版あるいは最終版を記載した。それ以外に本書で利用した版があれば，版（Aufl.）と出版年を表示した。

Baur, Fritz / Grunsky, Wolfgang, Zivilprozessrecht, 12. Aufl., Neuwied u.a. 2005

Blomeyer, Arwed, Ziviprozeβrecht, 2. Aufl., Berlin, Götingen, Heidelberg 1985; 1. Aufl., 1963

Bruns, Rudolf, Zivilprozeβrecht, 2. Aufl., München 1979

Goldschmidt, James, Zivilprozeβrecht, 1. Aufl., Berlin 1929

Grunsky, Wolfgang, Grundlagen des Verfahrensrechts, 2. Aufl., Bielefeld 1974

Hellwig, Konrad, System des Deutschen Zivilprozeβrechts (Erster Teil), 1. Aufl., Leipzig 1912

Jauernig, Othmar, Zivilprozessrecht, 29. Aufl., München 2007; 27. Aufl., 2002

Lüke, Wolfgang, Zivilprozessrecht, 9. Aufl., München 2006; 8. Aufl., 2003

Musielak, Hans-Joachim, Grundkurs ZPO, 9. Aufl., München 2007; 8. Aufl., 2005; 6. Aufl., 2002

Nikisch, Arthur, Zivilprozeβrecht, 2. Aufl., Tübingen 1952

Paulus, Christoph G., Zivilprozessrecht, 3. Aufl., Berlin, Heidelberg, 2003

Rosenberg, Leo (Begr.) / Schwab, Karl Heinz, Zivilprozessrecht, 14. Aufl., München 1986; 13. Aufl., 1981; 12. Aufl., 1977

Rosenberg, Leo (Begr.) / Schwab, Karl Heinz / Gottwald, Peter, Zivilprozessrecht, 17. Aufl., München 2010; 16. Aufl., 2004; 15. Aufl., 1993

Schellhammer, Kurt, Zivilprozess, Gesetz-Praxis-Fälle, 12. Aufl., Heidelberg 2007; 11. Aufl., 2004

Schilken, Eberhard, Zivilprozessrecht, 5. Aufl., Köln; Berlin, Bonn, München 2006; 4. Aufl., 2002; 1. Aufl., 1992

AK / Bearbeiter = AK-ZPO / Bearbeiter

Baumbach / Bearbeiter = Baumbach / Lauterbach / Hartmann

MK / Bearbeiter = MünchKomm / Bearbeiter

Stein / Bearbeiter = Stein / Jonas / Bearbeiter

Thomas / Bearbeiter = Thomas / Puzo / Bearbeiter

Wieczorek / Bearbeiter = Wieczorek / Schütze / Bearbeiter

＊＊＊　Baumbach / Lauterbach / Hartmann は，版によって執筆者が異なり，65版（2007年）以降は Hartmann が単独で担当している。そのため Rosenberg / Schwab / Gottwald も，版によってこの注釈書の引用方法を変えている。しかし，そのような方法は煩雑であるし，本が特定できて，執筆者が分かればよいから，本書では版に関係なく，Baumbach / Bearbeiter という引用方法にした。

＊＊＊＊　下記の掲載は，注釈書の創始者名あるいは編者名のアルファベット順である。創始者名あるいは編者名を基準にしたのは，注釈書を引用する際の略称の多くはそれによって作られているからである。しかし，Alternativkommentar zur Zivilprozessordnung と Münchener Kommentar zur Zivilprozessordnung は，例外である。創始者名あるいは編者名ではなく，書名を基に略称が作られている（例えば AK-ZPO とか，MünchKomm とか MK とか）。本書での略称もこれに従った。

＊＊＊＊＊　ZPO 91条 a の注釈の一部（MK / Lindacher（C）〔2〕, S. 670; Musielak / Wolst（C）〔4〕, S. 368）について，半田吉信教授が紹介しておられる。しかし，その内容には疑義がある。そこで具体的な問題点を指摘し，私見による読み方を提示したのが，拙稿・⑳〔読み方〕59頁以下である。

Baumbach, Adolf（Begr.）/ Lauterbach, Wolfgang / Albers, Jan / Hartmann, Peter, Zivilprozessordnung, 67. Aufl., München 2009, zit.: Baumbach / Bearbeiter; 66. Aufl., 2008; 64. Aufl., 2006; 61. Aufl., 2003

Lüke, Gerhard / Wax, Peter, Münchener Kommentar zur Zivilprozessordnung, Aktuarlisierungsband ZPO-Reform 2002 und weitere Refoemgesetze, 2. Aufl., 2002, zit.: MK / Bearbeiter〔2〕

Musielak, Hans-Joachim（Hrsg.）, Kommentar zur Zivilprozessordnung, 6. Aufl., München 2008, zit.: Musielak / Bearbeiter; 4. Aufl., 2005; 3 Aufl., 2002

Rauscher, Thomas / Wax, Peter / Wenzel, Joachim（Hrsg.）, Münchener Kommentar zur Zivilprozessordnung, Band 1, 3. Aufl., München 2008, zit.: MK / Bearbeiter

Saenger, Ingo（Hrsg.）, Zivilprozessordnung, Handkommentar, 3. Aufl., Baden-Baden 2009, zit.: Saenger / Bearbeiter; 2. Aufl., 2007; 1. Aufl., 2006

Stein, Friedrich / Jonas, Martin（Begr.）, Kommentar zur Zivilprozessordnung, Band 2, 22. Aufl., Tübingen 2004, zit.: Stein / Bearbeiter; 21. Aufl., 1984; 20. Aufl., 1978

prozessualem Kostenerstattungsanspurch—, Bonn 1984

Ditfurth, Jo Christine von, Die Erledigung der Hauptsache —eine rechtsvergleichende Untersuchung zum deutschen und österreichischen Zivilprozeβrecht—, Diss., Münster（Westfalen）2005

El-Gayar, Michael, Die einseitige Erledigungserklärung des Klägers im Zivil-, Arbeits- und Verwaltungsgerichtsprozeβ, Diss., Erlangen-Nürnberg 1998

Göppinger, Horst, Die Erledigung des Rechtsstreits in der Hauptsache, Diss., Tübingen 1958

Kannengieβer, Ulrich, Der Antrag, die Hauptsache für erledigt zu erklären, Diss., Würzburg 1971

Mettenheim, Christoph von, Der Grundsatz der Prozeβökonomie im Zivilprozeβ, Diss., Frankfurt 1969

Pfeffer, Christiane, Die einseitige Erledigungserklärung im Zivilprozeβ, Diss., Gieβen 1985

Schiller, Klous-Volker, Klageerneuerung nach Erledigung des Rechtsstreits in der Hauptsache im Zivilprozeβ, Diss., Bonn 1979

Shen, Kuan-Ling, Die Erledigung der Hauptsache als verfahrensrechtliches Institut zwischen Dispositionsmaxime und Kostenrecht, Diss., Heidelberg 1999

Stahnecker, Thomas, Die einseitige Erledigungserklärung im Zivil- und Verwaltungsprozeβ, Diss., Tübingen 1994

Temming, Gerd, Der Einfluβ der Erledigungserklärung auf die Rechtshängigkeit, Diss., Frankfurt 1972

Vogeno, Thomas, Die einseitige Erledigungserklärung im Zivilprozeβ, Diss., Köln 1996

Westermeier, Georg, Die Erledigung der Hauptsache im Deutschen Verfahrensrecht. Eine vergleichende Darstellung des Prozeβinstituts der Hauptsacheerledigung vornehmlich im Zivil- und Verwaltungsprozeβ unter Berücksichtigung der Arbeitsgerichtsbarkeit, der Finanzgerichtsordnung und der Verfahrensordnung für die Freiwillge Gerichtsbarkeit, zugleich ein Beitrag zur Weiterentwicklung der systematischen Einordnung eines Zwischenstreits, Diss., München 2005

C　注釈書

＊　版は原則として最新版あるいは最終版を記載した。それ以外に本書で利用した版があれば，版（Aufl.）と出版年を表示した。

＊＊　引用に際しては，著者名だけで特定できるものは，著者名を略称として使用する。そうでない場合は，「zit.:」の後に示す略称によって引用する。なお略称は文献が特定できればよいから，一般的に使用されている略称をさらに省略した場合がある。具体的に挙げれば，「＝」の左が本書の略称であり，右が一般的な略称である（例えば，Rosenberg / Schwab / Gottwald,（D）［17］, S. XXXIII）。

Kostenerstattungsanspruch, KTS 65. Band (2004), S. 373ff.

Schwab, Karl Heinz, Die einseitige Erledigungserklärung, ZZP 72. Band (1959), S. 127ff.

Smid, Stefan, Verfahren und Kriterien der Kostenentscheidung nach § 91a ZPO —Zugleich ein Versuch der historischen Rekonstruktion der Problemstellung— ZZP 97. Band (1984), S. 245ff.

Stöhr, Karlheinz, Neuer Weg bei der einseitigen Erledigung vor Rechtshängigkeit?, JR 1985, S. 490ff.

Ulmer, Klaus, Die einseitige Erledigungserklärung und der Erledigungsantrag, MDR 1963, S. 974 ff.

Walchshöfer, Alfred, Anmerkung zu BGH, Urteil vom 25. 11. 1964–5 ZR 187 / 62, ZZP 79. Band (1966), S. 296ff.

Walchshöfer, Alfred, Anmerkung zu BGH, Urteil vom 03. 02. 1976–6 ZR 23 / 72, ZZP 90. Band (1977), S. 186ff.

Weber, Theodor, Zur Kostenentscheidung bei Erledigung zwischen Anhängigkeit und Rechtshängigkeit, DRiZ 1979, S. 243ff.

Weiβ, Otto, Die Kostenentscheidung bei Erledigung des Rechtsstreits in der Hauptsache, Gruchot 72. Band (1932), S. 297ff.

Wolf, Christian, Rezension: Tomas / Putzo, ZPO, 25. Aufl., 2003, ZZP 116. Band (2003), S. 523 ff.

Wolff, Reinmar, Erledigung im Mahnverfahren, NJW 2003, S. 553ff.

B　単行本・博士論文

＊　単行本はドイツの文献表記に従い，出版社の所在地と出版年を記載した。しかし，博士論文（Diss.= Dissertation）の場合は，学位を取得した大学の所在地と取得年を記載した。こちらの方が意味があると思うからである。Becker-Eberhard, Göppinger, Mettenheim 等の表記が一般の表記と異なるのは，この理由による。

なおこの表記では市販されて入手可能か否かが分からないので，下記のものの中から市販されていないものを示せば，次のとおりである。Ansorge, Kannengieβer, Pfeffer, Schiller, Stahnecker, Temming

＊＊　Ansorge については「Bonn 1972」と表記している文献があるが（例えば,下記の El-Gayar, Westermeier），そのような記載を彼の本では確認できなかった。

Ansorge, Thomas W., Die einseitige Erledigungserklärung im Zivilprozeβ, Diss., köln 1973

Becker-Eberhard, Ekkehard, Die Grundlagen der Kostenerstattung bei der Verfolgung zivilrechtlicher Ansprüche —Zugleich ein Beitrag zum Verhältnis zwischen materiell-rechtlichem und

Kraft, Dennis, Zustimmung zur Erledigungserklärung durch Schweigen des säumigen Beklagten?, JA 2005, S. 288f.

Lindacher, Walter F., Der Meinungsstreit zur „einseitigen Erledigungserklärung", JurA 1970, S. 687ff.

Lindacher, Walter F., Wahlmöglichkeit des Klägers bei nachträglichem Entfall der Klageerfolgsaussicht?, JR 2005, S. 92ff.

Linke, Hartmut, Die Erledigung der Hauptsache vor Rechtshängigkeit, JR 1984, S. 48ff.

Löhnig, Martin, Erledigung der Hauptsache, JA 2004, S. 122ff.

Lüke, Gerhard, Zur Erledigung der Hauptsache, in: Festschrift für Friedrich Weber zum 70. Geburtstag, S. 323ff., Berlin, New York 1975

Mössner, Jörg Manfred, Die einseitige Erklärung der Erledigung der Hauptsache, NJW 1970, S. 175ff.

Mohr, Hartmut, Erledigendes Ereignis zwischen Anhängigkeit und Rechtshängigkeit, NJW 1974, S. 935

Müller, Friedrich, Zur Auslegung des § 91a ZPO, ZMR 1955, S. 129ff.

Müller-Tochtermann, Die Erledigung des Rechtsstreits nach Erledigung der Hauptsache, NJW 1958, S. 1761ff.

Müller-Tochtermann, Über die Rechtsnatur der einseitigen Erledigungserklärung, JR 1958, S. 250 ff.

Müller-Tochtermann, Die Erledigung des Rechtsstreits in der Hauptsache auβerhalb des Zivilprozesses, NJW 1959, S. 421ff.

Musielak, Hans-Joachim, Neue Fragen im Zivilverfahrensrecht, JuS 2002, S. 1205ff.

Ostendorf, Heribert, Die Erledigung der Hauptsache im Zivilprozeβ, DRiZ 1973, S. 387ff.

Pohle, Rudolf, Zur rechtlichen Bedeutung der Erledigungserklärung nach deutschem Zivilprozeβrecht, in: Festschrift für Georgion Maridakis, Band II, S. 427ff., Athen 1963

Prütting, Hanns / Wesser, Sabine, Die Erledigung des Rechtsstreits: nicht nur ein Kostenproblem, ZZP 116. Band（2003）, S. 267ff.

Reinelt, Ekkehart, „Erledigung der Hauptsache" vor Anhängigkeit?, NJW 1974, S. 344ff.

Rixecker, Roland, Die nicht erledigende Erledigungserklärung, ZZP 96. Band（1983）, S. 505ff.

Rosenberg, Leo, Die Erledigung des Rechtsstreits in hoherer Instanz, Kritische Erörterungen zur zivilprozessualen Judikatur, ZZP 53. Band（1928）, S. 385ff.

Sannwald, Rüdiger, Übergang auf die Kostenklage nach „Erledigung" der Hauptsache vor Rechtshängigkeit, NJW 1985, S. 898ff.

Schumann, Ekkehard, Der praktische Fall—Die abredewidrige Erledigungserklärung, JuS 1966, S. 26ff.

Schur, Wolfgang, Klagerücknahme bei Erledigung vor Rechtshängigkeit und materiellrechtslicher

Becker-Eberhard, Ekkehard, Die Entwicklung der höchstrichterlichen Rechtsprechung zur Erledigung der Hauptsache im Zivilprozeβ, in: 50 Jahre Bundesgerichtshof, Festgabe aus der Wissenschaft, Band III, S. 273ff., München 2000

Blomeyer, Arwed, Grundprobleme der Erledigung der Hauptsache, JuS 1962, S. 212ff.

Blomeyer, Jürgen, Die Schuldtilgung durch den Beklagten nach Einreichung der Klage als Kostenproblem, NJW 1982, S. 2750ff.

Brox, Hans, Zur Erledigung der Hauptsache im Zivilprozeβ, JA 1983, S. 289ff.

Deckenbrock, Christian / Dötsch, Wolfgang, Das Ende der übereinstimmenden Erledigungserklärung bei Erledigung vor Rechtshängigkeit, ProzRB 2004, S. 47ff.

Deubner, Karl Günther, Grundprobleme der Erledigung der Hauptsache, JuS 1962, S. 205ff.

Deubner, Karl Günther, Anmerkung zu OLG Saarbrücken, Urteil vom 21. 12. 1966–1 U 106 / 66, NJW 1968, S. 848ff.

Deubner, Karl Günther, Anmerkung zu BGH, Urteil vom 07. 11. 1968–8 ZR 72 / 66, NJW 1969, S. 796f.

Donau, Helmut, Die nicht–erledigte Hauptsache, JR 1956, S. 169ff.

Donau, Helmut, Zur Rechtslage bei Streit über die Erledigung der Hauptsache（einseitige Erledigungserklärung）, MDR 1957, S. 524ff.

Fischer, Frank O., Ergänzung des § 91a ZPO durch Feststellungsklage auf Kostenerstattung?, MDR 2002, S. 1097ff.

Furtner, Georg, Die Erledigung der Hauptsache im ersten Rechtszug, JR 1961, S. 249ff.

Gamm, Otto Friedrich von, Die Erledigung der Hauptsache, MDR 1956, S. 715ff.

Grunsky, Wolfgang, Grenzen des Gleichlaufs von Hauptsache- und Kostenentscheidung, in: Festschrift für K. H. Schwab zum 70. Geburtstag, S. 165ff., München 1990

Habscheid, Walter J., Die Rechtsnatur der Erledigung der Hauptsache, in: Festschrift für Friedrich Lent zum 75. Geburtstag, S. 153ff., Berlin, München 1957

Habscheid, Walter J., Der gegenwärtige Stand der Lehre von der Erledigung des Rechtsstreits in der Hauptsache, JZ 1963, S. 579ff., 624ff.

Haubelt, Horst, »Erledigung der Hauptsache« vor Rechtshängigkeit?, ZZP 89. Band（1976）, S. 192ff.

Hölzer, Gert, Die Erledigung der Hauptsache, JurBüro 1991, S. 1ff.

Jost, Fritz / Sundermann, Werner, Reduzierung des Verfahrensaufwandes nach der einseitigen Erledigungserklärung, —Zum Verzicht auf die Prüfung der ursprüglichen Erfolgsaussichten des Begehrens— ZZP 105. Band（1992）, S. 261ff.

Kisch, Wilhelm, Klageverzicht und Erledigung der Hauptsache, Das Recht 1924, S. 1ff.

Köhnen, Rainer / Köhnen, Liane, Zur Berechnung der Kostenentscheidung einer Klageänderung bei Erledigung der Hauptsache vor Rechtshännggigkeit, DRiZ 1989, S. 289ff.

四　本書で参考にしたドイツ語の文献と関連する日本語の文献

＊　厳密に言えば，１～５までの文献は，本書の基になった論考を執筆する際に利用した文献である。したがって最近の文献の一覧ではなく，数年前のものという時間的な制約がある。さらに，これらは訴訟終了宣言に関する文献を網羅したものではなく，本研究に際して私が選択し利用したものである。つまり，私の判断という主観的な制約もある。

そのようなことから　以下の１A・１B・４I・５Kだけでは，訴訟終了宣言について最新のものを含めてより詳細にドイツの参考文献を知るには，不十分である。より完全に参考文献を把握するためには，最新のドイツの注釈書や体系書等に掲載されている訴訟終了宣言に関する「文献一覧」を参照することである。このことは一見して簡単なように思われるが，必ずしもそうではない。注釈書や体系書の選択が大変である。これらは数が多いうえに，文献一覧を掲載していないものも少なくないし，掲載しているにしても，掲載している文献の数が非常に多いものもあれば，少ないものもあるからである。またこのような状況であれば，１つの「文献一覧」だけ見れば，参考文献を正確に概観できるということにはならないであろう。ドイツの注釈書や体系書の１つの「文献一覧」で事が足りるのであれば，わざわざ１～５を作成する必要はないとも言える。

これらの疑問に応えるのが，五である。これは，ドイツの注釈書や体系書等に掲載されている訴訟終了宣言に関する「文献一覧」を集めて，文献ごとに重複しているか否かを調べたものである。さらに，五の文献と四の１A・１B・４I・５Kの文献とを比べて，両方に記載されているものは五の２，五にしか記載がないものは五の３としてまとめてある。前者は本書の文献の選択の当否を判断する材料になるし，後者は四の文献を補完することになる。したがって，本書によって訴訟終了宣言に関するドイツの最新の文献を網羅的に知るためには，四の１・４I・５Kと五のすべてを参照する必要がある。

＊＊　日本語の文献は，四の２・３に関するものであり，参考資料二・三で挙げたものは除いてある。

1　ドイツ民事訴訟法

A　主に雑誌と記念論文集に掲載された論文

Assmann, Dorothea, Die einseitige Erledigungserklärung, in: Erlanger Festschrift für K. H. Schwab zum 70. Geburtstag am 22. 02. 90, S. 179ff., Erlangen 1990

Baur, Fritz, Bemerkungen zu einigen atypischen Prozeβlagen, in: Festschrift für Enrico Tullio Liebmann, Band I, S. 109ff., Mailand 1979

跋

学問的価値の高い研究成果であつてそれが公表せられないために世に知られず、そのためにこれが学問的に利用せられずして、そのまま忘れられるものは少なくないであろう。又たとえ公表せられたものであつても、口頭で発表せられたために広く伝わらない場合があり、印刷公表せられた場合にも、新聞あるいは学術誌等に断続して載せられた場合は、後日それ等をまとめて通読することに不便がある。これ等の諸点を考えるならば、学術的研究の成果は、これを一本にまとめて出版することが、それを周知せしめる点からも又これを利用せしめる点からも最善の方法であることは明かである。この度法学研究会において法学部専任者の研究でかつて機関誌「法学研究」および「教養論叢」その他に発表せられたもの、又は未発表の研究成果で、学問的価値の高いもの、または、既刊のもので学問的価値が高く今日入手困難のものなどを法学研究会叢書あるいは同別冊として逐次刊行することにした。これによつて、われわれの研究が世に知られ、多少でも学問の発達に寄与することができるならば、本叢書刊行の目的は達せられるわけである。

昭和三十四年六月三十日

慶應義塾大学法学研究会

著者紹介

坂原　正夫　さかはら まさお

慶應義塾大学名誉教授。法学博士。

1944年栃木県足利市に生まれる。慶應義塾大学法学部卒業、同大学院法学研究科博士課程単位取得退学。前慶應義塾大学法学部教授・法務研究科教授。

司法試験考査委員、日本民事訴訟法学会理事、同監事、日本公証法学会理事、同監事、財団法人民事紛争処理研究基金選考委員、同理事、学術審議会専門委員（科学研究費分科会）、第二東京弁護士会懲戒委員会予備委員、浦和地方裁判所司法委員等を歴任。

主要著書として、『民事訴訟法における既判力の研究』（慶應義塾大学法学研究会叢書、1993年）、池田辰夫編『新現代民事訴訟法入門』（共著、法律文化社、2005年）、中野貞一郎ほか編『新民事訴訟法講義〔第2版補訂2版〕』（共著、有斐閣、2008年）ほか。

慶應義塾大学法学研究会叢書　80

民事訴訟法における訴訟終了宣言の研究

2010年11月10日　初版第1刷発行

著　者――――坂原正夫
発行者――――慶應義塾大学法学研究会
　　　　　　　代表者　大沢秀介
　　　　　　　〒108-8345　東京都港区三田2-15-45
　　　　　　　TEL 03-3453-4511
発売所――――慶應義塾大学出版会株式会社
　　　　　　　〒108-8346　東京都港区三田2-19-30
　　　　　　　TEL 03-3451-3584 FAX 03-3451-3122
装　丁――――鈴木　衛
印刷・製本――三和印刷株式会社
カバー印刷――株式会社太平印刷社

Printed in Japan ISBN978-4-7664-1747-0

慶應義塾大学法学研究会叢書

18 未完の革命—工業化とマルクス主義の動態
A. B. ウラム著/奈良和重訳 1500円

21 神戸寅次郎著作集(上・下)
慶應義塾大学法学研究会編 上2000円/下2500円

26 近代日本政治史の展開
中村菊男著 1500円

27 The Basic Structure of Australian Air Law
栗林忠男著 3000円

34 下級審商事判例評釈(昭和30年~39年)
慶應義塾大学商法研究会編著 3000円

38 強制執行法関係論文集
ゲルハルト・リュケ著/石川明訳 2400円

42 下級審商事判例評釈(昭和45年~49年)
慶應義塾大学商法研究会編著 8300円

45 下級審商事判例評釈(昭和40年~44年)
慶應義塾大学商法研究会編著 5800円

46 憲法と民事手続法
K.H.シュワーブ・P.ゴットヴァルト・M.フォルコンマー・P.アレンス著/石川明・出口雅久編訳 4500円

47 大都市圏の拡大と地域変動
—神奈川県横須賀市の事例
十時嚴周編著 8600円

48 十九世紀米国における電気事業規制の展開
藤原淳一郎著 4500円

49 仮の権利保護をめぐる諸問題
—労働仮処分・出版差止仮処分を中心にして
石川 明著 3300円

51 政治権力研究の理論的課題
霜野寿亮著 6200円

53 ソヴィエト政治の歴史と構造
—中澤精次郎論文集
慶應義塾大学法学研究会編 7400円

54 民事訴訟法における既判力の研究
坂原正夫著 8000円

56 21世紀における法の課題と法学の使命
〈法学部法律学科開設100年記念〉
国際シンポジウム委員会編 5500円

57 イデオロギー批判のプロフィール
—批判的合理主義からポストモダニズムまで
奈良和重著 8600円

58 下級審商事判例評釈(昭和50年~54年)
慶應義塾大学商法研究会編著 8400円

59 下級審商事判例評釈(昭和55年~59年)
慶應義塾大学商法研究会編著 8000円

60 神戸寅次郎 民法講義
津田利治・内池慶四郎編著 6600円

61 国家と権力の経済理論
田中宏著 2700円

62 アメリカ合衆国大統領選挙の研究
太田俊太郎著 6300円

64 内部者取引の研究
並木和夫著 3600円

65 The Methodological Foundations of the Study of Politics
根岸毅著 3000円

66 横槍 民法總論(法人ノ部)
津田利治著 2500円

67 帝大新人会研究
中村勝範編 7100円

68 下級審商事判例評釈(昭和60~63年)
慶應義塾大学商法研究会編著 6500円

70 ジンバブウェの政治力学
井上一明著 5400円

71 ドイツ強制抵当権の法構造
—「債務者保護」のプロイセン法理の確立
斎藤和夫著 8100円

72 会社法以前
慶應義塾大学商法研究会編 8200円

73 Victims and Criminal Justice: Asian Perspective
太田達也編 5400円

74 下級審商事判例評釈(平成元年~5年)
慶應義塾大学商法研究会編著 7000円

75 下級審商事判例評釈(平成6年~10年)
慶應義塾大学商法研究会編著 6500円

76 西洋における近代的自由の起源
R.W.デイヴィス編/鷲見誠一・田上雅徳監訳 7100円

77 自由民権運動の研究
—急進的自由民権運動家の軌跡
寺崎修著 5200円

78 人格障害犯罪者に対する刑事制裁論
—確信犯罪人の刑事責任能力論・処分論を中心にして
加藤久雄著 6200円

79 下級審商事判例評釈(平成11年~15年)
慶應義塾大学商法研究会編著 9200円

表示価格は刊行時の本体価格(税別)です。欠番は品切。

慶應義塾大学出版会

〒108-8346 東京都港区三田2-19-30
Tel 03-3451-3584/Fax 03-3451-3122
郵便振替口座 00190-8-155497